Stefanie Burgmaier · Hans Haarmeyer ·
Thorsten Garber
(Hrsg.)

return – Jahrgang 2020

Magazin für Transformation und Turnaround

Hrsg.
Stefanie Burgmaier　　　　　　　　　Hans Haarmeyer
Wiesbaden, Deutschland　　　　　　　Bonn, Deutschland

Thorsten Garber
Selm, Deutschland

ISBN 978-3-658-33633-2

Die Deutsche Nationalbibliothek verzeichnet diese Publikation in der Deutschen Nationalbibliografie; detaillierte bibliografische Daten sind im Internet über http://dnb.d-nb.de abrufbar.

Planung/Lektorat: Catarina Gomes de Almeida
Springer Gabler ist ein Imprint der eingetragenen Gesellschaft Springer Fachmedien Wiesbaden GmbH und ist ein Teil von Springer Nature.
Die Anschrift der Gesellschaft ist: Abraham-Lincoln-Str. 46, 65189 Wiesbaden, Germany

Inhaltsverzeichnis

Krisenbändiger

© Bernd Hegert

Was uns so alles als Neuheit verkauft wird, liebe Leserin und lieber Leser, dem sollten wir auch in der Anfangseuphorie dieses schön runden Jahres 2020 besser mit prüfender Skepsis begegnen. Selbst das mit 142 Metern weltweit höchste Kettenkarussell, das Bayerns „Skyline" Freizeitpark in diesem Jahr eröffnet, vermag Mitreisenden neben der Aussicht sicher nur Schwindel zu vermitteln. Spaß beiseite. Neues mit großer Relevanz für Unternehmen entsteht hierzulande derzeit hinter verschlossenen Türen, wenn Verantwortliche die im März 2019 verabschiedete EU-Richtlinie zur präventiven Restrukturierung in nationales Recht umsetzen – in Deutschland wie in allen anderen Mitgliedsstaaten. Als „Meilenstein" bezeichnet von Experten wie Dr. Alexandra Schluck-Amend, die bei CMS Deutschland den Geschäftsbereich „Restrukturierung und Insolvenz" leitet.

Den neuen Rechtsrahmen begutachten wir mit prüfendem Blick vor allem hinsichtlich seines Nutzens für Unternehmer. Für Erleichterung sorgt sicher, dass ein Verfahren außerhalb von Gerichten das Stigma der Insolvenz verliert. Zeit ist in Schieflagen zweifellos ein wichtiges Gut, also war das Frühwarnsystem mit Ampellogik überfällig. Nicht hinzunehmen, dass bei Unternehmensinsolvenzen europaweit in jedem sechsten Fall ein weiteres Unternehmen als Folgeinsolvenz mit in den Abgrund gerissen wird. Nahezu unerträglich, dass 1,7 Millionen Menschen pro Jahr in der EU ihren Arbeitsplatz verlieren, weil ihr Unternehmen in Insolvenz geht. Einige wären zu retten, würde eher gegengesteuert. Der Gesetzgeber verschreibt endlich Hilfe. Jetzt müssen nur die Unternehmer wissen, wie und wann sie die neuen Möglichkeiten wählen. Ihnen rate ich daher dringend zum Besuch unserer Aufklärungsveranstaltung (siehe links unten). Denn die nächste Krise kommt bestimmt, sodass aufgeklärte Krisenbändiger garantiert besser vorbereitet sind.

Damit wären wir bei weiteren Neuheiten, die wir in dieser ersten Ausgabe des Jahres präsentieren: die erste „return"-Exklusivstudie über effiziente Unternehmensführung im Abschwung (S. 12), erstmals mit Chin Meyer der bekannteste Finanz-Kabarettist als neuen Kolumnisten (S. 14), als Premiere ein Auslandsbericht aus den Niederlanden über aufgeweckte Nachbarn, die Unternehmen locken wollen (S. 33), als quasi Erstveröffentlichung nach der Abgasskandalkrise alles über den Strategieschwenk des VW-Konzerns mit seinen Zulieferern und mit komplettem Systemwechsel hin zur Elektromobilität (S. 48) und schließlich der Start unserer neuen Serie über den Wandel von Beratungen und Kanzleien, die ihrerseits Unternehmen bei Transformation und Turnaround begleiten wollen (S. 74).

„Der Reiz der Neuheit und die Überwindung der Schwierigkeiten" lobte einst der deutsche Aufklärer Adolph Knigge als das, was „Begierden erweckt". Über Ihre Aufmerksamkeit für unsere frische Lektüre und unser erstes Unternehmerforum würde sich unser Team schon freuen.

Ihr

Thorsten Garber

Chefredakteur return / thorsten.garber@springernature.com

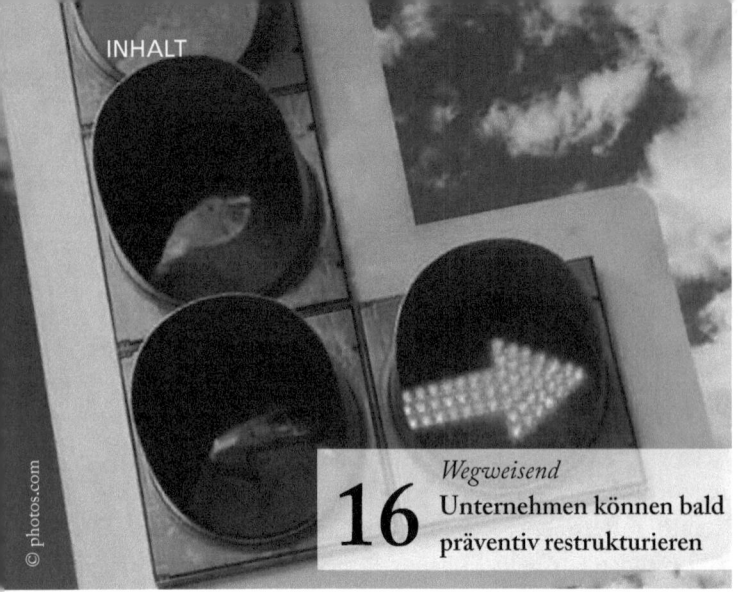

Wegweisend
16 Unternehmen können bald
präventiv restrukturieren

© Porsche Consulting

Spielraumeröffnend
22 Dirk Pfitzer hilft Betrieben
mit Porsche Consulting

Inhalt

return 01/20

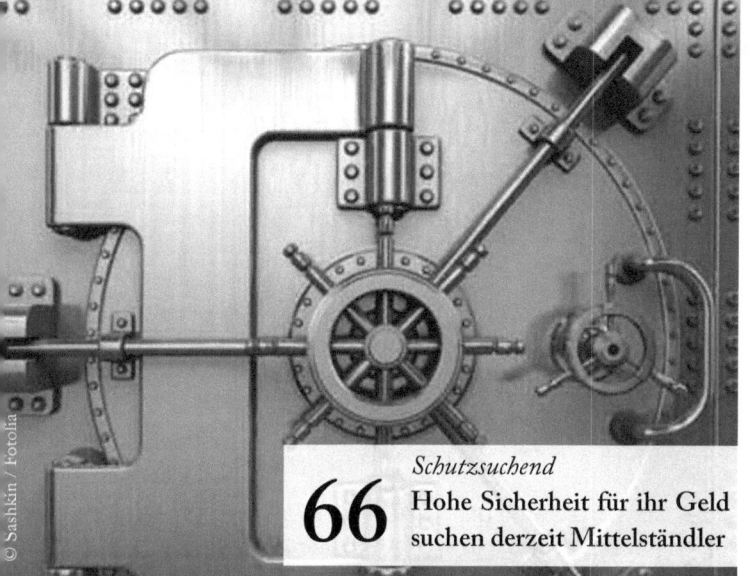

© Kanzlei Rombach

Hintergrund & Wissen

Start & Szene

Interview

„Restrukturierung ohne Insolvenzmakel kommt bisher nicht in Betracht"

Dr. Charlotte Schildt, Partnerin der CMS Hasche Sigle Insolvenzberatung und -verwaltung, wird beim „1. return-Unternehmerforum" quasi eine volkswirtschaftliche Schadensbilanz vorlegen.

Frau Dr. Schildt, sehnen Sie neue Chancen durch präventive Restrukturierung herbei?

Charlotte Schildt: Es wird neue Chancen für die Berater geben. Der rechtliche Rahmen verändert sich. Die anwaltliche Tätigkeit wird vielseitiger werden.

Was fehlte bislang für die Sanierung von Unternehmen?

Anders als etwa in der britischen Restrukturierungspraxis, die die Möglichkeit des Scheme of Arrangement beinhaltet, ist dem deutschen Recht eine Sanierung ohne Insolvenzeröffnung grundsätzlich fremd. Auch das mit dem ESUG in die Insolvenzordnung gekommene „Schutzschirmverfahren" ist auf eine Insolvenzeröffnung angelegt. Eine Restrukturierung ohne „Insolvenzmakel" kommt nach der deutschen Insolvenzordnung bisher also nicht in Betracht.

Welche direkten Schäden verursachen Insolvenzen?

Eine Insolvenz wird zumindest am deutschen Markt seit jeher als Folge einer unternehmerischen Fehlleistung gewertet, sodass die Insolvenz eines Unternehmens insbesondere mit Vertrauensverlusten einhergeht. Dies hat gravierende Folgen für das Unternehmen, da heute vor allem die geringe Eigenkapitalausstattung und der damit zwangsläufig verbundene hohe Fremdkapitalbedarf zeigt, wie sehr Unternehmen von Krediten abhängig sind. Dabei ist Vertrauen die Grundlage einer jeden Kreditwirtschaft.

Welche volkswirtschaftlichen Kollateralschäden entstehen?

Diese zeigen sich insbesondere bei Insolvenzen von Unternehmen des Finanzsektors, da diese in besonderer Weise miteinander und mit den Unternehmen der Real- und Dienstleistungswirtschaft verbunden und integriert sind. Damit bergen Bankeninsolvenzen große Ansteckungsrisiken für die gesamte Volkswirtschaft.

Was erwarten Sie von der präventiven Restrukturierung?

Zunächst besteht die Chance, dass durch ein präventives Reorganisationsverfahren das Stigma der Insolvenz vermieden oder zumindest abgeschwächt wird. Ob dies eine florierende Volkswirtschaft zur Folge hat, darf aber bezweifelt werden. Suspendiert man im Rahmen eines Moratoriums etwa Insolvenzantragspflichten oder blockiert die Eröffnung eines Insolvenzverfahrens durch einen Fremdantrag, besteht die Gefahr, dass nicht bestandsfähige Unternehmen weiter am Markt agieren. Es ist also nicht anzunehmen, dass das Instrumentarium das Vertrauen dauerhaft ersetzen kann.

Die Fragen an Dr. Charlotte Schildt stellte Thorsten Garber schriftlich.

Autozulieferer aus Urbach bei Stuttgart
Schock Metallwerke in Insolvenz

Den Antrag auf ein Insolvenzverfahren in Eigenverwaltung habe das Amtsgericht Stuttgart dem Zulieferer Schock Metallwerk genehmigt, berichtet die „Automobilwoche". Rechtsanwalt Jan Metzner von der Restrukturierungskanzlei Elsässer sei in die Geschäftsführung eingetreten und werde die geschäftsführenden Gesellschafter Martin Schock und Helmut Fuchs bei der Sanierung unterstützen.

www.schock-metall.de; www.elsaesser.co

Autozulieferer aus Berlin
Vielmetter strebt Sanierung an

Der Automobilzulieferer Vielmetter will sich sanieren, wofür das Unternehmen seinen Antrag auf ein Insolvenzverfahren stellte. Das Amtsgericht Charlottenburg bestellte Rechtsanwalt Stefan Ludwig von Schultze & Braun zum vorläufigen Insolvenzverwalter. Er und Vielmetter-Geschäftsführer Olaf Jelken führen den Betrieb fort. Die Mitarbeiter sind bis März über das Insolvenzgeld abgesichert.

www.vielmetter-berlin.de; www.schultze-braun.de

Insolvenzen 2020: Schlusslichter weltweit

Vorausgesagter Anstieg der Unternehmenspleiten in Prozent gegenüber Vorjahr je Land

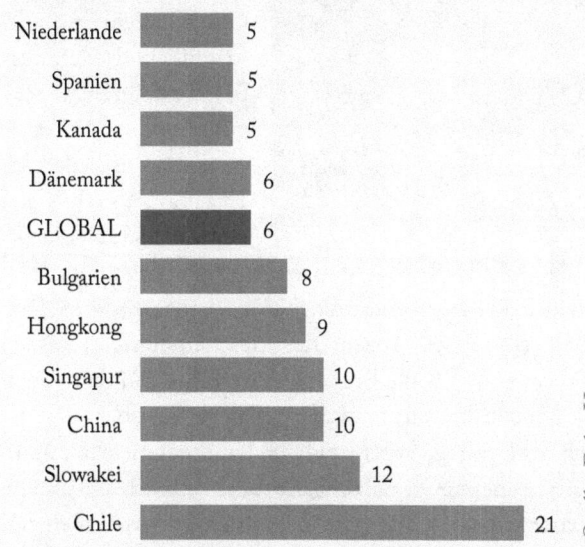

Land	
Niederlande	5
Spanien	5
Kanada	5
Dänemark	6
GLOBAL	6
Bulgarien	8
Hongkong	9
Singapur	10
China	10
Slowakei	12
Chile	21

Quelle: Euler Hermes

Chile übernahm die rote Laterne von China, doch unter den Letztplatzierten sind auch Dänemark oder die Niederlande.

Warnung nach Kreditversicherer-Studie

Insolvenzen weltweit auf dem Vormarsch – in Deutschland mehr große Firmen betroffen

Unternehmensinsolvenzen sind weltweit weiter auf dem Vormarsch – zum vierten Mal in Folge. Das ermittelte eine aktuelle Studie des weltweit führenden Kreditversicherers Euler Hermes. Die Experten der Allianz-Tochtergesellschaft gehen davon aus, dass das Jahr 2020 weltweit rund sechs Prozent mehr Insolvenzen mit sich bringt. Das bedeutet zwar eine etwas langsamere Zunahme als 2019 mit plus neun Prozent, dafür allerdings fast überall auf der Welt. China reicht 2020 die rote Laterne nach drei Jahren an Chile weiter. Für die Südamerikaner dürften die Insolvenzen um 21 Prozent in 2020 zunehmen. Exportrisiken würden überall lauern, warnt Ron van het Hof als CEO von Euler Hermes in der D-A-CH-Region.

Zuvor hatte der Versicherer schon für Deutschland bilanziert: Die Zahl der Insolvenzen bei großen Unternehmen ist 2019 gegenüber 2018 um 42 Prozent gestiegen. „Wenn es knallt, dann richtig", so die Studienautoren. Allein 27 Pleiten hat der Kreditversicherer in den ersten neun Monaten des Jahres 2019 bei großen deutschen Unternehmen mit einem Umsatz von mehr als 50 Millionen Euro gezählt.

www.springerprofessional.de/link/17461424

Top-Trends

Unternehmen setzen auf Agilität und KI – Vertriebswandel zur digitalen Organisation

Der klassische Vertrieb wandelt sich weiter zur agilen und digital agierenden Organisation. Für 2020 stehen daher neu organisierte Vertriebs-Teams und wachsende Unterstützung durch Künstliche Intelligenz (KI) auf der Agenda vieler Unternehmen, um aufgrund generierter Daten intelligenter den Kundenbedarf zu erkennen. Dabei wird die Verzahnung zwischen Automatisierung und persönlicher Vertriebsarbeit am Kunden der Dreh- und Angelpunkt erfolgreichen Vertriebs.

Wie man beim CRM-Spezialisten Pipedrive für Trend 1 voraussagt, bleibt der Bedarf an neuen Vertriebstechnologien hoch. Dabei geht es vor allem um vertriebsunterstützende Tools wie Agilität und Vernetzung mit KI. Trend 2 ist der „Netflix-Faktor": Über KI und moderne Algorithmen wird das Nutzerverhalten von Kunden, etwa auf Online-Plattformen, zum ständigen Lernfaktor. Das Prinzip lässt sich auf die B2B-Vertriebsarbeit übertragen. Beim Trend 3 kommt es darauf an, das bestmögliche Kauferlebnis und die bestmögliche Customer Journey zu schaffen, was die wichtigste Benchmark im Wettbewerb werde.

www.springerprofessional.de/link/17514780

Flop-Trends

Deutsche Unternehmen hinken hinterher – Nachzügler der digitalen Transformation

Wenige deutsche Unternehmen sind in Geschäftsfeldern auf Daten- und Netzwerkbasis erfolgreich. Technologie-Giganten wie Amazon, Google oder Facebook sucht man deshalb hierzulande vergeblich. Die Defizite bestätigen auch die Ergebnisse einer aktuellen Umfrage des Branchenverbandes Bitkom. Denn danach stufen 58 Prozent der Geschäftsführer und Vorstände quer durch alle Branchen ihre Firma auf dem Gebiet der digitalen Transformation als Nachzügler ein.

Nach der Umfrage unter rund 500 Unternehmen ab 20 Mitarbeitern meinen sogar drei Prozent, schon den Anschluss verpasst zu haben. Nur etwa jedes dritte Unternehmen zählt sich zu den Vorreitern der Digitalisierung. Je größer das Unternehmen, desto positiver fiel die Selbsteinschätzung aus. Dennoch gibt nur etwa jedes dritte Unternehmen an, eine Digitalstrategie für das gesamte Unternehmen definiert zu haben. Zumindest 37 Prozent haben für ausgewählte Unternehmensbereiche zumindest Strategien zur Digitalisierung entwickelt. Jedes vierte Unternehmen verfügt über keinerlei Digitalstrategie.

www.springerprofessional.de/link/17553842

Leserbriefe

Sanierungsmonitor und Kabarettisten-Kolumne

Zwei Zuschriften erreichten die „return"-Chefredaktion via E-Mail zur Ausgabe 06/19. Zum einen meldete sich **Christoph Deinhard** mit Bezug auf unseren „Sanierungsmonitor" auf den Seiten 10 und 11, zu dem diesmal neben dem Beitrag zur Fritsch GmbH auf der linken Seite wie immer auf der rechten Seite eine Tabelle zu finden war mit Kurzprofilen von vier Sanierungserfolgen nach Insolvenz, darunter die IT-Informatik GmbH mit Michael Pluta und Martin Mucha als angegebene Sanierer.

Christoph Deinhard weist darauf hin, dass Martin Mucha als Generalbevollmächtigter fungierte, während er selbst der Eigenverwalter war. Dr. Andreas Fröhlich, regelmäßig Autor des Sanierungsmonitors, führt dazu Folgendes aus: „Ergänzend zu den im Eigenverwaltungsverfahren der IT-Informatik GmbH benannten, insolvenzrechtlichen Sanierern merken wir hier gerne noch nachträglich an, dass Christoph Deinhard als verantwortlicher Geschäftsführer die Eigenverwaltung gesteuert hat."

Zum anderen bemängelte **Dr. Horst Neyer** an unserer „Kabarettisten-Kolumne" auf Seite 14 unter dem Titel „Stillstand plus", dass Timo Wopp dort zwar einen „Werkzeugkasten" beschreibe, der geeignet sei, „jeden Veränderungsprozess zum Scheitern zu bringen", aber „seine Tools" und die Aussagen dazu überwiegend aus einem 2008 gehaltenen Vortrag des 2015 verstorbenen Dr. Peter Kruse stammen. Den Psychologen und Unternehmensberater hatte Dr. Neyer selbst schon live bei einem Vortrag erlebt, der auch unter dem Titel „8 Regeln für den totalen Stillstand" auf Youtube zu sehen ist.

Timo Wopp bestätigte beim Telefonanruf gleich: „Ja, klar beziehe ich mich auf Dr. Peter Kruse! Das Youtube-Video ist schließlich ein Klassiker zur Veränderungsverhinderung!" Glaubwürdig bedauerte der Kabarettist sogleich, dass der im Ursprungstext genannte Kruse „wohl dem Kürzen zum Opfer gefallen ist". Auf Kruses Stillstandsregeln sei er auch schon mal in einem seiner Facebook-Einträge eingegangen, betont Wopp: „Da habe ich selbstverständlich Peter Kruse namentlich zitiert, und dass die Ideen aus seinem Vortrag stammen."

© Software AG

© SAF-Holland SA

CEO transformiert mit Vorstandaustausch die Software AG

Sanjay Brahmawar, Vorstandsvorsitzender der Software AG (50, Foto links) seit August 2018, hatte einen Transformationsprozess für das Unternehmen angekündigt. Mit der Strategie „Projekt Helix" wollte er für eine neue Kultur und wieder für Wachstum sorgen. Geschäftsfelder wie Datenanalyse, Industrievernetzung und Cloud Computing sollten ausgebaut werden. Mittlerweile hat Brahmawar mit dem Wechsel auf der Finanzchef-Position den kompletten Vorstand ausgetauscht. Arnd Zinnhardt (57) wird jetzt nach 18 Jahren vor Ablauf der Vertragszeit ausscheiden und Matthias Heiden (47, Foto rechts) ihn „nach einer Übergangszeit" beerben und vom Nutzfahrzeughersteller SAF-Holland in Luxemburg nach Darmstadt zurückkehren, denn er arbeitete zuvor zwölf Jahre bei SAP.
www.softwareag.com

Robert Steinke, ehemals Vorstand des Unternehmens, kehrt mit drei anderen Branchenexperten als vierköpfiger Beraterkreis zum Modekonzeren Gerry Weber zurück. Das Quartett soll nach soeben gemeisterter Insolvenz in Eigenverwaltung helfen, „den laufenden Transformationsprozess weiter zu beschleunigen".
www.gerryweber.com

Sergio Bucher ist neuer Vorstand „Brands and Retail" der Otto Group. Er hatte bis Frühjahr 2019 als CEO der Department-Store-Gruppe Debenhams unter anderem die Sanierungs- und Restrukturierungsstrategie initiiert und verantwortet.
www.ottogroup.com

Olaf Seidel und Ralf Hage hat die Insolvenz-/Sanierungskanzlei Andres Partner als Partner aufgenommen. Beide sind Insolvenzverwalter, Treuhänder und Gutachter.
www.andrespartner.de

Dr. Andreas Kästner gehört zu den fünf Rechtsanwälten, mit denen sich die Kanzlei Römermann verstärkt: Er ist auf Insolvenzrecht spezialisiert, hat zum Berufsrecht der Insolvenzverwalter promoviert und war zuvor Geschäftsführer eines familiengeführten mittelständischen Bauträgerunternehmens.
www.roemermann.com

Dr. Torsten Wehrhahn mit Schwerpunkten in Unternehmensfinanzierungen und Restrukturierungsberatung zählt zu den fünf neu in der Sozietät aufgenommenen Equity-Partnern bei Noerr LLP. Dr. Björn Grotebrune, neuer Associated Partner, ist spezialisiert auf Restructuring & Insolvency.
www.noerr.com

Bree und Coindu – alles in Leder

Sechs Monate nach dem Antrag auf ein Insolvenzverfahren gelang Bree die Restrukturierung. Den Lederwarenhersteller führt jetzt der Konzern Coindu als strategischer Investor.

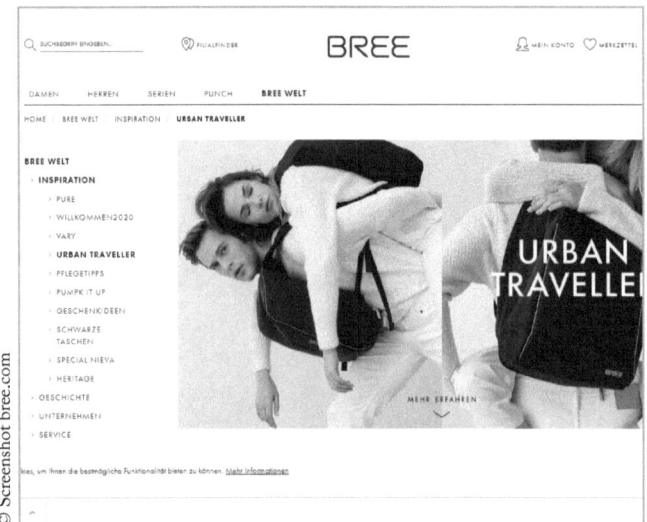

© Screenshot bree.com

Die „Bree Welt" präsentiert auf der Website unter anderem „Inspirationen" zwischen „Geschenkideen" und „urban traveller".

Trotz Umzug der Firmenzentrale von Hannover nach Hamburg sowie weiterer, teilweise gravierender Einschnitte konnte Bree den Turnaround aus der existenziellen Krise aus eigener Kraft nicht bewältigen. Insgesamt 150 Mitarbeiter erzielten in 30 Filialen einen Umsatz von zuletzt 21 Millionen Euro. Dabei betrug der Online-Anteil nur fünf Prozent und konnte trotz intensiver Bemühungen nicht gesteigert werden. Wettbewerber kommen schon auf einen Online-Anteil von 20 Prozent. Für Bree ein maßgeblicher Wettbewerbsnachteil, der zusammen mit anderen Faktoren dann im Mai 2019 zu dem notwendigen Insolvenzantrag führte.

Vorfinanzieren neuer Kollektionen ist ein schwieriges Unterfangen

Im schnelllebigen Modemarkt ist eine Sanierung mittels Insolvenzverfahren eine besondere Herausforderung. Die neuen Kollektionen müssen jeweils vorfinanziert werden, was in Insolvenzverfahren oft einem schwierigen Unterfangen gleichkommt. Die Sanierer haben dies offensichtlich hervorragend gemanagt, mussten dabei aber frühzeitig auf

die Unterstützung des späteren Investors setzen. So hat der neue Eigentümer den Wareneinkauf bereits vor der finalen Umsetzung der Transaktion finanziert.

Die Sanierer und der Investor haben sich zur Umsetzung der Transaktion dabei auf eine Restrukturierung mittels Insolvenzplan verständigt. Dieser Weg wird im Einzelhandel häufig eingeschlagen, um der Gefahr zu begegnen, dass attraktive Einzelhandelsflächen im Rahmen einer alternativen Übertragungslösung möglicherweise von Vermietern an andere Marktteilnehmer weitervermietet werden.

Coindu, Hersteller von Autositzbezügen mit Unternehmenssitz im portugiesischen Braga, hat den Taschenhersteller Bree übernommen. Der portugiesisch-deutsche Lederkonzern beschäftigt weltweit über 6.000 Mitarbeiter und erzielte 2018 einen Umsatz von rund 348 Millionen Euro Umsatz. Durch den neuen Investor könne Bree künftig „die gesamte Wertschöpfungskette vom Material bis zur Vermarktung" abbilden, so der Insolvenzverwalter Stefan Denkhaus.

Weiterer Zukauf für Coindu in Deutschland

Für den Lederkonzern Coindu bedeutet der Einstieg bei Bree einen weiteren Zukauf in Deutschland mit der Fortsetzung der Strategie, sich außerhalb der Autobranche zu betätigen. Die Abhängigkeit von der Automobilindustrie wurde durch einen Strategiewechsel reduziert und schon vor fünf Jahren eingeleitet. Künftig möchte das Unternehmen vor allem in der Luxusgüterindustrie wachsen. Coindu beliefert schon ein führendes internationales Modehaus mit Luxushandtaschen. 2016 stieg Coindu bei der deutschen Gerberei Hewa Leder ein, die Premiumleder herstellt. Nun kommt Bree zum vertikal integrierten Lederkonzern hinzu.

Dr. Andreas Fröhlich, Partner und Head of Corporate Finance der Beratungsgesellschaft Baker Tilly, ist spezialisiert auf Mergers & Acquisitions sowie auf insolvenznahe Sanierung.

Im Kurzprofil: Sanierungserfolge nach Insolvenz

	BREE	GERRY WEBER	INTERSPORT VOSWINKEL	schweizer
Name	Bree Collection GmbH	Gerry Weber International AG	Sport Voswinkel GmbH & Co. KG	Schweizer Group
Branche	Konsumgüter-Industrie	Mode-Industrie	Fach-Einzelhandel	Automobilzuliefer-Industrie
Geschäftsfelder/ Produktgruppen	Accessoires und Taschen (vor allem Leder)	Bekleidung	Sportfachhandel als Mitglied im Intersport-Verbund	Druckgussteile aus Aluminium und Magnesium
Umsatz (Mio. €)	21	880	139	150
Mitarbeiter	150	3.600	900	750

Angaben zum Sanierungsverfahren

Antragsdatum	15.05.2019	25.01.2019	24.04.2019	13.12.2018
Verfahrensart	Fremdverwaltung	Eigenverwaltung	Eigenverwaltung (Schutzschirm)	Fremdverwaltung
Sanierer	Stefan Denkhaus	Stefan Meyer (Dr. Christian Gerloff)	Dr. Schulte-Kaubrügger (Dr. Lorenzo Matthaei)	Martin Mucha

Lösungsangaben der Sanierung

Art der Sanierung	Insolvenzplan	Insolvenzplan	Insolvenzplan	Übertr. Sanierung
Sanierungsdauer	6 Monate	9 Monate	6 Monate	10 Monate
Investoren	Coindu	Robus, Whitebox, J. P. Morgan Securities	-	Marabek
Klassifikation	Stratege	Finanzinvestor	-	Finanzinvestor
Lösungs- beschreibung	Übernahme der Geschäfts- anteile im Rahmen des Insolvenzplans	Leistungswirtschaftliche Sanierung, Abbau von Filialen und Mitarbeitern; Finanzwirtschaftliche Sanierung mittels Plan	Verkleinerung der Zentrale in Dortmund und Abbau von 19 Filialen mit 300 Arbeitsplätzen	Verkauf des kompletten Geschäftsbetriebs inkl. Über- nahme der Mitarbeiter
Aus Sicht der Investoren/ Strategische Eckpunkte	Diversifikation des Lederkonzerns Coindu, da bisher Fokus auf Automobilindustrie (insb. Sitzbezüge)	Vorwiegend finanzwirt- schaftliche Beweggründe	Nutzung des Planverfah- rens zur Sanierung, Anpas- sung an den gestiegenen Wettbewerbsdruck durch Online-Handel	Know-how des Investors in Restrukturierung sowie Erhalt der Arbeitsplätze und der Gruppenstruktur

Quelle: Baker Tilly

Gut gebrüllt, Löwe?

Viele Entscheider ändern ihren Führungsstil nicht, wenn ihr Unternehmen im Abschwung taumelt,
ermittelte die erste „return"-Exklusivstudie. Das Ergebnis überrascht und widerspricht Forschern.

In der Management-Theorie fordert die Wissenschaft schon lange, dass sich der Führungsstil anpassen muss – je nachdem, ob es wirtschaftlich bergauf oder bergab geht. Wie aber handhaben es Führungskräfte in der Praxis, wenn ihr Unternehmen in eine Schieflage gerät? Antworten zum effektiven Führen in Krisen sind für „return" interessant, weil das richtige Managen von Spannungsfeldern in Schwächephasen immer wichtiger wird. Denn Konfliktpotenzial kann an entscheidenden Punkten in Unternehmen aufkommen, wenn Sorgfalt etwa Schnelligkeit gegenübersteht oder Kontrolle gegen Vertrauen. Die richtige Balance dürfte für den Erfolg von Restrukturierungen und Sanierungen in wirtschaftlich rauen Zeiten also maßgeblich sein.

Deshalb entstand exklusiv für „return" die Untersuchung in Kooperation mit der Wiesbaden Business School. BWL-Professor Christian Gärtner, der zum Redaktionsfachbeirat dieser Zeitschrift gehört, bot das Forschungsthema im Studiengang an.

Freiwillig fand sich für die Aufgabe ein quasi internationales Team von Studierenden zusammen – mit Wurzeln auch in Armenien, Kenia, Syrien und Togo. Für das Quartett aus Osama Tomog, Dorian Charles Trost und Sandro Janusewski fasst stellvertretend Genja Badalyan die zentralen Erkenntnisse der Studie so zusammen: „Führungskräfte beharren auch im Abschwung auf ihrem Führungsstil, der sowohl transaktionale als auch transformationale Komponenten beinhaltet."

Die Unterscheidung bedeutet vereinfacht: Bei der transaktionalen Führung geht es im Kern um Führung als

© Julia Nimke

„Zu viele passen ihren Führungsstil
nicht an die Situation an."

Prof. Christian Gärtner

Tauschbeziehung (Transaktion), etwa Leistung gegen Geld. Ein weiteres Merkmal ist, dass Führungskräfte proaktiv kontrollieren oder zumindest im Bedarfsfall korrigierend eingreifen. Dieser Stil ist weitverbreitet. Stattdessen setzt transformationale Führung darauf, Mitarbeiter intrinsisch zu motivieren, indem Führungskräfte bei ihnen die Wertvorstellungen und das Verhalten transformieren durch emotionale und intellektuelle Stimulation für Vision, Ideale und damit für Unternehmensziele.

Die Studie besteht aus zwei Erhebungen: Auf qualitative Experten-Interviews folgte eine Online-Umfrage unter 200 Teilnehmern. Von Führungskräften, die antworteten und deren Unternehmen sich schon im Abschwung befindet, will gerade mal ein Fünftel oder 21 Prozent den Führungsstil ändern. Unabhängig von den jeweiligen wirtschaftlichen Umständen wollen sogar 82,5 Prozent aller Befragten an ihrem bisherigen Führungsstil festhalten.

Bisher kamen Studien darüber, welcher Führungsstil in wirtschaftlich unsicheren Zeiten besser ist, zu unterschiedlichen Ergebnissen: Manchmal war der transaktionale, ein anderes Mal der transformationale Stil der effektivere. Was die jungen Wissenschaftler feststellten: Die Entscheider erfolgreicher Unternehmen kombinieren in Krisen stärker die Delegation von Aufgaben mit der aktiven Überwachung der Arbeitsabläufe. Das machen aber längst nicht alle. Die fast einhellige Meinung der befragten Experten war, dass es im Abschwung keinen anderen Führungsstil braucht.

Für das Forscher-Quartett klingen zwei O-Töne aus den Befragungen typisch für die Haltung, wenn etwa der Entscheider aus einem Technologieunternehmen bestätigt, „dass

Dieser Löwe zeigt als Rudel-Boss eher ein Gähnen denn ein Brüllen. Auch die Ergebnisse der Studie belegen bei befragten Unternehmenslenkern, dass Führungskräfte nahezu gelangweilt einer Änderung ihres Führungsstils abgeneigt sind. Nicht ungefährlich in Krisen.

es kein anderer Führungsstil ist als in der Nicht-Krise", den er mit folgender Begründung praktiziere: „In der Krise kann man kooperativen Führungsstil zeigen und trotzdem direktiver sein, wenn es erforderlich ist." Ein Insolvenzverwalter empfiehlt, in Krisen „klarer und konsequenter" zu führen: „Wenn Sie auf Bergtouren gehen, dann können Sie bei gutem Wetter die Leute alleine laufen lassen, und Sie haben alles im Blick. Wenn man in einem dichten Nebel steckt und die Hand vor Augen nicht sieht, dann kommt es drauf an, dass einer konsequent die Führung übernimmt."

Erfolgreiche Entscheider beherrschen auch im Abschwung beide Führungsstile

Als „überraschend" wertet Prof. Gärtner, der konstatiert: „Viele Führungskräfte wollen ihren Führungsstil nicht ändern, ob im Abschwung oder nicht." Es gebe „kleine Anzeichen dafür, dass Führungskräfte in erfolgreichen Unternehmen eher Aufgaben delegieren – selbst wenn sie sich im Abschwung befinden". Dies widerspreche der landläufigen Meinung, dass man im Abschwung „die Zügel anziehen" sollte. Vieles spreche auch eher dafür, dass es nicht um ein „Entweder-oder", sondern um ein „Sowohl-als-auch" gehe. Kurzum: Erfolgreiche Führungskräfte würden sowohl den transaktionalen als auch den transformationalen Führungsstil beherrschen. Gärtner: „Das zahlt sich auch in Zeiten des wirtschaftlichen Abschwungs aus."

Der Zeitpunkt der Untersuchung war nicht von ungefähr gewählt: Nach zehn Jahren des stetigen Aufschwungs in Deutschland mehren sich die Anzeichen, dass zumindest

Branchen wie die Automobilindustrie von Krisen betroffen werden (vgl. Interview S. 22). Da liegt es nahe nachzufragen, wie Führungskräfte gedenken, darauf zu reagieren. Ziel der Studie war es also vor allem, mögliche Veränderungen im Führungsverhalten und -stil zu identifizieren. Doch nach den Studienergebnissen ist unter den Entscheidern der Online-Befragung keine gravierende Abweichung im Führungsstil von erfolgreichen und nicht erfolgreichen Unternehmen während eines Abschwungs festzustellen.

Tendenziell stärker transformational geführt wird in den trotz Abschwung erfolgreichen Unternehmen – gemessen über eine positive Mitarbeiter-, Umsatz- und Gewinnentwicklung. Aufgaben zu delegieren steht hier mit einen Mittelwert von 4,2 auf Rang eins. Bei „Worst-in-Class"-Unternehmen steht zum Vergleich das Zentralisieren von Verantwortung mit 4,2 auf dem ersten Platz. Interessant ist zudem, dass ein Zusammenhang zwischen Führungsebene und Führungsstil festgestellt werden konnte: Hierarchisch Höhergestellte führen in Zeiten des Abschwungs eher transaktional als Führungskräfte aus der mittleren Ebene. Der Oberlöwe brüllt mehr als die Rangniedrigeren.

Die meisten Antworten verdeutlichen aber auch, dass viele einen Abschwung nicht rechtzeitig als Abschwung erkennen. Somit liegt nahe, dass diese Führungskräfte auch nicht frühzeitig die notwendigen Gegenmaßnahmen treffen können. Insofern erschreckend, wenn weder die Frühwarnung geschult noch Veränderungsbereitschaft vorhanden ist.

Chefredakteur Thorsten Garber unterstützte die „return"-Exklusivstudie. Anfragen dazu leitet er gerne an die Wiesbaden Business School weiter.

Motor der Menschheit
Wieso das Scheitern uns gescheiter vorantreibt

Im Grunde das zentrale Thema der Menschheit: Scheitern. Allein das biologische Modell Homo sapiens steht fürs Scheitern. Denn was ist Sterben anderes als ein Versagen der Organe? Die meisten Menschen sehen den Tod dann auch eher skeptisch, oder wie Woody Allen es formulierte: „Ich habe nichts dagegen, zu sterben. Ich möchte nur nicht dabei sein, wenn es passiert."

Das Scheitern ist dem Menschen gewissermaßen in die Wiege gelegt. Trotzdem geben wir nicht gern zu, dass wir gescheitert sind – gerade in Deutschland. Dabei ist Scheitern eine unbändige Kraft. Erfolg hingegen ist im ersten Augenblick schön, aber dann sehr schnell langweilig.

Führen Sie doch mal folgenden Test durch: Werden Sie auf einer Party nach Ihrer Befindlichkeit befragt, antworten Sie: „Es geht mir blendend, meiner Familie geht's blendend, meiner Firma geht es blendend." – Und dann warten Sie ab, wie schnell Sie einsamer werden als ein drogensüchtiger Mörder, der immerhin Interesse an seiner tragischen Geschichte weckt. Denn Scheitern ist ein super Gesprächsthema. Führen Sie das nächste Mal den Gegentest durch und antworten Sie mit: „Wisst ihr eigentlich, dass meine Ehe und meine Karriere kurz vor dem Ende stehen?" – Ein mitfühlendes Interesse ist Ihnen jetzt sicher.

Trial and Error – seit Erfindung des Faustkeils als Jagdwaffe

Dabei war Scheitern von jeher ein unglaublicher Motor der Menschheit. Wie stellen wir uns denn die Entdeckung des Faustkeils vor? Irgendein Frühmensch lag vermutlich in einer Höhle auf einem scharfkantigen Stein, der ihn nächtelang nicht schlafen ließ, auf dass er schimpfte: „Völlig nutzlos, das Teil!" Demoralisiert, deprimiert und übermüdet warf der (Er-)Finder den nervigen Steinkeil eines Tages weit weg – und tötete ein zufällig vorbeiziehendes Mammut.

Ich selbst war nicht immer der erfolgreiche Finanz-Kabarettist und Humor-Experte für spielerischen Reichtum, der ich heute bin. Vor Jahren träumte ich von einer Karriere als Straßenmusiker. Einige Freunde waren in diesem unglaublich lukrativen Business aktiv. Sie verdienten in den frühen 90er Jahren etwa 700 bis 1.500 DM für zwei bis drei Stunden Straßen-Show. In der heutigen Währung also gefühlt etwa 20.000 Euro, und das auch noch „steueroptimiert". Sie arbeiteten im Schnitt einmal die Woche. Diesen Erfolg wollte ich auch.

Ich baute mir also einen Kasten, der vorne bunt angemalt und mit einer Liedauswahl versehen war, schnallte ihn mir um und stellte mich auf die Straße. Passanten animierte ich, eine Münze in einen dafür vorgesehenen Schlitz zu werfen, einen Finger durch eine Öffnung unter einem der Lieder zu stecken und es so auszuwählen. Dann öffnete ich eine Klappe und sang das Lied. Schnell sammelte sich eine Menge Menschen, die zusätzlich Geld in den Hut warfen.

Um diese Art artistischer Bettelei zur Blüte zu bringen und obendrein Miete zu sparen, kaufte ich auf Kredit einen zum Wohnmobil umgebauten Lastwagen und tourte einen Sommer lang durch Europa. Leider verlor mein 3,5-Tonner unglaublich viel Öl. Er war so etwas wie ein gestrandeter Öltanker, der allerdings weiter über die Autobahn schrubbte. Viel eingespieltes Geld musste in frische Motoröl-Reserven investiert werden.

Irgendwann kam ich mit dem Nachkippen nicht mehr hinterher – Kolbenfresser. Das Ding Schrott. Ich pleite. Die Umwelt-Bilanz Deutschlands hingegen vermutlich um 50 Prozent verbessert. Nur, dass es damals noch keine Abwrack-Prämie gab. Ich deshalb verschuldet. Während einer Phase der Re-Konsolidierung meiner hochfliegenden Pläne durch eine Tätigkeit als Taxifahrer begann ich, mein erstes Kabarett-Stück zu schreiben. Wer weiß, ob das der Fall gewesen wäre bei einem internationalen Erfolg meiner „Human Jukebox"? Denn das Gute ist ja: Gescheitert ist nur die durch ein T verlängerte Form von „gescheiter".

Chin Meyer gilt als Deutschlands bekanntester Finanz-Kabarettist. Mit seiner Premiere hier in „return" folgt er nach zwei Jahren auf Timo Wopp als bisherigem Kolumnisten an dieser Stelle. Seine vielfältige Verbindung zum Scheitern hat Meyer zum Auftakt schon schön auszugsweise autobiografisch beschrieben. Nicht umsonst hieß sein Erstlingswerk „Ohne Miese durch die Krise". Mehr unter www.chin-meyer.de.

Rechtzeitiges Abbiegen zum Wendemanöver: Unternehmen erhalten die Chance, sobald die EU-Richtlinie in nationales Recht umgesetzt ist, sich mithilfe der präventiven Restrukturierung außergerichtlich in einem nicht-öffentlichen Verfahren zu sanieren – also sich effizient, unbürokratisch und kostengünstig neu auf-zustellen. Der Turnaround kann aber nur gelingen, wenn Unternehmen frühzeitig dieses Verfahren nutzen und nicht bis zuletzt auf die Rettung aus eigener Kraft hoffen. Grundvoraussetzung für den Erfolg bleibt ein zukunftsfähiges Geschäftsmodell. Unternehmen sollten die Restrukturierung deshalb nicht nur auf die finanzwirtschaftliche Seite fokussieren.

© photos.com

Frühwarnsystem mit Ampellogik

Per Gesetz helfen neue Werkzeuge kriselnden Unternehmen beim frühzeitigen Turnaround:
Präventive Restrukturierungen sollen schon bald erfolgreich Insolvenzen verhindern.

Seit 2010 vertreibt das Start-up Mobisol aus Berlin seine Fotovoltaik-Anlagen in den strukturschwachen Regionen von Afrika. Doch dem Unternehmen, das seit der Gründung rund 150.000 Solaranlagen verkaufte, ging 2018 das Geld aus. Die Hauptgesellschafter wollten nicht weiter investieren. Mitte 2018 folgte die Eröffnung des Insolvenzverfahrens in Eigenverwaltung, das mit der Übernahme durch den französischen Energiekonzern Engie endete.

Hätte der präventive Restrukturierungsrahmen ermöglicht, die Eigenständigkeit des Unternehmens zu erhalten? Für Dr. Stefan Weniger, Partner der Restrukturierungspartner KG und derzeit Geschäftsführer bei Mobisol, muss das Geschäftsmodell funktionieren: „Der Erfolg hängt davon ab, ob es eine Marktberechtigung für das Unternehmen gibt und ob eine Struktur existiert, in der es auf Sicht rendite- und wettbewerbsfähig wird." Mobisol befand sich in einer Struktur, mit der es den Turnaround aus eigener Kraft nicht geschafft hätte.

Ein weiterer Faktor für erfolgreiches Restrukturieren ist der Zeitpunkt des Gegensteuerns. Wie im Fall Nya Nordiska. „Früher hätte man vielleicht das Eigenverwaltungsverfahren vermeiden können", vermutet Sven Hartke von der Kanzlei Stellmach & Bröckers, der als CFO bei dem Textilverlag im Einsatz ist. Die Ungleichheit in der Lagerbewertung und auf der Passivseite der Bilanz ließen jedoch zur Sanierung des Textilverlags nur einen Schuldenschnitt über ein ESUG-Verfahren zu.

Insolvenzverfahren zu verhindern ist ein zentrales Anliegen der EU-Richtlinie zum Restrukturierungsrahmen. Ob dieses Ziel erreicht werden kann, hängt ab vom frühen Zeitpunkt von Gegenmaßnahmen, aber auch von der Entstigmatisierung des Themas Insolvenz und dem Kulturwandel bis hin zum Befürworten der zweiten Chance. „Gerade deutsche Unternehmer glauben bis zum bitteren Ende, den Turnaround ohne fremde Hilfe hinzukriegen, und halten deshalb bis zuletzt an ihrem Unternehmen fest. Meist aus Sorge, ihr Lebenswerk durch eine Insolvenz zu verlieren", resümiert

> „Der bessere Restrukturierungsrahmen ist der, dessen Werkzeuge nur gezeigt, aber nicht benötigt werden."
>
> Daniel Friedemann Fritz

der erfahrene Unternehmenssanierer Dr. Utz Brömmekamp. Dieses Verhalten dürfte sich kurzfristig nicht ändern, weshalb er mehr Trennschärfe zwischen präventivem Restrukturierungsrahmen und ESUG fordert: „Wenn noch genug Liquidität vorhanden ist, etwa kein Insolvenzgeld benötigt wird, kann das neue Verfahren zum Zug kommen. Das Unternehmen darf aber nicht insolvenzreif sein, um das präventive Verfahren in Anspruch nehmen zu können."

Daniel Friedemann Fritz von der Kanzlei Dentons Europe votiert für eine möglichst gerichtsferne und weitestgehend verfahrensferne Ausgestaltung des Restrukturierungsrahmens, um Unternehmern und Gesellschaftern die Schwellenangst zu nehmen. Als „Private Expert" der Europäischen Kommission gestaltete der Anwalt die Richtlinie maßgeblich mit. Mit dem Gang zum Gericht laufen Unternehmen – nach Richtlinien-Umsetzung in nationales Recht – womöglich Gefahr, einen Restrukturierungsbeauftragten gestellt zu bekommen, den weder Unternehmen noch Gläubiger wollen. Das würde wieder den gefürchteten Kontrollverlust bedeuten. Der Gang zum Gericht bliebe eine Drohkulisse für Störer einer Sanierung. „Der bessere Restrukturierungsrahmen ist der, dessen Werkzeuge nur gezeigt, aber nicht benötigt werden", findet Fritz.

Gravierende Vorteile für Unternehmen

Für Unternehmen ergeben sich gravierende Vorteile, wenn sie frühzeitig gegensteuern. „Der präventive Restrukturierungsrahmen wird helfen, den Prozess wesentlich entspannter anzugehen", prophezeit CFO Hartke. Wenn Unternehmen noch nicht mit dem Rücken zur Wand stehen, befinden sie sich in einer besseren Verhandlungsposition als im Insolvenzverfahren. Für den CFO sind es nicht nur Liquiditätsvorteile oder Passiva-Bereinigung, die zu neuer Stärke verhelfen, sondern die Bereitschaft, in solchen Krisen veraltete Strukturen aufzubrechen und neue zu schaffen.

Mobisol ist es als Start-up Mobisol gelungen, einen neuen Kapitalgeber zu finden, verlor aber seine Eigenständigkeit.

Dr. Stefan Weniger, Mobisol-Geschäftsführer und Partner bei Restrukturierungspartner: Erfolg hängt von Marktberechtigung ab.

Für Marion Gutheil, Fachanwältin für Insolvenzrecht und Mediatorin der Kanzlei Mönning Feser Partner, sollte ein Leitbild für den Restrukturierungsplan zu erstellen sein wie im alten Insolvenzplan. Krisenunternehmen werden für eine präventive Restrukturierung ihre Maßnahmen und künftige Konkurrenzfähigkeit darstellen. „Das ist eine große Chance für Unternehmer, denen vielleicht aufgrund singulärer Effekte oder finanzwirtschaftlicher Probleme eine Krise droht, ihr Unternehmen noch einmal neu aufzustellen", identifiziert sie eine Gruppe von Unternehmen, die besonders von dem Verfahren profitieren könnten.

Schutzmechanismen für Unternehmer

Die Richtlinie ermöglicht Unternehmen zudem, mit ihren Gläubigern außerinsolvenzrechtliche Regelungen zu treffen. Dabei müssen die Unternehmen nicht mit allen Gläubigern verhandeln, sondern es kann eine Gruppe von Gläubigern oder sogar ein einzelner Gläubiger sein. Die Vereinbarungen, die getroffen werden, gelten dann nur für Gläubiger, mit denen verhandelt wurde. Während des Restrukturierungsverfahrens, für das ein Zahlungsmoratorium von zunächst vier Monaten vorgesehen ist, greifen Schutzmechanismen. Dazu gehören die Fortführung der Vertragsverhältnisse und das Verbot, Maßnahmen zu einer Zwangsvollstreckung durchzuführen. „Falls mit dem Eintritt ins präventive Restrukturierungsverfahren ein außerordentliches Kündigungsrecht vorgesehen würde, wären Betriebsfortführung und Restrukturierung schon gescheitert", betont Gutheil. Störenfriede, die in Verfahren immer wieder auftreten, um die Situation zu ihrem Vorteil zu nutzen, werden künftig ausgebremst. „In dem Fall sollten Unternehmen die Möglichkeit haben, sich unter gerichtlichen Schutz stellen zu lassen in Form eines Moratoriums, das die Gläubiger einbeziehen muss und Störer neutralisieren kann", beschreibt Fritz

die Vorteile. Wirkungslos werden Störer, wenn die Mehrheit der Gläubiger hinter der Rettung steht. Er unterstreicht aber, dass Planbestätigung und Planverfahren in einer vertraglichen Gestaltung stattfinden können. Nur im Fall eines Mehrheitsbeschlusses gebe es eine Überprüfung und „Überbeglaubigung" des vertraglich vereinbarten Restrukturierungsplans durch das Insolvenzgericht.

Für Jurist und Betriebswirt Dr. Maximilian Pluta stellt die präventive Restrukturierung im Prinzip kein neues Instrument dar. Sanierungskonzepte werden schon nach dem Standard IDW S 6 erstellt. „Der wichtigste Grund, warum man jetzt zum präventiven Restrukturierungsrahmen greifen muss, ist die Möglichkeit, zwangsweise abweichende Finanzierer mit einbinden zu können", konstatiert Pluta. Unternehmern bringe dies den Vorteil, dass sie den nach Plan viermonatigen Zeitraum der Restrukturierung und Sanierung rechtssicherer gestalten können, als es heute der Fall ist. Damit wird für Pluta ein Mechanismus formalisiert, wie er faktisch schon von Banken und Finanzierern gelebt wird.

Leichter Finanzierer für neues Verfahren finden

Auf ein Thema, das eher am Rande behandelt wird, aber für Unternehmen von großem Nutzen sein könnte, verweist Brömmekamp. So soll, wer einem Unternehmen mit einer Neu- oder Zwischenfinanzierung hilft, das Restrukturierungsverfahren zu durchlaufen und die Maßnahmen umzusetzen, in einem sich eventuell anschließenden Insolvenzverfahren privilegiert sein. „In welchem Maße, ist noch offen, aber das könnte es einem Unternehmen sehr erleichtern, einen Financier für ein solches Verfahren zu finden", prognostiziert Brömmekamp positive Aussichten.

Er kritisiert aber auch, dass die präventive Restrukturierungsrichtlinie wie das ESUG sehr stark auf die Passiv-Seite der Unternehmen fokussiert. Denn wenn das Geschäftsmodell

Unternehmen wie der Textilverlag Nya Nordiska profitieren beim neuen Verfahren von der Bereitschaft, alte Strukturen aufzubrechen.

Sven Hartke, Nya Nordiska-CFO und Insolvenzberater von Stellmach & Bröckers: eine Hilfe, den Prozess entspannter anzugehen.

nicht zukunftsfähig ist, hilft auch kein Schuldenschnitt. Für Sven Hartke ist die Bereinigung der Bilanz-Passiv-Seite eine Voraussetzung für eine erfolgreiche Restrukturierung.

Zu welchem Zeitpunkt ein Unternehmen in das Verfahren eintreten kann, ist auch noch nicht geklärt. Die Richtlinie spricht von der „Likelihood of Insolvency", ohne dies genauer zu definieren. Das Meinungsspektrum dazu ist weit gestreut, wie Expertin Gutheil weiß: Der genannte Zeitpunkt reiche von der Phase kurz vor drohender Zahlungsunfähigkeit, einer negativen Fortführungsprognose, von der Nutzung bestimmter Vergleichsmechanismen entsprechend dem EU-Beihilferecht, einer Anknüpfung an das

frühere Eigenkapitalersatzrecht inklusive Krisendefinition, der Bestandsgefährdung aus dem Bilanzrecht bis zu einer Anlehnung an Argumente aus der Kreditrechtsprechung.

Pluta kritisiert diese breit gefächerte Diskussion, weil die Beteiligten sie aus deutscher Sicht führen, die von rein insolvenzrechtlichen Kriterien getrübt sei. Der Geschäftsführer von Pluta Management erwartet, dass jeder Mitgliedsstaat die wahrscheinliche Insolvenz anders definieren wird. Für international tätige Mittelständler bedeutet dies, dass sie sich in den unterschiedlichen Rechtsordnungen darüber informieren müssen, ab wann ihr Schuldner in das Verfahren einsteigen kann und ob er weiter liefern muss, ohne dass der

Wichtige Werkzeuge der neuen präventiven Restrukturierung

▶ Das Moratorium soll die Möglichkeit eröffnen, in kurzer Zeit einen Restrukturierungplan zu erstellen und mit den betroffenen Gläubigern zu verhandeln. Über das Moratorium soll ein Gericht entscheiden, das es auch ablehnen kann, falls die Restrukturierung keine Aussicht auf Erfolg verspricht. Das Moratorium ist zunächst auf vier Monate beschränkt, soll bei relevanten Fortschritten bis auf zwölf Monate verlängert werden können. Das Moratorium kann mit einzelnen Gläubigern oder Gläubigerklassen beschränkt werden.

▶ Der Restrukturierungsplan ist das zentrale Werkzeug der Richtlinie, eine Art Zwangsvertrag und ähnelt dem Insolvenzplan. Über ihn stimmen alle betroffenen Gläubiger ab. Laut EU-Richtlinie müssen kleine und mittlere Unternehmen keine Klassen bilden. Ein Plan gilt als angenommen, wenn er in allen Klassen die Mehrheit erhält. Das Quorum, das die EU-Mitgliedsstaaten bestimmen dürfen, darf nicht über 75 Prozent liegen. Zudem können sie bestimmen, ob es einer

Summenmehrheit oder einer qualifizierten Kopfmehrheit bedarf. Bei Zustimmung aller Gläubiger bedarf der Plan keiner gerichtlichen Bestätigung, jedoch bei der Annahme mit einer qualifizierten Mehrheit. Der Plan kann auch angenommen werden, wenn nur in einer bestimmten Anzahl von Klassen eine Mehrheit benötigt wird, was die Überstimmung dissentierender Klassen ermöglicht.

▶ Der Transaktions- und Anfechtungsschutz dient (Zwischen-)Finanzierungen, die zum Zwecke der Restrukturierung gewährt werden. Enthalten ist ein Bestandsschutz im Falle des Scheiterns der Restrukturierung und einer anschließenden Insolvenz.

▶ Der Restrukturierungsbeauftragte/-verwalter soll nur im Einzelfall und wo er nötig ist hinzugezogen werden. Die EU-Richtlinie sieht vor, dass die Restrukturierung durch den Schuldner selbst vorgenommen wird.

Quellen: Daniel Friedemann Fritz: „Die Restrukturierungsrichtlinie hat die Weichen gestellt: Wohin fährt der Sanierungszug?" in „INDat Report" 01/2019, S. 68 ff.; eigene Recherchen

Dr. Maximilian Pluta, Geschäftsführer bei Pluta Management: Man möchte abweichende Finanzierer zwangsweise mit einbinden.

Daniel Friedemann Fritz, Partner bei Dentons Europe: Schutz soll Unternehmen auch dazu dienen, Störer neutralisieren zu können.

Kunde zahlt. „Das ist der Knackpunkt, vor dem ich Sorge habe, weil er bisher nicht richtig bedacht ist", warnt Pluta. Den Eintritt in das Verfahren können aber nicht nur Unternehmer oder Gesellschafter veranlassen. Die Richtlinie sieht vor, dass Stakeholder wie Gläubiger oder Banken den Prozess anstoßen können. Allerdings nur mit Zustimmung der Geschäftsführung. „Es ergibt keinen Sinn, das Verfahren gegen den Schuldner einzuleiten", warnt Fritz.

Verbindliche Frühwarnsysteme auch zur Haftungsvermeidung

Für Unternehmer spannend: Wenn ein Dritter das Verfahren anstoßen möchte, und der Unternehmer sich weigert, entsteht dann ein Haftungsgrund? Brömmekamp verweist auf die Installation eines Frühwarnsystems, das vom Staat installiert werden muss. Künftig soll es ein Frühwarnsystem mit Ampellogik geben, das Unternehmern den Handlungsbedarf aufzeigt. Aus Artikel 19 der Richtlinie leitet Brömmekamp eine unmittelbare Verpflichtung ab und damit eine Haftung auch gegenüber Dritten, die sich zur Vermeidung einer Insolvenz ergeben könnte. „Das bedeutet, diese Frühwarnsysteme verbindlich zu nutzen und zur Haftungsvermeidung eine präventive Restrukturierung zur Insolvenzvermeidung regelmäßig ernsthaft in Erwägung zu ziehen", resümiert er. Fritz sieht zudem die Notwendigkeit, sich mit dem Insolvenzgrund der Überschuldung zu befassen. Denn in der Richtlinie sei klar geregelt, dass unter Umständen nach einer eingetretenen Überschuldung nach derzeitigem Recht der Zugang zu den Restrukturierungswerkzeugen unter dem präventiven Restrukturierungsrahmen nicht verbaut werden kann. „Ansonsten ist es von Anfang an gar nicht möglich, ihn zu nutzen, und das wäre der schlechteste Fall, wenn er nicht mehr zur Verfügung stehen würde", folgert Fritz. Insoweit sieht Fritz die Bundesregierung auf dem richtigen Weg, die Überschuldungsthematik so anzupassen, dass der Zugang zum Restrukturierungsrahmen möglich wird.

Die gute Nachricht für kriselnde Unternehmen: Das Verfahren dürfte vermutlich kostengünstiger werden, weil es kürzer und für den Unternehmer einfacher ist. „Die Vergütung für den Restrukturierungsbeauftragten wird sich möglicherweise an einer Gebührenordnung orientieren, die sich an der Effizienz des Verfahrens ausrichtet. Beim Moratorium wird es gerichtliche oder behördliche Gebühren für das Verfahren geben. Die Kosten für die Berater werden ähnlich wie bei der Eigenverwaltung sein. Geringere Kosten und die Anonymität eines unbürokratischen Verfahrens machen das Verfahren für kleinere Mittelständler attraktiv und könnten der Beginn einer neuen Sanierungskultur in Deutschland sein.

Kompakt

▶ Ziel des präventiven Restrukturierungsrahmens ist eine Verhinderung von Insolvenzen.

▶ Zur Akzeptanz bedarf es eines gerichtsfernen und nicht-öffentlichen Verfahrens.

▶ Die frühe Einleitung von Gegenmaßnahmen und ein tragfähiges Geschäftsmodell zählen zu den wichtigen Voraussetzungen für eine erfolgreiche Restrukturierung.

▶ Zum wesentlichen Instrumentarium zählt das Moratorium, das Vereinbarungen mit einzelnen Gläubigern oder Gläubigergruppen erlaubt. Störer sind durch Mehrheitsbeschluss zu neutralisieren.

Peter Hanser schrieb in Ausgabe 06/19 von „return" schon den Titelreport über Change Management, das Führung und Wandel vereint, um die Transformation voranzutreiben. Diesmal widmet er sich den neuen Möglichkeiten der präventiven Restrukturierung für den erfolgreichen Turnaround.

„Neue Geschäftsmodelle muss man auch ausprobieren dürfen"

Über „Transformation als Tagesgeschäft" spricht Dirk Pfitzer als Mitglied des Managements von Porsche Consulting im Exklusiv-Interview – und am 3. März beim „return-Unternehmerforum".

Herr Pfitzer, Porsche Consulting wurde vor 25 Jahren vom Sportwagenbauer ausgegründet. In Ihrem Jubiläums-Magazin hebt Porsche-Chef Oliver Blume diese „besondere Erfolgsgeschichte in unserem Konzern" hervor. Warum?
Dirk Pfitzer: Weil Porsche Consulting selbst das Kind einer Transformation ist, noch vor der Zugehörigkeit zum Volkswagen-Konzern geboren aus einer Restrukturierung bei Porsche, heute der profitabelste Autobauer der Welt. Porsche Consulting führt mittlerweile die Lünendonk-Liste unter den Top 10 der Unternehmensberatungen. Zuletzt haben wir als schnellstwachsende Beratung ein organisches Wachstum von 24,5 Prozent erzielt. Eine weitere Erfolgsgeschichte.

Zum Alleinstellungsmerkmal betont Blume: „Ich kenne keine andere Unternehmensberatung, die aus der Praxis in einem Industrieunternehmen kommt und so viele andere Branchen davon profitieren lässt." Was kann Porsche Consulting von der Autobauer-DNA auf andere übertragen?
Fast alles. Kopieren klappt nicht, kapieren schon. Die Automobilindustrie war Vorreiter in Effizienz und Digitalisierung, stellt aber deutlich mehr Stückzahlen her als etwa Maschinen- und Anlagenbau. Trotzdem ist eine schlanke Produktion oder das Null-Fehler-Prinzip zu adaptieren.

Lean Management haben Sie anfangs vermittelt, heute gehe es eher um „die große Transformation", heißt es im Blume-Interview. Was verstehen Sie unter dem aktuell viel bemühten Begriff für Anpassung?
Transformation ist für uns nach allgemeiner Definition die Entwicklung vom ermittelten Ist-Zustand zum planvoll angestrebten Soll-Zustand, der nachhaltig beibehalten wird. Diese Vorgabe ist wichtig, denn drei Viertel aller Transformationen scheitern. Wir unterscheiden drei Archetypen von Transformation: erstens zur Unternehmenswertsteigerung

> „Je früher die Transformation eingeleitet wird, desto größer der Handlungsspielraum."
> Dirk Pfitzer

durch Effizienz und damit Kostenreduzierung, zweitens zum Wachstum etwa durch Geschäftsmodellentwicklung, drittens zur Digitalisierung mit entsprechenden Prozessen, Produkten und Services. Ursprünglich dominierten Projekte zur Unternehmenswertsteigerung, jetzt wachsen wir am schnellsten in Transformation und Digitalisierung.

Welche Voraussetzungen fördern Erfolg in Transformation?
Wir haben uns 150 Unternehmen im Rückspiegel angesehen und Erfolgsfaktoren extrahiert. Die drei Archetypen der Transformation erfordern selbstverständlich unterschiedliche Voraussetzungen für Erfolg, wobei das Mitnehmen der Mitarbeiter für alle drei gilt. Sechs Erfolgsfaktoren mit ähnlicher Wirkkraft für alle drei Archetypen sind zudem eine überzeugende Strategie, erreichbare Ziele, fördernde Unternehmenskultur, richtige Personen an entscheidenden Stellen, passende Stellhebel und ein innovatives Team in der Führung. Unterschiedliche Voraussetzungen je nach Archetyp der Transformation zeigen sich in der Kultur etwa beim Treffen von Entscheidungen: eher „engage & empower" oder mehr „command & control". Letztgenanntes greift beispielsweise besser in Krisenlagen, in denen es um schnelle Kostensenkungen geht. Oder: Ziele ich mit der Transformation auf Wachstum und Digitalisierung, muss ich zweifelsfrei mehr Risiko erlauben.

Welche Vorbilder für Transformation sollten sich Unternehmer anschauen, um auch Lust darauf zu bekommen?
Aus den 150 untersuchten Unternehmen haben wir in den drei Archetypen der Transformation rund 20 Erfolgsbeispiele ermittelt. Dem Axel Springer Verlag ist konsequent der Shift von Print zum digitalen Geschäft gelungen, weil die Transformation schon weit vor der Strategiekrise eingeleitet wurde. Selbst profitable Printtitel wurden verkauft, um den

Senior Partner Dirk Pfitzer arbeitet für die Porsche Consulting GmbH seit 2004 und gehört zum Management der Unternehmensberatung, die seit 25 Jahren besteht. Der Betriebswirt verantwortet global die Industriegüter-Branche, Strategie und Geschäftsmodelle, High Performance Enterprise sowie Effizienzprogramme.

Wandel voranzutreiben. Als zweites Beispiel ist Philips zu nennen, denn das Unternehmen hat sich weitgehend von der Consumer Electronic verabschiedet und sich erfolgreich als Spezialist für Gesundheitstechnologie positioniert. Beide Genannten haben frühzeitig auf Transformation gesetzt.

Spielt in Ihrem Alltagsgeschäft überhaupt noch das Senken von Kosten allein eine große Rolle in Unternehmen?
Wir sind die strategische Beratung für Transformation. Cost Cutting mit dem Rotstift ist uns per se zu wenig. Bei unseren Effizienzprogrammen stehen deshalb neben den Kostensenkungen immer auch Wachstumssteigerungen im Fokus. Für beides halten wir gleichberechtigt zehn Hebel bereit.

Wenn Sie praxisnah neue Geschäftsmodelle gestalten: Beschreiben Sie bitte, bei wem das sehr gut gelungen ist.
Wir behandeln unsere Projekte streng vertraulich. Rolls-Royce hat seine Flugzeug-Triebwerke so optimiert, dass der Hersteller sie heute an Airlines pro Stunde mit „power by hours" verleiht. Dadurch müssen Kunden vorher kein großes Investment leisten und profitieren vom neuen Ansatz

des Predictive Maintenance, also der Zustandsüberwachung zur Vermeidung von Ausfällen. Ähnlich arbeitet Kaeser Kompressoren. Neue Geschäftsmodelle eröffnen Wachstumspfade, die zu profitableren Ergebnissen führen als alte.

Woran mangelt es denn meist den alten Geschäftsmodellen?
An schwachen Preissteigerungen, die die Frage aufwerfen, wie lange diese Geschäftsmodelle noch tragen. Von neuen Technologien wie dem 3-D-Druck getrieben, kann schnell das Ende nahen – etwa im Werkzeugbau oder in der Ersatzteileproduktion. Maschinen- und Anlagenbauer, die auf auslaufende Geschäftsmodelle setzen, müssen rechtzeitig Strategiekrisen erkennen. Angesichts wachsender E-Mobilität müssen Maschinenbauer, die an die Autoindustrie liefern und von Verbrennungssystemen abhängig sind, frühzeitig umschwenken. Die Dimension wird deutlich, wenn man weiß, dass 50 Prozent der Werkzeugmaschinen im Maschinen- und Anlagenbau auf den Automobilsektor ausgerichtet sind. Wer sich die Entwicklung bis zum Jahr 2050 anschaut, wird rechnerisch zum Ergebnis kommen, dass künftig 20 Prozent weniger Hersteller von Werkzeugmaschinen benötigt werden.

Welche Unternehmen sehen Sie zeitnah gefährdet?
Viele dachten, sie seien sicher. Mir fällt keine Branche ein, die nicht vom Wandel betroffen ist. Disruptive Entwicklungen gehen oft nicht von direkten Wettbewerbern aus. Schauen Sie, wie zum Beispiel in der Tourismusbranche junge Digitalunternehmen das Hotelgeschäft verändern.

Die „Wertschöpfungskrise im Maschinen- und Anlagenbau" hat Porsche Consulting jüngst ausführlich beschrieben. Was genau sind die Gefahren, was die Gegenmittel?
Halten wir uns vor Augen: 6.500 deutsche Unternehmen des Maschinen- und Anlagenbaus stehen für 1,05 Millionen Arbeitsplätze, aber auch für eine zersplitterte Branche, in der die Produktivität in den vergangenen fünf Jahren um 1,1 Prozent pro anno gesunken ist. Trotz Hochkonjunktur!

Futuristischer Unternehmenssitz von Porsche Consulting in Bietigheim-Bissingen bei Stuttgart.

Restrukturierung bei Porsche gebar Unternehmensberatung

Als der Sportwagenhersteller Porsche vor 25 Jahren via Restrukturierung seine Krise überwinden wollte, schlug die Geburtsstunde von Porsche Consulting, denn Kompetenz und Erfahrung zum Turnaround sollten an andere Unternehmen vermittelt werden. Die Beratung begann 1994 in einem Büro in Zuffenhausen mit vier Porsche-Mitarbeitern. Heute arbeiten 650 Menschen für die Gesellschaft aus Stuttgart jetzt auch mit Standorten in Hamburg, München, Berlin, Mailand, São Paulo, Atlanta, Belmont und Shanghai. Vor allem Ingenieure und Wirtschaftswissenschaftler übertragen erprobte Lösungen aus der Automobilindustrie in andere Branchen. Ursprünglich lag der Schwerpunkt auf Lean-Transformation zur Kostensenkung, heute stehen Transformationsprozesse für Wachstum und für Digitalisierung im Mittelpunkt. Die Geschäftsleitung besteht aus drei Managern, mit Eberhard Weiblen an der Spitze.

www.porsche-consulting.com

Die größeren Unternehmen haben sich zwar besser entwickelt. Aber unsere Studie ermittelte neben einigen Transformern und Performern eben auch eine Reihe von Patienten. Das konsequente Hinterfragen des eigenen Geschäftsmodells, das Investieren in Innovationskraft und das Steigern der operativen Excellence zählen zu den Gegenmitteln.

„Erlebbare Resultate" schreiben Sie sich als Mission und Qualitätsstandard auf die Fahne. Wann äußern Sie gegenüber Kunden dazu konkrete Erfolgszahlen?
Nicht erlebbare Resultate in Bilanzen lösen keine Begeisterung bei Mitarbeitern aus. Deshalb versuchen wir, bei Auftraggebern erlebbare Resultate, die vom Vorstand bis zur Basis diese Begeisterung erzeugen, durch Leuchtturm-Projekte zu erreichen. Dabei müssen Mitarbeiter mitgestalten können, um später den Aha-Effekt zu erleben. Der Ablauf von der Analyse über das Pilotprojekt, das erfolgreiche Konzept und seine Kennzahlen bis hin zum Ausrollen innerhalb des Unternehmens hat sich als überzeugend erwiesen. Dazu begeben wir uns oft mit unseren Kunden und mitunter ihren Kunden in unser Innovation Lab und gestalten neue Service Designs. Am Ende steht keine Power-Point-Präsentation, sondern ein erprobter Prototyp. Das ist echt erlebbar!

Porsche Consulting will Lösungen schaffen, „die dauerhaft funktionieren". Wirkt Transformation zu oft kurzfristig?
Nein, alle Beratungen achten auf nachhaltige Effekte, wenn es um Geschäftsmodelle, Effizienz etwa in Industrie 4.0 oder in Customer Centricity geht. Wir unterscheiden uns aber darin, dass wir schon Erfahrungen dazu im Volkswagen-Konzern gesammelt haben. Ein Pilotprojekt auf Serie zu übertragen, ist nämlich nicht so einfach, denn da spielen Qualitäts-Management, Ausfallraten oder das Einbinden des Betriebsrates eine Rolle. Am Ende kommt womöglich doch ein anderes Ergebnis zustande. Das bestätigt auch die Praxis, in der Unternehmen zwar viele Projekte angestoßen haben, aber einige als nicht umsetzbar haben einschlafen lassen. Die Konzentration auf die wichtigsten, umsetzbaren Projekte erachte ich allerdings auch als richtigen Schritt. Und bei der digitalen Transformation muss man neue Geschäftsmodelle auch ausprobieren, mitunter sogar scheitern dürfen.

In welchen der drei Transformationen zünden eher Erfolge?
In allen dreien. Für Unternehmen gilt: Geben Sie Gas – mit unterschiedlichen Priorisierungen, aber nie halbherzig!

Ihre Beratung will, dass der „Mensch im Mittelpunkt" steht. Stehen Menschen den Veränderungen nicht oft im Weg?
Das stimmt. Jeder behauptet, er sei veränderungsbereit. Aber nur so lange es ihn nicht betrifft. Deshalb müssen wir bei Mitarbeitern den Nutzen der Veränderung erlebbar gestalten

Einblicke in die Porsche Produktion 4.0 beim Sportwagenbauer. Auch von hier übertragen die Consultants eigene Erfahrungen.

Im eigenen Innovation Lab entwickeln Porsche Consultants aus erprobten Lösungen neue Ideen für andere Branchen.

und Betroffene zu Beteiligten machen. Das löst Widerstände. Dazu binden wir gerade Widerständler als Multiplikatoren in Projekte ein. Aus unserer Erfahrung gelingt dann Transformation erfolgreicher. Aber klar: Permanente Querulanten sind nur schwierig mitzunehmen.

Porsche Consulting will Auftraggeber auch zur Selbsthilfe befähigen. Ab wann ziehen Sie sich zurück?
Das hängt vom Unternehmen ab und kann bei internationalen Playern zwei Jahre dauern. Aber klar: Unsere Auftraggeber sollen von keiner Beratung abhängig sein. Deshalb geben wir meist nur den Anschub. Dafür erarbeiten wir verstehbare Konzepte, unterstützen bei der Umsetzung und befähigen durch Schulungen. Viele setzen den Weg dann selbst fort.

Digitalisierung und Innovation mit Data Analytics und Künstlicher Intelligenz – ist da nicht Widerstand gegen mehr Maschinen vorprogrammiert?
Nein. Ich habe gestern noch mit einem Chemie-Unternehmen telefoniert, wo die Mitarbeiter selbst diese Technologien fordern. Als Digital Natives kennen sie zeitgemäße Technologien schon aus ihrem Privatleben. In vielen Unternehmen zwingt allein der Fachkräftemangel, solche Vorbehalte gegen die Unterstützung durch Maschinen zu überwinden. Bei Mitarbeitern habe ich noch keine Ressentiments erlebt, weil die Digitalisierung angeblich Arbeitsplätze gefährdet.

Was beinhaltet Ihre „Kulturtransformation" als Leistung?
„Culture eats strategy for breakfast" – diese Warnung des legendären Management-Denkers Peter Drucker sollte jeder Unternehmer beherzigen. Unternehmenskultur ist nicht kopierbar, deshalb gehört sie in Anpassungsprozessen auch transformiert. Die schon erwähnte Art, zum Beispiel Entscheidungen zu treffen oder Risiken zuzulassen, gehört je nach Archetyp der Transformation dazu. Im Kern geht es

darum, wie sich das Leadership Team zu verhalten hat oder welche Mitarbeiter mit neuen Fähigkeiten man benötigt.

Wie schwer tun sich damit traditionelle Unternehmen?
Deutsche Unternehmen haben sich mal schwergetan. Unser Perfektionismus unter straffer Führung war schließlich über Jahrzehnte ein Erfolgsmodell. Aber wir haben von den USA in puncto Ambidextrie dazugelernt: Im Kerngeschäft muss man fehlerlos arbeiten, im Neugeschäft viel ausprobieren.

Spätestens in Krisen wird oft der Ruf nach starker Führung laut, die nur noch Befehle bellen soll, um den Turnaround einzuleiten. Welcher Führungsstil wirkt effizient?
Unternehmen brauchen Führung und Freiraum. Der Stil variiert je nach Lage. Ein CEO, der in der Liquiditätskrise durchgreift, könnte in der Wachstumsphase nicht mehr der Richtige sein. Inhaber sollten also als Nachfolger nicht unbedingt den gleichen Typ suchen, den sie selbst verkörpern.

Ist tägliche Transformation die beste Krisenprävention?
Ja. Je früher die Transformation eingeleitet wird, desto größer ist der Handlungsspielraum. Das galt zwar immer schon. Aber die Marktdurchdringung neuer Technologien geht heute schneller, deshalb bleibt jetzt immer weniger Zeit, um die Transformation rechtzeitig einzuleiten.

Sie haben schon einige Unternehmen aus dem VW-Konzern beraten. Beauftragen Sie auch andere Autobauer?
Wir haben fast alle der zwölf Marken im Konzern beraten, etwa auch MAN oder Ducati. Und ja: Wir haben Anfragen anderer Autobauer und -zulieferer, gehen damit aber vertrauensvoll verschwiegen um.

Das Interview mit Dirk Pfitzer führte Thorsten Garber am Unternehmenssitz von Porsche Consulting im „SkyPort" am Stuttgarter Flughafen.

Comeback per Short Cut

Die Geschäftsführung bleibt Herr des Handelns beim Insolvenzverfahren in Eigenverwaltung.
Für das Unternehmen KL Megla lagen darin weitere Vorteile. Der Fall eignet sich fürs Lehrbuch.

Das Kapitel könnte im Lehrbuch unter der Botschaft stehen, wie ein Generationenwechsel während eines Insolvenzverfahrens in Eigenverwaltung gelingen kann. Selbst der erfahrene Sanierungsexperte Dr. Utz Brömmekamp, Rechtsanwalt und Geschäftsführer der Wirtschaftskanzlei und Unternehmensberatung Buchalik Brömmekamp, hatte so etwas zuvor noch nicht vollzogen. Dabei ist seine Firma seit 2012 auf Eigenverwaltungen samt Strategie- und Restrukturierungsberatung spezialisiert. Damals hat der Gesetzgeber den Weg frei gemacht für eine Gleichzeitigkeit von Antrag auf Eröffnung eines Insolvenzverfahrens und Antrag auf Eigenverwaltung. Ziel: den Anreiz des Unternehmers zur Sanierung seines Unternehmens unter Insolvenzschutz zu erleichtern (siehe Kasten unten).

Dieses Recht ebnete für KL Megla, Hersteller von Türbändern aus Metall für Dusch- und Türsysteme, kontrolliert den Weg zu einem neuen Unternehmen, der KL Megla Germany. Es ist unter neuer Leitung des Juniorenkreises aus der eigenen Familie jetzt schon durchgestartet. Entstanden ist die neue Gesellschaft durch einen Asset Deal mit Übertragung der Vermögensgegenstände der insolventen KL Megla auf die von der Nachfolgegeneration geführte PR Germany inklusive Umfirmierung. KL Megla Germany setzt die Sanierung und Strategie aus dem Insolvenzkonzept um. Wie das kam, erklären Brömmekamp, der die Lösung maßgeblich mittrug und begleitete, und Peter Reinecke, Geschäftsführer der KL Megla, im offenen Dialog mit „return".

Das Insolvenzverfahren in Eigenverwaltung wurde am 1. September 2019 eröffnet. Jahrelang gab es neben KL Megla das eigenständige Unternehmen PR Germany, wobei das PR für Peter Reinecke steht. Er gründete 2006 PR Germany, die nach seinen Ausführungen aus zwei Abteilungen bestand: Eine erledigte Querschnittsaufgaben für KL Megla bis zur Insolvenz, die andere bündelte neue Aktivitäten im Bereich Elektronik und schaltbare Gläser. Laut Reinecke liegen hier Patente für Hightech-Entwicklungen wie Sicherheitsglas, das nach dem Aufprall einer Gewehrkugel sofort undurchsichtig wird. Oder Fensterscheiben, die Abwärme nutzen und auf diese Weise wesentlich zur besseren Energienutzung eines Hauses beitragen.

Reinecke war Alleineigentümer und Geschäftsführer von PR Germany. Bei KL Megla teilte er sich Geschäftsführung und

Was bedeutet eigentlich „in Eigenverwaltung"?

Der Schuldner bleibt im Fall einer Insolvenz „Herr des Geschehens". Anders als im herkömmlichen Insolvenzverfahren, in dem die Kontrolle an den Insolvenzverwalter übergeht, liegen Verfügungsgewalt und Finanzhoheit weiterhin bei der Geschäftsführung des insolventen Unternehmens. Diesem wird ein Sachwalter an die Seite gestellt, der das Verfahren überwacht. Der Schuldner muss beim Gericht einen Antrag auf Eröffnung des Insolvenzverfahrens in Eigenverwaltung stellen. Die Antragsanforderungen sind nicht zu unterschätzen, denn der zuständige Richter muss davon überzeugt werden, dass das Unternehmen für das Verfahren geeignet und die Geschäftsführung „der Eigenverwaltung würdig" ist. Mithilfe eines Beraters sollte der Schuldner rasch klären, wie die Insolvenzursachen beseitigt und die Sanierungsziele erreicht werden können. Entschuldung allein reicht nicht, denn wenn weiter Verluste erwirtschaftet werden, ist die nächste Pleite absehbar. Die operative Sanierung wird unter Insolvenzschutz erheblich erleichtert: So dürfen Mietverträge unabhängig von Fristen gekündigt werden.

Entspricht das Gericht dem Antrag, bestellt es einen vorläufigen Sachwalter. Im Einvernehmen mit den Gläubigern wird ein Insolvenzplan erarbeitet. Der Plan schreibt unter anderem eine quotale Befriedigung der ungesicherten Gläubiger fest. Mit Eröffnung des Insolvenzverfahrens in Eigenverwaltung wird ein Sachwalter bestellt, der meist personenidentisch mit dem vorläufigen Sachwalter ist. Über den Insolvenzplan stimmen die Gläubiger in einer dafür einberufenen Versammlung ab. Bei mehrheitlicher Zustimmung wird der Plan bestätigt und das Insolvenzverfahren aufgehoben.

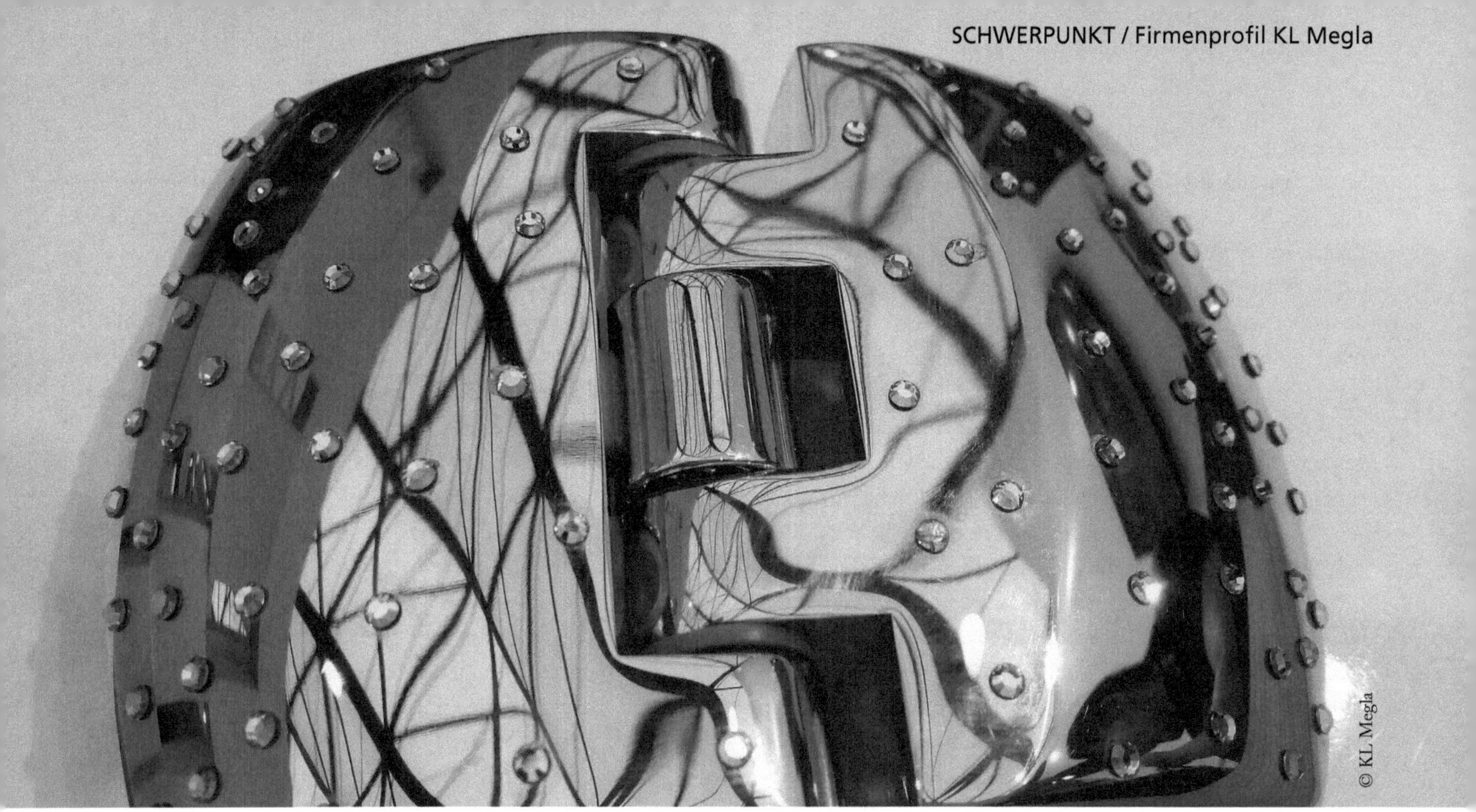

© KL Megla

Luxus-Veredelung wie hier mit Swarovski-Kristallen im Design nach Kundenwunsch oder Beschlag-Gravuren gehören zum Portfolio.

Gesellschafteranteile mit Jörg Loggen, Sohn von Karl Loggen. Das KL steht für die Initialen dieses Erfinders und Werkzeugmachers, Megla übrigens als Kürzel für Metall und Glas. Beides sind zentrale Werk- und Wertstoffe des Unternehmens. Nachdem Karl Loggen Anfang der 90er Jahre ein Metallband entwickelte, das ein Problem für die Befestigung von gehärtetem Glas in Duschkabinen löste, taten sich beide Männer zusammen und gründeten KL Megla. Diese Gesellschaft wurde kurz darauf mit der Firma Megla Technik von Peter Reinecke verschmolzen. Der Name KL Megla blieb. So kam es zur Aufteilung von Geschäftsanteilen und Management (Kasten Seite 28).

Bei PR Germany hatte Reinecke schon begonnen, auf seine fünf Kinder sukzessive Geschäftsanteile zu übertragen. Seit 2016 liegen alle Anteile zu je 20 Prozent bei den Nachkommen. Reinecke strebte auch bei KL Megla eine Quote von 100 Prozent für seine Familie an, weil er mit Loggen zu oft unterschiedlicher Auffassung über die Entwicklung und die Investitionen von KL Megla war. Im März 2019 einigten sich die Unternehmer schließlich auf einen Verkauf der Loggen-Anteile an Reinecke. Als Jörg

© Buchalik Brömmekamp

„Das Sanierungskonzept ist unbedingt konsequent umzusetzen."

Utz Brömmekamp

Loggen ausbezahlt war, sollte KL Megla – jetzt komplett im Besitz von Peter Reinecke – auf PR Germany verschmolzen und vollständig als Eigentum der fünf Kinder festgelegt werden. So war der Plan. Doch laut Reinecke geriet KL Megla in immer größere wirtschaftliche Schwierigkeiten. Insbesondere der Preisdruck sei dafür verantwortlich gewesen.

Ein Konkurrent biete seine Metallbefestigungen für Duschkabinen deutlich günstiger an als KL Megla. „Wir verwenden für unsere Aufhängungen Messing, was hochwertiger ist. Die Konkurrenz nutzt unter anderem billigeren Metallguss, auch wenn die Produkte gegebenenfalls schneller brechen", so Reinecke. KL Megla habe schon 2005 die eigene Produktion in China aufgebaut, um dem Preisdruck standzuhalten. Bei weiteren Investitionen sowie bei notwendigen Vorfinanzierungen habe es in den Folgejahren aber immer wieder unterschiedliche Auffassungen zwischen Loggen und ihm gegeben. In der Folge habe KL Megla vor allem in Deutschland mit hohen Kosten produzieren müssen.

Im Verlauf des vergangenen Jahres habe sich die Lage unerwartet zugespitzt. Verhandlungen mit einem Großinvestor zogen sich hin, schildert Reinecke. Als dann plötzlich ein Finanzbeamter erschien, sei es mit der Liquidität eng geworden. Der habe ohne Mahnung 72.000 Euro gepfändet. Eine Zusage, zwei Werktage später das Geld zu zahlen, habe ihn nicht stoppen können. „Mit der Kontosperrung waren wir dann zahlungsunfähig", sagt Reinecke.

Die Hausbank, zugleich Hauptgläubiger, sei ohne Zögern mit einer Finanzspritze eingesprungen. Vom Geldinstitut sei auch der Vorschlag eines Insolvenzverfahrens in Eigenverwaltung gekommen. „Das tut eine Bank nur, wenn sie von den Fähigkeiten und den Sanierungschancen des Unternehmens überzeugt ist", betont Brömmekamp. Zusammengefunden haben sich die beiden Männer durch Recherchen von Reinecke im Internet nach einem kompetenten Sanierer und Berater. Bei KL Megla konnten die Profis von Buchalik Brömmekamp ihr ganzes Können und Wissen einbringen.

„Die Zahlungsunfähigkeit war schon eingetreten. Das heißt, wir mussten sehr schnell sein, allein aus dem Grund, dass eine persönliche Haftung des Managements tunlichst zu vermeiden war", betont Brömmekamp und unterstreicht: „Das Insolvenzverfahren in Eigenverwaltung steht und fällt mit der Vorbereitung." Vor allem der Insolvenzrichter müsse von der Sinnhaftigkeit des Vorhabens überzeugt werden – am besten im persönlichen Gespräch. Das sei gelungen, weil dem Richter ein Sanierungsansatz mit klarem Kurs vorgelegt wurde: Hier kommt KL Megla her, das sind die Gründe der Zahlungsunfähigkeit, dies sind die qualitativ hochwertigen Produkte, das sind erste Sanierungsmaßnahmen.

Wichtig sei es, dem Richter zu verdeutlichen, dass der Gläubiger unverändert Gesellschafter und Gesellschaft vertraue. Zudem wurde die Bestellung eines von drei genannten und beim Gericht gelisteten Experten als vorläufiger Sachwalter angeregt. Von denen bestimmte der Richter dann Rechtsanwalt Dirk Obermüller von der „dhpg", eines der führenden mittelständischen Prüfungs- und Beratungsunternehmen hierzulande. Am Tag, an dem Brömmekamp beim Richter vorstellig wurde und dieser über beide Anträge entschied, machte sich das Team an die Arbeit.

KL Megla hatte schon eine Betriebsversammlung einberufen, in der den 62 Mitarbeitern die Entscheidung des Richters übermittelt wurde. Die Belegschaft konnte schnell beruhigt werden, erinnert sich Brömmekamp. Man habe den Mitarbeitern verdeutlicht, dass Löhne und Gehälter für drei Monate durch das sogenannte Insolvenzgeld über die Bundesanstalt für Arbeit gesichert seien. Zudem spreche man mit Gläubigern und Lieferanten. Wenn alle durchhielten,

Metall-Glas-Technik in vier Generationen

Glasermeister Karl Reinecke gründet 1917 die Glaserei Reinecke, Sohn Karl-Otto 1968 das Unternehmen Megla Technik – beide in Köln. Karl Loggen hebt 1981 das Unternehmen KL-Beschläge aus der Taufe. Der geniale Erfinder entwickelt die sogenannte Glasklemme, die heute weltweit Standard ist, sowie das erste stufenlos verstellbare Duschtürbank, das KL-Milano-Band. Mit Peter Reinecke, Sohn von Karl-Otto Reinecke, tritt 1981 die nächste Generation bei Megla Technik ein. Zehn Jahre später beginnt Jörg Loggen in der Firma seines Vaters. Peter Reinecke übernimmt 1992 von seinem Vater nach zunächst 25 Prozent auch die restlichen Anteile an Megla Technik sowie die Geschäftsführung des Unternehmens. Jörg Loggen hält zunächst Gesellschafteranteile von 25 Prozent von KL-Beschläge und trat vor 20 Jahren ins Management ein; nach dem Tod seines Vaters (2004) übernimmt er alle Anteile.

1998 folgt die erste gemeinsame Unternehmung zwischen Peter Reinecke und Jörg Loggen durch Übernahme der Firma Classtec. Karl und Jörg Loggen gründen mit Peter Reinecke im Jahr 2000 die gemeinsame Vertriebsfirma KL Megla, die ein Jahr später mit Megla Technik verschmolzen wird. Eigentümer sind je zur Hälfte Jörg Loggen und Peter Reinecke, beide werden Geschäftsführer. Es folgen die Gründung von Guangzhou KL Megla Pacific (2005), von KL Megla Pacific in Hongkong und KL Megla America in Kalifornien, USA (2008) und von KL Megla Architectural in Iowa, USA (2012). Im gleichen Jahr wird eine Repräsentanz im australischen Sydney eröffnet. Jörg Loggen scheidet 2017 aus der Geschäftsführung aus.

Das Insolvenzverfahren über das Vermögen von KL Megla wird 2019 eröffnet inklusive Übertragung der Vermögenswerte auf ein Unternehmen der Familie Reinecke und Umfirmierung dieser Firma in KL Megla Germany. Rafael David Reinecke, Sohn von Peter Reinecke, wird Eigentümer und Geschäftsführer.

www.kl-megla.de

Rafael David Reinecke   Peter Reinecke

In Serie oder als Sonderanfertigung entwickelt und produziert KL Megla diverse Hardware für Glas, beispielsweise Beschläge.

Eine Vielzahl verschiedener Duschtürbänder stellt KL Megla her, in der Regel aus hochwertigem Messing oder Edelstahl.

sei KL Megla bald entschuldet und wieder ein guter Arbeitgeber beziehungsweise Geschäftspartner.

„Unsere Erfahrung ist, dass Lieferantengläubiger mehr daran interessiert sind, die Geschäftsbeziehung zu retten, als bei der Befriedigungsquote ein paar Prozentpunkte mehr zu erzielen", sagt Brömmekamp und betont die Chance einer Insolvenz für Betroffene: „Wenn man es gut macht, kann das weitgehend entschuldete Unternehmen wieder durchstarten. Aber das Sanierungskonzept ist unbedingt konsequent umzusetzen." Dies gelte besonders für Insolvenzverfahren in Eigenverwaltung. Reinecke bestätigt: „Wir haben die Insolvenz genutzt, um die Produktpalette zu verkleinern und Ladenhüter aus dem Sortiment zu werfen. Jetzt sind wir wieder wettbewerbsfähig." Die Produktion in China wurde ausgeweitet und arbeitet kostengünstiger.

Übertragende Sanierung war im Interesse aller Beteiligten

Für den Asset Deal zwischen PR Germany und KL Megla entstand die Idee erst im Insolvenzverfahren. Im September 2019 seien alle Beteiligten zur Überzeugung gelangt, dass abweichend von der angedachten Plansanierung eine übertragende Sanierung im Interesse aller sei, insbesondere der Gläubiger. Diese hätten dem Vorhaben einstimmig zugestimmt. Zur Befriedigung ihrer Ansprüche stünde der Kaufpreis zur Verfügung. Der Deal kam zum 1. November 2019 zustande. Zum Geschwindigkeitsvorteil zählte die schnelle Entscheidung über Konzentration und Verlagerung der Betriebsstätten. „Short Cut" nennt Unternehmer Reinecke die Abkürzung in Anlehnung an die IT-Terminologie. Dort steht der Begriff für das gleichzeitige Drücken von Knöpfen der Computer-Tastatur, um Befehle ohne Suchen per Maus-Zeiger im Programm-Menü rasch ausführen zu können. Eigentlich, fährt Reinecke fort, müsse man vom „Double oder Triple Short Cut" sprechen. Denn neben der Sanierung

sei die geplante Übertragung von KL Megla an die Kinder und die Verschmelzung mit der schon an die Kinder übertragenen PR Germany in einem Schritt vollzogen worden – mit Synergieeffekten und Kostenvorteilen.

„Wir haben die Zukunft des Unternehmens und die Arbeitsplätze gesichert", sagt Reinecke. Die KL Megla Germany modernisiert sich und läuft unter der Leitung von Sohn Rafael David Reinecke. Eine Nachfolgeregelung ist im Familiensinne gelungen. „Wir haben Verschmelzungskosten und fällige Steuern für eine Schenkung vermieden", freut sich der Senior. Auch Sachwalter Obermüller hebt hervor, dass die Geschäftsführung bereit war, „sich auch kurzfristig mit alternativen Sanierungsszenarien auseinanderzusetzen. Hierdurch ist es gelungen, das Unternehmen in neue Hände zu übergeben und die Arbeitsplätze zu erhalten." Nun blickt man zuversichtlich in die Zukunft. Laut Reinecke soll der Umsatz 2020 um 15 Prozent auf rund acht Millionen Euro steigen. Darin enthalten sind noch keine Erlöse aus neuen Hightech-Produkten, die in zwei Jahren marktreif sein sollen. Er hofft auf alte Umsatzhöhen von zwölf Millionen Euro (2013). Die Chancen dafür stehen gut.

Kompakt
▶ Hälftige Geschäftsanteilsverteilung birgt Gefahren.
▶ Gut vorbereitete Gespräche mit dem Richter sind das A und O eines Insolvenzantrags.
▶ Eigenverwaltung bietet gute Comeback-Chancen.

Stefan Terliesner, Diplom-Volkswirt und seit 1996 Wirtschaftsjournalist, analysiert für „return" insbesondere Unternehmen im Wandel oder in der Wende aus Krisen.

Einheit Europa?

Wettstreit um Angebote präventiver Restrukturierung

Großbritannien
London fürchtet bei Insolvenzen
um seine Führungsposition
als Destination für Dispute

Niederlande
Die grenzüberschreitende Qualität
des neuen Gesetzes könnte
ausländische Unternehmen locken

Spanien
Wirtschaftsexperten sehnen
fehlendes Frühwarnsystem herbei –
es mangelt aber auch an Fachkräften

Slowenien
Als Vorreiter in Europa setzt
die kleine Nation schon seit 2014
mit Erfolg auf präventive Sanierungen

Praktizierte Einfachheit

Slowenien: Als Vorreiter in Europa setzt dieser Staat schon seit Jahren auf eine eigene Lösung
zur präventiven Restrukturierung und hat mit frühen Sanierungen einige Erfolge gesammelt.

© Justizministerium Slowenien

In Sloweniens Justizministerium muss die langjährig erprobte eigene Lösung nur noch an die EU-Richtlinie angepasst werden.

Die Erfahrungen von Slowenien in der Finanzkrise ab 2008 waren schrecklich. Unzählige Unternehmen, Banken und der Staat selbst taumelten am Rande des Bankrotts. Darin sieht der auf Insolvenzrecht spezialisierte Anwalt Vid Kobe den Grund, warum sein Land früh auf Alternativen zum Insolvenzverfahren setzte: „Wir erkannten das Bedürfnis des Marktes für ein solches Instrument: Dass Slowenien schon fünf Jahren präventive Sanierung praktiziert, ist eine direkte Folge der damaligen Krise."

Unternehmen mit erklärter Zahlungsunfähigkeit hätten gezeigt, dass sie sich oft mehr Probleme aufhalsten, so der Partner der Kanzlei Schönherr Slovenia in Ljubljana. Slowenien habe das Insolvenzrecht 2014 um die Möglichkeit der präventiven Sanierung erweitert, die schon wesentliche Elemente der neuen EU-Richtlinie enthalte: „Man kann vor Erklärung der Insolvenz eine Aussetzung von Vollstreckungsmaßnahmen beantragen. Und mit einer Zustimmungsquote von 75 Prozent der betroffenen Gläubiger können außergerichtliche Sanierungen durchgesetzt werden."

Obwohl die slowenische Praxis weitgehend den Vorgaben der EU-Richtlinie entspreche, gebe es auch „leichte Unterschiede", so Kobe. So sei der „Werkzeugkasten" der Sanierungsinstrumente begrenzter und diese nur von Kreditgebern wie Banken, aber nicht von kommerziellen Gläubigern wie Zulieferern anwendbar. Auch eine zwingende Umwandlung von Forderungen in Anteile etwa auf Basis der Zustimmung der Mehrheit der betroffenen Gläubiger sei nicht möglich. Wenn das Unternehmen und die Gläubiger von 30 Pro-

zent der betroffenen Forderungen eine präventive Sanierung für angebracht hielten, könnte die Aussetzung von Vollstreckungsmaßnahmen beantragt werden, so Kobe.

Großunternehmen wie die ACH-Holding (Autohandel/ Tourismus) oder die TUS-Holding (Lebensmittel) haben mithilfe der präventiven Sanierung ein Insolvenzverfahren vermieden. Umgekehrt gelang es der Hotelkette Sava und dem Wellness-Operator Thermana Lasko nicht, genügend Gläubiger für eine außergerichtliche Sanierung zu gewinnen – und sie mussten ins Insolvenzverfahren. Es gebe viele Erfolgsgeschichten, die nie an die breite Öffentlichkeit gelangt seien, sagt Kobe: Im Gegensatz zu Firmen, die ihre Insolvenz erklärten, werde eine präventive Sanierung „nur zu einem bestimmten Grad" öffentlich gemacht.

Leichte Anwendung, große Akzeptanz

Die Vorteile von Sloweniens „gut funktionierendem" System sieht Kobe in der „relativ leichten Anwendung" und der großen Akzeptanz. In erster Linie sei die präventive Sanierung bisher für Anwälte und Finanzberater ein Geschäft: „Wenn man die EU-Richtlinie voll umsetzen sollte, würde man Personen des öffentlichen Vertrauens wie die Insolvenzverwalter benötigen, die den Gang der Dinge kontrollieren."

Eifrig tagt derzeit in Sloweniens Justizministerium eine Arbeitsgruppe zur Umsetzung der EU-Richtlinie. Noch sei nicht klar, ob Ljubljana die bisherige Praxis einer völligen Überarbeitung unterziehe oder nur die notwendigen Anpassungen vornehme, so Kobe. Da die Richtlinie den Mitgliedsstaaten Spielraum lasse, plädiert er für eine Beibehaltung des bisherigen Erfolgsmodells: „Warum sollten wir etwas reparieren, was gut funktioniert? Man kann die präventive Sanierung sehr kompliziert machen. Aber das würde die Leute nur abschrecken, sie zu nutzen."

Thomas Roser suchte als Balkan-Berichterstatter von Belgrad aus nach nationalen Umsetzungen der EU-Richtlinie – und stieß auf das schon seit fünf Jahren funktionierende System in Slowenien.

Destination für Dispute

Großbritannien: Der angestrebte Brexit betrifft bald alle Bereiche der Wirtschaft. Davon bleiben auch die Unternehmenssanierungen nicht verschont, selbst wenn London bisher als führend gilt.

Das britische Wirtschaftsministerium hat schon viele Reformen vorgeschlagen, um den Anschluss an die EU-Regelungen zu halten.

Die Frist, in der die Mitgliedsstaaten die EU-Richtlinie zur präventiven Restrukturierung in nationales Recht umsetzen müssen, endet nach der Brexit-Übergangsphase, die nur bis Ende dieses Jahres dauert. Aus diesem Grund wird die Richtlinie für Großbritannien zwar nicht direkt relevant sein. Doch die Reformen der EU werden dennoch einen Einfluss ausüben, denn um nicht ins Hintertreffen zu geraten, muss sich die britische Gesetzgebung anpassen.

Grenzüberschreitende Restrukturierungen – also Fälle, in denen Unternehmen ihre Anlagen oder ihre Gläubiger in verschiedenen Ländern haben – wurden nämlich bislang oft in London vollzogen. Dies verdankt die Nation einer Reihe von Faktoren, wie Matthew Thorn als Partner der Anwaltskanzlei Norton Rose Fulbright auf Anfrage erklärt: Großbritannien verfügt über spezialisierte Handelsgerichte sowie über Richter, die die nötige Expertise für komplexe Restrukturierungen und Insolvenz-Dispute mitbringen. Der Experte für finanzielle Restrukturierung und Insolvenzrecht sagt: „Zudem können die Unternehmen hier bei der Umschuldung auf manche Instrumente zurückgreifen, die es andernorts entweder nicht gibt oder die noch nicht so oft angewandt worden sind."

Wenn sich Großbritannien mit dem Brexit jedoch deutlich von den EU-Regelungen entfernt und die EU dortige Restrukturierungsmaßnahmen nicht mehr anerkennt, ist die wichtige Stellung Londons in diesem Markt in Gefahr. Das britische Wirtschaftsministerium hat schon eine Reihe von Reformen vorgeschlagen, um das zu verhindern.

„Darunter finden sich Vorschläge, die in der EU-Richtlinie enthalten sind", betont Thorn: „Zum Beispiel die kurzfristige Aussetzung von Einzelvollstreckungsmaßnahmen oder Einschränkungen bei ,Ipso-Facto-Klauseln'. Diese erlauben den Gläubigern, einen Vertrag bei Insolvenz aufzulösen." Die Reformvorschläge wurden im vergangenen Jahr publiziert, derzeit wartet die Sanierungsbranche auf die Gesetzesvorlage. „Maßnahmen trifft die britische Regierung allerdings unabhängig von der EU-Richtlinie", sagt Thorn.

Fachleute wie er hoffen, dass die britische Regierung diesen Maßnahmen zügig eine hohe Priorität einräumt, damit Großbritannien als Destination für Restrukturierungen und Insolvenz-Dispute auch nach dem Brexit attraktiv bleibt. „Wir erwarten, dass es auch zwischen den EU-Mitgliedsländern zu einem Wettbewerb kommen wird", prognostiziert Thorn. Schließlich bleibt es den einzelnen Staaten überlassen, die EU-Richtlinie in nationales Recht zu übertragen.

Neue Zentren für Restrukturierungen

„Verschiedene Länder werden versuchen, sich zu einem Zentrum für grenzüberschreitende Restrukturierungen zu entwickeln und Großbritannien diese Führungsposition streitig zu machen", vermutet Thorn. Zum Beispiel nennt er die Niederlande, die in dieser Hinsicht besonders aktiv agieren. Doch Thorn glaubt, dass London als Destination für Restrukturierungs- und Insolvenz-Dispute attraktiv bleibt: Internationale Unternehmen würden auch nach dem Brexit noch nach Großbritannien kommen, um hierzulande ihren Schuldenstand im einfachen Restrukturierungsrahmen zu sanieren.

„Im schlechtesten Fall, dem No-Deal-Brexit, würden wir die Instrumente verlieren, dank derer unsere Restrukturierungsprozesse in der EU bislang anerkannt werden. Aber die Rolle Londons als Finanzzentrum sowie die Expertise unserer Gerichte bleiben bestehen", klingt Thorn am Ende des Gespräches immer noch ziemlich selbstbewusst.

Peter Stäuber, gebürtig aus St. Gallen, zog es im Jahr 2010 von der Schweiz als Korrespondent in die Hauptstadt des Vereinigten Königreichs, wo er unter anderem über die Finanzwelt der City of London berichtet und für „return" auch über viele andere Wirtschaftsthemen.

Grenzüberschreitende Qualität

Niederlande: Das neue Verfahren könnte wie ein „Gamechanger" im Insolvenzrecht wirken.
Der außergerichtliche Vergleich dürfte auch interessant für ausländische Unternehmen sein.

Das niederländische Ministerie van Justitie en Veiligheid, also das Ministerium für Justiz und Sicherheit, am Turfmarkt in Den Haag.

Wenn alles nach Plan läuft, verabschiedet das niederländische Parlament schon im Juli das sogenannte „Wet Homologatie Onderhands Akkoord" (WHOA), übersetzt das Homologationsgesetz zum außergerichtlichen Vergleich. Damit ist in wesentlichen Teilen die europäische Richtlinie zur präventiven Restrukturierung umgesetzt. Einen echten Beschleuniger für frühe Unternehmenssanierung erwarten niederländische Experten vom neuen Instrumentarium.

„Das Verfahren ist außerordentlich schnell und effizient. Es ist super flexibel. Alles, was man braucht, bekommt man auch", schwärmt Nicolaes Tollenaar. Er hat in „Präinsolvenzrecht" promoviert und ist heute Partner der Amsterdamer Anwaltskanzlei Resor, die sich auf Insolvenz- und Restrukturierungsverfahren spezialisiert hat.

Der große Vorteil des Verfahrens liege darin, dass auch Gläubiger den Restrukturierungsprozess in Gang setzen können. So nutzen Unternehmen frühzeitig, also wenn noch nicht alle Felle davongeschwommen sind, die neue Hilfe. Überhaupt haben Gläubiger verhältnismäßig viel Kontrolle über das Verfahren, was auch gesamtwirtschaftliche Konsequenzen haben dürfte, prognostiziert Tollenaar. Es könnte zu einer weniger aggressiven Schuldenfinanzierung auf den Geldmärkten führen und einen höheren Eigenkapitalanteil in Unternehmen stimulieren.

Das Verfahren ist einer drohenden Insolvenz vorgeschaltet und sieht vor, dass Gläubiger und Teilhaber in den Vergleich eingebunden werden, auch wenn sie diesem nicht zugestimmt haben. Diese Zwangsvereinbarung, die in den USA und im Vereinigten Königreich schon praktiziert wird, erlaubt es, einzelne überlebensfähige Teile eines Unternehmens zu retten und nicht im Konkurs untergehen zu lassen. Ein möglicher Nebeneffekt in der Gesundung der Kapitalstruktur ist, dass durch das neue Verfahren auch Gläubiger zu Teilhabern werden können, was ihren Einfluss und die Kontrolle auf ein Unternehmen entscheidend verändern würde. Unternehmen können im Verfahren einen Restrukturierungsexperten nutzen, müssen dies aber nicht.

Das neue Gesetz kennt zwei Varianten: eine öffentliche und eine vertrauliche. Während für das öffentliche Verfahren das Unternehmen seinen Mittelpunkt der hauptsächlichen Interessen (COMI) in den Niederlanden haben muss, steht das vertrauliche Verfahren auch Unternehmen offen, die zumindest eine beantragende Partei mit Sitz in den Niederlanden haben oder ausreichende Verbindungen dorthin nachweisen können. Das vertrauliche Verfahren ist damit für Unternehmensgruppen, die international Geschäfte machen, sehr interessant. Alle ausländischen Gesellschaften der Gruppe eröffnen ein zentrales Verfahren an einem einzigen Gericht. Diese grenzüberschreitende Qualität des Gesetzes macht es bisher einzigartig in der EU, von einem ähnlichen Verfahren im Vereinigten Königreich abgesehen.

Gesunde Kapitalstruktur in drei bis sechs Wochen

Nicolaes Tollenaar von der Kanzlei Resor erwartet, dass ein Unternehmen – abhängig von seiner Situation – mit dem Verfahren in drei bis sechs Wochen wieder eine gesunde Kapitalstruktur bekommen kann. Der einzige Wermutstropfen ist aus Sicht von Insolvenz-Spezialisten, dass Arbeitsverträge im präventiven Restrukturierungsverfahren unangetastet bleiben müssen. „Das war politisch ein zu heißes Eisen, eine vertane Chance", kritisiert Tollenaar diese Schwäche.

Mit Britta Behrendt schreibt erstmals eine Korrespondentin aus den Niederlanden in „return". Für ihre Premiere musste die freie Journalistin aus Amsterdam quasi gleich ins kalte Wasser springen und über das ihr weniger bekannte Thema mit juristischem Hintergrund recherchieren. Goed gedaan!

Fehlendes Frühwarnsystem

Spanien: „Direktive der zweiten Chance" heißt die EU-Richtlinie hier und könnte als nationales Recht bald das fehlende Frühwarnsystem bringen. Doch es krankt an erfahrenen Fachanwälten.

Das Justizministerium liegt in Madrid am Palacio de la Marquesa de la Sonora und trägt die Adresse Calle de San Bernardo 45.

Insolvenz? Dieses Wort nehmen spanische Chefs äußerst ungern in den Mund. Sich eingestehen, dass das eigene Unternehmen zahlungsunfähig ist, widerspricht der Mentalität der Iberer. „Sie kommen zu uns, wenn sie alles Erdenkliche auf eigene Faust versucht haben. Bei vielen besteht überhaupt keine Möglichkeit mehr, noch irgendetwas zu retten", weiß Aticus Ocaña. Der Anwalt aus Madrid ist Vizepräsident des Berufsverbandes der Konkursverwalter (Aspac). „Es fehlt an einem Frühwarnsystem. An Verfahren, die rechtzeitig auf die Gefahr der Insolvenz hinweisen", betont er.

Die Statistiken sprechen eine deutliche Sprache: Nur zehn Prozent der in Konkurs gegangenen Unternehmen überleben das Verfahren. Ocaña hofft jetzt auf die neue EU-Direktive 2019/1023, die „Direktive der zweiten Chance", wie sie in Spanien gerne genannt wird. Sie könnte, sobald sie endgültig in nationales Gesetz gegossen wurde, ebendieses Frühwarnsystem bringen.

„Die Verwaltung hat eigentlich genug Daten, um rechtzeitig auf die Krise eines Unternehmens aufmerksam zu werden und einzugreifen", sagt Ocaña, der unter vielen großen Konkursverfahren das von Air Berlin in Spanien betreute. „Steuerschulden, mangelnde Zahlungen an die Sozialversicherung, die vierteljährliche Mehrwertsteuerabrechnung …", zählt er auf. Doch bisher beschränkt sich die Verwaltung darauf, im Falle eines Konkurses ihre Ausstände einzutreiben, koste es, was es wolle. Das derzeitige Gesetz gibt Steuerschulden und Schulden bei der Sozialversicherung den Vorrang vor allen anderen Gläubigern. In den vergangenen Jahren trieb

dies skurrile Blüten. Denn so manches Unternehmen ging in Konkurs, weil die Verwaltung dank der Austeritätspolitik immer später für erledigte Aufträge bezahlte. Doch geht ein Unternehmen deshalb in Konkurs, ist es die gleiche Verwaltung, die als bevorzugter Gläubiger gilt – ein Teufelskreis.

Doch das ist nicht das einzige Problem. Die Figur des Konkursverwalters, bemängelt Ocaña, sei im spanischen Recht unzureichend geregelt. „Das ist ein sehr wichtiger Aspekt. Denn du kannst das effektivste und modernste Insolvenzrecht haben, wenn es an qualifizierten Konkursverwaltern fehlt, nützt das gar nichts", ist sich der Aspac-Sprecher sicher. Wer in Spanien Konkursverwalter werden will, muss mindestens fünf Jahre der Anwaltskammer angehören und dann einen ein- bis zweitägigen Schnellkurs absolvieren. „Es spielt keine Rolle, ob der Anwalt aus dem Wirtschaftsrecht kommt oder zuvor Ehescheidungen verhandelt hat", kritisiert Ocaña.

Mehr als 9.000 Verwalter bei nur 4.500 Verfahren

Vor allem in den Jahren der Wirtschaftskrise haben Tausende von Anwälten solche Kurse absolviert in der Hoffnung, so Arbeit zu finden. Mittlerweile gibt es in Spanien mehr als 9.000 Konkursverwalter, bei 4.500 Konkursverfahren pro Jahr. „Wie soll da jemand Erfahrung sammeln?", fragt Ocaña. Er sieht darin eine der Ursachen, warum so viele Unternehmer trotz drohender Insolvenz erst viel zu spät Rat suchen. „Sie haben regelrecht Panik davor, in die Hände eines Konkursverwalters zu fallen, der das Unternehmen im Schnellverfahren abwickelt", ist er sich sicher. Es sei, als würde ein Schwerkranker als Patient ins Krankenhaus eingeliefert, und dort warten nur Ärzte, die keinerlei Studium und keinerlei Erfahrung haben. Ocañas Aspac will, dass die Regierung bei der Umsetzung der EU-Direktive auch hier tätig wird.

Reiner Wandler studierte Spanisch und Politikwissenschaften, bevor er 1992 mit einem Stipendium nach Madrid kam, wo er seitdem lebt und als freier Journalist arbeitet. Er schreibt für die „taz" (Berlin), den „Standard" (Wien), die „Badische Zeitung" und jetzt zum zweiten Mal für „return".

Controlling & Management Review

Engpässe erkennen

Der präventive Restrukturierungsrahmen kommt mit Tempo. Mit dem neuen Frühwarnsystem kommt aber auch eine Herausforderung auf betriebswirtschaftliche Berater in EU-Ländern zu.

Wenn die Fahrbahn enger wird für Unternehmen, sorgt das neue Frühwarnsystem dafür, dass Unternehmer rechtzeitig die Kurve kriegen.

Im Juni 2019 stimmte der Rat der Europäischen Union mit der erforderlichen Mehrheit für die Annahme der „Richtlinie 2019/1023". Sie hat zwei Ziele: das europäische Sanierungs- und Insolvenzrecht zu harmonisieren und bestandsfähigen, aber in finanzielle Schieflage geratenen Unternehmen einen Rahmen zur Restrukturierung zu geben. Dabei ist man von der Intention einer maximalen Gläubigerbefriedigung abgerückt. Neue Schwerpunkte: die nachhaltige Unternehmenskonsolidierung und der Erhalt von Arbeitsplätzen.

Im Mittelpunkt der aktuellen Diskussion über die präventive Restrukturierung stehen vor allem juristische Aspekte, insbesondere unbestimmte Rechtsbegriffe. Aus der Perspektive eines betriebswirtschaftlichen Beraters dürfte indes mehr über die Eingangsvoraussetzungen, die Änderung der inhaltlichen Herausforderungen sowie über die Erfolgswahrscheinlichkeit des präventiven Restrukturierungsrahmens (prävRR) diskutiert werden.

Er soll ein Frühwarnsystem enthalten und deutlich vor den Insolvenz-Antragsgründen der §§ 17-19 der Insolvenzordnung (InsO) ansetzen. Denn in der Praxis hat sich gezeigt, dass frühzeitiges Handeln durch das rechtzeitige Erkennen einer drohenden Unternehmenskrise und das Einleiten entsprechender Gegenmaßnahmen ein zentraler Erfolgsfaktor der Restrukturierung ist.

Zugang für Schuldner zu Frühwarnsystemen

Nach Artikel 3 der Richtlinie haben die EU-Mitgliedsstaaten sicherzustellen, dass dem Schuldner der Zugang zu einem oder mehreren Frühwarnsystemen eröffnet wird. Das soll ihn in die Lage versetzen, rechtzeitig Umstände zu erkennen, die zu einer Insolvenz führen können. Auf Basis dieser Frühwarnung können dann gezielte Maßnahmen zur Restrukturierung eingeleitet werden. Die Richtlinie definiert keinen engen Rahmen zur Ausgestaltung des Frühwarnsystems und gibt auch keine Anhaltspunkte bezüglich geeigneter betriebswirtschaftlicher Kennzahlen für die Früherkennung von Krisenpotenzialen. Insofern kann das Frühwarnsystem auch durch privatwirtschaftliche Beratungsdienste etabliert werden, was der Beraterbranche die Möglichkeit eröffnet, das System inhaltlich zu definieren.

Zentrale Voraussetzung jeder Restrukturierung ist der Erhalt der Zahlungsfähigkeit. Gelingt es nicht, alle fällig werdenden Verbindlichkeiten pünktlich zu bezahlen, kippt die Restrukturierung in das Insolvenzverfahren. Zwingend geboten ist es, die Zahlungsfähigkeit zu überprüfen und zu dokumentieren. Beispielsweise dadurch, dass am Stichtag den fälligen Verbindlichkeiten die frei zur Verfügung stehenden liquiden Mittel gegenübergestellt werden. Das wäre für jedes Unternehmen unabhängig von seiner Größe möglich.

Das Frühwarnsystem muss also sicherstellen, dass Unternehmer künftig konsequent Engpässe in der Liquidität erkennen. Daher liegt es nahe, Kennzahlen ins Frühwarnsystem zu integrieren, die für die Früherkennung bei Kreditinstituten von besonderer Bedeutung sind. Diese können auf vertraglichen „Covenants" basieren. Oder anhand von folgenden Aspekten ermittelt sein, wie sie zum Beispiel die IHK München in der Publikation „Kennzahlen für die Früherkennung von Krisenpotenzialen" beschreibt: Eigenkapitalquote, Verschuldungsgrad, Gesamtkapitalrentabilität, Anlagendeckungsgrad, Zinsdeckungsgrad, Liquidität 1.-3. Grades, Entschuldungsdauer/Schuldentilgungsdauer, Kapitaldienstfähigkeit.

Fragen und Kennzahlen zur Zahlungsfähigkeit

Weitere Kennzahlen könnten branchenspezifisch sein oder selektiv aus dem Standard IDW S 6 herangezogen werden, der auch Aussagen zur Sanierungsfähigkeit ermöglicht. Wichtig wird sein, neben zahlenbasierten Merkmalen auch qualitative Merkmale zu integrieren. Diese können durch gezielte Fragen ermittelt werden, so wie dies der Bundesverband Deutscher Unternehmensberater (BDU) in seinem Positionspapier zum Restrukturierungsrahmen vollzieht:

▶ Gibt es vermehrt Mahnungen von Lieferanten?
▶ Ist Liquidität da, um fällige Rechnungen zu bezahlen?
▶ Ist es in den vergangenen Monaten schwieriger geworden, sich frisches Eigen- oder Fremdkapital zu zu besorgen?
▶ Haben sich die zuständigen Abteilungen oder Ansprechpartner des Kreditinstituts verändert?
▶ Gab es einen Verlust von wesentlichen Kunden?
▶ Wie hat sich der Auftragseingang entwickelt?
▶ Wie hat sich die Kreditlinie entwickelt?
▶ Wurden Sozialversicherungsbeiträge beglichen?
▶ Sind Lastschriften zurückgegangen?

Diese Kennzahlen oder Fragen geben schon Antworten zur künftigen Zahlungsfähigkeit der Unternehmen. Vor

Kompakt

▶ In dem neuen präventiven Restrukturierungsrahmen (prävRR) beginnt das Befassen mit der Krise schon im Frühstadium, wodurch sich voraussichtlich das Spektrum der Maßnahmen erweitert.

▶ Mit der Harmonisierung des EU-Rechts vergrößert sich die Zahl der Mandanten im EU-Ausland, was sprachlicher und kultureller Kompetenz bedarf.

▶ Die Entwicklung eines eigenen Frühwarnsystems mit validen Frühwarnindikatoren schafft auch einen neuen Akquisitionskanal.

▶ Ein neues Stakeholder Management ist nötig, da nicht mehr die maximale Gläubigerbefriedigung im Mittelpunkt steht, sondern die Entwicklung des nachhaltigen Geschäftsbetriebs und der Erhalt von Arbeitsplätzen.

▶ Eine geringere Einbindung der Gerichte lässt den Beratern mehr Handlungsspielraum.

▶ Die Rolle des Restrukturierungsbeauftragten muss anfangs über Best Practices definiert werden.

▶ Der Verhandlungsrahmen des Schuldners mit Gläubigern ist offener als im Insolvenzverfahren. Die Bedeutung der Verhandlungskompetenz von Beratern steigt.

allem wird es aber Aufgabe der betriebswirtschaftlichen Restrukturierungsberater sein, strategische Aspekte im Frühwarnsystem zu berücksichtigen. Insofern müssen sie die betreffenden Unternehmer davon überzeugen, sich mit Ernsthaftigkeit und ohne Tabu mit der Zahlungsfähigkeit ihres Unternehmens auseinanderzusetzen. Nur dann wird die präventive Restrukturierung den Erfolg haben, den sich die verantwortliche EU-Kommission davon erhofft.

Die Möglichkeiten der Restrukturierungsberatung werden damit auf jeden Fall um ein weiteres Instrument bereichert. Ein Frühwarnsystem, das nunmehr gebotene Entwicklungen von Unternehmenskrisen prognostizieren kann und damit verbunden die Bestimmung von validen Frühwarnindikatoren ermittelt, eröffnet nämlich zum einen für Restrukturierungsberater einen neuen Aufgabenbereich. Zum anderen gewährt es erweiterte Handlungsspielräume, die zur Akquisition neuer Mandanten genutzt werden können.

Burkhard Jung, Geschäftsführer der Unternehmensberatung „Restrukturierungspartner", ist Vorsitzender des Fachverbands „Sanierungs- und Insolvenzberatung" im Bundesverband Deutscher Unternehmensberater (BDU). Sein Beitrag entstand „unter Mitarbeit von Dr. Fabian Meißner, Martin Gaida und Swen Graf", wie er schreibt.

Unternehmern in Krisen quasi ein Rettungssprungtuch zur Verfügung zu stellen, ist kulturell nicht in allen Nationen gleich ausgeprägt.

Rescue Culture

Taugt das „Chapter 11"-Verfahren aus den USA als Vorbild für die präventive Restrukturierung in EU-Mitgliedsstaaten wie Deutschland? Nachholbedarf besteht in der Kultur der zweiten Chance.

Wenn es um den internationalen Vergleich geht, gibt es sicher kein Insolvenzverfahren, das die magische Wirkung ausstrahlt wie der „Chapter 11 Bankruptcy Code" in den USA. Hierfür sind bekannte Fälle verantwortlich, in denen mithilfe von Chapter 11 versucht wurde, krisengeschüttelte Gesellschaften zu sanieren wie American Airlines, General Motors oder Lehman Brothers Holdings.

Gleichzeitig ist Chapter 11 in der öffentlichen Wahrnehmung alles andere als der Beweis des wirtschaftlichen Scheiterns, sondern wird eher als Befreiungsschlag und Aufbruch in eine erfolgreiche Zukunft verstanden. Deshalb ist nicht verwunderlich, dass viele Rechtsordnungen versucht haben, Chapter 11 als Vorbild zu nehmen: etwa in Frankreich für das procédure de sauvegarde, für das italienische concordato preventio oder in Belgien für die réorganisation judiciaire. Pate stand Chapter 11 auch dem deutschen Gesetzgeber im Jahr 2012 für das „Gesetz zur weiteren Erleichterung der Sanierung von Unternehmen" (ESUG).

Es zeigt sich weiter ein Trend, das heimische Recht zu verlassen und international attraktive Rechtsordnungen zur Restrukturierung deutscher Unternehmen zu nutzen wie Tele Columbus, Primacom oder Rodenstock. Umso erfreulicher ist, wenn diese Art von Tourismus dazu geführt hat, dass die EU-Richtlinie dafür sorgt, dass bis Juli 2021 in allen EU-Mitgliedsstaaten ein Restrukturierungsprozess eingeführt wird, der außerhalb eines förmlichen Insolvenzverfahrens angesiedelt ist. Wie immer ist bei etwaigen Vorbildern ratsam, hinsichtlich der Übernahme einzelner Elemente mit Augenmaß ans Werk zu gehen und sich dahin gehend zu sensibilisieren, in welches System diese Regelungen übernommen werden sollen. Dass keine vollständige Übernahme von Chapter 11 mit der Richtlinie angestrebt werden kann, ergibt sich schon daraus, dass sich das US-Vorbild an Schuldnern, das deutsche Insolvenzrecht an Gläubigern orientiert.

Vielversprechende Möglichkeiten für bessere Restrukturierungskultur

Bei der Umsetzung der Richtlinie ins deutsche Recht sind folgende Chancen für Unternehmen zu sehen:

▶ Kern von Chapter 11 ist, dass dieses zum Zeitpunkt der Verfahrenseinleitung keine materielle Insolvenz im Sinne (drohender) Zahlungsunfähigkeit oder Überschuldung voraussetzt. Für den Zugang zum neuen Restrukturierungsrahmen sollte auf Eröffnungsgründe verzichtet werden, um Schuldnern maximale Flexibilität zu verschaffen, um Krisenursachen früh entgegenzuwirken. Vor allem, um Unternehmen rechtzeitig Sanierungen zu ermöglichen.

▶ Die Richtlinie birgt die Chance, sogenannten Akkordstörern zu begegnen, indem für die Annahme des Restrukturierungsplans durch die Gläubigergruppen eine einfache Summenmehrheit in jeder Klasse genügen soll, wobei die Schwelle von 75 Prozent nicht überschritten werden darf. Schon diese Möglichkeit der Restrukturierung auf Basis von Mehrheitsentscheidungen verspricht, in Verhandlungen konsensfördernd zu wirken.

▶ Die Richtlinie erlaubt Eingriffe in Rechte von Gläubigern und Anteilseignern, die dem deutschen Insolvenzrecht in dieser Art bisher nicht bekannt waren. Mit dem klassenübergreifenden „Cram-down", also der unfreiwilligen Auferlegung eines Umstrukturierungsplans durch ein Gericht, soll gewährleistet werden, dass ein Plan auch dann angenommen wird, wenn ihm nicht alle Gläubigerklassen mit dem genannten Quorum zugestimmt haben. Ein Class-Cram-down ist auf Antrag des Schuldners oder eines Gläubigers mit Zustimmung des Schuldners durch eine zuständige Stelle anzuordnen, wenn Voraussetzungen erfüllt sind. Zustimmen muss danach zumindest eine Gläubigerklasse, die weder aus Anteilseignern besteht, noch im Falle der Liquidation nachrangig sein würde. Daneben muss die absolute Vorrangregel eingehalten sein. Eine Regel, die Chapter 11 entnommen wurde, wobei sie dort allein bei abweichenden Klassen ungesicherter Gläubiger ihre Anwendung findet.

▶ Ein wesentlicher Erfolgsfaktor von Chapter 11 sind sicher die spezialisierten Bankruptcy Courts, die in der Lage sind, auch höchst komplexe Verfahren durchzuführen. Durch die Umsetzung der Richtlinie wird dieses bisher fehlende Instrumentarium zur werterhaltenden Sanierung von Unternehmen außerhalb von Insolvenzverfahren auch in Deutschland bereitgestellt. Für die Schaffung praxistauglicher Regelungen wird es darauf ankommen, auch in Deutschland spezialisierte Gerichte einzuführen.

Kurzum: Die Richtlinie eröffnet vielversprechende Möglichkeiten, eine neue und bessere Restrukturierungskultur in Europa zu begründen, und gibt den nationalen Gesetzgebern Handlungsspielraum. Es bleibt zu hoffen, dass der deutsche Gesetzgeber diese Möglichkeit mutig ergreifen wird.

Das Autorenduo arbeitet bei einer der weltweit führenden Wirtschaftskanzleien, Clifford Chance. Dr. Stefan Sax ist Partner im Frankfurter Büro und leitet die deutsche „Restructuring & Insolvency Group" der Anwaltssozietät. Dr. Jana Landsittel ist dort als Rechtsreferendarin und am Oberlandesgericht Frankfurt am Main tätig.

Umdenken überfällig
Neue Chance auf Wandel der Sanierungskultur

Schon Heraklit wusste: „Nichts ist so beständig wie der Wandel." Nun wird sich das deutsche Sanierungs- und Restrukturierungsrecht wandeln. Der deutsche Gesetzgeber wird spätestens bis zum 17. Juli 2021 die EU-Richtlinie in nationales Recht umsetzen und damit Unternehmen, die von wirtschaftlichen Krisen betroffen sind, einen neuen vorinsolvenzlichen Restrukturierungsrahmen zur finanz- und leistungswirtschaftlichen Sanierung zur Verfügung stellen.

Die Regelung dient zur Abwendung einer künftig drohenden Insolvenz. Sie soll einen europaweit in allen Mitgliedsstaaten vergleichbaren Sanierungsrahmen definieren, der einem Insolvenzverfahren zeitlich deutlich vorgelagert ist. Damit sollen die Voraussetzungen geschaffen werden, dass Unternehmen eine Einigung über Forderungsverzichte mit ihren Gläubigern erzielen können, und zwar schon zum Zeitpunkt der Wahrscheinlichkeit einer später eintretenden Insolvenz. Flankiert werden können die Bemühungen durch staatliche Beschränkungen wie Vollstreckungsschutz und Kündigungssperren, um effektiv Verhandlungen vor Störmanövern von Gläubigern zu sichern – mit Blick auf die ungestörte Aufrechterhaltung des Geschäftsbetriebes.

Attraktives Instrument für Unternehmen in Krisen

Aktuell ist die Diskussion über die Ausgestaltung dieses europäischen Restrukturierungsrahmens in vollem Gange. Der Gesetzgeber ist gefordert, im Wettbewerb des Binnenmarktes ein attraktives deutsches Sanierungsmodell zu schaffen. Die Richtlinie bietet dazu ein breites Spektrum mit mehr oder minder intensiver Beteiligung von Gerichten und Behörden. Es wäre wünschenswert, den neuen Restrukturierungsrahmen in deutlicher Abgrenzung zum aktuell geltenden Insolvenzrecht gerichtsfern anzusiedeln. Damit kann ein neues und nachhaltiges Sanierungsinstrument entstehen, das auch im Vergleich zu Regelungen in anderen Mitgliedsstaaten für Unternehmen in Krisen attraktiv ist. Gelingt es, eine deutsche Restrukturierungsrichtlinie zu schaffen, die in konsensualer Einigung mit nennenswerten Gläubigermehrheiten einen Restrukturierungsplan zum Ergebnis hat, sind viele flankierende Regelungen entbehrlich, die die Richtlinie ermöglicht. Zu nennen ist hier etwa die Verifizierung der „nur drohenden" Zahlungsunfähigkeit. Wenn der Großteil der Gläubiger, die vom Schuldenschnitt über den Restrukturierungsplan unmittelbar betroffen sein werden, den Restrukturierungsplan unterstützt, ist dies ein Indiz für die Sanierungsfähigkeit des Unternehmens.

Die Gläubigerunterstützung ist eine Entscheidung zur Überlebensfähigkeit. Dann sind flankierende gerichtliche Maßnahmen der Planbestätigung für den gemeinschaftlichen Vergleich sinnvolle Mittel für die Verhinderung einer späteren Anfechtung mit Vorrang für Krisenfinanzierungen. Gestaltet man das Restrukturierungsverfahren als weitgehend parteiautonomes Verfahren, besteht eine gute Chance, ein zusätzliches Sanierungsinstrument zu etablieren.

Klare Abgrenzung gegenüber Eintritt der Insolvenzreife

Ein Umdenken ist überfällig: Das Stigma der Insolvenz muss endlich abgelöst werden von der Wertschätzung einer Chance zur effizienten Restrukturierung bestandsfähiger Unternehmen. Gleichzeitig gilt es, mit der Umsetzung der Richtlinie zu gewährleisten, dass eine interessengerechte Abwägung zwischen dem Eingriff in Eigentumsrechte der Gläubiger und dem berechtigten unternehmerischen Interesse an der nachhaltigen Restrukturierung erfolgt. Zur Akzeptanz des neuen Sanierungsinstruments als Werkzeug der Unternehmensrestrukturierung ist es vorzugswürdig, das Verfahren nicht als Annex in der Insolvenzordnung zu regeln, sondern ein eigenes Restrukturierungsgesetz zu schaffen. Damit greift die klare Abgrenzung gegenüber einem Eintritt der Insolvenzreife.

Marion Gutheil ist Fachanwältin für Insolvenzrecht und Mediatorin. Als IBWF-Mitglied leitet sie in diesem Netzwerk der Mittelstandsberater den „Bundesarbeitskreis Sanierung/Insolvenz".

© Monika Baumann

return Unternehmerforum

Neue Chancen
durch präventive Restrukturierung

3. und 4. März 2020
Frankfurt am Main

return live

Keynotes

**Prof. Angelika Niebler,
EU-Parlamentarierin,
CSU-Vizevorsitzende**

**Dirk Pfitzer,
Porsche Consulting**

**Vorausschauende Unternehmer und Berater informieren sich frühzeitig
über neue Möglichkeiten staatlicher Unterstützung zur Krisenprävention**

PROGRAMM-HIGHLIGHTS

Fahrplan zur Umsetzung der EU-Richtlinie in nationales Recht

Neue Instrumente zur wirksamen Krisenbewältigung und -prävention

Kultur der zweiten Chance im Ländervergleich

Unternehmen präsentieren Praxisbeispiele frühzeitiger Sanierung

VIER FOREN I PRÄVENTIVE RESTRUKTURIERUNG

**Forum A:
Frühzeitiger Kampf
gegen Krisen**

**Forum B:
Gefahren abwehren
und bewältigen**

**Forum C:
Förderungen im
Ländervergleich**

**Forum D:
Erfolgsfaktoren
aus Praxisfällen**

 Springer Gabler

SONDERPREIS FÜR
ABONNENTEN VON RETURN, BANKMAGAZIN UND FUCHSBRIEFE SOWIE
VERBANDSMITGLIEDER VON DDIM E.V., DMB E.V. UND IBWF E.V.

Teilnehmerkreis

- Vorstände, Geschäftsführer und weitere Entscheider aus großen und mittelständischen Unternehmen
- sowie deren Berater wie Finanzdienstleister, Wirtschaftsanwälte, Steuerberater, Wirtschaftsprüfer, Sanierer, Restrukturierungsexperten, Insolvenzverwalter und andere Consultants.

Neue Chancen durch präventive Restrukturierung

Unternehmer-Unterstützung vor der Krise

Mit dem Recht auf präventive Restrukturierung zielt der Gesetzgeber darauf, Unternehmen künftig eher bei der zukunftsorientierten Transformation durch Sanierung zu unterstützen. Das Stärken alter und neuer Geschäftsmodelle steht damit im Fokus. Die verabschiedete EU-Richtlinie müssen alle Mitgliedsstaaten zeitnah umsetzen, damit Unternehmer schon bald die neuen Möglichkeiten nutzen können.

Der Zugang zur präventiven Restrukturierung soll vor allem dazu dienen

- durch Unternehmensinsolvenzen verursachte Folgeinsolvenzen anderer Unternehmen zu verhindern, denn jede sechste Insolvenz ist eine Folgeinsolvenz
- Unternehmen frühzeitig durch präventive Restrukturierung zu sanieren und zukunftsfähig aufzustellen, um Tausende von Arbeitsplätzen zu sichern, denn jedes Jahr verlieren 1,7 Millionen Menschen in der EU durch Insolvenz ihren Arbeitsplatz, was die Gesetzgeber verhindern wollen
- die größten Hindernisse im freien Kapitalverkehr abzubauen, weil in den Mitgliedsstaaten nun einheitliche Rahmen gelten, und damit auch die Zahl notleidender Kredite zu minimieren
- den Unternehmergeist zu stärken durch das Angebot der zweiten Chance, womit insbesondere mehr Gründern von Start-ups die Angst genommen werden soll.

Namhafte internationale Experten und Praktiker aus Wirtschaft, Wissenschaft und Politik informieren Sie auf dem return Unternehmerforum über die neuen Chancen und die damit verbundenen Vorteile für Unternehmer.

Wir freuen uns auf Sie!

Stefanie Burgmaier

Stefanie Burgmaier
Herausgeberin return
und Geschäftsführerin,
Springer Fachmedien Wiesbaden GmbH

Sichern Sie sich Ihren Wissensvorsprung und profitieren Sie!

- Es erwarten Sie namhafte Referenten, spannende Vorträge, und inspirierende Diskussionsrunden.
- Nutzen Sie die Konferenz zum Netzwerken – Kaffeepausen und gemeinsames Mittagessen sowie der Networking-Abend am ersten Konferenztag bieten Ihnen Möglichkeiten für interessante Gespräche in angenehmer Atmosphäre.
- Eine begleitende Fachausstellung informiert über innovative Produkte und Dienstleistungen.

Programm, 3. März 2020

Moderation: Thorsten Garber, Chefredakteur „return", Springer Fachmedien Wiesbaden GmbH

15:00 **Eröffnung des Unternehmerforums**

Stefanie Burgmaier, Geschäftsführerin Springer Fachmedien Wiesbaden GmbH und Herausgeberin „return"

15:10 **Chancenplus –**
Was bei der präventiven Restrukturierung neu ist und nützt

Prof. Hans Haarmeyer, Direktor Deutsches Institut für Angewandtes Insolvenzrecht und Herausgeber „return"

Forum A: Wirtschaftslage - Wieso der Kampf gegen Krisen im Frühstadium besser gelingt

15:30 **Effizienzsteigerung – Was der EU-Vorstoß für Unternehmen bewirkt**

KEYNOTE **Prof. Angelika Niebler,** EU-Parlamentarierin und CSU-Vizevorsitzende

15:55 **Schadensbilanz – Wie sich Insolvenzen auf die Volkswirtschaft auswirken**

Dr. Charlotte Louise Schildt, Partnerin der Sozietät CMS Hasche Sigle

16:20 **Liquiditätsfrische – Asset Based Finance für Unternehmen in Sondersituationen**

Carl-Jan Freiherr von der Goltz, Geschäftsführer Maturus Finance GmbH

16:45 **Erfrischungspause mit Kaffee und Tee im Ausstellungsbereich**

Forum B: Krisenabwehr – Wie Gefahren zu verhindern oder zu bewältigen sind

17:15 **Streitgespräch:**
Unternehmerunterstützung - Zu viel saniert statt liquidiert?

Wolfgang Grupp, Geschäftsführer und Inhaber der Trigema Inh. W. Grupp e.K. **versus**
Robert Buchalik, Geschäftsführer der Buchalik Brömmekamp Rechtsanwaltsgesellschaft mbH

Moderation: Stefanie Burgmaier, Geschäftsführerin Springer Fachmedien Wiesbaden GmbH

17:45 **Sicherheitseinheit – Finanzierung und Geschäftsmodell in top Einklang**

Dr. Volkhard Emmrich, Managing Partner bei der Dr. Wieselhuber & Partner GmbH

18:10 **Schutzzweifel – Warum trotz D&O-Versicherungen große Haftungsrisiken drohen**

Dr. Mark Wilhelm, Partner der Wilhelm Partnerschaft von Rechtsanwälten mdB

18:35 **Allzeitwandel – Transformation als Tagesgeschäft**

KEYNOTE **Dirk Pfitzer,** Senior Partner der Porsche Consulting GmbH

19:00 **Zusammenfassung und Ausblick**

Thorsten Garber

return mastermind dinner

19:45 **Begrüßung durch die Gastgeber**

Stefanie Burgmaier und Thorsten Garber

20:00 **Impulsvortrag: Starke Innovationskraft als beste Krisenprävention**

Dr. Petra Püchner, Europabeauftragte des baden-württembergischen Wirtschaftsministeriums

21:30 **Live-Musik**

powered by

C'M'S'
Law.Tax

powered by

MATURUS
FINANCE GMBH

powered by

Dr. Wieselhuber & Partner GmbH
Unternehmensberatung

powered by

Programm, 4. März 2020

Moderation: Thorsten Garber, Chefredakteur „return", Springer Fachmedien Wiesbaden GmbH

9:00 Begrüßung und Tagesausblick
Thorsten Garber

Forum C: Ländervergleich – Wo Unternehmer gut mit Früherkennung fahren

9:05 USA – Chapter 11 als Vorteil gegenüber Europa
Dr. Stefan Sax, Partner der Clifford Change Deutschland LLP

9:30 Niederlande – Wie Fliegende Holländer erneut im Sanierungsgeschäft dominieren
Hans Mathijsen, Advocaat Amsterdam & Rechtsanwalt Düsseldorf der Willems Advocaten & Rechtsanwälte N. V.

9:55 Österreich – Das Potenzial der Alpenrepublik, den Restrukturierungsgipfel zu erklimmen
Christian Koller, Universitätsprofessor am Institut für Zivilgerichtliches Verfahren der Universität Innsbruck

10:20 Deutschland – Geförderte HR-Transformation für Unternehmen im Umbruch
Christoph Glaser, Geschäftsführer der BBQ Bildung und Berufliche Qualifizierung gGmbH und Johannes Krasel, Geschäftsführer der Consult Personaldienstleistungen GmbH

10:45 Podiumsdiskussion:
Über die Resilienz von Unternehmen und Beratungen
Hans Mathijsen, Christian Koller, Christoph Glaser,
Dr. Carl-Matthias Lehmann, Dr. Stefan Sax
Special guest: Marion Gutheil, IBWF-Vorstandsmitglied und Bundesarbeitskreis-Vorsitzende Sanierung/Insolvenz
Moderation: Thorsten Garber, Chefredakteur „return"

11:15 Erfrischungspause mit Kaffee und Tee im Ausstellungsbereich

Forum D: Aufbruchsstimmung – Welche Geschäftsmodelle nach Sanierungen zünden

11:45 Lichtblick – Wie Mobisol in Eigenverwaltung früh auf Afrikavorbilder reagierte
Daniel Friedemann Fritz, Partner der Wirtschaftskanzlei Dentons Europe LLP und Dr. Stefan Weniger, Geschäftsführer der Mobisol GmbH

12:10 Textiltransformation – Wie Nya Nordiska Innovation neue Märkte erschloss
Heinrich Stellmach, Partner und Gründer der Kanzlei Stellmach & Bröckers, und Sven Hartke, Chief Financial Officer der Nya Nordiska Innovation GmbH

12:35 Glasgenerationen – Wie KL megla im ESUG-Verfahren die Verjüngung gelang
Dr. Utz Brömmekamp, Geschäftsführer der Buchalik Brömmekamp Rechtsanwaltsgesellschaft mbH, und Peter Reinecke, Geschäftsführer der KL-megla GmbH

Comedy und Lunch

13:00 Resümee und Ausblick
Stefanie Burgmaier und Thorsten Garber

13:05 Prachtperspektive – Mit Recht optimistisch
Doc Big Deal, Kabarett-Show-Act zum Gedankentanken mit Musik

13:30 Gemeinsames Mittagessen im Ausstellungsbereich

MATURUS
FINANCE GMBH

powered by

APONTIS

powered by
STELLMACH & BRÖCKERS

powered by
Buchalik Brömmekamp

Gold-Sponsoren

Apontis GmbH

Apontis agiert als ein integrierter Qualifizierungs- und Personaldienstleister für die Wirtschaft mit Schwerpunkt der professionellen Begleitung von Unternehmen in Transfer- und Outplacementprozessen.
www.biwe-apontis.de

Buchalik Brömmekamp Rechtsanwaltsgesellschaft mbH

Die Beratungsgesellschaft für Restrukturierung und Sanierung konnte bereits mehr als 150 mittelständische Unternehmen nach dem neuen Gesetz (ESUG) erfolgreich beraten.
www.buchalik-broemmekamp.de

Stellmach & Bröckers PartGmbB

Die Sozietät setzt schwerpunktmäßig auf eine Krisen- und Schwachstellen-analyse Ihrer Auftraggeber, um individuelle Sanierungs- und Restrukturie-rungskonzepte zu entwickeln.
www.Stellmach-Broeckers.de

Silber-Sponsor

CMS Hasche Sigle Insolvenzberatung und -verwaltung, Partnerschaft von Rechtsanwälten und Steuerberatern mbB

CMS berät Unternehmen und Konzerne verschiedenster Branchen im In- und Ausland in allen Fragen des nationalen und internationalen Wirtschaftsrechts.
www.cms-hs.com

Exklusiv-Sponsoring Abendevent

Wilhelm Partnerschaft von Rechtsanwälten mbB

Spezialisiert auf Versicherungsrecht und Haftung, Wirtschaftsstrafrecht und Gesellschaftsrecht berät die Sozietät Unternehmen immer dann, wenn viel auf dem Spiel steht.
www.wilhelm-rae.de

Exklusiv-Sponsoring Lunch

Maturus Finance GmbH

Die bankenunabhängige Finanzierungsgesellschaft führt Liquidität über Sale & Lease Back von gebrauchten Maschinenparks zu und setzt dabei auf Werthaltigkeit und Fungibilität der Objekte.
www.maturus.com

Sponsor der Power-Station

Dr. Wieselhuber & Partner GmbH

Die unabhängige, branchenübergreifende Top-Management-Beratung für Familienunternehmen sowie für Sparten und Tochtergesellschaften von Konzernen unterschiedlicher Branchen.
www.wieselhuber.de

Wir danken den Sponsoren für ihre Beteiligung.

Ihre Präsentationsplattform

Stellen Sie Ihre aktuellen Produkte und Dienstleistungen dem anwesenden Fachpublikum vor:

Als Aussteller in unserer exklusiven Fachausstellung und/oder als Sponsor mit attraktiver werblicher Darstellung.

Über die verschiedenen Präsentationsmöglichkeiten informiert Sie gerne:

Elke van Lon
Telefon +49 611 7878-320
elke.vanlon@springernature.com

Nutzen Sie diesen Branchentreff, um wertvolle Kundenkontakte zu knüpfen!

Alle Informationen
zur Veranstaltung online:

www.returnlive.de/unternehmerforum

Jetzt anmelden!

900,- Euro*

Abonnenten von return, Bankmagazin und Fuchsbriefe sowie
Mitglieder der Verbände DDIM e.V., DMB e.V. und IBWF e.V.
nehmen zum rabattierten Preis von 700,-* Euro teil.

*zzgl. gesetzlicher Mehrwertsteuer

Ihr Ansprechpartner

Judith Ballweg

Abraham-Lincoln-Straße 46
65189 Wiesbaden

Telefon +49 611 7878-515
Telefax +49 611 7878-452

judith.ballweg@springernature.com
www.returnlive.de

Veranstalter

return live – Innovative Fachtagungen und -konferenzen rund um
Management, Unternehmenstransformation und -Turnaround.
Hochkarätige Experten aus verschiedenen Branchen, Vorträge und
Diskussionsrunden liefern Ihnen aktuelles Know-how aus verschiedenen
Blickwinkeln. Profitieren Sie vom Austausch im exklusiven Expertenkreis
und netzwerken Sie in der Community. Informieren Sie sich über innovative
Produkte, Konzepte und Dienstleistungen in den begleitenden Fachausstel-
lungen.

Durch die Anbindung an die Redaktionen unserer Fachzeitschriften verfügen
wir über die neuesten Themen und Trends am Markt und ergänzen damit ideal
das Angebot von Springer Gabler im Print- und Online-Bereich.

SpringerGabler mit seiner Marke return ist Teil von Springer Nature, einer der
weltweit führenden Verlagsgruppen für Wissenschafts-, Bildungs- und
Fachliteratur.

rɘturn live

Veranstaltungsort

Villa Kennedy

Das elegante Luxushotel im Herzen der
kosmopolitischen Stadt Frankfurt
besticht mit seinen anspruchsvollen
Veranstaltungsräumen durch Komfort,
Stil und hervorragendem Service.

Villa Kennedy
Rocco Forte Hotels

Kennedyallee 70
60596 Frankfurt am Main

www.roccofortehotels.com/de/
hotels-and-resorts/villa-kennedy/

Medienpartner

 BANKMAGAZIN FUCHSBRIEFE
immer eine Spur schlauer.

Mit freundlicher Unterstützung von

 DDIM.
Dachgesellschaft Deutsches
Interim Management e.V.

 DMB
DEUTSCHER
MITTELSTANDS-BUND

 IBWF
Das Netzwerk
für Mittelstandsberater

Michael Jost ist Chief Strategy Officer der Marke Volkswagen, leitet den Bereich Konzern Strategie Produkt und berichtet direkt an Dr. Herbert Diess, Vorstandsvorsitzender des Volkswagen-Konzerns. Jost arbeitete zuvor von 1987 bis 2005 in der Forschung und Entwicklung der BMW Group in München und war Managing Director mehrerer BMW Handelsbetriebe. Danach war er fünf Jahre als Unternehmensberater in der Automobilindustrie tätig. Für Produkt-Management und -strategie von Škoda Auto in Mladá Boleslav war er von 2010 bis 2015 verantwortlich. Jost wurde 1961 in Wickede/Westfalen geboren und absolvierte die benachbarte Fachhochschule Hagen mit Abschluss als Diplom-Ingenieur.

„Eines ist klar: Wer zu spät reagiert, wird zu den Verlierern gehören"

Abseits der Abgasskandalkrise arbeitet der VW-Konzern an der Transformation seines Geschäfts-modells. Chefstratege Michael Jost ist sicher: Nur mit E-Autos sind die Klimaziele zu erreichen.

Herr Jost, warum setzen Sie nicht auf Treibstoff-Alternativen wie Wasserstoff statt vor allem auf Elektromobilität?
Michael Jost: Das Schlüsselelement unserer CO_2-Strategie ist die Elektromobilität, da es auf absehbare Zeit keine Alternative zum batterieelektrischen Antrieb gibt. Über den gesamten Lebenszyklus von 200.000 Kilometern arbeitet ein Elektroauto im Vergleich zu allen anderen Antrieben deutlich energieeffizienter. Das belegen unabhängige Studien. Wasserstoffautos sind zudem aktuell weder für eine Vielzahl von Nutzern bezahlbar, noch können wir die notwendige Infrastruktur dafür schnell hoch skalieren. Dennoch stellen wir bei Volkswagen nicht die Forschung an alternativen Antriebsformen wie der Brennstoffzelle ein. Wir sind aber davon überzeugt, dass die Elektromobilität die Antriebsform ist, um die Klimaziele erfüllen zu können.

Was erwarten Sie für die Datenkonnektivität im Fahrzeug?
Autos werden in Zukunft über ihre digitale Leistungsfähig-keit definiert. Die Software entscheidet darüber, wie Kunden ihren Wagen erleben und nutzen. Das sind Chancen, die wir nicht aus der Hand geben wollen. Deshalb werden wir deutlich mehr Software selbst entwickeln. Mit der Car-Soft-ware-Organisation bauen wir eine eigene Geschäftseinheit für Software-Entwicklung auf. Dort sollen bis 2025 mehr als 10.000 internationale Experten unter einem Dach arbei-ten. Darüber hinaus werden wir unsere Kompetenzen durch eine enge Zusammenarbeit mit Technologiepartnern weiter verstärken. Mit Microsoft entwickeln wir die Volkswagen Automotive Cloud für unsere weltweite Fahrzeugflotte, die damit voll vernetzt und immer online ist.

Vom Umbau sollen Umwelt und Aktionäre profitieren. Welche großen Transformationen stoßen Sie an?

> „Die Richtung ist klar: Wir treiben den Systemwechsel zur Elektromobilität voran."
> Michael Jost

Volkswagen wandelt sich zum Anbieter nachhaltiger Mobi-litätslösungen. Man sagt Volkswagen nicht immer die größte Beweglichkeit nach. Aber wir werden, was die Breite und Konsequenz betrifft, tatsächlich Pionier sein. Volkswagen hat den Systemwechsel angestoßen. Der „ID.3", dessen Produktion in Zwickau angelaufen ist, ist ein Ergebnis. Er wird CO_2-neutral ausgelie-fert, bietet genügend Reich-weite, ist voll vernetzt und On-Air-Upgrade-fähig. Wir sorgen dafür, dass man auch in Zukunft mit einem guten Gefühl mobil ist. Die großen Themen sind Elektromobilität, Digitalisierung, Konnektivität. Außerdem werden wir intel-ligente Mobilitätslösungen anbieten, die wir schon auf die Straße gebracht haben mit „WeShare", dem vollelektrischen Carsharing-Angebot, und „Moia".

E-Fahrzeuge sind sinnvoll auf der letzten Meile, für Lang-strecken sind Brennstoffzellen und Wasserstofftanks eine Alternative. Warum lehnen Sie diese Antriebstechnik ab?
Das ist so nicht richtig. E-Fahrzeuge können alles. Neh-men Sie den Volkswagen ID.3. Durch seinen Preis, hohe Reichweiten, viel Platz im Innenraum und ein dynamisches Fahrverhalten macht er bilanziell klimaneutrale Mobilität für Millionen von Menschen erreichbar. Es gibt keinen anderen Antrieb, der die Energiebilanz des Elektroantriebs in absehbarer Zukunft schlagen kann – auch die Brennstoff-zelle nicht.

Trotzdem verlieren Sie die Alternative nicht aus den Augen?
Die Forschung an alternativen Antriebsformen wie der Brennstoffzelle geht auch bei uns weiter. Da sind wir dran. Wir werden später Brennstoffzellen in E-Autos einbauen und auch Wasserstoff als Treibstoff nutzen. Denkbar ist der Einsatz der Brennstoffzelle bei Lkw und Bussen sowie über

lange Strecken. Das normale Auto wird ein Batterieauto sein. Denn mit zwei bis sieben Euro je 100 Kilometer liegt für den Autofahrer der Preis für individuelle Mobilität deutlich niedriger als bei wasserstoffbetriebenen Autos. Damit dürfte klar sein, wozu die Masse der Käufer in Zukunft greifen wird.

Was halten Sie von Geschwindigkeitsbegrenzungen, um kurzfristig CO_2- und NO_x-Abgasmesswerte zu drosseln?
Ich bin kein Freund von Verboten. Wir haben drei Stellschrauben, um den CO_2- und NO_x-Ausstoß zu reduzieren: Elektrifizierung, Aggregate- und Fahrzeugmaßnahmen. Die Elektrifizierung bildet mit Abstand den größten Hebel. Ein generelles Tempolimit hätte eher Symbolcharakter: De facto gibt es auf deutschen Autobahnen schon weitreichende Geschwindigkeitsbegrenzungen. Laut einer Studie des Umweltbundesamts reduzieren sich bei Tempo 120 für Pkw die CO_2-Emissionen bundesweit um nicht einmal ein halbes Prozent. Durch Digitalisierung und Verflüssigung

Der Start der Serienproduktion des E-Autos „ID.3" im Werk Zwickau startete im vergangenen November.

Vom E-Autowerk Zwickau rollt VW-ID.3 in die Welt

Mit der Weltpremiere des neuen und voll elektrischen ID.3 und dem Start der Serienproduktion im E-Auto-Werk Zwickau hat die Marke Volkswagen nach eigenen Angaben im Jahr 2019 „wesentliche Meilensteine erreicht". Nun stehe das Jahr 2020 ganz im Zeichen der Markteinführung der neuen Fahrzeug-Familie: Ab Sommer werden die ersten ID.3 auf Europas Straßen fahren. Volkswagen will in den kommenden Jahren zum Weltmarktführer in der E-Mobilität avancieren und investiert hierfür bis 2024 konzernweit 33 Milliarden Euro, davon elf Milliarden Euro unter dem Dach der Marke Volkswagen. Die strategische Zielmarke von einer Million E-Autos soll neuen Planungen gemäß schon Ende 2023 geknackt werden und damit zwei Jahre früher als bisher vorgesehen. Für das Jahr 2025 rechnet die Marke Volkswagen mit 1,5 Millionen produzierten E-Autos.

www.volkswagenag.com

des Verkehrs könnte ein Einsparpotenzial von 15 Prozent an Kraftstoffen und Schadstoffemissionen erreicht werden.

Wie stellen Sie sich die urbane Mobilität der Zukunft vor?
Schon heute ist völlig klar, dass sich Mobilität in Großstädten verändert. Bei wachsenden Städten brauchen wir Alternativen. Volkswagen ist mit Lösungen dabei: Mit Moia, unserem Ridesharing-Angebot, das wir in Hamburg und Hannover testen, und mit WeShare, unserer rein elektrischen Carsharing-Flotte in Berlin, die bald nach Hamburg kommt.

Lässt sich die steigende Strom-Nachfrage durch E-Fahrzeuge mit Biomasse, Sonne, Wind und Wasserkraft decken?
Die Verkehrswende muss zwingend mit einer Energiewende einhergehen. Wir treten für einen Ausstieg aus der Kohleverstromung ein. Mehr noch: Nach der Nutzung im Fahrzeug kann eine Batterie zum Beispiel in der Zweitverwertung als Speicheranlage für Strom dienen. Schon 2025 sind voraussichtlich mehrere Hundert Gigawattstunden Speicherkapazität im Markt, wenige Jahre später reden wir von einer Terawattstunde. Das sollte helfen, Spitzen auszugleichen.

Fehlen für Robotaxis noch die Voraussetzungen?
Der Volkswagen-Konzern hat mit Ford in das US-Technologie-Unternehmen Argo AI investiert, um ein starkes Self Driving System für autonomes Fahren auf den Weg zu bringen. Zugleich stehen wir in engem Austausch mit Städten und Gemeinden, um uns in Pilotprojekte und Feldversuche einzubringen. Damit wächst das Verständnis für diese Technologie und ihre Möglichkeiten. In Deutschland nutzen wir in Hamburg ein gefördertes Testfeld, dort fährt schon eine Volkswagen-Golf-Flotte, vollgepackt mit Technologie. Natürlich sitzt da noch ein geschulter Fahrer mit an Bord.

Ein Verbrennungsmotor besteht aus 1.200 Komponenten, beim Elektromotor sind weniger als 20 Zulieferer beteiligt. Wen brauchen Sie künftig noch in der Supply Chain?
Natürlich werden wir nicht mehr so viele Motoren- und Metallteile herstellen und benötigen. Dafür brauchen wir aber mehr Software-Spezialisten. Die Zusammensetzung der Belegschaft und der Zulieferer werden sich auf Dauer verändern. Das machen wir jedoch nicht gegen, sondern mit der Belegschaft und den Zulieferern. Wir setzen uns zusammen und suchen gemeinsam nach Möglichkeiten, Geschäftsfelder in den Bereichen Nachhaltigkeit, Digitalisierung und Elektrifizierung zu erschließen. Eines ist klar: Wer zu spät reagiert, wird zu den Verlierern gehören. In 20 Jahren wird VW kaum mehr Teile für Verbrennungsmotoren brauchen. Wenn ein Zulieferer jetzt nicht anfängt, sein Geschäftsmodell umzustellen, dann ist das Auftragsvolumen für Volkswagen eines Tages weg.

CEO Herbert Diess vom Volkswagen-Konzern während der Messe IAA im Herbst 2019: „Das Auto für den Systemwechsel ist da."

Der Autohersteller verdoppelt die Ladeinfrastruktur bis Ende 2020 allein in Dresden, Chemnitz und Zwickau auf 400 Stationen.

Die Batteriezellenproduktion hat in der Elektromobilität einen hohen Stellenwert, aber 80 Prozent der Batterien kommen aus Asien, nur drei Prozent aus Europa. Ist eine Aufholjagd aus deutscher Sicht noch möglich?

Natürlich kann man nicht immer der Erste sein – muss man auch nicht. Das zeigt sich bei der Elektromobilität: Andere waren vielleicht schneller, doch wir schaffen die großen Skaleneffekte. So kommt Elektromobilität in der Mitte der Gesellschaft an. Zwickau haben wir soeben von 1,2 Milliarden Euro komplett auf die ID.3-Produktion umgerüstet. Der Standort wird zum größten, leistungsfähigsten E-Auto-Werk Europas. In Salzgitter werden wir im Joint Venture mit Northvolt eine Batteriezellen-Produktion hochziehen.

Zur Batterieherstellung benötigt man Lithium und Kobalt. Diese Rohstoffe werden in Afrika und Südamerika unter menschenunwürdigen Bedingungen abgebaut. Steht da nicht der nächste Image-Schaden ins Haus?

Die Wahrung von Menschenrechten ist fester Bestandteil der Anforderungen, die wir vertraglich mit den Lieferanten vereinbaren. Das gilt auch für Sub-Lieferanten. Daher hat der Volkswagen-Konzern in seinen Leitlinien das strikte Verbot jeglicher Form von Kinder- und Zwangsarbeit bei der Gewinnung von Rohstoffen festgeschrieben. Auf lange Sicht wollen wir den Kobalt-Anteil reduzieren, auch kobaltfreie Batterien sind vorstellbar. Etabliert sich das Recycling, wird auch unsere Abhängigkeit von Minen verschwinden.

Die Volkswagen AG möchte bis zu 75 reine E-Modelle und etwa 60 Hybride bis 2029 anbieten. Auf welchen Märkten?

Wir erwarten, dass sich Elektrofahrzeuge zunächst in China und Europa und dann in den USA durchsetzen. Im Jahr 2040 liegt der Anteil von reinen E-Fahrzeugen im chinesischen Gesamtmarkt voraussichtlich schon bei 85 Prozent. In Europa rechnen wir zu dem Zeitpunkt mit einem E-Auto-Anteil von rund 70 Prozent – plus zehn bis 20 Prozent Hybride – und in den USA mit etwa 60 Prozent E-Autos. In China, dem weltweit größten E-Markt, gehen wir dementsprechend im Jahr 2025 von 1,5 Millionen produzierten E-Autos des Konzerns aus. Dasselbe gilt für Europa. In Chattanooga soll ab 2022 das erste in den USA lokal produzierte E-Auto vom Band laufen. Die Richtung ist klar: Wir treiben den Systemwechsel zur Elektromobilität voran.

Wie verändert Ihr Unternehmen dafür im gleichen Zeitraum, also in zehn Jahren, sein bisheriges Geschäftsmodell?

Es sind aufregende Zeiten bei Volkswagen. Digitalisierung und Elektrifizierung unserer Flotte stellen uns vor die größten Herausforderungen. Das Auto wird zum „Smart Device" – ein Tablet auf Rädern. Die Differenzierung wird künftig über die Software erfolgen und nicht mehr so sehr über den Antriebsstrang. Hinzu kommen neue Mobilitätsdienstleistungen. Dafür investieren wir in den Jahren 2020 bis 2024 rund 60 Milliarden Euro in Zukunftsthemen wie Hybridisierung, Elektromobilität und Digitalisierung. Das, was wir hier tun, hat direkten Einfluss darauf, ob wir die Pariser Klimaziele erreichen und die Erderwärmung auf ein beherrschbares Maß begrenzen. Gleichzeitig wollen wir die individuelle Mobilität sichern. Denn sie bedeutet letztlich auch Freiheit.

Für das Interview mit VW-Chefstratege Michael Jost stellte François Baumgartner seine Fragen schriftlich, weil ein persönliches Gespräch in Wolfsburg oder ein Telefonat wegen der Termindichte von Jost vor Weihnachten bis nach Neujahr laut Pressestelle nicht möglich war.

Schlagkräftiger Schattenriese

Die Lösungen der Open-Xchange AG nutzen viele Millionen Menschen. Der Weg dahin gelang mit kostenloser Software, professionellem Service und guten Kontakten in die Venture-Capital-Szene.

Rund 240 Millionen Nutzer innerhalb der zahlenden Kunden, alle Anwender einrechnet sogar 2,4 Milliarden Nutzer. Software-Produkte, die so eine weite Verbreitung haben, sollte fast jeder kennen. Das trifft hier nicht zu. Denn die Open-Xchange AG agiert bisher so, dass dies in der Öffentlichkeit kaum für großes Aufsehen sorgt. Was sicher auch daran liegt, dass kaum einer der Nutzer sich des Kontakts zur Software bewusst ist, denn die liegt meist unter der Haube bekannter Marken. Zum Beispiel unter der von Internetprovidern wie „1&1"/Ionos, Host Europe oder Telekommunikationsriesen wie Vodafone.

Alle haben Millionen von Kunden, die Abermillionen von E-Mails über die Konten ihrer Provider abwickeln. Dort geht es dann zu wie im Taubenschlag. Passenderweise ist das auch der Name eines der zentralen Software-Pakete von Open-Xchange (OX). Denn „Dovecot" heißt das Konstrukt, mit dem Mailserver offenbar so effizient und gut organisiert funktionieren können, dass inzwischen über 75 Prozent aller modernen Mail-Verteiler auf sogenannter IMAP-Basis mit dieser Software laufen. Das sind mehr als mit Microsofts Exchange Server, zumindest, wenn man den Scan-Statistiken des Informationsdienstes Shodan folgt.

2015 hatte Open-Xchange die Übernahme der finnischen Firma des Dovecot-Entwicklers Timo Sirainen bekannt gegeben und damit quasi einen Booster für die weitere Unternehmensentwicklung gezündet. Allerdings einen, der alles andere als ein Schnellschuss war: „Die Weichen für den Merger haben wir schon drei Jahre zuvor gestellt", sagt CEO Rafael Laguna de la Vera. Den späten Schritt in die Öffentlichkeit begründet er so: „Wir hatten auf diese Weise drei Jahre Zeit, das System in Ruhe weiterzuentwickeln."

© Open-Xchange

„Außerhalb von Google und Microsoft sind wir absoluter Marktführer."

Rafael Laguna de la Vera

Dabei sind die Experten von Open-Xchange nicht allein, denn bei Dovecot ebenso wie bei den anderen Open-Xchange-Produkten rund um E-Mail-, Aufgaben-, Kontakt- und Termin-Verwaltung sowie Büro-Software handelt es sich um Open Source Software. Also zumindest im Kern quelloffene Systeme, die deshalb zu weiten Teilen kostenlos von anderen übernommen und weiterentwickelt werden können, wenn man seine Entwicklungen dann auch mit anderen teilt. Das betrifft natürlich nur Nerds unter Nutzern. Diejenigen, die die Basic Software für sich selbst installieren können und wollen.

Doch selbst fertig konfigurierte Vollsysteme und den damit verbundenen Support, die „Managed Services", vertreibt Open-Xchange nicht an Endkunden. „Sondern zum Beispiel an Unternehmen wie Vodafone, die ein paar Millionen Accounts haben", wie Laguna betont: „Sie können als Einzelanwender unser Produkt nicht direkt kaufen. Das ist strikt B2B2C oder B2B2B, da ist immer ein Partner dazwischen." Was Laguna wichtig ist: „Wir wollen damit unter anderem sicherstellen, dass es ein großes Ökosystem an Anbietern gibt."

Entstanden im Dunstkreis der bekannten Suse Linux

Eine Strategie, die bisher aufgeht: 2018 machte die Open-Xchange AG erstmals Profit – bei einem konsolidierten Umsatz von über 45 Millionen Euro und somit rund zehn Prozent mehr als im Vorjahr. Dabei startete das Unternehmen erst 2005, zunächst in Nürnberg und in Olpe im Sauerland. Es entstand im Dunstkreis der Suse Linux, Hersteller einer der bekanntesten Linux-„Distributionen".

Schlagkräftig aus dem Schatten trat Open-Xchange und entwickelte sich zum Schwergewicht der Software-Branche.

Distributionen heißen die für Endanwender passend zusammengestellten Software-Pakete auf Basis des quelloffenen und damit frei verwendbaren Linux-Betriebssystems. Kurz zuvor war Suse Linux vom amerikanischen Riesen für Netzwerktechnologien, Novell, übernommen worden. 2001 bewahrte frisches Venture Capitel das Unternehmen Suse Linux vor der Insolvenz. Es stammte unter anderem von „AdAstra", einer Beteiligungsgesellschaft, für die auch Rafael Laguna de la Vera tätig war.

Laguna de la Vera fand für seine Idee über Kontakte finanzkräftige Kapitalgeber

Laguna de la Vera erkannte das Potenzial eines Teils des Suse-Linux-Software-Pakets, dem Suse Linux Open Exchange Server, die Basis für eine leistungsfähige Groupware zu sein. Damit war abseits der damals vorherrschenden Microsoft-Office- und Exchange-Welt und des ebenfalls proprietären Lotus Notes von IBM eine Möglichkeit geschaffen, sinnvoll und effizient E-Mails, Adressen, Dokumente, Termine, Aufgaben und Kalendereinträge zu verwalten. Laguna de la Vera gelang es, finanzkräftige Kapitalgeber zu finden für seine Idee, die Groupware als eigenständiges Produkt weiterzuentwickeln, weil er als Investor und VC-Partner über gute Kontakte verfügte.

In fünf Finanzierungsrunden sammelte Laguna de la Vera das Kapital ein, zuletzt im Herbst 2017 rund 21 Millionen Euro. Unter den Investoren: die Münsteraner „eCaptial", Iris Capital, die Bayerische Beteiligungsgesellschaft und die Investment-Tochter von United Internet. Ganz am Anfang war es mal kritisch und die Kapitaldecke zeitweise so dünn,

dass Laguna de la Vera die Hälfte der Belegschaft entlassen und die andere Hälfte kurzzeitig aus eigener Tasche bezahlen musste. Heute, zwölf Jahre später, bilanziert er für OX: „In der freien Welt außerhalb von Google und Microsoft sind wir absoluter Marktführer im Groupware-Bereich."

Ob das für weiteres Wachstum ausreicht, wird davon abhängen, wie groß die beiden Riesen mit ihren jeweils eigenen Software-Systemen werden. Denn zum einen setzen Branchengrößen wie Microsoft verstärkt auf sehr günstige Mietmodelle, zum anderen sind die Anwendungen von Google rund ums Speichern, Schreiben und Terminverwalten seit jeher kostenlos.

Der OX-Chef bleibt jedoch zuversichtlich: „Klar ist es vielen Studenten vielleicht erst einmal egal, was Google mit ihren Daten anstellt. Wenn Sie aber ein innovatives Unternehmen sind oder die Bundesregierung oder die Bundeswehr oder eine Universität, dann müssen Sie sich Gedanken machen, ob Sie die Daten Ihrer Leute wirklich in dicken Kabeln nach Amerika gehen lassen wollen, wo sie natürlich verwertet werden." Dagegen böten Open-Source-Lösungen mehr Sicherheit, weil die Service-Anbieter europäischen Gesetzen unterworfen seien. Weil sie nicht mit eigenen Datenformaten arbeiten, lasse sich zudem bei Open Source leichter der Anbieter wechseln.

Zwei Drittel bewerten Open Source positiv

Vorteile, die vielen Unternehmen tatsächlich immer wichtiger zu werden scheinen. So schätzten Open-Source-Lösungen zwei Drittel der befragten Firmen positiv ein, heißt es in einer aktuellen Studie des Branchenverbandes Bitkom, den

Interview

„Open Source ist als kostenlose Software ökonomisch sinnvoller"

Dirk Riehle, Professor für Open Source Software an der Universität Erlangen, zu Anwendern und Anbietern von offener Software.

Herr Professor Riehle, wie würden Sie einem Betriebswirt ohne IT-Wissen die Open Source Software erklären?
Dirk Riehle: Eine Software, die nichts kostet, die man fast uneingeschränkt nutzen, anpassen und weitergeben kann.

Warum drängen dann Betriebswirte nicht mehr darauf?
Die erste Reaktion ist häufig: Kann etwas, das verschenkt wird, überhaupt gut sein? Die zweite ist die Verwirrung darüber, dass Open Source Software hochwertig ist oder sein kann. Klar ist, dass der Einsatz von Software nicht nur Lizenzkosten bedeutet, sondern auch Betriebskosten. Was Open Source angeht, so gibt es zwei Modelle: Beim einen hat man Leute im Unternehmen, die sie betreiben – im eigenen Rechenzentrum oder dem IT-Support. Dann entstehen Kosten. Allerdings ist das meist günstiger als bei klassischer Software, weil die ja auch betrieben werden muss.

Und beim anderen Modell?
Dafür kaufen Sie Dienstleister ein, weil Sie den Betrieb nicht selbst leisten können oder wollen. Auch das ist meist preiswerter als bei Closed Source Software. Open Source ist also ökonomisch sinnvoller, weil diese kostenlose Software gut kommerziell unterstützt wird.

Wo liegt bei kostenloser Software das Geschäftsmodell?
Die Software-Lizenz mag kostenlose Nutzung zugestehen, aber ein Einsatz ist an Randbedingungen gekoppelt. Zum Beispiel, dass man sich eine Art Versicherung kauft, sodass einem geholfen wird, falls etwas nicht läuft. Es gibt viele Dienstleistungen rundherum, für die Unternehmen zahlen.

Gefährden Cloud und Mietmodelle die Open Source?
Dass klassische Hersteller Richtung Abonnement gehen, ist in der Tat ein Wechsel des Geschäftsmodells. Es ist kein großer Unterschied, ob da Open Source oder Closed Software aus der Cloud gemietet wird. Das ist ein Grund dafür, warum Microsoft viel relaxter geworden ist, was Open Source betrifft, und sogar selbst zu einem großen Beitragenden wurde. Diese Entwicklung bedeutet nicht das Ende für Open Source Software. Cloud heißt nur, dass man eine Software übers Netz betreibt, aber sie muss irgendwo herkommen. Das kann Open Source oder Cloud Source sein. Für den Kunden ist das fast gleich, ihn interessiert die Qualität der Software. Aber er kann bei Open Source Software leichter den Anbieter wechseln, was die Preise niedrig hält.

Setzen da die Strategien von Open-Source-Anbietern an?
Kommerzielle Open-Source-Unternehmen haben oft eine Go-to-Market-Strategie, die ich „Driving Adoption" nenne: Sie stellen ihre Lösung einfach bereit, sodass die anwendenden Unternehmen sie in ihren Rechenzentren nutzen können. Wenn dann der Nutzer, der noch kein zahlender Kunde ist, feststellt, wie gut die Software ist, wird er dafür zahlen. Open Source ist also weiterhin ein gutes Vehikel für Vertrieb und Marketing, wenn man es richtig macht.

das Fachgebiet Innovationsökonomie an der TU Berlin wissenschaftlich unterstützte. Mirko Böhm vom TU-Lehrstuhl, der am „Open Source Monitor 2019" mitgearbeitet hat, unterstreicht: „Für uns ist das kein überraschendes Ergebnis. Die Vorteile quelloffener Systeme sind ja vielen bekannt. Spannender war es für uns, wie viele inzwischen sogar selbst an der Weiterentwicklung mitwirken." Das betreffe vor allem dezentrale Lösungen für Open Source Software, bei denen eben nicht nur ein Anbieter existiere.
Hier konzentrierten sich die Unternehmen auf die Anwendung selbst, nutzten diese, modifizierten sie und würden – wenn alles passt – dann auch zu Mitgliedern der Entwicklungs-Community. Böhm: „Das gilt natürlich in erster Linie für den großen Teil an Software, der sich unter der Haube

abspielt. Man muss ja sehen, dass innovative Produkte heute oft komplett mit Software oder gar ganzen Betriebssystemen ausgeliefert werden. Ein Optoelektronik-Hersteller zum Beispiel braucht dann eben auch Systeme, die er entsprechend angepasst in seine Produkte einbauen kann." Für den anderen Bereich von Software, der sich auch an Endanwender richtet, seien solche Verzahnungen schon seltener. Open-Xchange sieht Böhm allerdings im Bereich E-Mail „schon weit vorn". Möglicherweise weil sich große Anwender der Open-Xchange-Produkte schon eingebracht haben. Entwickler des Internetdienste-Anbieters „1&1" etwa waren sehr früh dabei. Dies hat nicht nur Niederschlag im Produkt gefunden. Die Erfahrungen daraus haben 1&1 offenbar so überzeugt, dass sich später auch die Venture-Capital-Gesellschaft des

Die Open-Xchange AG startete erst im Jahr 2005 an den beiden Standorten Nürnberg und Olpe – und wächst seitdem kräftig.

Im Inneren des Software-Hauses kommen Großzügigkeit und Großbuchstaben zur Geltung: „Yes we're open!"

Konzerns an mehreren OX-Finanzierungsrunden beteiligte. Mit abgeschotteten Systemen wäre ein solches Miteinander schwierig. Ohnehin plädiert der OX-Chef für umfassende Datenfreiheit „oder besser Anbieterfreiheit". Das sei bei E-Mails schon gut möglich: „Hier ist inzwischen das IMAP-Protokoll zu einem Standard geworden – ein freies Protokoll, bei dem jeder teilnehmen kann." Laguna de la Vera wünscht sich für die IT-Landschaft ein freies „Business Operating System". Darin einige man sich nicht nur für E-Mails, sondern umfassend auf einheitliche Protokolle. Für ihn würde es damit „einfacher, Applikationen zu bauen, deren Teile sich in andere integrieren lassen. Microsoft versucht das, Google versucht das. Die haben natürlich APIs für Schnittstellen entwickelt, aber dann funktioniert das natürlich nur bei deren Lösungen."

Arbeit am europäischen Gegengewicht zu US-Diensten Facebook und Whatsapp

Dieser Entwicklung arbeitet der schrittweise Ausbau der OX-Produktfamilie entgegen. Das Open-Source-Portfolio umfasst neben klassischer Groupware für Adress-, Termin-/Kontaktverwaltung und E-Mail Server Software Dovecot auch das Dokumenten-Management sowie DNS-Services und damit die Software zur Verwaltung von Internet-Adressen. Aktuell arbeiten OX-Teams daran, das bekannte IMAP-Protokoll von E-Mails so zu nutzen, dass man damit auch Messenger-Dienste betreiben kann: „Chat over IMAP" soll eine Art europäisches Gegengewicht zu den

US-dominierten Facebook-/Whatsapp-Diensten werden. Das hat einige Besserwisser der Branche schon zu Spott animiert. Wieder andere sehen die Hürden, würden sich aber freuen, wenn es funktioniert. Es wird spannend sein zu beobachten, ob und unter wessen Haube künftig OX-Software für den nächsten Chat Hype nach Whatsapp sorgt.

Kompakt

▶ Innovationskraft und Businesspläne allein sichern noch keine Finanzierung für Start-ups – die gute Verzahnung mit der Venture-Capital-Szene ist ebenfalls wichtig.

▶ Vernetzung hilft bei der Produktentwicklung – gerade in der Open-Source-Welt ein Vorteil.

▶ Geduld und langer Atem sind unerlässlich – bei den Kapitalgebern ebenso wie beim Start-up.

▶ Open Source Software ist nicht nur Geschäftsmodell, sondern zunehmend auch Muster für den Bezug qualitativ hochwertiger und kostengünstiger Software – wenn es professionelle Partner gibt.

Armin Hingst arbeitet schon seit vielen Jahren als freier Journalist auch für „return" vor allem zu IT-Themen. Für dieses Firmenprofil war ihm die interessante Entwicklung des deutschen Software-zur-Verfügung-Stellers Open-Xchange aufgefallen.

Smarte Textilien

Innovationen aus textilen Fasern und nachhaltig hergestellte Mode bieten Chancen für Gründer. Auch Geschäftsmodelle rund um den Textilvertrieb finden mit hohem Nutzen ihre Marktnischen.

© Jannes Frubel

Das Model Anastasia Bresler posiert mit Kleidung von „Qmilk" mit Fasern aus Milchproteinen – frei von Lösungsmitteln und Weichmachern.

Am Anfang stand die Erkenntnis, dass es nicht gab, was der Schwiegervater von Anke Domaske brauchte, als er 2010 an Leukämie erkrankte. Urplötzlich reagierte sein Körper empfindlich auf herkömmliche Textilien. Damals war sie als Mode-Designerin selbstständig und wusste: „Selbst in der Herstellung von Bio-Baumwolle werden sechs Kilo an Chemikalien pro Kilo Baumwolle verbraucht."

Als studierte Mikrobiologin wusste sie aber auch, dass es seit den 30er Jahren eine Textilfaser aus Milchproteinen gibt, der Produktionsprozess jedoch 60 Stunden dauert. Ein neues Verfahren musste also her. Domaske ging zunächst einkaufen: Einkochtopf, Einkochthermometer, Mixer. Damit stellte sie sich in die Küche. Drei Jahre und 3.000 Rezepturen später entstand „Qmilk" in weniger als fünf Minuten. „Eine der größten Herausforderungen war", sagt Domaske, „dass sich der Stoff beim Waschen nicht auflöst." Das Biopolymer sei frei von Lösungsmitteln, Weichmachern und

Adimiden. Auch der Zero-Waste-Herstellungsprozess sei zu 100 Prozent natürlich. Qmilk besteht aus sauer gewordener Milch oder Käsereiabfällen, die bisher entsorgt werden, um keine Konkurrenz zu Lebensmitteln zu schaffen. Allein in Deutschland fallen davon 1,9 Millionen Tonnen pro Jahr an. Die Kasein-Faser baut sich nach wenigen Wochen im Kompost ab. Dafür erhielt Domaske den „Green Tec Award".

Das erste Produkt von Qmilk war statt Kleidung allerdings Toilettenpapier. Milch-Taschentücher produziert der italienische Hersteller inzwischen auch. Vor zwei Jahren schaffte sie es in die Green-Core-Kollektion des Outdoor-Herstellers Vaude, dessen Geschäftsführerin Antje von Dewitz in „return" ausführlich über Nachhaltigkeits-Management berichtete (Interview, Ausgabe 06/19). Mutter Ines und Tochter Anke Domaske gründeten 2010 ihr Familienunternehmen. Nach langer Suche fanden sie Beteiligungspartner, um das Wachstum zu finanzieren. Mittlerweile vertreiben sie Qmilk-

Produkte in 30 Ländern von den USA bis China. Die Produktionskapazität stieg auf 100 Tonnen pro Jahr, das Team bilden mittlerweile 20 Mitarbeiter.

Technische Textilien verbinden
Hobby und Beruf auf Rädern

Textil und Technik verbindet auch „Pi Rope". In der ehmaligen Textil-Hochburg Chemnitz studierte Ingo Berbig Maschinenbau mit Schwerpunkt Textilmaschinen. Der passionierte Rennrad-, Bahnrad- und Mountainbike-Fahrer ist seit rund 20 Jahren als Trainer im RSV Chemnitz aktiv. Er wollte Hobby und Beruf vereinen. So entstand 2013 die Idee zur Manufaktur, deren Fokus auf textilen Speichen liegt.

„Die Polyesterfasern aus Vectran haben unter Zug ähnliche Eigenschaften wie Stahldrähte, nur dass sie korrosions- und wartungsfrei sind", schildert Berbig die Vorteile der Textilspeichen. Mit drei Mitstreitern suchte er Lieferanten und Partner. Die Entwicklungszeit wurde mit dem Exist-Gründerstipendium finanziert. Sie gründeten 2017 die Pi Rope GmbH, setzten auf den KfW-Startkredit und fanden im Folgejahr den passenden Lieferanten im Allgäu.

Der Umsatz vervierfachte sich 2019 gegenüber Vorjahr auf eine Viertelmillion Euro. „Bei 50 Millionen Euro weltweitem Branchenumsatz können wir noch lange organisch wachsen", sagt Berbig. Der erste Vollzeit-Mitarbeiter ist eingestellt, 2020 sollen weitere folgen. Dann will er sich endlich selbst ein Gehalt auszahlen – denn nach wie vor arbeitet er einen Tag pro Woche an der Uni, um sich zu finanzieren.

Neues Geschäftsmodell
„am liebsten aus Abfall"

Beim gemeinsamen Entrepreneurship-Studium an der Uni Rotterdam lernten sich Adrian Goosses und Michael Widmann kennen. Als das Duo aus Köln und Südtirol für ein Uni-Projekt ein Geschäftsmodell entwerfen sollte, wollten sie dieses nachhaltig halten. „Wir wollten keine zusätzlichen Ressourcen verbrauchen und am liebsten etwas aus Abfall machen", sagt Goosses, weshalb sie einer ihrer ersten Wege auf einen Schrottplatz führte. Dort fiel ihr Blick auf einen ausgelösten Airbag. „Der lag da wie ein Rucksack – und so hatten wir unsere Produktidee: Wir wollten aus gebrauchten Airbags neue Rucksäcke herstellen", erinnert er sich.

Mit einer Crowdfunding-Kampagne auf Kickstarter.com schlugen sie im Sommer 2015 gleich zwei Fliegen mit einer Klappe: Sie stellten mit den eingeworbenen 70.000 Euro die erste Produktion und den Markenrechtsschutz sicher, erhielten die ersten 500 Bestellungen und testeten gleichzeitig die Marktchancen für die Produkte. Zwei Jahre später gründeten die beiden „Airpaq"; die Umfirmierung der UG geschah

Anke Domaske tüftelte so lange, bis sie aus sauer gewordener Milch und Käseabfällen neue Textilfasern aus Proteinen gewonnen hatte.

Ingo Berbig ist selbst passionierter Rennradfahrer und hatte den außergewöhnlichen Einfall, aus Textilien neue Speichen zu entwickeln.

erst kürzlich. Goosses begründet: „Wir haben die Kosten niedrig gehalten und sind deshalb beide zunächst wieder bei unseren Eltern eingezogen. Der Firmensitz war ein Zimmer im Keller des Elternhauses."

Inzwischen stammen fast nur noch die Gurtschlösser ihrer Taschen und Rucksäcke vom Schrottplatz. Die Airbags sind Ausschussware, die bei den Herstellern durch die Qualitätskontrolle gefallen ist und ohne ihr Up-Cycling vernichtet würde. Und da die Airbag-Hersteller in Rumänien sitzen, lässt Airpaq seine Produkte auch dort nähen. „Kurze Wege und EU-Qualität", unterstreicht Goosses. Derzeit verdoppelt sich der Umsatz jährlich, lag 2019 bei einer halben Million

Sascha Fussmann und Christian Yaglioglu gründeten „Texile One", um Stoffe mit Logos zu branden.

Adrian Goosses und Michael Widmann begannen, aus gebrauchten Airbags neue Rucksäcke herzustellen.

Euro und soll weiter organisch wachsen. Dazu trägt die erste Testbestellung aus Japan bei: Ein Distributor orderte knapp 1.000 Produkte.

Neue Textilien sollen nicht nur nachhaltig, sondern am besten auch smart sein. Lola Güldenberg, Trendforscherin und Industrie-Designerin aus Berlin, sagt viel Bewegung in diesem Markt voraus: „Wir sind heute in der Lage, empfindliche Sensoren direkt in Stoffen zu verweben, Vorhänge, Tapeten und Kleidungsstücke. Da wird es einen unglaublichen Boom geben mit Produkten, die wir uns heute noch nicht vorstellen können, beispielsweise durch eine Verknüpfung mit Mikroelektronik, Bio-Tech und Künstlicher Intelligenz."

Aufpeppen ist angesagt: Maren Wölk und Marili Werle aus Potsdam machen es mit „Permetex" vor. Sie verankern durch ein spezielles Verfahren den insektenabweisenden Wirkstoff Permethrin untrennbar in den Fasern ihres Stoffs und schaffen so Schutz vor Mücken und Bettwanzen. Die Stoffe verarbeiten sie beispielsweise zu Reiseschlafsäcken.

Gute Idee, aber „See You" genügt nicht Vorgaben der Vorschriften

Die Textilunternehmen der Quality Group mussten feststellen, dass gute Ideen nicht immer zum Kassenschlager führen. Die Familienbetriebe experimentierten mit dem Einweben reflektierender Fäden in Jeansstoff. Heraus kam „See You". Das ist reflektierende Meterware, die zu Hosen, Jacken und Kappen verarbeitet werden kann. „Man sieht keinen Unterschied zu herkömmlichem Jeansstoff, aber bei Dunkelheit ist die Person besser sichtbar", beschreibt Geschäftsführer Klaus Zuleeg: „Die Sichtbarkeit liegt unter den EU-Vorschriften für Nachtsichtbarkeit, da reine Reflektorbänder natürlich mehr Licht reflektieren als ins Gewebe eingebrachte Fäden." So darf See You „nachts besser sichtbar" nicht bewerben.

Zuleeg hat deshalb die Vermarktung für die eingewebten Reflektorfäden weitgehend eingestellt – und hofft auf eine baldige Änderung der EU-Norm. „Jedes bisschen mehr für eine bessere Wahrnehmbarkeit im Dunkeln trägt zu mehr Sicherheit im Straßenverkehr bei", begründet er seine Hoffnung.

„Textile One" brandet Betrieben die Arbeitskleidung passgenau

Textile One ist ein vorbildliches Start-up für passgenaue Arbeitskleidung. „Wir branden Textilien, sticken Firmennamen und Logos auf Polo-Shirts", erklärt Sascha Fussmann, der seinen Co-Gründer Christian Yaglioglu seit der Schulzeit kennt. Die ersten Kunden, ein Karnevalsverein und die Einzelhandelskette Nanu-Nana, waren rasch „durch Glücks-Telefonate" gefunden. Den Kauf der ersten Stickmaschine finanzierten sie über die lokale Volksbank.

Preise sind nicht alles. „Kunden hatten das Problem, dass es im Textilhandel meist Mindestabnahmemengen von 500 Stück gibt", berichtet Fussmann. Eröffne eine Bäckereikette eine neue Filiale, benötige sie dort 20 Shirts. Für Einkäufer von Arbeitskleidung ließ Textile One eine Software programmieren. „So generieren wir Zusatznutzen für Kunden und konnten uns vom Preisdruck abkoppeln", sagt er.

Im Mai 2018 stiegen strategische Investoren für mehr Wachstum ein. Inzwischen erzielen 20 Mitarbeiter rund 2,5 Millionen Euro Umsatz (2019); eine Million Euro mehr soll es in diesem Jahr werden. Die beiden Gründer sind noch immer beste Freunde. Dabei, sagt Fussmann, helfe die goldene Regel: „Immer ehrlich zueinander sein, auch wenn es erst mal schmerzt. Denn das Wichtigste ist, immer die beste Lösung fürs Unternehmen zu finden."

Anja Kühner arbeitet als freie Wirtschaftsjournalistin aus Düsseldorf schon seit Jahren für „return" und schreibt regelmäßig über die Gründerszene.

Besseres Biegen

Das „Mittelstand 4.0"-Kompetenzzentrum Darmstadt hat mit der Herkules Wetzlar GmbH als Digitalisierungsprojekt ein Messkonzept zur Profilkontur von Biegeteilen umgesetzt.

Genauer geht es um die ganzheitliche Produktdaten-erfassung und Rekonstruktion der Profilkontur von Biegeteilen. Die Herkules Wetzlar GmbH aus Solms fertigt Biegemaschinen und Biegeteile. Das Produktspektrum umfasst Biegeteile unterschiedlicher Materialien sowie Profilkonturen. Das Unternehmen hat Kernkompetenzen im Anlagenbau und in der Herstellung von komplexen Biegeteilen. Dabei wird ein Produktspektrum von Biegeteilen mit wenigen Millimetern bis zu mehreren 100 Millimetern Querschnitten sowie Profillängen von bis zu 24 Metern abgedeckt.

Hinzu kommt, dass eine große Zahl verschiedener Profilkonturen und -größen verarbeitet wird. Dadurch sind Bauteilkontrollen sehr aufwendig. Bei großen Bauteilen sind konventionelle Messmethoden kaum anwendbar. Daher wird hier häufig auf eine manuelle, nachträgliche Konturvermessung mittels Messlatten, Messstäben oder 1:1-Schablonen zurückgegriffen. Die Biegekonturen werden wiederholt hergestellt, sodass sich mehrere Messvorgänge und ein großer Zeitaufwand ergeben. Zudem sind die Erfassung der Daten und die nachträgliche Ablage oder Weiterverarbeitung bei manuellen Messungen immer an den Bearbeiter gebunden.

Die Profilkontur wird jetzt durch die schrittweise Messung der Bogenlänge über ein Reibrad erfasst.

Entwicklung von digitaler Lösung zur effizienten Qualitätssicherung

Im Pilotprojekt begleiteten Experten des Instituts für Produktionstechnik und Umformmaschinen aus dem „Mittelstand 4.0"-Kompetenzzentrum das Projekt-Team der Herkules Wetzlar GmbH. Ziel war es, eine digitale Lösung zu entwickeln für die effizientere Gestaltung der Qualitätssicherung und bessere Datenerhebung zur Prozessoptimierung. Da der Markt keine geeignete Messtechnik hergab, haben die Teams selbst ein neues Messsystem entwickelt. Es sollte die digitale Vermessung der Biegeteile und ganzheitliche Nutzung der anfallenden Produktionsdaten ermöglichen.

Mithilfe des neuen Messsystems kann der Anlagenbediener auf einen Blick den Ist-Zustand der Biegeteile mit dem Soll-Zustand vergleichen. Die Profilkontur wird durch die schrittweise Messung der Bogenlänge über ein Reibrad erfasst, und ein Gyroskop misst simultan die Änderung des Tangenten-

winkels. Zwischenstufen kann das neue Messkonzept dauerhaft erfassen. Der Prozess wird so deutlich transparenter. Die Messergebnisse kann der Anlagenbediener digital und visualisiert sehen. Gewonnene Daten werden mittel- und langfristig zur optimierten Produktion genutzt. Insgesamt spart die Herkules Wetzlar GmbH in der Qualitätskontrolle bis zu 70 Prozent an Zeit gegenüber konventionellen Methoden.

Für die Geschäftsführung der Herkules Wetzlar GmbH bringt das Digitalisierungsprojekt mehrere Vorteile: Die Qualitätssicherung ist weiter optimiert, bestehende Vorgänge sind digitalisiert worden. Speziell die Digitalisierung der Messvorgänge eröffnet die Möglichkeit, langfristig Prozessinformationen zu sammeln und diese wieder zur Optimierung der Prozesse zu nutzen. Gleichzeitig geht mit den Projektergebnissen einher, dass Abläufe deutlich vereinfacht und verkürzt wurden.

Die Autoren kennen sich vom Institut für Produktionstechnik und Umformmaschinen. Christian Kubik (links im Bild) arbeitet in der Fachabteilung Prozessketten und Anlagen mit dem Schwerpunkt der Prozessanalyse in der Blechumformung als Grundlage einer digitalen Produktion. Dominik Huttel (rechts) hat am Institut promoviert und übernahm später die Geschäftsführung der Herkules Wetzlar GmbH.

Brillen neu definiert

Auch gesättigte Märkte wie der für Brillen bieten noch Chancen. Die Gründer des Start-ups Viu haben mit Omnichannel-Strategie und Digitalisierung erfolgreich eine neue Nische erschlossen.

Kilian Wagner entwickelte das Start-up Viu mit seinen Partnern innerhalb von sechs Jahren zur bekannten Brillenmarke in Europa. Das Gründer-Team positionierte die Marke als Fashionlabel mit Fokus auf „optische Kompetenz" in einem längst gesättigten und trägen Brillenmarkt. Denn Viu hat mit tradierten Verkaufsstrukturen gebrochen, indem es das Optikergeschäft mit Omnichannel-Ansatz neu und digital denkt.

© Sandra Kennel / Viu

Einen Traum teilten Kilian Wagner und Peter Kaeser als BWL-Studenten in St. Gallen: Unternehmer werden. Doch nach dem Studium fehlte der Mut für diesen Schritt. Sechs Jahre später sagten sie sich: Jetzt oder nie! Ins Visier nahmen die unzufriedenen Brillenträger konsequenterweise den Markt für Sehhilfen.

Eine Branche, die sich in den vergangenen 30 Jahren nur langsam veränderte. 2013 lag der Anteil von Online-Brillenkäufen bei nur fünf Prozent. Ihre Idee: Brillen direkt über einen Onlineshop als Fashion-Produkt zu verkaufen. Nur was den Kaufleuten fehlte, war die optische Kompetenz. Die holten sie mit den beiden Schweizer Taschen- und Brillen-Designern Fabrice Aeberhard und Christian Kaegi ins Boot. Mit Dominik Müller, dem traditionellsten, aber für Neues aufgeschlossenen Züricher Optiker, fand man einen passenden Partner, um Ideen zu testen. Heute sind noch Wagner, Kaeser und Aeberhard aktiv in der Geschäftsführung von Viu, das wie das englische „view" ausgesprochen wird. Kaegi führt sein Unternehmen Qwestion und Müller gehört zu den Kapitalgebern.

Kilian Wagner als „Außenminister"

Unter den Gründern im Führungs-Team gibt es eine klare Rollenverteilung. Kilian Wagner fungiert als „Außenminister" und Peter Kaeser nimmt die Rolle des „Innenministers" wahr. Fabrice Aeberhard ist der kreative Kopf, der die Marke träumen darf. Die Aufgabe von CEO Wagner ist es, die Leitplanken zu definieren, in denen der Kreative träumen kann. Die Entscheidungen im Führungs-Team erfolgen konsensorientiert. „Grundsätzlich sollte das Gremium ein Marktplatz für Ideen sein, auf dem die beste Idee gewinnt", beschreibt Wagner die Philosophie, die für die gesamte Organisation gilt.

Die Gründer positionierten Viu als Fashion-Marke mit optischer Kompetenz. Ihr Angebot: nachhaltig gefertigte Brillen mit höchstem Design- und Qualitätsanspruch zu revolutionären Preisen für den urbanen, modeorientierten Käufer. Ende 2013 startete der Onlineshop. Doch der Erfolg in den ersten Monaten war mäßig, während dagegen ein Pop-up-Store in Zürich florierte. Schon nach vier Monaten begannen sie, ihr Omnichannel-Konzept weiterzuentwickeln. Von da an ging es steil bergauf.

Heute existieren neben dem Onlineshop 56 Flagship-Stores in sechs Ländern und 30 Partner-Stores. Viu beschäftigt mehr als 300 Mitarbeiter und verkauft jährlich weit über 100.000 Brillen. Thomas Lang, E-Commerce-Spezialist von Carpathia, hält das Omnichannel-Konzept von Viu für Erfolg versprechend, weil die Marke das Optikergeschäft neu und digital denke. Mit der Kontrolle der gesamten Wertschöpfung könne Viu bei den Preisen sehr wettbewerbsfähig bleiben. Sehr beeindruckt davon, wie es Viu geschafft hat, innerhalb weniger Jahre eine starke Markenwelt und Community aufzubauen, ist Myke Näf, der Gründer des Online-Terminplaners Doodle, der bei Viu investiert hat.

„Wenn wir den Grundlagenirrtum, nur über Online verkaufen zu können, nicht erkannt hätten, wäre wahrscheinlich vieles anders gelaufen", blickt Wagner zurück, wobei die Gründer aus der Krisenerfahrung gelernt haben: „Was wir mitgenommen haben, ist die Fähigkeit, immer wieder Experimente zu starten und immer wieder zu fragen, ob wir eigentlich das Richtige machen oder neu denken müssen." Veränderung und Agilität sind deshalb für den CEO probate Mittel, um Krisen zu begegnen. „Das sind Fähigkeiten, die man sich als Unternehmen erarbeiten und erhalten muss", hält der ehemalige McKinsey-Berater für notwendig, statt sich auf vergangenen Erfolgen auszuruhen. Das ständige Hinterfragen gilt auch für das Führungs-Team selbst. Für die Gründer ist Viu ihr „Baby" und sie führen das Unternehmen mit Leidenschaft. Trotzdem versuchen sie zu reflektieren, ob sie noch die Richtigen für das Unternehmen am richtigen Platz sind und ob sie es auf eine nächste Stufe bringen können. „Wenn wir erkennen würden, dass wir nicht mehr die Richtigen sind, dann sollten wir fähig sein zu sagen, wir gehen aus dem Unternehmen raus. Letztlich ist das Unternehmen der zentrale Part", konstatiert Wagner.

Für ihr Unternehmen haben die Gründer sechs Grundwerte definiert: „Go for Goals", „Think in Solutions" und „Take Ownership" beziehen sich auf die Art der Zusammenarbeit. Sie stehen für die gegenseitige Erwartung an die Führung ebenso wie an die Mitarbeiter, über den Tellerrand hinauszudenken. Die Werte „Learn every Day", „Be true" und „Take

Viu-Gründer natürlich mit Brillen: Fabrice Aeberhard, Kilian Wagner, Peter Kaeser, Christian Kaegi und Dominik Müller (v. l. n. r.).

© Sandra Kennel / Viu

part" beschreiben, wie das erreicht werden soll. „Wir wollen, dass Fehler erlaubt sind, dass wir daraus lernen und dass die Mitarbeiter sie selbst sein können", spricht sich Wagner für eine offene Kultur aus, in der wertgeschätzt wird, dass Menschen verschieden sind. Denn durch das Zusammenwürfeln von unterschiedlichen Charakteren entstünden Kreativität und neue Ideen.

Das schnelle Wachstum des Brillen-Labels bringt mehr Komplexität in die Organisation, weil entsprechende Strukturen zu schaffen sind. Für Wagner ist das mit der Führungsfähigkeit verbunden, Themen abzugeben und weiter zu professionalisieren, indem erfahrene Mitarbeiter ins Unternehmen geholt werden. So hat man im vergangenen Mai Mario Muttenthaler als CMO verpflichtet, der die internationale Expansion und Markenentwicklung vorantreiben soll.

Auch in Zukunft hat Viu noch Großes vor, denn das Potenzial im Markt ist beträchtlich. „Der Himmel ist das Limit", scherzt Wagner. Für die nahe Zukunft sind weltweit über 100 Läden geplant. Virtuelle Brillenanproben oder Online-Sehtests könnten neue Marktchancen eröffnen. „Wenn diese zwei Elemente auf einem verlässlichen Niveau sind, könnte größeres Vertrauen beim Kunden entstehen, eine Brille online zu bestellen", hofft Wagner.

Jede zehnte Brille aus dem 3-D-Drucker

Dann wäre ein Online-Marktanteil von 20 Prozent erreichbar, wovon sich Viu aufgrund seiner guten Omnichannel-Positionierung einen großen Anteil erhofft. Schon heute kommt jede zehnte Brille bei Viu aus dem 3-D-Drucker. Und zukünftig könnte das Handy in die Brille integriert werden. Die Techies in Zürich werden bereit sein, dies so schnell wie möglich zu implementieren.

Store-Expansion und technologische Entwicklungen erfordern Kapital. Mit Eight Roads hat sich Viu schon einen renommierten Venture Capitalist an Bord geholt, der für die Expansion viel Erfahrung in Digitalisierung und E-Commerce mitbringt.

Peter Hanser schrieb schon einige „masterminds"-Porträts für diese Serie, mit der wir mittelständische Unternehmer und Manager für ihre herausragenden Leistungen in Transformation und Turnaround würdigen.

Besser in Technologiezentren?

Umstrittene Thesen stellt dieses Magazin in „return kontrovers" zur Diskussion. Diesmal dreht sich die Debatte darum, ob Start-ups besser in Technologiezentren aufgehoben sind.

Unter dem Titel „Trends in der Unterstützungslandschaft von Start-ups" und beauftragt vom Bundeswirtschaftsministerium widmete das Institut für Innovation und Technik (iit) vor zwei Jahren eine Studie dem Angebot aus Inkubatoren, Akzeleratoren und anderen. Insgesamt 1.130 Angebote mit „hoch dynamischer" Entwicklung zählten die Autoren bundesweit, aber „nach wie vor" auch große Entwicklungsbedarfe bei Gründern. Der Markt für Unterstützungsangebote entstehe zusehends, werde aber von privaten Anbietern dominiert. Zwar bestehe „potenziell keine Angebotslücke, Intransparenz erschwert jedoch erheblich die Suche für Start-ups".

Insgesamt 309 Technologie- und Gründerzentren (TGZ) standen seinerzeit 56 Inkubatoren („Brutkästen") und 121 Akzeleratoren („Beschleuniger") gegenüber. Letztgenannte zielen, „anders als Inkubatoren, vor allem auf die Beschleunigung der Marktreife von Start-ups, ausgehend von einem funktionierenden Geschäftsmodell". Die als TGZ abgekürzten Zentren zählen die Autoren „zu den eher älteren Instrumenten", die „auf eine allgemeinere Art der Gründungsunterstützung" setzen und „in einem engen lokalen und regionalen Bezug" stehen. Die Studie ermittelte auch „Verbesserungsbedarfe", die sieben Prozent der befragten Start-ups bei TGZ sahen, nur ein Prozent bei Inkubatoren und Akzeleratoren.

Kleine, feine Unterschiede

„Die kleinen, feinen Unterschiede" betont der Blog-Eintrag unter startplatz.de, der Zentren vor allem „in der Anfangsphase" als Schwerpunkt-Taktgeber lobt. Ein „Accelerator" setze im Vergleich eher auf „kurzfristige Förderprogramme". In voller Pracht ein „komplettes Start-up-Ökosystem" biete ein Inkubator, der hier offensichtlich präferiert wird.

„Wo die Gründer wachsen" lautet die vielversprechende Überschrift des Beitrags von Elisabeth Dostert in der „Süddeutschen Zeitung" vom 8. November 2019, der allerdings kaum Hinweise auf den geeigneten, besseren Ort für Start-ups liefert. Dafür erinnert er gleich im ersten Satz an die liebevolle Aufzucht von Babys: „Überall im Land werden

© SKion

Susanne Klatten

Start-ups gehätschelt." Ach, wie süß! Andererseits jagt uns der zweite Satz gleich wieder Angst ein: „Die Sorge ist groß, dass Deutschland den Anschluss verliert und der Nachschub für Mittelstand und Konzerne ausbleibt." Ja, was denn nun eigentlich?!

Überhaupt: Seit wann dienen Start-ups nur als „Nachschub"? Doch Frau Dostert stellt lieber gleich eine Gegenfrage: „Sind Deutsche zu satt, zu träge, zu ängstlich und zu ideenlos?" Denn sie hält übertrieben Ausschau nach „Menschen, die das scheinbar Unmögliche möglich machen". Schließlich findet sie diese Menschen, weil „sie wachsen ..." – wie Unkraut? – in besagten Zentren, Inkubatoren, Akzeleratoren. Hier lobt die Autorin schlussendlich über den Klee das „wohl luxuriöseste Heim für Gründer", heißt „UnternehmerTUM". Diese Heimstatt habe Susanne Klatten vor 18 Jahren in Garching bei München gegründet. Wie überaus umtriebig die BMW-Großaktionärin ist, zeigte schon ihr Porträt in return 01/18. Das TUM bringe jedes Jahr rund 50 Start-ups hervor und bietet laut Klatten „einen sicheren, geschützten Platz, wo man aufgenommen und ermutigt wird, wo man konstruktive Kritik bekommt und wertvollen Rat ..." und so weiter und so fort.

Aufhorchen ließ schon vor vier Jahren die Berichterstattung über ein „Großprojekt für Start-ups", dem „Silicon Valley Europas" in ausgerechnet Bad Vilbel, nördlich von Frankfurt am Main, wo auf 280.000 Quadratmetern „Europas größter Start-up-Campus" entstehen und 2019 eröffnen sollte. Doch im August 2019 berichtet die „Frankfurter Neue Presse" nur über den Startschuss erster Erschließungsarbeiten für ein „Mini-Silicon-Valley", als „Spring Park Valley" und „Smart City", in der irgendwann mal tatsächlich 6.500 innovative Menschen arbeiten sollen.

Diese kompakte Studien- und Medienauswertung stammt von „return"-Chefredakteur Thorsten Garber, um auch kontrovers zu kommentieren.

PRO

Cristina Mann:
„Start-ups können innerhalb des Zentrums mehrere Wachstumsphasen durchlaufen"

© MTZ

KONTRA

Peter Trapp:
„Start-ups sollten Gründungs- und Branchenexpertise anstreben"

© Startport

Der grundsätzliche Vorteil von Technologiezentren liegt in deren Aufgaben. Sie sind oft Mittel der Wirtschaftsförderung und sollen eine Region, eine Branche oder ein Segment der Wirtschaft beleben und entwickeln. Damit ist der Erfolgsanspruch an die Gründer nicht, möglichst schnell in den Markt und möglichst schnell viel Gewinn zu machen, sondern konstante Wirtschaftseinheiten zu werden, die den gesamten Wirtschaftsstandort stärken.

Das Produkt oder der Geschäftszweck wird nach Kriterien wie Finanzierung, Nachhaltigkeit und Arbeitskräfte bewertet. Wachstum und Gewinn sind wichtig, stehen aber nicht im Vordergrund. Das führt zu einem bunten Firmen-Mix, der zu einem spannenden Gründungsklima in den Zentren führt. Natürlich ist es gern gesehen, wenn ein Unicorn dabei ist, aber der Fokus liegt auf allen Start-ups der gewünschten Zielgruppe. Dadurch erfolgt eine Art Gleichbehandlung, daher beteiligen sich Technologiezentren nicht an den Start-ups. Beratung ist nicht auf einzelne Förderprogramme beschränkt, sondern umfasst das ganze Spektrum.

Das Ziel sind dauerhaft bestehende Firmen, die sich möglichst in der Region ansiedeln

Betreut werden die Start-ups bei Bedarf; es gibt keine permanente Betreuung. Die Firmen haben unbefristete Mietverträge und bis zu fünf Jahre Zeit, sich zu entwickeln. Sie können innerhalb des Zentrums mehrere Wachstumsphasen durchlaufen, um optimal auf den Wettbewerb vorbereitet zu sein. Das Ziel sind dauerhaft bestehende Firmen, die sich möglichst in der Region ansiedeln, wenn sie das Zentrum verlassen.

Für die Gründung eines Unternehmens in einem Accelerator beziehungsweise Inkubator spricht alles das, was Technologiezentren meist nicht bieten können: echte Branchenexpertise. Denn anders als Technologiezentren sind Inkubatoren oft privat durch Unternehmen finanziert, die an innovativen Lösungen interessiert sind. Die Existenz eines Inkubators ist niemals sein Selbstzweck.

Start-ups, die sich für Inkubatoren entscheiden, wollen ihr Produkt direkt am Markt entwickeln und Probleme in der Praxis aus dem Weg schaffen. Die beteiligten Unternehmen sind zu den Start-ups schonungslos ehrlich, denn der Erfolg des Start-ups ist die Voraussetzung für den eigenen Erfolg. Win-Win oder Lose-Lose, wenn es zu ersten Pilotprojekten, also Tests in der Zusammenarbeit geht.

Ehrlicheres und kompetenteres Feedback kann ein Gründer nirgendwo bekommen

Hat man jedoch erst einmal einen Fuß bei einem Unternehmer in der Tür, lässt sich der nächste sehr viel schneller überzeugen. Dabei können auch Mentoren helfen, die wissen, wie man als Start-up die jeweilige Branche angehen muss. Denn genau sie sind im Zweifelsfall die richtigen Ansprechpartner. Eine allgemeine Gründungsberatung ist ganz zu Beginn einer Unternehmensgründung immer sinnvoll – ein Start-up sollte aber beides anstreben: Gründungs- und Branchenexpertise. Ein Gründer, der sichergehen will, dass sein Produkt für den Markt fit ist, sollte sich mit Inkubatoren und Acceleratoren beschäftigen, denn ehrlicheres und kompetenteres Feedback kann er nirgendwo bekommen. Schließlich können Start-ups hier ihre ersten Kunden finden.

Cristina Mann ist Verwaltungsleiterin der MGH – Münchner Gewerbehof- und Technologiezentrumsgesellschaft mbH (MTZ).

Peter Trapp ist Geschäftsführer der Startport GmbH, Tochtergesellschaft des Duisburger Hafens, die Start-ups fördert und fordert.

Permanentes Lernen
Warum gebildete Mitarbeiter ein starker Vorteil sind

Die Diagnose ist bekannt: Globalisierung und Digitalisierung sind unglaubliche Beschleuniger des Wandels. Was gestern erfolgreich war, kann morgen ein Ladenhüter sein. Was gestern noch nicht existierte, kann morgen ganze Branchen vernichten. Die Disruptoren können ein paar Häuser nebenan groß werden oder am anderen Ende der Welt. Sie kommunizieren in Echtzeit und vielleicht schon längst mit unseren Kunden. Doch zum Glück gibt es ein Rezept für das Überleben in stürmischen Zeiten. Und das heißt Agilität.

© Pink University

Veränderungen früh erkennen und Unternehmertum fördern

Agilität muss als Begriff heute für vieles herhalten. Aber im Kern steht er für zwei wesentliche Dinge: Unternehmen müssen Veränderungen frühzeitig erkennen. Und sie müssen in der Lage sein, schnell zu handeln. Das ist leichter gesagt als getan. Denn wer Veränderungen frühzeitig erkennen will, braucht viele Augen. Und wer schnell handeln will, braucht viele Unternehmer im Unternehmen – vor allem aber Strukturen, die das Sehen und das Unternehmertum fördern.

Damit stehen wir vor der eigentlichen Herausforderung: Heute geht es darum, Organisationen so umzubauen, dass die einzelnen Mitarbeiter befähigt werden, zu sehen und zu machen. Es geht darum, den Mitarbeitern zu ermöglichen, Spielräume zu nutzen und ihre Aufmerksamkeit zu trainieren.

Selbstorganiertes Arbeiten und laterales Führen

Das alles hat nicht mehr viel mit den Change-Projekten zu tun, die uns die vergangenen Jahre begleitet haben. Change bedeutete, die Mitarbeiter ins Boot zu holen und auf neue Ziele einzustimmen. Die Ziele zu setzen, war selbstverständlich die Sache des Managements. Es war Top-down-Change. Daran änderten auch die vielen Arbeitskreise nichts, in denen Mission Statements erarbeitet wurden, die dann später höchstens die Foyers schmückten. Die Themen, vor denen Unternehmen heute stehen, heißen

selbstorganisiertes Arbeiten, laterales Führen, Intrapreneurship oder Agiles Mindset.

Diese Schlagworte deuten an, wohin die Reise geht. Nämlich in eine Zeit, in der sich die Überlebensfähigkeit eines Unternehmens an den Selbstorganisationsfähigkeiten der Mitarbeiter bemisst. Damit misst sich diese Fähigkeit an der Kompetenz zu wissen, was wann zu tun ist. Die Mitarbeiter dieser Unternehmen warten nicht auf die Visionen ihrer Führungskräfte.

Hierarchien hinausfegen und lebenslang lernen

Heute stehen deshalb zwei Dinge ganz oben auf der Agenda: erstens die Hierarchien aus den Organisationen zu fegen und auf allen Ebenen auf Augenhöhe zu kommunizieren. Hier können vermeintliche Oberflächlichkeiten wie der Wegfall von Titeln, Parkplätzen, Krawatten oder auch das „Du" schon spürbare Veränderungen im Mindset bewirken. Zweitens steht auf der Agenda das lebenslange Lernen. Auch das erfordert völlig neue Konzepte. Weg vom Lern-Event im Tagungshotel, hin zum Workplace Learning. Weg von der Maßnahme, hin zu täglichem und lebenslangem Lernen. Weg vom Seminarraum, hin zu digitalem Lernen in einem kontinuierlichen Up-Skilling-Prozess.

Kultur und Infrastruktur

Niemand von uns wird je ausgelernt haben. Deshalb brauchen wir eine Kultur, die das permanente Lernen fördert, und eine Infrastruktur, die permanentes Lernen unterstützt. Aus- und Weiterbildung war in Deutschland immer ein starker Wettbewerbsvorteil. Wer dem Thema heute höchste Priorität gibt, wird die Welt von morgen aktiv miterfinden.

Britta Kroker ist Gründerin und Geschäftsführerin der Pink University, die einen Katalog von über 100 E-Trainings vorhält und damit zu den führenden Anbietern für digitales Lernen in Deutschland gehört. Zu den Kunden zählen multinationale Unternehmen genauso wie viele Unternehmen aus dem Mittelstand.

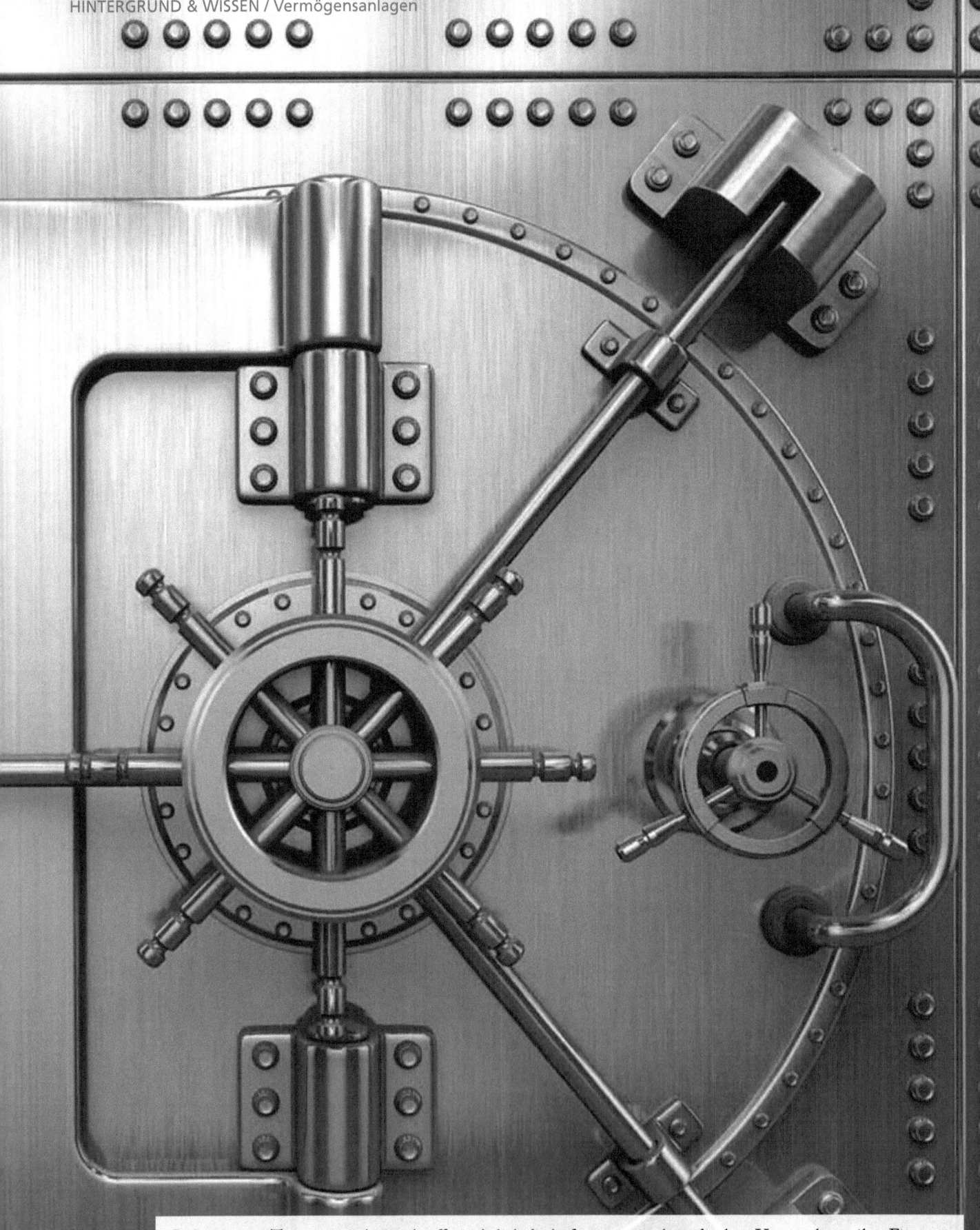

Sicher wie im Tresor wünschen sich offensichtlich die befragten mittelständischen Unternehmer ihre Finanzanlage. Anlagebedarf ermittelte die Studie, die zum neunten Mal von der privaten Fachhochschule des Mittelstands in Kooperation mit der Commerzbank erstellt wurde, diesmal bei 52 Prozent der Antwortenden. Allerdings haben die Höhe des Anlagebedarfs und das durchschnittliche Anlagevolumen abgenommen.

Sicherheit vor Ertrag

Das „Finanzanlageverhalten und Finanzanlagebedürfnis mittelständischer Unternehmen"
hat die Fachhochschule FHM gemeinsam mit der Commerzbank zum neunten Mal untersucht.

Im „magischen Dreieck" steht Sicherheit vor Ertrag und Liquidierbarkeit bei der Anlage, ermittelte die neunte Studie über Mittelständler. Für sie haben Anlagen mit Laufzeiten von mehr als zwölf Monaten mittlerweile eine größere Bedeutung als kurzfristige Anlagen mit Laufzeiten von unter sechs Monaten. Die Unternehmer kleiner und mittlerer Betriebe (KMU) gehen mit Blick auf die Anlage liquider Mittel unterschiedlich mit dem Niedrigzins-Umfeld um. Sie suchen alternative und nachhaltige Anlagen.

Dies sind einige Kernergebnisse der Studie der privaten Fachhochschule des Mittelstands (FHM), die zum neunten Mal unter der wissenschaftlichen Leitung von Prof. Volker Wittberg und in Zusammenarbeit mit der Commerzbank entstanden ist. Das Anlagen-Management befindet sich danach im Wandel: „Neue Technologien ergänzen traditionelle Beratungen" lautet der Titel der Untersuchung. Anders formuliert: Die Akzeptanz von Online-Lösungen ist größer geworden. Deshalb seien auch innovative Kommunikationsformen für die Beratung „auf dem Vormarsch". Während sich Online-Banking etabliert hat, besteht beim An- und Verkauf von Wertpapieren noch Nachholbedarf.

Anlagebedarf ermittelte die Studie bei 52 Prozent der Befragten. Allerdings haben die Höhe des Anlagebedarfs und das durchschnittliche Anlagevolumen weiter abgenommen. Im Krisenjahr 2009 lag das durchschnittliche Anlagevolumen der Befragten mit Anlagebedarf mit 100.000 Euro auf dem Tiefststand, im Jahr 2015 mit rund 5,9 Millionen Euro auf dem Höchststand im neunjährigen Untersuchungszeitraum. Aktuell ergaben die Befragungsergebnisse mittendrin die Summe von rund 2,4 Millionen Euro. Sie ist damit rund 1,1 Millionen Euro geringer als im Vorjahr. Noch deutlicher gesunken ist das durchschnittliche Anlagevolumen pro Transaktion: 317.000 Euro gegenüber 1,1 Millionen Euro im Vorjahr.

Im Mittel liegt das Anlagevolumen pro Transaktion bei 100.000 Euro, eine Ticketgröße, die am häufigsten genannt

> „Unternehmer kleiner und mittlerer Betriebe suchen alternative und nachhaltige Anlagen."
> **Volker Wittberg**

wurde. Als Gründe ermittelten Experten-Interviews, dass ein Teil der Unternehmer tatsächlich Investitionen im Betrieb vor- oder nachgeholt hat. Dadurch steht weniger Liquidität für Anlagen zur Verfügung. Mit der guten Konjunktur gehe zudem die Erhöhung des Working Capitals einher. Kurzum: Die liquiden Mittel und Anlagegelder sind im Mittelstand rückläufig. Auch die Cashflows einiger Unternehmen haben sich reduziert, was teilweise an gestiegenen Personalkosten liege, so die Studienautoren. Es seien zudem mehr und auch langfristige Beteiligungsinvestitionen und Übernahmen getätigt worden, die die Liquidität und damit die Anlagemöglichkeiten reduziert hätten.

Schon in der Vergangenheit hatten die Forscher in dieser Studienreihe festgestellt, dass mittelständische Unternehmer spezielle Anforderungen an eine Geldanlage stellen.

Nach der Wichtigkeit für eine Anlage befragt, bewerten Mittelständler die hohe Sicherheit durch die gute Bonität des Emittenten als wichtigste Eigenschaft. Das galt in allen Studien. Auf dem zweiten Rang landete die hohe Sicherheit einer Anlage aufgrund von Staatsgarantie oder Einlagesicherung. Platz drei: Die Anlage soll zwischenzeitlich keine Kursschwankungen erfahren, ebenfalls ein Sicherheitskriterium. An vierter Stelle kommt das Verlangen nach hoher Verzinsung, also ein Ertragsmerkmal.

Erstes Liquiditätsmerkmal erst an fünfter Stelle

An fünfter Stelle folgt mit dem Wunsch nach Ertragszahlungen zu festgelegten Zeitpunkten erstmals ein Liquiditätsmerkmal. Mit der schnellen Verfügbarkeit liegt ein weiteres Liquiditätskriterium auf Rang sieben. Im Vergleich zu den beiden vorherigen Studien hat die Anforderung eines Investments, für die Ausfinanzierung von Pensionsrückstellungen geeignet zu sein, deutlich an Bedeutung gewonnen. In den teilnehmenden Unternehmen waren aktuell nur 58 Prozent

Top 12 Anforderungen an eine Finanzanlage

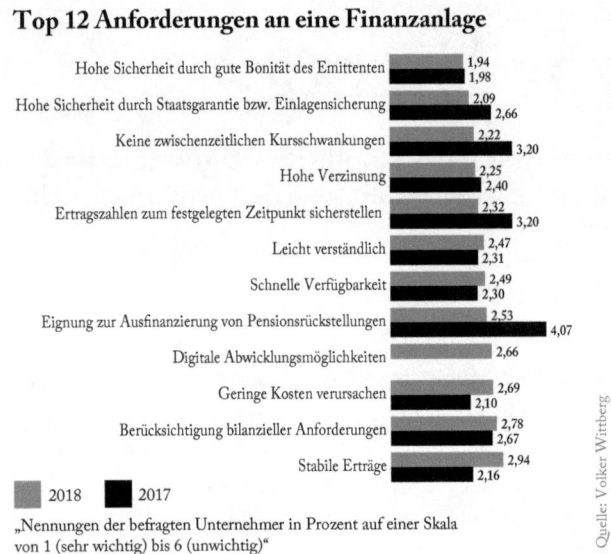

	2018	2017
Hohe Sicherheit durch gute Bonität des Emittenten	1,94	1,98
Hohe Sicherheit durch Staatsgarantie bzw. Einlagensicherung	2,09	2,66
Keine zwischenzeitlichen Kursschwankungen	2,22	3,20
Hohe Verzinsung	2,25	2,40
Ertragszahlen zum festgelegten Zeitpunkt sicherstellen	2,32	3,20
Leicht verständlich	2,47	2,31
Schnelle Verfügbarkeit	2,49	2,30
Eignung zur Ausfinanzierung von Pensionsrückstellungen	2,53	4,07
Digitale Abwicklungsmöglichkeiten	2,66	
Geringe Kosten verursachen	2,69	2,10
Berücksichtigung bilanzieller Anforderungen	2,78	2,67
Stabile Erträge	2,94	2,16

„Nennungen der befragten Unternehmer in Prozent auf einer Skala
von 1 (sehr wichtig) bis 6 (unwichtig)"

Quelle: Volker Wittberg

Bei Mittelständlern steht Sicherheit vor Ertrag und Liquidierbarkeit der Finanzanlage.

der Pensionsverpflichtungen gedeckt. Eine Erhöhung sei aber aufgrund fehlender Bereitschaft und/oder finanzieller Mittel nicht zu erwarten, auch mit Blick auf einen in Zukunft sinkenden Rechnungszinssatz nach Handelsgesetzbuch (HGB). Als neues Kriterium aufgenommen wurde die digitale Abwicklung, was als derart wichtig beurteilt wurde, dass dieses Kriterium noch vor den Anforderungen liegt, geringe Kosten zu verursachen.

Die Erwartungen an die Mindestverzinsung sanken im Schnitt gegenüber Vorjahr um 0,4 Prozentpunkte auf drei Prozent, was aber immer noch deutlich über Marktzinsniveau liegt. Erwartete Zinssätze von zwei und drei Prozent wurden fast gleichauf am häufigsten genannt. Rund die Hälfte der Befragten wünscht sich eine Mindestverzinsung von zwei bis unter vier Prozent. Immerhin 18 Prozent der Befragten erwarten noch Zinssätze von fünf Prozent und höher.

Zinserwartung bei Unternehmern höher

Obschon die Zinserwartungen im Durchschnitt etwas gesunken sind, ist bemerkenswert, dass die Zinserwartung mittelständischer Unternehmer generell höher ist als der übliche Marktzinssatz. Einer der möglichen Gründe könnte Wunschdenken sein, denn ein Teil der Mittelständler benötigt schlicht dringend höhere Erträge, wenn es etwa um die Speisung von Pensionsverpflichtungen geht. Oder die aktuelle Zinsentwicklung spielt für Mittelständler bei der Festlegung ihrer persönlichen Mindestrendite nur eine geringe Rolle, stattdessen sind eher die bonitätsabhängigen

und individuell zu zahlenden Kreditzinsen oder die langfristige Renditeerwartung an das eigene Unternehmen die Orientierungspunkte.

Da in den vergangenen Jahren die Unternehmensgewinne zum Teil deutlich gesteigert werden konnten, führt dies womöglich zu höheren Unternehmensrenditen und damit zu gesteigerten Zins- und Renditeerwartungen bei den Unternehmern insgesamt. Schließlich könnte dahinter auch die Erwartung der Inhaber liegen, dass das Zinsniveau nicht dauerhaft so niedrig bleiben kann und die Befragten mit ihren Wünschen eine Erhöhung vorwegnehmen. Hier spielen Botschaften aus Nachrichten zu steigenden Zinserwartungen in den USA oder die Inflationsentwicklung in der EU hinein. So erwarten 70 Prozent der Befragten innerhalb von ein bis drei Jahren entsprechende Reaktionen an den Zinsmärkten.

Seit der Finanzkrise streben Mittelständler an, ihre Liquidität möglichst kurzfristig anzulegen. Das verdeutlichen beispielhaft Studienergebnisse aus dem Jahre 2011. Die jüngsten Studien zeigen, dass sich der Trend fortsetzt, kurzfristige in länger laufende Anlagen umzuschichten. So haben Geldanlagen unter drei Monaten stark an Bedeutung verloren. Mit nur 14,6 Prozent wurde der geringe Wert aus dem Vorjahr bestätigt. Der Teil der Mittelständler, der sich für Anlagen zwischen drei und sechs Monaten entschieden hat, ist im Vergleich zur Studie aus 2017 stark rückläufig. Stattdessen wurde eher mittelfristig zwischen einem und fünf Jahren sowie über fünf Jahre investiert. Mehr als ein Drittel der Befragten legt seine Gelder mittel- bis langfristig an.

An Bedeutung gewinnen langfristige Anlageformen

Die Experten-Interviews geben hier interessante Erklärungen: Kurzfristig angelegte Polster der Liquidität zum Vermeiden von Guthabengebühren wurden bewusst verringert oder sie haben sich im Gleichklang mit der guten Konjunktur reduziert. So müssen etwa unfertige Erzeugnisse vorfinanziert werden, deren Preise sich teilweise erhöht haben. Schließlich gewinnen relativ gesehen durch das zurückgehende Liquiditätspolster langfristige Anlageformen an Bedeutung.

Volker Wittberg ist Professor und Prorektor der privaten Fachhochschule des Mittelstands (FHM) sowie in letztgenannter Funktion verantwortlich für Forschung & Entwicklung unter anderem zum Schwerpunkt Finanzanlageverhalten. Als „Beratender Betriebswirt" in Kooperation mit Röttgen & Kluge („Recht nachhaltig") übernimmt er zudem Consulting-Aufträge zu nachhaltigem Wirtschaften.

Unterschätzte Risiken
Warum Industrieversicherungen auch Potenziale heben

Fragt man Unternehmer, wie sie Versicherungen nutzen, kommen regelmäßig Antworten, wie: „Da vertrauen wir unserem Versicherungsmakler" oder „Darum kümmert sich Frau Müller aus der Buchhaltung". Angesichts der Bedeutung von Versicherungen zeugen derartige Aussagen von wenig Weitsicht. Richtig ist: Das Standard-Programm betrieblicher Versicherungen wie Betriebshaftpflicht, Gebäude-, Inhalts-, Maschinen- und Feuerversicherung können Makler in der Regel gut beschaffen. Interessant wird es aus Management-Sicht dort, wo unterschätzte Großrisiken unversichert lauern oder wo Versicherungen genutzt werden können, um Gestaltungsspielraum zu gewinnen. Existenzbedrohend werden für Unternehmen meist Schadenfälle, deren Dimension die Verantwortlichen beim Versicherungseinkauf unterschätzt haben. Hier drei Beispiele:

▶ **Betriebsunterbrechung:** Sachen sind ersetzbar, Zeit nicht. Trotzdem legen viele mehr Wert auf die korrekte Berechnung ihrer Sachwerte beim Versicherungseinkauf als auf die Kalkulation einer möglichen Betriebsunterbrechung. Produktionsausfälle können in die Insolvenz führen, wenn keine ausreichenden Deckungssummen und -zeiträume versichert wurden. Wer abhängig von einzelnen Zulieferern ist, sollte sich gegen deren Ausfall absichern.

▶ **Rechtsschutzkosten:** Teure Rechtsstreitigkeiten nehmen zu. Komplexe Haftpflichtverfahren oder Kartell-Angelegenheiten können schnell Rechtsanwaltshonorare im Millionenbereich kosten. Deshalb ist der Abschluss einer Industrie-Rechtsschutzversicherung ratsam. Wer international tätig ist, sollte zudem die Übernahme von Anwaltskosten im Ausland eindecken.

▶ **Vertrauensschäden:** Mitarbeiter und Dritte können zur Gefahr werden, etwa durch Tricks wie den Chef-Betrug („Fake President"). Eine Vertrauensschadenversicherung kann – in Verbindung mit einem Compliance-System – die Gefahr von Vermögensschäden durch kriminelle Handlungen eindämmen.

Wenige Unternehmen nutzen die Bandbreite an Versicherungsprodukten, die für ein wirksames Risiko-Management verfügbar wären. Betrachten die Entscheidungsträger dieses nur als Kostenstelle, bleiben Chancen ungenutzt. Ein Beispiel ist die „Warranty and Indemnity"-Versicherung (W&I). Das Versicherungsprodukt sichert Garantien oder unterbindet Gefahren, die sich in Geschäften als Hindernis erweisen. Oft versichern Beteiligte steuerliche Risiken, unklare Eigentumsverhältnisse an einzelnen Assets, mögliche Haftungspotenziale wie Produkthaftpflichtrisiken oder Risiken aus angedrohten Rechtsstreitigkeiten. Die W&I-Versicherung bietet Lösungen mit Vorteilen für beide Vertragsparteien: In einer Transaktion reduzieren Käufer ihr Risiko, wovon Verkäufer profitieren, sodass der Verkaufspreis nicht belastet wird.

Absicherung von Garantien in vielen Situationen sinnvoll

Das Prinzip der W&I-Versicherung lässt sich mit Kreativität auf diverse Geschäftsbeziehungen übertragen. Etwa um Leistungsgarantien abzusichern: Beauftragt eine Gesellschaft beispielsweise einen Dienstleister mit einem kritischen Projekt, dessen Wert seine Finanzkraft übersteigt, dann wären gesetzliche Gewährleistungsansprüche gegen ihn faktisch wertlos, weil dieser in die Insolvenz ginge. Indem die auftraggebende Gesellschaft den Ausfall des Dienstleisters im Gewährleistungsfall versichert, schafft sie die Voraussetzung für eine erfolgreiche Projektrealisierung.

Je größer das Unternehmen, desto komplexer ist das Risiko-Management. Gewerbeversicherungen von der Stange mögen preisgünstig wirken, erfüllen im Schadenfall aber die Erwartungen selten. Wer Versicherung als Management-Aufgabe versteht und bereit ist, für individuelle Risikosituationen zusammen mit einem Spezialversicherer und erfahrenen Beratern innovative Risikotransfer-Lösungen zu gestalten, wird am Ende auch dafür belohnt.

Dr. Mark Wilhelm ist Rechtsanwalt und Partner der Wilhelm Rechtsanwälte mit Standorten in Düsseldorf und Berlin. Die Sozietät – Slogan: Lösungen für kritische Situationen – ist unter anderem spezialisiert auf Versicherungsrecht, Haftung und Restrukturierung.

Frische Liquidität

Transformationen fordern Mittelständler heraus. Für das Bereitstellen frischer Finanzmittel ist eindeutig strategisches Vorgehen gefragt und mitunter Alternativen wie Sale & Lease Back.

Frisches Geld kommt für Unternehmen nicht aus der Druckmaschine, sondern muss hart, clever und strategisch erarbeitet werden. Insbesondere Transformationen für die eigene Zukunftsfähigkeit fordern Firmen immer wieder neu heraus, ihre Finanzierungen gut zu planen.

Es sind herausfordernde Zeiten für Unternehmen: Wichtige Transformationsprozesse wie die Digitalisierung krempeln derzeit gewohnte Prozesse radikal um. Viele Mittelständler haben die Zeichen der Zeit erkannt und investieren in ihre Zukunftsfähigkeit.

Nach einer Studie von KfW Research wurden während der zurückliegenden drei Jahre in 30 Prozent der kleinen und mittleren Unternehmen Digitalisierungsprojekte angegangen; sie haben ihre Technologien, Geschäftsabläufe und Produkte angepasst. Die Digitalisierung kommt der Analyse nach in der Breite an. Doch, so die Studienautoren, es werde weiterhin insgesamt relativ wenig Geld in diese Technologien gesteckt – durchschnittlich gerade einmal 17.000 Euro pro Unternehmen. Daneben zeige sich ein starker Größeneffekt: Je größer das Unternehmen, desto konsequenter setze es

Digitalisierungsprojekte um. Hier drohen vor allem kleinere Mittelständler von der Entwicklung abgehängt zu werden. Das ist besorgniserregend, da kleinere Betriebe über 80 Prozent des deutschen Mittelstandes ausmachen.

Die Finanzierung als Hemmschuh

Digitalisierung ist ein Beispiel. Kleine und mittlere Unternehmen (KMU) müssen sich heute einer Reihe von Veränderungen stellen und ihre Strukturen, Abläufe und Geschäftsmodelle anpassen. Doch bei vielen Investitionen wird die Finanzierung zum Hemmschuh. Denn Banken werden, getrieben durch strengere gesetzliche Regulierungen und das niedrige Zinsumfeld, immer zurückhaltender bei der Kreditvergabe. Dies arbeitete zuletzt eine gemeinsame Studie von Euler Hermes und Moody's heraus. Besonders alarmierend: Der Mittelstand ist europaweit zu 70 Prozent von klassischen Bankkrediten abhängig. Jedoch erhalten vor allem Betriebe in Sondersituationen, die über keine ideale Bonität verfügen, oft keine Bankfinanzierung. Oder sie müssen umfangreiche zusätzliche Sicherheiten hinterlegen. Gerade sie benötigen aber Liquidität, um akute Herausforderungen anzugehen. Sonst können Zahlungsschwierigkeiten, Produktionsausfälle, Probleme mit Lieferanten, der Verlust der Marktposition und sogar die Insolvenz sowie die Abwicklung des Betriebes drohen.

Vielzahl an Möglichkeiten für künftigen Kapitalbedarf

Mittelständische Unternehmen sind heute nicht mehr nur auf das Engagement der Banken angewiesen. Der Markt ist dynamischer geworden. Es gibt es eine Vielzahl an Möglichkeiten. Kennen Unternehmer ihren künftigen Kapitalbedarf und die Spezifika des Betriebes, können sie das Bereitstellen von Liquidität strategisch angehen. Dazu sollten sie einen individuellen Finanzierungsmix entwickeln, der in unterschiedlichen Unternehmensstadien für ausreichend Liquidität und unternehmerische Handlungsfähigkeit sorgt.

In den vergangenen Jahrzehnten haben sich in puncto Finanzierung zahlreiche alternative Lösungen herausgebildet wie Factoring, Beteiligungen, Einkaufs- oder Lagerfinanzierungen oder verschiedene Leasing-Modelle. Zu diesen alternativen Finanzierungsmodellen gehört auch Sale & Lease Back (kurz: SLB).

Der objektbasierte Ansatz richtet sich vor allem an produzierende Mittelständler, also an Unternehmen im Maschinenbau, in der Metall-, Kunststoff- und Holzverarbeitung, im Hoch- und Tiefbau, in der Nahrungsmittel-, Getränke-, Textil- und Druckindustrie sowie in Speditionswesen und Logistik. Sie und noch einige andere Industriezweige haben eines gemeinsam: Sie verfügen in der Regel über einen großen gebrauchten Maschinen-, Anlagen- oder Fuhrpark. Dieser bindet im Unternehmen häufig enormes Kapital. SLB setzt hier den Hebel an. Das Modell hilft im Rahmen einer reinen Innenfinanzierung, dieses Kapital zu heben und so in frische Liquidität zu wandeln.

Liquide Mittel ganz für Entwicklung einsetzbar

Das Prinzip von Sale & Lease Back als reine Innenfinanzierung ist schnell erklärt: Ein Unternehmer verkauft seinen Maschinenpark an einen Finanzierer, least ihn sofort im Anschluss zurück und bekommt den Kaufpreis zur freien Verfügung auf das Unternehmenskonto ausgezahlt. Dabei werden keine Auflagen mit der Auszahlung des Betrages verknüpft. Der Unternehmer kann die liquiden Mittel ganz im Sinne seiner Entwicklungsstrategie einsetzen: in neue Technologien investieren, interne Prozesse optimieren oder den Betrieb modernisieren. Die Maschinen verbleiben während des gesamten Finanzierungsablaufs im Unternehmen und können ohne Unterbrechung weitergenutzt werden.

Finanzierung etwa für den Weg aus Insolvenzen oder für Neustarts

Da Bonität für SLB zweitrangig ist, richtet sich das Modell vor allem an Unternehmen in Sondersituationen: Übergangs- und Transformationsprozesse, Investitionsvorhaben in Technologien, neue Geschäftsbereiche oder Produkte, Nachfolgeprozesse, Unternehmenszukäufe, Restrukturierungen und Sanierungen. Auch für den Weg aus der Insolvenz und den Unternehmens-Neustart kann die Finanzierung unter bestimmten Voraussetzungen eingesetzt werden.

Das Finanzierungsmodell ist auch aufgrund seiner Schnelligkeit für Sonder- und Krisensituationen prädestiniert: Vom Einholen eines ersten Angebotes bis zur Auszahlung des Betrages vergehen in der Regel lediglich sechs bis acht Wochen. Stellen sich Unternehmen mithilfe von Sale & Lease Back neu auf, kann das auch positive Effekte auf andere Finanzierungsarten und die Entscheidung von potenziellen Geldgebern haben. Beispielsweise steigt die Chance auf einen parallelen Bankkredit.

SLB-Maschinenpark muss Voraussetzungen erfüllen

Das Modell ist zwar bonitäts- und bankenunabhängig, dennoch müssen Unternehmen für Sale & Lease Back einige Kriterien erfüllen. Zentraler Faktor sind die gebrauchten Maschinen und Anlagen eines Betriebes. Sie müssen werthaltig und mobil sein, um für die SLB-Finanzierung infrage zu kommen. Außerdem sollte es sich nicht um Einzelstücke oder Sonderanfertigungen handeln, sondern immer um einen ganzen Maschinenpark aus gängigen Fabrikaten. Sind diese Bedingungen erfüllt, kann SLB durchaus eine realistische Option sein für Unternehmen mit einem Jahresumsatz zwischen fünf und 200 Millionen Euro.

Carl-Jan von der Goltz ist geschäftsführender Gesellschafter der Maturus Finance GmbH und Spezialist für objektbasierte Finanzierungslösungen.

Insolvenzverwalter light?

Die Rolle des Insolvenzverwalters habe revolutionäre Entwicklungen durchlaufen, die immer wieder durch neue gesetzliche Rahmen ausgelöst worden seien, schreibt unser Gastfachautor.

Nun steht mit dem präventiven Restrukturierungsrahmen die nächste Revolution vor der Tür. Wie wird sich das Selbstverständnis der Verwalterzunft diesmal verändern? Bei der aktuellen Umsetzung des präventiven Restrukturierungsrahmens in deutsches Recht steht eine Frage im Mittelpunkt: Wird der Restrukturierungsrahmen tatsächlich ein neues, eigenständiges Sanierungsinstrument werden oder doch nur ein „Insolvenzverfahren light"? Diese schon hitzig geführte Diskussion kristallisiert in zwei Fragen: Unter welchen Voraussetzungen soll beziehungsweise muss ein Restrukturierungsbeauftragter eingesetzt werden? Und wer kann überhaupt Restrukturierungsbeauftragter werden?

Für jeden Insolvenzverwalter ist die Antwort auf die zweite Frage klar: „Ich natürlich!" Welche Auswirkungen werden aber die veränderten Aufgaben des Restrukturierungsbeauftragten auf das Selbstverständnis der Verwalter haben? Erleben wir eine neue Revolution fürs Rollenbild wie in den vergangenen zwei Jahrzehnten? Oder ist der Restrukturierungsbeauftragte nur ein „Insolvenzverwalter light"?

Entwicklungssprünge der Verwalterzunft

Bei der Suche nach einer Antwort auf diese Fragen lohnt ein Blick auf die Entwicklungssprünge der Verwalterzunft in der Vergangenheit. Möglicherweise erlaubt ein solcher Rückblick auch eine Prognose für die Zukunft. Bis zum Jahr 1999 ist die Sache klar. In einem Konkursverfahren hat nur einer die Zügel in der Hand: der Konkursverwalter. Knallhart greift er im Unternehmen durch und wickelt ab. Kein Wunder: Das deutsche Konkursrecht war traditionell ein Instrument der Zerschlagung und Verwertung. Entsprechend gelagert war das Selbstverständnis der damaligen Verwalter.

Mit der Einführung der Insolvenzordnung (InsO) änderten sich die Ziele des Insolvenzrechts dramatisch: Nun galt es, die Schließung des Unternehmens zu vermeiden und stattdessen die Ertragskraft des Unternehmens wiederherzustellen. Man hatte erkannt, dass die Befriedigungsaussichten der Gläubiger bei einer Fortführung häufig größer sind als bei der Zerschlagung des Unternehmens. Zugleich wurden die damit verbundenen Chancen genutzt, um im großen Maße Arbeitsplätze zu erhalten.

Für viele Insolvenzverwalter ging mit diesem Wertewandel erstmals auch eine Veränderung des Selbstverständnisses einher: Als sanierender Insolvenzverwalter gehörte es nun zum Tagesgeschäft, Optionen zur Fortführung zu prüfen, die Mitarbeiter regelmäßig zu informieren und die Motivation der Belegschaft aufrechtzuerhalten. Außerdem machte es sich in der Regel bezahlt, auf das betriebswirtschaftliche Know-how der Geschäftsführung zurückzugreifen.

Neue Generation der „InsO-Natives"

Nicht alle Verwalter trugen diesen Wandel mit. Während ein nicht gerade kleiner Teil der alten Riege die neuen Aufgaben ablehnte und sukzessive aus dem Markt ausschied, nahm der andere Teil der Zunft die Chancen der neuen Ordnung wahr. Parallel wuchs eine neue Generation von Verwaltern heran: die „InsO-Natives". Junge Spezialisten, bei denen Sanierung und Fortführung als selbstverständlicher Teil zu ihrem Berufsverständnis gehört. Diese Generation ist es, die auch heute noch wesentlich die Verwalterbranche prägt.

Dennoch: Zwar waren Eigenverwaltung und Insolvenzplan schon in der InsO vorgesehen, doch führten diese zukunftsweisenden Sanierungsinstrumente viele Jahre lang eher ein Schattendasein. Ein Insolvenzverfahren blieb unverändert mit dem Makel des Scheiterns behaftet. Mit dem „Gesetz zur weiteren Erleichterung der Sanierung von Unternehmen" (ESUG) wurden deshalb im Jahr 2012 die Weichen neu gestellt: Der Gesetzgeber schuf damit die verfahrensrechtlichen Voraussetzungen, um endlich eine echte Sanierungskultur zu etablieren.

Das Ausmaß dieser Umstellung war überaus enorm: Denn während die Einführung der Insolvenzordnung nur die Ziele änderte – von der Abwicklung zur Fortführung –, wurde durch das ESUG das Tätigkeitsfeld des Verwalters in der Praxis beschnitten. Denn die Eigenverwaltung wurde nach und nach – zumindest bei größeren Verfahren – von der Ausnahme zur Regel. Und aus dem Insolvenzverwalter

Nach und nach gingen die Lichter aus in den Kanzleien der alten Riege von Insolvenzverwaltern, die den Wertewandel sowie die damit einhergehende Veränderung des Selbstverständnisses und die neuen Aufgaben ablehnten und deshalb sukzessiv aus dem Markt ausschieden.

mit weitreichenden Kompetenzen wurde der Sachwalter mit einem deutlich verringerten Aufgabenspektrum.

Der Veränderungsprozess, den diese neuen Rahmenbedingungen im Selbstverständnis der Insolvenzverwalter auslösten, war vergleichbar mit denen zu Zeiten der InsO-Einführung: Einige begrüßten diese Entwicklung und ergriffen die Chancen, die sich ihnen boten. Andere nicht.

So ist erneut eine neue Generation von Verwaltern entstanden: moderne Sanierer, für die das Rollenbild des Sachwalters zum Teil zu ihrer professionellen Identität gehört. Sie sind Mediatoren und Teamplayer, die für einen Ausgleich aller Interessen sorgen. Zugleich sind sie zentraler, neutraler Ansprechpartner und die Schnittstelle zwischen Geschäftsführung, Gläubigern, Kunden, Lieferanten und Insolvenzgericht.

Abgesehen davon erfüllen Insolvenzverwalter weiterhin eine extrem wichtige Aufgabe: Sie sorgen dafür, dass nicht mehr überlebensfähige Unternehmen im Rahmen eines geordneten Verfahrens aus dem Geschäftsleben ausscheiden. Das muss und wird auch immer so bleiben.

Anderes Aufgabenspektrum als Restrukturierungsbeauftragter

Inwieweit muss sich nun das Selbstverständnis des Sachwalters weiterentwickeln, um den Aufgaben eines Restrukturierungsbeauftragten gerecht zu werden? Um diese Frage zu beantworten, müssen wir den Aufgabenbereich eines Restrukturierungsbeauftragten betrachten – zumindest soweit wir ihn heute schon kennen. Der Restrukturierungsbeauftragte im präventiven Restrukturierungsrahmen soll zunächst darauf achten, dass die Interessen der Gläubiger gewahrt bleiben. Bei dieser Aufgabe soll er den Schuldner überwachen und den Restrukturierungsplan mitgestalten.

Insofern erfüllt er eine Schnittstellenfunktion zwischen Geschäftsführung, Gläubigern und Gericht. Er ist ein wichtiger Mediator im Verfahren. Dazu sollten ihn als unabhängigen Dritten alle Parteien akzeptieren und ihm vertrauen. Er sollte neben der juristischen Expertise über betriebswirtschaftliches Know-how verfügen. Kurz: ein Krisen-Manager auf Augenhöhe.

Nur ein kleiner Schritt für moderne Insolvenzverwalter

Bei näherer Betrachtung dieser Beschreibung fällt sofort auf: Sie weist erstaunliche Parallelen mit den Aufgaben eines Sachwalters auf. Auch wenn heute noch offen ist, wie das Aufgabenbild des Restrukturierungsbeauftragten im Detail aussehen wird – und wie häufig er bestellt werden wird –, eines kann man deshalb schon jetzt feststellen: Für einen modernen Insolvenzverwalter wird der Schritt vom Sachwalter zum Restrukturierungsbeauftragten ein viel kleinerer Schritt sein als der Weg vom Insolvenzverwalter zum Sachwalter. Den „Insolvenzverwalter light" wird es jedenfalls nicht geben.

Lucas F. Flöther, Partner bei Flöther & Wissing Rechtsanwälte in Halle/Saale, arbeitet als Insolvenzverwalter. Seine Kanzlei betreute Verfahren wie Air Berlin, Condor, Mifa oder Unister. Der promovierte Jurist lehrt an der Martin-Luther-Universität und ist Sprecher des Gravenbrucher Kreises.

„Flexibel, schnell, zielorientiert"

Beratungen und Kanzleien treiben ihre Transformation voran, denn auch sie verändern ihr Profil. Wie, ermittelt „return" per Fragebogen. Die Reihe startet mit der Kanzlei Rombach aus Erfurt.

Wie ernst und wichtig unser erster Porträt-Kandidat die „return"-Anfrage nimmt, zeigt die persönlich geschriebene Einleitung des Kanzleigründers Rolf Rombach, der als Alleinstellungsmerkmal beschreibt: „Wir sind regional tätig, deshalb aber sehr schnell, flexibel, zielorientiert. Wir verfügen über ein hervorragendes Netzwerk." Wie er seine Kanzlei künftig sieht, dazu hat er klare Vorstellungen: „Wir waren ursprünglich eine reine Insolvenzverwalter-Kanzlei, haben uns aber verstärkt der frühzeitigen Sanierung gewidmet, insbesondere in Eigenverwaltungsverfahren." Er beobachtet, „dass reine Insolvenzverwalter-Kanzleien plötzlich die Unternehmensberatung für sich entdeckt haben", und ist der Überzeugung, dass eine erfahrene Unternehmensberatung „dort besser platziert ist". Seine Antworten zu unserem Fragebogen im Detail:

Wie wurde Ihre Kanzlei/Beratung aus der Taufe gehoben?
Anfang 1991 in Erfurt von den Partnern Albert Lieser, Rolf Rombach und Uwe Mähler.

Die Zahl der Standorte und Mitarbeiter damals und heute?
Anfangs nur der Hauptstandort Erfurt mit zunächst einer Mitarbeiterin, heute drei Standorte mit 27 Mitarbeitern.

Was waren Ihre ersten, was Ihre späteren Schwerpunkte?
Zuerst waren wir für die Insolvenzgerichte in Gesamtvollstreckungsverfahren tätig und haben nebenbei Liquidationen für die Treuhandanstalt betreut. Rolf Rombach war als Liquidator tätig. Da Gesamtvollstreckungsordnung und Insolvenzordnung gute Möglichkeiten zur Sanierung von Unternehmen bieten, haben wir diese mit Erfolg genutzt. Der Sanierungsgedanke hat sich als Ziel herauskristallisiert.

Welche Leistungen werden künftig stärker gefragt sein?
Unser Schwerpunkt wird darin liegen, zusammen mit Unternehmensberatern die Betriebe zu sanieren. Dabei wird unsere Kanzlei das insolvenzrechtliche Know-how zur Sanierung bieten. Hier sehen wir die Zukunft unserer Kanzlei.

Welche (neuen) Fähigkeiten müssen Bewerber mitbringen?
Neben juristischen Fähigkeiten unternehmerisches Denken. Die Bewerber müssen in der Lage sein, die Frage der Sanierungsfähigkeit für ein Unternehmen oder für Teilbereiche schnell beurteilen zu können. Die Digitalisierung wird Veränderungsprozesse beschleunigen. Daher werden der kompetente Umgang mit Medien und die analytische Auswertung großer Datenmengen an Bedeutung gewinnen.

Aus welchen Disziplinen ist vor allem Know-how gefragt?
Aus der Betriebswirtschaft, insbesondere zu Früherkennung von Unternehmenskrisen oder Fortbestehungsprognosen. Entscheidend ist auch die Kommunikationsfähigkeit, denn sie ist integraler Bestandteil eines jeden Restrukturierungsprozesses. Leadership-Qualität, denn Mitarbeiter von betroffenen Unternehmen sind oft verunsichert und müssen mit Führungsstärke auf den aufgezeigten Weg mitgenommen werden. Kommunikation und Leadership-Qualität sind zentrale Faktoren für eine erfolgreiche Sanierung.

Trend zur Konsolidierung des Insolvenzverwalter-Marktes

Welche Trends beobachten Sie in Ihrer Branche?
a) Zusammenschluss von Insolvenzverwalter-Kanzleien; b) Insolvenzverwalter-Kanzleien, die die Unternehmensberatung für sich entdeckt haben; c) Stärkung der Gläubigerrechte (finden wir gut!); d) Konsolidierung des Marktes durch Schließung von Insolvenzverwalter-Kanzleien und Standorten.

Welche Dienste leisten Sie für Unternehmen in der Transformation? Welche Referenz nennen Sie beispielhaft?
Wir sind Teil eines Sanierungs-Teams, das im Verbund den Transformationsprozess begleitet. Wir übernehmen den insolvenzrechtlichen Sanierungspart (Erstgespräche, Sanierungsplan, Team-Zusammenstellung). Dafür haben wir ein Netzwerk aus kompetenten Beratern aufgebaut.
Unsere Referenz für eine Transformation: Als Insolvenzverwalter eines Automobilzulieferbetriebes mit rund 500 Mitarbeitern in Ostthüringen in der Finanzkrise 2008/2009. Wir mussten den Veränderungsprozess selbst gestalten, haben dazu eine neue Gesellschaft gegründet, die Assets des Unternehmens auf diese Gesellschaft übertragen und einen Geschäftsanteil von 49 Prozent an einen strategischen Partner vermittelt. Mit ihm haben wir den Transformationsprozess nach zwei Jahren beendet und den von der Insolvenzmasse gehaltenen Geschäftsanteil an ihn übertragen. Alle

Das Kanzlei-Team um Rolf Rombach (6. v. r.) hier in Erfurt ist mit den Standorten in Leipzig und Artern auf 27 Beschäftigte angewachsen.

Arbeitsplätze blieben erhalten, die Gläubiger können mit einer Quote von mehr als 50 Prozent rechnen.

Welche Dienste für den Turnaround bieten Sie? Welche Positivbeispiele führen Sie hier an?

Wir bieten insolvenzrechtliche Sanierungsberatung, begleiten Unternehmen als Berater im Eigenverwaltungsverfahren, übernehmen in einem solchen Verfahren auch die Geschäftsführerstellung und entwickeln notwendige Insolvenzpläne. Drei mittelständische Unternehmen haben wir allein in 2019 in Eigenverwaltungsverfahren begleitet: Ein Verfahren endete mit erfolgreich bestätigtem Insolvenzplan und Aufhebung des Verfahrens. Ein Verfahren musste ins Regelverfahren überführt werden. Ein Verfahren befindet sich nach operativer Sanierung auf Erfolgskurs; hier wird in den nächsten Wochen bei Gericht ein Insolvenzplan vorgelegt.

Bedeutet frühes Handeln in Krisen: Je eher, desto besser?

Dieser Grundsatz begleitet uns schon seit drei Jahrzehnten. Der Erfolg einer Sanierung hängt im Wesentlichen von der Liquiditätslage ab. Je besser die Liquiditätslage, desto ruhiger können Sanierungsschritte eingeleitet werden. Es bedarf noch erheblicher Aufklärungsarbeit in der Unternehmerschaft über Möglichkeiten der insolvenzrechtlichen und/oder außerinsolvenzrechtlichen Sanierung. Je früher die Sanierung beginnt, desto mehr Chancen auf Erfolg bestehen.

Wann sind Unternehmen wieder nachhaltig gut aufgestellt?

Nachhaltigkeit bedeutet Zukunftsfähigkeit. Als moderner Unternehmer reicht es nicht mehr, die Frage beantworten zu können, ob ich noch genug Geld verdiene. Die Umwelt ist ebenso zu beachten wie soziale Lebensqualität. Wir erleben, dass Unternehmer große Probleme beim Akquirieren von Mitarbeitern haben. Neben finanziellen Anreizen sind heute umwelt- und sozialpolitische Nachhaltigkeitsziele von hoher Bedeutung. Nur Unternehmer, die dies vereinen, sind zukunftsfähig aufgestellt.

Setzen Sie auf digitale Tools wie Data Analytics oder KI?

Die Gläubigerbefriedigung steht im Mittelpunkt. In größeren Verfahren ist die Menge an auszuwertenden Zahlungsflüssen und Schriftverkehren aufwendig zu bearbeiten. Wir verwenden Software für diesen Prozess, mit der wir Zahlungen und den zugehörigen Schriftverkehr quasi herausfiltern, um das komprimierte Ergebnis auswerten zu können.

Im Hinblick auf die präventive Restrukturierungsrichtlinie wird maschinelles Lernen ein spannendes Thema werden. Künstliche Intelligenz lernt aus Beispielen hinzu und kann das Erlernte verallgemeinert anwenden. Die Methode wird schon bei Kreditkartenbetrug und Aktienmarktanalysen eingesetzt. Mögliche Anwendungsbereiche sehen wir im frühzeitigen Erkennen von drohenden wirtschaftlichen Problemen eines Unternehmens – anhand von Aussagen der Geschäftsführung, Pressemitteilungen und wirtschaftlichen Daten.

Welche strategischen (Wachstums-)Ziele haben Sie?

Eine Frage, die uns in den vergangenen Monaten stark beschäftigt hat, aber noch keine abschließende Lösung, sondern nur eine Tendenz erbracht hat: Die Arbeit als reine Insolvenzverwalter-Kanzlei bleibt ein stabiles Standbein unseres Wachstums. Zudem bieten wir insolvenzrechtliche Beratungen wie die Begleitung im Eigenverwaltungsverfahren oder beim Aufstellen von Insolvenzplänen. Wir scheuen uns auch nicht, operativ in die Geschäftsführung einzusteigen, um ein Unternehmen zu sanieren. Wir werden aber nicht reine Unternehmensberater. Wir überlegen, einen oder zwei weitere Standorte zu gründen, wenn dies nicht zulasten unserer Regionalität und Flexibilität geht.

Rolf Rombach, Betriebswirt und Fachanwalt für Insolvenzrecht, gründete seine Kanzlei vor fast 30 Jahren mit zwei Partnern. Heute stehen drei Büros in Erfurt, Leipzig und Artern zur Verfügung. Die Rechtsanwälte und Insolvenzverwalter stehen Unternehmen „in kritischen Situationen" zur Seite.

Anspruchsvolle Auskunft

Seit Inkrafttreten der Datenschutz-Grundverordnung (DSGVO) müssen Unternehmer besser aufpassen, welche personenbezogenen Informationen sie an wen herausgeben.

Persönliche Daten sind selbstverständlich tabu in Unternehmen, wenn Personen nicht explizit über ihre eigenen Auskunft verlangen.

Ein Unternehmer erhält eine E-Mail eines Mannes mit der Nachfrage, welche personenbezogenen Daten im Unternehmen über ihn und seine Frau vorhanden seien. Der Unternehmer denkt, er sei gut vorbereitet, und kommt der Anfrage nach, indem er dem Mann per E-Mail die gewünschten Auskünfte erteilt. Kurz darauf erhält der Unternehmer eine Beschwerde der Frau an die Datenschutzbehörde, dass er unrechtmäßig personenbezogene Daten an eine unberechtigte Person herausgegeben habe und dies ohne vorherige Identitätsprüfung.

Unternehmer wollte richtig handeln

Der Unternehmer hatte gemeint, richtig gehandelt zu haben, indem er die Auskunft erteilt hat. Denn ein Betroffener hat das Recht auf Auskunft gegenüber dem Verantwortlichen. Dieses beinhaltet mehrere Ansprüche: das Recht, vom Verantwortlichen zu erfahren, ob personenbezogene Daten des Betroffenen verarbeitet werden. Den Anspruch auf Auskunft über die Verarbeitung dieser Daten sowie auf Auskunft über die in der Datenschutz-Grundverordnung (DSGVO) Art. 15 Abs. 1a-h definierten Informationen.

Außerdem besteht der Anspruch auf Erhalt einer Kopie der Daten gemäß Art. 15 Abs. 3 DSGVO. Wie weit dieser Anspruch reicht, ist allerdings umstritten. Insbesondere ist hier zu beachten, dass gemäß Abs. 4 das Recht auf Erhalt einer Kopie nicht Rechte und Freiheiten anderer Personen beeinträchtigen darf. Gemäß Erwägungsgrund 63 DSGVO meint dies „Geschäftsgeheimnisse oder Rechte des geistigen Eigentums und insbesondere das Urheberrecht an Software".

Durch das Recht auf Auskunft müssen also keine Geschäftsgeheimnisse offenbart werden. Das hat die Datenschutzkonferenz schon vor Inkrafttreten des Geschäftsgeheimnisgesetzes klargestellt und entspricht auch der Rechtsprechung. Hintergrund des Auskunftsanspruchs ist, dass ein Betroffener nur dann seine Betroffenenrechte wie Anspruch auf Berichtigung, Löschung und mehr geltend machen kann, wenn er die über ihn verarbeiteten personenbezogenen Daten sowie die Datenverarbeitungsvorgänge kennt. Auch Rechtsverstöße kann er nur rügen, wenn ihm diese Informationen vorliegen.

Nur betroffene Person hat Recht auf Auskunft

Der Unternehmer hatte bei seinem Vorgehen aber Folgendes nicht bedacht: Das Recht auf Auskunft gemäß Art. 15 DSGVO steht nur der betroffenen Person selbst zu. Daraus folgt natürlich, dass bei einer solchen Anfrage nur der betroffenen Person selbst Auskunft erteilt werden darf – gegebenenfalls nach Identitätsprüfung. Hier hätte er dem Mann nur Auskunft über seine eigenen Daten geben dürfen und dies erst nach Prüfung der Identität, zum Beispiel durch Vorlage eines Ausweises.

Caroline Pluta, Fachanwältin für Arbeitsrecht und Mediation, ist bei der Pluta Rechtsanwalts GmbH für Schwerpunkte wie Compliance, Datenschutz und Arbeitsrecht zuständig.

Termine

return Unternehmerforum
Unterstützung umsetzen

Mit einem kompakten Programm und namhaften Referenten klärt das „1. return Unternehmerforum" über neue Möglichkeiten der Unternehmenssanierung auf. Der Gesetzgeber ist derzeit dabei, die EU-Richtlinie zur Unterstützung bei präventiven Restrukturierungen umzusetzen. EU-Parlamentarierin Prof. Angelika Niebler und Senior Partner Dirk Pfitzer von Porsche Consulting sprechen Keynotes, Dr. Petra Püchner (Foto) vom Steinbeis-Europa-Zentrum hält einen Impulsvortrag über Innovationskraft und Trigema-Chef Wolfgang Grupp liefert sich mit Berater Robert Buchalik ein Streitgespräch über staatliche Unternehmerunterstützung.

Termin: 3. und 4. März 2020
Ort: Frankfurt am Main
www.springerfachmedienlive.de/veranstaltungen

Messe ITB Berlin
Smarter reisen

Die ITB Berlin lädt als führende Messe der weltweiten Reiseindustrie für fünf Tage in die Hauptstadt, wo zuletzt 10.000 Aussteller aus 181 Ländern ihre Angebote präsentierten. „Smart Tourism for Future" lautet der Titel des Fachkongresses, bei dem es um Nachhaltigkeit, Digitalisierung und den Wandel von Kundenwünschen sowie Luxus gehen soll.

Termin: 4. bis 8. März 2020
Ort: Berlin
www.itb-berlin.com

BDU-Fachkonferenz
Digitalisierungsgrad prüfen

Die Fachkonferenz Sanierung des Bundesverbandes Deutscher Unternehmensberater (BDU) widmet sich diesmal unter anderem dem Einfluss umweltpolitischer Diskussionen auf die konjunkturelle Entwicklung, der BDU-Position zum präventiven Restrukturierungsrahmen sowie der Prüfung des digitalen Reifegrades von Unternehmen.

Termin: 13. März 2020
Ort: Königswinter
www.bdu.de/veranstaltungen

Deutscher Insolvenzrechtstag
Insolvenzrecht harmonisieren

Jörn Weitzmann, Vorsitzender der Arbeitsgemeinschaft Insolvenzrecht und Sanierung im Deutschen Anwaltverein, eröffnet die Drei-Tage-Veranstaltung unter anderem zur neuesten Rechtsprechung, zu nötiger Harmonisierung im Insolvenzrecht, zu nachhaltiger Sanierung und zum berufsrechtlichen Regelungsbedarf für Insolvenzverwalter. Als bekannter Dinner Speaker spricht am Begrüßungsabend der ehemalige Bundesverteidigungsminister Prof. Rupert Scholz über „Soziale Marktwirtschaft im Rechtsstaat".

Termin: 25. bis 27. März 2020
Ort: Berlin
www.arge-insolvenzrecht.de/de/veranstaltungen

Fachkonferenz
Marketing messen

Die größte Fachkonferenz über digitale Werbung, kurz: Programmatic Advertising. Es soll moderne Marketing-Strategien ermöglichen und über alle Marketing-Kanäle die Steuerung und Messung vereinheitlichen. Werbetreibende und ihre Dienstleister treffen sich hier zum Austausch über neue Entwicklungen. Zu Vorträgen schicken namhafte Unternehmen ihre Referenten: Burger King, Nestlé, Facebook, Deutsche Telekom, Otto, Douglas oder Smart.

Termin: 31. März und 1. April 2020
Ort: Hamburg
www.d3con.de

Industrie-Weltleitmesse
Wandel vorantreiben

Digitalisierung, Individualisierung, Klimaschutz – dies seien die drei Megatrends als „Triebfedern des industriellen Wandels", heißt es zur Weltleitmesse der Industrie in Hannover. „Industrial Transformation" lautet das Leitthema der diesjährigen Hannover Messe, womit die Bedeutung von Innovationen im industriellen Umfeld unterstrichen werden soll. Denn jede neue Technologie, ob Industrie 4.0, Künstliche Intelligenz oder Robotik, beginne mit Forschung & Entwicklung.

Termin: 20. bis 24. April 2020
Ort: Hannover
www.hannovermesse.de

Bücher

Mark Harwardt
Management-Faktoren

Der Autor, Professor für Handels-Management und E-Commerce an der Hochschule für angewandtes Management, will aufzeigen, „warum die digitale Transformation für jedes Unternehmen lebensnotwendig ist, wenn man langfristig am Markt erfolgreich sein möchte". Dafür vermittelt er für Einsteiger praxisorientiert die Grundlagen und Umsetzungsmöglichkeiten sowie Erfolgsfaktoren und Förderanreize für das Management.

207 Seiten, 34,99 Euro, seit Januar 2020
ISBN 978-3-658-27336-1, Springer Gabler

Matthias Compes, Stefan Wiesenberg,
Birgit Wilms
Führungskräfte-Neuland

Zehn Führungskräfte aus diversen Disziplinen berichten, „warum sie hoch angesehene Positionen aufgegeben und neue Ziele anvisiert haben. Dazu zählen Helge Achenbach, Silke Becker, Matthias Compes, Udo Kröger und Rüdiger Striemer. Letztgenannten trieb es etwa aus der Chefetage in die Psychiatrie. Interessante Lebensläufe mit Experten-Statements zum Turnaround.

96 Seiten, 14,95 Euro, seit Januar 2020,
ISBN 978-3-8375-2206-8, Klartext

Claudia Kreipl
Gesamtkonzept-Erfolg

Corporate Governance, Compliance Management und Corporate Social Responsibility – die Professorin für Unternehmensführung am Fachbereich Wirtschaft der Hochschule Fulda beschreibt unternehmerische Verantwortung aus ökonomischer, rechtlicher und ethischer Sicht. Daraus entwickelt sie einen ganzheitlichen Ansatz, „der den Unternehmenserfolg nachhaltig sichert", wie es in der Ankündigung zum Buch heißt.

346 Seiten, 32,99 Euro, ab Februar 2020
ISBN 978-3-658-28139-7, Springer Gabler

Horst Schulze
Service-Exzellenz

Der Autor ist Luxushotelier und fasst hier das von ihm geprägte Ritz-Carlton-Credo „We are Ladies and Gentlemen serving Ladies and Gentlemen" in zeitgemäße Form, die Führungskräften den Weg zur Service-Exzellenz zeigt. Seine Botschaften: Alles ist eine Frage der Einstellung, des Personals und vorbildlicher Führung. Kunden wollen immer das Beste. Also muss man ihre Wünsche nicht nur erfüllen, sondern übertreffen.

264 Seiten, 28 Euro, ab Februar 2020,
ISBN 978-3-593-51228-0, Campus

Andreas Steffen
Ballsport-Impule

Neue Impulse für Führung, Strategieentwicklung und Motivation vermittelt der Berater, Projektleiter und Innovations-Manager aus Berlin, der dafür Parallelen zwischen dem Basketballsport und mittelständischen Unternehmen zeichnet. Prinzipien und Modelle des Sports bereitet er für die berufliche Praxis auf. Führungskräften will er neue Perspektiven für agiles Management und Motivation mit auf den Weg geben. Interviews mit ehemaligen Profi-Basketballern runden das Buch ab.

392 Seiten, 24,99 Euro, ab Februar 2020,
ISBN 978-3-662-60377-2, Springer

Harald Lesch, Ursula Forstner
Bildungskrise-Ursachen

Ursula Forstner lernte an der Münchner Hochschule für Philosophie die Lehren von Alfred N. Whitehead (1861–1947) kennen und bringt seine Überlegungen zur Bildung nun ins Gespräch mit Harald Lesch. Der Professor für Astronomie und Astrophysik ist durch Sendungen wie „Leschs Kosmos" bekannt, steht für Wissensvermittlung und diskutiert hier über Ursachen der Bildungskrise, vor allem aber über Lösungen.

144 Seiten, 20 Euro, ab Februar 2020
ISBN 978-3-8062-4083-2, wbg Theiss

 **Springer**Professional.de

---

Neuerscheinung des Monats

Emotionale Bilder in den Köpfen von Entscheidern verkaufen eher als Fakten

Diese „Schritt-für-Schritt-Blaupause für gewinnende B2B-Verkaufs-Gespräche" stammt trotz des gespreizten Untertitels von einem sprachgewandten Autor: Oliver Grytzmann ist Schauspieler, Finalist der Europäischen Meisterschaft im Öffentlichen Reden der führenden Rhetorikschmiede „Toastmasters International" und Gründer von „Candid Rhetorics". Er vermittelt Unternehmen vor allem Fitness für klare Botschaften.
138 Seiten, 37,99 Euro, ab Februar 2020,
ISBN 978-3-658-27972-1, Springer Gabler
www.springerprofessional.de/link/17543104

Newsletter zu „return"
Das Portal springerprofessional.de bietet zahlreiche deutsch- und englischsprachige Online-Newsletter zu insgesamt 20 Fachgebieten. Dieses Informationsangebot ist kostenfrei.
Das Angebot reicht von „Automobil + Motoren" über „Business IT + Informatik" bis „Management + Führung". Themen rund um Inhalte, die auch in „return" relevant sind, greift der Online-Newsletter „Transformation + Turnaround" auf. Kostenfrei registrieren können sich interessierte Leser unter:
www.springerprofessional.de/link/6630158

Empfehlung des Monats

Marketing-Trends 2020: Google-Guide für den Mittelstand

Gesättigte Märkte, austauschbare Produkte und Marken: Das Marketing ist gefragt, die Zielgruppen mit Verkaufsargumenten zu überzeugen und über das Kundenerlebnis emotional zu binden. Da immer mehr Medienkanäle und Endgeräte die Customer Journey prägen – gemeint als Reise des Kunden zum Verkaufsprozess –, „kommt es auf jeden einzelnen kleinen Mikro-Moment an", heißt es im Beitrag von Johanna Leitherer zur künftigen Marketing-Strategie mit hoher Trefferquote. Das sei für Unternehmen „jedoch

schwerer denn je", wie jüngst eine Studie von „Think with Google" ermittelte, wonach 76 Prozent der Verbraucher „unerwartete Entdeckungen" beim Shopping erlebten, mit denen sich 85 Prozent in den nächsten 24 Stunden beschäftigten.
Eine Übersicht liefert „die fünf wichtigsten Trends", mit denen sich Marketer und Kommunikationsprofis im Jahr 2020 beschäftigen sollten.
www.springerprofessional.de/link/17307252

Springer Professional

Unser Wissensportal Springer Professional

 **Springer**Professional.de

Dieses Wissensportal bündelt Fachgebiete aus Wirtschaft und Technik. Über www.return-online.de und die Verlinkung dorthin zeigt sich auch der Online-Auftritt dieser Zeitschrift mit aktuellen Informationen, Beiträgen, Empfehlungen, Literatur und einem kostenlos bestellbaren Online-Newsletter zu Themen rund um Transformation und Turnaround.
Auf unserer Landing Page unter springerprofessional.de sind zudem das Online-Archiv, die Mediadaten oder der Kontakt zur Redaktion von „return" zu finden. Hier können das Print-Magazin und das E-Magazin abonniert werden, in denen Hinweise stehen auf weiterführende und frei zugängliche Beiträge unter springerprofessional.de. In Fachbeiträgen enthalten sind außerdem Empfehlungen der Redaktion aus Zeitschriften und

Büchern wie in diesem regelmäßig veröffentlichten Kasten „Springer Professional", die mit dem Zeitschriften- und/oder Voll-Abonnement frei abrufbar sind.
Kurzanleitung zur Registrierung für den Zugriff auf alle Beiträge aus „return" in digitaler Fassung aus dem Online-Archiv und im E-Magazin:
1. www.springerprofessional.de/register
2. Eingabe der persönlichen Kontaktdaten
3. Passwort festlegen
4. Registrierung absenden
5. Sie erhalten eine Bestätigungs-Mail des Verlages. Klicken Sie auf den Link in der E-Mail, um sich für Springer Professional freizuschalten.

Nach der Registrierung loggen Sie sich unter **www.springer professional.de/login** ein. Bei Problemen können Sie sich wenden an **support@springerprofessional.de**. Zum Voll-Abonnement von Springer Professional geht es unter **www.springer professional.de/bestellung**.

Vorbild Slowenien
Plädoyer für die präventive Restrukturierung

In den USA ist das Scheitern einer Unternehmensgründung oder eines Geschäftsmodells kein Makel. Denn die negativen Erfahrungen helfen dabei, es beim nächsten Mal besser und erfolgreicher zu machen. Damit es ein nächstes Mal gibt, unterstützen die Regelungen des Chapters 11 in den USA betroffene Unternehmen. Mit den vorteilhaften Vorgaben lassen sich die Finanzen von Krisenunternehmen und ihren Eignern leichter reorganisieren. Wer scheitert, muss nicht befürchten, bis an sein Lebensende Schulden zurückzuzahlen.

In Europa setzt sich langsam die Erkenntnis durch, dass Scheitern kein Makel sein muss. Die EU hat deshalb eine neue Richtlinie zur präventiven Restrukturierung erlassen, die in den kommenden Monaten die Mitgliedsstaaten in nationales Recht umwandeln müssen. Ziel des präventiven Restrukturierungsrahmens ist es, mit den neuen Möglichkeiten frühzeitig Maßnahmen zur Unternehmenssanierung einzuleiten und damit einen GAU zu verhindern. So sollen zumindest Teile des Geschäftsbetriebs und der Arbeitsplätze erhalten werden. Die Gläubigerbefriedigung rückt anders als im Insolvenzverfahren in der Rangfolge nach hinten.

Niederländer und Österreicher sehen Schnelligkeit als Vorteil

Mit den neuen Regelungen wird eine „Brücke zwischen Restrukturierung und Insolvenz" gebaut, meint Christian Koller, Professor an der Universität Innsbruck. Sein Heimatland setzt derzeit mit Hochdruck die EU-Richtlinie in nationales Recht um. Auch die Niederländer wollen spätestens im Sommer ein Gesetz verabschieden. Die kleinen Länder sehen ihre Schnelligkeit als Möglichkeit, auch Unternehmen aus Nachbarländern für das neue Verfahren anzulocken. So sieht das niederländische Recht neben einer öffentlichen Variante auch eine vertrauliche präventive Restrukturierung vor. Das vertrauliche Verfahren steht allen offen, die einen Sitz in den Niederlanden haben oder die starke Verbindungen dorthin nachweisen können. Damit ist es für alle internationalen Unternehmen interessant. Denn schon in drei bis

sechs Wochen sollen Unternehmen ihre Kapitalstruktur heilen können, wie im entsprechenden Auslandsbericht dieser Ausgabe auf Seite 33 zu lesen ist.

Die deutsche Gesetzgebung muss Gas geben, damit sie europaweit nicht abgehängt wird. Schließlich hilft das neue Verfahren den Gläubigern und den Schuldnern gleichermaßen. So können Gläubiger, die sich zusammentun, die präventive Restrukturierung anstoßen. Sie müssen also nicht länger tatenlos zusehen, wie ein Unternehmen in die Abwärtsspirale gerät. Und die Schuldner bekommen ein Frühwarnsystem an die Hand, das sie frühzeitig auf Gefahren aufmerksam macht. Auf diese Weise erhalten sie eine Chance, ihr Unternehmen neu aufzustellen und zu rekapitalisieren.

„return Unternehmerforum" klärt über neue Chancen auf

Wer mehr über „Neue Chancen präventiver Restrukturierung" erfahren will, ist herzlich zum „1. return Unternehmerforum" am 3. und 4. März nach Frankfurt am Main eingeladen. Namhafte Referenten informieren dort über Krisenerkennung, Krisenprävention und Krisenbewältigung. Auch Erfolgsfaktoren für frühzeitige Sanierungen aus Praxisfällen werden auf der Bühne präsentiert sowie staatliche Förderungen im Ländervergleich gegenübergestellt.

Dass unternehmenserhaltende Sanierungsverfahren nicht nur in den USA, sondern auch in Europa funktionieren, zeigt in diesem Heft auf Seite 31 das Vorbild Slowenien, wo Unternehmen schon seit fünf Jahren präventiv saniert werden. Meist passiert das unter Ausschluss der Öffentlichkeit. Neben dem Frühwarnsystem zur Krisenerkennung und der erweiterten Aktionsmöglichkeit der Gläubiger könnte Vertraulichkeit zum Erfolgsfaktor des neuen Verfahrens werden.

Stefanie Burgmaier ist Herausgeberin von „return" und als Geschäftsführerin der Springer Fachmedien Wiesbaden GmbH unter anderem für alle Portale, Magazine und Events des Verlages im Bereich Professional verantwortlich.

Vorschau 02/20

Die nächste Ausgabe von „return – Magazin für Transformation und Turnaround" erscheint am 16. April 2020.

► Schwerpunkt „Gründlich innovieren": Titelreport – Interview und Firmenprofil mit Vorbildern – Auslandsberichte – Anwendungen

► Start & Szene: Meldungen – Personalien – Die Story – Kabarettisten-Kolumne – Sanierungsmonitor

► Menschen & Unternehmen: Interview – Firmenprofil – Gründerszene – Kontrovers

► Hintergrund & Wissen: Data Analytics – Datensicherheit – Wirtschafts-/Rechtswissen – Serie „Kanzleien/Beratungen im Wandel"

Schwerpunkt: Der Anfang aller Innovation

© pinstock / Getty Images / iStock

Impressum

„return – Magazin für Transformation und Turnaround"
www.springerprofessional.de
www.return-online.de
Ausgabe 1 | 2020, 07. Jahrgang
ISSN (Print) 2199-8841
ISSN (Online) 2520-8187

Verlag
Springer Gabler
Springer Fachmedien Wiesbaden GmbH
Abraham-Lincoln-Str. 46
65189 Wiesbaden
Die Springer Fachmedien Wiesbaden GmbH ist Teil der Fachverlagsgruppe Springer Nature

Geschäftsführer
Stefanie Burgmaier |
Joachim Krieger | Juliane Ritt

Redaktion
Herausgeber:
Stefanie Burgmaier |
Prof. Dr. Hans Haarmeyer

Teamleitung Managementzeitschriften:
Anja Schüür-Langkau

Chefredakteur
(verantwortlich für den
redaktionellen Inhalt):
Thorsten Garber
Am Stierksken 18
59379 Selm-Cappenberg
Tel.: +49 (0)2306 75 74 99
thorsten.garber@springernature.com

Redaktionelle Mitarbeit f. dies. Ausgabe:
Francois Baumgartner, Britta Behrendt,
Prof. Lucas Flöther, Dr. Andreas Fröhlich, Prof. Christian Gärtner, Marion
Gutheil, Peter Hanser, Armin Hingst,
Dominik Huttel, Burkhard Jung, Britta
Kroker, Christian Kubik, Anja Kühner,
Dr. Jana Landsittel, Cristina Mann,
Chin Meyer, Caroline Pluta, Thomas

Roser, Dr. Stefan Sax, Peter Stäuber,
Stefan Terliesner, Peter Trapp, Carl-Jan
von der Goltz, Reiner Wandler, Dr.
Mark Wilhelm, Prof. Volker Wittberg

Titelfoto
© photos.com

Anzeigen, Marketing
und Produktion
Leiter Media Sales:
Volker Hesedenz

Leiter Vertrieb + Marketing:
Jens Fischer

Gesamtleitung Produktion:
Ulrike Drechsler

Verkaufsleitung (verantwortlich
für den Anzeigenteil):
Eva Hanenberg
Tel.: +49 (0)611 7878-226
Fax: +49 (0)611 7878-430
E-Mail: eva.hanenberg@springer.com

Anzeigendisposition:
Leonida Fischer
Tel.: +49 (0)611 7878 148
E-Mail: leonida.fischer@springer.com

Anzeigenpreise:
Es gelten die Mediadaten von Oktober
2019.

Produktmanagement:
Britta Rossbach
Tel.: +49 (0)611/7878-271
E-Mail: britta.rossbach@springer.com

Satz, Layout und Produktion
Iris Conradi, Anne Stollenwerk

Alle angegebenen Personen sind, soweit
nicht ausdrücklich angegeben, postalisch
unter der Adresse des Verlags erreichbar.

Sonderdrucke
Anja Trabusch
E-Mail:anja.trabusch@springernature.com
Tel.: +49 (0)611 7878 298

Leserservice
Springer Customer Service Center GmbH
Springer Gabler Service
Tiergartenstr 15, 69126 Heidelberg
Tel.: +49 (0)6221 345-4303
Fax: +49 (0)6221 345-4229
Montag – Freitag 8.00 Uhr – 18.00 Uhr
E-Mail: springergabler-service@
springer.com

Druck
Kliemo Printing AG,
Hütte 33, B-4700 Eupen, Belgien

Fachbeirat
Dr. Utz Brömmekamp, Buchalik Brömmekamp Rechtsanwaltsgesellschaft; Udo
Doetsch, Sparkasse Duisburg; Prof. Dr.
Roland Eckert, FOM Hochschule für
Oekonomie & Management im Hochschulzentrum Düsseldorf; Prof. Dr.
Christian Gärtner, Wiesbaden Business
School, Hochschule Rhein-Main; Carl-Jan von der Goltz, Maturus Finance; Dr.
Ulrich Hermann, Heidelberger Druckmaschinen AG; Prof. Dr. Michael Jünger,
Technische Hochschule Ingolstadt; Michael Pluta, Pluta Rechtsanwalt; Uwe
Rotermund, Noventum Consulting;
Heinrich Fritz Stellmach, Stellmach &
Bröckers Rechtsanwälte, Wirtschaftsprüfer, Steuerberater

Bezugsmöglichkeiten
Das Heft erscheint sechsmal jährlich.
Bezugsmöglichkeiten und Details zu den
Abonnementbedingungen finden Sie
unter www.mein-fachwissen.de/return
Alle Rechte vorbehalten.

Nachdruck
Gesellschafterin der Springer Fachmedien Wiesbaden GmbH ist zu 100%
die Springer-Verlag GmbH. Deren
100%ige Gesellschafterin ist die Springer
Science+Business Media GmbH. Die alleinige Gesellschafterin (100% der Anteile) der Springer Science+Business Media
GmbH ist die Springer Science+Business
Media Deutschland GmbH. Die Springer Science+Business Media Deutschland GmbH ist eine 100%ige Tochtergesellschaft der Springer SBM Two GmbH.
Die Springer SBM Two GmbH ist eine
100%-ige Tochter der Springer SBM One
GmbH. Die Springer SBM One GmbH
ist eine 100%-ige Tochter der Springer
SBM Zero GmbH. An der Springer
SBM Zero GmbH hält die Springer
Science+Business Media G.P. Acquisition S.C.A., Luxemburg, 47 % der Anteile
und die GvH Vermögensverwaltungsgesellschaft XXXIII mbH 53% der Anteile.

Wachstumsschöpfer

© Bernd Hegert

Vorab ein Hinweis, weil das Thema die Berichterstattung dermaßen dominiert: Sie halten mit diesem Heft dennoch eine Ausgabe fast frei von Coronavirus-Inhalten in den Händen, liebe Leserin und lieber Leser. Denn wenn Fakten sich im Stundentakt ändern, können wir dieser Aktualität hier kaum gerecht werden. Dafür lag zwischen Redaktionsschluss und Erscheinen dieser Ausgabe ein zu großer Abstand. Die Lage rund um Beiträge wie dem aus Spanien auf Seite 33 könnte heute also eine andere sein. Trotzdem bleiben wir dem Prinzip treu, in die Tiefe zu gehen. Sorgfalt vor Schnelligkeit steht für das hoffentlich auch von Ihnen wertgeschätzte „return"-Profil. Denn so sind Krisen oft besser zu bewältigen.

Über rechtzeitige Krisenwarnsysteme der präventiven Restrukturierung, auf die Unternehmer bald ein Recht haben, informierte jüngst unser erstes „return Unternehmerforum" inhaltlich ebenso begründet und grundlegend wie glaubwürdig und verlässlich. Das einhellige Urteil der Teilnehmer zur Veranstaltungspremiere lautete: tolles Programm zu relevanten Themen mit kompetenten Referenten, die alles Wichtige auf den Punkt gebracht haben. Zudem ein Event mit Unterhaltungswert – vom unbremsbaren Unternehmer Wolfgang Grupp bis zu dem zum Mitsingen animierenden Comedian Dominik „Doc Big Deal" Herzog. Schauen Sie selbst: www.returnlive.de/veranstaltungen/return-unternehmerforum

„Immer wieder haben Krisen zu einem Kulturwandel geführt. Oft entstand aus einer akuten Bedrohung nachhaltiger Fortschritt", beginnt Volker Meyer-Guckel auf zeit.de seinen Gastbeitrag über „Innovation durch Corona" unter der appellierenden Überschrift „Nutzt die Krise!". Der Vize-Generalsekretär im Stifterverband, eine Gemeinschaftsinitiative von Unternehmen und Stiftungen zur ganzheitlichen Beratung in Bildung, Wissenschaft und Innovation, lobt darin den „gewaltigen Öffnungsprozess" zwischen Forschern „mit rasanten Erkenntnisgewinnen". In der Wirtschaft gibt es zwar ansatzweise ähnliches Zusammenwirken zwischen Unternehmen, zeigt unser Titelreport im Magazin-Schwerpunkt über wirksames Innovations-Management. Wer weiß, dass starke Innovationskraft als beste Krisenprävention wirkt, wird aber auch wissen: Innovationen sind immer zu entwickeln – vor, in und nach Krisen.

Dies beherzigen mittelständische Unternehmen seltener, entnehmen wir dem KfW-Innovationsbericht, wonach der Anteil ihrer Innovatoren mit 19 Prozent den Tiefststand erreicht hat. Auch Aussagen unserer Gesprächspartner in beiden großen Interviews geben in diesem Punkt zu denken. Wer das Warnende und Mahnende zum Handlungsbedarf für mehr Erneuerung nicht herausliest, sei an die Worte „Wachstum ist ein Prozess schöpferischer Zerstörung" des Ökonomen Joseph Schumpeter erinnert, ergänzt meinerseits um die Forderung nach Permanenz und der Betonung aufs befähigte, ideenreiche, Geschäftsmodell-geeignete Erschaffen. Ihnen wünsche ich also im doppelten Sinn: Bleiben Sie gesund!

Ihr

Thorsten Garber
Chefredakteur „return" / thorsten.garber@springernature.com

© iStock / daizuoxin

16 *Innovations-Management*
Keine Aufgabe
reiner Routine

© CommonLens.de

40 *Prozessdogma-Management*
Querdenker Gunter Dueck
kritisiert Systemneurosen

Inhalt

return 02/20

52 *Männerbranchen-Management*
Susanne Horn meistert
Quereinstieg in Bierbranche

58 *Liquiditäts-Management*
Robo Advisor vermehren
das Kapital als Ratgeber

129 Gründerszene
Für Bewegung am Bau sorgen Start-ups mit neuen
Technologien für Transformation – ob mit Robotern,
Künstlicher Intelligenz oder Online-Plattformen

132 Digitales
Diesmal widmet sich die Serie einem Projekt beim
Spezialisten Lorenz mit innovativen Smart Meters

133 Serie „masterminds"
Susanne Horn bewegt die Brauerei Bischofshof

135 Kontrovers
Für und Wider befristeter Arbeitsverhältnisse

137 Unternehmer-Kolumne
Dr. Henning Herzog von Bechtle über IT-Arbeitsplätze

Hintergrund & Wissen

139 Liquiditäts-Management
Robo Advisor als Digital Asset Manager

142 Kommentar
Appell des CEO von Rohde & Schwarz Cybersecurity

143 Sanierungsfinanzierung
Umfassender Ansatz für Unternehmen in der Krise

145 Insolvenzrecht
Möglichkeiten beim sanierungsfreundlichen Nachbarn

147 Beratungen und Kanzleien im Wandel
Teil 2 der neuen Reihe mit Nacken Hillebrand Partner

149 Fallstricke
Geldwäsche-Beauftragte mit extra Kündigungsschutz

150 Termine

151 Bücher

152 Springer Professional

153 Herausgeber-Kolumne
Hans Haarmeyer über sinnvollen Gemeinsinn

155 Vorschau und Impressum

Start & Szene

Interview

„Interim Manager stoßen oft Change-Projekte an"

Dr. Marei Strack, Vorstandsvorsitzende der Dachgesellschaft Deutsches Interim Management (DDIM), erklärt die Ergebnisse der Befragung unter ihren Mitgliedern zur „Prognose 2020".

Frau Dr. Strack, Ihre Manager auf Zeit erwarten längere Engagements in Unternehmen wegen komplexer Projekte zu Change und Restrukturierung. Brechen neue Zeiten für Transformation und Turnaround an?
Dr. Marei Strack: So neu sind die Zeiten nicht. Für die Transformation haben unsere Manager schon die Einführung von Industrie 4.0 begleitet, für Turnarounds schon viele Restrukturierungen. Aktuell lösen Digitalisierung und Coronavirus in beiden Feldern sicher Neues aus. Interim Manager stoßen oft Change-Projekte an.

Allein bei präventiven Restrukturierungen wird ein Plus von sechs Prozent prognostiziert. Werden Ihre Mitglieder vor allem mit Einschnitten befasst sein, die das bestehende Management sich nicht umzusetzen traut?
Stellen- und Kostenreduzierung sind doch nicht alles, was Ertragskraft zurückbringt. In der Wertschöpfung gehört dann insbesondere das Geschäftsmodell auf den Prüfstand. Sie haben doch zuletzt in „return" aufgeklärt, dass künftig die präventive Restrukturierung für nachhaltige Sanierungen sorgen soll. Dafür sorgen wir auch, nicht alleine Juristen.

Wenn Zukunftsfähigkeit mit digitalen Geschäftsmodellen einhergeht: Wartet hier die schwierigste Arbeit?
Unsere Arbeit in Transformation nimmt auf jeden Fall zu. Oft sind wir schon jetzt beim Umbau von Geschäftsmodellen als Projektleitung gefragt. Eine strategisch sinnvolle Aufgabe, aber auch eine schwierige, wenn etwa in der digitalen Transformation das Geschäftsmodell bei disruptiven Entwicklungen komplett auf den Kopf gestellt werden muss.

Im Automobilsektor plus Maschinen- und Anlagenbau spüren Ihre Befragten hohen Handlungsdruck wegen des Schwenks auf Elektromobilität. In welchen Branchen noch?
Banken, Transport und Logistik, Energiewirtschaft sind ebenso vom Wandel betroffen. Unsere Befragung fand zu Jahresbeginn statt, heute würden sicher im Zuge der Corona-Krise wegen des Dominoeffekts die meisten Branchen genannt.

Corona-Krise, Nachfolger-Mangel – dürfte das im Mittelstand einige DDIM-Manager in Dauerstellungen bringen?
Nein, ein Großteil von uns ist aus Überzeugung selbstständig unterwegs. Das dürfte sich bei Rezession und Auswirkung durch Nachfolger-Mangel auch nicht ändern. Eher würden unsere Manager auf Zeit dem Nachwuchs zur Seite stehen, um krisenhafte Zeiten besser zu bewältigen.

Das Interview mit Dr. Marei Strack führte Thorsten Garber telefonisch.

Abschluss des Schutzschirmverfahrens
Condor durchfliegt Cook-Turbulenzen
Die Gläubigerversammlung hat mehrheitlich den Schutzschirmplan angenommen. Damit kann die Polish Aviation Group als neue Eigentümerin die Fluggesellschaft übernehmen. Es sei gelungen, „Condor aus den Turbulenzen der Thomas-Cook-Insolvenz weitestgehend herauszuhalten und den Flugbetrieb sicher und störungsfrei fortzusetzen", sagte Detlef Specovius von der Kanzlei Schultze & Braun.
www.condor.com; www.schultze-braun.de

Abschluss des Eigenverwaltungsverfahrens
Leysieffer scheint zukunftsfähig saniert
Die Gläubigerversammlung hat einstimmig den Insolvenzplan abgesegnet. Damit habe die bundesweit bekannte Konditorei Leysieffer wieder eine Zukunft, so Sanierer Pluta. Als Investor wurde das Family Office „Deel & Winkler" aus den USA gewonnen. Die Gläubiger erhalten eine Quote von 65 Prozent. Mit 260 Arbeitsplätzen bleiben 75 Prozent der Stellen erhalten. Zwölf Filialen werden weiterbetrieben.
www.leysieffer.com; www.pluta.net

Dramatischer Rückgang der Innovatoren
Anteile in Prozent im Mittelstand

KfW-Mittelstandspanel, Berechnungen KfW-Research

Produktinnovator ▪ Prozessinnovator

Der Einbruch der Innovatoren-Quote bei Produkten und Prozessen belegt Schwäche statt Kraft in der Krisenprävention.

KfW-Bericht
Zahl innovativer Mittelständler hierzulande auf dem Tiefststand

Der aktuelle „KfW-Innovationsbericht" der Frankfurter Förderbank-Gruppe über mittelständische Unternehmen in Deutschland zeigt mit seinen Zahlen eine dramatische Tendenz mit langfristig negativen Folgen. Denn demnach haben von den rund 3,8 Millionen kleinen und mittleren Unternehmen zuletzt nur noch 725.000 Firmen innovative Produkte oder Prozesse eingeführt. Damit ist ihr Anteil gegenüber dem Vorjahr erneut um vier Prozent zurückgegangen, was mit einem Minus von 125.000 Unternehmen in absoluten Zahlen noch gravierender klingt. Jetzt liegt die Innovatoren-Quote im Mittelstand insgesamt nur noch bei 19 Prozent, der niedrigste Stand seit Start der Erfassung.

Den Höchststand hatte der Anteil innovativer Unternehmen im deutschen Mittelstand in den Jahren 2004 bis 2006 mit 42 Prozent erreicht, sodass sich der Wert seitdem mehr als halbiert hat. „Der Mittelstand zieht sich immer mehr aus der Innovationstätigkeit zurück", sagt KfW-Chefvolkswirtin Dr. Fritzi Köhler-Geib: „Für die Zukunftsfähigkeit und die internationale Wettbewerbsfähigkeit der deutschen Wirtschaft ist das eine gefährliche Entwicklung."
www.kfw.de

Informationen und Unterstützung

Zusagen für Unternehmen in der Corona-Krise: Kurzarbeit, Liquiditätshilfe, Steuerstundung

Wirtschaftsminister Peter Altmaier (Foto) sagt: „Wir tun alles, damit kein gesundes Unternehmen schließen muss." Finanzminister Olaf Scholz ergänzt: „Wir haben die Kraft, diese Krise zu bewältigen." Und Justizministerin Christine Lambrecht reagiert „mit einer Aussetzung der Insolvenzantragspflicht bis zum 30. September 2020 für betroffene Unternehmen".

Die beiden erstgenannten Minister haben ein Maßnahmenpaket als „Schutzschild für Beschäftigte und Unternehmen" vorgelegt. Danach ist Kurzarbeitergeld leichter für Unternehmen erhältlich. Ihre Liquidität unterstützen die Stundung von Steuerzahlungen plus Kredite der KfW-Förderbank sowie Liquiditätshilfen aus dem „European Recovery Program" (ERP). Zudem begrüßen sie die Idee der Europäischen Kommission für eine „Corona Response Initiative" mit 25 Milliarden Euro. Die KfW habe die Programme zügig umgesetzt und die Verfahren für zügige Antragsbearbeitung gestrafft, sodass Mittel sofort angefordert werden können. Die Ministerien stellen neben der Unterstützung zahlreiche Informationen auf ihren Websites bereit.

www.bmwi.de;www.bundesfinanzministerium.de;www.bmjv.de

Studie und Analyse

Risiken für Unternehmen durch Kredite: Gefahr für spezialisierte Mittelständler steigt

In vielen Wirtschaftszweigen steigen die Risiken durch Kredite für deutsche Mittelständler wieder an. Insbesondere für Automobilzulieferer treffe dies zu. Das ergab eine Studie des Kreditversicherers Euler Hermes, der die Untersuchung über die Tochtergesellschaft Euler Hermes Rating vornehmen ließ. Dabei wurden durch Künstliche Intelligenz rund 22.000 kleine und mittelständische Unternehmen (KMU) gemäß Trib-Rating-Methoden (Scorecard) gewichtet.

Die Wahrscheinlichkeit, dass Mittelständler in 2020 ihre Kredite nicht oder nur teilweise bedienen können, steigt danach an. „Mittelständler sind durch ihre häufig starke Spezialisierung zum Teil anfälliger für negative Entwicklungen, sodass sie sich als sehr guter Indikator für künftige Trends erwiesen haben", sagt Kai Gerdes, Direktor Analyse bei Euler Hermes Rating, der „erstmals nach drei Jahren wieder steigende Kreditrisiken" bestätigt. Ronald van het Hof, CEO von Euler Hermes in der DACH-Region, warnt: „Zuerst steigen Kreditrisiken, dann Zahlungsverzögerungen und Zahlungsausfälle, dann die Insolvenzen."

www.springerprofessional.de/link/17757696

Kundenzentrierung und Agilität

Mangelndes Bewusstsein bei Anbietern: Innovation an Zielgruppe vorbei entwickelt

Für kundenzentriertes Handeln und die dafür erforderliche agile Arbeitsweise sei in vielen Unternehmen immer noch nicht das entsprechende Bewusstsein bei den Mitarbeitern verinnerlicht. Das bemängelt Jonathan Kurfess, Gründer und CEO der Marktforschungsplattform Appinio, der unter anderem davon überzeugt ist, dass der Schlüssel zum Erfolg von Produkten das Konsumenten-Feedback ist. Customer Centricity sei kein Instrument, „sondern eine Haltung, die ein Unternehmen in allen Abteilungen leben muss", betont Kurfess und verweist auf eine ältere Studie der Staufen AG, wonach „mehr als 60 Prozent der Innovationen hierzulande scheitern". Unternehmen würden vielfach neue Produkte „an den Bedürfnissen der Zielgruppe vorbei" entwickeln.

www.springerprofessional.de/link/17618720

Dienstleistungen und Smart Services

Wichtige Säule im wachsenden Wettbewerb: Umsatz mit neuem Kunden-Service steigt

Das Geschäft mit Dienstleistungen und Smart Services wird im wachsenden Wettbewerb zur wichtigen Säule für den Vertrieb von Unternehmen. Neue Felder dafür sollten systematisch entwickelt werden, lautet das Fazit einer KVD-Studie über Kunden-Service: Der Umsatzanteil des Service-Geschäfts von Vertriebsorganisationen in der DACH-Region sei in den vergangenen Jahren deutlich gestiegen, denn aktuell erwirtschaften schon 76 Prozent der Unternehmen mehr als zehn Prozent ihres Umsatzes aus dem Service-Geschäft, während es zuvor nur 69 Prozent waren. Gestiegen sei auch die Zahl der Unternehmen, die Smart Services anbieten und damit Umsatz generieren. Sie würden dazu vor allem den Direktvertrieb und digitale Marktplätze als Absatzwege nutzen.

www.springerprofessional.de/link/17747610

Finanzvorstand wechselt quasi intern von Osram zur AMS AG

Ingo Bank (im Bild links), bislang Finanzvorstand für das vom Lampen- zum Hightech-Lichtspezialisten sich wandelnde Unternehmen Osram (return 01/19), ist jetzt zum neuen CFO der AMS AG bestellt und wechselt ab Mai. Der österreichische Sensor- und Halbleiterproduzent hatte im vergangenen Jahr mit Erfolg ein Übernahmeangebot für alle ausstehenden Aktien der Osram Licht AG abgegeben. Beide Seiten hatten vereinbart, dass die Bestellung eines Osram-Vorstandsmitglieds für die AMS-Unternehmensführung angestrebt wird. Der aktuelle AMS-CFO Michael Wachsler scheidet dafür Ende Mai aus. Osram-Vorstandsvorsitzender Dr. Olaf Berlien (Foto rechts) wird nach dem Ausscheiden von Ingo Bank kommissarisch auch das Finanzressort führen.
www.osram-group.de; www.ams.com

Frank Marrenbach wird ab Mai als geschäftsführender Gesellschafter der Althoff Hotels tätig. Der Gründer und Inhaber der Unternehmensgruppe, Thomas H. Althoff, bleibt Mehrheitsgesellschafter, übernimmt die Position des Chairmans of the Board und kümmert sich verstärkt um Strategie und Development.
www.althoffhotels.com

Tim Berger wird ab August neuer CEO der Eckes AG und Vorsitzender der Geschäftsführung der Eckes-Granini Group GmbH. Der Aufsichtrat berief ihn zum Nachfolger von Thomas Hinderer, der Europas führenden Safthersteller seit 2005 geleitet hatte.
www.eckes-granini.com

Dr. Stephan Weng übernimmt ab Juli als neuer Vorsitzender der Geschäftsführung der Preh GmbH. Er folgt beim großen Automobilzulieferer damit auf Christoph Hummel, der sein Amt aus gesundheitlichen Gründen niedergelegt hatte. Weng war zuvor COO bei BCS-Automotive Interface Solutions.
www.preh.com

Tim Beyer, spezialisiert auf Insolvenzverfahren in der maritimen Wirtschaft, hat in Bremen von Schultze & Braun zur Kanzlei Görg gewechselt.
www.schultze-braun.de; www.goerg.de

Dr. Hubertus Bartelheimer hat die Wirtschaftskanzlei Buchalik Brömmekamp als Leiter der Sozietätsniederlassungen in Berlin und Dresden verlassen und arbeitet jetzt für die Pluta Rechtsanwalts GmbH.
www.buchalik-broemmekamp.de; www.pluta.net

Senvion-Service im Aufwind

Deutschen Windanlagen-Herstellern wehen steife Brisen entgegen. Als Anlagenbauer hielt Senvion dem Gegenwind nicht stand, doch die Service-Sparte übernahm Siemens Gamesa.

„Optimale Leistung, optimaler Service": Senvion wirbt auf der eigenen Website mit der Flexibilität der Service-Leistungen.

Es war nur eine Frage der Zeit, bis die Krise auf dem Markt für erneuerbare Energien die Windanlagen-Hersteller trifft. Senvion war mit rund 3.300 Mitarbeitern weltweit der erste große deutsche Anbieter, dem im April 2019 der Wind so stark ins Gesicht wehte, dass ein Insolvenzantrag gestellt werden musste. Immerhin das Service- und Wartungsgeschäft des Anlagenbauers aus Hamburg konnte mit der Übernahme durch Siemens Gamesa gerettet werden. Das Neuanlagengeschäft konnte nicht fortgeführt werden.

Jüngst noch Bieterstreit in Milliardenhöhe

Um Senvion, einstiges Vorzeigeunternehmen der Branche, gab es vor einiger Zeit noch einen milliardenschweren Bieterstreit. Der Preiskampf ist auf dem deutschen Markt, den Senvion vor allem bearbeitet, inzwischen aber derart heftig, dass selbst ehemalige Vorbilder die Segel streichen müssen. Der mit den Subventionen der deutschen Energiewende gewachsene Geschäftszweig steht zwar nicht vor dem Exitus wie einst die Solarbranche. Schutz gibt es indes nicht mehr, seit der deutsche Markt 2017 auf ein Auktionsmodell anstelle garantierter Einspeisevergütungen umgestellt wurde. Ziele des Insolvenzantrags waren der Erhalt der Unternehmensgruppe und der Gesamtverkauf an einen Erwerber. Gestützt wurde der Investorenprozess durch den Massekredit

von 100 Millionen Euro, der durch Kreditgeber und wesentliche Anleihegläubiger gewährt wurde. Man wollte Zeit gewinnen, um den kompletten Konzern verkaufen zu können. Nach fast fünfmonatigem Bemühen um einen Gesamtverkauf wurde die Strategie gewechselt und auch über eine Veräußerung von Teilbereichen des Energiekonzerns nachgedacht. Die Ertragsperle war von Beginn an das Service- und Wartungsgeschäft, in dem 500 der zuletzt 1.400 Mitarbeiter in Deutschland beschäftigt waren. Der Betrieb und die Wartung der selbst errichteten Windparks war von Beginn an ein lukratives Geschäftsfeld.

Errichtung von Windparks allein nicht wirtschaftlich

„Stand alone", also nur die Errichtung der Parks, konnten die Anlagen schon länger nicht mehr wirtschaftlich sinnvoll erbaut werden. Um das lukrative Service-Geschäft in einem Paket veräußern zu können, wurde eine Insolvenzplanlösung dergestalt entwickelt, dass Betriebs- und Wartungsverträge im vollen Umfang erhalten und vom Erwerber fortgeführt werden konnten. Die im Rahmen des Verfahrens von Senvion erworbenen Service- und Wartungsaktivitäten integriert Siemens Gamesa als Erwerber in seine Service-Sparte und baut damit den Anteil gewarteter Fremdanlagen aus. Neben Eigenanlagen werden im Service-Bereich nun die Anlagen mehrerer Anbieter betrieben und gewartet.

Siemens Gamesa hat auch das Know-how einschließlich etwaiger gewerblicher Schutzrechte erworben. Dies obgleich das Intellectual Property sicher nur im sehr geringen Umfang von Siemens Gamesa weiter genutzt werden dürfte. Die Senvion Geschäftsaktivitäten zur Errichtung von Windanlagen oder von Windparks werden nicht übernommen.

Dr. Andreas Fröhlich, Partner und Head of Corporate Finance der Beratungsgesellschaft Baker Tilly, ist spezialisiert auf Mergers & Acquisitions sowie auf insolvenznahe Sanierung.

Im Kurzprofil: Sanierungserfolge nach Insolvenz

	SENV1ON	SÜDLUFT SYSTEMTECHNIK	KUPER	KLINCK
Name	Senvion Gruppe	Südluft Systemtechnik GmbH & Co. KG	Heinrich Kuper GmbH & Co. KG	Friseur Klinck GmbH
Branche	Erneuerbare Energien	Anlagenbau	Maschinenbau	Handwerk
Geschäftsfelder/ Produktgruppen	Windanlagenherstellung, Errichtung, Wartung und Betrieb von Windparks	Blechsysteme	Herstellung von Holz-maschinen, Gebraucht-maschinenhandel	Friseurkette
Umsatz (Mio. €)	1.890	32	38	25
Mitarbeiter	3.300	185	250	750

Angaben zum Sanierungsverfahren

Antragsdatum	09.04.2019	05.08.2019	29.08.2019	28.11.2018
Verfahrensart	Eigenverwaltung	Eigenverwaltung	Fremdverwaltung	Fremdverwaltung
Sanierer	Christoph Morgen (Dr. Thorsten Bieg, Dr. Gerrit Hölzle)	Dr. Matthias Hofmann (Dr. Stephan Kolmann)	Dr. Per Hendrik Heerma	Jens-Sören Schröder

Lösungsangaben der Sanierung

Art der Sanierung	Insolvenzplan	Insolvenzplan	Asset Deal	Insolvenzplan
Sanierungsdauer	11 Monate	6 Monate	5 Monate	14 Monate
Investoren	Siemens Gamesa Renewable Energy	WE-Kr.d.o.o.	Heinrich Stefan Kuper (Altgesellschafter)	Familie Klinck (Altgesellschafter)
Klassifikation	Stratege	Stratege	-	-
Lösungs-beschreibung	Stilllegung des Neu-anlagengeschäftes und die Errichtung von Windparks	Herauslösung aus dem insolventen Verbund der Eisenmann Gruppe	Abbau von rund 65 Mitarbeitern	Schließung von 29 der ehemals 95 Salons mit einem Abbau von 220 Mitarbeitern
Aus Sicht der Investoren/ Strategische Eckpunkte	Konzentration auf das Service-Geschäft und Heben von Synergien durch die Integration in die Dienstleistungssparte	Ergänzung des Produkt-programms des Erwerbers im Bereich Blechsysteme	Konzentration auf Kerngeschäftsaktivitäten	Nutzung des Insolvenzplan-verfahrens zum Abschneiden unrentabler Standorte

Quelle: Baker Tilly

Sanierungen als Dauerbaustelle

Kriselnde Unternehmen im Bestand von Private-Equity-Häusern sind keine Seltenheit. Nicht nur um die eigene Performance zu verbessern, heuern Investoren dann häufig Interim Manager an.

Privates Beteiligungskapital boomt in Deutschland. Die jetzt vereinbarte Übernahme der 16 Milliarden Euro schweren Thyssenkrupp-Aufzugsparte durch Advent ist der größte Deal seit zehn Jahren. Finanzinvestoren haben 2019 insgesamt 14,3 Milliarden in knapp 1.000 deutsche Firmen investiert, ein Viertel mehr als 2018. Dies geht aus Zahlen des Branchenverbandes BVK hervor. „Gemessen am finanziellen Volumen war 2019 ein Rekordjahr für die Branche", sagt Lukas Schäfer, Partner der Unternehmensberatung McKinsey und Leiter des Bereichs Private Equity. Die Branche wird eine neue Bestmarke aufstellen. Denn allein mit dem Thyssenkrupp-Deal dürfte sich das Vorjahresvolumen mehr als verdoppeln.

Der Aufschwung ist eine bemerkenswerte Wende gegenüber den 2000er Jahren, als Private-Equity-Gesellschaften noch „Heuschrecken" hießen, wie damals SPD-Chef Franz Müntefering es formulierte. Gemeint war damit eine Spezies, die angeblich die von ihnen übernommenen Gesellschaften ihres Wertes beraubt und letztlich eine leere Hülle zurücklässt. Doch tatsächlich sanieren Private Equity-Firmen viele Unternehmen in ihrem Portfolio. In der Regel handelt es sich dabei um mittelständische Betriebe und nicht um große Konzern-Sparten wie das Aufzugsgeschäft von Thyssenkrupp, das ohnehin wirtschaftlich außerordentlich gut dasteht.

Einer, der es wissen muss, ist Martin Steidl, Inhaber der Steidl Unternehmensberatung mit Sitz in Aachen. Der gelernte Wirtschaftsingenieur hat sich auf die Sanierung von Unternehmen spezialisiert – auch im Portfolio von privaten Beteiligungsgesellschaften. Immer wieder setzen ihn Investoren als Geschäftsführer ein, um ein kriselndes Unternehmen wieder auf Kurs zu bringen. Gelungen ist ihm das zum Beispiel bei den Mittelständlern Merkel Freudenberg Fluidtechnic, Deutsche Kraft-Wärme-Kopplung oder Multitec-Jakob (siehe return 03/19).

© Jaworski

„Im Durchschnitt müssen 20 Prozent der Portfoliounternehmen saniert werden."

Martin Steidl

„Neue Wege verbinde ich mit alter Schule", sagt Steidl und rechnet vor: „Im Durchschnitt müssen mindestens 20 Prozent der Portfoliounternehmen saniert werden." Viele in ihrem Bestand gefährdete Unternehmen würden aus diesem Grund einen Private-Equity-Investor suchen. „Für den Käufer hat das dann den Vorteil eines deutlich niedrigeren Kaufpreises – wegen der Situation des Unternehmens und weil die zu erwartenden Sanierungsaufwendungen vom Kaufpreis abgezogen werden", erklärt Steidl. Die Sanierung des Zukaufs sei von Beginn an Aufgabe des Private-Equity-Investors.

Krisen können immer auftreten – in Zukunft vielleicht häufiger. Denn: Im Dauerzinstief können sich Investoren und Unternehmen günstig verschulden. Steigt das Zinsniveau wieder, drohen Finanzierungsschwierigkeiten. Steidl warnt: „Ein Zinsanstieg würde unweigerlich zur Vielzahl an Krisen führen." Deshalb sei es wichtig, die Kapitaldienstfähigkeit abzusichern durch schlanke Prozesse, eindeutige Verantwortlichkeiten für die Wertschöpfungsprozesse sowie durch die konsequente Umsetzung des Steuerungskonzepts „Cash Conversion Cycle".

Generell gehören Sanierungen zum Kerngeschäft von Private-Equity-Häusern, sagt auch McKinsey-Partner Lukas Schäfer. Daher würden in zahlreichen Private-Equity-Firmen schon Sanierungsexperten arbeiten. Immer wieder komme es aber vor, dass sie in kniffligen Fällen auf externe Expertise zurückgreifen. Den Grund nennt Steidl: Beteiligungsgesellschaften werden häufig von Juristen und Finanzierungsprofis geleitet. Bei harten wirtschaftlichen Problemen wie der Optimierung von Produktionsabläufen, dem Anlegen zielgerichteter und effizienter Vertriebsstrukturen oder der Pflege und dem Aufbau von Kundenbeziehungen müssten externe Sanierungsexperten als Interim Manager oder Interim Executive ran.

Aus Erfahrung weiß Steidl, dass so manche Private-Equity-Gesellschaft versucht, ein kriselndes Unternehmen zunächst

Großbaustellen sind meist ein Indiz dafür, dass umfangreiche Sanierungsarbeiten anstehen, die längere Zeit dauern. Ähnlich ergeht es Unternehmen, die zum Teil von Interim Managern erheblich umgebaut werden müssen.

mit Bordmitteln wieder fit zu machen. Dann aber rutsche das Unternehmen in die Nähe der Existenzgefährdung. Die Folge: Der externe Sanierungsexperte müsse dann doch ran. Sein Tipp: „Investoren sollten externen Rat für eine Bestandsaufnahme so früh wie möglich einholen. Sollte sich herausstellen, dass die Krise selbst gelöst werden kann: fein!"

Führen durch Vorbild, Vertrauen, Verantwortung

Für Steidl ist der Vorteil erfahrener Interim Manager, dass sie Geschäftsmodelle und Wertschöpfungsketten lesen und schnell verstehen können. Auch könnten sie gut Verhandlungen mit Betriebsräten führen sowie Sozialpläne, Interessenausgleich und Betriebsvereinbarungen aushandeln. „Darum geht es immer", betont der Fachmann und unterstreicht: „Ein Interim Manager oder Interim Executive führt durch Verantwortung, Vorbild und Vertrauen." Dies bedeute, dass er im Gegensatz zu einer auch geografisch entfernt sitzenden Private-Equity-Gesellschaft physisch präsent zu sein habe.

Bei der Sanierung von Multitec-Jakob, einem Hersteller von Werkzeugmagazinen, Werkzeugwechslern und Folienstanzmaschinen für die Lebensmittelindustrie sowie Einzelteilen für die Automobilindustrie, sei all das von Bedeutung gewesen. Das Unternehmen war im Frühjahr 2017 in die Krise geschlittert. Unmittelbar darauf hätten Steidl und sein Team die Verhandlungen mit dem Betriebsrat begonnen. Die Forderungen seien nicht finanzierbar gewesen – der Sozialplan, der Interessenausgleich und die Einbeziehung einer Beschäftigungs- und Qualifizierungsgesellschaft.

Auch wegen anderer Verbindlichkeiten habe man am 22. August 2017 beim Amtsgericht einen Antrag auf Eröffnung eines Insolvenzverfahrens in Eigenverwaltung unter Schutzschirm gestellt, der am gleichen Tag ohne Modifikation

angenommen worden sei. Im Rahmen der Insolvenzordnung habe man mit mehr als der Hälfte der 124 Mitarbeiter dann doch Abfindungen und Eigenkündigungen ausgehandelt sowie den teuren Sozialplan und die Einschaltung einer Beschäftigungs- und Qualifizierungsgesellschaft vermieden.

Damit sei der Weg für die operative Sanierung frei gewesen. Multitec-Jakob sei aus der Zusammenführung von drei Werkzeugbau-Firmen an drei unterschiedlichen Standorten hervorgegangen. Die daraus entstandenen Strukturen seien aber nie richtig optimiert worden. Regelmäßige Abstimmungsprobleme zwischen Fertigung und Montage waren an der Tagesordnung, schildert Steidl. Eine Planung der Wertschöpfung nach Standorten habe nicht stattgefunden.

Auch Private-Equity-Investoren begrüßen Unternehmensrettung

Unter neuer Geschäftsführung wurden dann Standorte zusammengelegt, die Großteile-Fertigung ausgegründet und Geschäftsbereiche bereinigt. Im Gegenzug für die auslaufende Fertigung und Montage von Folienstanzen wurde das Geschäft im Bereich Automotive ausgebaut. „Ganz wichtig", so Steidl, sei „die permanente Kommunikation mit Kunden" gewesen, um ihr „Vertrauen aufrechtzuerhalten". Die Mitarbeiter seien frühzeitig eingebunden gewesen. Ein Teil des Unternehmens wurde also gerettet, was nicht nur die Private-Equity-Investoren begrüßt haben dürften.

Stefan Terliesner, studierter Diplom-Volkswirt und seit fast 25 Jahren als Wirtschaftsjournalist tätig, analysiert für „return" vor allem Unternehmen im Wandel oder in der Wende aus Krisen.

Zum Weglaufen
Wie Versicherungen beim „Run-off" verfahren

Geht man zur Rennbahn und setzt dort viel Geld auf ein Pferd, das im anderen Tempo läuft, als man vermutete, erleidet man Verluste. Das nennt sich Glücksspiel. Fallen die Kurse, nachdem eine Firma all ihr Firmenkapital auf steigende Kurse setzte, nennt man das Zocken. Steigen die Kurse, heißt es „unternehmerische Weitsicht". Der Glücksspiel-Aspekt wird ausgeblendet. Versicherungen schließen nichts anderes als Wetten ab. Der Risiko-Lebensversicherer wettet, dass ich ein extrem langes Leben haben werde. Dann muss er die Prämie nicht zahlen. Meine Frau, welche die Versicherung für mich abschloss, wettet dagegen.

Der Kapital-Lebensversicherer wiederum wettet, dass seine Zinsprognosen in etwa so eintreffen, wie er sich das vorstellt. Ich hingegen wette, dass sein kümmerlicher Garantiezins entweder durch die Überschussbeteiligung übertroffen wird – oder dass die Zinsen fallen und der kümmerliche Garantiezins zu einem Leuchtturm des Lukrativen wird. Der letztgenannte Fall ist eingetreten – ich und Millionen anderer Kunden, die vor etwa 20 Jahren eine Kapital-Lebensversicherung abschlossen, sind die lachenden Gewinner. Fast jedenfalls.

Das Schlottern in Untergangspanik

Versicherungen sind schlechte Verlierer. Sie setzten auf steigende oder gleichbleibende Zinsen und halten das momentane Szenario für fast undenkbar. Erstaunlich, da einige von ihnen fett ins Spiel mit ausgelagerten und gebündelten Schuldverschreibungen von riskanten Immobilienkrediten eingestiegen waren – und diese sorgten im Nachgang der Finanzkrise von 2008 für die momentane Niedrigzinsphase. Früher hätte man gesagt: Selbst eingebrockt! Heute heißt es: Von makroökonomischen Entwicklungen kalt erwischt.

Jetzt sitzen diverse Versicherer da und erleben einen „CDU-Moment" – sie schlottern in Untergangspanik. Gott sei Dank gibt es ein Allheilmittel, wenn es nicht so gut läuft. Das ist wie im richtigen Leben, wenn ein Liebespaar in die Krise gerät oder der gemeinsame Ikea-Einkauf zum Waffengang wird. Besonders dann, wenn es im Bett nicht mehr funkt.

Dann fängt meist ein Partner an, gewisse erotische Aktivitäten aus der Muttergesellschaft „outzusourcen". Manchmal sogar mit dem Hinweis: „In der Wirtschaft heißt es doch auch immer: Wir müssen schlanker werden – und jetzt schau mal in den Spiegel, Schatz." Diesen Kniff wenden Versicherungen jetzt an. Sie outsourcen nicht nur, sie laufen einfach weg und nennen ihr Verfahren schlicht „Run-off". Eine weitere Bedeutung von „Run-off" ist „Regenrinne". Das ergibt schöne Party-Konversationen: „Was macht Deine Lebensversicherung?" „Ach, die ist in der Regenrinne." … Die Policen werden also an „Verwerter" oder „Abwickler" weiterverkauft, welche sie dann nur noch bedienen. Mehr aber auch nicht. Überschussbeteiligung? Fehlanzeige. Kunden-Service? Wozu?

Getrennte unter einem Dach

Im Ergebnis endet es wie in der Liebesbeziehung: Sind erst mal die zentralen, sinnlichen Aktivitäten outgesourct, wird der Ton rasch rauer. Man möchte nichts mehr voneinander wissen, wohnt aber trotzdem noch zusammen, weil alle Alternativen verheerender sind. So wie ja auch einige Ehepaare nur aus Kostengründen auf die Scheidung verzichten und sich stattdessen lieber einen Neuwagen anschaffen.

Steht man vor der Wahl, zwischen lachenden Aktionären oder lächelnden Kunden entscheiden zu müssen, nimmt man gern das Erste. Das zahlt sich auf kurze Sicht aus. Auf lange Sicht kann das passieren, was jüngst der FDP in Thüringen widerfuhr, als sie die Maxime des großen Vorsitzenden Lindner vergaß: „Es ist besser, nicht zu regieren, als falsch zu regieren." Auf die Versicherungswelt übertragen, könnte es heißen: „Es ist besser, entgegenkommend zu reagieren, als falsch zu reagieren."

Chin Meyer kreierte im Jahr 2000 die Figur des Steuerfahnders Siegmund von Treiber und avancierte dadurch zum bis heute bekanntesten Finanz-Kabarettisten Deutschlands. Slogan: „Bei Geld fängt der Spaß erst richtig an!" Sein Erstlingswerk hieß „Ohne Miese durch die Krise". Mehr unter www.chin-meyer.de.

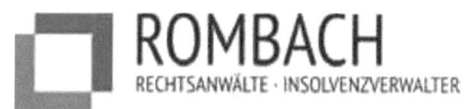

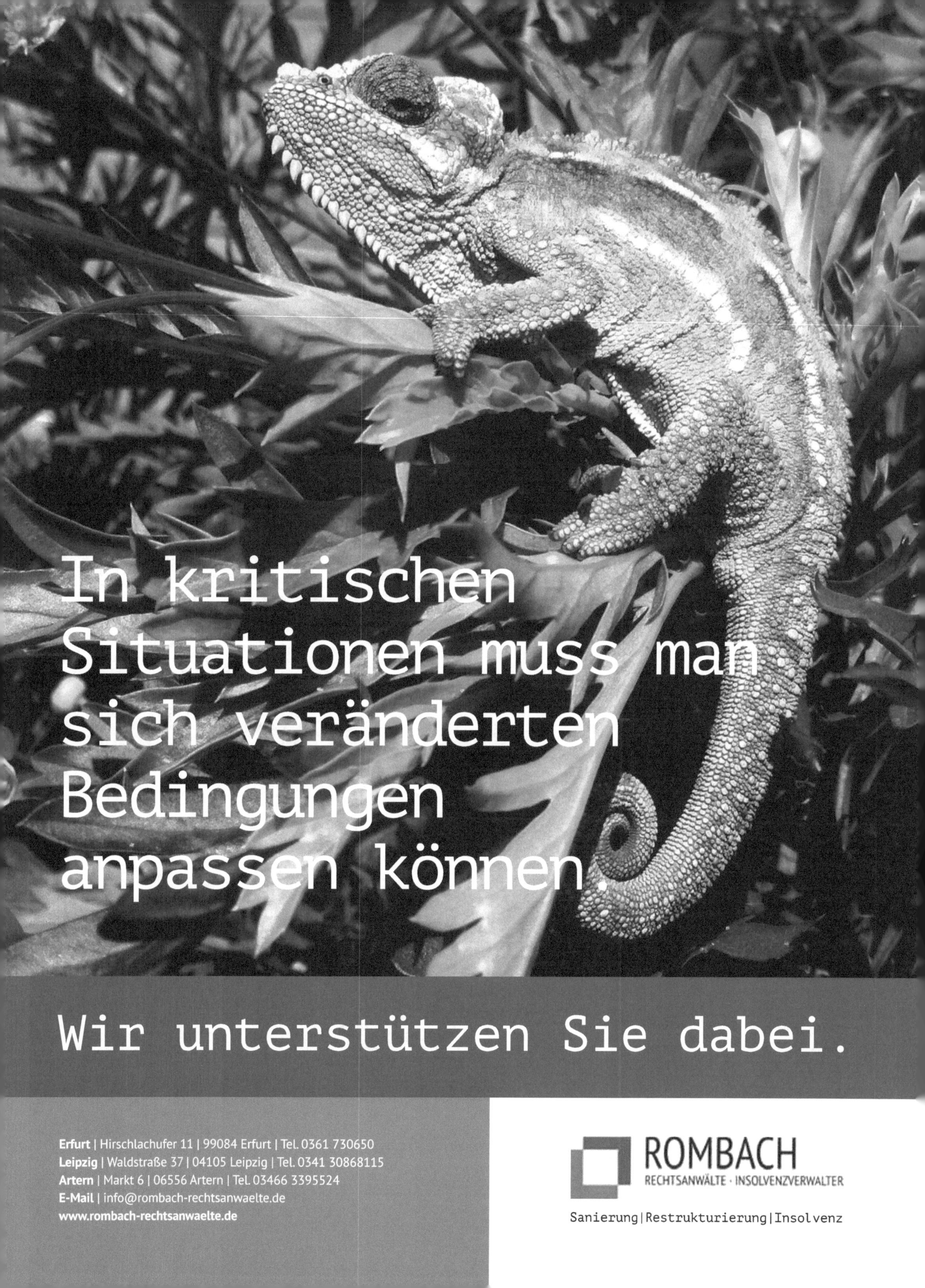
In kritischen Situationen muss man sich veränderten Bedingungen anpassen können.
Wir unterstützen Sie dabei.
Erfurt | Hirschlachufer 11 | 99084 Erfurt | Tel. 0361 730650
Leipzig | Waldstraße 37 | 04105 Leipzig | Tel. 0341 30868115
Artern | Markt 6 | 06556 Artern | Tel. 03466 3395524
E-Mail | info@rombach-rechtsanwaelte.de
www.rombach-rechtsanwaelte.de
ROMBACH
RECHTSANWÄLTE · INSOLVENZVERWALTER
Sanierung | Restrukturierung | Insolvenz

Ordnung muss sein. Allerdings geben Fachleute für Innovations-Management wie der Wissenschaftler Søren Salomo zu bedenken: „In der Routine ist die Organisation auf die Bewältigung wiederholender Aufgaben ausgerichtet. Im Innovationsfall ist das komplett anders." Hier müsse man „mit hoher Unsicherheit umgehen und ganz neue Herausforderungen meistern". Deshalb agieren agile Organisationen besser beidhändig, was aktuell unter dem Begriff der Ambidextrie als maßgebliches Führungsprinzip dafür sorgen soll, dass Unternehmen gleich gut zum einen ihr Kerngeschäft im Griff haben und zum anderen parallel auch innovativ an neuen Geschäftsmodellen arbeiten.

© iStock / daizuoxin

Raus aus der Routine

Ob eigenes Zukunftslabor, neues Start-up oder ergiebige Kooperationen mit Geschäftspartnern: Innovations-Manager sorgen für Abstand vom Tagesgeschäft und Blicke über den Tellerrand.

Dem Fahrer auf der Baustelle, der den vor 14 Tagen ausgeliehenen Radlader von einem Kollegen übernommen hat und ihn in ein paar Tagen beim Vermieter abgeben soll, fällt die Beule an der Schaufel auf. Waren wir das? Kurz über eine Handy-App geprüft, stellt er erleichtert fest, dass die Beule schon vorher da war – das kann er an den Fotos sehen, mit denen der Zustand bei der Übergabe dokumentiert ist. Die App heißt „Klickcheck".

Die Anwendung ist ein Produkt des „Z Labs", dem Innovationslabor des Zeppelin-Konzerns in Berlin. Der beschäftigt rund 10.000 Mitarbeiter in sechs „strategischen Geschäftseinheiten", die von Bau- und Landmaschinen über Vermietung, Baulogistik, Antrieb und Energie bis zu Engineering und Anlagenbau reichen. Beim Z Lab tüfteln rund 80 Mitarbeiter an digitalen Lösungen für die Baubranche.

Den Grundstein für das Z Lab legte das Mietportal „Klickrent", mit dem der Geschäftsbereich Zeppelin Rental die Digitalisierung vorantreiben wollte.

„Wir hatten uns bei Zeppelin Rental überlegt, was wohl eine echte Alptraum-Entwicklung für uns darstellen würde", sagt Tomas Zelic, COO von Z Lab, zuvor jahrelang bei Zeppelin Rental in führender Position. „Das wäre nicht nur eine Online-Vermietung von Baumaschinen gewesen, von denen es natürlich schon einige gab, sondern eine, die herstellerunabhängig agieren würde."

Gelänge einer solchen Lösung der Markteintritt, sagt er, „hätte sie ohne eigene Maschinen nicht das Problem, diese Assets selbst vorhalten und pflegen zu müssen, und könnte damit ohne Investments Geschäft generieren". Dem Gespenst einer solchen Disruption begegnete Zeppelin damit, dass das Unternehmen seinen Geschäftsbereich für Vermietungen kurzerhand selber disruptierte, indem es mit Klickrent genau

die Plattform ins Leben rief, vor der man sich fürchtete. Das Konzept ging auf, schon zu Beginn waren rund 150 Vermieter als Partner im Portfolio.

Schnell merkte man, was sich sonst noch für Entwicklungspotenzial abzeichnete, und Klickrent wurde zu einem von mehreren Ventures der 2016 gegründeten „Zeppelin Lab GmbH", kurz „Z Lab". Dessen Konzept setzt auf „Open Innovation", was auch heißt, sich nicht nur der Branche, sondern darüber hinaus zu öffnen.

„Ein wahrer Berg an guten Ideen"

„Es war für mich und vor allem für die Mitbewerber ungewohnt, als wir einluden, sich doch gemeinsam über digitale Geschäftsmodelle zu unterhalten", erinnert sich Zelic und konstatiert: „Toll ist es, wenn es uns gelingt, das Eis zu brechen. Wir kommen so mit Universitäten, mit Vermietern, mit Bauunternehmen und Start-ups aus der Tech-Industrie ins Gespräch. Da kommt ein wahrer Berg an guten Ideen zusammen." Dieses Abkoppeln vom Tagesgeschäft ist in den Augen der Management-Wissenschaft einer der Erfolgsfaktoren (Interview, Seite 18).

Die Innovationsmethoden, mit denen im Z Lab operiert wird, reichen vom „Meet-up" über Workshops bis zum Hackathon. Alle Formate hätten ihre Stärken, aber „am liebsten sind uns die Methoden, bei denen wir den Kunden besonders nah sind", zieht Zelic ein Fazit der ersten Z-Lab-Jahre. „Wenn wir die Kunden zwei, drei Tage begleiten dürfen, können wir sehen, wie sie arbeiten und was sie brauchen", sagt Zelic. Was das Innovationslabor bringt, zeigt sich am Mietportal Klickrent. Bei dem sind inzwischen

© Jennifer Sanchez

„Es war für mich und die Mitbewerber ungewohnt, sich gemeinsam über digitale Geschäftsmodelle zu unterhalten."

Tomas Zelic

Service-Roboter „FRAnny" haben Deutsche Bahn, Frankfurter Flughafen und Fraport entwickelt; hier bei der OpenXLab-Eröffnung.

Im Multilayer von Fill können Faserverbund-Halbfabrikate schnell und effizient geplant und produziert werden.

Interview

„Innovative Kräfte im Unternehmen suchen und bündeln"

Prof. Søren Salomo, Leiter des Fachgebietes „Technologie- und Informationsmanagement" an der TU Berlin, nennt im Interview elementare Erfolgsfaktoren in Innovationsprozessen.

Was macht erfolgreiche Innovationen aus?
Søren Salomo: Gelungenes Innovations-Management fängt mit der Erkenntnis an, dass das etwas ganz anderes als das klassische Management ist. Dort steht Effizienz im Vordergrund: Sie wollen Ihr Produkt mit geringem Aufwand und möglichst hohem Preis verkaufen. In der Routine ist die Organisation auf die Bewältigung wiederholender Aufgaben ausgerichtet. Im Innovationsfall ist das komplett anders, da müssen Sie mit hoher Unsicherheit umgehen und ganz neue Herausforderungen meistern. Das geht nicht nebenbei.

Liegt das nicht auf der Hand?
Sollte man meinen. Aber nehmen Sie den Fall eines Mitarbeiters mit einer neuen, guten Idee. Wenn Ihr Unternehmen einigermaßen funktioniert und der Mitarbeiter motiviert ist, wird er die Idee seinem Vorgesetzten vorstellen. Da aber im Tagesgeschäft der Kunde, der gerade vor der Tür steht, immer dominiert, wird der Vorgesetzte sagen: „Super Idee, schauen wir uns morgen an!" Womit die Idee dann vermutlich gestorben ist. Sie müssen also eine Organisation schaffen, die solche innovativen Impulse aufnehmen und verarbeiten kann.

Studien auch aus Ihrem Institut zeigen, dass eine solche Organisation nicht verbreitet ist.
Nur wenige haben eine formalisierte Vorstellung davon, wo man in drei oder fünf Jahren sein will und auf welchen Wegen man das erreichen möchte. Sie kommunizieren das dann auch noch so, dass es alle in der Organisation wissen.

„Super Idee, schauen wir uns morgen an!" – So reagiere in der Regel ein Vorgesetzter im Tagesgeschäft, warnt Søren Salomo.

Wirklich erfolgreich innovative Unternehmen haben nicht nur diese Art von laufend aktualisierter Roadmap, sondern sind in ihren Zukunftszielen sehr ambitioniert. Sie wollen einen größeren Sprung machen, fordern dazu auch ihre Mitarbeiter heraus. Man will nicht nur inkrementelle Innovationen, also Produktverbesserungen, sondern auch disruptive Innovationen. Sprung-Innovationen, wie sie jetzt auch die Bundesregierung mit einer eigenen Agentur fördert.

Also ab nach Berlin, um ein Start-up für Innovationen zu gründen?
Wenn Sie denken, das Thema Innovation damit abgeben zu können, dann wäre das fast eine Flucht vor der Innovation. Externe Ableger können durchaus sinnvoll sein, aber das ist eher etwas für Unternehmen, die schon Erfahrung mit Innovation haben. Zunächst würde ich die innovativen Kräfte im Unternehmen suchen und bündeln.

Digitaler Zollstock für Bautrupps: Exakte Messungen für Hausanschlüsse erlaubt die innovative App des Netzwerkes „Kolumbus".

Mit dem Future Dome hat sich Spezialmaschinenbauer Fill im österreichischen Inntal viel Raum für innovativen Austausch geschaffen.

aus 150 Vermietungspartnern rund 2.500 geworden. Auch größere Bauunternehmen bieten über das Portal Maschinen und Geräte an. „Das sind immerhin schon acht bis elf Prozent unseres Angebots", sagt Zelic.

Während bei Zeppelin ein konzerneigenes Labor als „Innovation Hub" fungiert, ist „Kolumbus" die Gemeinschaftsinitiative mehrerer Unternehmen. Mit Gelsenwasser, dem IT-Spezialisten rku.it GmbH, den Stadtwerken Bochum und der Dortmunder DEW21 haben sich vier regionale Unternehmen der Versorgerbranche zusammengeschlossen, um Raum für Innovationen zu schaffen. Dabei geht man wie im Z Lab ungewöhnliche Wege: Im Oktober etwa lud man anderthalb Dutzend vielversprechende Start-ups mit Ideen rund um Energie- und Wasserversorgung ein. Nach einer ersten Runde gab es dann mit acht Kandidaten ein Speed Dating mit Managern der beteiligten Unternehmen.

„Bei Innovationen möchte jeder nur Erfolge zeigen"

Kolumbus ist keine eigene juristische Person: „Dann hätten wir Buchhaltungspflichten wie einen Jahresabschluss, wir wollten uns auf die Innovationsarbeit konzentrieren", sagt Manuel Woste, einer von vier Innovations-Managern. Für die Teams gebe es viel Freiraum: „Projektfreiheit und Budget-Verantwortung bis hin zur Kreditkarte." Seit rund dreieinhalb Jahren ist Kolumbus aktiv und hat Ideen vorangetrieben, aber auch eingestellt. „Bei Innovationen möchte jeder nur Erfolge zeigen. Dabei ist scheitern zu dürfen, also eine Fehlerkultur zu pflegen, ganz wichtig", betont Woste.

Ein Beispiel: Es wurde Social Media Mining getestet, um Vertriebspotenziale zu heben. Die automatisierte Suche war technisch kein Problem. Es stellte sich aber heraus, dass man an viele wichtige Infos in geschlossenen Gruppen nicht herankommt. Zudem zeigte sich, dass der Aufwand in keinem Verhältnis zum Ertrag steht. Es sei auch ein Erfolg, „wenn wir unseren Fachabteilungen sagen können, das bringt nichts, darum müsst ihr euch nicht kümmern", betont Woste.

Zu den Projekten, die es zur Realisierungsreife bringen, gehört die digitale Vermessung der Hausanschlüsse von Gas, Wasser oder Strom. Etwas, das aktuell oft noch analog abläuft, wie Woste erklärt: „Wenn der Anschluss gelegt wird, skizziert das der Bautrupp per Bleistift in die Kladde und legt das Maßband an." Die Daten landen manuell in den Geo-Informationssystemen der Versorger, die darin ihr Netz digital erfassen. Fällt bei Gegen-Checks auf, dass etwas nicht stimmen kann, muss der Trupp noch mal zur Baustelle.

„Der Innovations-Manager ist frei für neue Aufgaben"

„Kolumbus hat einen Partner unter den Start-ups gefunden, der die Foto-, Navigations- und Vermessungs-Sensorik von Smartphones nutzt. Der Trupp vor Ort kann die Vermessung per App vornehmen und die Datenübergabe vorbereiten. Damit wird das Smartphone zum digitalen Zollstock", beschreibt Woste die Lösung. Das beschleunige den Prozess und sorge für mehr Qualität. Details setze die jeweilige Fachabteilung im Unternehmen um. „Der Innovations-Manager ist frei für neue Aufgaben", betont Woste.

Ideen zu generieren und innovative Kooperationen ins Leben zu rufen, ist das Konzept der „Plattform für Innovationen in Deutschland" (PFI-D). Vorstand Markus Garn kennt sich mit Innovationen aus – er war zuvor in der Geschäftsleitung des F.A.Z.-Instituts für Innovationsnetzwerke verantwortlich. Das PFI-D Office mit Sitz in Mainz hat mit dem Frankfurter Flughafen eine Kooperation, das „OpenX-Lab". Es ist eine Art von Innovations-Campus mit zehn Räumen für Workshops, World Cafés, Bar Camps oder andere Formate und Projekte.

Inzwischen sind mehr als 50 Unternehmen Mitglied der Plattform – ein Netzwerk mit rund 10.000 Kontakten und mit dem Ziel, sich branchen- und themenübergreifend zu inspirieren. Der Strauß an Themen sei so groß geworden, „dass eine Institution wie wir gefragt ist, unabhängige Orientierungshilfe zu liefern", sagt Garn: „Denken Sie nur an die

Methodenvielfalt. Da stellt sich Innovations-Managern die Frage, welche von den 25 bis 30 gängigen Methoden von Job-to-be-done über Customer Experience bis Design Thinking oder Blue Ocean wende ich jetzt an?" Als erster Schritt sei zu klären, „welche Art von Innovation ich eigentlich aufziehen möchte; also schaue ich nach einer Produktinnovation, will ich ein komplett neues Geschäftsmodell oder suche ich einfach nur Ideen und Inspiration?".

Während PFI-D den Blick aufs ganzheitliche „Innovation Eco System" der Unternehmen richtet, legt die ältere Schwester in Österreich den Fokus auf Methoden plus Benchmarking. Mehr als 150 Mitgliedsunternehmen hat man damit schon versammelt. Eines davon ist „Fill", ein Spezialmaschinenbauer aus dem „Innviertel" in Oberösterreich. Das Familienunternehmen, rund 1.000 Mitarbeiter groß, setzt schon lange Zeit stark auf Digitalisierung.

Maschinenbauer unterhält eigenen „Future Dome"

„Innovation des Monats März" ist der „multilayer". Dabei handelt es sich um eine Hochleistungs-Legeanlage, die Faserverbund-Halbfabrikate sehr schnell zusammenstellen kann, sodass hohe Bauteilraten möglich sind. Sie verkürzt nicht nur die Legezeit, sondern reduziert auch den Materialverbrauch. Eine von Fill entwickelte Software steuert die Maschine und stellt auch einen digitalen Zwilling der Maschine bereit. Schon in der frühen Phase der Bauteilentwicklung lassen sich so Detail-Infos wie Zykluszeit, Materialeinsatz, Verschnitt und Energieverbrauch abrufen.

Fill hat für seine Innovationstätigkeit weder ein externes Lab gegründet, noch sich mit anderen Unternehmen zu einer Innovationsinitiative zusammengeschlossen. Hier spielt sich alles am Hauptsitz im oberösterreichischen Gurten ab. Das bedeutet nicht, dass Innovation hinter geschlossenen Türen stattfindet. „Future Dome" heißt das Veranstaltungszentrum auf dem Firmengelände, bei dem nicht nur Hochschul-Professoren und Maschinenbau-Experten ein und aus gehen. „Ob Gießereifachtagung oder Industrierobotik-Konferenz – regelmäßig kommen Hunderte von Fachleuten zu uns", sagt Alois Wiesinger, Leiter Technik bei Fill.

Core Smartwork stellt Software für Innovations-Management

Eine Innovation hat es sogar zu einem eigenen Unternehmen gebracht, das auf dem Firmengelände beheimatet ist. Core Smartwork vermarktet das Software-Bündel „Core", das Fill entwickelt hat, um sämtliche Kommunikations- und Kollaborationsprozesse im Unternehmen abzubilden. Es integriert dabei viele Funktionen vom Intranet bis zum Projekt-Management. Wiesinger berichtet: „Auf dem Gebiet sind viele externe Anbieter unterwegs. Aber so umfassend, wie wir das brauchten, und so verzahnt, wie wir uns das vorstellten, gab es das nicht." Mittlerweile hat die Eigenentwicklung insgesamt 19 Module. Logisch, dass die Innovationsprozesse mit Core gemanagt werden. „Dafür gibt es ein eigenes Modul", sagt der Fill-Technikleiter und freut sich, dass Core so gut funktioniert, dass die Software schon an andere Unternehmen verkauft wurde: „Rund 70 Kunden verwenden die Kommunikationsplattform."

Klickcheck für Mietmaschinen in der Altenpflege einsetzbar

Auf neuen Vertriebspfaden unterwegs ist übrigens auch Klickcheck, die Dokumentations-Software für die Übergabe von Mietmaschinen, wie COO Tomas Zelic am Beispiel berichtet: „Ein Wohnmobil-Vermieter setzt unsere Lösung schon ein." Weitere Kunden aus dem Geschäft rund um Autovermietung sind im Visier. Im Z Lab denkt man aber auch an Abseitiges wie den Gesundheitsmarkt, verweist Zelic auf ganz neue Märkte: „Man könnte damit sicher die Altenpflege viel einfacher als bisher dokumentieren. Letztlich so, dass Sie vielleicht als entfernt lebender Familienangehöriger übers Smartphone sehen könnten, wie es Ihrer Mutter geht, um sie aus der Ferne zu unterstützen."

Kompakt

▶ Innovationen brauchen Raum außerhalb des Tagesgeschäfts.

▶ Innovationsräume abseits des Alltagstrotts können unterschiedlich organisiert sein: Eigene Firmen/Startups, Kooperationen mit anderen Unternehmen, Partnerschaften mit Initiativen – oder als autonome Zelle im Unternehmen.

▶ Ohne Fehlerkultur, ohne echtes Ausprobieren mit der Möglichkeit des Scheiterns gibt es keine Innovationskultur.

▶ Innovationen brauchen firmenübergreifende Inspiration und Austausch über Unternehmensgrenzen hinweg.

▶ Alle diese Prinzipien müssen von der obersten Führungsebene mitgelebt werden.

 Armin Hingst arbeitet schon seit vielen Jahren als freier Journalist auch für „return" vor allem zu IT-Themen. Diese spielen zwar beim Innovations-Management ebenfalls eine Rolle, noch wichtiger aber ist die richtige Innovationskultur.

Entdeckermut

Wieso Innovationskraft als Lebensversicherung dient

Philosoph Ernst Bloch schrieb einmal in Anlehnung an eine Passage aus dem Buch „Die Falschmünzer" von André Gide: „Man entdeckt keine neuen Weltteile, wenn man nicht den Mut hat, die bekannten Küsten aus dem Auge zu verlieren." Genau diesen Umstand beobachten wir aber leider bei zu vielen kleinen und mittelständischen Unternehmen: Sie harren in Sichtweite zum Ufer aus.

Der Mittelstand ist das Rückgrat unserer Wirtschaft. Doch seine Innovationskraft schwindet. Seit Anfang des 21. Jahrhunderts hat sich nach Angaben der Förderbank KfW aus dem Jahr 2020 der Anteil der sogenannten Innovatoren im Mittelstand mehr als halbiert. Obwohl Deutschlands Unternehmen von der Digitalisierung und ihren Möglichkeiten massiv profitieren könnten, nutzen sie diese Chance noch zu wenig. Neuen Technologien gegenüber verschließen sich die Unternehmen nicht, doch zu oft fehlt eine Strategie. Wir kennen die Herausforderungen der kleinen und mittleren Unternehmen, weil wir selbst schon vor ihnen standen. Wir haben selbst erlebt, welche Macht disruptive Technologien haben, mit welcher Wucht sie etablierte Produkte und Dienstleistungen verdrängen.

Microsoft wegen Disruption grundlegend umgebaut

Was war unsere Antwort? Wir führten ein systematisches Innovations-Management ein und bauten dafür das Unternehmen grundlegend um. Hatten wir uns zuvor auf einzelne wenige Software-Produkte und das Windows-Betriebssystem fokussiert, setzen wir nun auf integrierte, innovative Services und neue Technologien wie Cloud Computing, KI und Machine Learning. Mit unseren Erfahrungen, unseren Plattformen und Technologien befähigen wir heute unsere Kundinnen und Kunden, selbst innovativ zu sein.

Mit der Digitalisierung schwindet die Bedeutung der Produktinnovation, die der Prozessinnovation hingegen wächst. Ansätze für neue Geschäftsmodelle und -strategien sind daher in allen Branchen gefragt und der einzige Weg für die langfristige Wettbewerbsfähigkeit von Unternehmen.

© Microsoft

Systematisches Innovations-Management umfasst dabei alle Unternehmensbereiche – die Produktion ebenso wie Marketing und Vertrieb, Einkauf und Personalabteilung.

Das Innovations-Management schafft den Rahmen für den wichtigen Austausch von Wissen unterschiedlichster Fachbereiche und den Umgang mit unkonventionellen Ideen. Es schafft Strukturen, die Innovationen ermöglichen, indem Beschäftigte befähigt werden, neue Wege zu gehen. Es fördert Offenheit und Agilität – und so letztlich das Aufkommen neuer Ideen.

Hans-Jürgen Quadbeck-Seeger, von 1989 bis 1997 Forschungsvorstand der BASF, sagte einst: „Die wichtigsten Innovationen sind jene, die das Denken verändern." Dazu muss sich jedoch auch das Denken jener verändern, die innovativ sein wollen. Sie müssen bereit sein, die etablierten Strukturen und Produkte infrage zu stellen.

Innovativ lenken, neu denken

Lohnt sich das alles? Selbstverständlich! Für alle Skeptiker hat die Unternehmensberatung Munich Strategy das Ergebnis nachgerechnet: Danach wachsen die 50 innovativsten Mittelständler in Deutschland bei Umsatz und Ertrag dreimal schneller als der Rest. Richtig und wichtig ist aber etwas anderes: In einer Zeit, in der agile Herausforderer mit ihren disruptiven Geschäftsmodellen nun Branche für Branche aufmischen, wird die Innovationskraft eines etablierten Unternehmens zu seiner Lebensversicherung. Haben Sie also keine Angst, die vertraute Küste aus den Augen zu verlieren. Werden Sie innovativ – denken Sie neu!

Heide Baumann ist seit Oktober 2019 als „Area Transformation Lead" ein Mitglied der Geschäftsleitung von Microsoft Deutschland. Sie startete als Software-Entwicklerin bei Bertelsmann, arbeitete als Unternehmensberaterin bei Arthur D. Little im Bereich Innovations- und Digitalstrategien und verantwortete bei „Liberty Global" die Customer Experience Transformation, speziell das Umsatzwachstum im Enterprise-Segment sowie die Integration von Mergers & Acquisitions.

„Scheitern verstehen wir als wertvollen Lernprozess"

Der Claim von Balluff, einem der größten Sensorik-Hersteller, lautet „innovating automation".
Wie er diese Entwicklung als Head of Technology fördert, erklärt Hubertus Breier im Interview.

Herr Breier, Sie sind nach 13 Jahren bei Osram, zuletzt als Vice President Innovation, vor einem Jahr zu einem Mittelständler gewechselt. Haben sich bei Balluff Ihre Erwartungen erfüllt – bezüglich flacher Hierarchien, schneller Entscheidungen und damit wirksamerem Innovieren?
Hubertus Breier: Meine Erwartungen haben sich mehr als erfüllt. Auf der ganzen Linie funktionieren Entscheidungswege hier schneller. Geschwindigkeit ist kein Effekt der Größe von Konzernstruktur, wo es allein dauert, einen Termin beim Vorstand zu bekommen. Balluff ist familiengeführt, Entscheidungen trifft die Unternehmensführung entsprechend schneller.

Balluff mit 99-jähriger Geschichte plus 4.000 Mitarbeitern und Osram mit 110-jähriger Historie plus 23.000 Beschäftigten ähneln sich als Innovationstreiber etwas. Wo gleicht und unterscheidet sich das Innovations-Management?
Beide Unternehmen definieren Innovation als erfolgreiche Markteinführung einer technischen Neuerung. Die damit verbundene Mentalität schafft Kundennutzwert. Unterschiede bestehen im Re-Investment des Umsatzanteils in Forschung und Entwicklung (FuE). Nehmen wir zehn Prozent für die normale FuE und davon zehn Prozent in riskante Vorhaben. Ein Konzern mit rund fünf Milliarden Euro Umsatz investiert dann 500 Millionen Euro für FuE und immer noch 50 Millionen Euro für die riskantere Suche nach echten Innovationen. Ein Mittelständler mit rund 500 Millionen Euro Umsatz hat deutlich weniger Mittel zur Verfügung und muss weise wählen, in welche Trendfelder er mit Risiko geht. Hier muss die Suche nach Innovationen sehr zielgerichtet sein.

Wenn Unternehmer mit 40 oder 400 Mitarbeitern argumentieren, dass sie wegen fehlender Ressourcen kein systematisches Innovations-Management betreiben können, widersprechen Sie dann?
Vehement! Denn ein systematisches Innovations-Management ist essenziell für nachhaltigen Erfolg. Auch 40 Mitarbeiter können Ideen verfolgen und validieren. Für Unternehmen in der Digitalisierung hat nur eine höhere Relevanz, so früh wie möglich in die Interaktion mit Kunden zu gehen, um früh zu scheitern, wenn für die Idee kein Bedarf am Markt besteht. „Fail early" hat eine hohe Bedeutung in sogenannten VUCA-Zeiten, geprägt von Volatilität, Unsicherheit, Komplexität und Mehrdeutigkeit.

Ideen sind aus auch Zukunftsszenarien abzuleiten, in denen Unternehmen bis zu zehn Jahre nach vorne schauen. Oft hört man, Führungskräfte seien froh, wenn sie für Planungen ein Jahr zuverlässig überblicken können. Erzeugt Unsicherheit in volatiler Wirtschaft diese Kurzsichtigkeit?
Nein, aber mehr Zwang zur Agilität ist da. Osram-Aufsichtsratschef Peter Bauer hat mal gesagt: „Do not plan, be prepared." Je ungewisser die Zukunft, desto besser vorbereitet muss ein Unternehmen sein. Fünf bis zehn Jahre sollte man also nach vorne schauen können, aber jedes Unternehmen seine Zeitspanne bestimmen. Ableitungen sind aber agil zu halten. Balluff nutzt Fünf-Jahres-Roadmaps. Ein Software-Unternehmen landet dabei womöglich nur bei Monaten, ein Energieunternehmen aber durchaus bei zehn bis 20 Jahren.

Wieso heißt es bei Balluff „integrierte Roadmap"?
Wir stellen Markt, Produkt und Technologie als Einheit dar. Alle arbeiten an einem Bild – ob in FuE, im Vertrieb oder im strategischen Marketing. Unsere integrierte Roadmap liefert Antworten auf die Frage, warum welches Produkt wann auf dem Markt erscheinen muss, und welche Technologie dafür notwendig ist.

> „Das deutsche Ingenieurwesen tut sich mit seiner klassischen Fehlervermeidung schwer bei neuen Geschäftsmodellen."
> Hubertus Breier

Sie haben zum Einlesen einiges Material zusammengestellt. Dazu gehört das Cover einer „MIT Technology Review", auf dem der gealterte, desillusioniert dreinschauende Apollo 11-Astronaut Edwin „Buzz" Aldrin beklagt: „Ihr verspracht mir Mars-Kolonien. Stattdessen bekam ich Facebook." Fasst seine Aussage ein Forschungsdilemma zusammen?
Für mich ist das der perfekte Ausdruck dafür, warum es integrierte Roadmaps geben muss. So wie der enttäuschte Aldrin könnte auch ein Vertriebsmitarbeiter dreinschauen, wenn am Ende ein anderes Produkt entwickelt wurde, als ihm für den Verkauf versprochen wurde. Wir müssen uns daran orientieren, was die großen Probleme sind, für die wir Lösungen entwickeln wollen. Das wird früh durch Megatrends deutlich, aber sie verändern sich permanent.

Ist Aldrins Sehnsucht nach Mars-Kolonien noch ein Trend?
Als er auf dem Mond den großen Schritt für die Menschheit gewagt hat, war das ganz sicher so. Heute haben die vernetzte Welt, die steigende Weltbevölkerung und der Klimawandel mehr Bedeutung. Aber auch die Weltraum-Forschung ist wieder „in", sodass Aldrin vielleicht doch noch seine Mars-Kolonien bekommt.

Facebook stattdessen ist eine Enttäuschung?
Facebook ist nur ein Beispiel für Agilität, aber in der Kommunikationsbranche. Ein Paradebeispiel, wie's besser nicht laufen sollte, ist Kodak. Sie hatten das erste Patent für eine Digitalkamera, sind aber an der disruptiven Technologie gescheitert. Die Unternehmensführung war nicht bereit, ihr altes Geschäftsmodell analoger Fotografie mit neuer Digitalfotografie zu kannibalisieren.

Der ehemalige IBM-Cheftechnologe Gunter Dueck kritisiert, dass Manager heute mit zu viel Prozessoptimierung jeden Freiraum ersticken. Erkennen Sie auch eine Tendenz zu diesem innovationsfeindlichen Führungsstil?
Seine Aussage trifft zu, aber man muss beide Seiten sehen. Ein Großteil der Unternehmen befindet sich heute in einer Transformationsphase. Moderner Führungsstil muss deshalb beide Seiten bedienen: das Bestandsgeschäft und das Neuheitengeschäft. Dann habe ich auch kein Erstickungsproblem.

Warum wollen Sie mit den Lösungen von Balluff immer mehr Prozesse der industriellen Fertigung automatisieren, die damit perspektivisch ohne Menschen stattfindet?
Wir leisten einen Beitrag zur Automatisierung, damit unsere Kunden bei Standortkosten dem Wettbewerbsdruck standhalten können. Wir sind Enabler durch Sensorik und Netzwerktechnik, damit Anlagenbauer und ihre wertschöpfenden Kunden in ihren Industrieanlagen wettbewerbsfähig produzieren können. Dazu zählt Co-Working, bei dem Menschen mit

Robotern zusammenarbeiten. Makroökonomisch betrachtet erhöht diese Spezialisierung den Wohlstand.

Welche Innovation bringt mehr als nur Automatisierung?
Effizienzsteigerung und Produktivität sind schon unsere Hauptversprechen an Kunden. Aber bei der Urbanisierung

© Balluff

Hubertus Breier verantwortet als Head of Technology das Innovations-Management der Balluff GmbH, Hersteller von Industriesensorik. Er kam im April 2019 von Osram, wo er als Vice President Innovation wirkte. Der Diplom-Ingenieur und Master of Business Administration gilt als Experte für Innovation und Change Management.

Team-Innovation: Gemeinsam in der Gruppe neue Lösungen zu finden, versucht Balluff über FuE und über interne Start-ups.

Technik-Innovation: Diese neue Automatisierungslösung steuert nachhaltiges Verpacken von Lebensmitteln und Pharmaprodukten.

mit hoher Arbeitsplatz- und Wohndichte unterstützen wir etwa den Transport von Nahrungsmitteln in diesen Ballungsräumen. Eine Schlangengurke ohne Folienschlauch wäre deutlich kürzer haltbar. Die Automatisierung für diese Ummantelung trägt also dazu bei, dass weniger Energie und Düngemittel benötigt werden.

Balluff zählt 15 Anwendungsgebiete auf. Arbeiten Sie noch an weiteren Transfers von Innovationen in bisher nicht erschlossene Anwendungsbereiche?
Der Transfer allein in die Nahrungsverpackungsindustrie beinhaltet enorme Herausforderungen, die wir zu bewältigen haben. Sensoren müssen hier wegen des möglichen Kontakts zu Lebensmitteln spezielle Voraussetzungen erfüllen. Im Maschinenbau müssen Sensoren beständig gegen Schweißspritzer sein, in der Nahrungsverpackungsindustrie müssen Sensoren täglich einen gründlichen Waschprozess überleben.

Und bisher unerschlossene Anwendungsbereiche?
Die Intralogistik, die horizontal zu den zuvor genannten Arbeitsbereichen steht. Die Nachverfolgbarkeit von Waren und Gütern durch RFID ist schon länger Teil unseres Portfolios, aber wir arbeiten an zusätzlichen Software-Lösungen in einem unserer internen Start-ups. Der Mehrwert heißt Smart Re-Ordering und bedeutet, dass Verbrauchsmaterialien automatisch nachbestellt werden. Unsere Sensoren im Regal erkennen also, sobald etwas zur Neige geht.

Welche Innovation hat keinen Wert, weil Anwender wie Autozulieferer damit Entwicklungen nicht mehr schaffen?
Ja, der Effekt ist leider nicht zu leugnen. Der Rückgang beim Verbrennungsmotor hat einschneidende Wirkung. Aber Sensorik wird auch beim Bau von Elektromotoren benötigt. Die Automatisierung wandelt sich durch diesen Bruch in der Branche nicht so stark, dass wir starke Rückgänge verzeichnen. Wir streben nach Diversifizierung, sodass wir neben der Mobilitätsbranche und dem Maschinenbau zunehmend in der Verpackungsindustrie für Nahrungsmittel präsent sind.

Im Ökosystem von Balluff zählen Sie zu den Disruptionen von außerhalb unter anderem die Rolle von Amazon und Alibaba in der industriellen Produktion. Warum das?
Ganz einfach, weil wir Observation in die Zukunft betreiben. An die bisherige Entwicklung dieser Händler hat vorher auch niemand gedacht: erst Buchhändler, dann Vollsortimenter, dann Informationserzeuger im Haushalt durch Alexa. Über Netzwerk und Digitalisierung ermitteln sie Kundenbedarfe. Welche Wertschöpfungsstufe kommt als nächstes? Wie lange wird es dauern, bis diese Händler ins B2B-Geschäft eindringen? Amazon hat in den USA die Bio-Supermarktkette „Whole Foods" gekauft. Diese Plattformen bringen es auf erstaunliche Skaleneffekte. Wenn, dann steigen sie groß ein und setzen globale Standards. Sie sind groß und schnell.

Uber als weltweit größtes Taxiunternehmen ohne Fahrzeuge und Facebook als meistbekanntes Medium ohne eigenen Content zeigen: Unternehmen müssen nicht mehr Maschinen oder Inhalte besitzen, um gute Geschäfte zu entwickeln. Was bedeutet das für Balluff als Hersteller?
Noch lässt uns das ruhig schlafen. Netzwerk-Player, die sich rein auf Daten konzentrieren, fürchten wir nicht. Balluff steht für die perfekte Verbindung, weil wir für Sensorik und für Datenerzeugung stehen. Wir sehen in diesen Entwicklungen keine Bedrohung, sondern eher eine Chance für uns. Die Umsetzung des Industrial Internets of Things (IIoT) gilt als aufwendig und teuer. Wir sind der perfekte Steigbügelhalter für alle Hersteller in der Transformation. Balluff ist IIoT-ready! Unser Anspruch heißt hier „From hardware to smartware". Soll Amazon mit Alexa doch weiter die Daten im Haushalt sammeln. Wir spezialisieren uns für unsere Kunden weiter auf die Industrie.

Vorstandschef Dr. Robert Bauer von Ihrem Wettbewerber Sick aus Freiburg im Breisgau meint, dass die Sensorintelligenz von Deep Learning profitiere und neue Funktionalitäten liefere. Wo setzt Balluff auf Künstliche Intelligenz?
Beispielsweise beim Balluff Condition-Monitoring-Sensor, kurz BCM, der unter anderem Vibration, Temperatur

und Luftfeuchtigkeit überwacht. Das System basiert auf Machine Learning, bei dem der Algorithmus lernt, anhand der Zustandsdaten frühzeitig Anomalien zu erkennen und Alarm auszulösen, um Wartungen rechtzeitig vorzunehmen und ungeplante Stillstände zu vermeiden.

Was ist systematisch an Ihrem Innovations-Management?
Im Megatrend Urbanisierung erkennt Balluff ein Trendfeld. Darin bestimmen wir dann Suchfeld-Champions, von denen jeder durch einen Key Account oder fachlichen Experten betreut wird. Sie besuchen gezielt Veranstaltungen, um den Nutzwert für Balluff und unsere Kunden zu ermitteln. Aus ihren Recherchen ergibt sich ein Rahmen für Kernprozesse

Von der Nähmaschinen-Werkstatt zum Experten für Sensorik und Digitalisierung

Gebhard Balluff gründet 1921 eine Reparaturwerkstatt für Nähmaschinen, Fahr- und Motorräder. Daraus entwickelt sich ein Betrieb für Präzisions-, Dreh- und Frästeile. Schwiegersohn Eduard Hermle übernimmt 1940, weitere Generationen 1978 und 2010. Eduard Hermle formt eine Fabrik für feinmechanische Erzeugnisse, etwa Spannschlösser. Achsschenkel und Motorteile für die Automobilindustrie entstehen 1954/55, bevor mit der Herstellung eines Nockenschalters ab 1956 der Einstieg in die Sensorik gelingt. In den 70er Jahren beginnen die Gründung von Auslandstöchtern und die Produktion von optoelektronischen Sensoren. Das Know-how in Digitalisierung wird 2017 mit Übernahme zweier Software-Unternehmen ausgebaut. Die Balluff Gruppe erzielt 2018 mit rund 4.000 Mitarbeitern einen Umsatz von 488 Millionen Euro.

www.balluff.com

Tradition als Inspiration: Der Wandel der einstigen Reparaturwerkstatt verpflichtet zur Transformation in Hightech.

in unserer FuE, der auch Sicherheit für Planungen bietet. Für unsere Start-ups auf der Suche nach neuen Geschäftsmodellen bildet dies die Basis im strategischen Ansatz. Danach legen beide Entwicklungseinheiten los.

Woran messen Sie einen Erfolg Ihres Systems?
Am Ebit. Unser strategisches Marketing legt früh den Marktpreis fest und damit die Realisierungskosten. FuE ist beim Return on Investment stets am Schwellenwert gebunden, den wir nicht unterschreiten. Ich spreche nicht über unsere konkrete Erfolgsquote, aber ein zweistelliges Ebit-Ergebnis ist bei jedem Neuprodukt unser Ziel.

Sie setzen auf Ambidextrie, was Beidhändigkeit bedeutet und meint, fürs Kerngeschäft und darüber hinaus Innovationsarbeit zu leisten. Geht das unter einem Dach?
Aus meiner Erfahrung geht das mit entsprechender Aufmerksamkeit. Deshalb richten wir auch keine externen Start-ups ein. Die beinhalten zwar weniger Hürden und Risiken, aber dafür bleiben Kenntnisse und Kultur außen vor. Bei internen Start-ups atmen Mitarbeiter gleich Einfallskraft und Unternehmertum mit ein und werden im Co-Working mit unseren Start-ups zu Multiplikatoren.

Skalierung scheint der Schlüssel, um Ideen profitabel auszurollen. Erklären Sie, was so wichtig ist an Skalierbarkeit?
Skalierbarkeit ist einfacher als jede Ersteinrichtung, auch bei Software. Eine Lösungsfunktion auszurollen gelingt über Bausteine und Plattformen deutlich schneller. So gesehen sorgt Skalierung für höchstmögliche Effizienz bei der Verbreitung eines Produktes.

Der Fokus auf weniger Projekte und „We learn to fail fast" lautet eine Botschaft Ihres neuen Weges. Beschreiben Sie bitte Ihre Unternehmenskultur beim Umgang mit Fehlern und Ihre Haltung zum Scheitern?
Scheitern verstehen wir als wertvollen Lernprozess. „Less is lean." Aber das deutsche Ingenieurwesen tut sich mit seiner klassischen Fehlervermeidung besonders schwer bei neuen Geschäftsmodellen. Allerdings können Sie die passende Kultur nicht downloaden. In unserem Dreieck aus Business, Customer, Technology hilft nicht unbedingt der technologische Push. Wir brauchen heute mehr Pull vom Markt. Dafür müssen die Marketing-Story und die Werte früh feststehen. Mit Transparenz und Offenheit, so unsere Erfahrung, sind an vielen Stellen gute Impulse zu setzen. Ein Projektleiter muss bei uns also nicht permanent die Eskalationsampel auf Grün halten.

Das Interview mit Hubertus Breier führte Thorsten Garber aus terminlichen Gründen ausnahmsweise nicht persönlich, sondern telefonisch.

Vorhang auf für eine Einheit

Europas größter Software-Konzern krempelt sein Geschäftsmodell um: Cloud-Lösungen sollen ab sofort massives Wachstum bringen. Doch noch sind viele Kunden unzufrieden.

Unter den mehr als 440.000 SAP-Anwendern rumort es. Die große Mehrheit von ihnen sind kleine und mittlere Unternehmen. Fast alle sind angewiesen auf die Software aus Walldorf. Denn in den meisten Betrieben geht nichts mehr ohne die elektronischen Programme zu Planung und Steuerung von Ressourcen wie Kapital, Personal, Betriebsmittel und IT – dem Enterprise Resource Planning (ERP). Doch während es jahrelang nur eine einzige monolithische

Transformation durch Wandel und Übernahmen

1972	Gründung der SAP GbR unter anderem durch Dietmar Hopp und Hasso Plattner
1973	SAP setzt auf Online und Echtzeit statt Lochkarten
1975	Standard-Software SAP R/1 für Großrechner; „R" steht für Realtime
1976	Gründung der SAP Systeme, Anwendungen und Produkte (…) GmbH
1977	Umzug der GmbH von Weinheim nach Walldorf
1979	Standard-Software SAP R/2 für Großrechner
1988	Umwandlung in eine Aktiengesellschaft und Gang an die Börse
1991	Standard-Software SAP R/3 für Mittelständler
2004	Vermarktung von SAP R/3 unter dem Namen SAP ERP
2007	Übernahme des französischen Software-Hauses Business Objects
2010	Hochleistungsanalyseanwendung SAP HANA
2012	Übernahme der US-Unternehmen Success Factors und Ariba
2014	Übernahme von Concur; Umwandlung in eine Europäische Aktiengesellschaft
2015	SAP Business Suite 4 SAP HANA einsetzbar in der Cloud, lokal und hybrid
2018	Übernahme der amerikanischen Software-Hersteller Qualtrics und Callidus

Quellen: SAP, Wikipedia.de,

ERP-Software von SAP gab, existieren heute zig verschiedene Programme, die alle in der SAP Business Suite verzahnt werden und alle reibungslos zusammenarbeiten müssen. Genau daran hapert es. Vor allem einige in jüngerer Vergangenheit zugekaufte Cloud-Dienste sind aus Sicht vieler Anwender „nicht vollständig integriert", sagt Marco Lenck, Vorstandsvorsitzender der deutschsprachigen SAP-Anwendergruppe (DSAG), gegenüber „return".

Die Unzufriedenheit vieler Anwender hat auch mit der Transformation des drittgrößten Software-Konzerns der Welt in Richtung Cloud zu tun. „SAP hat im Rahmen ihrer Expansionsstrategie in den vergangenen Jahren zahlreiche Software-Lösungen hinzugekauft und auch selbst entwickelt. Die neuen Lösungen stehen den Anwendern zur Verfügung. Das ist gut", erklärt Lenck und ergänzt: „Die neuen Programme basieren aber überwiegend auf eigenen Datenmodellen und sind nicht miteinander verknüpft. Also müssen die Anwender das neue Angebot in ihre bestehende SAP-Architektur integrieren." Das koste Unternehmen viel Zeit und Geld. Vor allem aber würden Anwender diese zusätzliche Arbeit und den zusätzlichen Finanzierungsbedarf als störend empfinden, weil sie ohnehin mit der Digitalisierung ihrer Geschäftsprozesse stark beschäftigt sind.

Ärger um Integration neuer Angebote in die bestehende SAP-Architektur

Lencks Ausführungen zufolge haben viele Kunden naturgemäß mehr Verständnis für die Situation, wenn sie die neuen Lösungen von unterschiedlichen Herstellern gekauft hätten. Weil die Programme aber alle von einem Anbieter kommen, sei die Unzufriedenheit unter den Anwendern aktuell groß. „Die notwendige Integration müsste eigentlich von SAP geleistet werden, nicht von den Nutzern."

Die fehlende Einbeziehung sei ein Grund, weshalb deutsche Unternehmen mit ihrer eigenen Digitalisierung nicht schneller vorankommen, habe eine Umfrage des DSAG unter seinen Mitgliedern ergeben. Lenck stellt aber klar: „Die Cloud-Strategie von SAP war und ist richtig. Aber sie ist derzeit noch unvollständig. Denn damit die Anwender

Mit dem SAP Data Center Walldorf hat das Software-Unternehmen am Sitz der Zentrale in ein neues Rechenzentrum investiert, das 2018 und 2019 in zwei Bauabschnitten entstand. Insgesamt betreibt die deutsche IT-Größe weltweit 47 Rechenzentren in zwölf Ländern.

die neuen Lösungen einsetzen können, brauchen sie die Verknüpfung mit bestehenden SAP-Programmen."

Hier fehle es seitens SAP an Kundenorientierung. Nur erwähnt werden soll an dieser Stelle, dass die Cloud-Erlöse im Geschäftsjahr 2019 um 40 Prozent auf sieben Milliarden Euro gestiegen sind. Damit waren sie erneut wichtigster Wachstumsmotor. Insgesamt setzte der SAP-Konzern im vergangenen Jahr 27,6 Milliarden Euro um. Der Gewinn nach Steuern wuchs um 22 Prozent auf fast 6,2 Milliarden Euro.

Die Kritik der Nutzer ist SAP selbstverständlich bekannt. Zum einen steht der Konzern in engem Kontakt zu seinen Anwendern und zum DSAG. Zum anderen misst SAP die Treue seiner Kunden mit dem sogenannten Net Promoter

Score. Der Wert ist 2019 von minus 5 auf minus 6 gefallen; eigentlich sollte der Wert auf plus 1 ins Positive drehen. Wie knifflig die Integration der zugekauften Cloud-Dienste in die SAP-Plattform ist, zeigen die Pläne für 2020.

„Wir wollen den Net Promoter Score zu unseren Kunden um drei bis fünf Punkte steigern", sind die beiden Co-Vorstandssprecher Jennifer Morgan und Christian Klein in dem am 27. Februar 2020 veröffentlichten „Integrierten Bericht 2019" zitiert. Damit bliebe der Wert allerdings immer noch im negativen Bereich.

Zum Verständnis: Bei der Ermittlung des Net Promoter Scores werden Anwender befragt, ob sie SAP auf einer Skala von 0 bis 10 empfehlen. 0 steht für unwahrscheinlich, 10 für

SAP Headquarters, der zentrale Sitz in Walldorf, dominiert das Firmengelände mit seiner futuristischen Architektur.

SAP steht vor allem für gigantisches Wachstum

Umsatz der vergangenen 25 Jahre in Milliarden Euro

1995	1,4	2005	8,5	2015	20,8
1996	1,9	2006	9,4	2016	22,1
1997	3,0	2007	10,2	2017	23,5
1998	4,3	2008	11,6	2018	24,7
1999	5,1	2009	10,7	2019	27,6
2000	6,3	2010	12,5		
2001	7,3	2011	14,2		
2002	7,4	2012	16,2		
2003	7,0	2013	16,8	Quellen: SAP,
2004	7,5	2014	17,6	Wikipedia.de

Die vier SAP-Gründer (v. l.) Klaus Tschira, Hans-Werner Hector, Dietmar Hopp und Hasso Plattner im Jahr 1972.

Aktuelle SAP-Führung: CEO Bill McDermott lösten Jennifer Morgan und Christian Klein (v. l.) im Oktober als Doppelspitze ab.

äußerst wahrscheinlich. Als Empfehler werden Kunden bezeichnet, die mit 9 oder 10 antworten. Als Nicht-Empfehler gelten diejenigen, die mit 0 bis 6 antworten. Kunden, die 7 oder 8 angeben, fließen nicht in die Bewertung ein. Aufgrund der Systematik ist ein positiver Wert also relativ schwer zu erreichen. Die Verantwortlichen bei SAP beteuern, in Zukunft mehr denn je die Kunden ins Zentrum aller Bemühungen zu stellen. Vor allem wolle man die Integration der zugekauften Cloud-Dienste, dem zentralen Kritikpunkt vielen Anwender, entschlossen vorantreiben.

Neuer CEO verordnete Transformation für schwerfälligen Software-Riesen

Die Hinwendung zu Cloud-Lösungen trieb Bill McDermott vor zehn Jahren voran. Der US-Amerikaner übernahm damals als Chief Executive Officer die Führung des größten europäischen Software-Konzern, weltweit die Nummer drei, und führte ihn in den Jahren 2010 bis 2014 gemeinsam mit Jim Hagemann Snabe. McDermott lenkte die Geschicke bis Oktober 2019, seitdem sind die US-Amerikanerin Jennifer Morgan und der Deutsche Christian Klein verantwortlich.

Direkt nach Amtsantritt hatte McDermott dem Software-Riesen eine Transformation verordnet: Kunden sollten nicht nur Software gegen Lizenzgebühren kaufen und auf ihren lokalen Rechner speichern, sondern je nach Bedarf im Abonnement auch aus dem Internet beziehen können. „Aus dem Internet" heißt in diesem Fall nicht, von irgendwo, sondern aus einer von SAP kontrollierten Daten- und Rechnerwolke, der sogenannten Cloud. Dabei unterscheidet man

zwei Modelle: eine öffentliche Cloud, auf die viele Nutzer Zugriff haben, also auf nicht individualisierbare Standard-Software, sowie eine private Cloud für ein oder nur bestimmte Unternehmen. Der Vorteil für die Software-Anwender: Sie benötigen keine eigenen Rechnerkapazitäten und weniger IT-Personal. Sie müssen sich auch nicht um die Aktualisierung der Programme kümmern, das erledigt SAP.

Um im Cloud-Geschäft schnell eine führende Position zu erobern, kaufte SAP unter McDermotts Führung insgesamt 24 Unternehmen. Die Liste der Erwerbungen ist lang, die gezahlten Preise mitunter hoch. Vier Unternehmen kamen zuletzt 2018 hinzu, darunter die Umfrageplattform Qualtrics für rund acht und der Software-as-a-Service-Anbieter Callidus für 2,4 Milliarden US-Dollar. Weitere jeweils mehrere Milliarden Dollar teure Akquisitionen waren im Jahr 2014 Concur, ein Anbieter von Software für das Reise- und Reisekosten-Management, sowie 2012 das cloudbasierte Handelsnetzwerk Ariba sowie Success Factors, die cloudbasierte Software für das Management von Mitarbeitern anbietet.

Alle 24 Zukäufe mit Sitz in den USA für den Einstieg ins Cloud-Geschäft

Im Jahr 2010 erwarb SAP unter anderem Sybase, ein Anbieter von Software für das Management, die Analyse und Mobilisierung von Informationen zum Beispiel auf dem Smartphone. Alle genannten Zukäufe haben ihren Sitz in den USA, dem Heimatmarkt der größten Konkurrenten von SAP: Oracle und Salesforce. Dass die Walldorfer heute gegenüber diesen Unternehmen sehr gut dastehen, haben sie

Im SAP Innovation Center in Potsdam darf eine Art von ver- oder gespielter Lockerheit nicht fehlen, wie Schaukeln im Café.

Die SAP-Zentrale in Walldorf beeindruckt nicht nur mit einem imposanten Eingangsbereich der Hauptverwaltung.

auch den zahlreichen Zukäufen zu verdanken. In Deutschland ist SAP mit einer Marktkapitalisierung von rund 109 Milliarden Euro das mit Abstand wertvollste Unternehmen an der Börse.

Doch jetzt muss der Software-Konzern die nächste Stufe seiner Transformation zünden: „Wir müssen unsere Kunden in den Mittelpunkt unseres Handels stellen", berichten die beiden Co-Vorstandschefs Morgan und Klein in dem oben bereits erwähnten „Integrierten Bericht 2019". Wobei Mittelpunkt gleich wieder relativiert wird. Denn neben den Kunden gelte bei SAP die volle Aufmerksamkeit auch den Aktionären sowie der Gesellschaft allgemein, zum Beispiel durch das bis 2025 angestrebte Ziel der CO_2-Neutralität von SAP.

Eine Technologieplattform soll „One SAP" bündeln

Drei Ziele sind bekanntlich gleichzeitig immer schwieriger zu treffen als ein Ziel. Das Management hat die Organisationsstruktur verändert und die Zuständigkeiten der Vorstände neu geregelt, um die Abläufe und Prozesse bei SAP stärker auf die Kunden auszurichten. Die sechs neuen Bereiche sind: SAP Customer Experience, SAP S/4 HANA, People (SAP Sucess Factory), Intelligent Spend (inklusive SAP Ariba, SAP Fieldglass und SAP Concur), SAP HANA & Analytics und Qualtrics. Die SAP Cloud-Plattform dient für alle genannten Bereiche als Technologieplattform. In dieser Struktur will der Konzern als „One SAP" auftreten.

„Unsere Kunden erwarten von uns zu Recht, dass unser Angebotsportfolio nahtlos integriert ist und alle Lösungen reibungslos zusammenarbeiten", lässt sich Co-CEO Klein auf der Unternehmens-Homepage zitieren. Jennifer Morgan, seine Kollegin an der Konzernspitze ergänzt: „Wir sind überzeugt, dass wir den Erfolg unserer Kunden wie auch den der SAP nachhaltig sicherstellen. Darauf konzentrieren wir uns voll und ganz." Die SAP-Anwender hören diese Worte gern. Jetzt müssen weitere Taten folgen. Noch rumort es bei vielen Kunden. Aber SAP hat in seiner fast 50-jährigen Geschichte schon viele Herausforderungen gemeistert. Der Abschluss der eigenen Transformation dürfte am Ende auch ein Erfolg werden.

Kompakt

▶ Durch Zukäufe können Unternehmen ihre Geschäfts-modelle auch transformieren.

▶ Übernahmen erhöhen aber zunächst die Komplexität, was Kunden mitunter stört.

▶ Kundenorientierung ist jedoch letztlich entscheidend für eine erfolgreiche Transformation.

Stefan Terliesner, Diplom-Volkswirt und seit 1996 Wirtschaftsjournalist, analysiert für „return" insbesondere Unternehmen im Wandel oder in der Wende aus Krisen.

Globale Geschäftsideen

Vier Erfinder mit guten Ideen für die ganze Welt

Spanien
Wachsen trotz Krise –
Jorge Espinós eröffnete Agentur
mitten im Reisebüro-Sterben

Estland
Schutz im System –
Kaarel Kotkas schuf aus Erfahrung
sichere Online-Identifizierung

Brasilien
Transformation für Transparenz –
Ex-Banker Guilherme Benchimol
schulte zuerst seine Kleinanleger

Südafrika
David gegen Goliath –
Nkosana Makate kam aus Liebe
ein genialer Einfall in den Sinn

Unbezahlter Liebesdienst

Südafrika: Die geniale Idee eines kostenlosen SMS-Dienstes aus Liebe entwickelte sich zum Renner.
Doch was vor fast 20 Jahren als riesiger Erfolg begann, scheint als Streitfall nicht enden zu wollen.

Der stattliche Sitz der Vodafone-Tochter Vodacom in Südafrika,
aber Erfinder Nkosana Makate lässt sich nicht einschüchtern.

Die besten Innovationen entstehen aus Betroffenheit: So erging es auch dem jungen Angestellten des südafrikanischen Mobilfunkkonzerns Vodacom. Er wollte nur mit seiner Freundin telefonieren, konnte die Angebetete aber nie erreichen. Sie hatte selten ausreichend Guthaben auf dem Handy, um ihn anzurufen. Da hatte Nkosana Makate eine Idee: Wenn ihm seine Freundin im passenden Moment eine kostenlose SMS mit der Nachricht „Please call me" senden könnte, würde er sie zurückrufen und die beiden könnten auf seine Kosten in Ruhe telefonieren. Der Einfall erwies sich als brillant. Schon am Tag der Einführung machten 140.000 Kunden regen Gebrauch, 20 Jahre später gibt es kaum jemand in Südafrika, der noch nie eine „Please call me"-Nachricht erhalten oder versendet hat. Arbeitgeber kommunizieren so mit ihren Angestellten, Eltern mit ihren Kindern.

Eine typisch smarte Geschäftsidee für den afrikanischen Kontinent

Für den Mobilfunkkonzern ist daraus ein beträchtliches Zusatzgeschäft geworden. Zum einen finden dank der SMS jetzt Gespräche statt, die sonst ausgeblieben wären. Zum anderen ist die SMS ein begehrter Werbeplatz. Mittlerweile zog die Konkurrenz mit ähnlichen Angeboten nach.
Es handelt sich um eine für Afrika typisch smarte Geschäftsidee. Bekanntlich haben sich Mobiltelefone auf dem Kontinent wegen des schlecht ausgebauten Festnetzes besonders

schnell verbreitet. Einer Umfrage zufolge nutzen in Südafrika 90 Prozent der Haushalte ausschließlich Handys zum Telefonieren. In anderen Ländern dürften es noch mehr sein. Doch die Kosten stellen eine hohe Hürde dar. In einer Rangliste der Weltbank über Mobilfunkkosten lag Südafrika vor einigen Jahren auf Rang 87 unter 174 Ländern. Neben „Please call me" gab es schon andere innovative Ansätze, um günstiger kommunizieren zu können. Jüngere Südafrikaner etwa nutzten eifrig den kostenlosen Instant-Messaging-Service Mxit, lange bevor Whatsapp erfunden wurde.
Die „Please call me"-Idee hat aber aus einem anderen Grund auch Aufsehen erregt und sogar Demonstrationen und Social-Media-Kampagnen ausgelöst. Seit vielen Jahren tobt ein Rechtsstreit um eine angemessene Erfolgsbeteiligung. Es ist ein klassisches Gefecht à la „David gegen Goliath": der aus armen Verhältnissen stammende Südafrikaner gegen den Ableger des britischen Telefonriesen Vodafone. Es geht um enorme Summen. Nach Schätzung Makates hat Vodacom über 18 Jahre hinweg mit „Please call me" einen Umsatz von 13 Milliarden Euro erzielt; fünf Prozent davon stünden ihm zu. Ein angeblich „letztes Angebot" des Konzerns über knapp drei Millionen Euro wies er 2019 zurück. Jetzt könnte der Streit in eine neue Runde gehen.

Aus „Please call me" wird „Please pay me"

So ist mittlerweile aus „Please call me" eine „Please pay me"-Story geworden, die immer wieder leidenschaftliche Diskussionen in Südafrika entfacht. Ob sich für den Innovator der Traum vom großen Reichtum erfüllt, bleibt ungewiss. Am Ende werden seine Anwälte vermutlich kräftig mitverdienen. Immerhin hat ihm die Geschäftsidee privat schon zum Glück verholfen: Die Freundin, die einst den Anstoß gab, ist heute seine Ehefrau.

Claudia Bröll, die seit mehr als einem Jahrzehnt aus Johannesburg und Kapstadt über die Wirtschaft im südlichen Afrika berichtet, davon seit sechs Jahren für „return", fand großen Spaß am Schreiben der Story, wie sie per E-Mail betonte – verbunden mit dem Wunsch: „Hoffentlich haben die Leser auch Spaß daran."

Pfiffiger Gründer

Brasilien: Die innovative Investorenplattform XP ist an der Börse mehr wert als die Deutsche Bank. Der Gründer, ein arbeitsloser Investmentbanker, startete einst extra Seminare für Kleinanleger.

Als strahlender Gewinner zeigte sich der pfiffige Gründer Guilherme Benchimol jüngst beim erfolgreichen Börsengang.

Als die Internetblase platzt, wird der 24-jährige Guilherme Benchimol im Jahr 2002 arbeitslos. Also gründet der Börsenmakler die eigene Vermögenberatung XP Investimentos. Doch Kunden bleiben aus. Von 20 potenziellen Investoren legen im Schnitt nur zwei Geld bei ihm an. Benchimol erkennt, dass Brasilianer von Finanzinvestitionen wenig Ahnung haben. Sie brauchen sich nicht auszukennen: Für Staatsanleihen gibt es zweistellige Zinsen. Da muss man sich nicht um Indizes, Aktien oder Lebensversicherungen kümmern. Deshalb startet er am Wochenende mit Seminaren für Kleininvestoren. Die Teilnehmer werden schnell zu seinen Kunden. Dem Ex-Investmentbanker gelingt es in kurzer Zeit, seinen Kundenstamm auszubauen.

Idee einer Investoren-Mall vom Vorbild Charles Schwab kopiert

Sein Timing ist perfekt: Ab 2003 setzt die brasilianische Börse zu einer historischen Hausse an, die bis zur Finanzkrise 2008 dauert. Selbstständige Anlageberater, die exklusiv für XP arbeiten, betreuen bald die Kunden im ganzen Land. Vom Investorenvorbild Charles Schwab kopiert Benchimol die Idee einer Shopping-Mall für Finanzprodukte. Er will seinen Kunden mehr Transparenz bieten, die in Brasilien kaum existiert. Die vier traditionellen Banken bieten ihren Kunden meist eigene Produkte, teuer und mit wenigen Auswahlmöglichkeiten. Dennoch sind 95 Prozent aller Investitionen bei diesen Großbanken angelegt.

Benchimols XP wirft von Anfang an Gewinn ab. Heute hat XP fast 5.900 Vertreter. Aber auch 550 institutionelle Anleger wie Fonds und Vermögensberater nutzen die transparente Plattform von XP, um die Gelder ihrer Kunden zu verwalten. XP hält jährliche Investoren-Konferenzen als Mega-Events ab, weil in Brasilien auch im Geschäftsalltag ein gehöriges Maß an Emotionen und Empathie wichtig ist. Deshalb laden Benchimol und seine Partner über mehrere Tage prominente Redner aus der ganzen Welt ein. XP-Mitarbeiter werben dort für neue Anleger, wie auf einer Messe. Dieser emotionale Zusammenhalt dient der Kunden- und Mitarbeiterbindung. Benchimol erklärt immer wieder, dass ihm der Net Promoter Score (NPS) als Maßstab für Loyalität und Empathie der Kunden wichtiger ist als der Nettogewinn für die Performance. Gleichwohl ist XP zum Jahresende 2019 an der Nasdaq an die Börse gegangen – und auf einen Schlag mehr wert als etwa die Deutsche Bank.

Jetzt folgt der Einstieg ins Geschäftskunden-Geschäft

Doch XP wandelt sich soeben erneut. Benchimol hat eine Banklizenz beantragt, denn das Umfeld hat sich geändert: Brasilien hat erstmals einen Leitzins von vier Prozent. Die Plattform will an Kunden ihre Kredite vergeben und gleichzeitig ins Geschäftskunden-Geschäft einsteigen. „Wir kennen in ganz Brasilien wohlhabende Menschen, die Unternehmen haben", sagt der XP-Chef.

Ihnen will Benchimol wie eine Investmentbank bei Kreditbeschaffung, Anleihe-Emission und Übernahmen oder Fusionen zur Seite stehen. Er hat dafür in wenigen Monaten ein Team von knapp 100 Investmentbankern aufgebaut. Womit der pfiffige Gründer nach einem Umweg und nach 18 Jahren wieder beim Investmentbanking angekommen wäre.

Alexander Busch wuchs in Venezuela auf, ist studierter Volkswirt und berichtet schon seit dem Start von „return" über Lateinamerika. Er arbeitet seit fast 30 Jahren von Brasilien aus, wo er in São Paulo und Salvador da Bahia lebt.

Sorglose Geschäftsreisende

Spanien: Auf der Iberischen Halbinsel begann vor zehn Jahren trotz vieler sonniger Stunden das große Agenturen-Sterben in der Reisebranche. Doch „viaja bien" wächst in der Krise.

Jorge Espinós nutzte die Chance in der Krise mit innovativem Reisebüro-Konzept namens „viaja bien".

In jeder Krise steckt eine Chance, heißt es an den Wirtschaftsfakultäten. Jorge Espinós (34) hat eine Chance genutzt: Er gründete vor zehn Jahren mit seinem Bruder, mit 13.000 Euro Startkapital und mit einem Angestellten das Start-up „viaja bien". Das war zu der Zeit, als von Reisebüros und -agenturen eine Filiale nach der anderen schloss. Denn Kunden buchten auf Internetseiten. Damals gab es 14.000 Agenturen in Spanien, überlebt haben rund 9.000. Aber viaja bien ist noch da und wächst wie kein anderer Wettbewerber. Mittlerweile hat das Unternehmen 58 Angestellte, eine Filiale in Mexiko und ein Verkaufsvolumen von 25 Millionen Euro.

Kundenbegleitung während des Enscheidungsprozesses

„Wir haben eine völlig andere Geschäftsphilosophie als die meisten anderen Anbieter", erklärt Espinós: „Klassischerweise steht die Reservierung eines Fluges, eines Hotels oder eines Mietwagens im Mittelpunkt. Doch das können die Kunden im Internet selbst machen. Eine Reservierung stellt keinen Mehrwert dar, der Kunden bringt." Espinós analysiert das kompetent und klar, denn er hat Wirtschaftswissenschaften in Madrid studiert. Das Innovative an viaja bien beschreibt der junge Unternehmer so: „Für uns ist die Reservierung nur noch das Ende eines langen Entscheidungsprozesses, bei dem wir den Kunden begleiten. Wir sind so etwas wie Berater." Die Agentur arbeitet vor allem mit Großkunden. Ihnen bietet sie quasi ein Rundum-sorglos-Paket für Geschäftsreisen. Espinós und sein Team setzen dabei auf Technologie. Die Kunden können in Echtzeit ihre Reiseausgaben ansehen und nach Posten, Abteilungen, Angestellten oder Reisezielen aussuchen. Sie sehen, was die Reise an Geschäftsvolumen generiert. „Stell dir vor, die meisten Reisekosten fallen in Barcelona an, aber Galicien bringt mehr Umsatz", gibt Espinós zu bedenken, welche Möglichkeiten darin für Unternehmen schlummern.

Die Geschäftskunden können je nach Vertrag ihre Reisen offline, offline/online oder online buchen. Wer offline mit viaja bien verkehrt, schreibt E-Mails oder ruft an. Wer offline/online arbeitet, kann alles online gestalten, es muss nur von einem Vorgesetzten abgesegnet werden. „Wir haben Unternehmen, deren Angestellte unter bestimmten Vorgaben selbst ihre Reisen buchen können", erklärt Espinós. Außerdem organisiert viaja bien auch Fahrten zu Messen und Kongressen. Für Fragen steht rund um die Uhr eine Hotline zur Verfügung. „Das ist kein Callcenter, dort antworten qualifizierte Mitarbeiter, die Zugang zu Unternehmensdaten haben", betont er. Espinós Agentur ist damit so etwas wie die eigene Reiseabteilung jedes Unternehmens.

Mit der Betreuung von Unternehmen erzielt viaja bien rund 70 Prozent des Umsatzes. Hinzu kommen Gruppenfahrten und Freizeitreisen. Viaja bien unterhält ein eigenes Online-Portal. „Dieser Service richtet sich an die Angestellten der Unternehmen, die wir bei Geschäftsreisen beraten", sagt Espinós. Für die Chefs und für andere Kunden mit großem Geldbeutel wurde „gotwana experience" geschaffen, über das Espinós sagt: „Wir organisieren Erlebnisreisen zu jedem erdenklichen Ziel." Damit möchte er in diesem Jahr die Umsatzgrenze von 30 Millionen Euro durch Verkäufe knacken und die Agentur international ausweiten. „Was nach Mexiko kommt?", wiederholt Espinós die Frage und antwortet: „Die USA ist immer ein interessanter Markt."

Spanien scheint vor innovativen Geschäftsmodellen zu sprühen, denn auf das Anschreiben an alle Auslandskorrespondenten zu diesem Thema antwortete Rainer Wandler gleich mit drei Vorschlägen, darunter zu diesem seit zehn Jahren ohne Unterlass wachsenden Unternehmen aus der gebeutelten Reisebranche.

Geschützte Identität

Estland: Der Diebstahl von persönlichen Daten im Internet sorgt für Milliarden-Schäden.
Das Start-up Veriff hat durch Online-Identifizierung eine Lösung fürs Smartphone geschaffen.

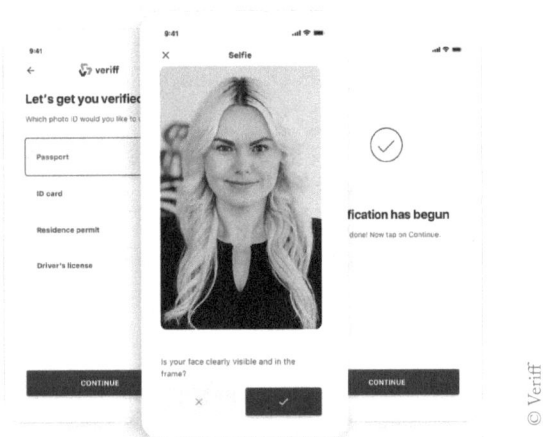

© Veriff

Zur Identifizierung muss die Person ein „Selfie" und ein Foto des Ausweises von Veriff via Künstliche Intelligenz abgleichen lassen.

Der Identitätsmissbrauch im Netz nimmt weiter zu. Allein in Deutschland hat nach aktuellen Umfragen ungefähr jeder Zweite bis Fünfte schon erlebt, dass seine personenbezogenen Daten für betrügerische Zwecke wie Bestellungen unter falschem Namen im Internet missbraucht wurden. Die Wirtschaft leidet auch unter den Folgen: Rund 200 Milliarden US-Dollar Schaden entsteht Studien zufolge jedes Jahr durch Identitätsbetrug im Internet.

Das Start-up Veriff aus Estland arbeitet an Lösungen. „Wir befassen uns mit dem zentralen Problem der Kommunikation im Internet und insbesondere des elektronischen Geschäftsverkehrs: der sicheren Identifizierung der handelnden Person", sagt Gründer Kaarel Kotkas. Der junge Este greift auf eigene Negativerfahrungen zurück, die er einst mit einem Sicherheitssystem sammelte. Also startete er 2015 mit Veriff und betreut seitdem Unternehmen, die Identitätsprüfungen von Kunden vornehmen müssen, denn für sie wird es immer schwieriger, das Problem selbst zu lösen.

Veriff entwickelte ein eigenes System, um sicherstellen, dass kein Betrüger am Werk ist. Mit Multi-Faktor-Authentifizierung können Personen in Echtzeit identifiziert werden. Dazu muss die Person ein Selfie und ein Foto ihres Ausweises zur Verfügung stellen. Im Hintergrund wird ein Video aufgezeichnet, die Gesichter auf Selfie und Foto werden mithilfe von Künstlicher Intelligenz abgeglichen. Analysiert werden Gültigkeit des Dokuments und weitere Daten wie die vom verwendeten Netzwerk und Endgerät. Mit dem weniger als eine Minute dauernden Verfahren können gut 7.400 Ausweisdokumente aus 190 Ländern überprüft werden. Über eine Plattform können Unternehmen die Überprüfung an ihre spezifischen Anforderungen und Risikotoleranz anpassen. Für die Nutzung fallen eine monatliche Zahlung und eine Gebühr pro durchgeführter Identifizierung an.

Zu den Kunden zählen Banken und Finanztechnologiefirmen. Vermehrt setzen Mobilitätsdienstleister, E-Commerce-Websites und Sharing-Economy-Plattformen auf das Angebot von Veriff, das in Estland als nächstes Einhorn gilt – ein Start-up, das mit mehr als einer Milliarde US-Dollar bewertet wird. Der Umsatz versiebenfachte sich bis 2019 auf drei Millionen Euro. Die Mitarbeiterzahl stieg von 64 auf über 300. Und in New York wurde eine Filiale eröffnet.

Kunden und Wettbewerber auch aus Deutschland

Größter Markt sind die USA, in Europa vor allem Großbritannien und Deutschland. Hier lassen etwa die Berliner Verkehrsbetriebe die Identität der Nutzer ihrer Mobilitäts-App „Jelbi" überprüfen. Wettbewerber stammen auch aus Deutschland: Das Start-up ID Now aus München bietet ähnliche Verfahren zur Identifikationsprüfung. Konkurrenz wie Authada nutzt den elektronischen Personalausweis zur Identifizierung. Kotkas bleibt gelassen: Bislang würden erst zwei Prozent der Weltwirtschaft online abgewickelt. Doch in vielen Sektoren verlagere sich das Geschäft ins Internet. Damit wachse der Bedarf. „Nur wenn man online für Schutz sorgen und Vertrauen aufbauen kann, verringert sich die Notwendigkeit, sich persönlich zu treffen", meint er. Doch dafür sind viele Anstrengungen vonnöten. Denn die Anonymität des Internets und der häufig geringe Aufwand für die Datenbeschaffung machen es Betrügern leicht.

Alexander Welscher, Baltikum-Korrespondent für „return" in Riga, findet in Estland, Lettland und Litauen immer wieder interessante Beispiele zu unseren Schwerpunkten, insbesondere in der regen Szene der Start-ups in diesen Ländern.

Business Navigator

Unternehmen sollten schon vor Beginn des Wandels in ihrer Branche anfangen, alle relevanten Möglichkeiten in Märkten zu identifizieren, die ihnen Potenzial für profitables Geschäft eröffnen.

Ausschau nach Trends, nach Bedürfnissen und Bedarf, nach Märkten und Zielgruppen – und letztlich nach Geschäftsmodell-Möglichkeiten für das eigene Unternehmen. Dies ist heute die zentrale Aufgabe von systematisch arbeitenden Innovatoren in Organisationen.

Deutschland befindet sich am Anfang eines dramatischen Strukturwandels, der von Automobilindustrie und Maschinenbau über Energiewirtschaft und Einzelhandel bis hin zur Landwirtschaft reicht. Neu daran sind die Breite und die Geschwindigkeit, mit denen unsere Wirtschaft von dieser Veränderungswelle erfasst wird. Unternehmen können nach Jahren von Rekordumsätzen und -gewinnen nicht darauf hoffen, diese Veränderung durch Kostensenkung und neue Produktvarianten unbeschadet zu bewältigen.

Digitalisierung und Innovation werden als Allheilmittel propagiert, um den Abbau von Hunderttausenden von Arbeitsplätzen zu kompensieren und das Abrutschen in eine lang andauernde Rezession zu verhindern. Unternehmen wie Apple, Amazon, Airbnb oder Tesla werden gerne als Erfolgsbeispiele benannt. Doch sind dies Vorbilder, denen unser Mittelstand einfach folgen kann? Haben wir die genialen Unternehmer und die mutigen Investoren, die allein für neue Ideen schon Finanzierungen in mehrstelliger Millionenhöhe auf die Beine stellen? Erlauben wir Unternehmern, die ein Millionen-Investment an die Wand gefahren haben, es mit einer neuen Idee erneut zu versuchen?

In unserer Gesellschaft und insbesondere im Mittelstand genießen findige Ingenieure und vorsichtige Kaufleute das größte Ansehen. Wenn wir unsere Stärken für die Gestaltung der Zukunft einsetzen wollen, dann benötigen wir einen Ansatz, der ein ingenieurmäßiges Vorgehen mit Kreativität und agilen Iterationen vereint, um mit innovativen Geschäftsmodellen neue Lösungen und nachhaltige Wettbewerbsvorteile zu entwickeln.

St. Gallen Business Model Navigator

Die Universität St. Gallen und die BMI Lab AG haben mithilfe des „St. Gallen Business Model Navigators" ein wissenschaftlich fundiertes und mittlerweile bei mehreren Hundert Unternehmen in der Praxis erprobtes Vorgehen zur systematischen Entwicklung von Geschäftsmodell-Innovationen geschaffen. Doch was genau ist ein Geschäftsmodell beziehungsweise eine Geschäftsmodell-Innovation?

Ein Geschäftsmodell beschreibt, wie ein Unternehmen für seine Kunden Nutzen stiftet und damit profitable Umsätze erzielt. Vier Dimensionen beschreiben ganzheitlich ein Geschäftsmodell. Erstens: Wer sind die Kunden und welche Bedürfnisse haben sie? Zweitens: Was wird den Kunden angeboten und welchen Nutzen stiften die Produkte und Services? Drittens: Wie wird die Leistung erbracht, wie sieht die Wertschöpfungskette aus, welche Schlüsselpartner und welche Technologien werden eingesetzt? Viertens: Warum ist das Geschäft profitabel, womit wird Umsatz erzielt, wie sieht die Ertragsmechanik aus, die profitables Wachstum ermöglicht?

Von einer Geschäftsmodell-Innovation sprechen wir, wenn mehrere Dimensionen gleichzeitig verändert werden, sodass ein für den Markt attraktives, neuartiges Geschäft entsteht. Unternehmen schaffen sich damit einen neuen Markt, in dem sie sich über Kundennutzen und nicht über Preise oder neue Funktionen differenzieren. So hat Nestlé mit Nespresso eine Geschäftsmodell-Innovation geschaffen, bei der Kunden für Kaffee in Kapseln einen Kilopreis von teilweise über 100 Euro bezahlen, ohne dass sie dieser Preis interessiert.

Wir sehen zwei Herausforderungen bei der Entwicklung innovativer Geschäftsmodelle: erstens, richtig neuartige Ideen zu finden. Zweitens, die Bereitschaft und das Durchhaltevermögen, um von einer attraktiven Idee zur erfolgreichen Markteinführung zu kommen.

Neue Ideen, jenseits der dominierenden Logik der eigenen Branche, lassen sich mithilfe der „55+"-Geschäftsmodellmuster des St. Gallen Business Model Navigators finden. In einem Forschungsprojekt zeigte sich, dass mehr als 90 Prozent der Unternehmen, die mit einer Geschäftsmodell-Innovation ihre Branche veränderten, Geschäftslogiken verwendet hatten, die schon von anderen Unternehmen, in der Regel aus anderen Branchen und in anderen Kombinationen, genutzt wurden.

Basisprodukt plus Verbrauchsmaterial wie bei Gillette und bei Nestlé

Ein bekanntes Beispiel ist das Muster „Razor and blade", benannt nach Gillette: Ein Basisprodukt, der Rasierer, wird günstig verkauft. Mit dem Verbrauchsmaterial, den Klingen, wird der Profit erzielt. Diese Logik nutzte auch HP mit Tinte bei Druckern oder Nestlé mit Kapseln bei Nespresso. Denken Sie einen Moment an Ihr aktuelles Geschäft. Was würde die Anwendung von „Razor and blade" für neue Möglichkeiten eröffnen? Oder „Pay per use" oder „Performance-based contracting" oder „Trash-to-cash"? Jedes Muster befeuert die Fantasie und führt zu einer Reihe von neuartigen Ideen, aus denen die attraktivsten für die Umsetzung ausgewählt und zu einem Konzept weiterentwickelt werden.

Es ist nicht einfach, einen neuen Markt zu erschließen oder ein Neuprodukt zu platzieren. Umso anspruchsvoller ist es,

mehrere Dimensionen eines Geschäftsmodells zu ändern. Anders als in Projekten, bei denen das Ziel zu Beginn feststeht, ist die Umsetzung einer Geschäftsmodell-Innovation durch Ungewissheiten geprägt, da nicht abzuschätzen ist, wie Kunden, Wettbewerber, Partner oder Kollegen auf diese Neuerung reagieren. Diese Ungewissheiten müssen Schritt für Schritt beseitigt werden. Aus einem Geschäftsmodell-Konzept werden Annahmen identifiziert. Es wird ein geeignetes Experiment gewählt und der Test durchgeführt. Die Analyse der Testergebnisse ermöglicht die Aktualisierung des Konzepts.

Geschäftsmodell-Test von Zappos mit erstem Onlineshop für Schuhe

Wie ein Test eines Geschäftsmodells aussehen kann, zeigt das Beispiel von Zappos aus den 90er Jahren. Die Gründer hatten die Idee, Schuhe online zu verkaufen. Die Befragung von mehreren Konsumenten lieferte kein klares Bild. Daher erdachten sie folgendes Experiment: Sie fotografierten beim örtlichen Schuhhändler verschiedene Schuhe und boten sie über einen Onlineshop an. Sobald ein Kunde Schuhe bestellte, kauften sie diese in dem Schuhladen, verpackten und schickten sie an die Kunden. Nach drei Monaten hatten sie Gewissheit, dass genügend viele Kunden bereit sind, auf diesem Weg ihre Schuhe zu kaufen. Zugleich hatten sie wertvolle Erfahrungen für die operative Umsetzung gesammelt, etwa zu Rücksende-Quoten oder Versand-Verpackungen. Sobald mit diesem Vorgehen die Voraussetzungen bestätigt worden sind und das Geschäftsmodell entsprechend den gelernten Erfahrungen weiterentwickelt worden war, konnte der Markteintritt stattfinden.

Der St. Gallen Business Model Navigator führt zur systematischen Entwicklung von innovativen Geschäftsmodellen, kann aber keine Garantie für Geschäftserfolg geben. Er erhöht die Erfolgswahrscheinlichkeit und hilft, frühzeitig zu erkennen, welche Ideen die Voraussetzungen für einen Markterfolg erfüllen. Unternehmen, die Strukturwandel als Chance begreifen, eröffnet sich damit eine attraktive Zukunft. Unternehmen sollten damit anfangen, Markt-Opportunitäten zu identifizieren, die Potenzial für profitabel wachsendes Geschäft haben und bei denen die Kernkompetenzen des Unternehmens sowie bestehende Anlagen und besondere Fähigkeiten des Teams genutzt werden können.

Georg von der Ropp ist CEO und Verwaltungsrat der BMI Lab AG, einem Spin-off der Universität St.Gallen. Er unterstützt Unternehmen bei der Entwicklung von innovativen Geschäftsmodellen und dem Aufbau von Innovationsfähigkeiten.
https://bmilab.com/

Wie Ideen fliegen

Viele Erfolgsfaktoren fördern ergiebiges Innovations-Management. Was Führung verinnerlichen sollte ist aber: Hinter bedeutenden Innovationen steckt ein Wunsch, der größer ist als man selbst.

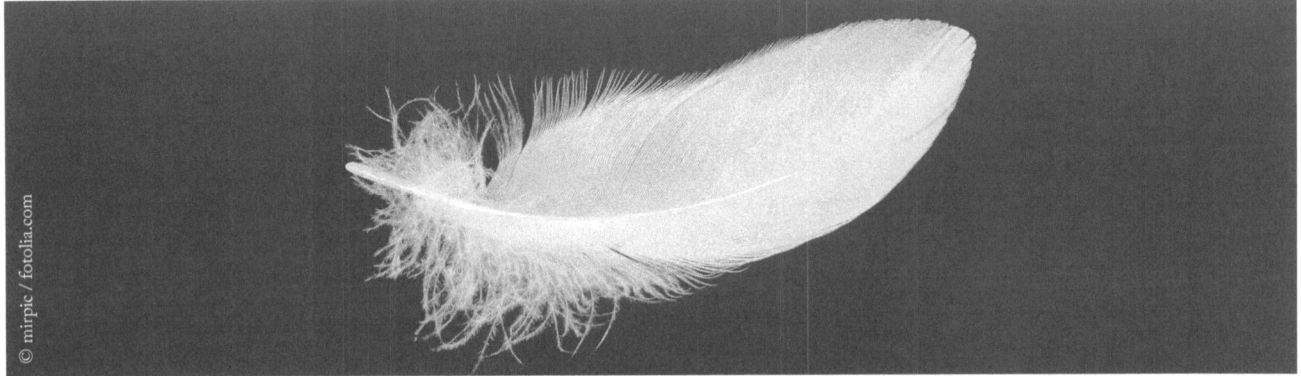

© mirpic / fotolia.com

Federleichte Strukturen für Luft- und Raumfahrt entwickelt die Tao Group, und damit für Innovationen bekannte Flugobjekte.

In unserer Firmen-Kaffeeküche hängt am Pinboard eine Postkarte, auf der steht: „Liebe, was Du tust!" Das trifft auch aufs Innovations-Management zu: Ohne Liebe und Leidenschaft werden Sie die Zeit, die es benötigt, eine Idee zur Vision, zur wahren Mission und zur Umsetzung zu bringen, nicht aufbieten. Deshalb möchte ich an die bedeutende und grundlegende Aufgabe des Unternehmers als Innovationsförderer und Sinnstifter erinnern.

In unserem Unternehmen ist dieser allem zugrunde liegende Denkprozess für eine Innovation auf drei Ebenen reduziert – hier für den schnellen Überblick:

► **What?** Das bezeichnet die Intention, die Absicht und das Vorhaben, die man angeht. Zum Beispiel, um ein neues Flugkonzept für 20 km Höhe zu entwerfen, zu bauen und Probe zu fliegen.

► **What for?** Purpose, Bestimmung, Vorsatz und Ziel: mit diesem Fluggerät in der Stratosphäre die Telekommunikation und den Datentransfer der Zukunft zu gewährleisten und das bestehende Netz im Katastrophenfall oder bei Überbelastung zu unterstützen (Add-on-System).

► **Why?** Bedeutsamkeit und Wichtigkeit: Weltweit erhalten alle Menschen den Zugang zu einem verlässlichen Internet für Bildungsfernsehen, Datenübertragung und für den Schutz der Natur; konkret für das Trinkwasser-Management, für den Umweltschutz, für Tsumani-Warnungen und für das Asset-Monitoring.

Wenn man sich große global bekannte Marken genauer anschaut, dann stecken dieser Spirit und diese DNA der Gründer noch in vielen Firmen: Amazon, Apple, Bosch, Kentucky Fried Chicken, Mercedes-Benz oder Microsoft. Überall waren es Visionäre mit besonderen Zielen. Wenn die Gründer noch im Dienst der Firma sind, wirkt sich dieser Spirit umso stärker auf die Kunden und die Firmenstruktur aus. Ihnen kommt es nicht allein darauf an, viel Geld zu verdienen, sondern den Unterschied in der Welt zu machen.

Abenteurer mit Vision mit vielen Möglichkeiten

In den 50er bis in die circa 80er Jahre waren Zielvereinbarungen, Zwischenschritte und Zwischenplanungen sowie eine starke Persönlichkeit an der Unternehmensspitze die Grundlage einer funktionierenden Organisationsstruktur. Heutzutage sind es Menschen wie Richard Branson oder Bill Gates. Sie sind keine klassischen Unternehmertypen wie Henry Ford, sondern Abenteurer mit Mut, Durchsetzungskraft und einer Vision, mit der sie alles für möglich halten.

Neue Generationen von Mitarbeitern begeistern sich für visionäre Weltverbesserer und flexible Organisationsformen. Klassische Zielvereinbarungen und reglementierendes Controlling als Führungswerkzeuge haben ausgedient. So verfolgen wir in der Tao Group intern eine Arbeitsstrategie, die äußerste Flexibilität erlaubt. Wissensträger verschiedener Fachgebiete wie Luft- und Raumfahrttechnik, Maschinenbau, Fertigungstechnik, Physik, Chemie und Mathematik bilden das Kern-Team des Projektes, umringt von Mitarbeitern mit handwerklichen oder digitalen Fähigkeiten wie CAD-Erfahrung, Programmieren, Computer-Simulation und -Administration. Klare, feste Stellenbeschreibungen fallen bei uns weg. Stattdessen definiert die Zusammensetzung des Projekt-Teams die Stärken der Mitarbeiter und ihres Einsatzgebietes.

Von Natur aus steckt in jedem von uns der Wunsch, eine sinnvolle Aufgabe eigenverantwortlich zu lösen. Das gilt auch in der Wirtschaftswelt. Mit hoher intrinsischer Motivation prüfen Physiker ihre Theorien in der Praxis, bauen Techniker-Teams diverse Funktionstypen einer Entwicklung bis zum ersten Prototyp – wenn es sein muss, bis spät in die Nacht. Dabei entfällt ein starres Organigramm, welches das Verhältnis der Mitarbeiter untereinander regelt, und damit starre Zuständigkeiten. Paradoxerweise fördert das Auflösen von Grenzen die Eigenverantwortlichkeit. Es entsteht ein Miteinander statt Gegeneinander in allen Altersstufen und Ausbildungen. Dieser Gemeinsinn führt zu Entfaltung der Möglichkeiten, die in jedem Einzelnen stecken. Diese zu entwickeln, ist die größte Verantwortlichkeit.

Neigungen, Fähigkeiten und Wünsche im Arbeitsprozess verwirklichen zu können, wäre die beste anzustrebende Synergie. Oder, übertragbar auf die Unternehmensführung, wie es Theodore Roosevelt als 26. Präsident der Vereinigten Staaten einmal formulierte: „Wer seiner Führungsrolle gerecht werden will, muss genug Vernunft besitzen, um die Aufgaben den richtigen Leuten zu übertragen, und genügend Selbstdisziplin, um ihnen nicht ins Handwerk zu pfuschen.“

Regine C. Henschel ist seit 2001 CEO der Tao Group in Berlin und Stuttgart, die nachhaltige Zukunftstechnologien entwickelt und umgesetzt hat. Ein spezielles Innovations-Management mit besonderer Mitarbeiterführung im interdisziplinären Team ermögliche die große Innovationskraft, betont sie. Auszüge ihres Beitrages sind dem Buch „Chefsache Innovationsmanagement" entliehen, das im Oktober 2020 im Verlag Springer Gabler erscheint und von Prof. Dr. Bernd Kröplin und ihr stammt.

Gunter Dueck arbeitete fast 25 Jahre bei IBM Deutschland, zuletzt als Chief Technology Officer (CTO) konkret an neuen Wachstumsfeldern wie Cloud Computing und grundsätzlich an der strategischen und technologischen Ausrichtung des Unternehmens inklusive Cultural Change. Seine „leidenschaftliche Fundamentalkritik an der Arbeitsgesellschaft" brachte ihm den Ruf als Querdenker und den Spitznamen „Wild Duck" ein. Vor seiner IBM-Zeit hatte er Betriebswirtschaft und Mathematik studiert, in letztgenannter Disziplin promoviert und an der Universität Bielefeld als Professor gelehrt. Seine Bücher bewegen sich thematisch zwischen Management- und Welt-Verbesserung.

„Transformation braucht Luft zum Atmen"

Gunter Dueck, einst IBM-Cheftechnologe und Mathematik-Professor, mahnt, Manager nicht nur noch Prozesse zu optimieren. Damit ersticken sie Kreativität und Innovationskraft, warnt er.

Herr Professor Dueck, Sie wundern sich, wie „seltsam oft" Medien von Ihnen die Frage „Internet – Fluch oder Segen?" beantwortet haben wollen. Worauf würden Sie stattdessen gerne mal antworten, wurden danach aber noch nie gefragt?
Gunter Dueck: Was eine wünschenswerte Zukunft wäre. Wohin wir wollen, ist eine wichtige Frage für Menschheit und Gesellschaft. Wir antworten meist in angstvoller Abwägung von Risiko und Chance. Uns treibt eine Sehnsucht um, der Wandel möge uns eine Zukunft ohne Verlierer bescheren. Und wenn Verlust, etwa des Arbeitsplatzes, dann doch bitte mit Abfindung. Wir hadern mir zu viel. Mit Veränderungen gehen auch Durststrecken einher. Wenn Niederländer oder Schweden ein Internet für alle wollen, dann machen sie's einfach. Selbstverständlich brauchen wir Internet an jeder Milchkanne, denn auch auf dem Dorf arbeiten Menschen bei Mittelständlern damit ...

... und wollen auch irgendwann Berlins Flughafen nutzen?
Oder in der Fabrik von Elon Musk in Brandenburg arbeiten. Aber wahrscheinlich waten Umweltschützer dort so lange durch den Wald, bis sie eine seltene Art finden, um damit den Bau zu verhindern. Wir haben zu viele Stopper. Auch das Totschlagargument vom Arbeitsplätzeverlust nervt. Würde Jesus uns den Weltfrieden anbieten, hörte man aus deutschem Mund vorwurfsvoll: „Und was passiert mit der Bundeswehr?!" Auch lässt sich die Industrie den Wandel zu oft von der Regierung bezahlen, etwa durch Subventionen. Länder, die Zukunftstechnologien nicht bezuschussen, entwickeln wettbewerbsfähige Produkte. Zu wichtigen Themen bringen Medien leider nur oberflächlichen Schlagabtausch.

Mangelt es im Journalismus an Kreativität und an Relevanz?
Ich lese viel, oft im Internet. In der Wirtschaftsberichterstattung geht es überwiegt substanzlos zu. Journalisten wundern

> „Von Unternehmenslenkern gehen Druck, Unruhe, oft sogar Angst aus."
> Gunter Dueck

sich seltsamerweise bei Tesla wie zuvor bei Amazon oder Zalando, wie lange verlustreiche Unternehmen doch noch profitabel werden. Ist doch völlig klar, dass die alle erst in den Aufbau investieren müssen. Ihre Kapitalgeber sind doch nicht blöd! Tesla hat heute einen höheren Wert als VW! Und die größeren Spaltmaße an den Fahrzeugen von Elon Musk interessieren doch überhaupt nicht, weil E-Autos kaum vibrieren. Die Wirtschaftspresse berichtet über neue Unternehmen wie Beyond Meat mit veganen Burgern entweder, als wären es Popstars, oder nur anhand von Quartalsberichten. Offenbar fehlt Journalisten das Basiswissen über Zukunftsthemen und Innovationen. Ich mag deshalb auch kaum mehr Interviews geben. Bei meinen Vorträgen huschen Journalisten herein, schießen schnell zwei Fotos und stellen zwei Fragen, statt sich hinzusetzen und etwas zu lernen. Oft fühle ich mich nur zu einem Drittel verstanden. Ich halte daheim die „SZ" als Tageszeitung, aber ich frage mich manchmal als Suchender, ob ich das wahre Interessante und Relevante nicht eher auf Youtube finde.

Sie gelten als Querdenker, dabei aber als intelligent und auch noch witzig. Was Astrophysiker Harald Lesch seit Jahren in „Terra X" darf, könnten Sie doch schon längst mit eigenem Format etwa mit Wirtschaftsthemen im massentauglichen Fernsehen bedienen, oder?
Ja, doch, aber mich hat noch keiner gefragt. Denkbar wäre ein interessantes TV-Format schon, denn meine Herzensangelegenheit ist ja, die Zukunft gründlicher vorherzusagen. Schließlich bin ich Wissenschaftler. Wie wäre es mit „BWL für Dummies" als Titel der Sendung? Viele Fragen insbesondere unserer Ökonomie wären noch zu beantworten: Wieso holen wir nur das Maximum und nicht das Optimum heraus? Was denkt einer wirklich beim Vorstellungsgespräch? Wie gehen Unternehmen mit guten Ideengebern

um? Kernthemen könnten sein, wie wir in der Wirtschaft mit Kommunikation und dem Verständnis für Vernunft im Business umgehen. Der Sender wäre mir nicht wichtig, aber als Vorbild dürfte „Die Sendung mit der Maus" dienen.

Wir widmen uns in „return" der Unternehmensführung in der Transformation von Geschäftsmodellen und im Turnaround aus Schieflagen, also der Krisenprävention und -bewältigung. Wozu raten Sie hier?

Normaler Wille hilft schon, aber vieles hängt vom Chef ab. Ein Bewusstseinswandel klappt ohne Commitment nicht. Unser ehemaliger IBM-Chef Louis Gerstner hat's vorgemacht und fragt nicht von ungefähr in seinem Buch „Wer sagt, Elefanten können nicht tanzen?". Mit seiner Haltung hat er maßgeblich zum Wiederaufstieg von IBM beigetragen und dabei in einer schwierigen Phase rund 300.000 Beschäftigte mitgenommen. Leider verfügten die meisten Entscheider über zu wenig Veränderungswillen; kostet ja auch viel Kraft. Meetings zum Tagesgeschäft sind da entspannter. Aber es gibt diese Unternehmer und Manager, die zum Aufbruch blasen. Michael Otto hat persönlich viel ins Internet investiert, Hubert Burda in neue Branchen. Dafür braucht man Feuer, das Gründer von Fresenius, Adidas, Bosch oder Daimler in sich trugen. Mit Aufbruch und Ausprobieren in neuen Feldern tut sich die aktuelle Manager-Generation sehr schwer. Die Möglichkeit zu scheitern behagt ihnen nicht.

Womöglich, weil gescheiterte Unternehmer in Deutschland sich häufig einer krassen Stigmatisierung ausgesetzt sehen, etwa in der Insolvenz. Wie denken Sie darüber?

Zuerst mal, dass da zu sehr über einen Kamm geschoren wird. Ob Unternehmer wegen Unfähigkeit scheitern oder wegen eines verzeihlichen Fehlers, ist doch ein gravierender Unterschied auf dem Weg zur Insolvenz. Der Einzelfall ist

also genau zu prüfen. Gerade bei der Suche nach Innovationen können Fehler passieren, aber hier sollte man dann früh scheitern. Am Beispiel des zurückgetretenen Bundespräsidenten Christian Wulff habe ich mal gebloggt unter der Überschrift „Fehler machen, Fehler haben, Fehler sein". Aus den beiden ersten Fällen kann man lernen, beim dritten muss man gehen. Angst vorm Scheitern sollte niemand haben. Aber in Unternehmen ist eine gewisse Vorsicht angebracht, wenn das Scheitern zu viele Ressourcen verbraucht.

Welche Defizite erkennen Sie bei Unternehmern, die Fehler begehen, bis ihr Unternehmen in der Krise steckt?

Das größte Defizit nenne ich Systemneurose. In alternden Firmen entwickelt die Führung eine Zwangsneurose. In meinem neuen Buch *(siehe S. 70; Anm. d. Red.)* beschreibe ich, dass mit der Idee vom Profitstreben die Sucht einhergeht, genau die Art von Führungskräften zu rekrutieren, die dazu passen – nämlich nur Sparapostel und Pacesetter. Diese Persönlichkeitsausprägungen dominieren die oberen Etagen und definieren damit die Unternehmenskultur. Von solchen Unternehmenslenkern gehen Druck, psychologische Unruhe, oft sogar Angst aus. Innovationen und Kreativität können in einem solchen unruhigen Klima nicht gedeihen.

Sie kritisieren, dass Konzerne scheitern, weil sie keine Innovation mehr hervorbringen, sondern jede neue Idee in feste Prozesse pressen. Was wäre die Alternative?

Tja, vielleicht ein Top-Manager mit Innovations-Führerschein. Überwiegend werden in Konzernen die Innovations-Manager aufgefordert „Mach mal!" und dauernd genervt „Wann meldest Du uns endlich den erwarteten Erfolg?". Ich erhalte jede Woche eine Aufforderung, eine Idee zu bewerten. Leider ist das meiste ziemlich undurchdacht. Für mich auch ein Beleg dafür, dass etwas im System nicht stimmt.

„Mit der Idee vom Profitstreben" prägen Unternehmensführung und -kultur „nur Sparapostel und Pacesetter", sagt Gunter Dueck.

Unter solchen Unternehmenslenkern entstehe ein Klima, warnt er, in dem „Innovationen und Kreativität nicht gedeihen".

Jeder Gründer oder Nachfolger darf Unternehmen lenken. Wäre es ratsam, vorher einen Führerschein zu bestehen?
Unbedingt! Und bitte gleich alle Eltern einen Erziehungsführerschein bestehen lassen! Ich habe mal eine 14-tägige Fortbildung zum Entrepreneur absolviert – eine meine wertvollsten Erfahrungen. Dabei hat uns Gifford Pinchot III als Seminarleiter mit unseren Geschäftsideen in hochnotpeinlichen Verhören das Fell über die Ohren gezogen. Er hat schon 1978 den Begriff des Intrapreneurs geprägt.

Welche befähigten Menschen müsste unser Bildungssystem also als Manager-Nachwuchs hervorbringen?
Ein anderes Bildungssystem! Denn unseres traktiert uns in Schule und Studium nur mit Wissen. Eigentlich gehören die Lebensläufe umgestellt: Nicht Abi und dann sofort studieren, sondern erst mal zwei Jahre arbeiten. Wer bis zum 27. Lebensjahr nur mit dem Auswendiglernen von Informationen seine Festplatte befüllt und als promovierter „Doktor irgendwas" in eine Firma kommt, wie soll der bitte schön als lebensunerfahrener Unternehmer wirken? Ich habe mich mit Psychologie beschäftigt, deshalb behaupte ich: Es ist schwer, jemanden weiterzubringen, der noch nie gearbeitet hat. Solche nur Gelehrten haben allenfalls mit ihrer Ehefrau versucht, schon mal Konflikte zu lösen. In Unternehmen müssen sie das täglich mit völlig verschiedenen Persönlichkeiten.

Unser Bildungssystem ist unfähig, die Potenziale zu heben?
Ja. Denn unser Bildungssystem zielt auf dressierte Kinder. Ihnen muss man Wissen in den Kopf kippen können. In der Psychologie sind das die braven Kinder. Aber es gibt eben auch rebellische Kinder, die sich immer gegen starre Systeme auflehnen werden. Als dritte Gruppe sind da noch die Kinder, die ewig bleiben, wie sie sind – verspielt, aber hochgradig interessiert. Sie sind eine seltene Art und werden heimlich am System vorbei im Beruf ihren Hobbys nachgehen, weil sie clever sind. Rebellische und natürliche Kinder sind selten gut in der Schule und werden mitunter Taxifahrer. Sie glauben gar nicht, wie viele abgebrochene Karrieren da enden, auch viele akademische. Unser Bildungssystem müsste für alle drei Typen etwas bieten: für die Dressierten das Vokabeln-Auswendiglernen, für die Rebellen das Vokabelnlernen durch praktisches Einkaufen im fremdsprachigen Laden und für die Natürlichen jedwedes Lernen durchs Elektrisieren fürs Thema.

Auf welche Stärken sollte Deutschland mit Blick auf den internationalen Wettbewerb für Innovationen setzen?
Auf den Maschinenbau, aber bitte in Kombination mit der Elektronik und Informatik. Und bitte Produkte für Zukunftstechnologien wie Elektromobilität. Und bitte nicht nur Erfindungen für eine effiziente Produktion, sondern Ideen für neue Geschäftsmodelle, die bestenfalls globale Standards setzen. Die meisten Zulieferer sind vertraglich viel zu lange an Technologien gebunden, teilweise über ein Jahrzehnt, obwohl Umstellungen heute kurzfristiger anzugehen sind. Transformation braucht Luft zum Atmen. Auf den ersten Blick schien sich zum Beispiel Paragon mit seiner Tochter Voltabox zu einem vorbildlichen Beispiel zu entwickeln, aber dann holperte es leider wie so oft in der Umsetzung.

Welche Megatrends und Zukunftstechnologien erachten Sie als die wichtigsten, weil geschäftlich oder gesellschaftlich vielversprechendsten?
Alles Selbstfahrende, vieles in der Medizin und Weiteres in Solartechnologien. Im zweitgenannten Bereich finde ich Gen-Editing interessant, woran Unternehmen derzeit ernsthaft forschen, um teure Krankheiten wie bei Blutern zu bekämpfen. Nach meiner Einschätzung wird es noch 20 bis 30 Jahre dauern, aber dann werden wir Wundermittel gegen die teuersten Leiden haben, später auch gegen normale Krankheiten. In der Solartechnologie versucht sich wieder Elon Musk als Vorreiter, indem er verbesserte und ganzheitliche Lösungen entwickelt, mit denen Häuser autonom zu versorgen sind. Solaranlagen auf dem Dach und Speicherbatterien im Keller können das leisten. Der Bedarf ist groß, etwa in Kalifornien, wo die Menschen von den dauernden Stromausfällen genervt sind.

Außer Mathematik-Professor sind Sie auch Betriebswirt, der den Lehrsatz unterstreicht: Die Wirtschaft dient dazu, die Prosperität eines Landes sicherzustellen. Sind Wachstum und Wohlstand dauerhaft und nachhaltig leistbar?
Wieso nicht? Wir wachsen die ganze Zeit. Jeder bekommt doch derzeit mit, dass in unseren Wachstumsindustrien nur der Fachkräftemangel der limitierende Faktor ist. Man muss nur nicht dauernd um zehn Prozent wachsen. Ausreichend wäre ein Wachstum, das reicht, um weiter Innovationen bezahlen zu können. Schwierig wird es für Unternehmen, die vor jeder Transformation erst einmal Leute feuern und Einstellungsstopps verhängen. Das gleicht dann eher dem Schiff, das vor dem Sturm alle Segel einholt und sich dann duckt. Gleichwohl gehören Stürme und Seuchen zum Wirtschaftsleben, das weiß jeder Landwirt aus Erfahrung. Auch Bauernhöfe müssen angesichts des Klimawandels künftig anderes anpflanzen. Dabei dürfen Bauern nicht gleich große Gewinnsteigerungen erwarten. Das Wachstum sollte reichen, damit ich mir Fehler leisten darf.

Das Interview mit Prof. Gunter Dueck führte „return"-Chefredakteur Thorsten Garber bei dessen Zwischenstopp in Hamburg im Hauptbahnhof auf dem Weg zu einem Vortrag in Bad Oldesloe.

Zurück in die Zukunft

Wie es auch in der verwöhnten IT-Branche zur Schieflage eines Unternehmens kommen und
eine rechtzeitige Übernahme die Rettung bringen kann, zeigt das Beispiel der IT-Informatik GmbH.

Das Porsche 911er Cabrio in der Tiefgarage des Ulmer Hauptsitzes der IT-Informatik GmbH war für viele da: Verdiente Mitarbeiter konnten sich den 450-PS-Flitzer ausleihen. Und auch sonst schöpfte das Systemhaus lange aus dem Vollen: ordentliche Rabatte für gute Kunden, ein üppig dimensioniertes eigenes Gebäude, eine Niederlassung in Hamburgs bester Lage.

Das Geld dafür verdiente das damals rund 400 Mitarbeiter zählende Unternehmen mit eigenen Software-Lösungen, dem Vertrieb und der Betreuung von IT-Hardware, Lösungen für Industrie-4.0-und mit der Konzeption und Umsetzung von SAP-Produkten. Heute ist von der IT-Informatik nur noch die Website übrig – und auch die gibt es nur noch so lange, bis das Unternehmen offiziell abgewickelt ist. Dennoch ist die Story rund um das Ende der IT-Informatik keine Horrorgeschichte. Denn das Unternehmen wurde Mitte 2019 zum Übernahmekandidaten für die Datagroup, mit seinerzeit insgesamt rund 2.200 Mitarbeitern eines der Schwergewichte der mittelständischen IT-Systemhäuser.

Der unbeteiligte Betrachter wundert sich, warum im Zeitalter der Digitalisierung ein kompetenter IT-Dienstleister ins Schlingern geraten kann. Die 1987 gegründete IT-Informatik war lange ein schnell wachsendes Vorzeigeunternehmen. Firmengründer Günther Nägele war zuvor Vertriebsprofi bei IBM. Der gut vernetzte Manager zog Kunden magisch an. In den Anfangsjahren ging es steil nach oben. Unternehmer kamen auf Nägele zu, damit sein Unternehmen bei ihnen SAP einrichtet.

Die anfangs nur aus drei Köpfen bestehende IT-Informatik wuchs und wuchs. Die Kundenliste las sich wie das Who's who der regionalen Unternehmenselite; unter den Gesellschaftern waren illustre Namen wie Gardena, WMF oder Wieland-Werke. Im Jahr 2012, also 25 Jahre später, erwirtschaftete die IT-Informatik mit 200 Mitarbeitern rund 20

Millionen Euro Umsatz. Ein Jahr zuvor richtete die Unternehmensleitung in Hamburg einen Standort ein.

Mit der BWK Beteiligungsgesellschaft löst ein auf Familienunternehmen spezialisierter Investor die Altgesellschafter nahezu ab und erwirbt rund zwei Drittel der Anteile. Die gute Entwicklung scheint sich fortzusetzen. Nominell steigen die Umsätze weiter: Das in den Geschäftsberichten ausgewiesene Rohergebnis klettert von 16,2 Millionen Euro in 2013 auf 30,7 in 2017. Doch der Cashflow zeigt, dass dieser Anstieg teuer erkauft gewesen sein könnte.

Der Finanzmittelfonds schrumpft zwischen 2013 und 2016 beständig und beträgt 2016 schon minus 1,7 Millionen Euro. Das Jahresergebnis ist auch in die Miesen gerutscht, der Fehlbetrag beläuft sich 2016 auf knapp 350.000 Euro.

Das Management beschließt, die einige Jahre zuvor erworbene Hauptimmobilie in Ulm zu verkaufen und dann zurückzumieten. Das sorgt zwar 2017 für eine Ergebnisverbesserung, löst aber die grundsätzlichen Probleme nicht. Als Sanierer holt die BWK im Dezember 2018 den Ingenieur und Manager Christoph Deinhard. Er löst Nägele ab und übernimmt die Leitung des stark gefährdeten Unternehmens.

„Die Millionen, die man 2017 durch den Gebäudeverkauf eingenommen hatte, waren Ende des Jahres schon wieder weg", beschreibt Deinhard die Lage in Zahlen. Als Grund nennt er „ein ganz extremes Ausgabeverhalten". So hatte IT-Informatik in Hamburg eine Immobilie mit über 1.000 Quadratmetern Bürofläche angemietet, obwohl 200 ausgereicht hätten. „Ericusspitze, beste Lage. Kosten: eine Million Euro im Jahr", fasst Deinhard zusammen.

Ulrich Freiherr von Waechter, heute Prokurist bei der neuen Datagroup Ulm GmbH, war damals Leiter des Bereichs Digital Transformation, später Vertriebs- und Marketing-Chef. Er erwähnt die großzügigen Räumlichkeiten

© Datagroup

„Die Übernahme kam
gerade noch rechtzeitig."

Ulrich Freiherr von Waechter

Den Blick immer nach vorne und auf Neues gerichtet: Die Datagroup wächst organisch, aber auch durch gezielte Akquisitionen. Das Unternehmen sucht letztgenannte zwar nicht aktiv, greift allerdings zu, sobald es passt – etwa bei der IT-Informatik GmbH.

ebenfalls: „Alles war auf Wachstum ausgelegt, das aber nicht eingetreten ist." Er benennt Probleme auch noch an anderer Stelle: „Wir hatten Handelsaktivitäten in Hamburg und in Ulm, die nicht ausreichend miteinander verzahnt waren, ja sogar teilweise gegeneinander liefen."

„Strukturen gab es keine. Keine Regeln. Nichts."

Nach seinem Amtsantritt startete Deinhard im Januar 2019 mit der Restrukturierung des Unternehmens. Das sei notwendig gewesen, wie er erklärt: „Die Firma war patriarchalisch geführt, Papa Nägele machte alles. Strukturen gab es keine. Keine Regeln. Nichts." Inhaltlich sei das Unternehmen aber gut aufgestellt gewesen, betont der Sanierungs-Manager: „Die haben SAP-Beratung gemacht, die haben eigene Programmierung gemacht, die haben Industrie 4.0 gemacht, die hatten mit Opra und Argos sehr schöne Software-Pakete im Angebot. Opra ist eine großartige Sache. Mit der Instandhaltungs-Software kann ich jedem, der damit eine große Anlage im Wert von vielleicht 100 Millionen Euro betreibt, garantieren, dass er fünf Prozent mehr Kapazität rausholt."

Dennoch habe man Verluste gemacht, weil das Produkt schlecht gemanagt worden sei. Es habe keinerlei Projekt-Management-System gegeben, weder für die Kunden-Tickets noch für die Software-Entwicklung. „Es gab daher auch kein Projekt-Controlling, keine Zielvorgaben, keine

Planeinhaltung, keine Leistungsübersicht. Außerdem auch kein Unternehmens-Controlling, keine Deckungsbeitragsrechnung", sagt Deinhard.

In der Rückschau sieht auch von Waechter deutliche Defizite in den kaufmännischen Abläufen, vor allem im Controlling. Dies hätte strukturelle Probleme noch verschärft. Strukturschwächen wiederum seien darauf zurückzuführen, dass vieles im Unternehmen „quasi auf Zuruf" organisiert wurde. „Die Strukturen waren nicht mitgewachsen. Man kann ein Unternehmen mit 400 Mitarbeitern eben so nicht mehr führen", stellt von Waechter klar.

Weil eine sinnvolle Organisationsstruktur fast komplett gefehlt habe, sei der Start in die Restrukturierung eine „gut machbare" Aufgabe gewesen, sagt Deinhard über seinen Auftrag. Er beauftragte – als Verfahrensbevollmächtigter der Insolvenz in Eigenverwaltung – die Stuttgarter Kanzlei Grub Brugger mit Projektleiter Michael Mucha. Als Sachwalter bestellte das Gericht auf Antrag von Deinhard den Insolvenzanwalt Michael Pluta. Trotz aller Maßnahmen funktionierte die Insolvenz in Eigenverwaltung nicht ganz, letztlich fehlten dem Sanierungsgeschäftsführer zwar nur noch 500.000 Euro, wie er sagt. Aber die Mehrheitsgesellschafter von der BWK und die Hausbank hätten sich nicht einigen können. In der Folge habe das Kreditinstitut sämtliche Kredite gekündigt. So sei aus der Eigenverwaltung ein klassischer Insolvenzfall geworden.

In diese Phase fiel das Übernahmeangebot der Datagroup. Der potenzielle Partner kam ins Spiel, als IT-Dienstleister,

Interview

„Wir haben keine gut funktionierende Perle übernommen"

Max H.-H. Schaber, Vorstandsvorsitzender der Datagroup SE, äußert sich im Interview überaus offen zur letztlich erfolgreichen Akquisition der IT-Informatik GmbH.

Wie bewerten Sie die Akquisition?

Max H.-H. Schaber: Insgesamt war das Unternehmen, kann man sagen, „überraschend" geführt – mit einer negativen Konnotation. Jetzt ist das alles aber inzwischen eine positive Situation. Wir haben es durch striktes Kosten-Management geschafft, uns schnell große Lasten von den Schultern zu nehmen, indem wir zum Beispiel Miet- und Leasing-Verträge abgelöst haben. Parallel dazu arbeiteten wir am Wiederaufbau des Vertriebs. Das hat nach drei, vier Monaten zu ersten Erfolgen und ersten Neuaufträgen geführt. Damit sind wir von einem hohen Millionenfehlbetrag inzwischen bei einer schwarzen Null angekommen.

Ein Grund der Übernahme war es, das SAP-Know-how der Datagroup weiter ausbauen zu können. Werden denn auch die beiden Eigenprodukte der IT-Informatik, Argos und Opra, weiterbetreut?

Ja, wir haben auch hier schon Neukunden generiert und wollen die Produkte auch weiterhin pflegen. Ich kann nicht versprechen, dass das für jedes Produkt und alle Zeit gilt. Sie können sich ja vorstellen, dass man bei einer derart chaotischen Unternehmensführung in der Vergangenheit schon überall genau draufschauen muss. Das braucht Zeit. Grundsätzliche Aussage aber ist, die Produkte weiter anzubieten.

Wie passt ein Insolvenzkandidat in Ihr Beuteschema?

Wir haben kein Beuteschema. Wir haben daher auch keine M&A-Berater laufen, die Ausschau im Markt nach Targets halten. Wir werden gesucht. Die Datagroup ist inzwischen

als Übernahme-Spezialist bekannt, der auch komplexe Situationen managen kann. Dazu gehören Insolvenzen ebenso wie die Nachfolgeproblematik oder ein Carve-out.

Was war bei der IT-Informatik besonders?

Es war ja ein sogenannter Asset Deal aus einer Insolvenzmasse heraus. Wir haben den Standort Ulm mit allen Mitarbeitern und Assets übernommen, nicht jedoch die Kundenverträge, da wir keine Gelegenheit hatten, diese per Due Diligence zu bewerten. Das haben wir im Nachhinein getan und dabei alle neu verhandelt. Wir wollten uns nichts einkaufen, was für uns nachher nicht beherrschbar gewesen wäre. Zudem haben wir bei der IT-Informatik in Ulm eine sehr schlechte Auslastung angetroffen. Es waren einfach nicht genügend Kunden da, und es wurde nicht genügend darauf geachtet, die Mitarbeiter in Lohn und Brot zu bekommen. Wir haben kurz nach der Übernahme die Skill-Profile der Mitarbeiter in den Konzern geschickt. Ergebnis ist, dass wir heute schon eine signifikante Auslastungsverbesserung haben.

Stichwort Personal. Warum hat man so etwas wie eine Personalabteilung erst während des Insolvenzverfahrens in Eigenverwaltung aufgebaut?

Was vor der Übernahme gelaufen ist, kann ich nicht beurteilen, da haben wir keine historische Recherche betrieben. Aber in der Tat galt es hier, aufzuräumen. Wir haben leider keine gut funktionierende Perle übernommen. Wir haben Mitarbeiter mit guten Skills und eine ausbaufähige Kundeninfrastruktur angetroffen, aber das war es dann auch schon. Daher war es eine echte Kärrnerarbeit, wieder zum Erfolg zu kommen. Die ersten drei Monate waren stark negativ, der vierte Monat Januar war so lala und der Februar wird gut.

Sie bereuen die Akquisition nicht?

Um Himmels willen, nein! Aus meiner Sicht ist die Übernahme ein voller Erfolg. Das wird ein toller Teil der Datagroup.

der seine Marktposition seit Langem durch eine Kombination aus organischem Wachstum und Zukäufen stärkt und seine vielfältigen Erfahrungen auch in der Management-Literatur weitergibt: „100 Tage Datagroup. Ein Leitfaden zur Eingliederung von Akquisitionen" heißt etwa ein Beitrag im 2016 herausgegebenen Sammelband mit dem Titel „Post-Merger-Integration im Mittelstand". Nach fast 200 Tagen in der Datagroup sieht deren Vorstandschef Max H.-H.

Schaber die Akquisition auf einem guten Weg. Allerdings hat das übernehmende Unternehmen eine etwas andere Sicht der Dinge als Sanierungsgeschäftsführer Deinhard. Während es Deinhard zum Beispiel als Vorteil sieht und entsprechend stolz ist, nach der Insolvenz keinen einzigen Kunden verloren zu haben, verweist Schaber darauf, dass die bestehenden Kundenverträge neu verhandelt werden mussten (siehe Interview oben).

Alles unter einem neuen Dach: Datagroup mit Firmensitz in Pliez-heim kaufte in der Insolvenzphase die IT-Informatik GmbH.

Sanierungsgeschäftsführer Christoph Deinhard fand mit IT-In-formatik ein Unternehmen mit „extremem Ausgabeverhalten" vor.

Einigermaßen gut ging es jedenfalls für die weitaus meisten der Mitarbeiter der IT-Informatik weiter: Die Datagroup übernahm rückwirkend zum 1. August zunächst die komplette Belegschaft und die wesentlichen Vermögenswerte der IT-Informatik einschließlich der Tochterunternehmen in Barcelona und Berlin, allerdings nicht den Standort Hamburg. In der Folge trennte man sich von rund 100 Mitarbeitern, 15 hatten von sich aus das Unternehmen verlassen, 85 mussten gehen. Die verbliebenen rund 300 Mitarbeiter sind bis heute Teil der Datagroup.

So gesehen hat die Insolvenz in Eigenverwaltung zwar nicht vollständig funktioniert, aber letztlich zu einer Übernahme geführt, die die überlebensfähige Substanz eines Betriebes erhalten hat. Seine inzwischen leere Hülle, aktuell noch als Website zu besichtigen, wird im Laufe des Jahres verschwinden, sobald das Verfahren abgeschlossen ist und die Gelder an die Gläubiger gegangen sind.

Vielleicht ein Argument für die Eigenverwaltung

Gut möglich, dass Beispiele wie das der IT-Informatik GmbH dazu beitragen, durchaus das Instrument der Eigenverwaltung populärer werden zu lassen. Solche Verfahren sind quasi noch Exoten. In ihrem Insolvenzbericht 2019 widmet Creditreform der Eigenverwaltung zwar ein kleines Sonderkapitel, denn der Anteil dieser Verfahren ist signifikant gestiegen. Das allerdings auf nur sehr niedrigem Niveau – statt 0,8 Prozent im Vorjahr liefen 2019 immerhin 1,4 Prozent aller Insolvenzverfahren in Eigenverwaltung. Sanierungsgeschäftsführer Deinhard hält viel von dieser

Verfahrensform: „Die Eigenverwaltung gibt einem Möglichkeiten, sich leichter von Kosten zu trennen. Für mich ist die Eigenverwaltung nichts anderes als ein Werkzeug aus der Toolbox der Restrukturierung." Datagroup-Ulm-Vertriebschef von Waechter ist vor allem froh, dass die Lösung gefunden wurde: „Die Übernahme kam gerade noch rechtzeitig." So rechtzeitig, dass einige der Mitarbeiter, die in der Insolvenz gekündigt hatten, inzwischen eine Perspektive sehen und nun wieder zum Team gehören.

Kompakt

▶ Auch IT-Unternehmen mit extrem guter Ertragslage können extrem hohe Ausgaben nicht ewig stemmen.

▶ Mittelständische Unternehmen lassen sich nicht mehr mit den Strukturen überschaubarer Familienbetriebe führen.

▶ Eine Insolvenz in Eigenverwaltung kann sinnvoll sein, wenn dadurch die Restrukturierung wirklich zeitig genug einsetzt.

▶ Restrukturierungsverfahren kosten Geld, das erwirtschaftet werden muss.

Armin Hingst schreibt für „return" vor allem zu IT-Themen und arbeitet seit vielen Jahren als freier Journalist für unser Magazin zu Transformation und Turnaround in Unternehmen. Zuletzt veröffentlichten wir von ihm ein Firmenprofil über Open-Xchange in Ausgabe 01/20 von „return".

Bewegung am Bau

Zu den Branchen, die wenig digitalisiert sind, gehört der Bau. Ein guter Grund für Gründer, genau diese Industrie zu transformieren – mit Robotern, KI und transparenten Plattformen.

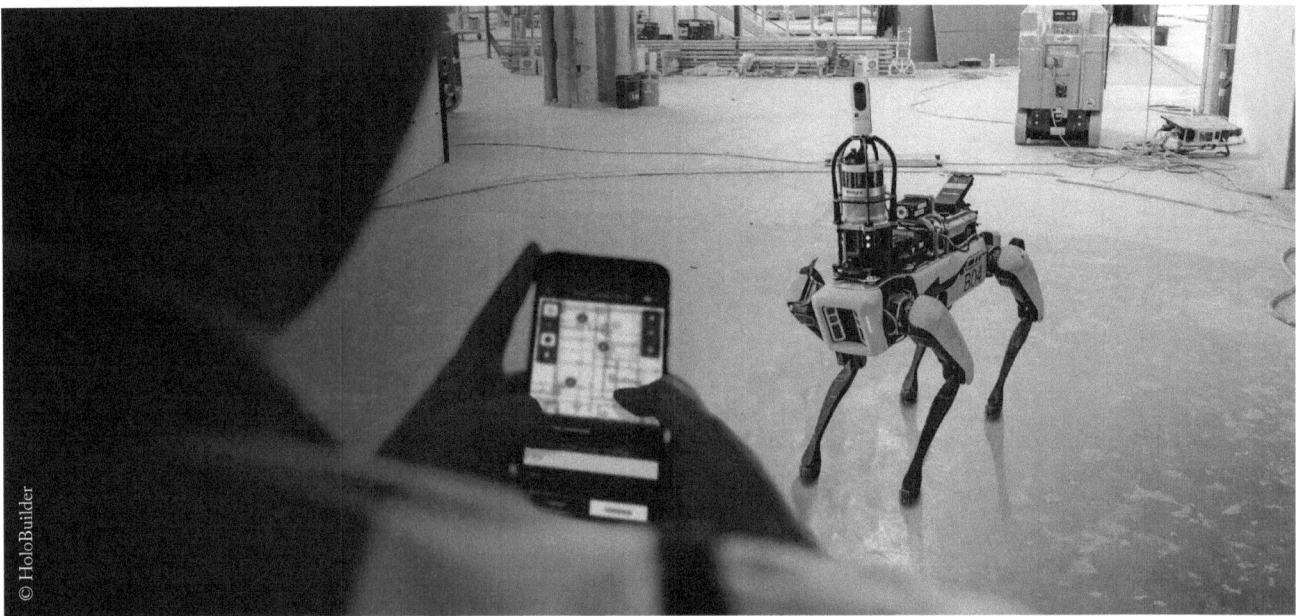

© HoloBuilder

Der „Spot Walk Hero" von Boston Dynamics war einer der ersten Baustellen-Roboter. Er trägt das Dokumentationsmodul von „HoloBuilder".

Nichts Geringeres als eine Branche umkrempeln will Florian Biller. „Erst wenn unsere Software Capmo auf jeder Baustelle in Europa genutzt wird, haben wir unser Ziel erreicht." Dabei waren sich der 28-jährige Betriebswirt und seine drei Co-Gründer anfangs nicht sicher, in welcher Branche sie gründen wollten.

Die vier hatten sich im Studium am Center for Digital Technology und Management in München kennengelernt und beschlossen, ein digitales Unternehmen zu starten, nicht „das nächste schnelle Online-Start-up". Einer der Co-Founder betreute parallel zur Promotion über Künstliche Intelligenz die IT eines Bauunternehmens. Billers Großeltern besaßen ein Unternehmen im Baunebengewerbe. „Bald war klar, dass der Bau neben Jagen und Fischen die am wenigsten digitalisierte Branche ist und wir einen echten Impact auf eine Industrie haben können", sagt er.

Sie besuchten rund 30 Baustellen – vom Wohnungs- bis zum Autobahnbau. In der Planungsphase sind Bauprojekte schon sehr digital, aber sobald es auf die Baustelle geht, hängen überall ausgedruckte Baupläne herum, war ihre Erkenntnis. Diese Pläne sind nicht immer auf dem aktuellen Stand, sodass nicht selten Fenster an falschen Stellen eingebaut werden, was

hinterher geändert werden muss. Sie begannen, eine Software für mobile Geräte auf der Baustelle zu entwickeln. Erste Pilotkunden erhielten ein Basisprodukt und unterstützten mit intensivem Feedback die Weiterentwicklung.

Cloudbasierte Lösung dient heute Architekten bis Bauunternehmern

Heute ist Capmo eine cloudbasierte Lösung. Architekten, Bauleiter, Ingenieure, Bau- und Subunternehmer erfassen damit sämtliche Prozesse digital und können sie in Echtzeit steuern. „Die Kenntnisse über KI können wir nutzen, um automatisierte Funktionen wie eine Spracherkennung einzubauen, denn auf der Baustelle tippt es sich schlecht", sagt Biller über eine praktische Lernerfahrung. Im ersten Jahr konnte Capmo schon Hunderte Kunden gewinnen, vom Ingenieurbüro um die Ecke bis zu Deutschlands zweitgrößtem Bauunternehmen, Max Bögl. Der Lizenzumsatz soll binnen Jahresfrist um 330 Prozent steigen und die Mannschaft bis Ende 2020 von 25 auf 50 Mitarbeiter wachsen.

Ein Aachener Start-up hat mit „HoloBuilder" den globalen Markt im Visier. „Wir setzen weltweit Maßstäbe", weiß

Gründer Mostafa Akbari-Hochberg. Als wissenschaftlicher Mitarbeiter an der RWTH Aachen University lernte er Co-Gründer Simon Heinen kennen. Gemeinsam starteten sie die Bitstars GmbH. Später kam mit Kristina Tenhaft dann noch die Dritte im Gründer-Team hinzu. Anfangs programmierten sie Software für andere Unternehmen, bauten die Social-Media-App „Jodel" mit auf sowie die inzwischen insolvent gegangene Stahlhandelsplattform „Mapudo".
„Das waren interessante Aufgaben, die aber sehr individuell und nicht skalierbar waren", beschreibt Akbari-Hochberg. Mit dem German Accelerator ging er 2015 ins Silicon Valley, um sich Ideen für skalierbare Geschäftsmodelle zu holen. Sie stellten eine Software zur Inhaltserstellung für Augmented- und Virtual-Reality-Datenbrillen zur Verfügung. In kurzer Zeit erreichte die Plattform mehr als eine Million Nutzer. „Wir stellten fest, dass fast alle nur ein einziges Feature nutzten: den Upload von 360-Grad-Bildern", berichtet er.

Scoperty holt Immobilien-Angebote ins Internet, die vorher nur in Supermärkten und an Laternenpfählen hingen.

Auf Baustellen ähnelt Benutzerblick jetzt dem bei Googles „Street View"

„Das Loslassen vieler toller Ideen und die Konzentration auf die Baubranche fielen uns sehr schwer", gibt Akbari-Hocherg zu. Doch so schaffte HoloBuilder den Durchbruch: Das mit Rundum-Kameras digital erfasste Bauprojekt kann virtuell am Rechner oder per Datenbrille besichtigt werden – mit dem Bauplan verknüpft ähnelt der Benutzerblick dem bei Googles „Street View". Die mit der auf Computer Vision und Künstlicher Intelligenz basierende Software „SiteAI" analysiert den Baufortschritt in den 360-Grad-Bildern. So lassen sich mehr als 80 Prozent Dokumentationszeit sparen. „Mit HoloBuilder hätte man am Berliner Flughafen BER nicht mehr als zweieinhalb Jahre zum nachträglichen Dokumentieren benötigt", ist Akbari-Hochberg überzeugt: „Wir hätten die Gewährleistungsansprüche in zehn Minuten geregelt." Weltweit führend ist zudem der Einsatz von HoloBuilder im Baustellen-Roboter von Boston Dynamics, der eine autonome Dokumentation ermöglicht.

Die deutsche Herkunft sei ein Pluspunkt bei konservativer Klientel: „Sie steht für bewussten Umgang mit Daten und ihre Sicherheit", sagt Akbari-Hochberg. Rund 30 Flughäfen in den USA nutzen die Software schon, ebenso Unternehmen aus der Öl- und Gasbranche, Chemiekonzerne und Krankenhäuser. Die derzeit 30 Mitarbeiter in Aachen und 20 im Silicon Valley erwirtschaften einen Millionen-Umsatz, der pro Jahr verdreifacht werden soll.

„Heute sind weltweit ungefähr 5.000 Bau-Roboter im Einsatz", sagt Thomas Linner von der Architektur-Fakultät der TU München und Autor der „Cambridge Handbooks on Construction Robotics". Etwa 80 Prozent aller beim Hochbau anfallenden Arbeiten können künftig Maschinen

übernehmen. Diese Roboter haben künstliche Gliedmaßen, mit denen sie tonnenschwere Bauteile heben und exakt platzieren können. Linners Team forscht an einer Roboter-Familie für den Ausbau von Rohbauten. Robotik ist ein Weg zu preisgünstigerem Bauen – und Deutschland holt beim Einsatz von Bau-Robotern allmählich auf. Denn bisher setzten die deutschen Bauunternehmen eher auf Billigarbeiter und haben ihren eigenen Maschinenpark reduziert.

Deshalb wächst das Mietvolumen für Baumaschinen und Bau-Equipment in Deutschland, das rund vier Milliarden Euro pro Jahr beträgt. Das von Florian Handschuh mitgegründete Münchner Start-up Klarx rollt diesen Markt nun auf. Bauunternehmen können Bagger, Radlader und vieles mehr mit wenigen Klicks mieten auf seiner inzwischen größten Online-Plattform in Deutschland und Österreich.

Bau-Equipment so einfach mieten, wie andere online Schuhe kaufen

Die beiden Tiroler Brüder Matthias und Florian Handschuh lernten als professionelle Snowboarder während ihrer Wettkampfzeit viele Snowparks kennen. Sie gründeten ihr erstes Unternehmen Sugarparks, mit dem sie Snowparks für Skigebiete planten und bauten. „Man braucht Erdbewegungsmaschinen wie Bagger und Radlader, um im Sommer das Gelände und im Winter den Schnee zu modellieren", erzählt Florian Handschuh. „Wir mussten viel Zeit in die Organisation entsprechender Maschinen stecken, da es faktisch keine digitale Lösung gab." Am Entrepreneurship Center der LMU München lernten sie ihren dritten Partner Vincent Koch kennen und gründeten Klarx. Ihre Vision: „Die Miete von Bau-Equipment soll so einfach sein, wie ein Paar Schuhe online zu kaufen."

Die Klarx-Gründer mieten und vermitteln alles – von Bagger und Bauzaun über Arbeitsbühnen bis zum Kran.

Der erste schwere Schritt war, Anbieter dazu zu bewegen, auf der Plattform mitzumachen. „Wir sind zunächst als reiner Marktplatz gestartet und haben die Kunden gegen eine Provision an unser Netzwerk weitervermittelt", beschreibt Florian Handschuh. Da dies Kunden und Mietpartnern noch keinen Mehrwert bot, änderten sie ihr Geschäftsmodell zur vertikal integrierten Plattform: „Wir mieten vom Bauzaun über Bagger und Arbeitsbühnen bis hin zum Kran alles bei den unterschiedlichen Anbietern, sodass der Kunde nur uns als Ansprechpartner hat." Vorteil fürs Partnernetzwerk ist ein effizienter Bestellprozess inklusive Bonitätsprüfung. Vorteil für Kunden: Sie können über Klarx auch Verlängerungen, Freimeldungen oder Schadensmeldungen online erledigen.

Klarx überzeugte Peri-Chef und Flixbus-Gründer als Geldgeber

So wurde Klarx zur größten unabhängigen Plattform, die den gesamten Maschinenbedarf deutschland- und österreichweit aus einer Hand abdeckt. Klarx kooperiert mit 4.500 Mietpartnern und listet rund 300.000 Maschinen. Das Online-Portal hat schon mehr als 50.000 Mietanfragen verarbeitet und beschäftigt 85 Mitarbeiter. Das Team soll bis Jahresende auf 100 und 2021 auf 140 Mitarbeiter wachsen.

Klarx lebt von der Vermittlungskommission und startete mit Seed-Finanzierung von Business Angels wie Alexander Schwörer, der mit seinem Unternehmen Peri zu den Weltmarktführern für Betonschalungen gehört. „Er hat uns bei der Validierung des Geschäftsmodells unterstützt", sagt Florian Handschuh. Klarx schloss im Herbst 2018 eine Finanzierungsrunde von über vier Millionen Euro ab. Daran beteiligten sich die Gründer von Flixbus sowie Lukasz Gadowski, Gründer von Delivery Hero. Eine weitere Finanzierungsrunde mit mehr als 12,5 Millionen Euro wurde im Herbst 2019 abgeschlossen. „Damit sind wir sehr solide durch Venture-Kapital finanziert und können unsere Wachstumspläne umsetzen", betont Florian Handschuh mit Blick auf weitere Ausbaupläne. In den nächsten Jahren steht die Internationalisierung in europäischen Märkten an.

Nicht einmal drei Prozent aller deutschen Start-ups zielten laut „Startup-Monitor 2019" auf die Bau- und Immobilienbranche. Eines weiteres ist Scoperty, dessen Gründungsgeschichte eher untypisch für ein Start-up begann. Auch hier stand der Wunsch im Vordergrund, mehr Transparenz in einen intransparenten Markt zu bringen. „Bei uns können Kunden ihren eigenen Markt schaffen", sagt Gründer und CEO Michael Kasch: „Interessenten können auf der Plattform erstmals Eigentümer kontaktieren, deren Immobilien derzeit nicht als Verkaufsobjekte ausgewiesen sind, ihnen einen interessanten Preis vorschlagen und damit eventuell einen Verkauf anstoßen." Damit hole Scoperty die Aushänge aus Supermärkten oder von Laternenpfählen ins Internet.

Plattform verknüpft Schätzwerte von rund acht Millionen Immobilien

Die Idee zu der Plattform, die Schätzwerte aufgrund frei verfügbarer Daten mittels KI verknüpft, kam noch während Kaschs Zeit bei der Interhyp auf: „Wir als Baufinanzierer wollten einen früheren Zugang zum Wohnimmobilienmarkt finden." In der Interhyp-Zukunftswerkstatt entstand die Idee, durchlief den Prozess im Innovations-Management der Konzernmutter ING und endete im April 2019 in der Gründung des Joint Ventures Scoperty als Gemeinschaftsunternehmen von ING, Price Hubble und Sprengnetter. Nach dem Testmarkt Nürnberg ist die Plattform seit November auch in Berlin, Hamburg, München, Köln und Frankfurt am Main verfügbar. Mittlerweile liegen Schätzwerte von rund acht Millionen Häusern und Wohnungen online vor, womit rund ein Fünftel des Marktes in Deutschland abgedeckt ist.

Anja Kühner arbeitet als freie Wirtschaftsjournalistin von Düsseldorf aus schon seit Jahren für „return" und schreibt dabei vor allem regelmäßig über die Gründerszene und interessante Start-ups.

Smart Meters

Von analog-linear zu digital-zirkulär: Das mittelständische Familienunternehmen Lorenz hat seine Wirtschaftsweise neu erfunden und damit seine Wettbewerbsfähigkeit verbessert.

Mit Smart Meters erzielen Kunden digitalen Mehrwert – und durch Rückgabe und Remanufacturing weitere Kostenvorteile.

Die Lorenz GmbH & Co. KG ist Spezialist für Durchflussmessung und führender Anbieter/Hersteller von Wohnungs-, Haus- sowie Großwasserzählern. Noch vor 15 Jahren war Lorenz eine kleine Firma und die heutige Technologieführerschaft kaum vorstellbar. Doch mit innovativen Konzepten schrieb Lorenz eine Erfolgsgeschichte und leitete die Transformation vom einst einfachen Produktionsbetrieb zum Vorreiter für Industrie 4.0 und Smart Metering ein. Kostendruck und Schwankungen an den Rohstoffmärkten hatten seit der Jahrtausendwende branchenweit existenzbedrohende Ausmaße angenommen. Mehrere Wettbewerber wurden aufgekauft. Einschneidende Sparmaßnahmen dominierten durch Arbeitsplatzabbau, Auslagerung in Niedriglohnländer, Umstellung auf Low-Cost-Materialien und agressiven Preiskampf. Dies ergab wesentliche Produktnachteile und Folgekosten. Mit einer strukturierten Qualitäts- und F&E-Offensive hielt das Unternehmen dagegen.

Tief greifendes Konzept zur Kreislaufwirtschaft

Der erste Hybridwasserzähler mit Funkübertragung war früher Vorläufer der heutigen Smart Meters. Ein tief greifendes Kreislaufwirtschaftskonzept wurde eingeführt, bei dem die Zähler nach eichbedingtem Austausch zurückgenommen und im Zuge einer Refabrikation zurück in den Produktionsprozess fließen. Anschließend bildeten smarte Produkte, digitalisiertes Engineering und die vernetzte Produktion in einer Smart Factory die Säulen der weiteren Transformation im Unternehmen. Die Smart Meters bestehen aus einer wasserführenden Messinghydraulik und einem ausgesprochen sensiblen elektronischen Zählwerk mit hoher Messgenauigkeit und -stabilität. Ein modulares Plattformkonzept für Software, Elektronik und Hardware ermöglicht maximale Variantenvielfalt, umfassende Funksystemkompatibilität und IoT-Readiness unter Erhalt der Wirtschaftlichkeit und ohne Einschränkung der Wiederverwertbarkeit.

Kunden erzielen maßgebliche Prozessoptimierung durch die individuell festlegbare digitale Erfassung, Übermittlung und Auswertung der Messdaten. Durch die maßgeblichen Materialeinsparungen im Zuge des Remanufacturings bleiben die Smart Meters auch preislich wettbewerbsfähig.

Digitale Transformation löst Wachstum aus

Lorenz eröffnete Anfang 2018 seine Smart Factory zur Ausweitung der Herstellung von Smart Meters. Mit dem Transformationsprozess geht eine Verdreifachung von Umsatz, Mitarbeiterzahl und Kundenstamm einher. Geschäftsführer Wilhelm Mauß unterstreicht die Unterstützung durch das Mittelstand 4.0-Kompetenzzentrum Augsburg für den laufenden Ausbau: Innerhalb der nächsten zehn Jahre erwartet Lorenz eine weitere Verdopplung des Umsatzes auf 40 Millionen Euro – dank Digitalisierung und Kreislaufwirtschaft.

Wilhelm Mauß (links) ist seit 2003 Geschäftsführer der Lorenz GmbH & Co. KG und hat die digitale Transformation des Unternehmens entscheidend geprägt. Georg Höllthaler vom Fraunhofer IGCV ist im Mittelstand 4.0-Kompetenzzentrum Augsburg verantwortlich für Potenzialanalysen und Projekte. Er unterstützt die Firma Lorenz bei Digitalisierungsvorhaben.

Mutige Quereinsteigerin

Susanne Horn wechselte von der Immobilien- in die Bierbranche. Mit mitarbeiterorientierter Führung und Fachkompetenz setzt sie sich im männerdominierten Brauereiwesen durch.

Susanne Horn startete nach dem BWL-Studium ihre Karriere im Finanz-Management des Auto-bauers Audi. Ihren Führungsstil prägte die Zeit bei der Dr. Vielberth Verwaltungsgesellschaft, einem Entwickler von Einkaufszentren und Gewerbe-parks. Hier erkannte die 46-jährige Oberpfälzerin, wie wichtig die Ausrichtung auf den Menschen und seine Fähigkeiten ist. Ihr Start in der Bier-branche im Jahr 2008 war nicht einfach, aber Horn nahm sich ein Jahr Zeit, um alles über das Bier-brauen zu lernen. Das kam bei den Mitarbeitern gut an und brachte Erfolge.

Eine Devise von Susanne Horn lautet „Mut tut gut". Mut bewies die Regensburgerin, als sie vor zwölf Jahren als Geschäftsführerin zur Biobrauerei Lammsbräu wechselte. Dabei reizte die Tochter eines Bio-Bauern weniger das Bier, sondern vielmehr das Thema Bio und der Einstieg in ein inhabergeführtes Unternehmen. Als Frau und Branchenfrem-de war es anfangs für sie nicht leicht in der männerdominierten Branche. Man(n) ignorierte sie. Ihr damaliger Chef, Lamms-bräu-Eigner Franz Ehrnsperger, wurde gar gefragt, ob man sie nicht wieder loswerden könnte.

Doch Horn eignete sich Fachkompetenz an und konnte Erfolge vorweisen. Der Umsatz der Neumarkter Bio-Brau-erei stieg von 10,4 auf 24,1 Millionen Euro. Sie führte das Unternehmen zum unangefochtenen Marktführer im Bio-Bereich. Ihr gelang die Einführung eines Bio-Mineralwassers. Mittlerweile ist Horn etabliert und angesehen. 2013 wurde sie sogar ins Präsidium der Freien Brauer gewählt, ein Zusammenschluss von 40 inhabergeführten Brauereien.

Dem Bier treu geblieben von Lammsbräu bis Bischofshof

Die Aufgabe in der Oberpfalz war ein Job auf Zeit. Denn sie sollte das Unternehmen führen, bis die nächste Generation des Familienunternehmens bereitstand. Im vergangenen Jahr war es so weit. Aber die Quereinsteigerin blieb der „Männer-wirtschaft" treu. „Wenn dich die Leidenschaft gepackt hat, dann lässt dich das Bierthema nicht mehr los", gesteht Horn. So war der Wechsel zur Regensburger Brauerei Bischofshof, zu der auch die Marke Weltenburg gehört, ein logischer Schritt. Zudem war ihr ein Engagement in einem Eigentü-mer-Unternehmen wichtig, weil sie dort mehr Möglichkei-ten siehst, Sinn in dem zu finden, was man tut. Wo sollte das auch besser gehen als in einem wertorientierten Unterneh-men, dessen Eigentümer das Bistum Regensburg ist, vertre-ten durch den Bischof Rudolf Voderholzer?

Horns Maßgabe für ihre Aufgabe ist wie immer Erfolg. Doch Erfolg verbindet sie nicht allein mit Größe. Wachstum sei für die Brauerei, die mit 198.000 Hektolitern einen Umsatz von 18 Millionen Euro erwirtschaftete, vor allem wichtig, sagt sie, weil er Fortschritt bedeutet und Gestaltungsspielräume ermöglicht. „Wir müssen keine 500.000 Hektoliter produzieren, denn entscheidend ist nicht die Menge, sondern der Ertrag, den wir aus der Menge generieren", relativiert Horn. Trotz der Absatzrückgänge in der Bierbranche hat sich Horn hehre Ziele gesetzt. Zum einen möchte sie die Brauerei zum besten Arbeitgeber in Regensburg und Umgebung entwickeln. Irgendwann möchte sie keine Stellen mehr ausschreiben, sondern wünscht sich, dass es genügend Menschen gibt, die in dem Unternehmen arbeiten wollen. Ihr zweites Ziel ist nicht weniger herausfordernd: Bischofshof soll zur Nummer eins der Region aufsteigen und Weltenburg zur Nummer eins für Klosterbiere in Deutschland.

Johannes Ehrnsperger, der ihre Aufgabe bei Lammsbräu übernommen hat, ist davon überzeugt, dass Susanne Horn ihre Ziele erreichen kann. Er lobt: „Der innerste Antrieb von Susanne Horn ist ihr ununterbrochener Wille, durch ihr Tun etwas zu gestalten und voranzubringen. Dabei bleibt sie bodenständig und spricht die Sprache der Menschen. So nimmt sie ihre Mitarbeiterinnen und Mitarbeiter mit, begeistert sie, gemeinsam voranzugehen." Der Unternehmer wertet positiv: „Dies macht sie mit ihrem großen persönlichen Engagement in allen Belangen zu einer besonderen Führungspersönlichkeit."

Beisammen im Bischofshof: Zufriedene Mitarbeiter sind für Susanne Horn wie ein Schwungrad, das den Erfolg zum Selbstläufer macht.

An Werten orientierte Unternehmensführung

Als erste Aufgabe sieht sie die Neuausrichtung der Werte. Dabei haben sich die Leitlinien der 1649 gegründeten Brauerei durchaus bewährt. Nun sollen sie weiterentwickelt und neu übersetzt werden. Eine der fünf mit den Mitarbeitern definierten Werte ist christlich. Er wird nun dahingehend übersetzt, was er für Mitarbeiter, Abteilungen oder Führungskräfte bedeutet. Für Horn zählt dazu beispielsweise der Erhalt der Schöpfung. Die Belegschaft setzt sich also intensiv mit Nachhaltigkeit, Umweltzertifizierung und sozialem Engagement auseinander. „Wir müssen unsere Werte so verinnerlichen, dass wir keine Regeln mehr brauchen, um sie einzuhalten", beschreibt Susanne Horn wertorientierte Führung. Dann werde sich das System von selbst tragen wie durch automatische Impulsgeber, die immer größere Wellen auslösen. Das führt sie zu zufriedenen Mitarbeitern.

Auch die Marken des Unternehmens sollen eindeutig positioniert werden. Hier können die Teams ebenfalls auf den Erfolgen der Vergangenheit aufbauen. Die Klostermarke Weltenburg symbolisiert die Kraft des Klosters Weltenburg und der Biere, die hier gebraut werden. Diese Kraft soll über die Region hinaus beim nationalen Engagement wirken.

Große Veränderungen wirken auch auf die Marke Bischofshof, denn sie steht für die Region und für Menschen, die Regensburg lieben. Beides hat sich bis heute weiterentwickelt. Diesen Wandel wird die Biermarke vollziehen müssen, um weiterhin für ein Bier zu stehen, „das uns zu Freunden macht". Dafür sind Soziale Medien ein wichtiger Kommunikationskanal, der Horn ermöglicht, mit den Menschen ins Gespräch zu kommen und sie am Unternehmen teilhaben zu lassen. Ab Jahresmitte soll dies der neue Internetauftritt zeigen.

Im Vertrieb geht es jetzt überaus persönlich zu; der indirekte Vertrieb über Agenturen wurde aufgegeben. Die Mitarbeiter gehen selbst zu Getränkehändlern, damit der Kunde einen direkten Bezug zur Brauerei hat – mit großem Erfolg. „Glaubwürdigkeit, Vertrauen und Freundschaft sollen die Basis für unser Geschäft sein", konstatiert Horn.

Optimismus überwindet auch schwierige Phasen

Eine echte Krise musste Susanne Horn noch nicht bewältigen. Das liegt vielleicht daran, dass ihre Furcht vor Krisen relativ gering ausgeprägt ist, weil sie relativ viel Optimismus besitzt. Nur einmal geriet sie ins Grübeln, weil das von ihr bei Lammsbräu eingeführte Bio-Mineralwasser abgemahnt wurde. Das führte zu einem langwierigen Gerichtsverfahren mit einem möglichen Image-Schaden für die Brauerei. Doch mit Unterstützung der Unternehmerfamilie und ihrem Glauben ans Gute und Positive überwand sie die schwierige Situation erfolgreich.

Peter Hanser schrieb schon mehrfach „masterminds"-Porträts für diese Serie, mit der wir mittelständische Unternehmer und Manager für ihre herausragenden Leistungen in Transformation und Turnaround würdigen.

Befristet Beschäftigte?

Umstrittene Thesen stellt dieses Magazin in „return kontrovers" zur Diskussion. Diesmal drehen sich Diskurs und Debatte um das Für und Wider befristeter Arbeitsverhältnisse.

Befristete Arbeitsverträge sind in Deutschland ein großes Thema, beginnt ein Lesebeitrag auf der Website des Hörmediums „Deutschlandfunk" (Dlf) und meint wohl eher ein relevantes oder verbreitetes. So sei im öffentlichen Dienst „jeder siebte Angestellte befristet beschäftigt", weshalb Jobs auf Zeit an vielen Hochschulen bekannt seien. Der Dlf-Beitrag ist als Interview gestaltet, in dem Johannes Jakob vom Deutschen Gewerkschaftsbund (DGB) aktuelle Studienergebnisse dergestalt kommentiert, dass Arbeitgeber „die gesetzlich vorgesehene Erprobungszeit von sechs Monaten (...) auf zwei Jahre" verlängern. Da fragen wir uns wie Interviewerin Kate Maleike, „(...) geht das denn so einfach?".

Ja, der Gesetzgeber erlaube dies bis zu 24 Monate „ohne einen Sachgrund", antwortet Jakob womöglich ohne Bewusstsein dafür, dass er damit Arbeitgeber erst auf die Idee bringen könnte. Laut DGB-Studie hatten tatsächlich 42 Prozent der befragten Unternehmen gegenüber dem Forschungsinstitut der Bundesagentur für Arbeit (IAB) als Grund für Befristungen „das sogenannte Screening" quasi angebetet plus zwei Prozent dem Glauben gefrönt, „das würde die Motivation steigern". Als „Schwarzes Schaf" sehe die Gewerkschaft vor allem Unternehmen ab 250 Mitarbeiter, so das „Redaktions-Netzwerk Deutschland" (RND).

Befristete aus der Mode, Elternzeiten in Mode?

Dabei titelte die „Frankfurter Allgemeine" unter der Dachzeile „F.A.S. EXKLUSIV" erst im Monat zuvor „Befristete Arbeitsverträge kommen *aus der Mode*". Das Blatt bezieht sich dabei das Deutsche Institut für Wirtschaftsforschung (DIW), welches widerum mit Zahlen des Statistischen Bundesamtes rechnet, wonach nur 12,5 Prozent aller Angestellten und Beamten einen Zeitvertrag hatten, während es 2005 noch 14,6 Prozent waren. DIW-Forscher Markus Grabka lässt sich gar zu der Aussage hinreißen: „Da wird auf hohem Niveau gejammert." Immerhin räumt das konservative Printmedium vom Main ein, dass bei Berufseinsteigern „mehr als ein Drittel noch befristet beschäftigt" wird. Dies widerum könne geschehen, führt das quasi Modemagazin fort, „weil

inzwischen Elternzeiten *in Mode* sind", sodass Arbeitgeber befristete Stellen für Vertretungen schaffen.

Elternzeitvertretungen hält deckungsgleich Hubertus Heil als Vollzeitminister im Bundesministerium für Arbeit und Soziales (BMAS) für einen nachvollziehbaren Sachgrund befristeter Arbeitsverhältnisse, wie er gegenüber der „Rheinischen Post" (RP) kurz vor Jahreswechsel im Interview sagt, welches er und vermutlich sein Presse-Team so gut finden, dass es auf bmas.de

© BMAS / Dominik Butzmann

Vollzeitminister Hubertus Heil

zusätzlich veröffentlicht ist. „Mein Ziel ist es, sachgrundlose Befristungen einzudämmen", wagt es der SPD-Mann anzukündigen und warnt: „Willkürliche Befristungen sollten (...) die Ausnahme werden."

Ebenso interessant am Interview mit der ebenfalls als konservativ geltenden „RP" ist, dass Heil die Behauptung in einer Frage, manch Arbeitgeber wisse nicht, ob er in einem Jahr noch Arbeit für einen Beschäftigten habe, nicht argumentativ kontert, sondern darauf verweist, dass „an einer praxistauglichen Umsetzung" gewerkelt werde, „um willkürliche Befristung zurückzudrängen". Auch das Nachhaken, was die Prüfung seines Ministeriums dazu ergeben habe, ob angesichts der digitalen Arbeitswelt der „starre Acht-Stunden-Tag" noch zeitgemäß sei, umkurvt Heil mit seiner Aussage: „Das Arbeitszeitgesetz ist in erster Linie ein Arbeitnehmerschutzgesetz", und seinem Ablenkungsmanöver, psychische Erkrankungen hätten schließlich zugenommen. Eine „depressive Verstimmung" diagnostiziert gar „bento – Das junge Magazin *vom* Spiegel" (sic!) bei jungen Betroffenen wegen der Zukunftsangst, „keinen Kredit für einen Hausbau" zu bekommen. Aktuell würden Arbeitgeber in der Autoindustrie „die Unsicherheit auf *den* Rücken der Arbeitnehmer" (sic!) austragen. Ob daher der Titel „Risiken atypischer Beschäftigungsformen" einer BMAS-Studie rührt?

Diese kompakte Studien- und Medienauswertung, die klar kontrovers kommentieren soll, stammt von „return"-Chefredakteur Thorsten Garber.

<table>
<tr><td>

PRO

Holger Schäfer:
„Befristungen sind
eine Einstiegschance"

</td><td>

KONTRA

Annelie Buntenbach:
„Auch Unternehmen
schaden Befristungen"

</td></tr>
</table>

© IW Köln

© Joanna Kosowska / DGB

Aus Sicht der Beschäftigten scheint die Beantwortung der Frage einfach: Befristungen von Beschäftigungsverhältnissen bringen keine Vorteile. Insofern mag die Politik überzeugt sein, den Beschäftigten etwas Gutes zu tun, wenn sie Befristungen gesetzlich einschränken will. Aber wie so oft sind die Dinge bei sorgfältiger Betrachtung komplexer. Betriebe sind auf ein gewisses Maß flexibel einsetzbarer Beschäftigung angewiesen. Sie können nicht wissen, ob sie für neu eingestellte Mitarbeiter langfristig genügend Aufgaben haben. Wenn dem Betrieb das Risiko einer unbefristeten Beschäftigung zu groß ist oder es ihm gesetzlich nicht erlaubt ist, auf flexible Beschäftigungsformen auszuweichen, wird er womöglich darauf verzichten, überhaupt einzustellen.

Verantwortungsvoller Umgang mit befristeter Beschäftigung

Die privaten Betriebe in Deutschland haben gezeigt, dass sie mit dem Instrument der Befristungen verantwortungsvoll umgehen. Weder steigt die Befristungsneigung, noch gibt es einen nennenswerten Anteil an Betrieben, die unbefristete zugunsten der befristeten Beschäftigung abbauen. Wenn es ein Problem gibt, dann im öffentlichen Dienst, wo dank einer Reihe von Privilegien im Befristungsrecht die Befristungsneigung weit überdurchschnittlich ist.

Untersuchungen zeigen: Beschäftigungslose Personen, die eine befristete Beschäftigung neu aufnehmen, haben deutlich Vorteile in ihrer weiteren Erwerbsbiografie gegenüber gleichartigen Personen, die diesen Schritt nicht gegangen sind. Befristungen sind eine Einstiegschance. Wer sie einschränkt, versperrt vielen, die auf eine solche Chance warten, den Weg in den Arbeitsmarkt.

Deutschland hat ein Befristungsproblem, das wir uns einfach nicht mehr leisten können. Jede zweite Neueinstellung ist befristet, und das betrifft längst nicht mehr nur die Jungen und Geringqualifizierten, sondern immer öfter auch Beschäftigte mit abgeschlossener Ausbildung oder Studium.

Die Befristungen erfolgen oft ohne sachlichen Grund: Es geht nicht um unsichere wirtschaftliche Aussichten, sondern um eine verlängerte Probezeit. Damit höhlen Arbeitgeber systematisch das Kündigungsschutzrecht aus. Den Preis zahlen die Beschäftigten: Wegen ihrer unsicheren Perspektive arbeiten sie länger bei gleichzeitig schlechterer Bezahlung, gründen seltener Familien oder engagieren sich seltener im Betriebsrat, haben Schwierigkeiten bei der Wohnungssuche oder bei der Aufnahme von Krediten. Für die dringend benötigten ausländischen Fachkräfte, deren Aufenthalt vom Arbeitsvertrag abhängt, ist eine befristete Stelle gleich doppelt unattraktiv.

Stellen bleiben länger unbesetzt

Auch dem Arbeitsmarkt und den Unternehmen selbst schaden die Befristungen. In Betrieben, die bei Neueinstellungen überdurchschnittlich befristen, bleiben Stellen länger unbesetzt. Befristet Beschäftigte erhalten viel seltener die Gelegenheit, sich weiterzubilden – angesichts des Strukturwandels ist das desaströs. Weshalb Mitarbeiter ausgerechnet in dieser Situation motivierter arbeiten sollen, wie es die Arbeitgeber annehmen, bleibt schleierhaft. Es ist Zeit, sachgrundlose Befristungen endlich abzuschaffen und die Liste der zulässigen Sachgründe deutlich zu kürzen.

Holger Schäfer ist Senior Economist für Beschäftigung und Arbeitslosigkeit im Institut der deutschen Wirtschaft (IW).

Annelie Buntenbach, Vorstandsmitglied im Deutschen Gewerkschaftsbund (DGB), vertritt Arbeitsmarkt- und Sozialpolitik sowie Recht.

Abschied vom Standard
Management von IT-Arbeitsplätzen als Werttreiber

Traditionelle Beschäftigungs- und Arbeitsformen stehen zur Disposition – so die zentrale Aussage zahlreicher Studien und Veröffentlichungen zur Zukunft der Arbeit. Insbesondere die Digitalisierung bei gleichzeitig zunehmender Individualisierung sowie verändertem Nutzerverhalten treibt den Wandel voran. Menschen wünschen sich demnach möglichst große Flexibilität und Entscheidungsfreiheit, gerade in räumlicher und zeitlicher Hinsicht, nach der Maßgabe: „Ich entscheide, wie und wo ich meinen Tag gestalte." Mitunter halt auch in der Badewanne.

Unternehmen als wesentliche Bereitsteller von Erwerbsarbeit achten hingegen zuerst auf ihre Wertschöpfung. Sie realisieren sie je nach Geschäftsmodell entweder in flexiblen, sogenannten agilen Organisationen oder, sofern hohe Standardisierung erforderlich ist, auch gegen die Individualisierungswünsche der Mitarbeiter.

Hier zeigt sich ein jahrzehntealtes Spannungsfeld zwischen der Flexibilisierung und der Standardisierung von Arbeit, das sich in der konkreten Ausgestaltung von Arbeitsplätzen niederschlägt. Dabei steht allerdings nicht die Technologie im Vordergrund; vielmehr führt erst das intelligente Zusammenspiel von Mensch, Organisation und Technik zu einem modernen, wertschöpfenden Arbeitsplatz. Aus Sicht des Unternehmens lautet somit die zentrale Frage: Wie können wir mit welcher Organisation und welchen Mitarbeitern auf Basis welcher Infrastruktur unsere Wertschöpfung effizient erbringen?

Netzwerken – unabhängig von Ort, Raum und Zeit

Bei der Beantwortung kristallisieren sich zwei wesentliche Faktoren heraus: zum einen die Flexibilisierungskraft der Informationstechnik. Unternehmen benötigen eine Informationslogistik, die es ihnen erlaubt, die richtige Information zur richtigen Zeit am richtigen Ort zur Verfügung zu stellen. Was aber heißt „richtig"? In der Vergangenheit bis weit in unsere Gegenwart hinein wurde darunter die Standardisierung durch Technologie verstanden, synonym für Kosten- und Zeitersparnis. Heute indessen muss sich IT an die Organisationserfordernisse neuer Mitarbeiteranforderungen anpassen. Netzwerkarbeit ist angesagt und zwar orts-, raum- und zeitunabhängig.

Innovation entsteht mehr in der Gruppe, folglich als „Crowd-Innovation". Starre und unflexible IT hingegen, deren einziges Ziel in einer technischen Standardisierung besteht, ist nicht mehr zeitgemäß. Sie gibt nicht mehr Prozesse und Abläufe vor, wie noch in den 80er oder 90er Jahren. Heute sorgt die Arbeitsplatz-IT für Vernetzung, Verfügbarkeit, Sicherheit, Synchronisation und permanenten Zugriff. Dies geschieht über die gesamte Organisation hinweg.

Nutzenmodelle – verknüpfen technische mit kaufmännischer Welt

Als anderer, komplementärer Aspekt kommen neue Nutzenmodelle hinzu, die die technische und kaufmännische Welt miteinander verknüpfen. Anstatt Hard- und Software selbst zu kaufen und für das Management des IT-Betriebs eigenes Personal zu binden, bündeln Unternehmen die benötigte IT-Infrastruktur und alle damit verbundenen Leistungen in einem Vertrag, auf Basis von ratierlichen Zahlungen entsprechend dem Nutzungsgrad der IT. Die Bereitstellung erfolgt „all in" und zwar an den Ort der Nutzung, also potenziell rund um den Globus. Gleichzeitig ist sie anpassungsfähig in der Laufzeit, in der Menge, in der Nutzungsweise und in der Abrechnung.

Durch die Agilitätspotenziale einer hochgradig anpassungsfähigen IT einerseits und die Standardisierung im Bezugsmodell andererseits erlaubt modernes IT-Arbeitsplatz-Management folglich, das Spannungsfeld zwischen Flexibilisierung und Standardisierung von Arbeit aufzulösen und dabei zu einem innovativen Werttreiber für die Unternehmensorganisation zu werden.

Dr. Henning Herzog ist Vorstand der Bechtle Financial Services AG. Das Unternehmen begleitet die 75 Systemhäuser der Bechtle Gruppe mit ihren gewerblichen Endkunden. Das laut Branchen-Ranking von „Channelpartner" größte IT-Systemhaus in Deutschland versteht sich als IT-Partner für Mittelstand, Konzerne und öffentliche Auftraggeber.

Controlling & Management Review

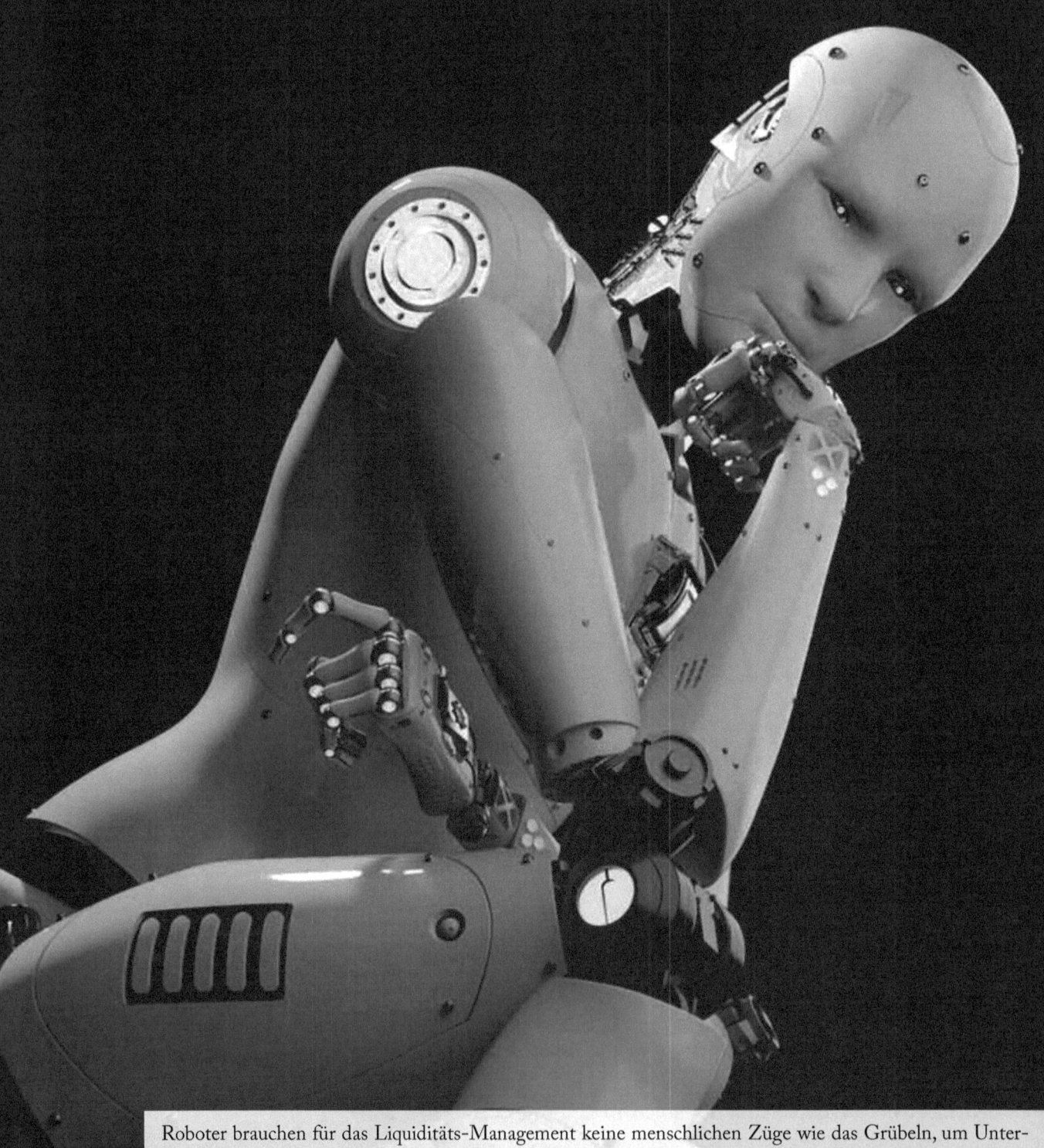

Roboter brauchen für das Liquiditäts-Management keine menschlichen Züge wie das Grübeln, um Unternehmenskunden clevere Vorschläge für ihre Kapitalflüsse zu unterbreiten. Hinter dem Digital Asset Manager steckt ein technisches System, das Empfehlungen fürs Portfolio algorithmisch generiert. Das Foto vom nachdenklichen Roboter ist der Plastik „Der Denker" des Bildhauers Auguste Rodin nachempfunden, die Dante Alighieri darstellt, Schöpfer der „Göttlichen Komödie". Rodin hatte sich mit dessen Werk inklusive der Grenzen zwischen Himmel und Hölle derart exzessiv beschäftigt, dass der Künstler in eine schwere Existenzkrise geriet. Dies spannt den Bogen zum digitalen Ratgeber, der frühzeitig vor Finanzkrisen warnen soll.

Robos Rat

Algorithmische Liquiditäts-Manager verfolgen, analysieren und bewerten Kapitalflüsse, um freie Unternehmensanlagen effizient und kostengünstig zu verwalten und einzusetzen.

Unternehmen sind mit Geldströmen durchzogene Organismen. Freies Kapital muss vom Unternehmen stets an den Ort gelangen, an dem es benötigt wird und am effizientesten fungiert, um am Leben zu bleiben. Die Geldströme so zu leiten, verursacht Kosten – nicht selten durch Unternehmensberater. Dadurch fehlt Kapital letztlich dort, wo es am dringendsten benötigt wird. Unternehmen sind also gut beraten, die zunehmende Digitalisierung zu nutzen, um sich nach Instrumenten umzusehen, die eine effektive und kostengünstige Mittelallokation bewerkstelligen können. Sogenannte „Robo Advisor" oder auch „Digital Asset Manager" gehören zu ebenjenen Instrumenten, mit denen sich Unternehmer besser befassen sollten.

Was verbirgt sich hinter dem Begriff „Robo Advisor"? Man muss zunächst einen Schritt zurückgehen und sich die allgemeine Entwicklung im Finanzsektor vergegenwärtigen, die von der Digitalisierung angestoßen wurde, um das Aufkommen der Digital Asset Manager richtig zu verstehen.

Der Trend besteht darin, auf einen persönlichen Kundenkontakt zu verzichten und Verträge rein über technische Systeme abzuschließen und durchführen zu lassen. Beispielsweise wickeln immer mehr Menschen ihren Zahlungsverkehr digital ab und sparen sich den Weg zur Filiale. Den dadurch entstandenen digitalen Vertriebskanal nutzen Dienstleister vermehrt, um dem Trend folgend Finanzinstrumente und Versicherungen online zu vertreiben. Beworben werden die digitalen Dienste mit den nachfolgenden Argumenten: Man könne dank fortschrittlicher Technik kundenspezifische Produkte auch ohne persönliches und kostenträchtiges Beratungsgespräch ermöglichen. Die Gebühren, die durch den Verzicht auf Berater eingespart werden, soll der Kunde in das Produkt statt in die Dienstleistung investieren. Für diesen digitalisierten Vertrieb von Finanz- und Versicherungsprodukten hat sich der Begriff „Robo Advisor" etabliert, welcher diverse Dienste vereinfacht umschreibt – etwa digitale Berater, Vermittler, Vertreter, Makler oder Portfolio-Manager.

Robo Advisor funktionieren – hier am Beispiel der Kapitalanlagegeschäfte demonstriert – wie folgt: Mithilfe eines Online-Fragenkatalogs führen sie über eine Webseite oder über eine Smartphone-App eine Kundenexploration durch. Das heißt, es werden die persönlichen und finanziellen Verhältnisse des Kunden erfragt. Ermittelt werden Anlageziele und Anlagehorizont des Kunden ebenso wie die Tragfähigkeit und -bereitschaft des Risikos.

Kunden erhalten algorithmisch generierten Portfolio-Vorschlag

Verfügt der Kunde schon über Vermögenswerte, dann wird die Zusammensetzung des bestehenden Portfolios finanzmathematisch analysiert und bewertet. Möchte der Kunde erstmals Geld anlegen, wird auf Basis der eingeholten Kundenangaben ein Portfolio-Vorschlag algorithmisch generiert und dem Kunden visuell präsentiert, etwa in Form eines Torten-Diagramms.

Der Vorschlag enthält Angaben darüber, wie das für den Kunden passende Portfolio ausschauen könnte und welche Transaktionen empfohlen werden. Beispielsweise wird erläutert, in welche Anlageprodukte wie Aktien, Anleihen, Immobilienwerte oder Pfandbriefe künftig investiert werden sollte – und das auch mit welcher Gewichtung. Bei kleineren Kunden ist den Vorschlägen aller Robo Advisor gemein, dass sie überwiegend die Beteiligung an kostengünstigen Exchange Traded Funds (ETF) empfehlen. Es mehren sich jedoch auch Anbieter, die den Direkterwerb von Einzeltiteln wie Aktien oder Pfandbriefen vorschlagen. Solche Direktanlagen sind vor allem für Großanleger interessant.

Lässt der Kunde den Anlage-Vorschlag des Robo Advisors umsetzen, übernimmt das algorithmische System die Verwaltung der Vermögenswerte als Digital Asset Management. Das Kunden-Portfolio wird also permanent neu bewertet und strukturiert. Der digitale Asset Manager richtet es mithin

> „Robo Advisor versuchen, das verwaltete Kapital mithilfe finanzmathematischer Marktanalysen zu vermehren oder das Kapital auf jeden Fall zu erhalten."

auf das sich verändernde Marktumfeld neu aus, sogenanntes Rebalancing.

Robo Advisor können, soweit es der Kunde wünscht, permanent und automatisiert Risiko-Management betreiben. Dadurch wird sichergestellt, dass das auf den Kunden zugeschnittene Risikomaß und die maximal vorgesehene Portfolio-Volatilität dauerhaft gewahrt bleiben. Vereinfacht ausgedrückt bedeutet das: Robo Advisor versuchen, das verwaltete Kapital mithilfe finanzmathematischer Marktanalysen zu vermehren oder – falls dies nicht möglich ist – das Kapital auf jeden Fall zu erhalten.

Das Vertrauen in die Technik steigt

Robo Advisor weisen im Vergleich zu tradierten Dienstleistungen erhebliche Einsparungspotenziale auf – nicht nur auf Anbieterseite, sondern auch auf Nachfragerseite. Die Anbieter von Finanz- und Versicherungsdiensten können auf verschlankte Vertriebsstrukturen setzen, während die Nachfrager eine individuelle Strategie verfolgen können, ohne einen eigenen Zeitaufwand zu haben und ohne größere Summen für Beratungsgespräche aufwenden zu müssen. Immer mehr Kunden werden auf diese Vorteile aufmerksam, und das Vertrauen in die Technik steigt.

Robo Advisor verwalteten im Jahr 2019 schon Vermögenswerte in Höhe von rund 7,5 Milliarden Euro; gesprochen wird in Fachkreisen von „Assets under Management". Tendenz: steigend. Branchenbeobachter erwarten, dass im Jahr 2023 das verwaltete Kapitalvolumen mehr als 30 Milliarden Euro betragen wird. Die Robo-Advice-Dienste sind zwar ursprünglich konzipiert worden, um kleineren und mittleren Privatanlegern den Zugang zu Finanz- oder Versicherungsprodukten wirtschaftlich sinnvoll zu erleichtern. Mittlerweile werden sie jedoch vermehrt auch von international agierenden Unternehmen zur automatisierten und somit kostengünstigeren Verwaltung des freien Unternehmenskapitals

eingesetzt. Auch sind sie ein Tool, um im Unternehmen effizientes Risiko-Management zu betreiben. Beispielsweise ist es möglich, die Zahlungsströme auf Geschäftskonten vom Robo Advisor analysieren zu lassen.

Frühzeitig Kapital-Lücken aufzeigen und Zahlungsengpässe verhindern

Basierend auf den historischen Umsatzdaten des Unternehmens, kann der Liquiditäts-Manager frühzeitig etwaige Lücken in der Kapitaldecke dem Unternehmer aufzeigen. Zahlungsstockungen oder -schwierigkeiten lassen sich dadurch besser verhindern. Darüber hinaus kann das System auch Überschüsse und frei werdende Mittel ermitteln, die für Neuinvestitionen zur Verfügung stehen werden. Solche Analysen erlauben es dem Unternehmer, das Kapital frühzeitig dorthin zu leiten, wo es mit dem größten Nutzen eingesetzt werden kann. Langfristig ist das Ziel der Robo Advisor, Unternehmern automatisiert Überbrückungskredite bei Engpässen und Investitionsprodukte bei freien Kapitalmitteln anbieten zu können. Für Management und Führungspersonal eröffnet der Robo Advisor demnach die Chance, effektiv wirtschaften zu können.

Siemens kooperiert mit Robo Advisor bei der betrieblichen Altersvorsorge

Die digitalen Dienste bieten allerdings nicht bloß eine automatisierte Verwaltung der Finanzen an. Sie können auch gezielt zur Steigerung der Mitarbeiterzufriedenheit genutzt werden: Großkonzerne wie Siemens sind beispielsweise schon seit geraumer Zeit strategische Kooperationen mit Robo Advisor in Ergänzung der unternehmenseigenen betrieblichen Altersvorsorge eingegangen. Mitarbeitern des Konzerns werden automatisiert an den Marktverhältnissen angepasste Finanzprodukte vorgeschlagen. Oder es werden die Portfolios betreut, die schon im Rahmen der betrieblichen Vorsorge aufgebaut wurden.

Unternehmer könnten also ohne großen eigenen Kosten- und Zeitaufwand die eigenen Angestellten bei der Altersvorsorge unterstützen. Robo Advisor sind nicht bloß eine Mode-Erscheinung der Digitalisierung. Sie können für Unternehmer auf unterschiedlichen Ebenen ein kostengünstiges und effizientes Tool sein.

Kompakt

Robo Advisor sind keine Mode, sondern liegen im Trend, zeigen steigende Nutzerzahlen in Unternehmen:

▶ Diese Art von automatisierter Finanzdienstleistung erzeugt viele Vorteile und vermehrt Vertrauen.

▶ Zahlungsschwierigkeiten lassen sich frühzeitig und besser mit dem Liquiditäts-Manager vermeiden.

▶ Das System eröffnet der Unternehmensführung die Chance, effektiv zu wirtschaften.

▶ Unternehmen wie Siemens nutzen Kooperationen mit Robo Advisor für die betriebliche Altersvorsorge.

Dr. Dimitrios Linardatos ist Akademischer Rat und Habilitand am Lehrstuhl von Prof. Dr. Georg Bitter für Bürgerliches Recht, Bank- und Kapitalmarktrecht, Insolvenzrecht an der Universität Mannheim.

Geschäftsrisiko Cyber Crime
Wie Unternehmen digitalisierte Prozesse schützen

Bevor Corona zur beispiellosen Bedrohung für Unternehmen wurde, lautete das größte Geschäftsrisiko Cyber Crime. Zu diesem Ergebnis war die Allianz Versicherung im „Risk Barometer 2020" gekommen. Der Grund liegt auf der Hand: Der Diebstahl von sensiblen Daten gefährdet die Wettbewerbsfähigkeit erheblich. Cyber Attacks verursachen zudem hohe Folgekosten.

Doch die Angriffe gehören inzwischen zum betrieblichen Alltag: Sieben von zehn deutschen Unternehmen wurden in den vergangenen zwei Jahren zum Opfer von digitalen Angriffen, so eine aktuelle Studie des deutschen Digitalverbandes Bitkom. Trotz der akuten Gefährdungslage fehlt bei der Mehrzahl der Unternehmen das Bewusstsein, sich angemessen zu schützen. Anders ist es nicht zu erklären, dass Hacker tagtäglich erfolgreich in Unternehmensnetzwerke eindringen können. Das Problem besteht darin, dass sich in vielen Einrichtungen die IT-Sicherheitsarchitektur in den vergangenen 20 Jahren kaum verändert hat. Firewalls und Antivirenprogramme allein sollen das Unternehmensnetzwerk vor aktuellen Angriffen schützen.

Hoch professionelle Hacker-Gruppen

Diese Werkzeuge funktionieren jedoch in einer hoch digitalisierten Welt nicht mehr ausreichend. Zum einen liegen Daten im Cloud-Zeitalter zunehmend nicht mehr auf den eigenen Servern, zum anderen werden Angriffe von hoch professionellen Hacker-Gruppen ausgeführt.

Diese Angreifer setzen beispielsweise Malware ein, die so konzipiert ist, dass Antivirenlösungen sie nicht erkennen. Und das alles geschieht, obwohl Daten das kostbarste Gut von Unternehmen sind. Es wird höchste Zeit, dieses größte Geschäftsrisiko zu minimieren.

Unternehmen müssen erkennen, dass die Lebensgrundlage der digitalisierten Wirtschaft der unbedingte Schutz ihrer Daten ist. Dafür benötigen sie zeitgemäße Sicherheitstechnologien. Das sind Systeme, die bei einem Angriff nicht erst reagieren müssen. Denn das ist aussichtslos bei einer Malware, die eine noch unbekannte Sicherheitslücke ausnutzt. Benötigt wird eine proaktive Strategie, die mögliche Angriffe von vornherein vereitelt.

Solche Lösungen stehen am Markt bereit. Ein Beispiel ist der sogenannte virtuelle Browser, der von allen anderen Anwendungen im IT-System hermetisch abgeriegelt ist. Die Unternehmensdaten sind für den Angreifer dann sozusagen unsichtbar. Ein Prinzip, das auch auf Smartphones und Tablets übertragen werden kann. Vor allem aber stellt die Nutzung von Cloud-Systemen die IT-Sicherheit vor neue Herausforderungen. Denn wer seine Daten in die Cloud legt, gibt in der Regel auch die Kontrolle über deren Schutz ab. Es drohen Daten-Spionage und Compliance-Verletzungen.

Daten-Fragmentierung und verteilte Speicherung

Anstatt Dateien mit ihren vollständigen Inhalten in die Cloud hochzuladen und dort mit den Tools des Cloud-Anbieters zu verschlüsseln, sollten neue Methoden wie Daten-Fragmentierung und verteilte Speicherung angewandt werden. So kann ein Platzhalter in die Cloud eingestellt werden, der nur Metadaten enthält, die für Kollaboration und Workflows notwendig sind. Die schützenswerten Nutzdaten werden fragmentiert auf lokalen oder weiteren Cloud-Speichern abgelegt. Nur autorisierte User können auf das vollständige Originaldokument zugreifen. Das hat den Vorteil, dass die Originaldatei nicht in fremde Hände gegeben werden muss, sondern stattdessen auf Servern des Unternehmens verbleibt.

Schutz von Know-how als wertvollstes Gut

Um wachsenden Risiken durch Cyber-Angriffe zu begegnen, braucht es neue IT-Sicherheitstechnologien. Vor allem aber müssen Unternehmen ihre digitalisierten Geschäftsprozesse richtig schützen. Nur dann können sie die Potenziale der Digitalisierung in vollem Umfang ausschöpfen und ihr wertvollstes Gut wirksam schützen: ihr Know-how.

Dr. Falk Herrmann ist CEO der Rohde & Schwarz Cybersecurity GmbH.

© Rohde & Schwarz

Bedürftig und befähigt

Unternehmenskrisen enden heute nach politischem Willen ökonomisch und juristisch besser in nachhaltigen Sanierungen. Dabei muss die Finanzierung den wesentlichen Beitrag leisten.

© contrastwerkstatt / Fotolia

Kopfzerbrechen dürften Sanierungsfinanzierungen oft Unternehmenslenkern bescheren, denn sie müssen einen umfassenden Ansatz schaffen.

Anders als früher sind Unternehmenssanierungen heute betriebs- und volkswirtschaftlich, aber auch politisch erwünscht. Die Liquidation wird als die schlechtere Lösung angesehen. Daher wird der Schwerpunkt im Umgang mit einer Unternehmenskrise ökonomisch und juristisch stärker auf Überwindung oder Bewältigung und damit auf nachhaltige Sanierung gelegt. Im Krisenfall stehen wirtschaftliche Entscheidungen im Mittelpunkt. Das setzt eine Beurteilung der Krise und des Krisenstadiums voraus. Erst die Analyse schafft eine Situation, in der Entscheidungsfindungen möglich und Maßnahmen ergriffen werden.

Aus ökonomischer Sicht sind Krisen unter zwei wichtigen Blickwinkeln zu betrachten. Volkswirtschaftlich wird die Krise eines Unternehmens mit wirtschaftskonjunkturellen Entwicklungen in Zusammenhang gebracht und als Phase konjunkturellen Abschwungs oder Wendepunkt eines regelmäßig verlaufenden Konjunkturzyklus definiert. Betriebswirtschaftlich liegt der Fokus darauf, die Situation des konkreten Unternehmens in einem Prozess mit ambivalentem Ausgang zu begreifen. Vor allem dann, wenn das Unternehmen durch eine nur noch eingeschränkte Möglichkeit der Einflussnahme in seinen dominanten Zielen so

weit beeinträchtigt ist, dass sein Fortbestand gefährdet ist – zumindest in der bisherigen Form. Damit wird die Krise von einer endgültigen Katastrophe, einem einfachen Risiko oder etwa einem bloß personenbezogenen Konflikt sowie einer sachbezogenen Störung unterschieden.

Ausgehend von einem Verständnis in Prozessen, wird der Krisenverlauf in Stadien eingeteilt. Diese Vorgehensweise ist von wesentlicher praktischer Bedeutung für das Krisen-Management – von der auch präventiven Krisenvermeidung bis hin zur Krisenbewältigung. Hieraus werden die einzelnen Phasen unterschiedlich definiert, je nach Schwerpunktlegung, Zwecksetzung und Herangehensweise. So kann die Frage nach dem Grad der Beeinflussbarkeit der Krise der näheren Phasenbestimmung vorausgehen. Der Krisenverlauf kann aber auch vor dem Hintergrund des Grads der Bedrohung dominanter Unternehmensziele erfasst werden.

Praktisch bewährt hat es sich, die Stadien einer Krise standardisiert zu erfassen. Etwa durch das Verfahren nach Standard IDW S 6 der Wirtschaftsprüfer in Deutschland e. V. Dies führt die verschiedenen Auffassungen in Theorie, Praxis und Rechtsprechung zusammen. Danach spricht man etwa im Falle von Konflikten zwischen der Unternehmensleitung, den Gesellschaftern, Arbeitnehmern und Gläubigern von einer Stakeholder-Krise. Werden dagegen die Kundeninteressen und die Entwicklungen auf dem Wettbewerbsmarkt außer Acht gelassen und daher unangemessene und ineffektive Innovationen und Investitionen getätigt, dann befindet sich das Unternehmen in einer Strategiekrise. Diese zeigt sich am zunehmenden Rückgang der Marktanteile und an der Beeinträchtigung der Wettbewerbsfähigkeit.

Darauf kann die Produkt- und Absatzkrise folgen, wenn die Nachfrage nach den zentralen Produkten dauerhaft zurückgeht. Kommt es zum Renditeverfall und zu erheblichen Gewinnrückgängen, wird von einer Erfolgskrise gesprochen. Aus einer Erfolgskrise kommt das Unternehmen noch ohne grundlegende und nachhaltige Sanierung mittels Kapitalzuführung. In der Liquiditätskrise entsteht für das Unternehmen eine Existenzgefährdung, wenn ein Problem mit der Zahlungsfähigkeit besteht. Das Stadium der Insolvenzreife tritt ein, wenn die Liquiditätskrise sich zur Zahlungsunfähigkeit verschärft, womit ein Insolvenzgrund vorliegt.

Die Brücke zum juristischen Verständnis

Der letztgenannte Aspekt schlägt unweigerlich die Brücke zum juristischen Verständnis der Unternehmenskrise, was aber keineswegs unmittelbar an die ökonomische Sichtweise gebunden ist. Die juristische Sichtweise orientiert sich vielmehr an dem jeweiligen Kontext, in dem die Krise und die Handlungen der Akteure betrachtet werden. Die Unterschiede auch in der praktischen Herangehensweise sind den jeweiligen Rechtsgebieten geschuldet, in denen verschiedene Prinzipien, Wertungen und Interessen vorherrschen. Rein formal kann aber von einer Krise im Rechtssinne ausgegangen werden, wenn die betriebswirtschaftliche Krise so weit fortgeschritten ist, dass gesetzlich vorgesehene Rechtsfolgen ausgelöst werden.

Nach dem Verständnis des Insolvenzrechts muss die Krise der Insolvenzantragspflicht vorgelagert sein. Ist ein Unternehmen außerstande, den eigenen Gesamtwert zu erhöhen oder auf dem erreichten Gesamtwertniveau zu halten, dann wird davon ausgegangen, dass der Zustand erreicht ist, in dem die gesetzliche Verpflichtung zur Insolvenzantragstellung zu entstehen droht. Besteht dagegen schon die Antragspflicht für ein Insolvenzverfahren, dann befindet sich das Unternehmen nicht mehr in einer ambivalenten Krise, sondern ist bereits insolvent. Die Krise ist insolvenzrechtlich daher als insolvenznaher Zustand zu verstehen.

Das Insolvenzanfechtungsrecht regelt die Anfechtbarkeit von Handlungen, die in der wirtschaftlichen Krise vorgenommen werden, und sieht hierfür einen konkreten Zeitraum von drei Monaten vor der Stellung des Insolvenzeröffnungsantrags vor. Dieser Drei-Monats-Zeitraum, in dem die Zahlungsunfähigkeit eingetreten ist, wird insolvenzanfechtungsrechtlich als Krise angesehen. Im Strafrecht sind vor allem die Insolvenzstraftatbestände der §§ 283 ff. Strafgesetzbuch (StGB) von Bedeutung. Der Tatbestand des Bankrotts setzt etwa voraus, dass entweder die Handlungen während einer wirtschaftlichen Krise des Schuldners vorgenommen oder eine bis dahin nicht bestehende Krise verursacht wird. Dabei wird die Krise zumeist mit dem Entstehen der Insolvenzantragspflicht gleichgesetzt, also wenn entweder eine Überschuldung des Vermögens vorliegt oder die Zahlungsunfähigkeit droht oder schon eingetreten ist.

Die sanierungs- und sanierungsfinanzierungsrechtliche Bestimmung einer Unternehmenskrise richtet sich an den Merkmalen der Sanierungsbedürftigkeit und der Sanierungsfähigkeit aus. Sanierungsbedürftigkeit liegt vor, wenn ein Unternehmen bei gleichbleibend fortgesetzter Geschäftstätigkeit ungenügende Erträge erzielt und ohne finanzielle Maßnahmen nicht mehr mit Erfolg fortgeführt werden kann. Sanierungsfähigkeit meint hingegen die Bereitschaft des Unternehmens zur Sanierung und die Möglichkeit, das Sanierungsziel auch zu erreichen. In diesem Zusammenhang ist die Krise als Zustand eines Unternehmens zu verstehen, gegen den sich eine gerichtliche oder außergerichtliche Erfolg versprechende Sanierung richten kann.

Finanzwirtschaftliche Maßnahmen zu außergerichtlichen Sanierungszwecken

Ein weiteres Kriterium für die Konkretisierung der Krise im sanierungs- und sanierungsfinanzierungsrechtlichen Sinn ist die Betroffenheit berechtigter Interessen der Gesellschafter, Gläubiger sowie sonstiger Personen, auch wenn sie erst zum Zwecke der Sanierungsfinanzierung auftreten. Eine solche Sanierungsfinanzierung liegt aber nicht erst mit eingetretener Zahlungsunfähigkeit oder Überschuldung vor, sondern schon davor. Denn finanzwirtschaftliche Maßnahmen zu außergerichtlichen Sanierungszwecken – etwa Eigenkapital-, Fremdkapital- sowie Umwandlungsmaßnahmen – können schon ergriffen werden, um eine drohende Zahlungsunfähigkeit abzuwenden. Die Sanierung von Unternehmen ist meist nur mit einem umfassenden Ansatz zu schaffen. Das sich derzeit gerade erst richtig ausbildende Sanierungs- und Sanierungsfinanzierungsrecht will hierzu einen wesentlichen Beitrag leisten.

Das Autorenduo besteht aus Kai-Oliver Knops, Professor für Zivil- und Wirtschaftsrecht an der Universität Hamburg, und Serdar C. Karabulut, Rechtsanwalt der Bremer Kanzlei Schelz Karabulut Culum.

Sanierungsfreundlicher Gesetzgeber

Österreich verfügt über effektive Sanierungsinstrumente, insbesondere der Sanierungsplan ist eine Erfolgsstory. Wie sich Schuldner dort sanieren können, beschreibt unsere Gastfachautorin.

© daboost Fotolia

Gute Chancen finden Unternehmen unter der rot-weißen Flagge Österreichs: Ein Drittel der Insolvenzen endet mit Sanierungsplan.

Das österreichische Insolvenzverfahren war schon sehr früh auch auf die Sanierung des Schuldners ausgerichtet: Schon die „Concursordnung" aus dem Jahr 1868 eröffnete dem Schuldner gewisse, damals noch bescheidene Entschuldungsmöglichkeiten. Mit den 1914 in Kraft getretenen Insolvenzgesetzen, insbesondere Konkursordnung und Ausgleichsordnung, wurden echte Sanierungsinstrumente geschaffen, der Ausgleich mit einer gesetzlichen Mindestquote von zuletzt 40 Prozent sowie der Zwangsausgleich im Konkurs mit einer gesetzlichen Mindestquote von 20 Prozent. Schon das alte österreichische Konkursverfahren war daher nie ein reines Liquidationsverfahren. Mitte der 90er Jahre wurden dann im Rahmen einer „Privatkonkurs-Novelle" neue Entschuldungsinstrumente für alle natürlichen Personen eingeführt, also auch für Einzelunternehmer: der

Zahlungsplan und das Abschöpfungsverfahrens mit Restschuldbefreiung. Letzteres entspricht funktionell der deutschen Wohlverhaltensperiode und wurde erst unlängst noch schuldnerfreundlicher ausgestaltet.

Einen Meilenstein stellt das „Insolvenzrechtsänderungsgesetz" (IRÄG) aus dem Jahr 2010 dar: Die Ausgleichsordnung wurde abgeschafft, die Konkursordnung reformiert und in „Insolvenzordnung" (IO) umbenannt. Damit hat Österreich seither ein – dem deutschen insoweit vergleichbares – flexibles Einheitsverfahren, das sowohl das Mittel der Liquidation als auch diverse Sanierungsvarianten zur Verfügung stellt.

Auslöser für diese Systemreform war nicht zuletzt die berüchtigte Wirtschaftskrise. Sie führte einmal mehr vor Augen, dass das österreichische Insolvenzrecht sanierungsfreundlich war. Doch hinsichtlich der Rahmenbedingungen für nachhaltige Sanierungen in der Insolvenz hinkte es im internationalen Vergleich noch hinterher. Beispielsweise gegenüber dem US-amerikanischen Insolvenzrecht, aber etwa auch gegenüber den Empfehlungen des „Uncitral Legislative Guide on Insolvency Law".

Der Gesetzgeber verfolgte daher mit der Reform das zentrale Ziel, das Insolvenzrecht noch sanierungsfreundlicher auszugestalten; das galt vor allem für die Unternehmerinsolvenz. Das Rad wurde anlässlich der Reform freilich nicht neu erfunden; unter anderem wurden besonders sanierungsfreundliche Bestimmungen des alten Ausgleichsverfahrens in das neue Verfahren übernommen. Dazu zählen der Schutz von Bestandverhältnissen, die Unwirksamkeit von Auflösungs- und Rücktrittsklauseln für den Insolvenzfall sowie die Eigenverwaltung unter Aufsicht eines Verwalters bei unternehmerisch tätigen Schuldnern im Sanierungsverfahren.

Sanierungscharakter deutlich verstärkt

Das IRÄG sorgte ab 2010 auch für sprachliche Modifikationen: Der „Konkurs" wurde durchweg durch den Begriff „Insolvenz" ersetzt. Der alte „Zwangsausgleich" heißt in seiner modifizierten Form „Sanierungsplan". Der „Gemeinschuldner" wurde in „Schuldner" umbenannt. Diese Änderungen waren zum einen wegen des neuen einheitlichen Verfahrens notwendig, aber sie sollen auch den verstärkten Sanierungscharakter des Insolvenzverfahrens deutlicher zum Ausdruck bringen und zur Entstigmatisierung des Insolvenzverfahrens beitragen. Dahinter stand die Hoffnung, Schuldner zu einer früheren Insolvenzantragstellung bewegen zu können.

Die bisherigen Erfahrungen aus der Praxis zeigen in der Tat, dass es für viele Schuldner durchaus einen Unterschied ergibt, ob sie – wie nach der alten Rechtslage – in Konkurs gehen müssen und in diesem Verfahren einen Zwangsausgleich beantragen können oder ob sie sich von vornherein in einem Sanierungsverfahren mit einem Sanierungsplan entschulden können.

Österreich fördert rasche Verfahren

Insolvenzverfahren laufen in Österreich üblicherweise folgendermaßen ab: Sofern der Insolvenzschuldner ein Unternehmer oder eine juristische Person ist, eine Personengesellschaft oder eine Verlassenschaft (Nachlass), kann das Insolvenzverfahren als Sanierungsverfahren oder als Konkursverfahren eröffnet werden. Dabei handelt es sich indes um keine eigenständigen Verfahrensarten, sondern lediglich um unterschiedliche Abläufe des einheitlichen

Insolvenzverfahrens. Diese differenziert ausgestalteten Abwicklungstypen sind erforderlich, weil oft auf Liquidation hinauslaufende Konkursverfahren potenziell „ewig lang" dauern können. Der Gesetzgeber des IRÄG 2010 wollte aber vor allem rasche Sanierungen fördern.

Voraussetzung für die Eröffnung eines Sanierungsverfahrens ist, dass der Schuldner selbst die Verfahrenseröffnung beantragt und noch vor der Eröffnung einen zulässigen Sanierungsplan vorlegt. Die zwingende Mindestquote von 20 Prozent für den Sanierungsplan wurde beibehalten. Unter bestimmten Voraussetzungen steht dem Schuldner im Sanierungsverfahren die Verwaltung der Insolvenzmasse zu. Das Verfahren wird dann als „Sanierungsverfahren mit Eigenverwaltung unter Aufsicht eines Verwalters" bezeichnet. Der Schuldner muss die Eigenverwaltung allerdings mit einer höheren Mindestquote für den Sanierungsplan „erkaufen", nämlich 30 Prozent. Der größte Anreiz des Sanierungsverfahrens für einen insolventen Unternehmer ist, dass sein Unternehmen dabei während einer grundsätzlich 90 Tage dauernden Frist nicht verwertet werden darf.

Liegen die Voraussetzungen für die Eröffnung eines Sanierungsverfahrens nicht vor, so ist bei Vorliegen materieller Insolvenz auf Antrag ein Konkursverfahren zu eröffnen. Neben dem „ordentlichen" Konkursverfahren gibt es nach wie vor das Schuldenregulierungsverfahren als Konkursverfahren für Verbraucher.

Bisherige Erfahrungen durchweg sehr positiv

Das durch das IRÄG 2010 eingeführte einheitliche Insolvenzverfahren ist insgesamt sehr flexibel in seiner Ausgestaltung. Es deckt äußerst flott abgewickelte und in der Öffentlichkeit vor allem bei Eigenverwaltung nur wenig wahrnehmbare Sanierungen genauso ab wie grundsätzlich zeitlich nicht limitierte Verwertungskonkurse. Die bisherigen Erfahrungen sind durchweg sehr positiv. Von den rund 3.000 Unternehmerinsolvenzen pro Jahr endet immerhin rund ein Drittel mit einem Sanierungsplan. Eine Bilanz, die sich sehen lassen kann.

Aktuell ist der österreichische Gesetzgeber mit der Umsetzung der EU-Restrukturierungsrichtlinie beschäftigt. Wie das Verhältnis zwischen dem neuen Verfahren und dem Insolvenzverfahren aussehen wird, wird mit Spannung erwartet.

 Prof. Bettina Nunner-Krautgasser leitet das Institut für Zivilverfahrensrecht und Insolvenzrecht an der Karl-Franzens-Universität Graz. Einer ihrer Forschungsschwerpunkte liegt in „Recht und Wirtschaft". Zu ihren zahlreichen Publikationen zählt das „Praxishandbuch Insolvenz und Arbeitsrecht".

„Bevorzugen persönliche Beratung"

Beratungen und Kanzleien treiben ihre Transformation voran, denn sie verändern ihr Profil.
Wie, ermittelt „return" per Fragebogen, diesmal bei der Nacken Hillebrand Partner GmbH.

Stellvertretend für die insgesamt sieben Gesellschafter-Geschäftsführer reagierte der von der Redaktion angeschriebene Christoph Hillebrand prompt und positiv: „Ich freue mich, dass Sie ein Kanzleiporträt über uns veröffentlichen möchten." Seine Antworten zum Fragebogen:

Wie wurde die Kanzlei/Beratung aus der Taufe gehoben?
Die Kanzlei wurde am 1. Mai 1965 gegründet vom Senior Dr. Jochem Nacken, Vater des heutigen Partners Gert Nacken.

Die Zahl der Standorte und Mitarbeiter damals und heute?
Damals hatte die Kanzlei fünf Mitarbeiter, heute 32 an einem Standort. Im Laufe des Jahres 2020 kommen wahrscheinlich zwei weitere Standorte in Köln und damit zwölf weitere Mitarbeiter dazu. Wir haben aus berufsrechtlichen Gründen die Steuerberatung (Nacken Hillebrand Partner) von der Wirtschaftsprüfung und Insolvenz- und Sanierungsberatung (Morison Köln AG) getrennt.

Was waren Ihre ersten, was Ihre späteren Schwerpunkte?
Die Kanzlei begann als reine Steuerberatungsgesellschaft. Das Tätigkeitsfeld wurde immer mehr erweitert um Wirtschaftsprüfung, Sanierungsberatung, Finanzierungsberatung und Unternehmensberatung, Dienstleistungen für Insolvenzverwalter wie Insolvenz-Rechnungslegung.

Welche Leistungen werden künftig stärker gefragt sein?
Der Anteil persönlicher Beratungen nimmt weiter zu – genau wie das Rechnungswesen immer IT-lastiger wird.

Welche (neuen) Fähigkeiten müssen Bewerber mitbringen?
Neue Bewerber müssen nicht nur steuerrechtliche, sondern vor allem betriebswirtschaftliche Kenntnisse mitbringen, aber auch über spezielle IT-Kenntnisse verfügen.

Aus welchen Disziplinen ist vor allem Know-how gefragt?
Aus der Betriebswirtschaft.

Löst betriebswirtschaftliches Wissen juristisches ab?
In vielen Unternehmensbereichen ist das so – künftig ganz besonders in der Unternehmenssanierung, wo möglicherweise das betriebswirtschaftlich orientierte Restrukturierungsverfahren das juristisch orientierte Insolvenzverfahren ablösen wird.

Welche Trends beobachten Sie in Ihrer Branche?
Viele Einzelkanzleien haben massive Nachfolgeprobleme. Unternehmen aus dem Mittelstand gehen von großen Wirtschaftsprüfungsgesellschaften weg, denn sie bevorzugen eine persönliche Beratung. Damit befinden wir uns genau in dem Fokus, der künftig stärker frequentiert sein wird.

Welche Dienste leisten Sie für Unternehmen in der Transformation? Welche Referenz nennen Sie beispielhaft?
Wir begleiten Unternehmen aktiv bei solchen Prozessen. In der Regel stellen wir Teams von Fachleuten zusammen, wobei die Fachleute auch außerhalb unserer Kanzlei aus unserem Netzwerk akquiriert werden. Oft übernehmen wir Durchführung und Durchsetzung von Verantwortung mit der Unternehmensführung. Wir begleiten seit Jahren ein Unternehmen, das vor zehn Jahren noch einen Umsatz von 30 Millionen Euro erzielte. Der Planumsatz für das Jahr 2020 liegt bei 80 bis 90 Millionen Euro. Wir haben die Prozesse der Vertriebserweiterung, der Produktionserweiterung und der Produktionseffizienz genauso aktiv begleitet wie die Personalentwicklung, die Einführung von Controlling-Systemen und die Unternehmenssteuerung.

Welche Dienste für den Turnaround bieten Sie? Welche Positivbeispiele führen Sie hier an?
Wir begleiten Unternehmen in Krisensituationen – vor allem in betriebswirtschaftlicher Hinsicht, aber auch in psychologischer Hinsicht, denn nichts ist schlimmer, als den Kopf in den Sand zu stecken. Wir erstellen Gutachten nach IDW S 6 und begleiten dann aktiv den Sanierungsprozess. Jedes Sanierungsprojekt bekommt bei uns einen persönlichen Ansprechpartner, sodass der Unternehmer in der Sanierungsumsetzung nicht alleine dasteht. Genauso sind wir in der Lage, mit dem Unternehmer wichtige Entscheidungen zu treffen – etwa ob die Insolvenz oder die außergerichtliche

© Nacken Hillebrand Partner

Die sieben Gesellschafter-Geschäftsführer der Nacken Hillebrand Partner GmbH mit (v. l.) Matthias Lamprecht, Kai Nowak, Martin Kowol, Christoph Hillebrand, Patrick Rohde, Christoph Stüvel und Gert Nacken.

Sanierung der bessere Weg ist. Als Referenz zu nennen wäre etwa ein Straßen- und Landschaftsbauunternehmen aus dem Großraum Köln, das zum Zeitpunkt der Insolvenz noch 120 Mitarbeiter hatte, dann in einer Auffanglösung auf 60 Mitarbeiter schrumpfte und heute wieder 100 Mitarbeiter hat sowie eine Umsatzrendite von mindestens 15 Prozent erzielt und über eine Eigenkapitalquote von 30 Prozent verfügt.

Bedeutet frühes Handeln in Krisen: Je eher, desto besser?
Frühzeitiges Handeln ist immer besser, als der Zeit hinterherzulaufen. Insofern implementieren wir bei unseren Mandanten eine in sich schlüssige, integrierte Unternehmensplanung mit klarer Soll-Ist-Abweichung und regelmäßigem Controlling-Check mindestens zweimal pro Jahr.
Für unsere Kanzlei bedeutet schnelles Handeln, dass auch wir effektiver handeln müssen und gegebenenfalls mehrere Projekte gleichzeitig betreuen.

Wann sind Unternehmen wieder nachhaltig gut aufgestellt?
Es kann nicht jeder Unternehmer das perfekte Produkt herstellen, welches ihm auf Jahre eine ausreichende Umsatzrendite verspricht. Deshalb ist ein Unternehmen dann nachhaltig zukunftsfähig aufgestellt, wenn es sich immer wieder infrage stellt, zu bestimmten Fixpunkten die Unternehmensstrategie überprüft und entsprechend nachjustiert beziehungsweise gegensteuert.

Wenden Sie wissenschaftliche Methoden an und setzen auf digitale Tools wie Data Analytics oder KI?
Wir wenden alle wissenschaftlichen Methoden an, von denen wir überzeugt sind, dass sie unsere Effizienz steigern und zu einem nachvollziehbaren Urteil führen. Bei Prüfungshandlungen im Rahmen der Jahresabschlussprüfung genauso wie bei der Krisenursachen-Analyse oder bei der Feststellung von Zahlungsfähigkeit setzen wir mittlerweile diverse Tools ein. Dabei setzen wir auf branchenorientierte Tools genauso wie auf eigens entwickelte Tools, die wir über Jahrzehnte unserer beruflichen Tätigkeit weiterentwickelt haben.

Welchen Jahresumsatz weisen Sie aus (für Deutschland)?
3,5 Millionen Euro.

Welche strategischen (Wachstums-)Ziele haben Sie?
Wir möchten unsere Kanzlei auf noch breitere Füße stellen, um unseren jungen Steuerberatern entsprechend das Bestätigungsfeld und die Entwicklungsmöglichkeiten bieten zu können. Zurzeit haben viele Kanzleien, vor allem Einzelkanzleien, erhebliche Nachfolgeprobleme. Dadurch ergibt sich für uns die Möglichkeit, ganze Kanzleien aufzukaufen und in unsere Organisation zu integrieren.

Christoph Hillebrand, Gesellschafter-Geschäftsführer der Nacken Hillebrand Partner GmbH, ist Diplom-Kaufmann, Wirtschaftsprüfer, Steuerberater, öffentlich bestellter und vereidigter Sachverständiger für Insolvenzuntersuchungen sowie Fachberater für Restrukturierung.

Gute Gründe

Der Geldwäsche-Beauftragte in einem Unternehmen genießt einen besonderen Kündigungsschutz. Unternehmer sollten also gut prüfen, ob ein wichtiger Grund vorliegt.

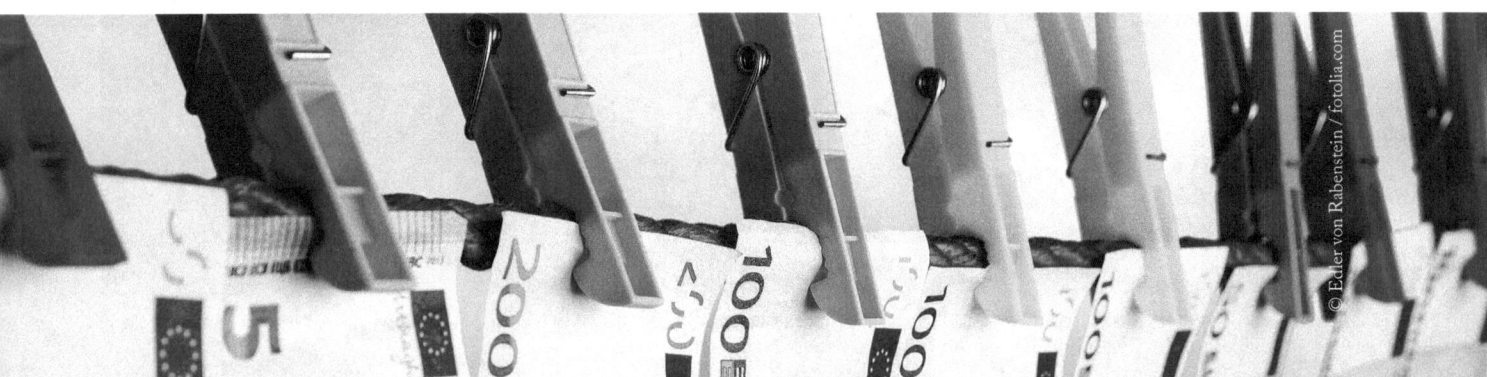

© Edler von Rabenstein / fotolia.com

Geldwäscher sind quasi mit allen Wassern gewaschen, weshalb Beauftragte umfangreiche Befugnisse haben und besonderen Schutz genießen.

Ein Geldwäsche-Beauftragter will im Unternehmen eine aus seiner Sicht notwendige Maßnahme zur Prävention umsetzen. Er will einen Verdachtsfall melden. Ihm ist bewusst, dass diese Meldung zur Beendigung einer wichtigen Geschäftsbeziehung und damit zum erheblichen wirtschaftlichen Nachteil für das Unternehmen führen würde. Als der Geschäftsführer davon erfährt, spricht er sich gegen die Meldung aus. Er fühlt sich in seinem Direktionsrecht eingeschränkt, reagiert emotional und spricht sofort die Kündigung aus.

Hiergegen wehrt sich der Geldwäsche-Beauftragte: Er sei nur dann kündbar, wenn ein wichtiger Grund vorliege. Ein solcher sei hier nicht gegeben, auch wenn dem Unternehmen ein wirtschaftlicher Nachteil entstünde. Schließlich sei er zur Meldung verpflichtet. Daraufhin beruft ihn der Geschäftsführer ab und kündigt ihm erneut – ohne Ergebnis.

Kündigung nur zulässig „aus wichtigem Grund"

Der Geldwäsche-Beauftragte und sein Stellvertreter haben umfangreiche Pflichten und Befugnisse. Sie sind für Implementierung und Überwachung bezüglich der Einhaltung sämtlicher Geldwäsche-relevanter Vorschriften im Unternehmen zuständig. Dafür genießen sie im Gegenzug besonderen Kündigungsschutz. Das bedeutet, dass eine Kündigung nur „aus wichtigem Grund" zulässig ist. Wann ein wichtiger Grund vorliegt, ist nach Einzelfall auszulegen. Selbst wenn man meint, einen wichtigen Grund zu haben, besteht noch Rechtsunsicherheit. Nach Rechtsprechung der Arbeitsgerichte gibt es aber anerkannte Vorfälle, die als Grund für Kündigungen angesehen werden: strafbare Handlungen, beharrliche Arbeitsverweigerung, unentschuldigtes Fehlen am Arbeitsplatz oder das Vortäuschen einer Arbeitsunfähigkeit. Die gesetzlich vorgeschriebene Meldung eines Verdachtsfalles gehört nicht dazu, auch wenn sie wirtschaftliche Nachteile mit sich bringt.

Man kann den besonderen Kündigungsschutz nicht durch eine vorherige Abberufung umgehen. Denn nach der Abberufung wirkt der besondere Kündigungsschutz für ein Jahr fort, währenddessen das volle Gehalt bezahlt werden muss. Die Abberufung beendet nicht automatisch das Arbeitsverhältnis, wenn noch eine andere Tätigkeit beim Arbeitgeber ausgeführt wird. Vor der Kündigung eines Geldwäsche-Beauftragten oder seines Stellvertreters sollte man gut prüfen, ob ein wichtiger Kündigungsgrund vorliegt.

Caroline Pluta, Fachanwältin für Arbeitsrecht und Mediation, ist bei der Pluta Rechtsanwalts GmbH für Schwerpunkte wie Compliance, Datenschutz und Arbeitsrecht zuständig.

Termine

Zukunftswerkstatt
Sales Excellence

„Mit Kundenorientierung zum Vertriebserfolg" lautet der Titel der ganztägigen Zukunftswerkstatt Sales Excellence, die vielfältige Wege aufzeigen wird, wie Unternehmen künftig „Kunden überzeugen, begeistern und dauerhaft binden".

Termin: 19. Mai 2020

Ort: Frankfurt am Main

www.springerfachmedienlive.de

Turnaround-Kongress
Digitale Treiber

„Wie Mittelständler mit neuen Geschäftsmodellen zwischen Digitalisierung und Datenschutz ihre Zukunft gestalten" vermittelt der 9. TK 2020, zu dem vor allem erfahrene Praktiker als Referenten die Chancen und Risiken neuer Technologien für wirtschaftliche Prozesse vorstellen. Zu den Vortragenden zählen CEO Klaus Wessing (Foto) vom einzigen europäischen Smartphone-Hersteller Gigaset aus Bocholt ebenso wie Geschäftsführer Christian Pokropp vom digitalen Stahlhändler kloeckner.i aus Berlin.

Termin: 18. und 19. Juni 2020

Ort: Königswinter

www.turnaroundkongress.com

Tagung
Erfolgreiche Insolvenzpläne

Den 16. Insolvenzrechtstag eröffnet Prof. Godehard Kayser, Richter am Bundesgerichtshof (BGH), mit seinem „persönlichen Rückblick" auf die BGH-Rechtsprechung, gefolgt unter anderem von Vorträgen zur derzeit in nationales Recht umzusetzenden EU-Restrukturierungsrichtlinie sowie Ausführungen von Jens Weber (Foto), Partner der Wirtschaftsprüfungsgesellschaft Baker Tilly, über „Betriebswirtschaftliche Anforderungen an erfolgreiche Insolvenzpläne".

Termin: 19. Juni 2020

Ort: Mannheim

www.zis.uni-mannheim.de

Seminar
HOAI-Grundlagen nach EuGH-Urteil

Der Europäische Gerichtshof hat die Regelungen zu Mindest- und Höchstsätzen der HOAI am 4. Juli 2019 für europarechtswidrig erklärt. Ein brisantes Thema für Architekten und Ingenieure, was viele offene Fragen aufwirft. Worauf es jetzt für Verantwortliche in der Praxis ankommt, zeigen Baurecht-Experten im Seminar „Grundlagen des Architekten- und Ingenieurvertrages einschließlich HOAI-Abrechnungssystem" anhand praxisrelevanter Fälle mit wichtigen Hinweisen zur Umsetzung.

Termin: 23. Juni 2020

Ort: München

www.bauplaner-recht.de

Bodensee-Forum
Neue Ufer

„Insolvenzverwaltung und Restrukturierung im Wandel – Aufbruch zu neuen Ufern in der DACH-Region" lautet der Titel der vierten Veranstaltung unter dem Dach der drei Partner Allensbach Hochschule Konstanz, Deutsches Institut für angewandtes Insolvenzrecht e. V. (DIAI) und Landesverband Baden-Württemberg des Bundes Deutscher Rechtspfleger (BDR). Dabei berichten unter anderem drei Referenten aus Deutschland, Österreich und der Schweiz über den Stand der nationalen Umsetzung der EU-Richtlinie zur präventiven Restrukturierung. Thema sind auch die Möglichkeiten der grenzüberschreitenden Zusammenarbeit.

Termin: 7. und 8. Juli 2020

Ort: Konstanz

www.kongress-bodenseeforum.de

Hannover Messe
Industrielle Transformation

Digitalisierung, Individualisierung und Klimaschutz werden als „wirkmächtigste Triebfedern des industriellen Wandels" zu Leitmotiven der Megatrends. Als Thema der Messe bleibt deshalb „Industrial Transformation" bestehen, geändert hat sich der Termin durch Verschiebung wegen der Corona-Krise.

Termin: 13. bis 17. Juli 2020

Ort: Hannover

www.hannovermesse.de

Achtung, alle Termine unter Vorbehalt! (wegen Corona-Pandemie)

Bücher

Ulrich Gartner
Kluge Kommunikation

Der Leitfaden ist für Verantwortliche gedacht, die mit professioneller interner und externer Kommunikation die Restrukturierungsprogramme in Unternehmen begleiten. Sparmaßnahmen, Personalabbau, Standortschließung: Solche oft negativ behafteten Veränderungen seien nur durch „kluge Kommunikation" zu vermitteln. Der Autor und Kommunikationsberater gebe „handfeste Tipps (...) für den Erfolg in schwierigen Zeiten".

161 Seiten, 37,99 Euro, ab Mai 2020
ISBN 978-3-658-28818-1, Springer Gabler

Stefan Max Garzarolli, Michael Kiel
Gute Ideen

„Wie kann ich Innovation in meinem Unternehmen abbilden?" – Auf die Frage, die vor allem Unternehmenslenker viel beschäftigt, soll diese Neuerscheinung fundiert Antwort geben. Die Autoren gehören dem Innovations-Netzwerk „Mindfracking" an und schreiben unter anderem über „Organisation und Geistesblitz", über „Formate und Quellen" oder „Anarchie im Kopf". Dies alles im Dienste guter Ideen fürs Unternehmen.

51 Seiten, 14,99 Euro, seit März 2020
ISBN 978-3-658-29669-8, Springer Gabler

Bernard Marr
Künstliche Intelligenz

Der Autor sei anerkannter Experte für KI, Big Data und Blockchain, betont sein Verlag. Als Berater in digitaler Transformation und Geschäftsentwicklung sei er in namhaften Unternehmen gefragt – von BP über Microsoft bis Walmart. Das Buch präsentiert 50 Fallstudien und zeigt Anwendungen auf der ganzen Welt – von Amazon und Samsung über Siemens und Daimler bis zu Spotify, Netflix und Uber.

362 Seiten, 34,99 Euro, ab April 2020
ISBN 978-3-527-51004-7, Wiley-VCH

Thomas Piketty
Soziale Ungleichheit

Als „Karl Marx des 21. Jahrhunderts" sieht die „FAZ" den französischen Wirtschaftswissenschaftler Thomas Piketty, der vor allem zu sozialer Ungleichheit, Einkommens- und Vermögensverteilung forscht. Sein Weltbestseller „Das Kapital im 21. Jahrhundert" sorgte nicht nur in Wirtschaftskreisen für viel Diskussionsstoff. Mit den Erkenntnissen in seinem neuen Werk führe er „hinein in die Krise der Gegenwart".

1.312 Seiten, 39,95 Euro, seit März 2020
ISBN 978-3-406-74571-3, C.H. Beck

Marc Wallert
Stärkende Krisen

Vor 20 Jahren wurde der Autor mit 20 weiteren Geiseln von Terroristen auf eine philippinische Insel verschleppt und 140 Tage im Dschungel gefangen gehalten. Dort halfen Überlebensstrategien, doch danach trieb ihn der Arbeitsalltag in einen Burn-out. Für das Buch habe er sich auf Spurensuche begeben, schreibt der Verlag, um Krisen und ihre Bewältigung zu verstehen. Hier erklärt Wallert effektive Strategien, mit denen man gestärkt aus Krisen kommen kann.

304 Seiten, 18,00 Euro, seit März 2020
ISBN 978-3-430-21029-4, Econ

Gunter Dueck
Gefräßige Manager

Gunter Dueck, hier im Heft ab Seite 40 ausführlich im Interview, erntete einst als Cheftechnologe von IBM Deutschland wegen seines Querdenkertums den Spitznamen „Wild Duck", schrieb schon mehrere kritische Management-Bücher angeblich im Angriffsmodus eines Satirikers und tourt weiterhin als warnender Vortragsredner, der Unternehmen die Leviten liest und dabei für Lacher sorgt. Dabei hat er nicht weniger im Sinn als die Zukunftsfähigkeit von Wirtschaft und Gesellschaft.

328 Seiten, 24,95 Euro, seit Februar 2020
ISBN 978-3-593-51084-2, Campus

SpringerProfessional.de

Neuerscheinung des Monats

Schnell entscheiden und professionell improvisieren

Dieses Buch enthält Handlungsbeschreibungen, Tools und neue Erkenntnisse zur Welt aus Volatilität, Unsicherheit, Komplexität und Ambiguität – neudeutsch: VUCA. Keine Frage: Auf Manager warten unerwartete Herausforderungen. Wie sie dennoch Projekte erfolgreich managen, auch wenn sich Rahmenbedingungen schnell verändern, unerwartete Ereignisse eintreten und wichtige Informationen fehlen, ist hier nachzulesen.

240 Seiten, 39,99 Euro, seit März 2020, ISBN 978-3-662-60943-9, Springer Gabler

www.springerprofessional.de/link/17808970

Newsletter zu „return"

Das Portal springerprofessional.de bietet zahlreiche deutsch- und englischsprachige Online-Newsletter zu insgesamt 20 Fachgebieten. Dieses Informationsangebot ist kostenfrei.

Das Angebot reicht von „Automobil + Motoren" über „Business IT + Informatik" bis „Management + Führung". Die Themen rund um Inhalte, die auch für „return" relevant sind, greift der Online-Newsletter „Transformation + Turnaround" auf. Kostenfrei registrieren können sich interessierte Leser unter:

www.springerprofessional.de/link/6630158

Empfehlung des Monats

Private Kapitalgeber trotzen Krisen und Konflikten

Die Private-Equity-Branche scheinen Krisen und Konflikte kaum zu beeindrucken. Nach dem aktuellen „Global Private Equity Report" investierten Kapitalgeber zwischen 2014 und 2019 rund 3,2 Billionen US-Dollar in sogenannte Buy-out-Transaktionen, also in Unternehmenskäufe.

Wie die Management-Beratung Bain in der Untersuchung ermittelte, entfielen 551 Milliarden US-Dollar davon allein auf das vergangene Jahr. Insgesamt 894 Milliarden US-Dollar an Mitteln habe die Branche im Jahr 2019 eingeworben.

Dies sei der zweithöchste Betrag in den vergangenen 16 Jahren. Europaweit zählten Analysten der Unternehmensberatung von PwC Deutschland im abgelaufenen Jahr insgesamt 2.515 Transaktionen mit Beteiligung von Private Equity, ein Plus von 16 Prozent gegenüber Vorjahr.

Finanzinvestoren waren mit 260 Milliarden Euro an Kauf und Verkauf von Unternehmen beteiligt. Sie wählen „Unternehmen mit ausreichendem Wertsteigerungspotenzial".

www.springerprofessional.de/link/17764002

Springer Professional

Unser Wissensportal Springer Professional

 SpringerProfessional.de

Dieses Wissensportal bündelt Fachgebiete aus Wirtschaft und Technik. Über www.return-online.de und die Verlinkung dorthin zeigt sich auch der Online-Auftritt dieser Zeitschrift mit aktuellen Informationen, Beiträgen, Empfehlungen, Literatur und einem kostenlos bestellbaren Online-Newsletter zu Themen rund um Transformation und Turnaround.

Auf unserer Landing Page unter springerprofessional.de sind zudem das Online-Archiv, die Mediadaten oder der Kontakt zur Redaktion von „return" zu finden. Hier können das Print-Magazin und das E-Magazin abonniert werden, in denen Hinweise stehen auf weiterführende und frei zugängliche Beiträge unter springerprofessional.de. In Fachbeiträgen enthalten sind außerdem Empfehlungen der Redaktion aus Zeitschriften und

Büchern wie in diesem regelmäßig veröffentlichten Kasten „Springer Professional", die mit dem Zeitschriften- und/oder Voll-Abonnement frei abrufbar sind.

Kurzanleitung zur Registrierung für den Zugriff auf alle Beiträge aus „return" in digitaler Fassung aus dem Online-Archiv und im E-Magazin:

1. www.springerprofessional.de/register
2. Eingabe der persönlichen Kontaktdaten
3. Passwort festlegen
4. Registrierung absenden
5. Sie erhalten eine Bestätigungs-Mail des Verlages. Klicken Sie auf den Link in der E-Mail, um sich für Springer Professional freizuschalten.

Nach der Registrierung loggen Sie sich unter **www.springerprofessional.de/login** ein. Bei Problemen können Sie sich wenden an **support@springerprofessional.de**. Zum Voll-Abonnement von Springer Professional geht es unter **www.springerprofessional.de/bestellung**.

Zurück zum Gemeinsinn

Appell für solidarische Wirtschaftsgesinnung

Nur die Älteren unter den „return"-Lesern werden sich noch an das Jahr 2004 und die legendäre Wut-Rede von Giovanni Trapattoni erinnern, damals Trainer vom FC Bayern München. Er reagierte mit Zorn auf die Kritik seiner Spieler an ihm, speziell durch einen der Profi-Kicker: „Struuunz! Strunz is zwei Jahre hier und hat gespielt seine Spiel. Is immer verletzt. Was erlauben Strunz?" Was aber hat das zu tun mit der Angst vor Kontrollverlust, vor einer Corona-Epidemie und vor dem Verfall der politischen Kultur in Deutschland? Die Antwort: Nur wer frei ist von der Angst vor Kontrollverlust, bleibt authentisch und damit wahrhaftig. Eigenschaften, die uns offensichtlich abhandengekommen sind.

Wie sonst ist die Angst vor der Ankunft von Kriegsflüchtlingen mit Kindern in unserem reichen Land zu erklären? Wie sonst die Akzeptanz des Einsatzes von Tränengas und Blendgranaten gegen sie auf dem Kontinent Europa, dessen Europäische Union noch 2012 den Friedensnobelpreis erhielt? Wie sind Leerkäufe in Supermärkten zu vertreten, mit denen Eilige den Kampf gegen das Coronavirus aufnehmen wollen, wodurch Sagrotan gehandelt wird wie die nächste Kryptowährung und Seife wie das neue Statussymbol einer sich reinwaschenden Wohlstandsgesellschaft?

Kontrollverlust durch unethisches Verhalten

Wir dürfen nur noch wenig Solidarität erwarten in einem Land, in dem panische Menschen chronisch Kranken die Atemmasken und Desinfektionsmittel wegkaufen oder aus Krankenhäusern klauen. Wir können vor diesem Hintergrund hierzulande kaum mit Empathie für Fremde in Griechenland rechnen. Kontrollverlust findet nicht durch eine Einreise flüchtender Menschen statt, sondern erst, wenn wir unethisches Verhalten mit der Ausrede von Selbstschutz rationalisieren wollen. Kontrollverlust findet statt, wenn wir zulassen, dass uns irrationale Ängste verrohen.

Dann blenden wir aus, was uns bedroht: die rapide zunehmende Ungerechtigkeit im System einer spätkapitalistischen Gesellschaft. Unsere Demokratie scheint mittlerweile schutzlos gegenüber Missbrauch und rechtsterroristischen Angriffen. Wir sind offensichtlich gegen den Aufstand des Plebs nicht mehr gefeit. In zentralen Fragen treffen wir auf das Schweigen einer gelähmten politischen Klasse. Sie kümmert sich nur noch um sich selbst und verliert den Kontakt zur Realität. Dabei müsste sie echte Probleme von Menschheit und Gesellschaft lösen.

Es mutet als Hoffnungszeichen an, dass der französische Wirtschaftswissenschaftler und kluge Autor Thomas Piketty von der École D'Économie de Paris gute Vorschläge dazu macht, wie man mit intelligentem Umverteilungsmechanismus bestehende Ungleichheiten verändert. Wir müssten uns nur der Frage zuwenden, was für ein Wirtschaftssystem wir haben wollen. Statt uns an technischen Fragen festzubeißen, etwa wie einfaches Handhaben rund um die Vermögensteuer umzusetzen ist. Oder uns damit zu beschäftigen, wie wir mit einer „Exit-Tax" den Wegzug von Personen und Unternehmen intelligent steuern können.

Wenn wir Kontrolle über das Geschehen und über unsere Ängste zurückgewinnen wollen, dann müssen wir uns die wichtige Frage stellen, in was für einer Gesellschaft wir künftig leben wollen. Die Antworten setzen unser Verständnis darüber voraus, was wir dafür zu tun bereit sind. Gleichzeitig gehört die Lebenslüge der Neoliberalen beerdigt, dass „wenn jeder an sich denkt, an alle gedacht ist". Stattdessen sollten wir Kontrolle lieber sinnvoll gestalten und vor allem den Gemeinsinn wiederentdecken.

Vor fast 160 Jahren entstand in Deutschland der Darlehnskassen-Verein; damit war der Grundstein gelegt für die heute globale Organisation der Raiffeisen-Genossenschaften. Der Gründer, Sozialreformer Friedrich Wilhelm Raiffeisen, wollte damals die Not der Bevölkerung durch „Hilfe zur Selbsthilfe" lindern und prägte für das Wesen der solidarischen Wirtschaftsgesinnung den Grundsatz: „Was einer allein nicht schafft, das schaffen viele." Genauso geht das.

Prof. Hans Haarmeyer ist „return"-Herausgeber sowie Verfasser zahlreicher Handbücher und Kommentare zum Insolvenzrecht. Der Diplom-Betriebswirt war viele Jahre als Insolvenzrichter tätig und lehrte Wirtschaftsrecht am Rhein-Ahr-Campus in Remagen.

digital · interaktiv · mobil

Exklusiv für Abonnenten kostenlos zur gedruckten Ausgabe – das E-Magazin.

 Schlagwortsuche
In Sekundenschnelle die komplette Ausgabe
nach einem Schlagwort durchsuchen.

 Responsives Webdesign
Zugriff auf Ihr E-Magazin von Desktop, Laptop,
Smartphone und Tablet.

 PDF-Downloads
Download von Artikeln aus dem umfangreichen
Online-Archiv.

HTML 5 **Einfach und direkt ohne App**
Zugriff ohne App-Store durch direkte Anbindung
an die Website mit HTML5-Technologie.

 Interaktive Empfehlungen
Zusätzliches Spezialwissen durch verlinkte Quellenangaben der Fachartikel rund um die Heftthemen.

 Interaktives Inhaltsverzeichnis
Mit einem Klick zum gewünschten Beitrag.

 Interaktive Heftnews
Ergänzende Informationen zum Heft durch verlinkte
Firmen- und Produktnews.

Magazin für Transformation und Turnaround

▶▶ **Ihr E-Magazin finden Sie unter: www.emag.springerprofessional.de/return**

Vorschau 03/20

Die nächste Ausgabe von „return – Magazin für Transformation und Turnaround" erscheint am 18. Juni 2020.

▶ Schwerpunkt Prozess-/Organisationsexzellenz: Titelreport – Interview und Firmenprofil mit Vorbildern – Auslandsberichte – Anwendungen

▶ Start & Szene: Meldungen – Personalien – Die Story – Kabarettisten-Kolumne – Sanierungsmonitor

▶ Menschen & Unternehmen: Firmenprofil – Interview – Digitales – Kontrovers – Gründer

▶ Hintergrund & Wissen: Vertrieb – Pricing – Wirtschafts- und Rechtswissen – Teil 3 der Serie „Kanzleien/Beratungen im Wandel"

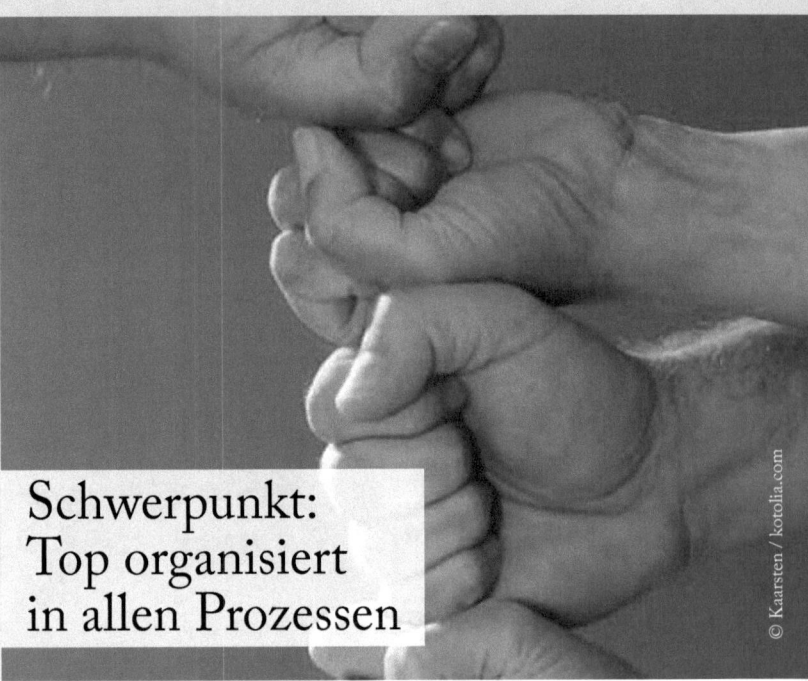

Schwerpunkt:
Top organisiert
in allen Prozessen

© Kaarsten / kotolia.com

Impressum

„return – Magazin für Transformation und Turnaround"
www.springerprofessional.de
www.return-online.de
Ausgabe 2 | 2020, 07. Jahrgang
ISSN (Print) 2199-8841
ISSN (Online) 2520-8187

Verlag
Springer Gabler
Springer Fachmedien Wiesbaden GmbH
Abraham-Lincoln-Str. 46
65189 Wiesbaden
Die Springer Fachmedien Wiesbaden GmbH ist Teil der Fachverlagsgruppe Springer Nature

Geschäftsführer
Stefanie Burgmaier |
Joachim Krieger | Juliane Ritt

Redaktion
Herausgeber:
Stefanie Burgmaier |
Prof. Dr. Hans Haarmeyer

Teamleitung Managementzeitschriften:
Anja Schüür-Langkau

Chefredakteur
(verantwortlich für den redaktionellen Inhalt):
Thorsten Garber
Am Stierksken 18
59379 Selm-Cappenberg
Tel.: +49 (0)2306 75 74 99
thorsten.garber@springernature.com

Redaktionelle Mitarbeiter
dieser Ausgabe:
Heide Baumann, Claudia Bröll, Annelie Buntenbach, Alexander Busch, Dr. An-dreas Fröhlich, Peter Hanser, Regine C. Henschel, Dr. Falk Herrmann, Dr. Henning Herzog, Armin Hingst, Georg Höllthaler, Serdar C. Karabulut, Prof. Kai-Oliver Knops, Anja Kühner, Dr. Dimitros Linardatos, Wilhelm Mauß, Chin Meyer, Prof. Bettina Nunner-Krautgasser, Caroline Pluta, Goerg von der Ropp, Holger Schäfer, Stefan Terliesner, Reiner Wandler, Alexander Welscher

Titelfoto
© iStock / daizuoxin

Anzeigen, Marketing und Produktion
Leiter Media Sales:
Volker Hesedenz

Leiter Vertrieb + Marketing:
Jens Fischer

Gesamtleitung Produktion:
Ulrike Drechsler

Verkaufsleitung (verantwortlich für den Anzeigenteil):
Eva Hanenberg
Tel.: +49 (0)611 7878-226
Fax: +49 (0)611 7878-430
E-Mail: eva.hanenberg@springer.com

Anzeigendisposition:
Leonida Fischer
Tel.: +49 (0)611 7878 148
E-Mail: leonida.fischer@springer.com

Anzeigenpreise:
Es gelten die Mediadaten von Oktober 2019.

Produktmanagement:
Britta Rossbach
Tel.: +49 (0)611/7878-271
E-Mail: britta.rossbach@springer.com

Satz, Layout und Produktion
Iris Conradi

Alle angegebenen Personen sind, soweit nicht ausdrücklich angegeben, postalisch unter der Adresse des Verlags erreichbar.

Sonderdrucke
Anja Trabusch
E-Mail: anja.trabusch@springernature.com
Tel.: +49 (0)611 7878 298

Leserservice
Springer Customer Service Center GmbH
Springer Gabler Service
Tiergartenstr 15, 69126 Heidelberg
Tel.: +49 (0)6221 345-4303
Fax: +49(0)6221 345-4229
Montag – Freitag 8.00 Uhr – 18.00 Uhr
E-Mail: springergabler-service@springer.com

Druck
Kliemo Printing AG,
Hütte 33,
B-4700 Eupen, Belgien

Fachbeirat
Dr. Utz Brömmekamp, Buchalik Brömmekamp Rechtsanwaltsgesellschaft; Udo Doetsch, Sparkasse Duisburg; Prof. Dr. Roland Eckert, FOM Hochschule für Oekonomie & Management im Hochschulzentrum Düsseldorf; Prof. Dr. Christian Gärtner, Wiesbaden Business School, Hochschule Rhein-Main; Carl-Jan von der Goltz, Maturus Finance; Dr. Ulrich Hermann, Heidelberger Druckmaschinen AG; Prof. Dr. Michael Jünger, Technische Hochschule Ingolstadt; Michael Pluta, Pluta Rechtsanwalt; Uwe Rotermund, Noventum Consulting; Heinrich Fritz Stellmach, Stellmach & Bröckers Rechtsanwälte, Wirtschaftsprüfer, Steuerberater

Bezugsmöglichkeiten
Das Heft erscheint sechsmal jährlich. Bezugsmöglichkeiten und Details zu den Abonnementbedingungen finden Sie unter www.mein-fachwissen.de/return
Alle Rechte vorbehalten.

ASSET BASED FINANCE
für den Mittelstand

- Sale & Lease Back Ihres Maschinenparks
- Finanzierung Ihres Warenlagers
- Schnell, innovativ, bonitätsunabhängig

Maturus bietet seit 15 Jahren objektbasierte Finanzierungs-lösungen für den Mittelstand an und ist damit der deutsche Pionier in diesem Marktsegment. Unser Angebot des Sale & Lease Back richtet sich an Unternehmen aus dem produzierenden Gewerbe, die über einen werthaltigen, gebrauchten Maschi-nenpark verfügen. Über Asset Based Credit wiederum können Unternehmen aus der Beleihung ihres Warenlagers Liquidität generieren. Durch den rein assetbasierten Ansatz eignen sich die Finanzierungen auch für Sondersituationen, in denen Banken-unabhängigkeit gefragt ist.

MATURUS
FINANCE GMBH

T +49 40 30 03 936 - 250
info@maturus.com
www.maturus.com

Überlebenskämpfer

Ohne fundierte Gefahreneinschätzung keine wirksamen Gegenmaßnahmen: Was fürs Krisen-Management von Regierungen zur Bekämpfung der Corona-Pandemie gilt, gilt genauso fürs Katastrophen-Management von Unternehmen zur Bewältigung ihrer negativen Auswirkungen. Unser Dilemma, liebe Leserin und lieber Leser, offenbart sich im unsicheren Bewerten der Lage zwischen Verschwörungstheorien und Vorbildhandlungen. Für mich erneut auch ein Argument für mehr professionellen Journalismus als verlässliche Quelle zur Wissensvermittlung und Meinungsbildung. Willkommen also in einer weiteren Ausgabe unseres Mediums, für die unsere Autoren auf Basis von Fakten die richtigen Rezepte zur Vorbeugung und Bewältigung extremer Krisensituationen diesmal insbesondere mit Blick auf das Leben in den Zeiten von Corona gesucht haben.

Zur Analyse des aktuellen Krisen-Managements hat mir ein befreundeter Leser und bekennender „return"-Fan zwei interessante Berichte zukommen lassen. Auf Wunsch sende ich sie Ihnen gerne per E-Mail zu. Der „Bericht zur Risikoanalyse im Bevölkerungsschutz" für den Bundestag aus dem Jahr 2012 inklusive Eintrittswahrscheinlichkeit und Schadensausmaßerwartung einer Pandemie wirft die Frage auf, warum die Politik nicht besser vorbereitet war. Gar erschreckende Erkenntnisse enthält die „Auswertung der bisherigen Bewältigungsstrategien" vom Mai 2020 des Oberregierungsrates Stephan Kohn, für die der Bundesbeamte im Innenministerium suspendiert wurde. Sein Papier und seine Person – beide umstritten – lösten eine heftige Diskussion aus, konstatiert er doch „gravierende Fehlleistungen" und „gigantische Schäden". Seine Kritik gipfelt in der Zitation von UNO-Generalsekretär António Guterres, der kürzlich vor seinem Sicherheitsrat einräumte: „Die Schwächen und mangelhafte Vorbereitung, die durch diese Pandemie offengelegt wurde, geben Einblicke, wie ein bioterroristischer Angriff aussehen könnte – und erhöhen möglicherweise das Risiko dafür."

Zwar glaube ich, dass es vergleichsweise vorteilhaft ist, in der derzeitigen Gefahrenlage in Deutschland zu leben (und zu arbeiten). Aber ich weiß auch, dass die verursachten Schäden und Schulden vor allem Wirtschaft und Gesellschaft noch viel abverlangen werden. Einige Experten-Einschätzungen beängstigen: Dr. Biner Bähr prognostiziert als bekannter Anwalt für Restrukturierung mehr als 30.000 Unternehmensinsolvenzen in 2021, der erfahrene Sanierer Robert Buchalik sieht gar für 20 Prozent aller Mittelständler kein Vorbeikommen am Verfahren – bei rund 3,5 Millionen Betrieben hierzulande kaum zu bewältigen. Auch dafür gehört die EU-Richtlinie zur präventiven Restrukturierung umgehend umgesetzt. Vorsorge erspart Nachsorge, zeigt Überlebenskämpfern nicht nur unser Schwerpunkt über Exzellenz in Prozess- und Organisationsentwicklung. Stellvertretend steht auf Seite 36 der Rat von Oscar Grün, Forscher für Unternehmensführung unter anderem in Katastrophen: Wir sollten besser lernen, extreme Situationen zu meistern.

Ihr

[Unterschrift]

Thorsten Garber
Chefredakteur return / thorsten.garber@springernature.com

© Monkeybusinessimages / panthermedia

© Scheer Holding

Inhalt

return 03/20

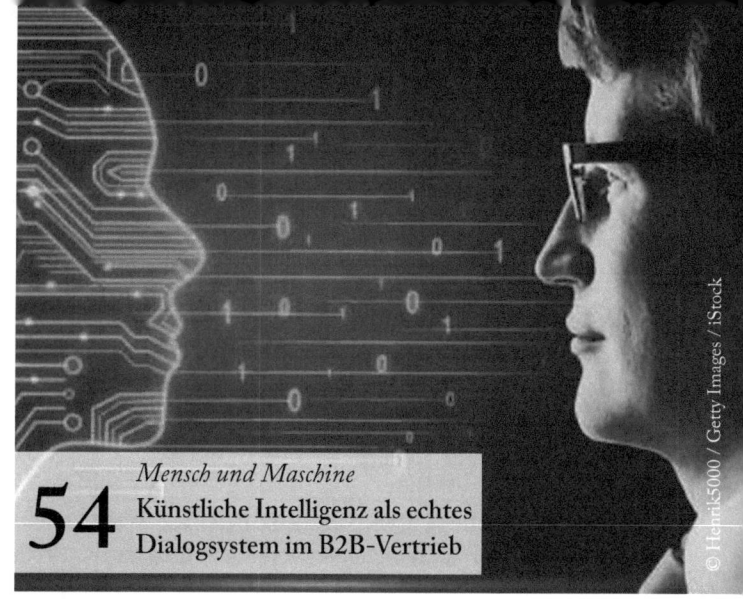

Start & Szene

Interview

„Corona wirkt wie eine Vollbremsung bei voller Fahrt"

Marc S. Tenbieg, geschäftsführender Vorstand für den Deutschen Mittelstands-Bund (DMB), stellvertretend über die Lage der mehr als 17.000 Mitgliedsunternehmen in der Corona-Krise.

Herr Tenbieg, wie wirkt sich auf Ihre Mitgliedsunternehmen die Corona-Krise aus?

Marc S. Tenbieg: Corona wirkt wie eine Vollbremsung bei voller Fahrt, was auch für Mitgliedsbetriebe existenzbedrohend ist. Wir brauchen konjunkturelle Starthilfen für das Wiederhochfahren. Ein zweiter Shutdown wäre wie ein Totalschaden.

Helfen die staatlichen Rettungspakete und die Aussetzung der Insolvenzantragspflicht?

Bei uns sind sowohl Lob als auch deutliche Kritik dazu eingegangen. Solo-Selbstständige oder geschäftsführende Gesellschafter fallen fast vollständig durch das Raster. Die Aussetzung der Antragspflicht ist kurzfristig sinnvoll, ein Allheilmittel ist sie nicht. Etlichen Branchen fehlt eine Perspektive – dort werden Insolvenzen vertagt, nicht verhindert.

Lässt sich schon beziffern, wie viel Prozent Ihrer Mitgliedsunternehmen die Zahlungsunfähigkeit droht?

Nein, wir befragen sie dazu nicht, sondern konzentrieren uns voll auf Hilfestellung und Beratung. Aber wir registrieren Härtefälle – auch bei Unternehmen, die sehr solide

aufgestellt sind. Viele Unternehmer haben die vergangenen Wochen unter enormen Anstrengungen überbrückt. Doch dort, wo Umsätze gen null tendieren und Öffnungsperspektiven fehlen, ist eine Zahlungsunfähigkeit absehbar.

Teilen Sie die Zuversicht des Bundeswirtschaftsministers, wonach „kein Unternehmen in Deutschland nur aufgrund der Corona-Epidemie in die Insolvenz gehen muss"?

Dieses Narrativ zur Sicherheit erinnert eher an die Einlagengarantie in der Finanzkrise. Anders als im Jahr 2008 ist das Wunschdenken. Nachholeffekte sind für besonders betroffene Branchen kaum möglich – etwa bei Events oder Gastronomie. Das Insolvenzgeschehen wird sich dynamisch entwickeln und stark vom Infektionsgeschehen beeinflusst.

Sollte der Gesetzgeber schneller die EU-Richtlinie zur präventiven Restrukturierung in nationales Recht umsetzen?

Da müssen jetzt Nägel mit Köpfen gemacht werden. Der Restrukturierungsmarkt wird eine andere Bedeutung als vor der Krise haben. Eine schnelle Umsetzung ist wichtig und eine echte Chance für Deutschland. Denn dadurch könnte der Handlungsrahmen für eine zukunftsorientierte Sanierung und Transformation von Unternehmen erweitert werden. Dies kann ein echter Standortvorteil sein.

Die Fragen stellte „return"-Chefredakteur Thorsten Garber schriftlich.

Übernahme in der Automobilhandelsbranche

Händler Wichert geht an VW Group Retail

Mit der Krise in der Automobilbranche kämpfen nicht nur Zulieferer: Die VGRD GmbH des VW-Konzerns übernimmt große Teile des führenden Händlers in Hamburg, der in Insolvenz im Eigenverwaltungsverfahren befindlichen Auto Wichert GmbH, was vier Standorte mit knapp 700 Arbeitsplätzen sichert. Zwei Standorte mit knapp 60 Beschäftigten wechseln zur Autohof Reimers GmbH.

www.vgrd-gruppe.de; www.goerg.de; www.whitecase.com

Übernahme in der Autoteilehandelsbranche

Onlineshop ATP gehört zur SAG

Die Swiss Automotive Group AG (SAG) hat einen Kaufvertrag über den Betrieb des Internet-Händlers Auto-Teile-Pöllath Handels GmbH (ATP) mit den Insolvenzverwaltern unterzeichnet. Über den Preis wurde Stillschweigen vereinbart. Rund 250 Arbeitsplätze seien damit gerettet, heißt es in einer Mitteilung dazu, und SAG europaweit auf den Autoteilehandel mit Geschäftskunden spezialisiert.

www.sag-ag.ch; www.schubra.de; www.heuking.de

Mängel in der Umsetzung

Fähigkeit der eigenen Firma, Veränderungen
zu implementieren (Nennungen in Prozent)

Quelle: WHU – Otto Beisheim School of Management,
Studie „Digitale Transformation"/Praxisreport 2020

Mit Zurückhaltung bewerten Befragte beider Unternehmens-
formen, wie digitale Transformation praktisch umgesetzt wird.

Praxisreport 2020

Digitale Transformation scheitert an Defiziten in der Verwirklichung

Es gibt noch viel zu tun: Die vergleichende Studie „Digitale Transformation im Mittelstand und in Familienunternehmen" zeigt bei beiden einen ähnlich hohen Veränderungsbedarf mit Blick auf den Wandel bei Prozessen, Produkten, Dienstleistungen und Geschäftsmodellen. Der kürzlich erschienene Praxisreport 2020 des Instituts für Familienunternehmen an der WHU – Otto Beisheim School of Management bezieht sich auf Ergebnisse einer qualitativen und quantitativen Studie, die beide in diesem Institut durch die Datenerhebungen insbesondere unter mehr als 1.700 Entscheidern unterschiedlicher Branchen entstanden.

Nur etwa die Hälfte aller Befragten über alle Unternehmen hinweg erachtet ihren Betrieb als gut vorbereitet für die digitale Transformation. Vor allem fehlen Experten in der Praxis. Bei den „unternehmerischen Fähigkeiten" gibt es zwar mehrheitlich Zustimmung, dass relevantes Wissen und neue Chancen erkannt werden. Aber dass Veränderungen auch implementiert werden, findet Zustimmung bei nur knapp 43 Prozent in Familienunternehmen und knapp 33 Prozent in Nicht-Familienunternehmen.

www.whu.edu

Erklärung zur präventiven Restrukturierung
„Wellenbrecher gegen Insolvenzwelle"

Ihre Erklärung richten Prof. Angelika Niebler (Foto), Mitglied des Europäischen Parlaments, und Prof. Hans Haarmeyer, Direktor des Deutschen Instituts für angewandtes Insolvenzrecht, an die Verantwortlichen der deutschen Gesetzgebung. Ihr Appell: Schnellstmöglich sollte die EU-Richtlinie zur präventiven Restrukturierung in nationales Recht umgesetzt werden, um neue Möglichkeiten als „Wellenbrecher gegen die drohende Insolvenzwelle" zu schaffen. Ihre Aufforderung hier in Auszügen:

© MdEP / Angelika Niebler

„Die Corona-Krise rüttelt an den Grundfesten unseres wirtschaftlichen Erfolgs. Insbesondere der Mittelstand und Familienbetriebe (...) sind extrem gefordert. (…) Zu Recht haben die Bundesländer, der Bund und die EU Rettungspakete von historischen Ausmaßen aufgelegt (…). Die Aussetzung der Insolvenzantragspflicht (…) hilft nur befristet, drohende Insolvenzverfahren abzuwenden. Die wahren Probleme verschieben wir damit nur, da die Mehrzahl der Fördermaßnahmen infolge einer Rückzahlungspflicht zu mehr Schulden führt. Den betroffenen Unternehmen könnte die außergerichtliche Restrukturierung effektiver helfen, handelt es sich doch um finanzwirtschaftliche Sanierungen. Der Rahmen dafür ist durch die (…) EU-Richtlinie über präventive Restrukturierungsrahmen gegeben. Diese soll es kriselnden Unternehmen ermöglichen, außerhalb eines gerichtlichen Verfahrens eine Restrukturierung in Angriff zu nehmen, um (…) ein Insolvenzverfahren zu verhindern. Zu den Möglichkeiten gehört ein Moratorium, in dem Maßnahmen zur Zwangsvollstreckung ausgesetzt (...) sowie Rechte zur Leistungsverweigerung und Kündigung nicht geltend zu machen sind. So können Unternehmen mit ihren Gläubigern einen Restrukturierungsplan ausarbeiten, der die Interessen des notleidenden Unternehmens und seiner Gläubiger befriedigt. (...) Die Restrukturierung ist für Teilbereiche mit drückenden Verbindlichkeiten und mit einem Teil der Gläubiger einzuleiten. Angesichts der (...) Auswirkungen, durch die viele Unternehmen unverschuldet ihre Rechnungen nicht mehr begleichen können, könnte der neue Rechtsrahmen einigen Betrieben eine Zukunftsperspektive eröffnen. Außerdem würden zwei Wirkungen eintreten: Ein Dominoeffekt von Insolvenzen bei vor- oder nachgelagerten Unternehmen der Wertschöpfungskette wäre zu verhindern. Folglich wäre die Zahl notleidender Kredite zu verringern, wodurch der Finanzsektor langfristig an Stabilität gewinnt.

Die EU-Richtlinie muss bis Juli 2021 von allen Mitgliedstaaten umgesetzt werden. So lange zu warten, wäre fahrlässig. Österreich und die Niederlande haben die Chancen erkannt. Unsere Nachbarn arbeiten unter Hochdruck an der nationalen Umsetzung der EU-Richtlinie, die bei ihnen schon in der ersten Jahreshälfte 2020 in Kraft treten soll. Wir sehen auch für Deutschland in der schnellen Umsetzung große Vorteile: Unternehmen sind nicht zum förmlichen Insolvenzverfahren gezwungen und bewältigen die Krise leichter in einer präventiven Restrukturierung (…)."

Statement des Bundeswirtschaftsministeriums
„Insolvenzen vermeiden und gestärkt aus der Krise gehen"

Die Aussage „Wir wollen, dass möglichst kein Unternehmen in Deutschland nur aufgrund der Corona-Epidemie in die Insolvenz gehen muss" traf Wirtschaftsminister Peter Altmaier am 10. März. Staatssekretär Thomas Bareiß (Foto), Beauftragter der Bundesregierung für Mittelstand, nimmt auf Anfrage dazu Stellung:

© BMWi / Jan Kopetzky

„Die Corona-Pandemie hat die deutsche Wirtschaft mit voller Wucht getroffen. In den meisten Wirtschaftsbereichen sind die Umsätze und die Aufträge massiv oder sogar vollständig eingebrochen.

Um die Gesundheit der Menschen zu schützen, haben die Bundesregierung und die Bundesländer weitreichende Maßnahmen ergriffen, die auch viele Branchen betroffen haben, wie die Schließung von Restaurants, Cafés, Hotels, Fitnessstudios.

Daher ist der Staat in der Verantwortung, die Unternehmen, die vor Corona gesund und wettbewerbsfähig waren, zu unterstützen. Insbesondere gilt es, Corona-bedingte Insolvenzen zu vermeiden. Sonst nimmt unsere mittelständisch geprägte Wirtschaft irreparablen Schaden. Die Bundesregierung hat deshalb einen beispiellosen Schutzschirm mit umfangreichen Unterstützungsprogrammen von über einer Billion Euro aufgespannt. Das entspricht fast einem Drittel unserer Wirtschaftsleistung.

Ein wirtschaftlicher Einbruch lässt sich in diesem Jahr nicht vermeiden. Umso mehr gilt es, das Wachstum für die Zeit nach der Corona-Krise zu stärken. Hierfür bedarf es eines Fitnessprogramms aus Maßnahmen, die schnell, aber vor allem auch dauerhaft wirken. Es sollte insbesondere steuerliche Entlastungen, den Abbau von Bürokratie sowie Verbesserungen bei der Digitalisierung umfassen.

Dann gelingt es, dass wir Corona-bedingte Insolvenzen vermeiden und die Unternehmen gestärkt aus der Krise hervorgehen können."

© Webasto Group

Webasto will mehr Führungskompetenz in Transformation

Dr. Rolf Bulander (im Bild links) tritt als neuer Aufsichtsratsvorsitzender von Webasto, Systempartner der Automobilindustrie, die Nachfolge von Franz-Josef Kortüm an, der sein Amt schon im vergangenen Jahr niedergelegt hatte. Darüber hinaus übernimmt Arne Kolfenbach (Foto rechts) zum 1. September 2020 die Position des Chief Financial Officers (CFO) von Jürgen Reimer, der in gleicher Funktion zum Nürnberger Technologiekonzern in den Diehl-Vorstand wechselt. Den vierköpfigen Vorstand der Webasto SE führt weiterhin Dr. Holger Engelmann als Vorsitzender. Mit den personellen Veränderungen in Aufsichtsrat und Vorstand wolle Webasto „seine Kompetenzen in Elektromobilität, Transformation und Digitalisierung" ausbauen, heißt es in der Unternehmensmeldung.
www.webasto-group.com

Mit Phil Rumbol haben Verena und Werner Bahlsen den ersten familienfremden CEO für den Generationenwechsel an der Gebäckhersteller-Spitze ausgewählt.
www.thebahlsenfamily.com.de

Burkhard Eling, beim Logistiker Dachser als CFO im Vorstand, wird ab Januar 2021 zum CEO berufen. Er löst Bernhard Simon ab, der mit COO Michael Schilling in den Verwaltungsrat wechselt. Neuer COO Road Logistics wird dann Alexander Tonn, neuer CFO Edoardo Podestà, neuer CDO Stefan Hohm.
www.dachser.de

Dr. Georg Bernsau, namhafter Restrukturierungsexperte und Namensgeber der Kanzlei Bernsau Brockdorff & Partner (BBL), wechselt zum 1. Juli mit sechs Anwälten seines Teams innerhalb von Frankfurt am Main zur internationalen Wirtschaftssozietät K&L Gates. Mit ihm gehen Dr. Simone Wernicke, Harald Knittel, Hans Beyer, Nadja Raiß, Nicole Stephan und Stefan Zahn.
www.bbl-law.de; www.klgates.com/de-DE

Dr. Holger Leichtle, bekannter Insolvenzverwalter und Rechtsanwalt, wechselt in Süddeutschland inklusive Team von Schultze & Braun zu Görg, darunter auch die beiden Insolvenzverwalter Sebastian Krahpohl und Simone Kaldenbach.
www.schultze-braun.de; www.goerg.de

Dr. Georg Heidemann und Markus Küthe, beide Sanierungsexperten, haben die Insolvenzrechtskanzlei Kebekus et Zimmermann verlassen und sind nun Partner bei Stellmach & Bröckers (siehe Kanzlei-Porträt ab Seite 64).
www.kebekus-zimmermann.de; www.stellmach-broeckers.de

Hefter-Verkauf trotz Krise

Trotz widriger Voraussetzungen stieg Unternehmer Gerhard Mey kurzfristig bei der Hefter Maschinenbau GmbH & Co. KG ein. Damit endete eine intensive Investoren-Suche.

© Screenshot meycapital.com

„Gerhard Mey ist mittelständischer Unternehmer mit Leib und Seele", heißt es auf der Website der Mey Capital Matrix GmbH.

Der Unternehmer Gerhard Mey hat die Hefter Maschinenbau GmbH & Co. KG erworben, Kerngesellschaft der Hefter-Gruppe. Er entschied sich zum Kauf, obwohl negative Auswirkungen der Corona-Krise schon im laufenden Insolvenzverfahren in Eigenverwaltung sichtbar wurden. Mit dem Verkauf endete eine intensive Investoren-Suche glücklich, denn nach der Transaktion auch der Hefter-Tochtergesellschaften wurden 230 von 300 Arbeitsplätzen gerettet. Die Hefter Maschinenbau GmbH & Co. KG, Holding und Produktionsgesellschaft, fertigt auch über die ungarische Tochtergesellschaft anspruchsvolle, komplexe Maschinen in Kleinserien. Dazu zählen 3-D-Drucker oder Medizintechnik-Geräte. Die Gesellschaft musste mit allen Tochtergesellschaften am 29. August 2019 beim Insolvenzgericht einen Antrag auf Eröffnung eines Verfahrens einreichen.

Die Schwierigkeiten im Maschinenbau mit ausbleibenden Abrufen eines Großkunden waren letztlich der Auslöser. Die beiden Tochtergesellschaften, Hefter Cleantech als Hersteller von Reinigungsmaschinen und die Hefter Systemform als Großhändler von Postverarbeitungsmaschinen, wurden mit allen Mitarbeitern frühzeitig von der Vermop Salmon GmbH beziehungsweise der Francotyp-Postalia-Gruppe

als strategische Investoren übernommen. Der Verkauf der Maschinenbaugesellschaft und ihrer ungarischen Tochtergesellschaft gestaltete sich im schon schwächelnden Absatzmarkt als schwierig und zog sich daher länger hin.

Der Ausbruch der Corona-Pandemie hat Transaktionen dann zusätzlich erschwert. Denn die Kunden der Maschinenbaugesellschaft gerieten ebenfalls unter Druck. Gleichzeitig war bedingt durch die Corona-Krise auf Käuferseite die Finanzierung der Transaktion noch schwieriger: Interessenten sprangen reihenweise ab, weil sie weder klassische Wege über Banken noch alternative Instrumente wie Sale-and-Lease-Back oder Factoring nutzen konnten. Also standen die Verantwortlichen im März wieder am Anfang, weshalb sie den Investoren-Suchprozess quasi noch einmal starteten, um erneut potente und potenzielle Interessenten für das Kernunternehmen der Hefter-Gruppe zu gewinnen.

Investor sieht gute Perspektiven im Verbund mit seinen anderen Beteiligungen

„Gerhard Mey kam in den Prozess tatsächlich erst fünf Tage vor dem Abschluss des Unternehmenskaufvertrags", sagt Hefter-Geschäftsführer Wolfgang Ströbele und beschreibt dies als „einen Glücksfall". Investor Gerhard Mey betont: „Ich sehe für das Unternehmen Hefter gute Perspektiven gerade im Verbund mit meinen weiteren Beteiligungen." Der visionäre Unternehmer hat offensichtlich die Potenziale des Unternehmens erkannt und die sich bietenden Chancen zum Erwerb unmittelbar und kurzfristig genutzt. Die als vorübergehend eingeschätzten Probleme durch die Corona-Krise sind zwar spürbar, wurden aber nicht als so gewichtig eingeschätzt, als dass die Bewertung dieses Risikos die positive Gesamteinschätzung trüben konnte.

Dr. Andreas Fröhlich, Partner und Head of Corporate Finance der Beratungsgesellschaft Baker Tilly, ist spezialisiert auf Mergers & Akquisitions sowie auf insolvenznahe Sanierung.

Im Kurzprofil: Sanierungserfolge nach Insolvenz

	euromicron	HEFTER MASCHINENBAU	Katholisches Klinikum OBERHAUSEN	bielomatik
Name	Euromicron AG	Hefter Maschinenbau GmbH & Co. KG	Katholisches Klinikum Oberhausen GmbH	Bielomatik Leuze GmbH + Co. KG
Branche	IT-Dienstleistungen	Maschinenbau	Gesundheitswesen	Maschinenbau
Geschäftsfelder/ Produktgruppen	Digitale Gebäudetechnik	Auftragsfertigung komplexer Maschinen in Kleinserie	Krankenhaus	Hersteller von Kunststoffschweiß- und Schmiertechniksystemen
Umsatz (Mio. €)	318	33	131	55
Mitarbeiter	1.800	300	2.370	350

Angaben zum Sanierungsverfahren

Antragsdatum	12.12.2019	29.08.2019	10.07.2019	11.10.2019
Verfahrensart	Fremdverwaltung	Eigenverwaltung	Eigenverwaltung	Fremdverwaltung
Sanierer	Dr. Jan Markus Plathner (Dr. Gerrit Hölzle)	Dr. Michael Miersch (Dr. Jens Weber)	Dr. Sebastian Henneke (Dr. Christoph Niering)	Dr. Tibor Braun

Lösungsangaben der Sanierung

Art der Sanierung	Asset Deal	Asset Deal	Insolvenzplan	Asset Deal
Sanierungsdauer	3 Monate	7 Monate	9 Monate	5 Monate
Investoren	Zech Group (GZS Digital GmbH)	Mey Industry GmbH	Ameos Holding AG	Persico SpA und DropsA
Klassifikation	Stratege	Finanzinvestor	Stratege	Stratege
Lösungsbeschreibung	Übernahme aller operativen Gesellschaften nach vorhergehendem Aufkauf aller Darlehensansprüche durch die Zech-Gruppe	Übernahme des Geschäftsbetriebs inklusive der ungarischen Tochter mit allen Mitarbeitern	Übernahme des gesamten Geschäftsbetriebs und der Belegschaft	Übernahme der Kunststoffsparte durch Persico, DropsA übernimmt Bereich Schmiertechniksysteme
Aus Sicht der Investoren/ Strategische Eckpunkte	Strategischer Fit zu anderen Unternehmen der Zech Group, Eingliederung in Gruppe und Umbenennung in Zech Sicherheitstechnik	Akquisition im Rahmen der Buy-and-Build-Strategie des Investors	Eingliederung in finanzstarke Ameos-Gruppe ermöglicht erfolgreiche Neuausrichtung	Beide Transaktionen schaffen Synergieeffekte sowie die strategisch sinnvolle Erweiterung jeweils des Produkt- bzw. Service-Portfolios

Quelle: Baker Tilly

Einmalige Chancen
Wenn Geschäftsideen offene Grenzen überschreiten

Das Corona-Virus wütet. Dabei ist schwer zu unterscheiden, ob die Angst davor schlimmer wütet als die Krankheit selbst. In jeder Krise stecken bekanntlich auch Chancen. Offensichtliches Geschäftsmodell: Atemschutzmasken. Diese Gesichtsbedeckung ist nun Pflicht. Ein erstaunlicher Wandel, diskutierten wirAnfang des Jahres noch über Burka-Verbote. Als großer Gesprächsstoff stieg der Preis für den kleinen Mundstoff: Kostete eine Maske nach „FFP2-Standard" bis Mitte Februar noch 45 Cent, waren es Ende März schon bis zu 20 Euro. Ein Gewinn von über 4.000 Prozent. Hätte man im Februar einen Millionen-Kredit aufgenommen und in Atemschutzmasken investiert, wäre man sechs Wochen später etwa 40 Millionen Euro reicher gewesen. Die Lufthansa hätte bei einer Investition von 35 Milliarden Euro in Atemschutzmasken die Finanzkraft von Apple und könnte sich fröhlich vom eigentlichen Kerngeschäft verabschieden. Der DAX stünde bei einem derartigen Anstieg bei 400.000 Zählern.

Ebenso gefragt, bislang indes noch nicht existent, wäre ein Finanz-Therapeut. Die Volatilität der Märkte inklusive Konto-Stress löst bedrohliche suizidale Gefahren aus. Der Depot-Psychologe könnte seine Klienten beruhigen und aufklären etwa über frühkindliche Komplexe, die zu dieser Investition in Wirecards geführt haben düften.

Auch Ausbildungen anderer Art boomen jetzt. Lehrende mit Kochkünsten für Idioten sind gefragt. Denn ein Volk, das lieber zu lange auf geöffnete Restaurants setzte, sieht sich jetzt seiner Koch-Inkompetenz und damit dem Verhungern ausgesetzt. Wer keinen Pizza-Dienst ins Leben rufen möchte, gibt Koch-Webinare für Einsteiger und Kurse über „Heißes Wasser und seine Möglichkeiten". Spannend scheint auch die Entwicklung in diesem Kompetenzfeld: Nach dem Aus der Fußballbundesliga verwandeln sich 80 Millionen deutsche Bundestrainer in Virologen. Also stoßen ab sofort Fortbildungsseminare zum „Hobby-BWL-Verschwörungs-Virologen" auf gigantischen Zuspruch.

Statt Daten als Rohstoff zählt jetzt wieder Rohöl

Diese einmaligen Chancen haben jedoch die meisten von uns verpasst. Daher gilt es, die verbleibenden Möglichkeiten eines Returns zu eruieren. Hier ziemlich weit vorn ist ein Rohstoff, dem man ein solches Versagen nie zugetraut hätte: das Öl. In der vergangenen Woche rutschte der Preis erstmals in Negative: Ein Fass zu minus 40 US-Dollar! Da dies in der Krise angesichts des Überangebots, das an die Zahl überflüssiger Newsletter im Postfach erinnert, jederzeit wieder passieren kann, sollte man jetzt zuschlagen: Bei einer Abnahme von einer Million Barrel wird man mit 40 Millionen US-Dollar entlohnt und kann das Öl anschließend noch weiterverkaufen. Zugegeben: Die Zwischenlagerung könnte angesichts voller Öltanks zwar etwas schwerfallen. Aber wenn es gelingt, jeden achtzigsten Deutschen zur Hergabe seiner Badewanne zwecks Öllagerung zu überreden, bewegt man sich schon im grünen Bereich. Wobei das Bild hinkt, denn ganz so grün ist die Angelegenheit natürlich nicht.

Statt New Work auch New Travel

Eine Marktlücke füllt das verlockende Geschäftsmodell von transformierten Schlepperbanden, wenn Touristen sie drängen mit ihrer sicher großen Nachfrage nach halblegalem Urlaub angesichts geschlossener Grenzen und nahender Sommerferien. Abgebrühte Reiseunternehmer, bisher im Transfer von Afrika nach Europa tätig, nutzen bestimmt die Gunst der Stunde für komfortable Busreisen zur österreichischen Grenze inklusive heimlicher Überquerung per pedes über malerische Gebirgspässe mit anschließender Wiederaufnahme durchs Vehikel plus Weiterfahrt nach Venedig, wo in mittlerweile sauberen Lagunen gebadet werden darf.

Chin Meyer kreierte im Jahr 2000 die Figur des Steuerfahnders Siegmund von Treiber und avancierte dadurch zum bis heute bekanntesten Finanz-Kabarettisten Deutschlands. Slogan: „Bei Geld fängt der Spaß erst richtig an." Sein Erstlingswerk hieß „Ohne Miese durch die Krise". Mehr unter www.chin-meyer.de.

In der Krise ist Abwarten keine Lösung.

Wir helfen Ihnen, wirksam zu handeln.

Luft zum Atmen verschafft Unternehmen eine anpassungsfähige Prozess- und Organisationsentwicklung. Während der menschliche Organismus, der nicht mehr von allein ausreichend atmet, künstlich mit Sauerstoff versorgt werden kann, muss dies Unternehmen aus eigener Kraft gelingen – durch Flexibilität, Schnelligkeit und Kundenorientierung. Starre Strukturen verhelfen heute nicht mehr zu diesen lebenserhaltenden Stärken. Zu wirkungsvollen Erfolgstreibern zählen vor allem agiles Arbeiten und digitale Transformation. Deshalb müssen Führungskräfte und Mitarbeiter diese neuen Formen der Überlebensstrategie beherrschen.

Wie Luftholen zum Überleben

Prozesse und Strukturen als Atemapparat des Unternehmens: Dieses System verschafft Luft für mehr Zukunftsfähigkeit, ist aber permanent anzupassen, um kundenorientiert zu bleiben.

Vor mehr als 20 Jahren bei Dräger beklagte Stefan Mersmann als junger Software-Ingenieur noch: „Was sollen diese ganzen Prozesse, warum können wir nicht einfach programmieren?" Vor drei Jahren übernahm er beim Hersteller für Medizin- und Sicherheitstechnik als Head of Business Process Management und sagt rückblickend: „Als Projektleiter habe ich gelernt, dass Prozesse eine gute Idee sind, um uns Leitplanken zu geben." Seine Erfahrung in der Forschung und Entwicklung für Medizintechnik habe ihn dies gelehrt.

Das Lübecker Unternehmen startete 2017 mit „Lean Process Landscape" eine Dräger-weite Initiative zur Effizienzsteigerung. Es war der Start fürs Schaffen schlanker Prozesse. Allein im Kernprozess der Produktentstehung mit dem nach Tempo klingenden Namen „Idea to Market" gab es bis dahin rund 300 Prozesse. Diese Abläufe galt es zu straffen, um Innovationen schneller auf den Markt zu bringen; ein Optimieren der Beschleunigung für „Time to Revenue". Wichtiger für Prozess-Manager Mersmann ist jedoch das Vermeiden überbordender Vielfalt, denn hier bringt das Reduzieren ebenso viel Rendite wie das Kürzen der Zeiträume zwischen Entwicklung und Markteinführung.

Empolis strebt mit Technik und mit Menschen nach Veränderungen

Wie selbstverständlich sollte ein Software-Unternehmen digital aufgestellt sein. Daher mutet es zwar wie ein Widerspruch an, wenn mit Empolis ein Entwickler intelligenter Assistenzsysteme sich noch digital transformieren muss. Aber CEO Stefan Wess strebt eben nicht nur mit Technik, sondern mit Menschen nach Veränderungen: „Wir müssen lernen, uns immer schneller anzupassen, agil sein und Fehler zulassen." Für Wess eine Konsequenz kürzer ausfallender

© Axel Koch

„Die Veränderungsfreudigen sind Leistungsträger, die Unternehmen nach vorne bringen."

Axel Koch

Halbwertszeiten für Technologien in seiner Branche. Mit „digital" verbindet der Unternehmer vor allem eine Einstellung. Der Transformationsprozess ist in der Denkweise von Führung und Mitarbeitern verankert. Wess ist bewusst: Alte Denkmodelle und Prozessprinzipien sichern keine Zukunft für Führung und Organisation. Also setzt er auf Kulturwandel. Sein Ziel klingt klar und deutlich: „Wir müssen uns fokussieren, um uns für die Zukunft erfolgreich aufzustellen."

Dräger und Empolis stehen stellvertretend für die Abkehr von traditioneller Unternehmensführung. Früher definierte das Top-Management die Strategien. Die nächste Führungsebene brach die Strategien als Übersetzer auf Bereichsebene herunter. Daraus entwickelte Maßnahmen und Projekte sollten funktionieren, lautete die verbreitete Hoffnung. Dieses Vorgehen bringt in prozessorientierten Organisationen keinen Erfolg, warnt Sven Schnägelberger, geschäftsführender Gesellschafter der Beratung BPM & O, spezialisiert auf Prozess-Management.

Dagegen schafft Business Process Management (BPM) im Mittelstand neuen Nutzen und Mehrwert auf mehreren Ebenen, betont Prof. Horst Wildemann. Für den Wissenschaftler an der Technischen Universität München führt BPM dazu, dass Unternehmen ihre Strategien und ihre Ziele klar formulieren. Anhand dieser Basis sind die Leitlinien besser abzuleiten, mit denen die gesamte Organisation eine zukunftsfähige Handlungsorientierung erhält.

Dabei ist die Ausrichtung am Kundennutzen zentral. Die Erfolgskontrolle wird wichtiger und geschieht im Unternehmen durch das Bewerten der Geschäftsprozess-Leistungsfähigkeit an definierten Messpunkten, weiß Wildemann,. Transparenz über Prozessergebnisse stärke die Mitarbeitermotivation, denn sie lasse den Effekt ihres Handelns in Bezug auf den gesteigerten Kundennutzen erkennen.

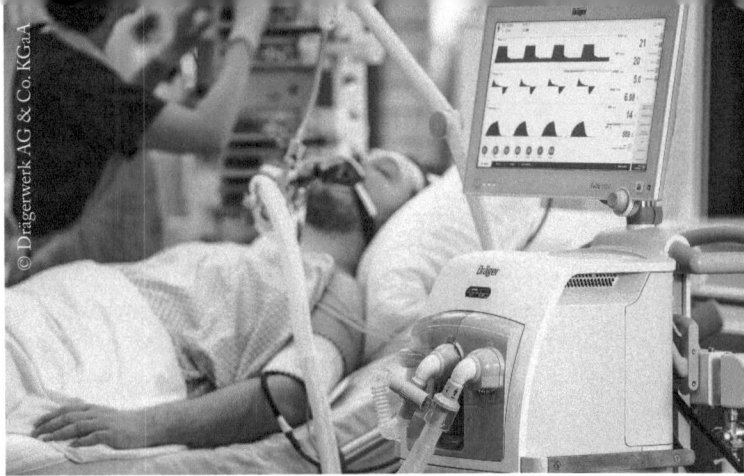

Drägers Prozess-Manager Stefan Mersmann: „Die Balance zwischen autonomen Teams und Vorgabensteuerung ist die große Kunst."

Mit Beatmungsgeräten unterstützt der Medizintechnik-Hersteller die Intensivstationen von Kliniken bei der Corona-Bekämpfung.

Interview

„Business Process Management muss Teil der Unternehmensführung sein"

Erfolgsfaktoren für das vorbildliche Management von Prozessen in Unternehmen beschreibt Prof. Horst Wildemann vom Forschungsinstitut für Unternehmensführung der TU München.

Welche Voraussetzungen benötigt ein erfolgreiches Business Process Management (BPM)?

Horst Wildemann: Eine gute Plattform ist die konsequent gelebte Kundenorientierung, formuliert in der Unternehmensstrategie und gelebt in den Köpfen der Organisationsmitglieder. Dies zeigt sich im Unternehmen durch die Verankerung des internen Kunde-Lieferanten-Prinzips mit Blick auf die Anforderungen an Kosten, Zeit und Qualität. Danach richtet jeder Prozessabschnitt seine Leistungserbringung an dem nachfolgenden Prozessabschnitt aus. Das hat zur Folge, dass jeder Prozessabschnitt messbar sein muss im Hinblick auf die Erfüllung der strategischen Erfolgsfaktoren. Hierzu bedarf es der Einrichtung eines Kennzahlensystems, mit dem effektive Führung im Prozess-Management gelingen kann.

Wissenschaftler Horst Wildemann: „Jeder Prozessabschnitt muss messbar sein hinsichtlich der Erfüllung strategischer Erfolgsfaktoren."

Bedarf es einer eigenen BPM-Organisation?

Business Process Management hat keinen Projektcharakter, sondern muss Bestandteil der Unternehmensführung sein. Prozess-Management-Aufgaben werden von allen Organisationsmitgliedern übernommen, also von Führungskräften und von Mitarbeitern. Alle arbeiten auf unterschiedlichen Ebenen in Geschäftsprozessen, die auf das Erzielen eines überragenden Kundennutzens gerichtet sind.

Welche neuen Fähigkeiten sind dafür gefragt?

Führungskräfte müssen die Fähigkeit zur Delegation von Aufgaben, Kompetenzen und Verantwortlichkeiten aufbringen. Entscheidend ist das Zutrauen in die Mitarbeiter, die eigene Lösungswege in den Geschäftsprozessen ausarbeiten. Es geht darum, den Mitarbeitern mehr Handlungs- und Entscheidungsspielräume zu eröffnen, um auftretende Herausforderungen rasch zu meistern. Selbstverständlich müssen die Zielsetzungen vorgegeben und mit den Mitarbeitern vereinbart werden, jedoch nicht der explizite Weg zur Zielerreichung. Das Messen der Organisationsleistung geschieht anhand konkret fassbarer Ergebnisse, die in Form von Kennzahlen aufbereitet werden.

Wie viel Selbstverantwortung verträgt eine Organisation?

Selbstverantwortung muss im Rahmen der von der Führung vorgegebenen Zielkorridore stattfinden. Anarchie im Unternehmen bringt nichts, die Grenzen des Handelns müssen klar definiert sein. Innerhalb des Zielfensters müssen die Mitarbeiter jedoch ausreichend Selbstverantwortung wahrnehmen können, um ihre Lösungswege umzusetzen.

Empolis-CEO Stefan Wess: „Wir haben unsere Organisation komplett umgestellt, sie ist jetzt zentral und agil."

Zum Teil gehörte zur digitalen Transformation bei der Empolis die Wiederentdeckung des Papiers.

Prozessorientierung und Kundenorientierung gehen Hand in Hand, betont Management-Berater Schnägelberger. Das Verständnis dafür treibt vor allem digitale Geschäftsmodelle voran. Sie funktionieren übergreifend und umfassend, weil die gesamte Organisation involviert ist. Klassische Linienorganisation sei „weder kundenfokussiert noch kundenorientiert", kritisiert der BPM-Experte. Verantwortlichkeit sei in klassischen Organigrammen so zugeschnitten, „dass niemand die Kundenzentrierung im Auge hat und verantwortet".

Große Unternehmen seien zwar gut im Modellieren von Prozessen, aber schlecht im Anpassen ihrer Organisation. Prozessverantwortung gehe zulasten der Linie, bemängelt Schnägelberger und fordert: „Das bedeutet ein neues Führungs- und ein verändertes Steuerungsverständnis." Seine Erfahrung zeige, dass mittelständische Unternehmen hier „viel schneller und konsequenter in der Umsetzung" agieren.

Wandel findet messbar Niederschlag in der Neukundengewinnung

Auch Empolis war dezentral und hierarchisch organisiert. Abteilungen arbeiteten wie in Silos unabhängig voneinander, unterlagen aber einer strafferen Führung. Der neue Transformationsprozess vereint Mitarbeiter aus Product Management, Marketing und Sales im „Go to Market"-Team. Chief Marketing Officer (CMO) Martina Tomaschowski beschreibt den Effekt als so: „Wir denken nicht mehr in Schubladen, sondern arbeiten alle an einem Thema." Der Wandel finde messbaren Niederschlag in der Neukundengewinnung.

Als „evolutionären Prozess" beschreibt Drägers BPM-Manager Mersmann den Fortschritt. Evolution statt Revolution bedeutet für ihn, dass sich der Medizin- und Sicherheitstechnik-Hersteller nicht zur reinen Projektorganisation wie Google oder Netflix verändern sollte. Er sieht die Zukunft als begleitende und projektorganisierte Prozessunternehmung: „Es wird immer ein Paralleluniversum geben."

Dräger befindet sich im Aufbruch – von hausgemachten IT-Strukturen hin zu BPM-Systemen. Gängige Instrumente

des Dokumenten-Managements werden schrittweise durch BPM-Tools ersetzt, die aktives Prozess-Management unterstützen. „Das ist ein großer Paradigmenwechsel", sagt Mersmann. Denn dafür müssen sich Prozessanwender von alten Abläufen verabschieden. Jetzt lassen sich Prozesse dokumentieren, modellieren und grafisch darstellen. Ausführungen sind nachvollziehbar und messbar zu vermitteln. Produktlebenszyklen sind damit komplett abzubilden.

Kleine, selbstorganisierte Teams arbeiten heute autonom und erreichen eigenverantwortlich Ziele. Die Zeiten strenger „Command and Control"-Führung von oben gehören der Vergangenheit an. „Führungskräfte müssen übergreifend denken, Verantwortung delegieren und nicht alles selbst managen, sondern führen", umschreibt Schnägelberger das neue Rollenverständnis. Das neue Prozess-Management bedürfe der Bereitschaft, deutlich mehr Vertrauen, Experimentierfreudigkeit und Fehlertoleranz als früher zuzulassen.

Führung bei Dräger räumt Hindernisse aus dem Weg

Das Führungskonzept „Servant Leadership" ist für Dräger-Manager Mersmann ein geeigneter Ansatz, um Teams beim Erreichen ihrer Ziele zu unterstützen. Empathie und selbstständige Gruppen gewähren zu lassen, spielt für ihn dabei eine wichtige Rolle. „Führung räumt Hindernisse aus dem Weg und erkennt, wenn ein Team nicht mehr funktioniert", sagt Mersmann. Er hat auch schon mit rein autonomen Teams experimentiert. Sie erhielten ein Budget, über das sie eigenverantwortlich entscheiden konnten. Die Versuche scheiterten jedoch nach seiner Erfahrung, weil Leitplanken fehlten: „Die Balance zwischen autonomen Teams und Steuerung nach Vorgaben ist die große Kunst."

Für den Empolis-CEO hat sich die Prozessorientierung positiv auf sein Unternehmen ausgewirkt: „Wir haben unsere Organisation komplett umgestellt – jetzt ist sie zentral und agil." Die Unternehmensführung setze zwar Leitplanken, aber Entscheidungen träfen „so tief wie möglich" die Teams.

Zur Umsetzung setzte Empolis auf ein Tool mit dem Kürzel OKR. Es steht für „Objectives and Key Results" und verknüpft einzelne Aufgaben von Teams und Mitarbeitern mit Vision, Strategie und Planungen des Unternehmens. Schlüsselergebnisse sind nun messbar und im gesamten Unternehmen einsehbar. Damit stieg die Effizienz, weil der Strategie entsprechende Aufgaben nicht mehr abzulehnen waren. Innerhalb von Empolis arbeite man nun „fokussiert, transparent und verbessert in der Kommunikation über alle Ebenen", betont Wess und sagt begeistert: „Genau das brauchen wir, um besser reagieren zu können." In diesem Bewusstsein entstand ein gemeinsamer Code of Conduct, nach dem alle „Emponauten" leben. Die Prozess- und Organisationsentwicklung verschafft Empolis jetzt Luft zum Atmen für mehr Zukunftsfähigkeit. Die Geschäftsführung legte bei der Transformation von Beginn an Wert darauf, dass eine geeignete Unternehmenskultur vor allem Strategie, Innovation und Projekte trägt. Ganz im Sinne der Maxime von Peter F. Drucker, weltberühmter Pionier moderner Management-Lehre: „Culture eats strategy for breakfast."

Empolis-CMO Martina Tomaschowski: „Wir denken nicht mehr in Schubladen, sondern arbeiten alle an einem Thema."

Große Gefahr: Veränderungsfreudige als Aussteiger in Transformationsprozessen

Gleichwohl begegnen Mitarbeiter und auch Führungskräfte starken Veränderungen oft skeptisch oder sogar ablehnend. Denn ohne Rücksicht auf Betroffene wird häufig Change Management betrieben, insbesondere wenn Unternehmen effizienter werden sollen. Daher beobachtet der Psychologe und Hochschullehrer Prof. Axel Koch selbst bei Veränderungsfreudigen, dass sie in Transformationsprozessen aussteigen: „Sie verlieren ihr Engagement und sind nicht mehr bereit, eine Extrameile zu gehen." Für sein Buch „Change mich am Arsch" führte er Interviews und kennt daher die große Gefahr: „Veränderungsfreudige sind Leistungsträger, die Unternehmen nach vorne bringen. Geht ihr Engagement zurück, verliert das Unternehmen seine Spannkraft."

Dem Change Management misst Mersmann höchste Priorität bei. „Verwucherte Prozessgärten" in den Griff zu bekommen, sei kein Problem mit Methoden wie Lean, Six Sigma, Design Thinking oder Agile. Aber frustrierte Mitarbeiter für das Prozess-Management zu gewinnen und Veränderung attraktiv zu gestalten, sieht auch er als Herausforderung. Hierfür seien psychologische Fähigkeiten bei Führungskräften gefragt. Sie müssten sich in Mitarbeiter einfühlen und uneigennützig handeln. Für Psychologe Koch hilft dabei als einfaches Mittel, zuzuhören und offen darzulegen, was der Wandel bedeutet. Doch Letztgenanntes unterbleibe häufig. Software-Ingenieur Mersmann hat seine eingangs beschriebenen Vorbehalte gegenüber Prozessen von damals abgelegt. Heute ist ein Prozess für ihn wie ein Algorithmus und

Prozesse sind wie bei einem Computer das Betriebssystem eines Unternehmens. Fehlt dies, könnten komplexe Organisationen ebenso wenig erfolgreich arbeiten, argumentiert er: „Wenn das Betriebssystem nicht funktioniert, funktioniert auch das Unternehmen nicht."

Kompakt

Folgende Empfehlungen für eine erfolgreiche Veränderung von Prozessen gibt Psychologe und Hochschullehrer Prof. Axel Koch:

▶ Veränderungsfreudige sind die Basis für den Wandel: Schauen Sie, wo jeder Mitarbeiter steht, und befassen Sie sich mit seinen Bedürfnissen und Motiven.

▶ Effizienz ist sachbezogen: Gestalten Sie jeden Prozess sparsam, knapp und besser.

▶ Emotionalität ist auch im Job präsent: Sie zu ignorieren ist wie der Versuch, einen Ball unter Wasser zu drücken.

▶ Prüfen Sie den Wandel permanent: Tools wie das „Zimmer der Veränderung" helfen, um systematisch herauszufinden, wo Mitarbeiter stehen und welche Unterstützung sie benötigen.

▶ Setzen Sie Schwerpunkte: Überlegen Sie stets genau, wo die Einführung von Agilität sinnvoll ist.

▶ Zu viel auf einmal schadet: Verfallen Sie nicht in Aktionismus, gehen Sie stufenweise vor, holen Sie sich Feedback nach jeder Stufe ein.

Peter Hanser, Diplom-Ökonom und mehr als drei Jahrzehnte als Wirtschaftsredakteur tätig, schreibt schon seit Gründung für „return" vor allem über vorbildliche Unternehmensführung und professionelle Persönlichkeiten in dieser Vorbildfunktion. Sein Titelreport in Ausgabe 06/19 widmete sich schon dem Change Management, das Führung und Wandel vereint, um Transformation voranzutreiben.

Druck als Denkanstoß

Wieso der Lockdown eine Chance für Disruption bietet

Wer auf Homeoffice und Videokonferenz vorher kritisch schaute, hat zuletzt positive Erfahrungen sammeln und viele Vorteile kennenlernen dürfen – wenn auch zwangsweise. Dazu mussten mentale wie technische Voraussetzungen erfüllt sein. Denn es erfordert eine gehörige Portion wirksamer Selbststeuerung, um trotz vielfältiger Ablenkungsmöglichkeiten auch Zuhause kontinuierlich und konzentriert zu arbeiten.

Wer noch Lücken in der ITK-Infrastruktur besaß, musste schnell zur richtigen Lösung inklusive Implementierung kommen. Wie eine digitale „Customer Journey" aussieht, wenn's funktioniert, sollten Sie ruhig mal in der nächsten Videokonferenz Ihres Unternehmens ansprechen. Videokonferenzen erfordern Disziplin der Teilnehmenden, die jedoch zügig erreicht ist. Apps und/oder Software sind schon längst entwickelt. Wir werden im Kontakt zu Externen aber nicht mit einer einzigen arbeiten können. Videokonferenzen ersetzen auch nicht persönliche Gespräche, sie beschleunigen aber beispielsweise das flotte Abklären von Spezifikationen, technischen oder juristischen Details. Insbesondere, wenn die Beteiligten räumlich weit voneinander entfernt und Kosten zu reduzieren sind. Der Gedanke liegt nahe: Das könnte in meinem Unternehmen doch auch routinemäßig funktionieren!

Technische Organisation plus geeignete Prozesse

Diese Form der Kooperation erfordert gemeinsame Zugriffe aller internen und externen Beteiligten auf Informationen, die zur Zusammenarbeit notwendig sind. Wer bisher keine Cloud-Lösung dafür hatte, verfügt jetzt oder spätestens bald über eine. Dabei reicht die technische Organisation allein nicht, es bedarf auch geeigneter Abläufe. Wir müssen in Prozessen festlegen, wer in welcher Reihenfolge welche Informationen beisteuern, verändern oder nur lesen darf.

Dauerhaft Distanz zu halten, das ist in vielen Geschäften gar nicht möglich. Vielen sind mit einem Schlag alle Kunden weggebrochen. Zur Selbsterhaltung wurden Kräfte freigesetzt, um das Geschäftsmodell zukunftsfähig anzupassen oder neue zu entwickeln. Modifizierte Angebote entstanden wie Mahlzeiten „to go". Andere Wege zu Kunden eröffneten sich durch eine Frei-Haus-Lieferung. Was früher als Notnagel galt, und wir nie zu testen gewagt hätten, haben wir nach positiven Erfahrungen zum tagtäglichen Angebot ausgebaut. Kontakt zum Kunden nehmen wir über Werbung im Internet auf, die auf unsere eigene Website führt. Dort werden Produkte und Services in Präsentationen wie Videoclips vorgestellt. Der Geschäftsbesuch wird hier virtuell erlebbar. Wer seine Website-Pflege vernachlässigt hat, betreibt nun mehr Aufwand, um sich und sein Angebot attraktiv darzustellen.

Ein Schubs als Motivation für mehr Eigeninitiative

Einzelhändlern und Lieferanten wird jetzt mitunter bewusst, dass sie eben nicht zu einem großen Konzern gehören, der für sie regionale Plattformen bereitstellt, damit der Markt sie findet. Doch dies birgt nicht nur Risiken, sondern vor allem Potenzial für Neues. Auch wer bislang ein Geschäft mit Präsenzschulungen betrieb, entwickelt nun Webinare und andere Online-Formen der Vermittlung. Die aktuelle Drucksituation beschleunigt eben auch den digitalen Wandel. Diese Herausforderung nehmen Aufgeweckte als Chance wahr.

Dieser Nudge, neudeutsch für Schubs im Sinne von Denkanstoß, hat hoffentlich viele Akteure zur Eigeninitiative motiviert. Ihnen allen sei das EU-Projekt zur digitalen Transformation empfohlen, über das hier mehr zu lesen ist: www.digital-transformation-tool.eu. Diese kostenlose Schritt-für-Schritt-Anleitung zum Selbstlernen dient unter anderem zum besseren Verständnis, das überlebensnotwendig ist, wie der dort zitierte Cisco-Vorstandschef John Chambers richtig betont: „Mindestens 40 Prozent aller Unternehmen werden in den nächsten zehn Jahren untergehen (…), wenn sie nicht den Weg der digitalen Transformation gehen."

Dr. Ingo Adler ist Unternehmensberater für Organisations- und Prozessentwicklung unter anderem in der Transformation von Geschäftsmodellen und anderen Aufgaben von Change Management. Er gehört als Mitglied zum IBWF-Experten-Pool der Mittelstandsberater.

„Selbstverliebheit und Arroganz führen geradewegs in die Insolvenz"

Mit dem Rückkauf der Consulting-Sparte von der Software AG gelang sein Unternehmer-Comeback. IT-Persönlichkeit Prof. August-Wilhelm Scheer über Fortschritt, Fehler und (Fort-)Führung.

Herr Professor Scheer, Sie haben jüngst „10 Ideen zur digitalen Transformation" für Staat und Wirtschaft veröffentlicht. Dabei fordern Sie, über digitale Lernsysteme mehr Fahrt in der Fortbildung aufzunehmen. Was meinen Sie, wenn Sie mahnen: „Ein Re-Skilling der Mitarbeiter ist unerlässlich"?
August-Wilhelm Scheer: Viele Unternehmenslenker erkennen, dass heute die digitale Transformation nicht mit Mitarbeitern zu schaffen ist, die ihre Studienabschlüsse vor zehn oder 20 Jahren gemacht haben. Das liegt allein schon auf der Hand, wenn etwa VW-Vorstandschef Herbert Diess über das Auto der Zukunft wie über ein Smartphone als Device fürs Internet spricht. Damit geht ein großer Umschulungsbedarf zu Software-Ingenieuren bei Autobauern und Zulieferern einher. Das gilt aber genauso für andere Branchen.

Die Konsequenz fürs Lernen?
Global Player setzen schon lange auf Weiterbildung mit Systemen für E-Learning. Dies kommt ihnen derzeit in der Corona-Krise auch zugute. Dagegen beginnen Schulen und Universitäten dafür erst jetzt hektisch mit dem Aufbau von IT-Strukturen. Leider haben öffentliche Bildungsträger lange nur Kostenfaktoren gesehen. Das weiß ich, weil ich mich mit digitalen Lernformen seit 23 Jahren beschäftige, zunächst als Universitätsprofessor.

Geht Schnelligkeit vor Sorgfalt, weil nur die Digitalisierung noch neue Geschäftsmodelle und -prozesse ankurbelt?
Nein, das wäre gefährlich. Der Flugzeugabsturz der Boeing 737 Max mit 157 Toten, offensichtlich aufgrund nicht richtig funktionierender Software, führt uns das vor Augen. Druck aufs Tempo könnte sich ebenso bei selbstfahrenden E-Autos negativ auswirken, wenn dadurch Unfälle passieren. Neue Geschäftsmodelle und -prozesse dürfen nie auf Kosten der Sorgfalt entstehen. Das könnte sogar die Existenz des Unternehmens bedrohen. Wobei ich zugebe, dass hohe Geschwindigkeit in unserer IT-Branche schon ein Treiber ist.

> „Ich beschäftige mich intensiv mit der Frage, warum Unternehmen pleitegehen. Eine Antwort ist das falsche Timing."
> **Prof. August-Wilhelm Scheer**

Ihre Forschung und Arbeit widmen Sie seit vielen Jahren dem Informations- und Geschäftsprozess-Management. Nach dem von Ihnen entwickelten Aris-Konzept soll ein betriebliches Informationssystem alle Anforderungen erfüllen. Ist das angesichts der Aufgabenfülle in Unternehmen heute überhaupt noch mit einem Instrument umzusetzen?
Aris ist eine Software-gestützte Methode, um Geschäftsprozesse zu beschreiben und abzubilden. Mein Konzept ist Mitte der 80er Jahre entstanden und immer noch modern. Die Software AG vermarktet Aris bis heute. Eine so langlebige Software ist absolut ungewöhnlich. Bei Aris ist elementar, Prozesse von Anfang bis Ende zu durchdenken, also etwa vom Auftragseingang bis zur Rechnungszahlung. Heute ist der Prozess ergänzt durch Entscheidungshilfen, der Künstlichen Intelligenz (KI). An der Optimierung kann man also weiterarbeiten.

Aber ein System für die komplexe Unternehmensführung?
Die Komplexität durch die Vielfalt von Systemen nimmt in der Tat zu, aber verschiedene Lösungen von SAP, Microsoft oder Oracle gab es früher auch. Dafür haben wir mit Aris damals schon Prozesse und Schnittstellen geschaffen. Keine Software bildet alles in Unternehmen ab. Neue Konkurrenzprodukte sind hinzugekommen. Im Vertrieb spielt Salesforce zum Beispiel eine große Rolle. Bei verschiedener Software ist es umso wichtiger, übergeordnete Lösungen zu finden. Abläufe ganzheitlich zu erfassen, hat an Bedeutung gewonnen. Deshalb haben wir mit unserer Process Automation Suite „Scheer PAS" eine digitale Transformationsplattform entwickelt, die der agilen Automatisierung von kritischen Geschäftsprozessen dient.

Der Vergleich zwischen reiner Lehre und realer Praxis hinkt zwar häufig, aber sehen Sie schon große und mittelständische Unternehmen gut aufgestellt mit betrieblichen Informationssystemen, die vorbildlich ineinandergreifen?

In der Prozess-Automation denken große Unternehmen wie BASF oder VW schon sehr umfassend. Im Mittelstand sind Wittenstein oder Harting vorbildlich unterwegs. Familiengeführte Unternehmen haben technologisch nach meiner Erfahrung oft Vorzeigecharakter, denn sie denken fortschrittlich. Ihre Strategien sind langfristig angelegt.

Ein gutes Informationssystem müsste der Unternehmensführung doch wie in einem Cockpit alle relevanten Kennzahlen für richtige Entscheidungen liefern, um auf dem Pfad für profitables Wachstum zu bleiben und damit zukunftssicher zu steuern. Funktioniert Big Data heute schon so?
Ja, es funktioniert. Dazu müssen allerdings entsprechende Datenbanken bereitstehen, damit Prozesse automatisiert und fundiert zu analysieren sind. Big Data gewinnt durch KI deutlich an Tempo. Die gewonnenen Werte könnten sogar die Basis für neue Geschäftsmodelle bilden. Für die Unternehmensführung lassen sich aus Daten und Prozessen dann richtige Entscheidungen ableiten.

Vielfalt und Häufigkeit an Management-Fehlern, durch die ein Großteil der Neuprodukte als Flop endet oder durch die zu 80 Prozent Firmeninsolvenzen entstehen, lassen aber nur den Schluss zu: Unternehmer verlassen sich eher auf den richtigen Riecher statt auf perfekte Prozessergebnisse.

Ja, allerdings halte ich das auch für richtig, selbst wenn ich viel auf Systeme gebe. Unternehmer wie Bill Gates oder Hasso Plattner waren immer auch bauchgesteuert. Nur auf Zahlen haben sie sich nie verlassen. Ihre Entscheidungen fußten auf dem gefühlsmäßigen Verständnis von Märkten. Intuition erachte ich also für entscheidend, denn wenn Systeme und Zahlen allein maßgeblich wären, bräuchte es keine Unternehmer mehr. Die Mischung muss stimmen. Dazu gehören sensorische Fähigkeiten, um Veränderungen rechtzeitig zu erspüren und zu erkennen, zukunftsfähige Visionen zu entwickeln und die passende Unternehmenskultur zu etablieren.

Macht das im Wesentlichen auch den Unterschied zwischen florierenden und gescheiterten Unternehmen?
Ja. Bosch hat gut überlebt, obwohl andere der Branche aufgegeben oder gekauft wurden. Entscheidend im Management ist das richtige „Timing" – unter diesem Arbeitstitel schreibe ich an einem neuen Buch. Ich beschäftige mich deshalb derzeit intensiv mit der Frage, warum Unternehmen pleitegehen. Eine Antwort darauf ist ganz sicher das falsche Timing. Viele sterben an Überheblichkeit und Dummheit. Durch ihre Arroganz sind sie einfach nicht mehr wach genug.

Wann bewerten Sie denn einen Prozess fürs Geschäft in einer Organisation als exzellent entwickelt?

© Scheer Holding

Prof. August-Wilhelm Scheer ist Gründer und Alleingesellschafter der Scheer Holding GmbH. Er gehört zu den bekanntesten deutschen IT-Unternehmern, war Professor für Wirtschaftsinformatik an der Universität des Saarlandes, Aufsichtsrat bei SAP und Präsident des Bundesverbandes der Digitalbranche, Bitkom. Unter dem Dach der Holding agieren zehn Unternehmen: von der etablierten Scheer GmbH für SAP Consulting über Start-ups wie der IMC AG für digitale Weiterbildung bis zur AWS-Institut für digitale Produkte und Prozesse gGmbH, die gemeinnützig an Zukunftsthemen forscht wie Künstliche Intelligenz, „digital realities" und Industrie 4.0.

So ein Prozess muss vom Anfang bis zum Ende durchdacht sein und ist permanent weiterzuentwickeln. Denn wichtige Anschlüsse fehlen, wenn nur Teile betrachtet werden. Insbesondere, weil heute viele Prozesse über Unternehmensgrenzen hinausgehen. Überlegungen beginnen also weit vor der Auftragserteilung bei möglichen Zielgruppen. Fortschrittliche Unternehmen beschäftigt der Gedanke, inwieweit sie ihren Zielgruppen selbst Informationen über die eigenen Bestände geben oder sie sogar auf eigene Systeme zugreifen lassen. Wir entwickeln für eine große Supermarkt-Kette derzeit ein Lieferanten-Portal, auf dem Anbieter ihre Angebote einstellen können. Ein anderes Einsatzgebiet sehe ich angesichts des Fachkräftemangels bei Portalen, über die Unternehmen geeignete Bewerberprofile sichten können. Prozess-Exzellenz kommt nicht zustande, wenn Unternehmen ihren Blick allein auf interne Abläufe richten. Sie müssen Partner vom Lieferanten bis zum Mitarbeiter auch im Auge haben.

Wie beschreiben Sie exzellente Organisationsentwicklung?
Die optimale Organisation gibt es nicht, weil eine gute immer in Bewegung bleibt. Als ich begonnen habe, mich mit IT zu beschäftigen, waren Großrechner das Maß aller Dinge. Ressourcen-Effizienz bedeutete, den Rechner zu 99 Prozent auszulasten. Dadurch wurden Prozesse extrem langsam. Mit Arbeitsplätzen aus Server und PC ging dann eine Auslastung von nur zehn bis 15 Prozent einher. Also folgte der nächste Schritt in die Cloud, um die Server-Parks voll auszulasten. Allein der Wandel rund um IT-Arbeitsplätze, zentral oder dezentral, hält Unternehmen in Bewegung. Agilität ist für exzellente Organisationsentwicklung eine wichtige Voraussetzung, um flexibel zu sein. Übertriebene Modelle fürs Projekt- und Produkt-Management wie Scrum sehe ich kritisch, wenn Mitarbeiter nur noch mit sich selbst beschäftigt sind.

© Scheer Holding

Die Geschäftsführung der Scheer GmbH, als Consulting- und Software-Haus etabliertes Herzstück der Unternehmensgruppe.

Wie richten sich Unternehmen optimal auf Märkte und damit auf profitable Geschäftsmodelle aus?
Sie agieren im Kerngeschäft und im Innovations-Management möglichst breit aufgestellt, was in exogenen Krisen wie der aktuellen Corona-Pandemie präventiv wirkt. Unsere Unternehmen haben keine Kurzarbeit, weil wir Einbrüche im Automobilsektor kompensieren durch Aufträge im Handel, im öffentlichen Bereich oder in der Pharmazie. Innovationskraft und Diversifizierung sichern eindeutig Zukunft. Die Unternehmensführung muss sich dazu klar bekennen und seine Innovatoren vor Anfeindungen wegen angeblicher Ressourcenverschwendung schützen. Oft fehlt es auch intern an Verständnis, weil Innovatoren den Auftrag haben müssen, mit Trends zu brechen. Die Unternehmenskultur muss Offenheit für Neues als hohes Gut ansiedeln.

Gelingen profitable Geschäftsmodelle grundsätzlich nicht mehr ohne technische Lösung?
Da fragen Sie den Falschen *(lacht)*, denn ich glaube fest daran. Airbnb oder Uber hat durch Technik klassische Arbeiten von Hotels oder Taxiunternehmen übernommen. Technik war immer der Treiber. Ich kann mir kein Geschäftsmodell vorstellen, das noch ohne technische Lösung auskommt.

Mittelständler sind kühle Rechner, die Aussicht auf digitale Dividende erwarten, bevor sie in neue Technologien investieren, betont Telekom-Geschäftsführer Hagen Rickmann als Gastautor in „return" (Ausgabe 04/17, Anm. d. Red.). Sie sehen im Mittelstand ein Misstrauen gegenüber Cloud Computing und raten zum Edge Computing. Verstehen Sie die Zurückhaltung, wenn für digitale Transformation dauernd eine neue Sau durchs Dorf getrieben wird?
Klar. Man kann als Unternehmer auch abwarten, was sich letztlich durchsetzt. Aber erfolgreiche Unternehmen gehen bei technologischen Innovationen stets voran. Ich erlebe den inhabergeführten Mittelstand als sehr aufgeschlossen, eher begeistert von Innovationen im Sinne langfristig angelegter Investitionen. Beim Cloud Computing war die Zurückhaltung vorbei, als die Vorteile klarer kommuniziert wurden. Nun haben die Unternehmer schnell umgedacht.

Für Künstliche Intelligenz in Unternehmen sehen Sie ein „Spannungsfeld zwischen enttäuschten Erwartungen und begründeten Hoffnungen", kommentierten Sie kürzlich in „Wirtschaftsinformatik & Management". Für welche Aufgaben ist KI in der Unternehmenspraxis ausgereift?
Die KI bedient ein breites Feld von Anwendungen – von einfachen Statistiken bis zu komplexen Modellen. Die KI unterstützt die Robotik schon länger: Im Handel wie bei Amazon und Co., bei Übersetzungs-Software wie Deepl oder bei Spracherkennungs-Software wie Dragon

© Scheer Holding

© Scheer Holding

Zur ganzheitlichen Entwicklung individueller Prozesse soll Scheer PAS als „The Digital Transformation Platform" beitragen.

Eine Drohnen-Roboter-Kollaboration zählt zum Intra-Logistik-Szenario des forschenden August-Wilhelm Scheer Instituts.

arbeiten Algorithmen mittlerweile fleißig mit. Bei der Prozess-Automation unterstützt KI, indem sie etwa Eingangsrechnungen automatisiert erkennt. Unternehmer sollten auch Ansatzpunkte für eigene Produkte mit KI suchen. Nehmen wir zum Beispiel autonom fahrende Geräte wie Rasenmäher oder Saugroboter. Anwendungen gibt es immer mehr vormodelliert, für Sprachassistenten sogar fertige Systeme.

Deutschland hat anerkannte Spezialisten für den Datenschutz zu bieten. Sie sind alleine aber zu klein, um weltweit Standards zu setzen, zum Beispiel in der IT-Sicherheit. Hat Ihre Branche insgesamt einst den Anschluss gegenüber den großen Anbietern aus Asien und den USA verpasst – und liegt heute in uneinholbarem Abstand zurück?

Ja, das stimmt. Aber das Thema adressiere ich seit 20 Jahren. Wir wenden viel an, bieten aber selbst wenig. Insbesondere intelligente Industrie 4.0 für Automatisierungen in der Produktion wäre ein großes Thema für Deutschland. Etwas optimistisch bin ich hier mit Blick auf unsere Automobilindustrie. Warum uns der Durchbruch mit IT-Anbietern außerhalb der D-A-CH-Region nicht gelingt, ist für mich auch ein Rätsel. Vielleicht ist es mehr eine Mentalitätsfrage. Bisher haben vor allem SAP, Software AG und vielleicht auch IDS Scheer gezeigt, wie es geht. Die Chancen für Datensicherheit bewerte ich vorsichtig, denn IT-Security kostet Unternehmen vor allem Geld und kommt überwiegend aus Israel. Vielleicht eröffnen Projekte wie „Gaia-X" zur vernetzten Dateninfrastruktur, das unser Bundeswirtschaftsministerium aufgelegt hat, ja doch noch neue Möglichkeiten für den Mittelstand.

Sie haben kürzlich im Live-Stream eines Webinars einen Vortrag gehalten unter dem Titel „Unternehmertum bedeutet: Eine Idee quasi aus dem Nichts realisieren". Müssen Sie daran hierzulande immer noch oder schon wieder erinnern?

Immer noch und schon wieder. Als Beispiel bin ich in dem Webinar übrigens mit Robert Bosch eingestiegen, der als zweitjüngstes von zwölf Kindern eines Gastwirte-Ehepaars im ländlichen Gebiet der Schwäbischen Alb geboren wurde. Lebenslanges Lernen, Lust am Erfolg und Spaß am Erkennen von Ideen für die Welt gehörten zu seinen beruflichen Triebfedern. Heute höre ich leider überwiegend und hauptsächlich: Work-Life-Balance. Wir müssen gegensteuern, indem wir Beispiel geben wie einst Kolumbus, der neue Welten entdecken wollte. Abenteuer wie diese müssten doch attraktiver sein als Nine-to-five-Jobs. Noch immer zählen Unternehmer in Schulen und Universitäten zu den unbekannten Wesen. Ich habe deshalb schon viele Vorträge in Schulen gehalten, zuletzt im Cusanus-Gymnasium in St. Wendel. Hoffnung machen mir unsere vielen Start-ups und TV-Präsenzen wie „Die Höhle der Löwen", obwohl ich die Sendung wegen der Jury-Mitglieder lieber nicht schaue.

Vervollständigen Sie den Satz „Gründen ist nicht schwer, aber …

… erfolgreich zu sein und zu bleiben ist viel schwieriger". Insbesondere nach erstem Wachstum als Unternehmer die eigene Weiterentwicklung voranzutreiben, beispielsweise für die Internationalisierung, und sich dafür selbst permanent zu verändern, halte ich für die ganz große Herausforderung im Unternehmertum.

Was raten Sie Unternehmern bezüglich einer Fehlerkultur für Innovationen? Was empfehlen Sie zur Vermeidung von Insolvenzen, was zur Bewältigung von Krisen?

Ich rate Unternehmern, dass sie sich immer wieder eindringlich in Erinnerung rufen müssen, nicht alles selbst wissen zu können, und dass sie deshalb immer offen für Neues bleiben sollten. Dann sind sie auch in der Lage, die meisten Krisen gut zu verhindern und zu bewältigen. Vor allem die

Krisen, die von innen kommen – etwa durch das Vermeiden eines Klumpenrisikos. Nach meiner Beobachtung führen bei Unternehmern vor allem Selbstverliebtheit und Arroganz geradewegs in die Insolvenz. Grundsätzlich ist mein Unternehmen stets ein Teil von mir als Unternehmer. Im Krisenfall würde ich zwar nicht mein letztes Hemd geben, muss aber doch mit privatem Geld in Schwächephasen auch Unterstützung leisten, um etwa mal eine Durststrecke von drei Monaten zu überstehen. Dafür habe ich Sicherheitspolster

Die roten Scheer Tower auf dem Gelände der Uni Saarbrücken. In einem der Türme wird seit Juni 2019 an KI, Robotic und Virtual Reality gearbeitet.

Gründung, Verkauf, Rückkauf, Sanierung

Immerhin seit mehr als 35 Jahren unterstützen schon Spezialisten als „Die Prozess-Experten" unter dem Namen Scheer vor allem Auftraggeber „bei der Entwicklung neuer Business-Modelle, der Optimierung und Implementierung effizienter Geschäftsprozesse sowie beim verlässlichen Betrieb ihrer IT". Das heutige Software- und Consulting-Haus Scheer GmbH entstand zwar erst im Jahr 2015 durch den Zusammenschluss der Scheer Management GmbH mit der von der Software AG zurückgekauften IDS Scheer Consulting GmbH. Die Letztgenannte war aber Teil des im Jahr 1984 von Prof. August-Wilhelm Scheer als Spin-off des Instituts für Wirtschaftsinformatik der Universität des Saarlandes gegründeten Unternehmens IDS Scheer AG, das nach 25 Jahren von der Software AG übernommen worden war. Damals galt IDS Scheer als drittgrößter Software-Hersteller hinter SAP und Software AG. Gründer Scheer kaufte 2014 den deutschen Beratungsteil wieder zurück und setzte zunächst auf die Sanierung des Unternehmens. Die Scheer GmbH gehört also zu den etablierten Unternehmen der Scheer Holding, die neun weitere Firmen – vor allem Start-ups – unter einem Dach vereint.

www.scheer-group.com

anzulegen. Das können Start-ups selbstverständlich nicht, weshalb sie eher Hilferufe senden müssen. Ich möchte nie nach öffentlichen Hilfen verlangen. Wer einmal den Staat ruft, wird ihn nie wieder los. Da bleibe ich lieber der reinen Marktwirtschaft treu. Es sei denn, der Staat zwingt uns Unternehmen seine Regeln auf, dann muss er auch helfen – sei es bei Ausgangssperren oder beim Kündigungsschutz.

Sie selbst haben Ihr Lebenswerk als Unternehmer im Jahr 2009 mit der IDS Scheer AG an die Software AG verkauft. Ihr Rückkauf der IDS Scheer Consulting GmbH fünf Jahre später kam etwas überraschend. Wollten Sie eine Wiedergutmachung für einen unternehmerischen Fehler betreiben?
Ich habe mein Lebenswerk damit zum Teil gerettet. Den Verkauf damals betrachte ich aber nicht als Fehler, sondern würde heute in so einer Situation wieder ähnlich handeln. Wenn ich die IDS Scheer AG behalten hätte, wäre womöglich ein weiteres großes IT-Unternehmen in Deutschland entstanden, aber die Risiken haben 2009 einfach überwogen. Gleichwohl fühlte es sich an, als hätte ich als Vater ein Kind weggegeben, was ich nun rückgängig gemacht habe.

Einst beschäftigte Ihr Unternehmen rund 3.500 Menschen. Zu Ihren neuen Zielen für die Unternehmen der Scheer Holding heißt es jetzt auf der Website, dass Sie in fünf bis zehn Jahren mit mehr als 1.500 Arbeitnehmern rund 150 Millionen Euro Gesamtumsatz erzielen wollen. Realistisch?
Wir haben schon 100 Millionen Euro Umsatz erreicht. Deshalb ist das Ziel realistisch.

Hängen Transformation und Turnaround in Unternehmen für Sie eng zusammen?
Ja, durchaus. Transformation findet ständig statt, um Neues zu erschaffen, für den Turnaround ist eine kritische Situation der Anlass, bis dahin Verpasstes zu verändern. Ich behaupte: Wer mit Transformation kontinuierlich sein Unternehmen weiterentwickelt, hat keinen Turnaround nötig. Die Anpassungsfähigkeit garantiert die Überlebensfähigkeit.

Als begeisterter und aktiver Saxofonist lassen Sie sich zitieren „Das Wesen des Jazz ist die Improvisation". Verbindet das für Sie den Musiker mit dem Manager?
Unbedingt, denn Improvisation bedeutet nicht: unüberlegtes Hindudeln! Improvisation kann nur mit viel Übung gelingen, wenn man mit Kenntnissen spontan zu reagieren versteht. Fast mehr als beim Musizieren hilft dies doch im Unternehmerleben weiter.

Das Interview mit Prof. August-Wilhelm Scheer führte „return"-Chefredakteur Thorsten Garber wegen der prophylaktischen Kontakt-Vorgaben zur Eindämmung der Corona-Pandemie am 17. April telefonisch.

Gezielte Schnitte

Varteks schneidert fleißig am Turnaround. Der Textilgigant aus Kroatien mit namhaften Kunden wie Hugo Boss fertigt in Innovation, Schnelligkeit und Qualität, damit die Kehrtwende passt.

Trotz Virus-Krise hofft Varteks auf bessere Zeiten. Das Traditionsunternehmen aus Kroatien stand vor zwei Jahre kurz vor dem Aus. Dann aber ist es geglückt, sich in der schwierigen Modebranche mit frischem Kapital und innovativem Konzept doch noch neue Märkte und Kunden zu erschließen. Statt Tweedstoffen läuft jetzt leichte Baumwolle

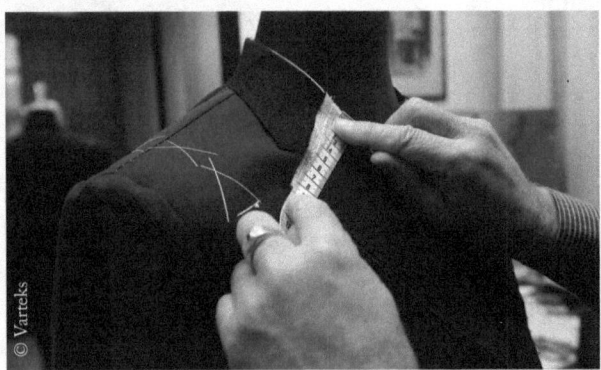

Maßarbeit für Männermode etwa im Auftrag von Hugo Boss.

Moderiese aus Kroatien mit 102-jähriger Tradition

Herrenanzüge, Mäntel und elegante Geschäftskleidung für Frauen sind das Kerngeschäft von Kroatiens Modegigant Varteks in Varaždin. Das Unternehmen wurde unter dem Namen Tivar 1918 gegründet und im sozialistischen Jugoslawien in Varteks umbenannt. Exportmärkte in Ost und West wurden in den 70er und 80er erschlossen. Jeans für das börsennotierte US-Handelsunternehmen Levi Strauss & Co. fertigte Varteks zwischen 1993 und 2008. Die bis heute erfolgreiche Kooperation mit Hugo Boss startete 1995, als Kroatien unabhängig wurde. Der Niedergang von Varteks begann mit der Weltwirtschaftskrise ab 2008. Doch neu aufgestellt mit frischem Kapital, Management und Konzept gelang dem Konzern vor zwei Jahren der Turnaround: Varteks setzt seitdem verstärkt auf Eigenmarken, die über die eigene Ladenkette vertrieben werden.

www.varteks.com

unter tackernden Nadeln: Selbst in lähmenden Corona-Zeiten schnurren Nähmaschinen fleißig beim Textilgiganten Varteks in Varaždin. Die ersten 70.000 Gesichtsmasken im Wert von 100.000 Euro habe man der Polizei und Altersheimen gespendet, berichtet Vorstandschef Tomislav Babić stolz: „Für eine Firma, die vor Kurzem vor dem Bankrott stand, ist das ein enormer Betrag." Trotz Kurzarbeit und Produktionsdrosselung werde Varteks die Covid-19-Pandemie „mit weniger Verlusten als viele Konkurrenten" überstehen, ist der 45-Jährige überzeugt: „Wir werden aus dieser Krise stärker und mit einem größeren Marktanteil herauskommen, als wir in sie hineingeraten sind."

Die „Schnelligkeit bei der Anpassung an eine neue Situation" bezeichnet der ehemalige Investmentbanker als wichtigste Voraussetzung für das Management eines Unternehmens in der Transformation: „Das Zweite ist die Kreativität, neue Wege zu entwickeln, und den Mut, diese auch umzusetzen. Und natürlich viel Arbeit – ohne die erreicht man nichts." Der Mann mit dem offenen Hemdkragen weiß, wovon er spricht. Noch vor zwei Jahren schien das Flaggschiff der kroatischen Textilindustrie gewissermaßen klinisch tot – und unvermeidlich in den Bankrott zu schlittern. Das Unternehmen sei „praktisch erledigt" gewesen, sagt Babić im Rückblick.

„Das mutigste, riskanteste Manöver der kroatischen Wirtschaftsgeschichte"

Dass sich damals der heutige Aufsichtsratsvorsitzende und Hauptinvestor Nenad Bakić bereitfand, mit einer Kapitalspritze den Neuanfang zu wagen, bezeichnet Babić als „das mutigste, aber auch riskanteste Manöver der kroatischen Wirtschaftsgeschichte": „Er übernahm eine völlig heruntergekommene Firma und setzte auf ein Konzept, von dem alle dachten, dass es angesichts der viel billigeren Arbeitskraft in Asien und der Türkei nicht verwirklichbar sei: die Produktion hochwertiger Mode in Europa."

Die Anfänge der turbulenten Geschichte von Varteks gehen bis ins Königreich Jugoslawien zurück. Unter dem Namen Tivar wurde die Firma 1918 zunächst als Stoffproduzent

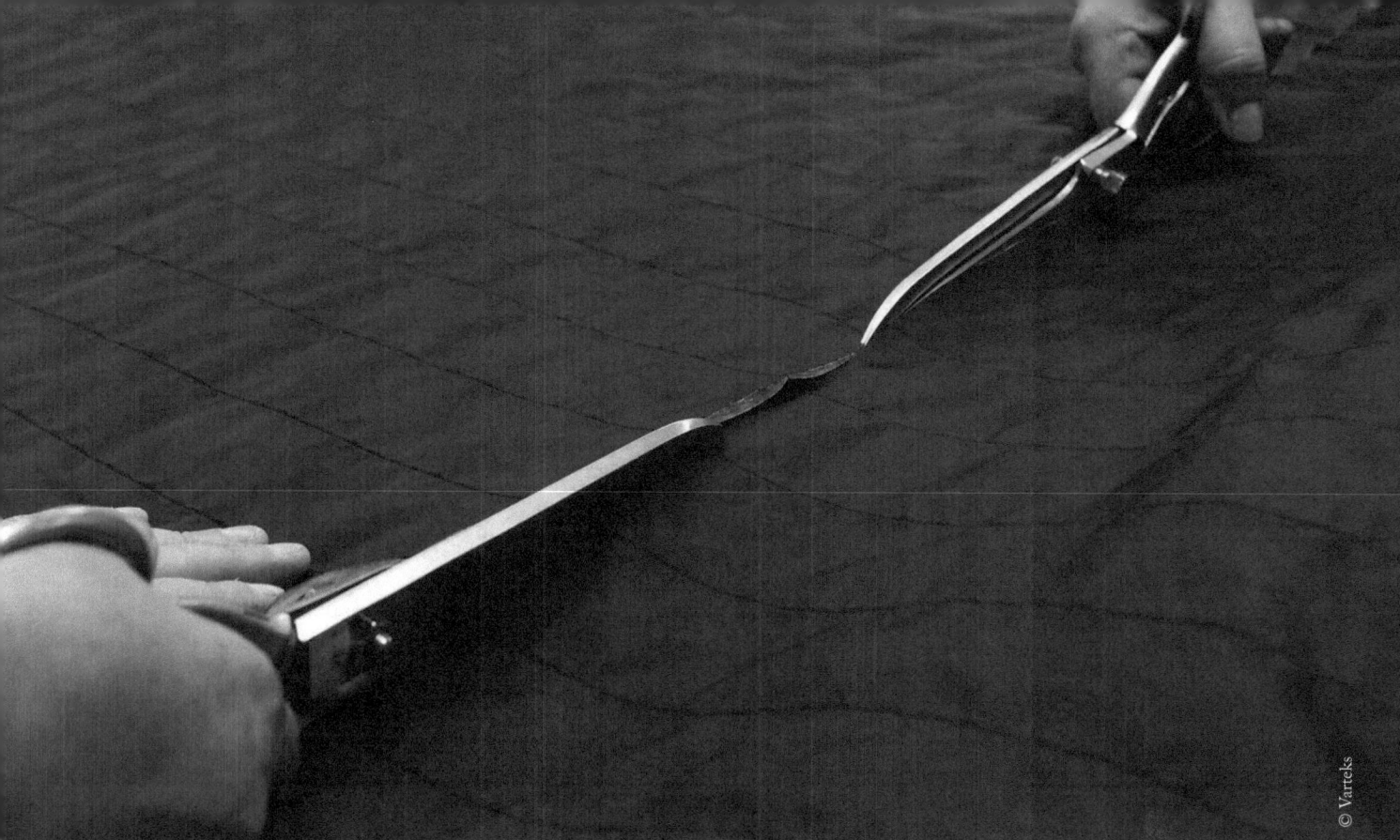

Der Zuschnitt der Strategie zur Unternehmenssanierung muss passen: Für Varteks besteht sie aus Anpassungsfähigkeit und Kreativität.

gegründet. Schon Ende der 20er Jahre mauserte sich Tivar mit einem Netz von 190 Niederlassungen zu einem der führenden Kleidungshersteller des Königreichs. Nach dem Zweiten Weltkrieg wurde Tivar im sozialistischen Jugoslawien zu Varteks – und weitete seine Produktion aus. Zu den besten Zeiten arbeiteten bei der Modegröße, die sich auf Anzüge, Mäntel, Kleider, Röcke und Stoffe spezialisiert hatte, mehr als 11.000 Mitarbeiter.

Kroatien sei in Jugoslawien als „fortschrittlichere Republik schon früh nach Westen orientiert" gewesen – auch in der Mode, so Babić. Varteks beschäftigte die besten Mode-Designer und unterhielt mehr als 200 Filialen: „Es gab in Jugoslawien keine Konkurrenz, die sich mit Varteks hätte messen können."

Lange einträgliche Kooperation mit US-Hersteller Levi Strauss

Nicht nur im sozialistischen Osteuropa erschloss sich das Unternehmen bald wichtige Exportmärkte: Mit hochwertigen, aber günstigen Anzügen stieß Varteks selbst in Großbritannien auf eine gute Nachfrage. Im Jahr 1983 begann eine für Varteks lange sehr einträgliche Kooperation mit Levi Strauss & Co.: Über ein Vierteljahrhundert ließ der US-Hersteller seine „Levi's"-Jeans für den osteuropäischen Markt in Varaždin schneidern. Der Kroatienkrieg

zwischen 1991 und 1995 sowie der anschließende Zerfall Jugoslawiens zerstörten die angestammten Märkte des Unternehmens. Mit der Herstellung von Uniformen für die Streitkräfte Kroatiens überbrückte Varteks den Krieg: Bis heute kleidet das Unternehmen die Armee und Polizei im Adria-Staat ein.

Bis heute Anzüge als Auftragsarbeit fürs deutsche Mode-Label Hugo Boss

Zudem begann 1995 die Kooperation für das deutsche Mode-Label Hugo Boss, für das Varteks bis heute Herrenanzüge als Auftragsarbeit fertigt. „Für uns ist diese langjährige Zusammenarbeit eine der größten Anerkennungen unserer Qualität – und ein Beweis, welche hochwertige Ware wir produzieren", sagt Babić.

Nach dem Kroatienkrieg habe sich Varteks auch dank der Auftragsarbeit für andere internationale Modegrößen „zunächst sehr gut" gehalten. Die Zahl der Beschäftigten hatte sich zwar auf 3.500 Mitarbeiter reduziert: „Doch die Firma war intakt, verfügte über einen guten Marktanteil und operierte erfolgreich", wie Babić beschreibt.

Doch die Weltwirtschaftskrise von 2008/2009 traf nicht nur Kroatien, sondern auch Varteks mit voller Wucht. Von 2009 bis 2014 wies der Küstenstaat fünf Jahre lang in Folge ein Minuswachstum auf. Auch in Varaždin brachen bald alle

Dämme. Der langjährige Geschäftspartner Levi Strauss kündigte 2009 die Kooperation mit Varteks auf und verlagerte die Produktion aus Kostengründen nach Asien.

Zusätzlich zur sinkenden Kaufkraft auf dem Heimatmarkt erschwerte verstärkte Konkurrenz das Geschäft: Mit dem EU-Beitritt von Kroatien 2013 und der Eröffnung neuer Shopping-Zentren drängten westliche Modeketten wie H&M, Zara oder Peek & Cloppenburg ins Land. „Es war für Varteks unmöglich, preislich mit in Bangladesh gefertigten Billiganzügen zu konkurrieren", begründet Babić.

Varteks trudelte in eine Abwärtsspirale, in der ein freier Fall kaum aufzuhalten schien. Die unrentabel gewordene Stoffproduktion wurde 2010 eingestellt. Die Belegschaft schrumpfte auf noch 1.100 Mitarbeiter. Dennoch häufte das Unternehmen zwischen 2008 und 2018 mehr als 100 Millionen Euro Verluste

© Varteks

„Wir beschleunigten Prozesse, beseitigten Hürden, stellten alle Geschäftssegmente neu auf."

Tomislav Babić

an. „Selbst gesunde Unternehmen können derart hohe Verluste nicht aushalten", sagt Babić. Das Minus glich Varteks mit dem Verkauf der Filialen aus seinem Immobilienimperium zunächst aus. Aber, wie Babić zu bedenken gibt: „Wenn alles bergab geht, verschwinden irgendwann die besten Leute. Vor allem unser Mode-Design hatte zu leiden."

Zinsfreie Kredite vom Teilhaber, weil Banken den Dienst versagten

Die Kehrtwende begann 2018, als Investor Nenad Bakić seine Beteiligung an Varteks von sechs auf 17 Prozent erhöhte und mit einer Kapitalspritze von 20 Millionen Kuna (2,6 Millionen Euro) auf 47 Prozent steigerte. Bakić gewährte dem Unternehmen schließlich selbst zinsfreie Kredite von insgesamt 45 Millionen Kuna (sechs Millionen Euro), weil die Banken ihren Firmenkunden Varteks nicht mehr bedienen wollten.

Das radikale Umkrempeln der Unternehmensstrategie und des Managements sollten Varteks aber erst den ersehnten Neustart ermöglichen. Investor Bakić übernahm Anfang 2019 befristet auf ein Jahr selbst das Ruder im Vorstand und leitete mit dem Aufbau eines neuen Managements die Wende ein. „Wir haben das Management von der Spitze bis in die mittlere Führungsebene völlig umgekrempelt", berichtet Babić, der im vergangenen Jahr als Entwicklungschef ins Unternehmen eintrat und zu Jahresbeginn 2020 den Vorstandsvorsitz übernahm, als Bakić wieder in den Aufsichtsrat wechselte. Dem vorherigen Management habe es „an Vision und Mut" für Varteks gefehlt, bemängelt Babić: „Wir begannen, uns

um neue Wege zu bemühen. Wir beschleunigten Entscheidungsprozesse, beseitigten administrative Hürden, stellten praktisch alle Geschäftssegmente völlig neu auf."

Immer kürzere Modezyklen mit acht statt zwei Kollektionen pro Jahr begünstigen nach Ansicht des neuen Varteks-Managements den Trend, dass die Produktion näher zum Kunden und damit zurück nach Europa verlagert wird. Verstärkt setzt auch Varteks auf Produktion und Vertrieb hochwertiger Eigenprodukte über das eigene Verkaufsnetz.

„Wichtig ist heute vor allem Qualität, und dass neue Mode so schnell wie möglich in die Läden gelangt", unterstreicht Vorstandschef Babić: „Unser Vorteil ist, dass wir in unserem eigenen Hinterhof produzieren. Wir können sehr schnell auf neue Trends und Marktbedürfnisse reagieren. Die Zeitspanne von der Idee bis zu Realisierung ist bei uns sehr kurz. Wir erhöhen die Produktion, wenn ein Artikel gut läuft – zwei Tage später ist er im Laden."

Nicht nur Design und Stoffe haben sich bei Varteks völlig verändert, seit eine neue Kreativdirektorin eingestiegen ist. Auch die erst auf 22 Filialen geschrumpfte Ladenkette ist nun zu einem Netz von 30 Läden ausgebaut. Pfiffige Marketing-Kampagnen und zudem der durchs Land rollende „Modebus" haben den Absatz 2019 um 60 Prozent erhöht. In dem Bus können Kunden nicht nur Varteks-Kleidung anprobieren, sondern werden auch mit deren Bestellung über den Webshop vertraut gemacht. Die eigenen Marken gehen gut im Einzelhandel und im neuen Webshop.

„Auftragsarbeit immer weniger profitabel"

In der Produktion müht sich Varteks, den Schwerpunkt auf die profitablere Herstellung eigener Kleidermarken zu verlegen: Seit 2018 ist deren Umsatzanteil von 40 auf 70 Prozent gewachsen. Heimische Textilproduzenten, die nur auf Auftragsarbeit setzten, könnten den allmählichen Anstieg des Lohnniveaus und des Lebensstandards „nicht überleben", prognostiziert Babić: „Mit steigenden Löhnen wird die Auftragsarbeit immer weniger profitabel." Auftragsarbeit für Kunden wie Hugo Boss und J. Lindeberg sichern nur bei Varteks zusätzlich den Cashflow und die Arbeitsplätze ab, erklärt er, warum die Firma dennoch weiter auf beide Segmente setzt: „Wir haben die Auftragsarbeit zwar nicht reduziert, aber den Absatz unserer eigenen Kleidermarken vergrößert." Die geplante Expansion nach

Flexible Fertigung fleißiger Näherinnen: Die Maschinen schnurren wieder in den Werkshallen von Varteks im kroatischen Varaždin.

Mobiler Vertrieb beratender Verkäuferinnen: In diesem Modebus können Kunden anprobieren und lernen, digital zu bestellen.

Serbien und Slowenien hat Varteks noch nicht abgeblasen, aber wegen der Virus-Krise vorläufig auf Eis gelegt. Mit dem Hilfsprogramm der Regierung, die während der Kurzarbeit die Minimallöhne bezahlt und Kreditgarantien übernimmt, bleibt die Unternehmensführung für die Zeit nach der Krise positiv gestimmt. Und die eigene Kundennähe scheint ein zusätzliches Faustpfand, wie Babić betont: „Wenn die Läden aufgehen, sind wir besser gerüstet als die Konkurrenten, die Importeure ihrer Waren sind: Die werden Schwierigkeiten haben, im Sommer rechtzeitig ihre Lager zu füllen."

Die Löhne der Branche seien „generell gering", räumt Babić ein. Doch vorbei seien die Zeiten, in denen sich Varteks-Beschäftigte mit dem gesetzlichen Mindestlohn von derzeit 3.650 Kuna netto (482 Euro) zufriedengeben: „Große Gehaltssprünge können wir uns nicht leisten. Aber wir wollen, dass unsere Mitarbeiter zufrieden sind – und sie zu guter Arbeit stimulieren."

Veränderung bei Varteks wertet Gewerkschaft positiv

Auch die Textilgewerkschaft bewertet die Veränderungen bei Varteks positiv: Der Abbau von Arbeitsplätzen sei gestoppt, sogar Stellen seien in den neuen Filialen geschaffen worden, fasst Nenad Lećek als Vorsitzender der nationalen Gewerkschaft TOKG zusammen. Als besonders erfreulich wertet er, dass im vergangenen Jahr „erheblich" in die Klimatisierung der Werkshalle investiert wurde: „Wir glauben, dass Varteks mit der neuen Strategie und den eingeleiteten Veränderungen eine Perspektive hat." Die Stärkung der eigenen Marken sei Treiber für Veränderungen, glaubt Lećek: „Wir sind uns bewusst, dass der Umschwung angesichts der wirtschaftlichen Folgen der Pandemie nicht leichtfallen wird."

Das größte Problem ist die Liquidität – und die könnte sich durch die Corona-Krise noch verschlechtern."

Mit dem Verkauf von drei Vierteln des Firmengeländes will die Varteks-Unternehmensführung jetzt die Mittel beschaffen, die zum Begleichen der Altschulden und für neue Investitionen fehlen. Babić sieht mit den „Trends zur Rückkehr der Mode nach Europa und zu lokalen Marken" auch mehr „Licht für die Zukunft", wie er sagt: „Wir sind Teil einer Erfolgsgeschichte: In Ex-Jugoslawien gibt es nicht viele Fälle, die dafür stehen, dass eine fast bankrotte Großfirma zu neuem Leben erweckt wurde."

Kompakt

▶ Den Trend zur Rückkehr der Textilproduktion aus asiatischen Billiglohnländern nach Europa beflügelt zusätzlich die Corona-Krise.

▶ Die Nachfrage nach einer kunden- und marktnahen Produktion in der Branche verstärken die immer kürzeren Modezyklen.

▶ Das damit einhergehende, vor allem schnellere Anpassen an veränderte Situationen, mehr Kreativität und mehr Mut bei der Realisierung von Ideen und Umsetzungswegen sind also für Unternehmen im Umbruch entscheidend.

Thomas Roser, Balkan-Berichterstatter in Belgrad seit Jahren auch für „return", ist wegen der Corona-Krise wie alle Serben zum Hausarrest verdonnert. So konnte er nicht wie früher schon einmal ins kroatische Varaždin reisen, sondern musste dieses Firmenprofil via Telefon und Internet schneidern.

Wonderful Workflow Worldwide

Vorbilder für Geschäftsprozesse und Organisationsformen

Niederlande
Beim Pflegedienst Buurtzorg
arbeiten rund 1.500 Teams
selbstständig ohne Manager

Estland
IT-Unternehmen Proekspert
arbeitet ganz ohne Chefs und
verdoppelte seitdem den Umsatz

Spanien
Supermarkt-Betreiber Eroski
setzt trotz Top-Bewertungen
weiter auf Transformation

Südafrika
Tyme-Bank ermöglicht
Neukunden sekundenschnelle
Kontoeröffnung am Automaten

© jimmyjamesbond / Getty Images

Konto in Sekunden

Südafrika: Die Tyme-Bank wirbt sehr effizient um Kunden. Damit konkurriert der digitale Finanzdienstleister mit Großbanken und erreicht Menschen, die bisher ohne Bankkonto waren.

Einfaches Einchecken als Neukunde der Tyme-Bank beim Einkaufen: Automaten dafür stehen bei Einzelhändlern.

Mit ihrem Namen „Tyme" will die Bank aus Südafrika nicht an den Duft von Thymian erinnern, sondern nutzt das Kürzel des Slogans „Take your money everywhere". „Hol Dir Dein Geld überall!", sind potenzielle Kunden damit übersetzt aufgefordert. Der Name ist Programm: Die Tyme-Bank ist in Südafrika die erste eigenständige Digitalbank, bei der sich alle gängigen Bankgeschäfte mit ein paar Klicks auf dem Handy erledigen lassen – egal an welchem Ort.

Das Geldinstitut gehört zum Imperium des Milliardärs Patrice Motsepe, steht aber vor allem dafür, den Prozess der Kundenakquisition innovativ, effizient und effektiv entwickelt zu haben. Der startet schon mit der Präsenz der Bank mitten im Alltagsleben: beim Einkaufen. In mehreren Hundert Filialen der Supermarktkette „Pick n Pay" und bei anderen Einzelhändlern stehen neben den Kassen Automaten. Hier können Neukunden direkt und schnell ein Bankkonto eröffnen.

Es reichen die Eingabe der Telefonnummer, der südafrikanischen Personalausweisnummer und der Fingerabdruck. Im Hintergrund gleicht die Software die persönlichen Daten mit der Datenbank der Einwohnermeldebehörde ab, um Betrug zu verhindern. Fast in Sekunden, genauer in weniger als fünf Minuten, verfügen Neukunden über ihr aktiviertes Bankkonto. Sogleich halten sie auch eine druckfrische Debit-Karte in Händen. „In Zukunft werden wir zusätzliche Produkte und Dienstleistungen an Kiosken anbieten", kündigt schon ein Unternehmenssprecher an.

Abgesehen von den Kiosken können Kunden wie bei anderen Digitalbanken diverse digitale Kanäle und das Callcenter nutzen. Filialen existieren nicht. Tyme arbeitet als erste Bank in Südafrika mit komplett in die Cloud verlagertem Kernbankensystem. „Das bringt Effizienzgewinne, sodass sich unser überschaubares Team aus Entwicklern und anderen Technik-Experten vollständig auf den Aufbau und Betrieb der Bank konzentriert", betont der Sprecher und stellt klar: Kostenvorteile nutze man, um die Gebührenhöhe des Wettbewerbs zu unterbieten. Die Tyme-Bank zählt zu mehreren Neueinsteigern im südafrikanischen Markt mit digitalem Angebot. Schon vor rund zwei Jahren hatte die Zentralbank einen ganzen Schwung neuer Banklizenzen vergeben. Das Ziel ist, den Wettbewerb im Bankwesen anzukurbeln. Südafrika gehört zu den Ländern mit überdurchschnittlich hohen Bankgebühren im internationalen Vergleich.

Clevere Standorte für smarten Zugang auf dem Weg zu Finanzdienstleistungen

Deswegen hatte bislang ein beträchtlicher Teil der Bevölkerung kein Bankkonto oder nutzte das Konto nur für wenige Transaktionen. Der Zugang zu Finanzdienstleistungen gilt aber als eine der wichtigsten Voraussetzungen, um insbesondere in Schwellenländern den Menschen einen Weg aus der Armut zu ebnen. Dabei hilft auf dem afrikanischen Kontinent, dass hier die Branche schon als Vorreiter für die Entwicklung neuer Fintech-Lösungen übers Handy gilt.

Mit den Großbanken Südafrikas indes kann die Tyme-Bank nicht mithalten. Sie hat seit ihrem Start schon 1,6 Millionen Kunden gewonnen, von denen bis jetzt etwa die Hälfte das Konto nutzt. Die Idee aber, eigene Automaten zur Kontoeröffnung und -verwaltung einzurichten, erweist sich von Effizienzgesichtspunkten abgesehen als nützlich. Denn Supermärkte zählen in Südafrika zu den wenigen Orten, die auch in Zeiten extrem strikter Ausgangssperren wegen und während der Covid-19-Pandemie weiter öffnen dürfen.

Claudia Bröll arbeitet seit mehr als zehn Jahren aus Johannesburg und Kapstadt, von wo sie über die Wirtschaft im südlichen Afrika berichtet, davon seit sechs Jahren für „return". Derzeit unter schwierigen Bedingungen, wie sie zum Lockdown in ihrer Wahlheimat schreibt: „Wir dürfen quasi nicht mehr aus dem Haus."

Leben ohne Lenker

Estland: Das mehrfach ausgezeichnete IT-Unternehmen Proekspert baut schon seit sieben Jahren nicht mehr auf die klassischen Hierarchien als Pyramiden der Macht. Alle sind Chefs – und keiner.

Rui Costa im Proekspert-Hauptsitz vor dem stilisierten Baum, der die Unternehmensphilosophie symbolisieren soll.

Immer mehr Unternehmen setzen auf flache Führungsstrukturen. IT-Dienstleister Proekspert aus Estland geht weiter: Chefs sind seit sieben Jahren abgeschafft, Teams organisieren sich selbst. Die 200 Mitarbeiter des mehrfach mit Preisen ausgezeichneten Unternehmens, das IT-Lösungen für Geschäftskunden entwickelt und hierzulande zu den ältesten der Branche gehört, gelten als gleichberechtigt und begegnen sich entsprechend auf Augenhöhe.

„Wir glauben, dass agile Teams mehr erzielen als starre Hierarchien über viele Ebenen", sagt Rui Costa. Der Portugiese kam vor dem Umbau des Unternehmens. Proekspert ist seit 1993 am Markt und heute etabliert, strahlt aber immer noch den Pioniergeist eines Start-ups aus. Costa verantwortet die Geschäftsfeldentwicklung und gehört regelmäßig einem der Teams an, die sich projektbasiert aus fünf oder sechs Mitarbeitern mit verschiedenen Funktionen bilden.

Ausgestattet mit Entscheidungsbefugnissen und den nötigen Ressourcen, entwickeln die Teams eigenständig Digitalisierungslösungen für Geschäftsprozesse und Betriebsabläufe in diversen Branchen. Dabei verständigen sie sich darauf, wer quasi den Hut für ein bestimmtes Thema aufhat. Anweisungen darf trotzdem keiner geben: Alle Entscheidungen werden gemeinsam getroffen, jeder ist zu gleichen Teilen für den Erfolg eines Projektes verantwortlich.

In der Praxis setzen sich neue Projektgruppen immer ohne Hierarchie zusammen. Vorwiegend bestehen sie aus Entwicklern, die sich der Beratung ihrer Kunden widmen. Unterstützt werden sie von der Personalabteilung, der Buchhaltung oder dem Marketing. „Wir sind über Funktionen organisiert, haben aber ein gemeinsames Ziel", erklärt Costa. Damit sei die Arbeit effektiver und die Abstimmung einfacher, sagt er zu den Vorteilen: „Die Entscheidungsfindung ist auf mehrere Schultern verteilt, wodurch wir uns schneller und flexibel an neue Situationen anpassen können."

Ganz verzichtet Proekspert nicht auf Führungskräfte: Denn zumindest nach außen gibt es – etwa aus rechtlichen Gründen – einen Vorstand und einen CEO. Er hat intern aber nicht mehr zu sagen als andere Mitarbeiter. Rollen und Aufgaben werden in Teamwork herausgebildet. Jeder Mitarbeiter erhält durch wechselnde Verantwortlichkeiten nach und nach ein ganzheitliches Verständnis über die Ausrichtung des Unternehmens. Das stärkere Einbinden sorgt für die stärkere Mitarbeiterbindung, was angesichts des Mangels an IT-Spezialisten ein wichtiger Effekt ist. Seit der Umstellung haben nur wenige gekündigt. Die Zufriedenheit ist nachweislich bei Mitarbeitern und Kunden gestiegen.

Mit ungewöhnlichem Ansatz verdoppelte sich der Umsatz

Für diesen außergewöhnlichen Ansatz ist Proekspert schon mehrfach mit Wirtschaftspreisen ausgezeichnet worden. Auch wirtschaftlich kann sich der Erfolg sehen lassen: Der Umsatz hat sich seit 2013 mehr als verdoppelt. Zur Firmenkultur gehört, dass 30 Mitarbeiter als Anteilseigner das Unternehmen besitzen, nachdem Proekspert bis 2015 zu einem dänischen Konzern zählte. „Wir glauben, dass dies die beste Organisation ist", ist Gründer Marko Sverdlik überzeugt, der formal als CEO fungiert. Wie Costa räumt er ein, dass Entscheidungen so etwas länger dauern. Und nicht alles wird basisdemokratisch entschieden. So verantwortet das Personal-Team alles Arbeitsrechtliche und entscheidet allein über die Einstellung von Mitarbeitern.

Alexander Welscher schreibt in Riga als Baltikum-Korrespondent für „return". Interessante Beispiele mit Unternehmen zu unseren Schwerpunkten findet er in Estland, Lettland und Litauen – sonst oft in der regen Szene der dortigen Start-ups, diesmal allerdings ein etabliertes.

Stufenlose Hilfe

Niederlande: Die Pflege im eigenen Zuhause gelingt „Buurtzorg" mit rund 1.500 Teams auch ohne Hierarchien. Die Nachbarschaftshilfe verzichtet bewusst auf ein Management.

Stufen erwarten Pflegekräfte der Buurtzorg-Teams allenfalls bei den Hausbesuchen, aber nicht intern in ihrer Organisation.

Die Mitarbeiter von „Buurtzorg" stehen für Pflege und Betreuung im eigenen Zuhause und in der Corona-Krise an vorderster Front. Die Direktion der Organisation setzt auf ein Krisen-Team aus Epidemiologe und spezialisierten Pflegekräften, das rund um die Uhr erreichbar ist. Die praktische Umsetzung blieb den 1.500 Teams überlassen. Dies ist es, was Buurtzorg bemerkenswert macht: Probleme löst man, indem man Best Practices mit anderen teilt. In puncto Corona beschlossen die Teams, die ihre pflegebedürftigen Klienten normalerweise mit vier bis fünf Pflegekräften betreuen, nur noch zwei Kontaktpersonen einzusetzen. Sie richteten „Corona-Dienstpläne" ein, um die Infektionsgefahr für alle Beteiligten zu minimieren. In Krisen sind wandlungsfähige, flexible Organisationen eine große Hilfe.

Alles zu vereinfachen und zu den Anfängen zurückzukehren, so lautete die Maßgabe schon bei der Gründung. Die Idee setzte eine kleine Gruppe von Krankenpflegern im Jahr 2006 in die Praxis um und löste damit eine Erfolgswelle in der niederländischen Pflegelandschaft aus. Jos de Blok und drei Kollegen ärgerten sich, wie Manager mit ihrem geliebten Beruf umgehen, der für viele auch Berufung ist. Ihrer Kritik zufolge ging es immer weniger um mitmenschliche Patientenhilfe, sondern nur noch um Produkte, Kunden, Arbeitseinheiten. Buurtzorg steht für „Pflege in der Nähe" und kommt ohne Hierarchien aus. Es gibt ein Backoffice, die Direktion und selbstständig operierende Teams.

Ein IT-Dienstleister unterstützt das Unternehmen mit eigener Software. Die Pfleger arbeiten mit Tablets, mit denen sie Zugriff zu allen wichtigen Daten haben – zu Patienten, Dienstplänen, Vorräten, Versicherern, Ärzten, Produktivität, zu Fachliteratur und Erfahrungsberichten. Administrative Arbeit bleibt auf ein Minimum beschränkt, ist einfach und daher leicht zu leisten.

Was selbstverständlich sein sollte, ist hier gelebte Praxis: Die Profis entscheiden, wie sie ihre Arbeit organisieren, und können ihre Energie auf die Klienten richten. Die Teams umfassen nie mehr als zwölf Mitarbeiter. Sie bestimmen, wie sie wachsen und wann sie sich besprechen sowie weiterbilden. Bei Buurtzorg verlassen sich alle darauf, dass motivierte Menschen ethisch handeln und Probleme selbst lösen.

Buurtzorg schon fünfmal als bester Arbeitgeber gekürt

Statt von Vorschriften oder durch anderes Top-down-Management lernen sie voneinander. Der Austausch funktioniert innerhalb des Teams und durch regelmäßige Treffen mit anderen Teams der Region, wozu auch Gäste als Coaches oder Referenten eingeladen werden. Effectory, Europas führender Anbieter von strategischen Mitarbeiter-Befragungen und -Feedback, hat Buurtzorg schon fünfmal zum besten Arbeitgeber des Jahres gekürt.

Buurtzorg hat sogar teilweise das niederländische Gesundheitssystem umgekrempelt: Versicherer übernahmen die Vorschläge, änderten Tarifsysteme und stellten Systeme um. Seit der Gründung vor 14 Jahren ist das Unternehmen in verschiedenen Gesundheitssparten auf rund 15.000 Mitarbeiter gewachsen, die einen Umsatz von 430 Millionen Euro erzielen und seit sechs Jahren den mit Abstand größten Pflegedienst in den Niederlanden bilden.

Britta Behrendt, freie Journalistin in Amsterdam, hatte nach ihrer Premiere in return 01/20 gleich zwei interessante Unternehmen zu diesem Schwerpunkt über Prozess- und Organisationsentwicklung zu bieten, die beide „ihr Management abgeschafft" hatten. Dem anderen, dem Hypotheken-Vermittler Viisi, widmen wir uns vielleicht ein anderes Mal.

Supermarkt zum Wohlfühlen

Spanien: Trotz Top-Bewertungen treibt Eroski die eigene Transformation weiter voran. Verbessern will der Supermarkt-Händler die Beziehung zu Kunden und ihre Einbindung.

Auch zu den Kindern von Kunden pflegen Mitarbeiter in Eroski-Märkten schon einen engen Kontakt.

Die Auszeichnung „Kundendienst des Jahres" erhielt Eroski für seinen Service zum achten Mal in Folge auf der Iberischen Halbinsel. Als erwähnenswert erachten viele Experten die erstaunliche Bewertung für den Supermarkt-Einzelhändler mit 9,73 von 10 Punkten. Die gute Benotung geht auf die aufwendige Prüfprozedur der Preisverleiher zurück: Sie gewannen die Ergebnisse durch 200 verdeckte Käufer und durch eine Umfrage unter rund 2.000 Kunden. Nur ein Beispiel für das vorbildliche Bemühen um Kundenzufriedenheit: Die Eroski-Hotline kontaktierten Anrufer allein im vergangenen Jahr mehr als 400.000-mal. Dabei hat der Service tatsächlich 100 Prozent der Probleme gelöst, davon 95,35 Prozent direkt im ersten Kontakt.

Josu Madariaga, Verantwortlicher der Eroski-Abteilung „Kundenerfahrung", sieht im herausragenden Abschneiden beim Wettbewerb keinen Anlass zum Nachlassen: „Der Preis spornt uns an, das Modell ‚Contigo' weiter auszubauen." Er ist der Mann hinter „Contigo", übersetzt „Mit Dir". So nennt die Supermarkt-Kooperative mit Stammsitz im nordspanischen Baskenland ihr Programm, mit dem sie Kunden ihrer insgesamt 1.652 Niederlassungen noch stärker an die Marke und ans Unternehmen binden will. Dazu gehören nicht nur traditionelle Methoden wie die Eroski-Karte mit mehr als sechs Millionen Nutzern, die darüber Treueboni und Spezialangebote erhalten. Contigo steht eben auch für den Genossenschaftsgedanken mit Gemeinsinn.

„Kundengenossen" machen rund 70 Prozent des Fünf-Milliarden-Euro-Jahresumsatzes aus. Knapp 10.000 Mitarbeiter

und eine Million Kunden sind an der Genossenschaft beteiligt. „Konsumentengenossen" wählen eigene Vertreter in 21 Verbraucherkomitees, worüber die Teilhabe garantiert sei, wie Madariaga betont: „Die Kunden sind auf allen Entscheidungsebenen beteiligt." Dennoch befinde sich Eroski im „Umbauprozess", sagt der oberste Kundenbetreuer: „Die Beziehungen zu unseren Kunden sowie die Art und Weise, wie wir Kunden betrachten, müssen wir verändern." Dafür bekomme das Personal mehr Entscheidungsbefugnisse und Kundenmeinungen mehr Gewicht. Rund 13.000 Verbesserungsvorschläge gingen im Geschäftsjahr 2018 von Kunden ein. Schrittweise werden alle Supermärkte umstrukturiert.

Eigenständiges Handeln von Mitarbeitern im Verkauf

„Handlungsfreiheit" und „kollektive Intelligenz" setzt Josu Madariaga gerne als Schlagwörter in seinen Präsentationen ein, mit denen er das Contigo-Konzept vorstellt. Deshalb verlange guter Service nach eigenständigem Handeln von Mitarbeitern im Verkauf, in dem Vertrauen zu schaffen und positive Emotionen zu wecken seien. Kurzum: ein Supermarkt zum Wohlfühlen.

Die persönliche Beratung und Beziehung seien Schlüssel dafür, dass Supermärkte auch in Zukunft funktionieren, unterstreicht Madariaga. Eroski arbeitet daran, dass Kunden sich mit ihrem Supermarkt identifizieren. Als Genossenschaft sind dabei andere Wege möglich, was die Berichterstattung widerspiegelt. Darin geht es nicht um Aktienkurse und Dividende, sondern um soziale Aspekte. So setzt Eroski auf gesunde Ernährung, auf den Einkauf bei kleinen und regionalen Produzenten, auf tonnenweise Lebensmittelspenden für Bedürftige und auf Umweltschutz. Zuletzt verschenkte Eroski Tausende Masken an das Personal in den Altersheimen als Beitrag zum Kampf gegen die Corona-Krise.

Reiner Wandler lebt seit fast 30 Jahren in Madrid, wo er als freier Journalist arbeitet – unter anderem für die „taz" (Berlin), den „Standard" (Wien) und für „return" (Wiesbaden). Diesmal schreibt er über „ein interessantes Unternehmen, in dem ein Teil der Kunden zugleich Chef ist", wie er schon im Vorfeld ankündigte.

Corona-Krise
Insolvenzverfahren wichtiger Baustein für Aufschwung

Schon jetzt steht außer Frage, dass die Unternehmenslandschaft nach Corona eine andere sein wird als davor. Unternehmen in der Krise sollten ein geordnetes Insolvenzverfahren nicht scheuen. Das Insolvenzrecht bietet die Chance, ein Sanierungskonzept in die Tat umzusetzen.

Seien es nun die milliardenschweren Hilfsprogramme oder die coronabedingte Aussetzung der Insolvenzantragspflicht – häufig liest und hört man, es ginge darum, eine drohende Corona-Insolvenzwelle zu vermeiden. Grundsätzlich spricht natürlich nichts dagegen, eine „Insolvenzwelle" zu vermeiden. Das Problem ist: Allein schon der Begriff „Insolvenz" und erst recht die Steigerungsform „Insolvenzwelle" werden üblicherweise mit Betriebseinstellung, Arbeitsplatzverlusten sowie immensen materiellen und psychologischen Lasten assoziiert. Selbstverständlich kann eine Insolvenz auch das bedeuten. Hier ist jedoch ein ausdrückliches „aber" angebracht. Denn das heutige Insolvenzrecht ist getragen von dem Grundgedanken der Sanierung eines Unternehmens; die Erhaltung des Unternehmens und auch die Erhaltung von Arbeitsplätzen stehen im Vordergrund. Ein Verwalter ist nach der Insolvenzordnung sogar verpflichtet, alles, was möglich ist, zu veranlassen, um ein Unternehmen im Ganzen oder zumindest in Teilen zu retten.

Der Ansatz „Vermeidung eines Insolvenzverfahrens" mag vernünftig sein, nimmt aber nicht die Angst der handelnden Personen bei Einleitung eines solchen Verfahrens. Dass es ohne die Einleitung von Insolvenzverfahren nicht geht, zeigen die aktuellen Beispiele. Galeria Karstadt Kaufhof, Maredo, Esprit, Poggenpohl, Veritas – das sind nur einige bekanntere Beispiele von Unternehmen, die zuletzt ein Schutzschirmverfahren eingeleitet haben. Die Wiedererlangung der Wirtschaftskraft wird nicht ohne geordnete Insolvenzverfahren gelingen. Daher wäre es mehr als nur wünschenswert, wenn man damit aufhörte, „Insolvenz" mit Betriebsaufgabe oder Betriebseinstellung gleichzusetzen. Das wird der Sache keineswegs gerecht. Ein Schutzschirmverfahren (§ 270 b InsO) oder ein Eigenverwaltungsverfahren sind hervorragende Sanierungsmöglichkeiten in der Insolvenz. Selbst bei einem Regelverfahren bietet die Insolvenzordnung weitere Möglichkeiten der Sanierung. Zu denken ist hier an den Abschluss eines Verfahrens über einen bestätigten Insolvenzplan oder die Bildung einer Auffanggesellschaft, um wichtige Assets zu retten und Arbeitsplätze zu erhalten.

Ein geordnetes Insolvenzverfahren in all seinen Facetten wird ein wesentlicher Baustein des Aufschwungs und der Erhaltung der Wirtschaftskraft in Deutschland sein.

ROMBACH
RECHTSANWÄLTE · INSOLVENZVERWALTER

Info

ROMBACH – Rechtsanwälte | Insolvenzverwalter ist seit mehr als 25 Jahren in der Insolvenzverwaltung von Unternehmen und den damit verbundenen Rechtsgebieten tätig.

Kontakt:
ROMBACH
Rechtsanwälte | Insolvenzverwalter
Hirschlachufer 11, 99084 Erfurt
Telefon 0361 730650
E-Mail info@rombach-rechtsanwaelte.de
www.rombach-rechtsanwaelte.de

Vorsorge mildert Krisenschäden

Nicht erst die Corona-Krise zeigt: Gravierende Schäden gehen auf das mangelhafte Management von Katastrophen zurück. Unternehmen sollten besser lernen, extreme Situationen zu meistern.

Jens Fiege (l.), Vorstand des Logistikers Fiege, informiert Bundesgesundheitsminister Jens Spahn über Lieferungen von Schutzausrüstung.

Jede natürliche Katastrophe, ob Wirbelsturm, Erdbeben, Großbrand oder Überflutung, löst Krisen aus – in privaten Haushalten, in der Wirtschaft und im Staat. Dies soll das Katastrophen-Management durch Vorsorge im besten Fall verhindern, zumindest aber Schäden durch wirksame Bekämpfung minimieren. Fallstudien belegen, dass gravierende Schäden auf mangelhaftes Katastrophen-Management zurückzuführen sind, also vermeidbar waren. Es ist ratsam, aus Erfahrungen vorheriger Katastrophen zu lernen. Das gilt auch fürs Krisen-Management in Unternehmen. Jede Katastrophe und die von ihr verursachte Krise fällt anders aus, deshalb gibt es keine Patentrezepte. Immerhin greifen einige Prinzipien, die sich als erfolgskritisch erwiesen haben.

Prioritäten setzen: Dazu zwingen die Vielfalt und Vielzahl der Bedrohungen sowie die Beschränkung der Ressourcen im Katastrophen- und Krisenfall. Grundsätze gelten, wie „Vermeiden von Personenschaden vor Sachschaden", „Keine Gefährdung der Rettungskräfte", „Zuteilung der Ressourcen nach Maßgabe der Erfolgsaussichten" (Triage). Für das Krisen-Management in Unternehmen hat das Sichern der Liquidität oberste Priorität, weshalb das Senken/Schieben von Ausgaben oder das Erzielen/Vorziehen von Einnahmen den Fortbestand begünstigt. Das Instrumentarium umfasst: Investitionen und Kredittilgungen aufschieben, Kurzarbeit einführen, Gehälter und Boni kürzen, Gewinnausschüttung aussetzen, die Zahlungsfristen ausschöpfen, Kredite aufnehmen und staatliche Finanzhilfen nutzen.

Schnelligkeit vor Perfektion: Das Gebot zu höherem Tempo bezieht sich auf Zeitpunkte, um Rettungsmaßnahmen einzuleiten. Wie die akute Corona-Pandemie zeigt, besteht die

Gefahr darin, Signale zu ignorieren wie Warnungen der Weltgesundheitsorganisation oder wie Meldungen über lokale Verdachtsfälle. Zu Fehleinschätzungen zählt hier übertriebener Optimismus – „hope for the best" statt „care for the worst". Mangelhafte Frühwarnsysteme oder Furcht vor Umsatzeinbußen und Image-Schäden verschlimmern das Dilemma. Die Forderung nach mehr Schnelligkeit gilt fürs Einleiten von Rettungsmaßnahmen. Aus der Katastrophenforschung weiß man, dass sich für die Lebendrettung von Verschütteten ein Zeitfenster von nur 72 Stunden öffnet. Schnelle, oft improvisierte Rettungsmaßnahmen müssen oft nachgebessert werden. Korrekturen in Hilfsmaßnahmen reichen vom Verhindern etwaiger Betrugsversuche bis zur Ausweitung der Kurzarbeit.

Auf Sicht fahren: Unvollständige und widersprüchliche Informationen sind typisch, insbesondere in der Frühphase von Katastrophen. Die Unsicherheit, die daraus resultiert, betrifft sowohl das Schadensausmaß als auch den Krisenverlauf – Folgekatastrophen wie weitere Infektionswellen oder Nachbeben eingeschlossen. Deshalb ist zu empfehlen, Krisenmaßnahmen zu befristen und regelmäßig zu überprüfen. Diese Befristung gilt für viele ergriffene Maßnahmen rund um Covid-19 wie die Einführung von Kurzarbeit, der Stopp der Teilefertigung bei Flugzeugherstellern, der Umbau von Messehallen zu Behelfskrankenhäusern, die Umstellung auf Liefer-Service in der Gastronomie und im Buchhandel, die Nutzung leer stehender Hotelzimmer als Homeoffice oder das Angebot von Fitness-Kursen im Internet.

Langwierige Abstimmungsprozesse zur pluralistischen Willensbildung verboten

Führungsstärke zeigen: Krisen und Katastrophen erfordern Gegenmaßnahmen, die auf Entscheidungen mit unvollständiger Information basieren. Krisen-immanenter Zeitdruck verbietet langwierige Abstimmungsprozesse pluralistischer Willensbildung. In Krisenzeiten sind Macher-Typen gefragt. Sie müssen bereit sein, Entscheidungen von großer Tragweite und unpopuläre Maßnahmen wie Verbote rasch zu treffen und gegen Widerstände durchzusetzen. Krisen sind gute Gradmesser für Führungsstärke. Helmut Schmidt hat sich als Innensenator rund um die Hamburger Sturmflut 1962 als souveräner Katastrophen-Manager erwiesen und damit für höhere Ämter empfohlen. Dagegen stieß das schlechte Katastrophen-Management von George W. Bush 2005 nach dem Hurrikan Katrina auf heftige Kritik.

Krisenkommunikation ist Chefsache: Menschen brauchen Orientierung in schwierigen Situationen wie Krisen. Damit gehen hohe Anforderungen an die Kommunikation einher. Wichtige Voraussetzungen sind Glaubwürdigkeit und Konsistenz der Botschaften sowie Kompetenz und Autorität der Informanten. Für die Glaubwürdigkeit ist die Offenlegung der Fakten und Kriterien wesentlich, auf denen die Botschaft beruht. Hinsichtlich der Konsistenz ist es angesichts des schwer prognostizierbaren Verlaufs einer Notlage ratsam, auf verfrühte Festlegungen wie fixe Termine für Maßnahmen einer Exit-Strategie zu verzichten und auf die vielen Eventualitäten hinzuweisen. Bestimmte Zielgruppen bevorzugen Social Media als Informationsquellen, hier ist mit „Störfeuern" durch Fake News zu rechnen.

Spitzenkräfte sind als Kommunikatoren gefordert. Im Katastrophenfall obliegt es der Führung, die Belegschaft oder die Bevölkerung über die Lage und über Maßnahmen zur Schadensbegrenzung zu informieren. In der Finanzkrise 2008/2009 haben Kanzlerin Merkel und Finanzminister Steinbrück mit ihrem Auftritt und ihrer Botschaft „Die Spareinlagen sind sicher!" zur Beruhigung beigetragen. Unternehmen sollten ihre Botschaften anpassen, sonst schaden sie dem Image. Ankündigungen wie von Adidas, die Mietzahlungen auszusetzen, hat die Öffentlichkeit als „Abstauben" gebrandmarkt. Widerrufe zählen zu vermeidbaren Pannen.

Alle aufgedeckten Schwachstellen als bisher unentdeckte Chancen nutzen

Krise als Chance nutzen: Unternehmen wie jüngst einige Medizingüterhersteller, Einzelhändler, Telekommunikationsanbieter oder Medien profitieren von Krisen. Für andere eröffnet sich Potenzial. Denn Krisen decken Schwachstellen auf, die Unternehmen in einer To-do-Liste sammeln sollten, um Lösungen zu erarbeiten. Defizite in der Digitalisierungs-Kompetenz etwa, die im Homeoffice entdeckt wurden. Andere Schwachstellen liegen in der Lieferkette oder in der Rekrutierung von Personal wie Erntehelfern. Lufthansa hat die Krise gar zur tief greifenden Restrukturierung genutzt, um Germanwings als Verlustquelle stillzulegen.

Einige Unternehmen haben die Zeit des Stillstands zur Weiterbildung ihrer Mitarbeiter oder zur Entwicklung neuer Produkte genutzt. Clever wurden Chancen ergriffen, wo der Notbetrieb zur Option für den Normalfall entwickelt wurde wie bei telemedizinischen Arzt-Sprechstunden. Schlussendlich hat jede Organisation ihr eigenes Krisen-Management auf den Prüfstand zu stellen, um im Wiederholungsfall (noch) besser gerüstet zu sein.

Oskar Grün, Universitätsprofessor und Diplom-Kaufmann, war Vorstand im Institut für Organisation und Materialwirtschaft der Wirtschaftsuniversität Wien mit Schwerpunktforschungen zu Aufgaben der Unternehmensführung. Er ist Mitherausgeber eines Buchs über Katastrophen-Management mit „Grundlagen, Fallbeispielen und Gestaltungsoptionen aus betriebswirtschaftlicher Sicht".

Spiegelbild für Transformation

Nachhaltigkeit steht für Gerechtigkeit und Verantwortung innerhalb und zwischen Generationen. Eine Organisation in diesem Sinne weiterzuentwickeln ist auch ein Spiegelbild für Transformation.

© elxeneize / Fotolia

Natürlich nachhaltig: Dieses Panorama des Matterhorns steht symbolisch für klare Ziele, die ein Leitbild für Nachhaltigkeit mit ökologischen, sozialen, ökonomischen und kulturellen Kriterien der Weiterentwicklung beschreibt und das somit die Transformation widerspiegelt.

Der Diskurs über das Leitbild für Nachhaltigkeit berührt heute weitreichende Fragen. Etwa, wie sich die Menschheit entwickeln will und was dafür getan werden soll. Eine Fortführung heutiger Produktions- und Konsummuster würde die natürlichen Grenzen unseres Planeten sprengen und sozial wie ökonomisch nicht tragfähig sein.

Gemäß Brundtland-Kommission ist eine Entwicklung nachhaltig, wenn sie die Bedürfnisse heutiger Generationen befriedigt, ohne zu riskieren, dass künftige dies nicht können. Gerechtigkeit und Verantwortung zwischen und innerhalb Generationen gelten damit als wichtiger Teil des globalen Leitbildes. Für nachhaltige Entwicklungen sind ökologische, soziale, ökonomische, institutionelle und kulturelle Kriterien gleichermaßen zu berücksichtigen. Lokal, national und international festgelegt werden Strategien und politische Ziele wie die „UN Sustainable Development Goals". Angesichts von Klimawandel, Artensterben, Armut oder Analphabetismus erfordert das Erreichen dieser Ziele eine gesellschaftliche Transformationen auf allen Ebenen.

Zentrale Akteure solcher Nachhaltigkeitstransformationen sind Organisationen: Unternehmen, Behörden, (Hoch-) Schulen, Krankenhäuser, Institute, Verbände oder auch

Nichtregierungsorganisationen (NGO) bilden soziale Systeme, in denen mehr als 40 Millionen Menschen allein in Deutschland beschäftigt sind. Sie dienen der Befriedigung von Bedürfnissen, gestalten das gesellschaftliche Produktivkapital mit und geben idealerweise auch Impulse für Nachhaltigkeit. Sie übernehmen Verantwortung für die eigene Existenzerhaltung und für die Gesellschaft.

Beispielsweise schafft und vermittelt das Karlsruher Institut für Technologie (KIT) solches Wissen für Politik, Wirtschaft und Gesellschaft, um Nachhaltigkeitsziele zu unterstützen. Federführend entstand dafür am KIT ein „Integratives Konzept für nachhaltige Entwicklung", das aus einem schon vielfach angewandten Instrumentarium für Nachhaltigkeitsanalysen und -bewertungen besteht. Es konkretisiert so die Gerechtigkeitsidee in definierten Handlungsregeln – jenseits herkömmlicher Säulen wie Ökologie, Ökonomie und Soziales.

Systematisch in Strukturen und Abläufen verankert

Organisationen müssen Nachhaltigkeitsaspekte systematisch in ihren Strukturen und Abläufen verankern, um ihrer Verantwortung gerecht werden zu können. Nachhaltigkeits-Management-Systeme sind entscheidend hierfür und umfassen nach Handbüchern idealtypisch folgende Schritte:

▶ Die Voraussetzungen für die Einführung schaffen (Grundsatzentscheidung, Organisation, Mittelbereitstellung, Mitarbeiterschulung).
▶ An den Zielen orientieren (dafür einen strategischen Kompass mit Vision, Nachhaltigkeitsverständnis, Indikatoren und Zielen erstellen).
▶ Den Ist-Zustand erheben und Probleme identifizieren.
▶ Die Maßnahmen an Zielen orientiert entwickeln.
▶ Monitoring betreiben (Datenerhebung, Bewertung, gegebenenfalls externes Review und Strategie-Überarbeitung).
▶ Nachhaltigkeitsbericht veröffentlichen.

Alle diese Schritte sollten mit den relevanten Stakeholdern der Organisation abgestimmt werden. Viele der rund 3,5 Millionen Unternehmen in Deutschland haben mittlerweile die Bedeutung von Nachhaltigkeit im Prinzip erkannt. Ein systematisches Nachhaltigkeits-Management betreibt allerdings erst ein Teil der rund 60.000 mittelgroßen Betriebe mit 50 bis 250 Beschäftigten und 20.000 großen Firmen mit mehr als 250 Beschäftigten. Noch deutlich geringer ist der Anteil bei den 300.000 kleinen Unternehmen mit zehn bis 50 Beschäftigten und insbesondere bei den 3,1 Millionen kleinsten Unternehmen mit unter unter zehn Mitarbeitern. Dieses Defizit gilt zudem für viele andere Organisationen wie Behörden, Hochschulen oder Forschungseinrichtungen.

Denn Nachhaltigkeits-Management verbinden Entscheider vor allem mit Mehrkosten, Einschränkungen oder Überwachungen statt mit Chancen. Die Motive der Pioniere im Nachhaltigkeits-Management gehen oft auf ein persönliches oder institutionelles Engagement für Werteorientierung zurück. Eine Rolle spielt sicher auch der Zugewinn an Reputation, Glaubwürdigkeit und Legitimation. Noch zu hebende Potenziale warten zudem in puncto Kostensenkung, Attraktivität für Mitarbeiter oder Investoren, Kundenbindung oder Wettbewerbsvorteil. Aber auch mit Blick auf die Erwartungen der Gesellschaft an das Verantwortungsbewusstsein von Organisationen ist ein Engagement von Vorteil.

Erfolgreiches Nachhaltigkeits-Management bezieht sämtliche Funktionsbereiche und Handlungsfelder ein. Orientierung und Unterstützung für die Verankerung und Durchführung bieten verschiedene Standards und Leitfäden: der Deutsche Nachhaltigkeitskodex (DNK) für Unternehmen, die ISO-Norm 26000 zur gesellschaftlichen Verantwortung von Organisationen oder die Global Reporting Initiative (GRI) sowie auch der „Leitfaden Nachhaltigkeits-Management in außeruniversitären Forschungseinrichtungen".

Management zugeschnitten auf Spezifika der Organisation

Entscheidend für erfolgreiches Nachhaltigkeits-Management: Das System muss auf Spezifika der Organisation zugeschnitten sein. Dabei sind die Ziele zur Nachhaltigkeit positiv formuliert. Elemente zur Steigerung der Widerstandsfähigkeit (Resilienz) sind enthalten. Zumindest ist eine geringe Angreifbarkeit durch externe Störungen sichergestellt. Der Rahmen setzt sich aus klaren Prozesskriterien zusammen, die dies alles unterstützen können. Dann entstehen daraus auch transformierte Organisationen, die ihren substanziellen Beitrag leisten, um Nachhaltigkeit zielgerichtet zu erreichen.

Das Autoren-Trio arbeitet für das Karlsruher Institut für Technologie (KIT). Das KIT als Forschungsuniversität in der Helmholtz-Gemeinschaft schafft und vermittelt Wissen für Gesellschaft und Umwelt. Dr. Daniel Ketzer (Foto links) arbeitet dort in der Stabsstelle Zukunftscampus, Jürgen Kopfmüller im Institut für Technikfolgenabschätzung und Systemanalyse (ITAS) und Martina Rühm in der Dienstleistungseinheit Organisationsentwicklung und Prozesse (OEP).

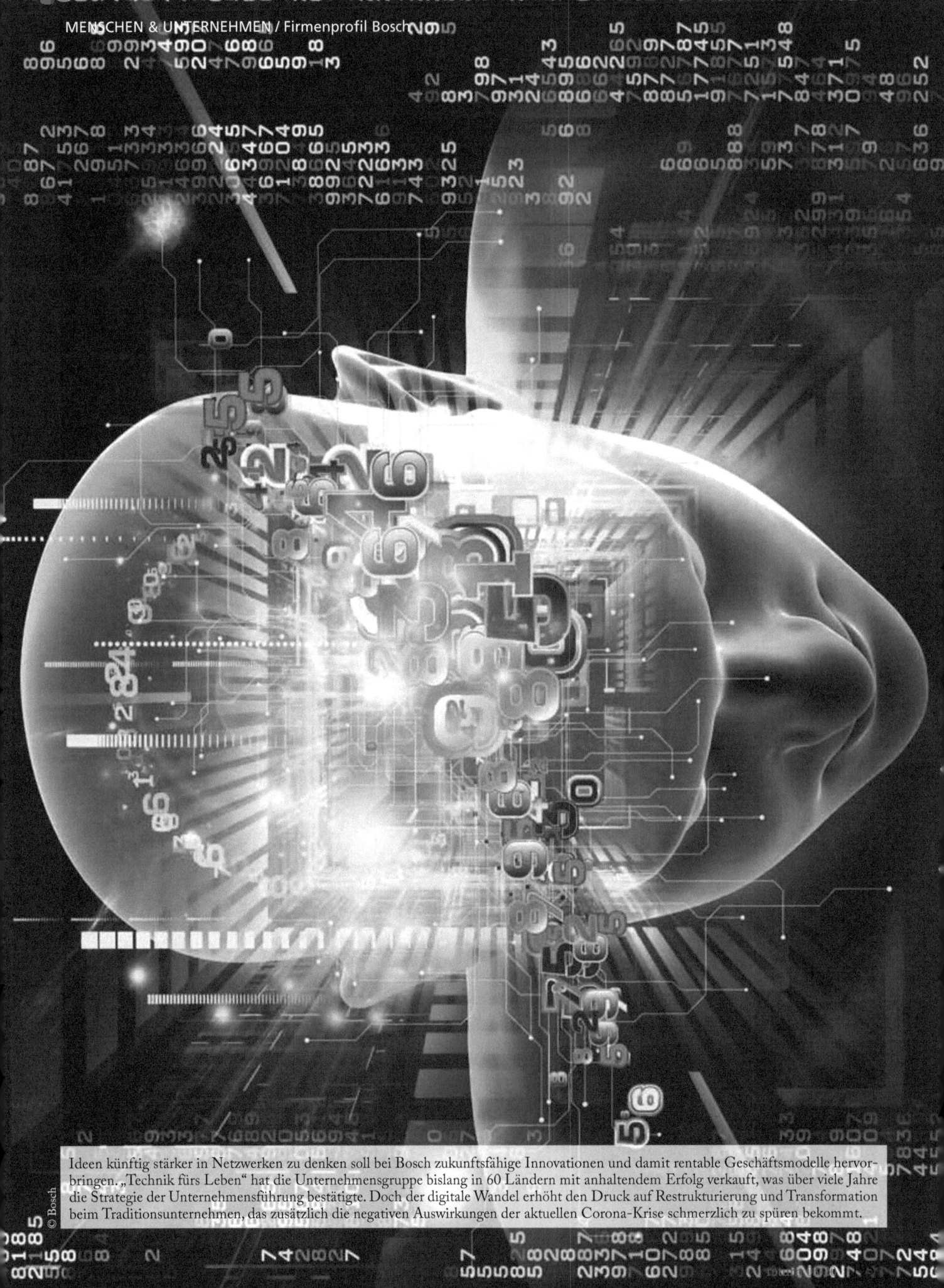

Ideen künftig stärker in Netzwerken zu denken soll bei Bosch zukunftsfähige Innovationen und damit rentable Geschäftsmodelle hervorbringen. „Technik fürs Leben" hat die Unternehmensgruppe bislang in 60 Ländern mit anhaltendem Erfolg verkauft, was über viele Jahre
die Strategie der Unternehmensführung bestätigte. Doch der digitale Wandel erhöht den Druck auf Restrukturierung und Transformation
beim Traditionsunternehmen, das zusätzlich die negativen Auswirkungen der aktuellen Corona-Krise schmerzlich zu spüren bekommt.

Ideen neuer Netzwerke

Die Bosch-Gruppe hält trotz Krise an ehrgeizigen Zukunftszielen fest – ob zu KI oder Klima.
Der Transformationsprozess ist in vollem Gange und verändert den Konzern nachhaltig.

Den ersten Gründerkrach und eine zwischenzeitliche Stagnation übersteht Bosch unbeschadet. Schließlich hatte kurz zuvor die Internationale Elektrizitätsausstellung in Paris die erste patentierte Glühlampe von Thomas Alva Edison als Premiere präsentiert. Elektrizität drängt ab 1881 in nahezu alle Lebensbereiche: ob Industrieproduktion, Öffentlichkeit oder Privatsphäre. Die Starkstrom-Revolution mit Innovationen begründet den Aufstieg der Energiewirtschaft.

Damit beginnt das Zeitalter neuer Unternehmensgründer. Die Entrepreneure von damals sind vergleichbar mit Größen der Gegenwart von Bill Gates bis Marc Zuckerberg. Zu den Aufsteigern seinerzeit zählt Robert Bosch, der 1886 in Stuttgart seine Werkstätte für Feinmechanik und Elektrotechnik eröffnet. Die ersten Jahre sind hart, von Höhen und Tiefen geprägt. Doch mit dem Start der Magnetzünder-Herstellung legt der technisch versierte Kaufmann den Schalter um und damit die Grundlage für den Durchbruch als weltweit führender Autozulieferer.

© Fernando Baptisto / bizfoto.de

„Die Haltung eines Unternehmens kann nicht Resignation, sie muss Innovation sein."

Volkmar Denner

Katastrophen werfen Bosch anfangs zurück

Speziell mit solchen patentierten Erfindungen entwickeln mittelständische Unternehmer aus Deutschland ihre Nation zum weltweit führenden Industriepionier und infolgedessen zum Technologieexporteur. 1898/1899 entstehen auch bei Bosch erste Auslandsgesellschaften in London und Paris. Es folgt ein rasantes Wachstum, das durch den Ersten Weltkrieg jäh unterbrochen wird. Doch wieder steht Bosch schnell auf und bringt im Jahr 1927 die Dieseleinspritzpumpe für Selbstzünder. Dann bricht mit dem Zweiten Weltkrieg die nächste Katastrophe aus, durch die dann auch das Unternehmen wieder am Boden liegt. Den Wiederaufbau des Unternehmens zur alten Größe und die Erschließung neuer Geschäftsfelder unter Nachfolger Hans Walz erlebt Robert Bosch jedoch nicht mehr.

Heute besetzt die Bosch-Gruppe mit vier Unternehmensbereichen starke Geschäftsfelder: Mobility Solutions, Industrial Technology, Consumer Goods sowie Energy and Building Technology. Aktuell arbeiten 398.200 Beschäftigte weltweit für den Mischkonzern. Die Robert Bosch GmbH mit Sitz in Gerlingen, westlich von Stuttgart, fungiert als Muttergesellschaft.

Wie schon oft in der Firmengeschichte durchschreitet die Bosch-Gruppe wieder ein Tal der Tränen, vermittelte Ende April die Bilanzpressekonferenz im Webcast. Nach den vorgelegten Zahlen erwirtschaftete der Konzern im Jahr 2019 einen Umsatz von 77,7 Milliarden Euro, wobei das operative Ergebnis im Vorjahresvergleich von 5,5 auf 2,9 Milliarden Euro sank. Gravierend wirkt sich die global grassierende Corona-Pandemie auf die Zahlen für das 1. Quartal 2020 aus. Der Gesamtumsatz brach gegenüber dem Vorjahr um 7,3 Prozent ein. Der Rückgang lag bei 17 Prozent nur für den Monat März.

Auch die Aussichten fallen düster aus: Bosch rechnet für 2020 im Geschäft mit Bezug zur Automobilproduktion mit einem Minus von mindestens 20 Prozent. Mobility Solutions, bislang die Cashcow des Konzerns, befindet sich auf einem langen Leidensweg.

Kompakt

▶ Die Historie lehrt mit Rückschlägen, dass Unternehmen besser mehrere Geschäftsfelder besetzen sollten.
▶ Bosch übersteht mit diversifiziertem Produkt- und Leistungsportfolio auch schwere Zeiten besser.
▶ Die Transformation mit Lösungen rund um nachhaltige Mobilität und Energieversorgung scheint sinnvoll.

Die Unternehmensleitung setzt im Kampf gegen die Krise auf starke Kostensenkungen, um insbesondere die Liquidität zu sichern. Die Bosch-Belegschaft baut Überstunden ab, geht in Kurzarbeit und in unbezahlten Urlaub, verzichtet auf Einkommen. Experten prognostizieren für die nächsten Jahre einen Wegfall von mehr als 3.000 Stellen bei Bosch allein in Deutschland. Doch mit welchen Wachstumsstrategien will die Konzernspitze aus dieser Krise führen? Innovationskraft, Flexibilität und schnelle Lieferfähigkeit belegt Bosch mit dem jüngst vorgestellten Covid-19-Schnelltest. Als Spezialist im Gesundheitssektor passt dazu auch die schon angelaufene Produktion von Desinfektionsmitteln oder Mund- und Nasenmasken für Bosch-Mitarbeiter. Für absolut richtig hält Prof. Stefan Bratzel, externer Experte und Kenner des Unternehmens, die Strategie von Bosch, als Technologieführer in neue Zukunftsfelder vorzustoßen. Der Gründer und Direktor des Centers of Automotive Management (CAM) rät zudem, den Wandel zum vernetzten Hersteller marktnaher Software-Lösungen weiterzuverfolgen (Interview unten). Die Transformation will Bosch-Boss Dr. Volkmar Denner noch schneller vorantreiben. Dies

Mit industrieller Künstlicher Intelligenz will sich Bosch zum führenden Anbieter im Internet der Dinge entwickeln.

bekräftigte der Konzernchef in seiner Rede zur Bilanzpressekonferenz zuletzt deutlich: „Schon der Strukturwandel in unseren Branchen, wie er vor Corona begonnen hat, fordert Verantwortung in besonderer Weise heraus. Wir müssen die betroffenen Geschäftsbereiche umbauen, alles andere wäre wirtschaftlich unverantwortlich.“

Interview

„Dieser Transformationsprozess ist eine herkulische Aufgabe“

Über die starken Veränderungen innerhalb von Bosch spricht Prof. Stefan Bratzel, Direktor des Centers of Automotive Management (CAM), auch als Kenner des Unternehmens im Interview.

Herr Professor Bratzel, bislang erwirtschaftete der Geschäftsbereich Mobility Solutions für Bosch rund 60 Prozent des Gesamtumsatzes. Wie bewerten Sie die Zukunftsstrategie?
Stefan Bratzel: Der Traditionskonzern verfügt als Global Player über ein breit diversifiziertes Produkt- und Leistungsportfolio. Damit kann man auch schwere Zeiten leichter überstehen. Die Gewinneinbrüche lassen sich durch neue Technologien inklusive Systemkompetenzen im Bereich Mobility Solutions sowie durch Innovationen in weiteren Zukunfts- und Geschäftsfeldern gut kompensieren. Als Stiftungsunternehmen kann Bosch zudem langfristig planen und seine Systemkompetenz stetig ausbauen.

Wie schätzen Sie die Innovationskraft von Bosch ein?
Diese ist sehr hoch. Das sieht man allein an der Anzahl der Patentanmeldungen und den gewonnenen Auszeichnungen für unterschiedliche Technologien. Bosch ist mit seinen Innovationen immer vorn dabei und hat daher das

Stefan Bratzel: Bosch hat das Potenzial zum Wandel.

Potenzial, den Wandel zum vernetzten Hersteller marktnaher Software-Lösungen hinzubekommen. Dieser Transformationsprozess ist aber dennoch eine herkulische Aufgabe.

Gibt es weitere Wettbewerbsvorteile zur Überwindung der schweren Rezession?
Bosch segelt im Modus der Gefahrenabwehr. Die Sicherung der Liquidität steht in der Krise im Mittelpunkt. Ein weiterer Vorteil ist die Internationalität des Konzerns. Diese schützt vor Zahlungsunfähigkeit, weil die Erholung der Konjunktur in den verschiedenen Regionen zu unterschiedlichen Zeitpunkten stattfindet. Europa steckt zum Beispiel noch tief in der Krise, in China geht es langsam wieder etwas bergauf. Damit kann Bosch die neu gewonnene Liquidität zeitnah umschichten und für Forschung und Entwicklung einsetzen.

Das Gespräch führte François Baumgartner telefonisch.

Er will „den Umbau sozial auffangen, zumindest abfedern", unterstrich der Geschäftsführungsvorsitzende der Robert Bosch GmbH im Livestream: Über unabsehbare Konsequenzen der Corona-Krise hinaus müsse sein Unternehmen den Kampf gegen den Klimawandel führen. Denner kündigte forsch an: „Bosch macht mit Klimaschutz ernst. Nicht nur in der Produktion, Zug um Zug auch mit Produkten und Dienstleistungen. Das kostet, schafft aber auch neues Geschäft." Beispiele nennt er mit der CO_2-Beratung für klimaneutrales Wirtschaften oder mit dem Einstieg in die Wasserstofftechnologie. Als Vorbild voran geht das Unternehmen durch CO_2-Neutralität in der Energieversorgung der weltweiten Bosch-Standorte. Sie soll Beleg für Glaubwürdigkeit und Konsequenz in puncto Klimaschutz sein.

Auf dem Bosch-Forschungscampus von Renningen sollen Innovationen vorangetrieben werden.

Neue Ära der Elektrifizierung ebnet den Weg zurück in die Erfolgsspur

Bosch möchte sich als Zulieferer zum Marktführer in Elektromobilität entwickeln. Dafür fließen Investitionen von rund 100 Millionen Euro in die Werke von Eisenach und Hildesheim, wo die Produktion elektrischer Antriebssysteme forciert wird. Allerdings ergänzen E-Antriebe zunächst nur Verbrenner, betont Denner. Er sagt eine Dekade der Elektrifizierung für Thermotechnik voraus. Sein Unternehmen steckt zusätzlich 100 Millionen Euro ins Wärmepumpen-Geschäft, um Marktanteile zu verdoppeln.

Die neue Ära der Elektrifizierung soll Bosch den Weg zurück in die Erfolgsspur ebnen, wie einst das beginnende Zeitalter des Verbrennungsmotors bei der Gründung. Die Haltung steht für klimafreundliche Stromerzeugung zur Demokratisierung des Komforts. Diese neue Lebensweise im Einklang mit Nachhaltigkeit mag für Bosch nahezu revolutionär anmuten. Andererseits hätte noch vor wenigen Jahren auch niemand für Baden-Württemberg als Bundesland der Bosch-Zentrale einen grünen Ministerpräsidenten für möglich gehalten.

Neue Technologien mit diesem Fortschrittstreiber stehen für eine neue Form von Modernität. Das dezentrale Modell für Energieproduktion, Speicherung und Verbrauch bringt folgerichtig neue Geschäftsmodelle hervor. Dies verlangt nach besonderer Systemkompetenz und Innovationskraft. Beispielsweise in Zukunftstechnologien wie der Künstlichen Intelligenz. Transformation und Turnaround dienen dem Aufbau neuer Netzwerke und führen zur Gestaltung dezentraler Energie-Ökosysteme – ob für Mobilität, für Industrie oder für Smart Home. Für Letztgenanntes, die elektronisch etwa übers Smartphone steuerbare Wohnumgebung, entstehen in naher Zukunft weitere Produkte und Services als Lösung für autonomes, digital vernetztes und Plattformunterstütztes Leben.

Meilensteine erfolgreicher Elektronikgeschichte

1886	Bosch-Gründung als „Werkstätte für Feinmechanik und Elektrotechnik" in Stuttgart
1902	Erste Magnetzündung mit Zündkerzen
1932	Bohrmaschine und -hammer auf dem Markt
1940	Robert-Bosch-Krankenhaus eröffnet
1967	Bosch Siemens Hausgeräte GmbH entsteht, seit 2015 die BSH Hausgeräte GmbH
1978	Serienfertigung des elektronisch gesteuerten Antiblockiersystems (ABS) startet
2003	Markteinführung des Akkuschraubers Ixo mit Lithium-Ionen-Akku
2012	Bosch gründet Joint Venture mit Polaris und steigt damit in den E-Scooter-Markt ein
2015	Bosch eröffnet neuen Forschungscampus
2017	Bosch präsentiert E-Achse für Elektroautos
2020	CO_2-Neutralstellung bei der Energieversorgung für alle Bosch-Standorte weltweit

Quelle: Bosch

In Netzwerken zu denken, um Innovationen hervorzubringen, gilt übrigens auch für die Wasserstoffwirtschaft. Dieser Ansatz für Geschäftsideen ist zu beherzigen, bevor Unternehmen neue Technologien wie Brennstoffzellen in die Forschung und Entwicklung geben, denn diese neue Herangehensweise ist eine Voraussetzung für künftiges Wachstum mit Profitabilität. Das weiß auch Volkmar Denner.

François Baumgartner, freiberuflicher Journalist mit Schwerpunkt auf Wirtschafts- und Finanzthemen. Für „return" berichtet er vor allem aus dem Raum Süddeutschland, Österreich und der Schweiz.

„Zu früh dran"

Künstliche Intelligenz, Robotik oder Online-Plattformen gelten als Zukunftsthemen. Trotzdem scheitern Gründer mit guten Ideen auch hier, wenn für Kundengunst der Zeitpunkt nicht stimmt.

Im Inneren des Schachtes von Aufzügen ähnlich wie in dieser Anlage wollten die Gründer des Start-ups Levaru ihre innovativen „Roboter für das Adjustieren von Aufzugsführungsschienen" einsetzen. Die Technologie funktionierte, aber das Geschäftsmodell scheiterte.

Als Levaru in seiner Kategorie als „Bestes Start-up" mit dem „VDI Award 2018" ausgezeichnet wurde, schmiedeten Julian Klaus Trummer und Co-Gründer Wolfram Meiner schon Pläne für die Zukunft ihres „Roboters für das Adjustieren von Aufzugsführungsschienen". Die beiden Münchner Architektur-Studenten hatten ein Jahr zuvor während eines Seminars für Baurobotik eine Marktlücke entdeckt: „Egal wie hoch ein Hochhaus ist: Die Schienen, an denen ein Aufzug fährt, dürfen manchmal nur Bruchteile von Millimetern abweichen", begründet Trummer, warum sie dies mit einem Roboter sicherstellen wollten.

Ihr Business Case: Um eine Schiene im Aufzugsschacht auszurichten, braucht ein Monteur für jeden Befestigungspunkt derzeit bis zu 20 Minuten. Für einen kompletten Aufzugsschacht benötigt er also viel Zeit. „Wir wollten das schneller, genauer und vor allem kostengünstiger anbieten", sagt Trummer über Auslöser und Anfang: „In drei Wochen wurde unser Projekt von einer Bachelor-Arbeit zu einem Start-up."

Levaru nahm an mehreren Programmen des Gründerzentrums „Unternehmer-TUM" teil. Die Jungunternehmer fanden darüber zwei Mitstreiter für ihr Gründer-Team, wie sich Trummer erinnert: „Die haben uns gepusht, uns nach China geflogen, Türen zu Unternehmen geöffnet." Die Präsentation nach 14-tägigen Design-Sprints führte zur Einladung in die Konzernzentrale des Aufzugsherstellers Schindler. Levaru zog in den „Xpreneurs"-Inkubator ein. Das Team habe bis zu 80 Stunden pro Woche am Produkt gearbeitet, das durch die Entwicklung immer simpler zu bedienen war. Das deutlich abgespeckte Gerät habe „noch immer zwei Drittel des Mehrwerts eines Komplett-Roboters", rechnet Trummer vor, „war aber deutlich günstiger." Daher habe sich Levaru auf das Messgerät und die Ergebnis-Anzeige fokussiert.

Investitionen für Entwicklung und Prototypen hielten die Gründer auf niedrigem Niveau. Sie kauften gebrauchte Teile über Ebay. Die teuerste Anschaffung, ein Laser-Sensor für rund 2.500 Euro, war über ein Stipendium möglich. Doch

Die Gründer von Levaru hatten eine gute Idee für Roboter in Aufzugsschächten, aber ihr Geschäftsmodell war nicht profitabel genug.

Die Gründer von „Spar-Radar" hatten den Einfall, mit einem Social-Media-Portal für Schnäppchenjäger online zu gehen – ohne Erfolg.

die komplexe Ausgangslage fürs Patent erschwerte den Start. Die Preiskalkulation für das abgespeckte Gerät ergab viel geringere Margen als beim Komplettroboter. Im Hinblick aufs Risiko waren die Perspektiven nicht gut genug. Also stellten die Gründer im Mai 2019 den Betrieb ein. „Levaru hat meine Zukunft als Architekt verändert", bilanziert Trummer, der das Scheitern in erster Linie an der zu geringen Marktgröße festmacht: „Die Technologie hätte funktioniert und großen Mehrwert geschaffen, wäre aber nicht profitabel genug gewesen." Alle werten Levaru als wertvolle Erfahrung. Die drei studentischen Gründer studierten weiter.

Auch Anton Klotz betrachtet sein gescheitertes Start-up rückblickend als „positive Erfahrung für meine Karriere als Angestellter". Mit zwei Freunden aus Studienzeiten hatte er 2009 seinen „Spar-Radar" gegründet. Antrieb war die Angst um ihre Jobs, die während der Finanzkrise beim technischen Informatiker, beim Betriebswirt Christian Krumbein und beim Kollegen mit Marketing-Schwerpunkt aufkam. „Nach Copy-Cat-Muster haben wir eine Idee aus den USA nach Deutschland geholt", bekennt Klotz über das Social-Media-Portal für Schnäppchenjäger. Nutzer sollten hier entdeckte Angebote einstellen. Er habe „nach meinem Vollzeit-Job jede Nacht noch bis morgens um drei Uhr programmiert. An den Wochenenden fuhr ich dann nach Mannheim, um gemeinsam die App zu entwickeln", erinnert sich der 42-Jährige.

„Vielleicht war die Idee zu begrenzt für dauerhaften Erfolg am Markt"

Implementierungen für Apple- und Google-Geräte mussten noch entstehen, als die Basis-Software stand. Klotz dazu: „Den Android-Client hat ein Kollege aus meiner Firma kostenlos programmiert, aber die Anbindung ans iPhone und das Design der Webpage mussten wir extern entwickeln lassen, was etwa 20.000 Euro gekostet hat." Das Geld stammte aus Ersparnissen. Danach nahmen sie an Gründerwettbewerben

teil, um ihre Idee bekannt zu machen und dafür Investoren zu gewinnen. Im Ergebnis kamen unter anderem Beratungsstunden und die Gründung einer GmbH zustande. Mit steigender Bekanntheit gewann die App rund 2.000 aktive Nutzer, in Spitzenzeiten waren mehrere Tausend Angebote eingestellt.

Die vielen mühsam vorbereiteten Treffen mit Investoren waren indes vergeblich. Deshalb sank die Motivation bis zum Jahr 2011. „Wir haben Spar-Radar auf niedriger Flamme weiterbetrieben, aber dann Ende 2012 doch eingestellt – auch von unserem damals größten Konkurrenten Groupon hört man derzeit nicht mehr allzu viel. Vielleicht war die Idee zu begrenzt für dauerhaften Erfolg am Markt", mutmaßt Klotz. Obwohl, als die Corona-Krise begann, kurz im Gespräch war, die App-Technologie wiederzubeleben und statt Schnäppchen diejenigen Orte anzuzeigen, wo es etwa noch Einweg-Gesichtsmasken gibt. „Mask Radar" ging im April dann mit neuerem Programm-Code online.

KI übernimmt Datenauswertung zum Chemie-Mix bei Tauchbädern

„5Analytics" ging an den Start, weil Sebastian Klenk bei seiner Arbeit als Informatiker ein Software Tool vermisst hatte, das Geschäftsprozesse mittels Künstlicher Intelligenz (KI) verknüpft und automatisiert lenkt. Er gründete das Unternehmen mit Stefan Soehnle als Finanz- und Organisationsexperten plus einer Marketingspezialistin. Pilotkunden gewannen sie während einer Messe in Berlin. Soehnle erinnert sich an eine Vortragsveranstaltung und an ein Gespräch mit seinem Sitznachbarn, der Innovationsbeauftragter eines Chemieunternehmens für Beschichtungen auf Metallen war. Sensoren in der Beschichtungsmaschine übermitteln viele Daten – vom Chemie-Mix des Tauchbads über die Temperatur bis zur Luftfeuchtigkeit. Bei Abweichungen vom Sollwert musste bis dahin ein Mitarbeiter eingreifen.

Stefan Soehnle (3. v. l.) und seine Co-Gründer von „5Analytics" wollten Geschäftsprozesse mit Künstlicher Intelligenz lenken.

„Unsere Plattform fasst alle Daten zusammen, analysiert sie und schafft Korrelationen. Als Ziel sollten die notwendigen Reaktionen automatisch angestoßen und ausgeführt werden", beschreibt Soehnle. 5Analytics nahm damit schon die erste Hürde vieler Start-ups, denn einmal vorhandene Software ist skalierbar. Die Gründer folgten später einer Einladung in den Accelerator „Wayra" von Telefónica in München. Dort feilten sie an Produktdarstellung und Preisgestaltung, installierten die Software für den Telefonkonzern selbst und hatten damit die erste Lizenz verkauft.

Viele Erfolge und ein Ritterschlag reichen doch nicht zum Durchbruch

Ein Erfolg nach dem nächsten stellte sich ab 2017 ein. So stieg der Hightech-Gründerfonds mit Venture Capital ein. Der Jahresumsatz wuchs auf rund 250.000 Euro. Das junge Unternehmen landete in der Liste der weltweit vielversprechendsten Start-ups des Wirtschaftsmagazin „Forbes". Doch der Ritterschlag nützte nichts. „Wir stellten unsere Software vielen Kunden vor, fuhren Testanalysen mit ihren Datenbeständen, aber es gelang kein weiterer Lizenzverkauf", bedauert Soehnle. Die Investoren zogen im Frühjahr 2019 den Stecker. Die Software mit allen Rechten verkauften sie an die Firma Telefónica, die das Tool weiterhin einsetzt. Gemäß ihrer Anteilsquote wurden die Investoren bei der Liquidation ausgezahlt.

„Wir waren zu früh dran. Viele Unternehmen hatten an ihren Maschinen noch nicht die erforderlichen Sensoren installiert, die Daten für unsere Software hätte liefern müssen", nennt Soehnle als Hauptgrund des Scheiterns. Nach dem Aus seien alle zwölf Mitarbeiter in neuen und interessanten Jobs gelandet. Der Finanzchef selbst arbeitet heute in der Steuerberater- und Wirtschaftsprüfer-Kanzlei, die einst 5Analytics beraten hatte. Soehnle sagt: „Die Start-up-Erfahrung kommt mir heute zugute, denn ich kenne viele Probleme meiner Mandanten aus der Praxis."

Auch Mapudo ging Mitte 2019 offline. Bevor er fünf Jahre zuvor die B2B-Plattform gründete, hatte Geschäftsführer Sebastian Grethe beim größten deutschen Stahlproduzenten Thyssenkrupp gearbeitet. Mit Mapudo hatte er sich vorgenommen, den Stahlhandel umzukrempeln. Metallverarbeitende Betriebe schwenkten jedoch nicht wie erwartet auf die digitale Beschaffungsplattform um, sondern waren weiterhin Offline-Händlern treu und griffen nur für Spezialaufträge in kleineren Stückzahlen oder für besonders dringende Bestellungen auf Mapudo zurück. Die Provisionseinnahmen blieben entsprechend weit hinter den Erwartungen zurück. Interessenten schauten sich zwar neugierig auf der Plattform um, die Konversionsrate stagnierte aber bei 1,4 Prozent.

Nicht genug Vorteile für eine Verhaltensänderung

Zu den Gründen für die Zurückhaltung zählen die niedrigen Händlermargen, die traditionell im Stahlhandel anfallen. Dadurch ergeben sich unterm Strich für Lieferanten keine attraktiven Ersparnisse, die mit automatisierten Angebotsprozessen zu erreichen sind. Zudem seien über Jahre oder Jahrzehnte gewachsene Bindungen zwischen Hersteller und Lieferanten unterschätzt worden, fasst Co-Gründer Christian Sprinkmeyer in einer Analyse zum Mapudo-Aus zusammen: „Unsere Zielgruppe liebte die Bequemlichkeit unseres Konfigurators. Wir konnten aber nicht ausreichend Vorteile bieten, um schon eine Verhaltensänderung zu erzeugen." Als eine weitere Finanzierungsrunde in Gang kam, ging Mapudo leer aus. So blieb die Revolution im Stahlhandel aus, bis Kloeckner.i erfolgreich den Einstieg wagte.

Wer wagt und scheitert, darf hierzulande nicht auf Verständnis hoffen. Das ergab schon die repräsentative Studie der Universität Hohenheim zur Einstellung der deutschen Bevölkerung gegenüber gescheiterten Unternehmern. Darin finden sich auch „Statements zur Fehlerkultur" von Wirtschaftsexperten. Scheitern gehöre zum Leben eines Start-ups „wie das Gegentor zum Fußball", kommentierte etwa BWL-Professor Tobias Kollmann als Vorsitzender des Beirats „Junge Digitale Wirtschaft" beim Bundeswirtschaftsministerium und konstatierte: „Keiner mag es, keiner will es, aber wenn man daraus lernt, dann bringt es einen langfristig weiter auf dem Weg zum besseren Saisonziel."

Anja Kühner, freie Wirtschaftsjournalistin aus Düsseldorf, arbeitet seit vielen Jahren für „return". Sie schreibt vor allem regelmäßig über die Gründerszene und ihre interessanten Start-ups. Meist handelt es sich um florierende Unternehmen oder wie hier um die Lehren gescheiterter Entrepreneure.

Auto-Intralogistik

Die Einführung des fahrerlosen Transportsystems bei einem großen Autobauer lässt auch Mittelständler lernen: Digitalisierte Prozesse liefern viel Potenzial, um zu profitieren.

© Volkswagen AG

Fahrerlose Transportsysteme bewegen sich automatisch in der Logistik des Volkswagen-Werkes in Wolfsburg. Die schnelle Materialversorgung soll den Karosseriebau beschleunigen, wobei 23 Transportroboter dazu beitragen, dass sich die Produktivität um sieben Prozent erhöht.

Ein namhafter deutscher Automobilhersteller ließ ein fahrerloses Transportsystem (FTS) installieren, um die Materialversorgung zwischen Lager und Bedarfsort am Band zu automatisieren. Das System bedient mit mehreren Fahrzeugtypen sechs unterschiedliche Prozessarten parallel. Voraussetzung war ein digitaler Zwilling des Logistikprozesses, welcher ein individuelles Tracking von Ladungsgütern per RFID vom Lieferanten über das Kommissionierlager zum Zwischenlager bis hin zum Band ermöglicht.

Das Treibersystem ist dabei SAP als zentraler Koordinator nach außen, während die FTS-Leitsteuerung die Materialbewegungen intern koordiniert. Die Leitsteuerung als Kernstück übernimmt die Aufgabe, den Warenverkehr digital abzubilden. Dafür nutzt sie Daten der RFID-Lesegeräte in jedem Fahrzeug, der Sensoren an den relevanten Übergabestationen zur Überwachung des Behälter-Füllgrads sowie vom SAP-System erfasste Daten. Damit können die Position jedes Fahrzeugs, seiner Ladung sowie sein Zielort eindeutig bestimmt und visualisiert werden.

Sobald die Füllgrad-Überwachung ein Leergut erkennt, wird automatisiert ein Abholauftrag generiert sowie ein Pull-Auftrag für das nächste Vollgut ausgelöst. Die Leitsteuerung priorisiert die einzelnen Aufträge des Gesamtsystems nach Dringlichkeit, was auf der individuellen Reichweite des Behälters basiert, und vermittelt Aufträge an das fahrerlose Transportfahrzeug (FTF), welches aktuell am besten geeignet erscheint. Dabei wird für jedes FTF die voraussichtliche Zeit bis zum Bedarfsort kalkuliert, wobei nach jeweils aktuellem Stand die Position, der Auftrag und mögliche Störungen durch andere FTF berücksichtigt werden.

Durch die zyklische Neuberechnung wird sichergestellt, dass kein Auftrag einem blockierten FTF zugeordnet wird und das Gesamtsystem optimal reagiert. Abhängig davon, ob das Material aus einem Puffer entnommen wird oder individuell ausgelagert werden muss, geht ein Bedarfs-Trigger an das Lagerpersonal, das benötigte Material an definierten Übergabepunkten zum Abholen bereitzustellen. Unterschiedliche Ladungsgüter auf unterschiedlichen Ladungsträgern werden eindeutig erkannt über eine Kombination aus RFID und Hardware-Codierung zum Erhalt von Sicherheitsaspekten.

Fahrerloses Transportsystem ist skalierbar angelegt

Die Leitsteuerung ist an die Peripherie des Gebäudes angebunden und überwacht via speicherprogrammierbare Steuerung (SPS) den Status von Entnahmegeräten, kommuniziert mit Toren, reagiert auf Brandschutzsignale und tauscht sich mit der Instandhaltung aus, um sowohl vorbeugende Wartungen als auch etwaige Reparaturen schnellstmöglich umzusetzen. Alles geschieht unter Einhaltung relevanter Aspekte der Arbeitssicherheit. Das System ist von seiner Basis her skalierbar angelegt, sodass weitere Prozesse,

Fahrzeuge und Transportumfänge hinzugefügt werden können. Die Herausforderungen des Projekts waren vielfältig: von der starken Vernetzung zwischen Lieferkette, Produktion und Intralogistik bis zur Berücksichtigung von Störfällen, die ein Abweichen vom „Happy-Flow" bewirken.

Vorher waren Dutzende von Gabelstaplern pro Schicht für die Materialversorgung im Einsatz. Jetzt überwachen nur noch zwei Mitarbeiter das Transportsystem und garantieren einen reibungslosen Ablauf. Der einmalige Kraftaufwand zur Implementierung des Systems ermöglicht dem Betreiber nun zudem, langfristig zu profitieren – von einer stabileren Bandversorgung, von geringeren Betriebskosten, von reduzierten Gefahren für Mitarbeiter durch Gabelstapler-Unfälle sowie von Potenzialen, die durch die weitere Automatisierung der Intralogistik zu heben sind.

Der promovierte Physiker Stephan Hermanutz arbeitet als Berater im Projekt-Management, unter anderem für Logistik-Automatisierung und hier mit fahrerlosen Transportsystemen (FTS). Er gehört zum Team der Simplicity Management GmbH und ist Mitglied im DDIM e. V.

Eigenverwaltung als Option

Negative Auswirkungen der Corona-Krise erhöhen das Existenzrisiko für viele Mittelständler.
Antworten auf zentrale Fragen zu Gegenmaßnahmen und zu Gefahren finden sich hier.

Die Unternehmer im Mittelstand blicken sorgenvoll in die Zukunft, informieren sich aber äußerst aufgeschlossen über Maßnahmen im Kampf gegen negative Auswirkungen der Corona-Krise auf ihr Geschäft. Gleichwohl ist als Option auch ein sinnvoll geplantes Insolvenzverfahren in den Blick der Öffentlichkeit gerückt, insbesondere seit der Gesetzgeber per Eilverfahren einen Aufschub für die Antragspflicht bis 30. September 2020 gewährt. Aber was ist danach? Und was haben Mittelständler bis dahin zu bedenken? Antworten auf zentrale Fragen zu Gegenmaßnahmen, die Robert Buchalik als erfahrenden Unternehmenssanierer zuletzt oft erreichten:

Was ist Unternehmen zu empfehlen, wenn sie durch die Corona-Pandemie zahlungsunfähig werden?

Unternehmer sollten prüfen, ob eine Insolvenz in Eigenverwaltung die bessere Option ist. Bei rechtzeitigem Insolvenzantrag scheidet jegliches Haftungsrisiko für den Geschäftsführer oder Vorstand aus. Erhebliche Liquidität lässt sich dadurch aufbauen, dass Löhne und Gehälter für drei Monate die Bundesagentur für Arbeit übernimmt, Krankenkassenbeiträge und Steuern während des vorläufigen Insolvenzverfahrens nicht zu zahlen sind. Kündigungsfristen bei Dauerschuld- und Arbeitsverhältnissen fallen kürzer aus. Durch die geringeren Sozialplankosten und die Steuerfreiheit bei etwaigen Sanierungsgewinnen könnte eine Insolvenz in Eigenverwaltung gegenüber der Aussetzung attraktiver sein.

Lufthansa-Chef Carsten Spohr

Deshalb prüft der Vorstandsvorsitzende Carsten Spohr für Lufthansa auch eine Insolvenz in Eigenverwaltung anstelle einer Beteiligung des Staates. Den Weg beschritten haben zuletzt schon Unternehmen wie Appelrath-Cüpper, Esprit, Kaufhof-Karstadt, Veritas oder Poggenpohl.

Unter welchen Voraussetzungen greift die Aussetzung der Insolvenzantragspflicht?

Der Eintritt der Zahlungsunfähigkeit oder Überschuldung muss auf Auswirkungen der Corona-Pandemie beruhen. Es müssen berechtigte Aussichten bestehen, die aktuelle Zahlungsunfähigkeit zu beseitigen. Insbesondere die zweite Voraussetzung ist angesichts ungewisser Zukunftsaussichten nur schwer feststellbar. Daher wird gesetzlich vermutet, dass beide Voraussetzungen erfüllt sind, wenn nachgewiesen ist, dass das Unternehmen am 31. Dezember 2019 noch nicht zahlungsunfähig war. Dies ist nach folgender Formel zu ermitteln: Die freien liquiden Mittel (Cash und freie Banklinien) dürfen die zum gleichen Zeitpunkt fälligen Verbindlichkeiten um nicht mehr als zehn Prozent unterschreiten. Sind die Voraussetzungen erfüllt, kann sich der zur Antragstellung verpflichtete Geschäftsführer oder Vorstand auf sein Recht zur Aussetzung der Insolvenzantragspflicht berufen.

Vorstände und Geschäftsführer trifft das volle Haftungsrisiko

Geschäftsführer und Vorstände, die den Nachweis führen können, sind aller Probleme ledig?

Nein, keineswegs. Sie dürfen während des Aussetzungszeitraumes nur Zahlungen leisten, die zum ordnungsgemäßen Geschäftsbetrieb gehören. Das sind etwa Löhne und Gehälter oder Zahlungen für Leistungen von Lieferanten und Versorgern (Energie, Telefon). Erlaubt sind nur unbedingt notwendige Investitionen. Die gesetzliche Vermutung kann übrigens von einem Insolvenzverwalter widerlegt werden, wenn es später doch noch zu einem Insolvenzverfahren kommt.

Welche Folgen hat es, wenn die Vermutung vom Insolvenzverwalter erfolgreich widerlegt wird?

Dann trifft den Geschäftsführer oder den Vorstand das volle Haftungsrisiko nach § 64 GmbH-Gesetz oder § 92 Aktiengesetz. Er haftet persönlich mit dem gesamten Privatvermögen für alle Zahlungen auf Rückzahlung an die Insolvenzmasse, die seit Eintritt der Insolvenzreife an Dritte geleistet wurden. Außerdem können Geschäftsführer und Vorstände strafrechtlich beispielsweise wegen Insolvenzverschleppung nach § 15a Abs. 4 Insolvenzordnung belangt werden.

Schutz für Unternehmen

Robert Buchalik:
„Insolvenz in Eigenverwaltung bietet bessere Möglichkeiten"

© Buchalik

V iele Unternehmen sind durch negative Auswirkungen der Corona-Pandemie zahlungsunfähig und damit verpflichtet, einen Insolvenzantrag zu stellen. Der Gesetzgeber gestattet mit dem kurzfristig verabschiedeten Covid-19-Insolvenzaussetzungsgesetz einen Aufschub für die Antragstellung. Die Aussetzung greift aber nicht, wenn keine Aussichten bestehen, die Zahlungsunfähigkeit zu beseitigen.

Auch bei Aussetzung der Insolvenzantragspflicht haften Geschäftsleiter persönlich für rückständige Lohnsteuer und Arbeitnehmeranteile zur gesetzlichen Sozialversicherung. Diese Beträge sind trotz angenommener Aussetzung bei Fälligkeit zu zahlen. Kann die Zahlungsunfähigkeit beseitigt werden, haftet der Geschäftsleiter nicht. Bestehen aber keine Aussichten darauf, haftet er persönlich für alle Zahlungen, die er seit Eintritt der Antragspflicht geleistet hat. Die Risiken und Gefahren sind also überaus groß.

Weniger Risiken und größere Chancen bei Bewältigung der Unternehmenskrise

Eine Insolvenz in Eigenverwaltung bietet bessere Möglichkeiten und Chancen zur Krisenbewältigung als alle aktuellen Hilfen zusammen und ist ohne Haftungsrisiken für Geschäftsleiter. Kurzarbeitergeld ist in der Insolvenz möglich, solange der Betrieb stillsteht. Sobald der Betrieb wieder aufgenommen wird oder Läden wieder öffnen, kann Insolvenzgeld beantragt werden, das für drei Monate gezahlt wird. Sozialabgaben, Mieten und Steuern fallen in der vorläufigen Insolvenz nicht an. Neukredite sind nicht notwendig. Dauerschuldverhältnisse sind mit kurzen Fristen zu kündigen.

Robert Buchalik, Geschäftsführer der Buchalik Brömmekamp Rechtsanwaltsgesellschaft mbH, begleitet als erfahrener Sanierungsberater zahlreiche Unternehmen. Der Rechtsanwalt engagiert sich als Vorstandsvorsitzender des Bundesverbandes ESUG und Sanierung Deutschland e. V.

Schutz für Unternehmer

Hans Haarmeyer:
„Gefahr persönlicher Haftung bei Insolvenzantragspflicht"

© DIAI

E iner harten Prüfung müssen sich Unternehmen im laufenden Geschäft durch die Corona-Krise unterziehen. Für die Unternehmensführung bestehen große Gefahren der persönlichen Haftung mit dem eigenen Vermögen. Damit ist sogar die Bedrohung der persönlichen Existenz möglich. Trotzdem scheinen viele Verantwortlichen die immensen Risiken nicht ausreichend zu beachten.

Fallstricke lauern etwa in der Insolvenzantragspflicht hinter dem Aufschub bis 30. September 2020, den der Gesetzgeber gewährt. Erweist sich die Selbst-Einschätzung, am 31. Dezember 2019 nicht zahlungsunfähig gewesen zu sein, zum späteren Insolvenzverfahren als falsch, erwischt Geschäftsführer die volle Wucht der persönlichen Haftung nach § 64 GmbH-Gesetz. Das betrifft jede von ihnen verantwortete finanzielle Leistung wie Abbuchung, Lastschrift, Löhne und Gehälter, Lieferantenrechnung oder Verrechnung, die später die Masse schmälert. Das Problem: Geschäftsführer sind sich meist keines Fehlverhaltens bewusst, da sie sich im normalen Geschäftsbetrieb wähnen, was im Zustand der materiellen Zahlungsunfähigkeit nicht der Fall ist.

Jahresumsatz der Gesellschaft als Maßstab bei Haftung

Das Risiko einer Haftung nach § 64 GmbHG zählt zu den größten und wirtschaftlich bedeutendsten Gefahren für Geschäftsführer, der sie sich sich bei Fortführung des Geschäftsbetriebs in der Krise aussetzen. Als Orientierungshilfe für das potenzielle Volumen kann der von der Gesellschaft erwirtschaftete Jahresumsatz dienen.

Prof. Hans Haarmeyer ist „return"-Herausgeber sowie Verfasser zahlreicher Handbücher und Kommentare zum Insolvenzrecht. Der Diplom-Betriebswirt war viele Jahre als Insolvenzrichter tätig, lehrte Wirtschaftsrecht am Rhein-Ahr-Campus und ist DIAI-Direktor.

Unvereinbares vereinen
Über fundamentale Bausteine der Innovationsstrategie

Der langfristige Erfolg eines Unternehmens hängt von seiner nachhaltigen Innovationsfähigkeit ab. Deshalb gilt es, das Innovations-Management erfolgreich zu gestalten. Jedes erfolgreiche Unternehmen entwickelt jedoch seine eigene Handschrift im Umgang mit dieser Herausforderung. Eine wesentliche Rolle spielt die eigene Unternehmens-DNA. Jedes Unternehmen sollte sich auf seinen zentralen Markenkern besinnen, der sich zudem in der mittel- und langfristigen Unternehmensplanung widerspiegeln muss. Naturgemäß erwarten Kunden selbst für ihre komplexesten Probleme und Wünsche neue Ideen und innovative Lösungen. Ihre Erwartungen sind der Treiber für das Leitbild im Innovations-Management. Es geht aber nicht darum, dass neue Produkte und Services das Geschäftsmodell grundsätzlich infrage stellen, sondern vielmehr um eine stetige Weiterentwicklung. Unternehmen der Branche für Informations- und Kommunikationstechnologien (ITK) stellen sich dieser Herausforderung häufig mit Ideen, deren innovatives Potenzial insbesondere in der Vereinigung von vermeintlich Unvereinbarem besteht. So wurde die „Single"-Strategie entwickelt, mit deren Hilfe bisher getrennte Bereiche zu homogenen Produktlösungen zusammengebracht werden konnten, etwa für den Mobilfunk im Zugangs-, Transport- oder Kern-Netz.

Bisher unüberwindbare Grenzen überwinden und durchbrechen

Auf diese Weise konnte das bis dato als unüberwindbare Grenze wahrgenommene „Shannon Limit" für die drahtlose Datenübertragung überschritten werden. Ein Beispiel auch dafür, dass bestehende Konzepte zu hinterfragen sind und auf neue Stärken zu fokussieren ist. Hier gelang das durch die geschickte Nutzung von Materialwissenschaften und Übertragungstechnologien. Der ingenieurtechnische Durchbruch glückte für die Datenübertragung über die Luft mittels Multi-Antennentechnologie, die prinzipielle Shannon-Grenze war damit überwunden.

Derartige Fortschritte sind nur erreichbar, wenn eigene Stärken und Schwächen berücksichtigt werden. Die Entwicklung und Umsetzung neuer Ideen und Konzepte muss dabei stets auf den jeweiligen Innovationsbereich abgestimmt und fortlaufend überprüft sowie hinterfragt werden. Neue Herausforderungen sind dauerhaft im Blick zu behalten. Dazu gehört auch, die besten Talente zu erkennen, zu fördern und miteinander zu vernetzen sowie auch im Wettbewerb untereinander an Innovationsthemen arbeiten zu lassen. Bewährt hat sich das Prinzip dieses internen „Konkurrenzkampfes", bei dem einzelne Geschäftsbereiche nicht nur das Kräftemessen im internationalen Vergleich suchen, sondern auch intern und regional mit Teams aus unterschiedlichen Bereichen um die besten Lösungen ringen.

Digitalisierung fördert ein internationales Miteinander

Im Zeitalter der Digitalisierung ist Innovation ein Ergebnis internationaler und globaler Zusammenarbeit. Über alle Grenzen hinweg zusammenzuarbeiten, ist heute also eine zwingende Voraussetzung. Es ist unerlässlich, im gemeinsamen Wettbewerb an der Entwicklung und Erprobung neuer Technologien zu arbeiten und durch gemeinsame Standardisierung innovative Produkte hervorzubringen, die im freien Markt konkurrieren können. Der Erfolg einer Innovation hängt von ihrem Skalierungsgrad im bekannten Markt ab.

Es kommt also im Innovations-Management im Kern darauf an, sich selbst treu zu bleiben. Bei allen Innovationsprozessen ist vor allem der Kunde im Blick zu behalten. Synergien sind zu nutzen, eigene Talente auch zum internen Wettbewerb zu ermutigen. Alle Beteiligten im Unternehmen haben miteinander internationale Kooperationen anzustreben, wo sie sinnvoll sind. Aus unserer Erfahrung sind dies die wesentlichen Bausteine für den Erfolg einer Innovationsstrategie.

Walter Haas ist Chief Technology Officer (CTO) und Chief Security Officer (CSO) der Huawei Technologies Deutschland GmbH. Der Telekommunikationsausrüster mit Sitz im chinesischen Shenzhen unterhält seine Europazentrale in Düsseldorf, arbeitet hierzulande unter anderem am 5G-Mobilfunkstandard und gehört laut EU-Kommission zu den fünf forschungsstärksten Unternehmen im weltweiten Ranking.

digital · interaktiv · mobil

Exklusiv für Abonnenten kostenlos zur gedruckten Ausgabe – das E-Magazin.

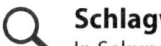 **Schlagwortsuche**
In Sekundenschnelle die komplette Ausgabe nach einem Schlagwort durchsuchen.

 Responsives Webdesign
Zugriff auf Ihr E-Magazin von Desktop, Laptop, Smartphone und Tablet.

 PDF-Downloads
Download von Artikeln aus dem umfangreichen Online-Archiv.

HTML 5 **Einfach und direkt ohne App**
Zugriff ohne App-Store durch direkte Anbindung an die Website mit HTML5-Technologie.

 Interaktive Empfehlungen
Zusätzliches Spezialwissen durch verlinkte Quellenangaben der Fachartikel rund um die Heftthemen.

 Interaktives Inhaltsverzeichnis
Mit einem Klick zum gewünschten Beitrag.

 Interaktive Heftnews
Ergänzende Informationen zum Heft durch verlinkte Firmen- und Produktnews.

return
Magazin für Transformation und Turnaround

▶▶ **Ihr E-Magazin finden Sie unter: www.emag.springerprofessional.de/return**

Echtes Dialogsystem

Für den Einsatz von Künstlicher Intelligenz (KI) im Vertrieb sind Lösungen im Dialog zwischen Mensch und Maschinen das Ziel. Aber wann sind solche Systeme im B2B-Geschäft zu erwarten?

Der Einsatz von Technologie ist häufig von vielen Faktoren bestimmt, die außerhalb der Technologie liegen. Daher sind Prognosen, die sich rein auf die Qualität oder Eignung der Technologie stützen, oft schwierig. Hätte man sich Anfang des vorigen Jahrhunderts gefragt, wann und wie Dampfmaschine, Elektro- oder Verbrennungsmotor für den Vertrieb eingesetzt werden können? Vermutlich hätte man dann erst einmal geprüft, welche Schienen- oder Kanalinfrastruktur vorhanden ist oder aufgebaut werden muss. Und man hätte errechnet, ob genügend Apotheken vorhanden sind, um den Sprit für die Motoren zu liefern.

Heute meint Infrastruktur vor allem Digitalisierung und Treibstoff-relevante Daten – und alles inklusive Schutz und Sicherheit der IT. Was bei der Rückschau verwundert:

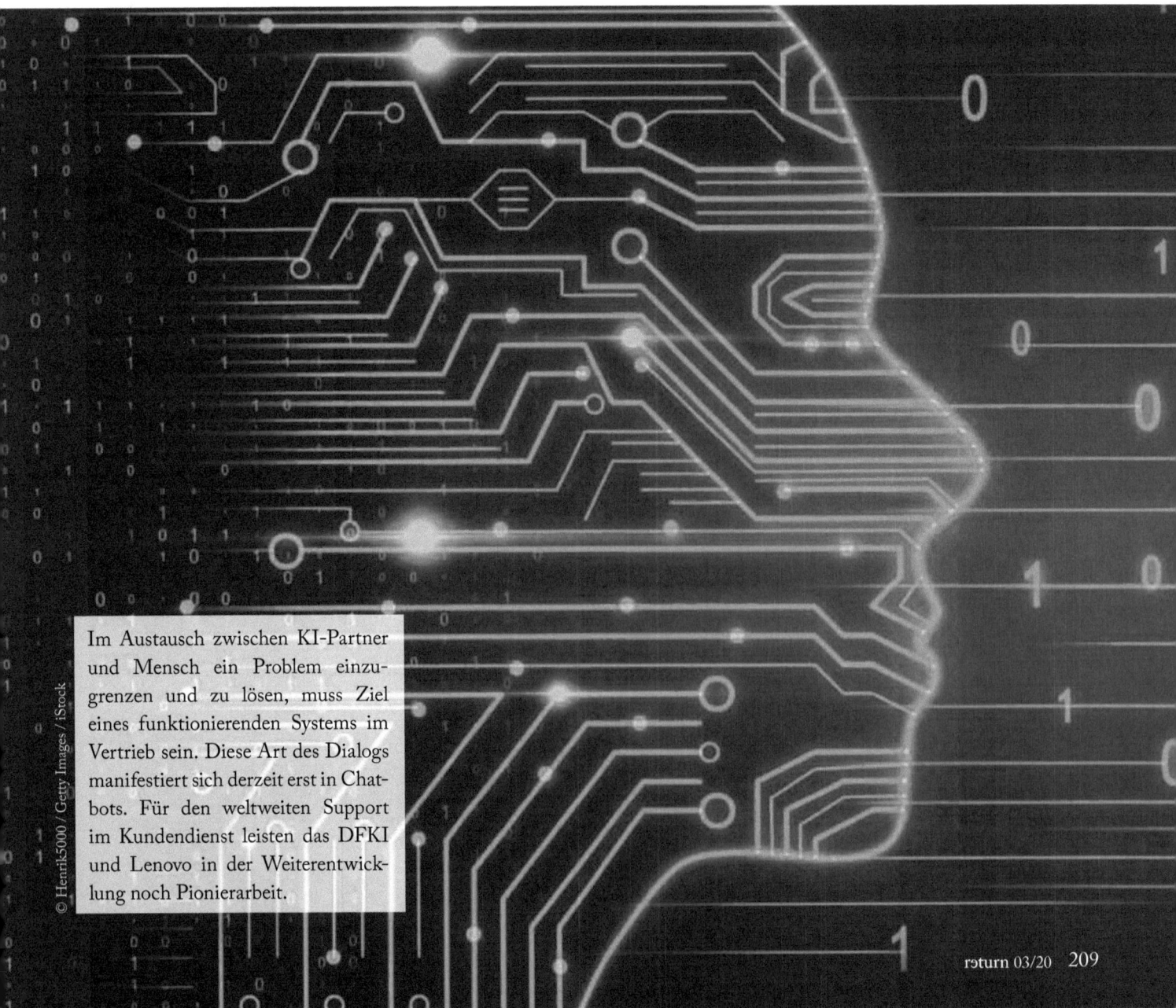

Im Austausch zwischen KI-Partner und Mensch ein Problem einzugrenzen und zu lösen, muss Ziel eines funktionierenden Systems im Vertrieb sein. Diese Art des Dialogs manifestiert sich derzeit erst in Chatbots. Für den weltweiten Support im Kundendienst leisten das DFKI und Lenovo in der Weiterentwicklung noch Pionierarbeit.

Berater sind bis in die 70er Jahre mangels Elektrifizierung mit ineffizienten Dampfloks zu ihren Kunden gefahren. Sie besuchen potenzielle Auftraggeber sogar heute noch mit ineffizienten Verbrennungsmotoren, fast wie vor 50 Jahren.

Wie viel Digitalisierung plötzlich bei äußerem Druck möglich ist

In Krisenzeiten wie der Corona-Pandemie zeigt sich allerdings auch, wie bei äußerem Druck plötzlich Digitalisierung umgesetzt werden kann. Besser: wie viel Digitalisierung schon möglich war. Aber aus diversen Gründen kam die Technologie vorher nicht zum Einsatz. Der menschliche Faktor ist dabei ein sehr wichtiger, auch wenn wir ihn hier nicht gegen Technologie aufgerechnet sehen wollen.

Denn letztlich geht es doch immer um die Kooperation von Mensch und Maschine, genauer gesagt um die Unterstützung des Menschen beim Erreichen seiner Ziele durch die heute immer nur aufgabenspezifische Künstliche Intelligenz (KI). Damit uns ein KI-System beim Erreichen von Zielen unterstützen kann, müssen wir uns über unsere Ziele klar sein. Das klingt trivial, doch häufig genug arbeiten wir mit Bauchgefühl im Ungefähren. Nehmen wir die spezielle Art von Beratung durch Empfehlungs-Systeme im Online-Handel. Was KI-Systeme hier optimieren sollen, ist zum Beispiel:

▶ Das Kaufvolumen jedes Kunden erhöhen: pro Woche? Pro Monat? Pro Jahr?

▶ Die Regelmäßigkeit ausbauen, in der Kunden den Shop besuchen. Nur was bedeutet konkret regelmäßig?

▶ Die Bewertungen vermehren – etwa der gekauften Produkte (möglichst die positiven).

KI-Algorithmen arbeiten mit Dutzenden bis Hunderten solcher Faktoren, die gegenseitig auch in Zielkonflikten stehen können. Sie lösen diese durch A/B-Tests auf, indem sie einfach an einer bestimmten Menge von Kunden ausprobiert

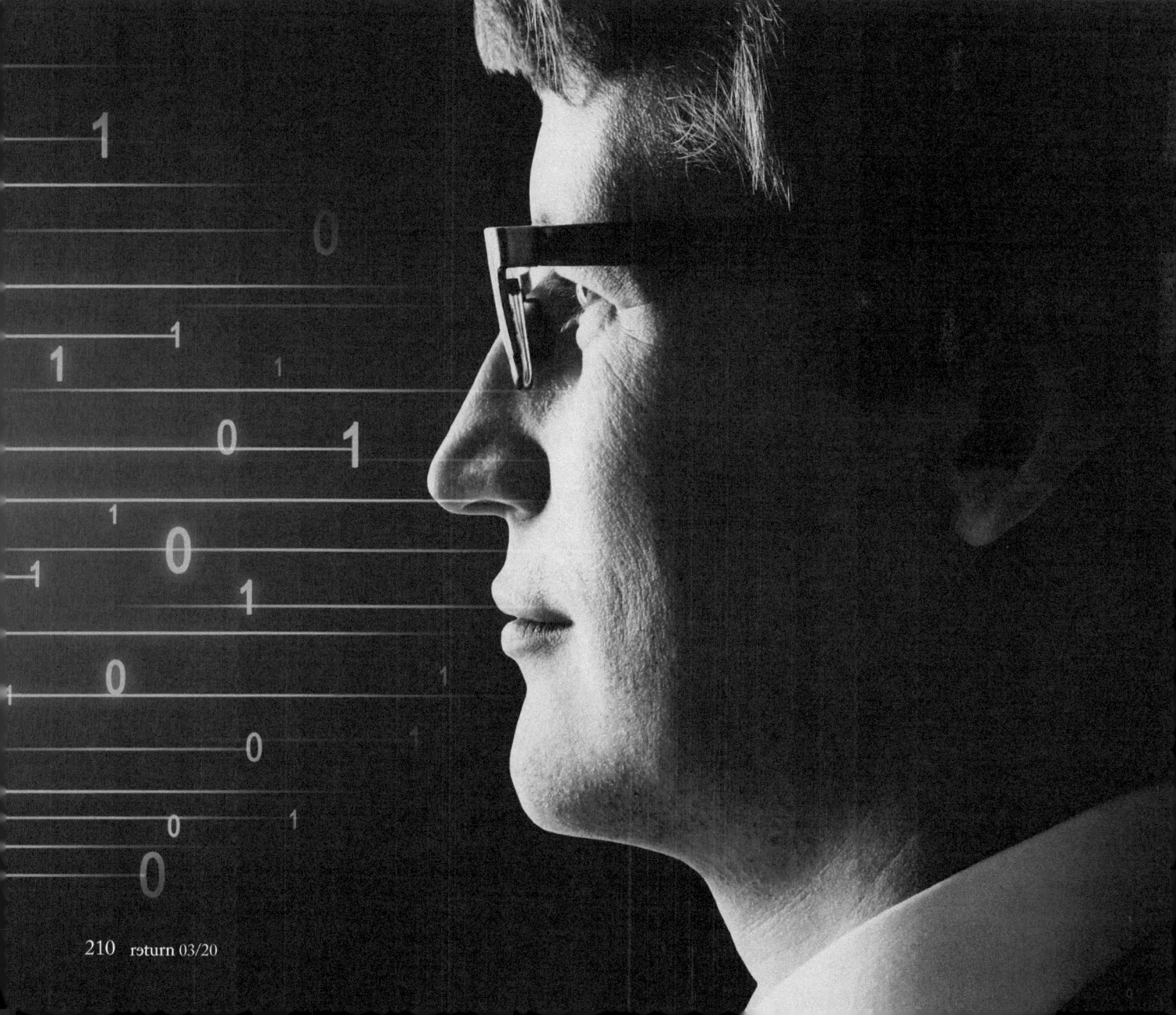

und optimiert werden. Am Ende erledigt die Arbeit doch eine „Blackbox KI". Gleichwohl muss man sich besser vorher planvoll Gedanken darüber machen, was KI erledigen soll. Und wichtiger noch: wie man die Qualität des KI-Einsatzes messen und auswerten kann.

Ziele und Messkriterien zu bestimmen, kann allerdings nur denjenigen gelingen, die zusätzlich hierauf spezialisierte Fachleute an Bord holen. Im Auslieferungszustand sind KI-Systeme zwar lernfähig, die Aufgaben und das Wissen müssen ihnen aber antrainiert werden. Dafür sind interdisziplinäre Teams aus Fachabteilung, IT-Abteilung, Rechtsabteilung und Entscheidern vonnöten.

> „Das Einführen von KI-Systemen hat eindeutig mehr mit dem Entwickeln von Prozessen und Geschäftsmodellen zu tun."

Das Einführen von KI-Systemen hat eindeutig mehr mit dem Entwickeln von neuen und effizienten Prozessen oder von neuen und profitablen Geschäftsmodellen zu tun als mit den Aufgaben des klassischen Einkaufs. Digitalisierung und KI im industriellen Kontext sind schon seit vielen Jahren in aller Munde. Industrie 4.0 zielt dabei vor allem auf die Automatisierung von Logistik- und Produktionsprozessen.

KI kann aber auch in den für Menschen relevanten Einsatzgebieten zum Tragen kommen. Eine besondere Bedeutung für Unternehmen haben beispielsweise KI-Verfahren im Vertrieb: Planung oder Forecast übernimmt dabei einen wichtigen Part. Fragen für Ideen, die beim Umsetzen von Produkten und Projekten schon eine gravierende Rolle spielen, könnten lauten: Wie verhalten sich Kunden? Welche Maßnahmen führen zum Erfolg? Wie kann ich Abschlusswahrscheinlichkeiten offener Leads erhöhen? Wie viel von Produkt X kann ich konkret in der 42. Kalenderwoche absetzen?

Otto, Quelle/Neckermann und Deutsche Bahn als Pioniere

Auch die gewissermaßen rein zwischenmenschliche Interaktion lässt sich mittlerweile mithilfe von KI besser nutzen. Das Deutsche Forschungszentrum für Künstliche Intelligenz (DFKI) hat schon vor 20 Jahren mit „XtraMind" ein Unternehmen gegründet, in dem die aktive Kundenbetreuung über KI-Verfahren im sogenannten „E-Mail Response Management System" realisiert wurde. Namhafte Kunden wie Otto, Quelle/Neckermann, die Deutsche Bahn und viele mehr konnten mit diesem System ihre Effizienz und Qualität in der Unterstützung der Kunden wesentlich verbessern. Dabei kann man die Interaktion über E-Mails schon als Dialog mit dem Kunden verstehen.

Allerdings zeichnet sich ein echtes Dialogsystem dadurch aus, dass der Austausch aus Äußerungen zur Eingrenzung und Lösung bestimmter Themen besteht. Das Ziel dieses Systems im Dialog zwischen Mensch und KI-Partner reicht also von der Problemeingrenzung bis zur Problemlösung. Eine solche Art von Austausch manifestiert sich derzeit in Form von Chatbots. Auch hier leistet das DFKI derzeit Pionierarbeit mit dem AI-Institut des weltgrößten Computer- und Smartphone-Herstellers Lenovo. Für den weltweiten Einsatz im Kunden- und Vertriebs-Support entstand in den ersten drei Jahren ein multimodaler und multilingualer Chatbot erst für das Segment Mobiltelefone, seit diesem Jahr für das Segment Laptop und PC.

Damit ist die Frage nach dem „Wann" schon geklärt. Die Frage nach dem „Wo" und „Wer" kann allein die wirksame Innovationskraft des Unternehmens beantworten und damit einhergehend die bestehende Bereitschaft der Belegschaft für permanente Transformation. Der kundenorientierte Blick, neudeutsch Custumer Centered View, behält smarte Produkte mit smarten Services als Ziel fest im Auge.

Kosten für KI-Dialogsystem wachsen abhängig von inhaltlicher Komplexität

Für alle Unternehmen, die den Einsatz von Dialogsystemen in Erwägung ziehen, bedeutet das praktisch: Entwicklungskosten entstehen abhängig von der Komplexität der inhaltlichen Domäne. Deshalb ist hier nicht der Platz für konkrete und zuverlässig zu prognostizierende Zahlen. Die gute Nachricht: Jeder kompetente Anbieter wird zu Beginn einen Workshop durchführen und mit schlanker Machbarkeitsstudie eine Daten- und Prozess-Anamnese durchführen.

Jedes Unternehmen kann also – orientiert an seiner KI-Readiness und darauf aufbauend – eine Investitions- und Zukunftsentscheidung auf Basis verlässlicher Informationen treffen, noch bevor es einen Auftrag vergibt. Die Folgekosten nach Einführung sind gering. Allerdings nur, wenn die entsprechenden Trainings-Daten zur Verfügung stehen, sind Wartung und Anpassung wegen lernender Verfahren im Hintergrund gegeben.

Dr. Aljoscha Burchardt (Foto oben) ist stellvertretender Standortsprecher des Deutschen Forschungszentrums für Künstliche Intelligenz (DFKI) in Berlin und Experte für Sprachtechnologie. Dr. Sven Schmeier ist dort Chief Engineer und stellvertretender Leiter des DFKI-Forschungsbereichs „Speech & Language Technology".

Wirksam wiederbeleben

Die Wirtschaft ist in der Corona-Pandemie fast stillgelegt. Unternehmen müssen beim Hochfahren des Geschäftsbetriebs, dem Ramp-up, unbedingt professionell vorgehen und Risiken abwenden.

© Friso Gentsch / dpa

Die Reanimation mit den eigenen Händen muss sicher sitzen und deshalb gut beherrscht sein, um Risiken zu minimieren. Wer den Rhythmus seines Unternehmens beim Hochfahren nach Krisen dergestalt wiederherstellt, schädigt gewissermaßen auch nicht das Herz der Firma.

Der Lockdown aufgrund der weltweiten Covid-19-Pandemie trifft viele Unternehmen hart. Laut Ifo Institut wird der wirtschaftliche Schaden für Deutschland auf 42 Milliarden Euro pro Woche taxiert. Man spricht von der größten Krise seit dem Zweiten Weltkrieg. Unternehmenslenker stehen vor der Herausforderung, ihre Firmen sicher durch und im Idealfall gestärkt aus der Krise zu führen. Die nachhaltige Krisenbewältigung läuft in drei Phasen ab:

► Das Stabilisieren des Geschäfts steht als Phase eins zuallererst im Vordergrund.

► Das Hochfahren (Ramp-up) des Geschäftsbetriebs wieder zurück auf quasi Normaltemperatur ist zentraler Treiber in Phase zwei.

► Das Integrieren (und Beherzigen) von Lerneffekten für das künftige Tagesgeschäft – mit negativen und positiven Erfahrungen aus der Krisenbewältigung – gehört zur dritten Phase mit Langzeitwirkung.

Obwohl Covid-19 noch nicht beherrschbar ist, planen Unternehmen schon intensiv ein Ramp-up. Beim Hochfahren des Geschäftsbetriebs sind einige Herausforderungen zu bewältigen. Globale Lieferketten sind besonders betroffen, da sich die Pandemie regional unterschiedlich entwickelt und jede staatliche Kraft und/oder Landesregierung individuelle Lockdown-Maßnahmen verabschiedet.

Unternehmen in verschiedenen Ländern sind unterschiedlich stark betroffen und können sich entsprechend schneller oder langsamer erholen. Ein synchrones Hochfahren in alter Struktur ist somit unmöglich. Besonders deutlich wird die wirtschaftliche Herausforderung des Ramp-ups am Beispiel von Autozulieferern (OEM). Beim stufenweisen Hochfahren wird zunächst im Einschichtbetrieb produziert statt wie vorher mit zwei oder drei Schichten. Die von den OEM abgerufenen Volumina werden zunächst keine ausreichende Auslastung der Produktion ermöglichen. Das wird zu einem relativen Kostenanstieg und vermutlich auch zu Verlusten durch den Wegfall von Skaleneffekten führen.

Für Tempo und Erfolg wird entscheidend sein, ob Unternehmen über ausreichend Liquidität verfügen, um sowohl Verluste durch das zunächst geringe Auftragsvolumen zu finanzieren als auch die Vorfinanzierung von Betriebsmitteln für ein künftig höheres Geschäftsniveau sicherzustellen. Es ist davon auszugehen, dass die erste Krisenphase auch durch Bestandsabbau finanziert wurde. Nun sind also zunächst die Lager wieder aufzufüllen. Auch kurzfristig verändertes Konsumentenverhalten stellt die Einkäufer von Einzelhändlern vor die Aufgabe, zu disponierende Mengen richtig zu planen.

Langsam und wellenhaft zurück zum „New Normal"

Langfristig ist das richtige Gefühl für „The New Normal" gefragt. Wie wird sich zum Beispiel das Verhältnis von online zu offline entwickeln? Der weitere Verlauf der Pandemie bleibt unvorhersehbar, auch Dauer und Ausmaß staatlicher Lockdown-Maßnahmen bleiben ungewiss. Nach unserer Einschätzung wird die Rückkehr zum „New Normal" langsam und in Wellen erfolgen.

Dabei ist vermutlich mit Rückschlägen zu rechnen. So werden Lockerungen staatlicher Maßnahmen nur schrittweise erfolgen und regional bei einem Anstieg der Infektionszahlen die Maßnahmen wieder verschärft. Derzeit hört man schon von Unternehmen, die ihren Geschäftsbetrieb hochgefahren hatten, ihn aber nach erneuten Infektionen wieder schließen mussten. Das Ramp-up im instabilen Umfeld wird mit vielen angeschlagenen Akteuren geschehen und ist daher nicht mit den Wachstumsplänen vor Covid-19 zu vergleichen.

Die hohe Komplexität lässt sich nur durch eine ganzheitlich abgestimmte Vorgehensweise bewältigen. Wesentliche operative Maßnahmen zielen dabei auf die Sicherstellung (externer) Lieferketten sowie die Flexibilisierung (interner) Kostenstrukturen ab, um bei einem möglichen Rückschlag das Ergebnis und die Liquidität durch hohe Fixkostenblöcke nicht mehr als nötig zu belasten. Zur Aufrechterhaltung der Lieferketten hat sich die laufende Bewertung erfolgskritischer Lieferanten bewährt, um frühzeitig reagieren zu können.

Rollierender Cashflow Forecast über 13 Wochen als solide Basis

Neben ausreichend vorhandenen Sicherheitsbeständen für kritische Artikel können proaktiv auch Alternativen für Geschäftspartnerschaften gesucht werden. Finanzwirtschaftliche Konzeptbausteine dienen vor allem der Liquiditätssicherung und als Entscheidungshilfe für unterschiedliche Pandemieverläufe. Ein rollierender Cashflow Forecast über 13 Wochen bildet dabei die Basis für die Transparenz über Finanzmittel und die Etablierung einer Cash-Kultur.

Das bedeutet unter anderem, dass Zahlungen nur für geschäftskritische Vorgänge getätigt werden. Darunter fallen auch wachstumsrelevante Investitionen, die seit Beginn der Krise in den meisten Unternehmen komplett eingestellt worden sind. Eine restriktive Ausgabenpolitik

stellt ein starkes Instrument zur Innenfinanzierung des Ramp-up-induzierten Working-Capital-Bedarfs dar. Sollte diese Maßnahme nicht ausreichen, müssen Verhandlungen mit externen Finanzierern geführt werden. Da diese auch großes Interesse am Fortbestehen und wirtschaftlichen Aufschwung ihrer bis dato gesunden Kunden haben sollten, könnten wichtige Finanzierungsbeiträge wie Neukredite, Tilgungsaussetzungen oder Anpassungen der Covenants verhandelt werden.

Zusätzlich sollten die Voraussetzungen für eigene Anträge für die umfangreichen staatlichen Fördermöglichkeiten geprüft werden. Grundsätzlich gilt, die Spielregeln der externen Finanzierer zu kennen und Verhandlungen gut vorzubereiten. Sowohl für finanzwirtschaftliche als auch für operative Entscheidungen liefert letztlich eine auf Geschäftstreibern aufgebaute integrierte Szenario-Planung wichtige Erkenntnisse für das Management. Bei der Auswahl der Szenarien sind neben verschiedenen Intensitäten des Ramp-ups auch Verzögerungen und Rückschläge planerisch zu berücksichtigen und mit Blick auf die Auswirkungen für Liquiditäts- und Kapitalbedarf zu bewerten.

Sicherheit für Liquidität und globale Lieferketten

Dringende Empfehlung für Unternehmer: Das Ramp-up des Geschäftsbetriebs unbedingt professionell planen, um auf alle Eventualitäten vorbereitet zu sein. Dabei umfasst eine holistische Vorgehensweise effektive Maßnahmen und ratsame Handlungsoptionen für das Management, insbesondere um die globalen Lieferketten und die gesicherte Liquidität aufrechtzuerhalten.

Sinnvollerweise koordiniert ein dediziertes Ramp-up Office die maßgeblichen Aktivitäten des Ramp-ups. Darüber hinaus empfiehlt es sich, genaue Berechnungen für mehrere Szenarien anzustellen, um die dynamische Entwicklung vorausschauend zu berücksichtigen, die sich abhängig vom Erfolg in der Bekämpfung der Pandemie ergeben wird. Hierbei sind Szenarien für verschiedene Verläufe genauso in Betracht zu ziehen wie unterschiedliche Taktungen für Lockerungen in Quell- und Absatzmärkten, die für das jeweilige Unternehmen relevant sind.

Das Autorenduo arbeitet für die auf Restrukturierung und Ertragssteigerung spezialisierte und international tätige Beratung Alix Partners GmbH. Managing Director Michael Dorn (Foto links) führt Unternehmen durch Prozesse wie Transformation, Turnaround und Umstrukturierung, während Managing Director Dr. Axel Schulte als Globaler Co-Leiter des Turnaround and Restructuring Teams agiert.

Gefahr ohne Gewinn
Warum Preispolitik zur Chefsache erklärt gehört

Die Preisverhandlung gehört zur Königsdisziplin im Vertrieb. Mit fundiertem Wissen ausgestattet, sollte sie als Herausforderung eigentlich immer mehr geschäftliches Vergnügen als berufliches Leiden bereiten. Trotzdem stöhnen häufig Vertriebsmitarbeiter über den permanenten Druck und die großen Schwierigkeiten, wenn es darum geht, insbesondere Preiserhöhungen umzusetzen oder besser gesagt durchzusetzen. Also was tun?

Überlegene Verhandlungstechnik bei Einkäufern gegenüber Verkäufern

Der heute schon starke Druck auf Preise, soviel steht sicher fest, wird wohl nie wieder nachlassen. Gleichwohl hat sich in vielen Unternehmensführungen als betriebswirtschaftliches Wissen quasi wie Allgemeingut durchgesetzt, dass eher „im Einkauf der halbe Gewinn" zu holen ist, weshalb vor allem die Professionalisierung des Einkaufs vorangetrieben wird. Das hat weitreichende Folgen: Einkäufer erhalten Prämien für Einkaufserfolge, sind gut geschult und deshalb in der Verhandlungstechnik oft Verkäufern haushoch überlegen. Sie erkennen sofort, wenn Verkäufer nervös sind und planlos agieren; dann haben sie leichtes Spiel. Dagegen fürchten Verkäufer das Preisgespräch, lassen sich zu leicht unter Druck setzen und verfügen nicht selten weder über eine Verhandlungsstrategie noch über einen Plan B.

Training für Gespräche – taktisch wie inhaltlich

Preisverhandlungen verlaufen allerdings meist nach einer ähnlichen Dramaturgie. Die Unternehmensleitung tut also gut daran, ihre Verkäufer besser zu qualifizieren und insbesondere für Preisgespräche zu trainieren – taktisch wie inhaltlich. Denn nur wer auf Augenhöhe agiert, wird erfolgreiche Abschlüsse erzielen. Dabei gilt: Verkaufen beginnt erst beim „Nein" des Kunden.

Wenn die Preise keinen Gewinn mehr ermöglichen, ist jedes Unternehmen in existenzieller Gefahr. Keine Zukunft ohne Gewinn – also muss die Preispolitik immer wieder auf den Prüfstand. Analysieren Sie Ihre Preise: Wo verdienen, wo verlieren Sie Geld? Mit allen Kunden, bei denen Sie Geld verlieren, muss Ihr Vertrieb neue Preise verhandeln. Geschäftsbeziehungen, die dauerhaft zu Verlusten führen, sind zu beenden. Wenn es um das Überleben Ihres Unternehmens geht, ergibt es mitunter durchaus Sinn, auch mal „Nein" zu sagen. Für die Zukunft zu lernen bedeutet hier, Antworten auf die Frage zu finden, was zur schlechten Preissituation geführt hat.

Preise erfolgreich zu erhöhen – das geht. Dazu müssen Unternehmen ihre Preiserhöhungen rechtzeitig ankündigen, damit Kunden sich darauf einstellen können. Ob höhere Kosten für Rohstoffe, Energie, Logistik oder Personal – Preiserhöhungen müssen plausibel begründet werden, denn sonst akzeptieren Kunden sie nicht. Sie dürfen Preise nicht mit einem Schlag zu stark anziehen, damit sie beim Kunden keinen spontanen Abwehr-Reflex auslösen.

Erhöhungen sind zudem konsequent zu einem festen Termin einzuführen, etwa dergestalt, dass „unsere Preise für alle Lieferungen ab 01.06.2020 um 2,8 Prozent angepasst werden". Aufgrund der Inflation sind Preisanpassungen jedes Jahr zwingend notwendig. Selbst geringe Erhöhungen sind wichtig und stabilisieren die Margen.

Veränderungen wirken direkt auf den Gewinn

Einkäufer sind auch dazu verpflichtet, in Preisverhandlungen etwas gewinnen zu müssen. Deshalb preisen Sie dies vorher ein. Preisveränderungen wirken direkt auf den Gewinn – im Positiven wie im Negativen. Unternehmer müssen dem Preis-Management eine herausragende Bedeutung beimessen und dies auch organisatorisch abbilden. Deshalb ist Preispolitik klar und deutlich zur Chefsache zu erklären.

Joachim Andrös war selbst Geschäftsführer, Vertriebs- und Marketingdirektor in mittelständischen Unternehmen und versteht sich daher heute als „Unternehmer Berater" insbesondere in professionellem Pricing. Bevor er seine Erfahrungen als Selbstständiger an der Seite von Auftraggebern einbrachte, arbeitete er im Management für namhafte Unternehmen wie Saint Gobain Isover, Jordahl, Halfen oder die Pfleiderer AG.

„Panic first!"

Die Corona-Notfallgesetze haben vielen Unternehmen zwar einen Aufschub verschafft.
Für finanzschwache Marktteilnehmer könnte dennoch ein Insolvenzantrag sinnvoll sein.

Der Gesetzgeber hat am 25. März 2020 eine Flut von Gesetzen zur Abmilderung der negativen Auswirkungen auf die Wirtschaft durch die Coronavirus-Pandemie erlassen, das Corona-Folgen-Abmilderungsgesetz. Eine der zentralen Regelungen dieser Notfallgesetzgebung, die alle fiskalischen Hilfspakete wie Kurzarbeitergeld, Soforthilfen und diverse Kreditprogramme flankieren sollen, stellt das „Covid-19-Insolvenz-Aussetzungsgesetz" dar. Damit ist die Insolvenzantragspflicht ausgesetzt, die normalerweise in Deutschland sehr streng ausgelegt wird. Trotzdem stellen derzeit mehr Unternehmen einen Insolvenzantrag, beantragen ein „Schutzschirmverfahren" oder erwägen dies zumindest öffentlichkeitswirksam wie die Lufthansa.

Die Pflicht zur Insolvenzantragstellung für GmbHs, AGs und ähnliche Kapitalgesellschaften ist nach § 1 „Covid-19-Insolvenz-Aussetzungsgesetz", kurz „COVInsAG", vorerst bis zum 30. September 2020 ausgesetzt. Allerdings besteht die Antragspflicht nach § 15a Insolvenzordnung (InsO) fort, wenn die Insolvenzreife nicht auf negativen Auswirkungen der Covid-19-Pandemie beruht oder wenn keine Aussicht darauf besteht, eine bestehende Zahlungsunfähigkeit zu beseitigen. Dabei wird allerdings vermutet, dass die jeweilige Insolvenzreife auf die Corona-Pandemie zurückgeht, wenn der Schuldner am 31. Dezember 2019 noch nicht zahlungsunfähig war. Auch eine Überschuldung, die nach dem 31. Dezember 2019 nicht zu beseitigen war, führt nicht zum Aufleben der Antragspflicht. Durch § 3 COVInsAG wird das Gläubigerrecht zur Stellung eines Insolvenzantrages massiv eingeschränkt. Die Gläubiger müssen nachweisen, dass schon am 1. März 2020 der Insolvenzgrund vorlag, auf den sie sich berufen. Dieser Nachweis wird jedoch nur im Ausnahmefall gelingen – auch nach dem Willen des Gesetzgebers.

© nito / Fotolia

Die Angst einflößende Fratze der Pandemie sollte Unternehmer nicht lähmen: Ein rechtzeitig gestellter Insolvenzantrag könnte Restrukturierungsmöglichkeiten eröffnen.

Ferner wurde durch das COVInsAG die Haftung der Geschäftsleitung für etwaige Zahlungen, etwa an Geschäftspartner, stark eingeschränkt – selbst bei Vorliegen von Insolvenzgründen. So gelten Zahlungen, die im ordnungsgemäßen Geschäftsgang erfolgen, als vereinbar mit der Sorgfalt eines ordentlichen und gewissenhaften Geschäftsleiters, wie § 2 (1) Nr. 1 COVInsAG zum Ausdruck bringt. Dies betrifft insbesondere Zahlungen, die dem Aufrechterhalten oder dem Wiederaufnehmen des Geschäftsbetriebes oder zum Umsetzen eines Sanierungskonzeptes dienen.

Mit dem Aussetzungsgesetz werden große Teile der sonst gefürchteten Regelungen zur Insolvenzanfechtung außer Kraft gesetzt, wie etwa § 2 (1) Nr. 2 ff. COVInsAG belegt. Vor allem im Hinblick auf die Vergabe von Krediten in der aktuellen Krise dürfte das Risiko einer Anfechtung von Rückzahlungen relativ gering sein. Dies gilt umso mehr, als dass – wohl als Konsequenz aus diversen vom Bundesgerichtshof entwickelten „Kettenvermutungsregeln" – durch das COVInsAG sehr viele Vermutungsregeln zugunsten des Schuldners oder Geschäftsleiters eingeführt wurden.

Antragsteller für Insolvenzverfahren von Esprit bis Galeria Karstadt Kaufhof

Angesichts aller aktuellen Ausnahmeregelungen mit massiven Auswirkungen drängt sich die Frage auf, warum trotzdem schon jetzt zahlreiche Unternehmen einen Insolvenzantrag gestellt haben, darunter auch namhafte wie Galeria Karstadt Kaufhof, Maredo oder Esprit. Selbst Unternehmen, die vor der Krise noch vor Kraft strotzten, erwägen derzeit, ein Insolvenzverfahren zu stellen. So will Lufthansa mit der Einleitung eines Schutzschirmverfahrens der staatlichen Einflussnahme entgehen.

Seltsam: Diese plötzliche Insolvenzaffinität überrascht in Anbetracht der sonst doch stark verbreiteten Angst rund um das „Stigma der Insolvenz". Vermutlich ist den Unternehmensführungen bewusst, dass eine Insolvenz in der aktuellen Krise sich weniger stark auf das Verhältnis zu Geschäftspartnern auswirkt als in normaler Wirtschaftslage. Corona dient also als „perfektes Alibi" für Insolvenzanträge, die eigentlich schon vorher dringend erforderlich gewesen wären, aber als sinnvoller Restrukturierungsschritt nicht gegangen wurden. Die niedrige Zahl von Unternehmensinsolvenzen, die 2019 noch ein erneutes Rekordtief erreichte, war höchstwahrscheinlich der guten Wirtschaftslage der vergangenen Dekade und dem niedrigen Kreditzinsniveau geschuldet. Bei einigen Unternehmen, etwa Vapiano, waren die Grundlagen für eine Insolvenz schon vor Corona gelegt. Die Pandemie hat als quasi letzter Tropfen sozusagen das Fass zum Überlaufen gebracht. Dabei bleibt die oben beschriebene Aussetzung der Antragspflicht nach dem COVInsAG gerade dann versagt, wenn die „Insolvenzreife nicht auf den Folgen der (...) Covid-19-Pandemie beruht oder wenn keine Aussichten darauf bestehen, eine bestehende Zahlungsunfähigkeit zu beseitigen". Hier dienen Insolvenzen letztlich der Marktbereinigung, um „Unternehmenszombies" aus dem Wettbewerb zu nehmen. Aber vielleicht sind in diesen Insolvenzen noch Teile der Unternehmen zu retten.

Vorteile geplanter Sanierung bei Zweifeln an Unternehmensfortführung

Der Schutz der Schuldner und Geschäftsleiter ist allerdings durch das COVInsAG nicht grenzenlos: So gilt die Pflicht zur Aufstellung, Prüfung und Veröffentlichung des Jahresabschlusses nicht als ausgesetzt. Geschäftsleiter müssen die Fortführungsprognose nach § 252 Handelsgesetzbuch (HGB) beurteilen. Vor dem Hintergrund, dass die Aussetzung der Antragspflicht zunächst bis Ende September 2020 gilt – also das Angebot für viele im laufenden Geschäftsjahr endet – und noch nicht klar ist, wie sich die wirtschaftliche Lage weiterentwickelt, sollten Geschäftsleiter schon jetzt abwägen, ob mit Blick auf diverse Szenarien das Unternehmen wird fortbestehen können. Immerhin stehen derzeit die drei Szenarien „V", „U" und „L" zur Diskussion. Sollten Zweifel an Fortführungsperspektiven bestehen, könnte eine (geplante) Insolvenz schon jetzt Vorteile bieten. Die aufgezeigten drei Konstellationen zeigen, dass trotz COVInsAG ein Insolvenzantrag nicht ausgeschlossen, womöglich sogar als Restrukturierungsmöglichkeit sinnvoll sein kann. Getreu der Börsenweisheit „If you panic, panic first!".

Prognose für Pleitewelle ab Herbst ist plausibel

Die Prognose zahlreicher Branchenexperten, die ab Herbst von einer Insolvenzwelle ausgehen, ist plausibel. Denn wenn die Aussetzung der Insolvenzantragspflicht nicht über September hinaus verlängert wird, dürfte die Zahl der Anträge in die Höhe schnellen. Spätestens beim Wiederanfahren der Wirtschaft dürften Verwerfungen sichtbar werden. Die Mittel aus den Hilfsfonds von Bund und Ländern halten nicht ewig vor. Noch gar nicht berücksichtigt sind negative Zukunftsaspekte wie Effekte einer „zweiten Welle" und des dann nicht ausgeschlossenen weiteren Lockdowns.

 Dr. Volker Beissenhirtz ist Rechtsanwalt und Partner der CIC Consultingpartner GmbH und Lehrbeauftragter der FOM Hochschule für Oekonomie und Management. Er bloggt regelmäßig zu Wirtschaftsthemen hier: www.legonomics.de

„Qualifizierte Sanierungsexperten"

Beratungen und Kanzleien treiben ihre Transformation voran, denn auch sie passen sich dem Wandel an. Wie, ermittelt „return" diesmal bei der Kanzlei Stellmach & Bröckers.

Diese Gemeinschaft aus Rechtsanwälten, Wirtschaftsprüfern und Steuerberatern mit Hauptsitz im westfälischen Bocholt ist im Umbruch: „Wir befinden uns im Wandel", sagt mit Heinrich Fritz Stellmach neben Jürgen Bröckers einer der beiden erfahrenen Gründer und verweist als Symbol dafür auf sein Kanzlei-Team „im guten Mix aus einer jüngeren und einer älteren Generation". Der Wandel führt zum Wachstum, belegt der weitere Standort in Düsseldorf. Die Antworten der Gründer zum Fragebogen:

Wann und durch wen wurde Ihre Kanzlei aus der Taufe gehoben?
Die Gründung durch die Rechtsanwälte Heinrich Fritz Stellmach und Jürgen Bröckers geht auf das Jahr 1981 zurück.

Die Zahl der Mitarbeiter und Standorte damals und heute?
Start 1981 mit fünf Mitarbeitern, heute 13 Berufsträger und insgesamt 30 Mitarbeiter an bald fünf Standorten (Bocholt, Düsseldorf, Osnabrück, Krefeld, Hannover).

Welcher Schwerpunkt war anfangs für Ihre Kanzlei bestimmend, wie hat er sich bis heute (weiter-)entwickelt?
Unser Schwerpunkt lag von Anfang an in der Sanierung und Restrukturierung von Unternehmen. Heute sind wir auch Spezialisten für Eigenverwaltungsverfahren.

Welche Ihrer Leistungen werden künftig voraussichtlich verstärkt gefragt sein?
Mandanten mit Eigenverwaltungen und mit dem präventiven Restrukturierungsrahmen vertraut zu machen.

Welche Fähigkeiten müssen Bewerber mitbringen?
Vertiefte rechtliche sowie betriebswirtschaftliche und kaufmännische Kenntnisse inklusive unternehmerisches Gespür.

Löst betriebswirtschaftliches Know-how vielleicht verstärkt das juristische Wissen ab?
Nein! Eine Ablösung wird es nicht geben. Ein moderner Sanierer ist auf beiden Gebieten zu Hause.

© Stellmach & Bröckers

Diese Rechtsanwälte verstärken neben den beiden Gründern die Kanzlei (v. l.): Tim Langstädtler, Dr. Georg Heidemann und Markus Küthe.

Welche Trends beobachten Sie in Ihrer Branche?
Unternehmer und Geschäftsführer zeigen sich aufgeschlossen für notwendige Sanierungsprozesse in Eigenverwaltungen.

Welche Dienste leisten Sie für Unternehmen in der Transformation und haben dafür Referenzen?
Stringentes Kosten-Management, aber eine Sanierung benötigt immer auch eine Vorwärtsstrategie für mehr Absatz, mehr Umsatz und mit Konzentration auf Kernkompetenzen. Unsere Referenz dafür ist die OPW Ingredients GmbH.

Welche Dienste leisten Sie für Turnarounds durch (demnächst präventive) Restrukturierung, Sanierung oder Insolvenzverfahren, wofür Sie auch schon Referenzen haben?
Insofern keine, als dass wir nur als Sanierungsexperten unter Insolvenzschutz tätig sind. Hierfür nennen wir beispielhaft die Blanke Textech GmbH und die ATG Sicherheitsgesellschaft mbH.

Drängt in Transformation oder Turnaround heute die Zeit verstärkt zu frühzeitigem Handeln, und was bedeutet das für Ihre Kanzlei?
Die rechtzeitige Einleitung einer Sanierung ist entscheidend. Die heute höhere Geschwindigkeit in Sanierungsprozessen erfordert für unsere Kanzlei vor allem ein höheres Vorhalten qualifizierter Sanierungsexperten mit mehr flexibler Gestaltung in Zeit und Raum.

Wann ist aus Ihrer Sicht ein schwächelndes Unternehmen wieder nachhaltig zukunftsfähig aufgestellt?

Wenn Führungskräfte und Mitarbeiter motiviert, diszipliniert und leidenschaftlich an einem zeitgemäßen, funktionierenden und renditefähigen Geschäftsmodell weiterarbeiten.

Wenden Sie wissenschaftliche Methoden an?
Ja, das gehört für uns zum Tagesgeschäft: etwa eine betriebswirtschaftlich orientierte SWOT-Analyse, das genaue Berechnen der Fixkosten-Degression, das valide Eruieren der Marktverhältnisse oder das Bewerten der rechtlichen Rahmenbedingungen.

Welche digitalen Tools kommen zum Einsatz?
Einer unserer jungen Berufsträger, von Haus aus Steuerberater, beschäftigt sich schwerpunktmäßig mit Themen wie Data Analytics sowie Rechnungswesen und Digitalisierung.

Welchen Jahresumsatz weisen Sie aus?
Unser Geschäftsmodell ist nachhaltig und sehr erfolgreich.

Welche strategischen Ziele verfolgen Sie?
Stets nach mehr Qualität zu streben und damit durchsetzungsfähig in Sanierung und Restrukturierung zu bleiben.

Die Gründer Heinrich Fritz Stellmach (Foto links) und Jürgen Bröckers entwickeln ihre Kanzlei seit fast 40 Jahren von Bocholt aus weiter – heute mit fünf Standorten in NRW und Niedersachsen. Die beiden Rechtsanwälte – Bröckers seit 1984 auch zum Notar ernannt – sind entsprechend erfahrene Sanierungsexperten für Unternehmen.

Diese Sanierungsberater bringen betriebswirtschaftlich-kaufmännisches Wissen ein (v. l.): Sven Hartke, Cenk Eryilmaz und Christoph Bohn.

© Stellmach & Bröckers

Eilige am Steuer, die auf Autobahnen und anderswo außerhalb von Ortschaften mit 26 Stundenkilometern zu schnell geblitzt werden, verlieren jetzt den Führerschein. Innerorts schon ab 21 statt 30 km/h.

© goldencow_images / Fotolia

Schnelles Fahrverbot droht

Neuregelungen für das Miteinander auf deutschen Straßen verschärfen die Strafen. Vor allem Vielfahrer sollten besser die seit 28. April geltenden Bestimmungen kennen.

Viele Manager sind auf ihre Fahrerlaubnis angewiesen, um mit dem Auto geschäftliche Termine wahrzunehmen. Einige von ihnen dürften erstaunt reagieren, wenn plötzlich der Führerschein für einen Monat eingezogen wird, nachdem ihre Fahrt mit 71 Stundenkilometern geblitzt wurde. Innerorts werden bei Tempo 50 jetzt diese 21 km/h zu schnell schon rigoros geahndet. Vorher waren es noch 30 km/h.

Selbst Vielfahrern ist entgangen, dass sich die Straßenverkehrsordnung seit dem 28. April geändert hat. Deutlich höher fallen seitdem die Bußgelder aus. Wenn ein Umzugswagen etwa zum Ausladen in zweiter Reihe parkt, kostet das statt bisher 20 Euro ab sofort 70 Euro Bußgeld. Der Verkehrssünder erhält zudem einen Eintrag in das Fahreignungsregister.

Deutlich höhere Bußgelder und schnellerer Führerscheinentzug

Die Neuregelungen bringen gravierende Veränderungen, aber nicht alle Verkehrsteilnehmer scheinen gut informiert zu sein. Vermutlich ist diese Nachricht wegen der dominierenden Berichterstattung rund um die Covid-19-Pandemie etwas untergegangen. Man sollte sich schnellstmöglich schlaumachen über die neuen und zum Teil schärferen Vorgaben. Zu den schwerwiegenden Veränderungen gehört

beispielsweise das viel schneller verhängte Fahrverbot. Einen höheren Schutz genießen seither übrigens die Fahrradfahrer. Dagegen sind die Strafen insbesondere für Auto- und Lkw-Fahrer seit Ende April zum Teil drastisch gestiegen.

Wer etwa im Stau durch eine Rettungsgasse für Einsatzfahrzeuge fährt, muss mit einem Strafenpaket von bis zu 320 Euro Bußgeld rechnen, einem Fahrverbot und zwei Punkten in der Verkehrssünder-Datei in Flensburg. Noch schneller erhalten Führerscheininhaber ein Fahrverbot, wenn sie die neuen Gebote und Verbote zur Geschwindigkeitsüberschreitung nicht beherzigen. Früher konnten sie in Ortschaften bis zu 30 km/h zu schnell unterwegs sein, bevor sie ihre Führerscheine für einen Monat abzugeben hatten. Jetzt reichen innerorts schon 21 Stundenkilometer zu viel und außerhalb von Ortschaften schon 26 km/h über der erlaubten Geschwindigkeit, um seine Fahrlizenz zu verlieren.

Im Vergleich zur vorherigen Regelung kann ein Fahrverbot nun schon beim allerersten Verstoß verhängt werden. Deshalb hatte es auch den eingangs erwähnten Manager erwischt, der mit gemessenen 71 Stundenkilometern durch eine Ortschaft fuhr. Die deutlich angezogenen Bußgelder fallen jetzt doppelt so hoch wie früher aus, wenn man bis zu 20 km/h zu schnell unterwegs ist. Im beschriebenen Fall mit den Fahrern der Umzugswagen ist das Bußgeld auf 70 Euro gestiegen, denn sie haben den Verkehr behindert. Immerhin noch 55 Euro hätte das Bußgeld betragen, wenn das Vergehen ohne Verkehrsbehinderung gewertet worden wäre. Zum Vergleich: Für das Parken in zweiter Reihe lag das Bußgeld vor dem 28. April noch bei 20 Euro, fürs unerlaubte Halten bei 15 Euro.

Mindestabstand zu Radfahrern liegt jetzt bei bis zu zwei Metern

Zum Schutz von Fahrradfahrern, Fußgängern und Benutzern von Elektro-Tretrollern war es bisher ausreichend, einen „ausreichenden Seitenabstand" zu halten. Autofahrer müssen ab sofort innerorts einen Mindestabstand von 1,5 Metern und außerorts von zwei Metern einhalten. Künftig beachten motorisierte Fahrer auch besser ein neues Verkehrsschild, das es zum „Überholverbot von Zweirädern" geben wird. Die neuen Schilder sollen speziell an engen Verkehrsstellen aufgestellt werden.

Neue „Fahrradzonen" sind jetzt auch analog zu Tempo-30-Zonen eingeführt. In diesen festgelegten Verkehrsbereichen sind nur noch Fahrradfahrer erlaubt, es sei denn, ein Zusatzschild gibt die Zone zusätzlich für andere Verkehrsteilnehmer frei. Hier gilt dann allerdings auch eine Höchstgeschwindigkeit von 30 Stundenkilometern.

Wer denkt, dass er sich mit einem Radarwarner oder einer Blitzer-App auf seinem Smartphone oder Navigationsgerät vor Strafen schützen kann, sollte bitte beachten, dass diese „Tools" mit der Neuregelung seit 28. April verboten sind. Der Einsatz fällt nun nicht mehr in eine juristische Grauzone wie bisher. Ein Verstoß wird in der Regel mit 75 Euro Bußgeld bestraft; zusätzlich gibt es einen Punkt im Fahreignungsregister. Radiowarnungen dagegen sind weiterhin erlaubt.

Kurzum: Es lohnt sich nicht nur finanziell, sich mit den neuen Regeln der Straßenverkehrsordnung vertraut zu machen. Für Unternehmenslenker sei also dringend empfohlen, den geänderten Bestimmungen auch im eigenen Betrieb zu mehr Bekanntheit zu verhelfen.

Caroline Pluta, Fachanwältin für Arbeitsrecht und Mediation, ist bei der Pluta Rechtsanwalts GmbH für Schwerpunkte wie Arbeitsrecht, Compliance und Datenschutz zuständig.

Neue Art des Arbeitens

Klassische Beschäftigungsformen haben den Zenit überschritten. Neue und individuelle Formen in Kooperation ergänzen oder ersetzen sie. Diesen Wandel beschleunigen Krisen zusätzlich.

Mehr noch als ideologische Programme haben Katastrophen wie Kriege und Umstürze, aber auch Pandemien die erschütterten Gesellschaften bewogen, Ungleichheit und Ungerechtigkeit zu minimieren. Diese Erkenntnis hat Walter Scheidel, Historiker an der Stanford University, auf Basis einer breit angelegten globalen Analyse gewonnen. Er schließt seine Betrachtung mit der Frage: „Gibt es denn keine andere Möglichkeit, derartige Reformen zu initiieren, als auf die Reiter der Apokalypse zu warten?"

Offen ist, ob die Corona-Krise die „Mutter aller Rezessionen" auf den Plan rufen wird, wie ein Wirtschaftsweiser prognostiziert. Auf jeden Fall müsse wohl mit globalen Verwerfungen in Wirtschaft und Gesellschaft gerechnet werden. Antworten als Lösungen auf die Frage, wie mit diesen Verwerfungen umzugehen ist, erfordern aber ein originelles und experimentelles Denken.

Schnell und treffgenau passenden Job finden

Im Zentrum solcher Überlegungen sollten Verfahren stehen, die Arbeitssuchenden schnell und treffgenau jenen Job vermitteln, der passend auf ihre Talente und Motivation zielt. Denn das wäre sinnvoll und wertsteigernd für Gesellschaft und Volkswirtschaft. Diese Art der neuen Arbeitsvermittlung sollte zudem schnell funktionieren. Die gegenwärtigen Sozialsysteme dürfen nicht geflutet und übermäßig belastet werden. Eine weitere Herausforderung an die neue Job-Vermittlung: Da die Pandemie den Prozess der Automatisierung und Digitalisierung beschleunigt, kann das zu weiteren Verwerfungen führen, wenn keine Veränderung in Institutionen und Verhalten greift.

Einzelne Staaten entwickeln nun schon Maßnahmen, die wie ein Probelauf für ein neues Wirtschaftssystem wirken, obwohl sie nur temporär gedacht waren. Im Kern der Hilfsmaßnahmen stehen bislang Maßnahmen der Beschäftigungssicherung wie die Förderung staatlich finanzierter Teilzeitarbeit. Hinzu kommen Einkommensunterstützungen wie Einmalzahlungen oder mögliche Grundeinkommen wie in Spanien. Die Sicherung von Liquidität in Unternehmen auch durch staatliche Beteiligungen ist ein milliardenschweres Instrument. Das Umstellen der Produktion auf das Herstellen von Medizingütern wie beim Autokonzern VW oder bei der Technologie-Unternehmensgruppe Bosch zählt zu den weiteren Stellschrauben der Krisenbewältigung.

Diese Maßnahmen finden statt, während parallel schon seit geraumer Zeit eine heiße Diskussion in Wissenschaft und Öffentlichkeit entbrannt ist: Welche Arbeitplätze werden noch benötigt, wie sehen diese aus und welche Qualifikationen werden hier gebraucht? Die Corona-Krise eröffnet uns jetzt die Chance, die Themen der Arbeitsplatzsicherung und -neugestaltung zusammenzuführen. Diese ganzheitliche Betrachtung ist deshalb wichtig, weil Automatisierung und Digitalisierung durch die Krise einen neuen Schub erhalten: Denn mittlerweile geht es nicht mehr nur um Effizienz, die lange und bisher die Prozess- und Organisationsentwicklung dominierte. Es geht jetzt insbesondere auch um Resilienz. Prozesse, Strukturen und Handlungsstrategien sollen beziehungsweise können auch ohne Menschen funktionieren, zumindest ohne ihre physische Anwesenheit. Das Arbeitsspektrum reicht dabei vom Desinfizieren in Krankenhäusern bis zu komplexen Logistikketten wie in China, wo der erste fast völlig automatisch arbeitende Containerhafen eröffnete.

Taskforces prüfen Arbeitsabläufe neu

Die großen Gewinner der Krise sind Unternehmen, die ihre Geschäftsmodelle und -prozesse digitalisiert haben. Egal ob Amazon oder die Pizzeria an der nächsten Ecke, die ihre Speisekarte auch online anbietet. „Taskforces" tagen zurzeit in vielen Unternehmen, die überlegen, wie Prozesse und Lieferketten unbeeindruckt von Pandemien ablaufen können.

Kurzum: Die Corona-Krise wird die Krise der Arbeit wohl weiter verschärfen. Jedoch wird Arbeit nicht verschwinden, sondern nur anders strukturiert und definiert. Menschliches Tun wird sich von repetitiven Tätigkeiten hin zu komplexen Aufgaben verschieben. Diese Aufgaben sind oft auch spontaner, projektorientierter, zeitlich begrenzter. Im Zentrum der Bewältigung dieser Krise sollte die Reform

des Arbeitsmarktes stehen, der diese neue Art der Arbeit herausbilden und vermitteln kann. Bisher ist dieses Thema trotz des Hypes um New Work erstaunlicherweise vernachlässigt worden. Völlig unverständlich, geht es doch darum, Menschen gemäß ihren Fähigkeiten und Motivation an die richtige Stelle zu vermitteln.

Unternehmen teilen sich künftig Digitalisierungsexperten

Wie könnte eine neue Art der Arbeitsvermittlung ablaufen? Ein Beispiel: Das mittelständische Unternehmen A aus dem Maschinenbau entdeckt in der Krise neue Potenziale digitaler Technologien. Etwa die Möglichkeiten, den Kundendienst mit Fernwartung und Videotechnik effektiver zu gestalten. Das Unternehmen sucht nun kurzfristig, um den Wartungsstau nach der Krise zu bedienen, vor allem Experten, die helfen, diese Technologie umzusetzen. Diese Kräfte sind rar, spezialisierte Berater kann sich das Unternehmen nach dem vorherigen Produktionsausfall nicht leisten.

Das Großunternehmen B hat diese Technologie schon eingeführt und jetzt eine große Zahl seiner Mitarbeiter in Kurzarbeit geschickt. Sie könnten aber Unternehmen A bei der Umsetzung helfen. Umständliche Prozesse wie Arbeitslos-Meldung, Training, Vermittlung, Vertragsverhandlung und mehr wären hier unnötig. Sie könnten direkt von B zu A wechseln. Das Beispiel zeigt den Vorteil einer Lösung außerhalb des traditionellen Arbeitsmarktes, der zudem hohe Kosten wie Abfindung, Suche oder Schulung mit sich bringt sowie psychische Belastungen für Suchende.

Unternehmen B könnte seine Mitarbeiter entsenden oder für eine gewisse Zeit und Aufgabe überlassen. Dafür erhält es von Unternehmen A eine Kompensation. Sollte alles stimmen, könnten Mitarbeiter auch ganz wechseln. Das

Konzept noch weiter gedacht: Unternehmen B lässt seine Mitarbeiter gesellschaftliche Aufgaben übernehmen wie in der Pflege oder der Bildung. Womöglich zusätzlich zur reduzierten Tätigkeit im eigenen Betrieb. Oder Mitarbeiter bekommen ein Stipendium, um eigene Projekte zu realisieren oder Fähigkeiten weiterzuentwickeln.

In den beiden letzten Fällen müssen Anreize, etwa durch staatliche finanzielle Unterstützungen oder eine adaptierte Fiskalpolitik, es dem Unternehmen B ermöglichen, den Mitarbeiter auf seiner Lohnliste zu behalten und diesem zugleich die Möglichkeit zu geben, sich neuen Aufgaben und Zielen zu widmen. Vermittlung oder Matchmaking zwischen Angebot und Nachfrage könnten über eigene Plattformen aufgebaut und von den Sozialpartnern gestützt werden. Architekturen und Technologien für solche Plattformen gibt es schon; sie sind offen gegenüber existierenden staatlichen und privaten Arbeitsvermittlungen und Bildungsinstitutionen.

Das Verfahren ist also technisch einfach umsetzbar, kompatibel zu existierenden Institutionen und gerade in föderalen Strukturen und Verbandslandschaften vorteilhaft. Und mit dieser Art von New Work gehen große Erleichterungen für unsere Sozialsysteme einher, die doppelt negative Effekte aus Digitalisierung und Corona-Krise aushalten müssen.

Ayad Al-Ani (Foto oben) ist Professor für Change Management und Consulting am Einstein Center Digital Future sowie ebenfalls als Lehrender an der School of Public Leadership der Universität Stellenbosch in Südafrika und an der Universität Basel im Bereich Digitale Kultur tätig. Dirk Weigel leitete bei IBM Deutschland das Strategische Outsourcing, war CEO der IBM Aviation Industry Services und verantwortet seit 2017 als Managing Director die weltweiten Geschäftsbeziehungen mit einem Großkunden des Konzerns.

Bücher

Markus H. Dahm, Stefan Thode (Hrsg.)
Im Veränderungsprozess

Bei der digitalen Transformation gehe es als Veränderungsprozess „nur vordergründig um Digitalisierung", heißt es zu diesem Buch. Handlungsempfehlungen für Entscheider haben beide Herausgeber, Prof. Dahm als Organisationsentwicklungsexperte verantwortlich für „Digital Change & Transformation" bei IBM Deutschland und Prof. Thode als BWL-Lehrender der FOM Hochschule in Hamburg für Management, hier zusammengetragen.

398 Seiten, 54,99 Euro, ab August 2020
ISBN 978-3-658-28556-2, Springer Gabler

Frank Thelen
Zur Zukunft

„Dieses Buch wird dich inspirieren", verspricht die Ankündigung des Autors, bekannt als Technologie-Investor, Serien-Gründer und Selbst-Vermarkter. Hier will er Zukunftstechnologien verständlich erklären und -chancen aufzeigen. Oder wie er betont: „Deutschland braucht jetzt dringend eine 10xDNA, um diese Chancen zu ergreifen!" Dies nennt er „Das Mindset der Zukunft" für künftigen Geschäftserfolg.

256 Seiten, 19,99 Euro, seit Mai 2020
ISBN 978-3-982-17640-6, Frank Thelen Media

Erich R. Unkrig
Über Führung

Einen ganzheitlichen Ansatz zur Führung von zukunftsfähigen Unternehmen will mit diesem Buch der Autor bieten, der Manager in marktführenden Firmen war, jetzt Chief Learning Officer ist am Institut für lernfähige Organisationen und Systeme (ILOS) und hier Führungskräfte wie Unternehmen in Transformationsprozessen unterstützt. Er widmet sich den Kompetenzen und Fähigkeiten, die entwickelt und gefördert werden müssen, um (über-)lebensfähig zu bleiben.

365 Seiten, 39,99 Euro, seit Mai 2020
ISBN 978-3-658-28491-6, Springer Gabler

Holger Zimmermann
Für Krisenmeisterer

Der Autor ist Inhaber der Unternehmensberatung „Projektmensch", die bei der Organisationsentwicklung sowie bei der Einführung und nachhaltigen Verankerung praktischen Projekt-Managements unterstützt. Zimmermann widme sich „fast ausschließlich den Themen Strategieumsetzung, Geschäftsmodellentwicklung und großen Wachstumsprojekten" und behandelt im Buch unter anderem Risiken und Ziele.

124 Seiten, 19,90 Euro, seit April 2020
ISBN 978-3-347-04924-6, Tredition

Ulrich Gartner
Mit Kommunikation

„Mit strategischer Kommunikation den Wandel erfolgreich gestalten" lautet der Untertitel dieses Praxis-Leitfadens über die professionelle „Unternehmenskommunikation in Restrukturierungsphasen" nach innen und nach außen. Der Autor ist Inhaber der Beratung Gartner Communications und war vorher unter anderem beim Hausgerätekonzern Electrolux und bei der Netzwerkagentur MS&L tätig.

161 Seiten, 37,99 Euro, seit März 2020
ISBN 978-3-658-28818-1, Springer Gabler

Hermann Simon
Gegen Verschwendung

„Gewinnmaximierung ist das Gegenteil von Verschwendung", sagt der bekannte Unternehmensberater und praxisorientierte Management-Theoretiker mit Bezug zu seinem neuen Buch, das laut „wallstreet-online" wegen seiner Relevanz „jeder Unternehmer lesen muss". Autor und Verlag verstehen das Buch als „Leitfaden für eine am Gewinn orientierte, nachhaltige Unternehmensführung", womit der Titel des klaren und scharfen Analytikers hier selbstverständlich empfohlen ist.

260 Seiten, 34,00 Euro, seit März 2020
ISBN 978-3-593-51230-3, Campus

Neuerscheinung des Monats

Vom richtigen Umgang mit Heimarbeitsplatz-Mitarbeitern

Die psychologische und ökonomische Perspektive aus der Warte von Führungskraft und Unternehmen beim Umgang mit Heimarbeitsplätzen betrachtet dieser kompakte Band aus der Reihe „essentials" mit Erfahrungswerten. Die Autoren sind eine Professorin für Wirtschaftspsychologie, ein Professor für Rechnungswesen und Controlling, ein Berater für Vertrieb und ein Coach für Resilienz – ein guter Mix also.

60 Seiten, 14,99 Euro, seit Mai 2020,
ISBN 978-3-658-30052-4, Springer Gabler
www.springerprofessional.de/link/17976614

Newsletter zu „return"

Das Portal springerprofessional.de bietet zahlreiche deutsch- und englischsprachige Online-Newsletter zu insgesamt 20 Fachgebieten. Dieses Informationsangebot ist kostenfrei. Das Angebot reicht von „Automobil + Motoren" über „Business IT + Informatik" bis „Management + Führung". Die Themen rund um Inhalte, die auch für „return" relevant sind, greift der Online-Newsletter „Transformation + Turnaround" auf. Kostenfrei registrieren können sich interessierte Leser unter:
www.springerprofessional.de/link/6630158

Empfehlung des Monats

Einfache und nützliche Patentsuche in Millionen Quellen

Dieses neue Angebot verknüpft KI-basiert englischsprachige Fachliteratur mit weltweiten Patenten und lässt so schnell und einfach Relevantes finden. „PatentFit" garantiert eine intuitive Suche in der digitalen Fachbibliothek springerprofessional.de mit rund einer Million Zeitschriftenartikeln, Buchkapiteln, aktuellen Fachbeiträgen und gleicht die Literatur mit 120 Millionen Patenten weltweit ab, die der Münchner Software-Entwickler Dennemeyer Octimine vorhält. Studien belegen, dass ein Großteil des geschriebenen technischen Wissens zuerst in Patenten veröffentlicht wird oder ausschließlich dort zu finden ist. Bislang war dieses Wissen vor allem Patentexperten vorbehalten.

Die Verknüpfung inspiriert in der Forschung und Entwicklung von Unternehmen, lässt mithilfe interaktiver Grafiken auch Märkte gezielt analysieren, Wettbewerber erkennen und bestehende Lösungen identifizieren. Fehlinvestitionen und Patentverletzungen sind damit zu vermeiden.

www.springerprofessional.de/link/17969938

Springer Professional

Unser Wissensportal Springer Professional

Dieses Wissensportal bündelt Fachgebiete aus Wirtschaft und Technik. Über www.return-online.de und die Verlinkung dorthin zeigt sich auch der Online-Auftritt dieser Zeitschrift mit aktuellen Informationen, Beiträgen, Empfehlungen, Literatur und einem kostenlos bestellbaren Online-Newsletter zu Themen rund um Transformation und Turnaround.

Auf unserer Landing Page unter springerprofessional.de sind zudem das Online-Archiv, die Mediadaten oder der Kontakt zur Redaktion von „return" zu finden. Hier können das Print-Magazin und das E-Magazin abonniert werden, in denen Hinweise stehen auf weiterführende und frei zugängliche Beiträge unter springerprofessional.de. In Fachbeiträgen enthalten sind außerdem Empfehlungen der Redaktion aus Zeitschriften und Büchern wie in diesem regelmäßig veröffentlichten Kasten „Springer Professional", die mit dem Zeitschriften- und/oder Voll-Abonnement frei abrufbar sind.

Kurzanleitung zur Registrierung für den Zugriff auf alle Beiträge aus „return" in digitaler Fassung aus dem Online-Archiv und im E-Magazin:

1. www.springerprofessional.de/register
2. Eingabe der persönlichen Kontaktdaten
3. Passwort festlegen
4. Registrierung absenden
5. Sie erhalten eine Bestätigungs-Mail des Verlages. Klicken Sie auf den Link in der E-Mail, um sich für Springer Professional freizuschalten.

Nach der Registrierung loggen Sie sich unter **www.springer professional.de/login** ein. Bei Problemen können Sie sich wenden an **support@springerprofessional.de**. Zum Voll-Abonnement von Springer Professional geht es unter **www.springer professional.de/bestellung**.

Disruption durch Corona
Wie das gefährliche Virus die Digitalisierung beschleunigt

Ein Ende der Corona-Pandemie ist nicht abzusehen. Die weltweite Infektionskrankheit wird Ärzte, Pfleger, Politiker und Unternehmen noch Monate, wenn nicht Jahre beschäftigen. In der deutschen Wirtschaft sind besonders die Automobilindustrie, der Freizeitsektor, die Gastronomie und die Touristik betroffen. Unternehmen aus diesen Branchen brechen die Einnahmen weg. Das werden sie auch bei den eingeleiteten Lockerungen nicht oder nur teilweise nachholen können. Hoffnung nähren zwar die Hilfsprogramme der Bundesregierung. Doch dadurch werden nicht alle Betriebe gerettet werden können. Als „insolvenzgefährdet" gelten allein 70.000 Hotel- und Gastronomiebetriebe laut Branchenverband.

Die große Insolvenzwelle dürfte spätestens im Oktober einsetzen. Denn der Bundestag hat beschlossen, dass die Pflicht, bei Zahlungsunfähigkeit einen Insolvenzantrag zu stellen, bis zum 30. September ausgesetzt ist. Bis dahin ist der Insolvenzantrag quasi gestundet. Die Aussetzung gilt aber nur für Unternehmen, die durch die Corona-Pandemie in Schwierigkeiten geraten sind. Zudem muss eine „begründete Aussicht auf Sanierung" bestehen. Das Unternehmen muss nachweisen, einen Antrag auf öffentliche Hilfen gestellt zu haben oder anderweitig ernsthafte Finanzierungs- oder Sanierungsverhandlungen zu führen.

Nur Digitalunternehmen können sich abkoppeln

Doch auch alle anderen Unternehmen, die nicht zu den gefährdeten Branchen gehören, werden von der Corona-Krise tangiert. Die Gesamtwirtschaft wird erst einmal nicht wachsen, sondern schrumpfen. Davon abkoppeln dürften sich nur Unternehmen, die die Digitalisierung vorantreiben: Betriebe, die ihre Produkte im Internet anbieten, die anderen Unternehmen bei der Virtualisierung ihrer präsentierten Angebote helfen sowie die digitale Kommunikations- oder Bezahllösungen ermöglichen. Corona sorgt für Disruption und beschleunigt damit die Digitalisierung.

Unternehmer, die Lehren aus der Krise ziehen, kommen an der ehrlichen Beantwortung von Fragen wie den folgenden nicht vorbei: Warum sollte ein Betrieb noch ein lokales Ladengeschäft betreiben, wenn sich die Produkte im Internet überall verkaufen lassen? Warum sind ganztägige Geschäftsreisen notwendig, wenn Gespräche auch in kompakten Videokonferenzen abgehalten werden können? Warum müssen alle Mitarbeiter ins Büro oder in die Fabrikhalle kommen, wenn sich die Produktionssteuerung aus dem heimischen Arbeitszimmer erledigen lässt? Warum muss eine Rechnung per Brief versandt werden, wenn sie elektronisch schneller zum Zahler kommt? Warum sollten Bürger noch Banknoten herumtragen, wenn sie einfacher per Karte oder Handy bezahlen können?

Teil der Kontakte wandert ins Netz

Alte Gewohnheiten werden nicht nur in der Corona-Krise, sondern auch danach abgelegt werden. Sicherlich werden nicht sämtliche persönlichen Kontakte ins Netz wandern, aber Unternehmen und Kunden werden sehr genau überlegen, wann reale Begegnungen tatsächlich notwendig sind und Mehrwert schaffen. Darauf müssen sich alle Unternehmen einstellen. Sie müssen ihre Arbeitsprozesse und -organisation digitalisieren. Sie müssen ihre Produkte nicht nur real, sondern auch virtuell anbieten. Sie müssen ihren Kunden eine Auswahl an Zahlungsmöglichkeiten geben. Sie müssen ihren Mitarbeitern die Chance geben, nicht nur im Unternehmen zu arbeiten.

Wenn dieser Wandel gelingt, dann hat die Corona-Pandemie auch ihre guten Seiten. Dann hilft sie mit dem Digitalisierungsschub, neue Bedürfnisse von Kunden und Mitarbeitern zu erfüllen und zugleich die knappen Ressourcen zu schonen. Digitale Arbeitsprozesse sind künftig nicht die Ausnahme, sondern sie werden zum Standard.

Stefanie Burgmaier ist Herausgeberin von „return" und als Geschäftsführerin der Springer Fachmedien Wiesbaden GmbH unter anderem für alle Portale, Magazine und Events des Verlages im Bereich Professional verantwortlich.

Statt Infohäppchen …

… vernetztes Wissen!

Vorschau 04/20

Die nächste Ausgabe von „return – Magazin für Transformation und Turnaround" erscheint am 13. August 2020.

▶ Schwerpunkt „Unternehmer und Berater mit beiderseitigem Gewinn": Titelreport – Porträt – Interview – Auslandsberichte – Gastbeiträge

▶ Start & Szene: Meldungen – Personalien – Kabarettisten-Kolumne

▶ Menschen & Unternehmen: Firmenprofil – Gründerszene – Digitales – Kontrovers

▶ Hintergrund & Wissen: Trendscouting für Innovationen – Zeitgemäßes Controlling – Serie „Beratungen und Kanzleien im Wandel" – Know-how in Betriebswirtschaft & Recht

Schwerpunkt: Unternehmer + Berater = Win-win

© Robert Kneschke / Fotolia

Impressum

„return – Magazin für Transformation und Turnaround"
www.springerprofessional.de
www.return-online.de
Ausgabe 3 | 2020, 07. Jahrgang
ISSN (Print) 2199-8841
ISSN (Online) 2520-8187

Verlag
Springer Gabler
Springer Fachmedien Wiesbaden GmbH
Abraham-Lincoln-Str. 46
65189 Wiesbaden
Die Springer Fachmedien Wiesbaden GmbH ist Teil der Fachverlagsgruppe Springer Nature

Geschäftsführer
Stefanie Burgmaier | Joachim Krieger | Juliane Ritt

Redaktion
Herausgeber:
Stefanie Burgmaier |
Prof. Hans Haarmeyer

Teamleitung Managementzeitschriften:
Anja Schüür-Langkau

Chefredakteur
(verantwortlich für den redaktionellen Inhalt):
Thorsten Garber
Am Stierksken 18
59379 Selm-Cappenberg
Tel.: +49 (0)2306 75 74 99
thorsten.garber@springernature.com

Redaktionelle Mitarbeiter dieser Ausgabe:
Dr. Ingo Adler, Joachim Andrös, Francois Baumgartner, Britta Behrendt, Dr. Volker Beissenhirtz, Jürgen Bröckers, Claudia Bröll, Robert Buchalik, Dr. Aljoscha Burchardt, Alexander Busch, Michael Dorn, Dr. Andreas Fröhlich, Prof. Oskar Grün, Walter Haas, Peter Hanser, Dr. Stephan Hermanutz, Chin Meyer, Dr. Daniel Ketzer, Jürgen Kopfmüller, Anja Kühner, Caroline Pluta, Thomas Roser, Martina Rühm, Dr. Sven Schmeier, Heinrich Fritz Stellmach, Dr. Axel Schulte, Reiner Wandler, Alexander Welscher

Titelfoto
© Eric Isselée / Fotolia

Anzeigen, Marketing, Produktion
Leiter Media Sales:
Volker Hesedenz

Leiter Vertrieb + Marketing:
Jens Fischer

Gesamtleitung Produktion:
Ulrike Drechsler

Verkaufsleitung (verantwortlich für den Anzeigenteil):
Eva Hanenberg
Tel.: +49 (0)611 7878-226
Fax: +49 (0)611 7878-430
E-Mail: eva.hanenberg@springer.com

Anzeigendisposition:
Leonida Fischer
Tel.: +49 (0)611 7878 148
E-Mail: leonida.fischer@springer.com

Anzeigenpreise:
Es gelten die Mediadaten von Oktober 2019.

Produktmanagement:
Britta Rossbach
Tel.: +49 (0)611 7878-271
E-Mail: britta.rossbach@springer.com

Satz, Layout und Produktion
Iris Conradi

Alle angegebenen Personen sind, soweit nicht ausdrücklich angegeben, postalisch unter der Adresse des Verlags erreichbar.

Sonderdrucke
Anja Trabusch
E-Mail: anja.trabusch@springernature.com
Tel.: +49 (0)611 7878 298

Leserservice
Springer Customer Service Center GmbH
Springer Gabler Service
Tiergartenstr 15, 69126 Heidelberg
Tel.: +49 (0)6221 345-4303
Fax: +49 (0)6221 345-4229
Montag – Freitag 8.00 Uhr – 18.00 Uhr
E-Mail: springergabler-service@springer.com

Druck
Kliemo Printing AG,
Hütte 33,
B-4700 Eupen, Belgien

Fachbeirat
Dr. Utz Brömmekamp, Buchalik Brömmekamp Rechtsanwaltsgesellschaft; Udo Doetsch, Sparkasse Duisburg; Prof. Dr. Roland Eckert, FOM Hochschule für Oekonomie & Management im Hochschulzentrum Düsseldorf; Prof. Dr. Christian Gärtner, Wiesbaden Business School, Hochschule Rhein-Main; Carl-Jan von der Goltz, Maturus Finance; Dr. Ulrich Hermann, Heidelberger Druckmaschinen AG; Prof. Dr. Michael Jünger, Technische Hochschule Ingolstadt; Michael Pluta, Pluta Rechtsanwalt; Uwe Rotermund, Noventum Consulting; Heinrich Fritz Stellmach, Stellmach & Bröckers Rechtsanwälte, Wirtschaftsprüfer, Steuerberater

Bezugsmöglichkeiten
Das Heft erscheint sechsmal jährlich. Bezugsmöglichkeiten und Details zu den Abonnementbedingungen finden Sie unter www.mein-fachwissen.de/return Alle Rechte vorbehalten.

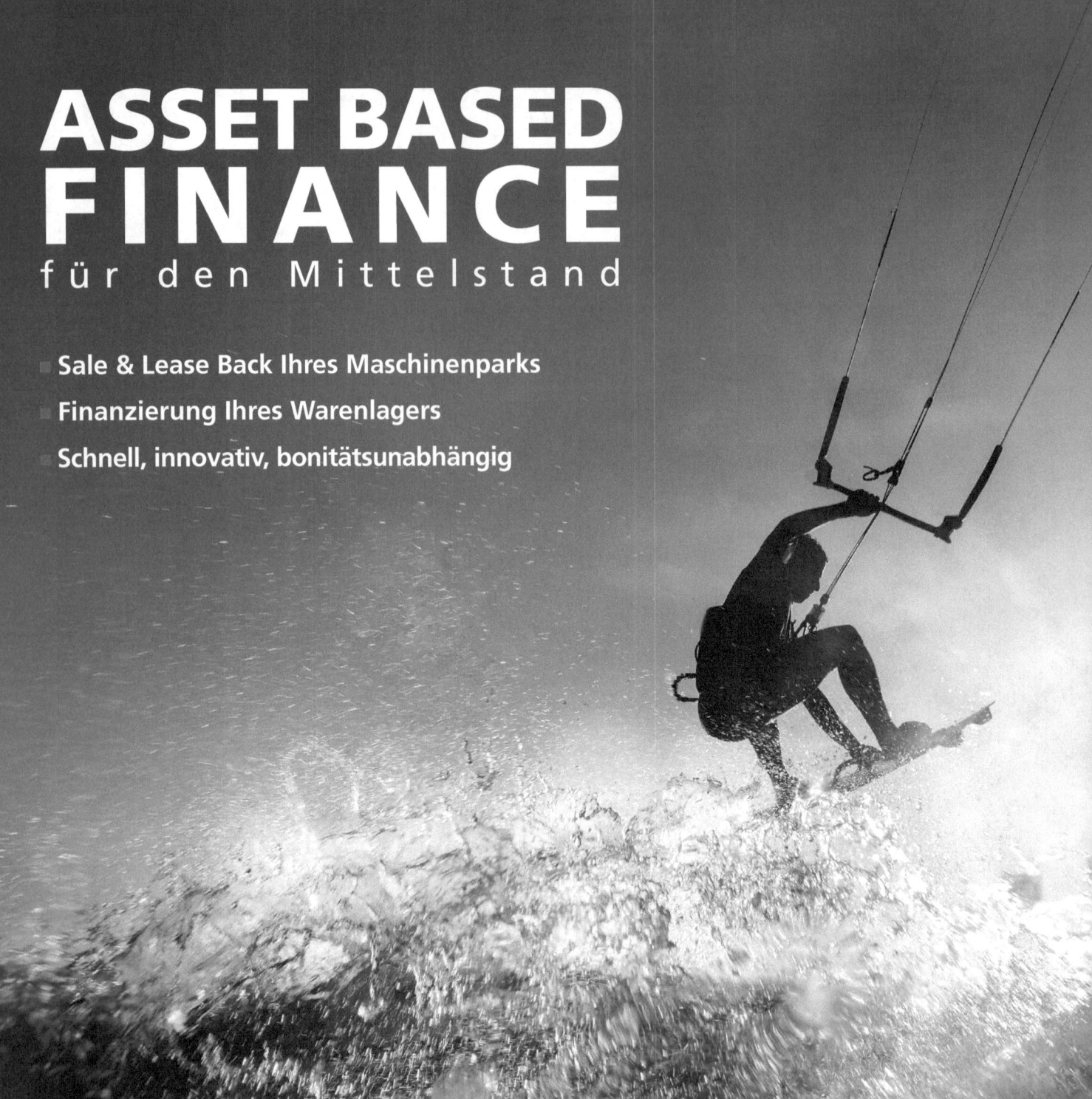

Vorsorgevertraute

Unsere Frage „Unternehmer und ihre Berater – eine Win-win-Situation?", die wir im Schwerpunkt dieser Ausgabe stellen, ist auch einfach zu beantworten: Entweder externe Experten helfen, Kosten zu senken oder Erlöse zu steigern. Etwa für Manager mit „pragmatischem Zugang", wie kürzlich in der Kolumne des Mediendienstes „Kress" unter der Überschrift „Ratgeber oder Schaumschläger?" über „die oft komplizierte Beziehung" zu lesen war. Zum ambivalenten Verhältnis beider Seiten zeichnen unsere Recherche-Ergebnisse ein vielschichtiges Bild, liebe Leserin und lieber Leser. Allein in den Auslandsberichten reicht das Spektrum von Consultants in Afrika, die engagierten Entwicklungshelfern ähneln, bis zu Insolvenzverwaltern in Lettland, die ein mutmaßliches Mordopfer beklagen.

Ohne Rat und Tat regiert jedoch Stillstand statt Fortschritt. Regelmäßige Impulse von außen sind wichtig, mitunter überlebenswichtig. Entsprechend gut geht das Geschäft für Unternehmensberater, deren Umsatz im vergangenen Jahr weiter wuchs auf mehr als 35 Milliarden Euro. Nur kein Neid. Hier wird erhöhter Bedarf bedient, denn heute gehören Transformationen und Turnarounds zum Tagwerk jeder Unternehmensführung.

Insbesondere in Krisen sollten Auftraggeber und Auftragnehmer unter Druck eine Gemeinschaft bilden, die zusammen den „Point of Return" erreicht. Akut ist Rat speziell in der Digitalisierung der Wertschöpfungskette inklusive Geschäftsmodell gefragt. Hier steigt der Druck von Kundenseite, konstatiert Marktforscher Jonas Lünendonk, weil Firmenchefs durch Datenanalysen „umfassender und früher Erkentnisse und Lösungsvorschläge" generieren wollen. Richtiges Raten hat dabei nichts mit Glückstreffern gemein, sondern bedeutet auch sprachgeschichtlich dem Ursprung nach: Vorsorge treffen. Vorausschauend vorbereitet und folgerichtig verwirklicht gelingt dies mit Vorsorgevertrauten in der Regel besser.

Hermann Simon, der Gewinnorientierung als Lebensversicherung fordert (S. 58), bringt im Buch „Geistreiches für Manager" auf den Punkt: „Guter Rat ist teuer. Schlechter auch." Keiner auch, sei seine Erkenntnis um die Empfehlung ergänzt, regelmäßig Anregung einzuholen. Forscher Alfred Kieser sieht bei Ratsuchenden zwar „Wellen der Verunsicherung", aber den Aufbau eigener Beratungen in Unternehmen kritisch, weil damit die Gefahr einhergehe „bestehende Lösungen zu verfestigen". Mit System die Qualität zu prüfen und die Auswahl zu treffen, „legt die Basis dafür, dass Beratung nur Gewinner schafft", betonen die Verbandschefs Joachim Berendt und Boje Dohrn. Dem Berater der Wahl mit Respekt und Vertrauen zu begegnen, schreibt BDU-Präsident Ralf Strehlau jedem Unternehmer und Manager ins Stammbuch. Sebastian Seutter von Microsoft, der Industriekunden begleitet, nennt im großen Interview unter anderem drei Gründe für Gewinn auf beiden Seiten: „Unternehmer kaufen Kompetenz, es fehlen Kapazitäten oder sie wollen einen Partner, der Erfolge wie Niederlagen gemeinsam schultert." Richtig so!

Ihr

Thorsten Garber

Thorsten Garber
Chefredakteur return / thorsten.garber@springernature.com

Inhalt

return 04/20

Unter Strom

40 CEO Michael Lohscheller will den Autoblitz aufpolieren

Unter Beobachtung

54 Trends unter die Lupe nehmen Marktorientierte ganz genau

Start & Szene

Interview

„Humor rettet nicht das wegfallende Geschäft, aber hilft gegen Hysterie"

Humor-Expertin und -Trainerin Eva Ullmann wirbt für dieses Instrument bei jeder Führungskraft und veröffentlicht demnächst dazu eigens ein Buch als Anleitung gerade in Krisenzeiten.

© Deutsches Institut für Humor

Frau Ullmann, bald erscheint mit „Humor ist Chefsache" Ihr erstes Buch für Führungskräfte. Ist Humor erlernbare Technik oder eher Haltung?
Eva Ullmann: Beides. Man kann Humortechniken wie Umdeutungen oder Übertreibung heute gut beschreiben. Humor ist auch eine Haltung gegenüber seinen Mitarbeitern. Humor ist die Fähigkeit zur heiteren Gelassenheit.

Welche Instrumente trainieren Sie mit Chefs besonders?
Wir trainieren mit Führungskräften vor allem ihre Fähigkeit, schnell und schlagfertig die Perspektive zu wechseln.

Wirkt Humor in Krisen wie der aktuellen als Gegenmittel?
Zu Zeiten der ersten Schockstarre gab es viel Humor, um nicht völlig hilflos zu wirken. Humor rettet nicht das wegfallende Geschäft, aber hilft gegen Hysterie. Humor gibt uns für den Moment eine Distanz zum Problem. Und wenn man sein Team in die Kurzarbeit oder aus der Distanz führen muss, also nicht jeden Morgen die Mannschaft kurz zusammenrufen kann, ist Humor durchaus ein hilfreicher Begleiter. Sogar oder gerade in Krisen.

Welche Vorteile bringt Humor der Unternehmensführung?
Humor erhöht Aufmerksamkeit, hält Mitarbeitende gesund, senkt Krankentage und erhöht den Return on Investment. Durch klugen Einsatz lassen sich Verkäufe steigern. Ritter Sport kann zum Beispiel durch witzige Werbung gut mit großen Schokoladenkonzernen mithalten und hat auch damit eine Markenbekanntheit von 98 Prozent erreicht – gestützt und ungestützt!

Humor sorge für Konzentration, behauptet ein Transformationsberater der BMW Group. Wie ist das zu verstehen?
Humor verändert sofort und signifikant die Aufmerksamkeit. Lachen verschafft Zeit zum Atemholen und zur Kurzentspannung, danach schnellt die Konzentration nach oben. Humor verhindert Langeweile und Unaufmerksamkeit in schnarchigen Veranstaltungen. Wenn Chefs zwischen wertschätzendem und beschämendem Humor unterscheiden können, ist das hilfreich in Transformationsprozessen. Fällt einem Mitarbeiter in einer Besprechung ein Glas Wasser runter, scherzt die Führungskraft wohlwollend: „Sie können ja gut loslassen. Dafür muss ich jede Woche zum Yoga." Alle lachen, auch der Mitarbeiter. Wer mit Humor Widerstände überwindet und Ängste begleitet, hat auch in schwierigen Veränderungsprozessen ein mächtiges Instrument zur Hand.

Die Fragen an Eva Ullmann stellte Thorsten Garber schriftlich.

Trotz Kunden wie Volkswagen, Porsche oder Mercedes
BBS: Dritter Insolvenzantrag in 13 Jahren
Die BBS GmbH hat nach 2007 und 2011 zum dritten Mal einen Insolvenzverfahren-Antrag gestellt. Die Schieflage mit drohender Zahlungsunfähigkeit gehe auf das schwierige Marktumfeld im Automobilsektor zurück, heißt es über den 1970 gegründeten Felgen-Hersteller. Insgesamt seien 525 Mitarbeiter betroffen, die Gehälter aber durchs Insolvenzgeld gesichert. Die Produktion soll weiterlaufen.
www.bbs.com

Trotz anonymer Warnhinweise und frühen Insider-Wissens
Wirecard: Bilanzskandal und Prüferkritik
Nachdem der Vorstand der Wirecard AG den Antrag auf Eröffnung eines Insolvenzverfahrens gestellt hat, übertreffen sich die Negativ-Schlagzeilen zum Finanzdienstleister aus München mit weltweit rund 5.800 Mitarbeitern. Beschäftigte, Anleger, Gläubiger fürchten um Verlust und Existenz. Die Prüfungsgesellschaft EY geht jetzt von schwerer Kriminalität aus, steht aber für ältere Testate selbst in der Kritik.
www.wirecard.com

Andere Lage und Aussichten
Umfragewerte aus März und Juni 2020

	März 2020	Juni 2020

Sanierungsberater

Aktuelle Geschäftslage — März 2020: 11, 40, 49 — Juni 2020: 29, 31, 40

Geschäftsaussichten für die kommenden sechs Monate — März 2020: 15, 27, 58 — Juni 2020: 15, 29, 56

HR-Berater

Aktuelle Geschäftslage — März 2020: 6, 21, 73 — Juni 2020: 15, 50, 35

Geschäftsaussichten für die kommenden sechs Monate — März 2020: 8, 21, 71 — Juni 2020: 20, 30, 50

■ gut (über Budget)   ■ zufriedenstellend   ■ schlecht (unter Budget)

Quelle: Bundesverband Deutscher Unternehmensberater e. V. (BDU)

Verkehrte Welten: Während bei Sanierern der Wert für die aktuell gute Geschäfslage sank, stieg er bei den HR-Beratern.

Geschäftsklima-Befragung
Sanierungs- und HR-Berater erleben entgegengesetzte Wetterlage

Die Ergebnisse der Geschäftsklima-Befragung unter den Mitgliedern des Bundesverbands Deutscher Unternehmensberatung (BDU) spiegeln in der Tendenz zum Teil auch die Lage in beauftragenden Unternehmen des Mittelstands wider. Zwei der insgesamt sieben Berater-Gruppen sei dafür hier besondere Aufmerksamkeit geschenkt: Die Sanierungsberater und HR-Berater gegenübergestellt, ergibt sich aus den Erhebungen in Dezember, März, Mai und Juni beispielsweise ein „gut" für die aktuelle Geschäftslage erst mit einem Anteil von 54 Prozent (HR nur 37 %), dann 40 (6) und 33 (4) sowie zuletzt 31 bzw. 15 Prozent.

Während es also bei den HR-Beratern wie Coaches langsam wieder bergauf zu gehen scheint, halten immer weniger Befragte unter den Sanierungsberatern die Geschäftslage für aussichtsreich. Wie der BDU jüngst erklärte, sinke der Geschäftsklimawert in der Sanierungsberatung durch die ausgesetzte Insolvenzantragspflicht, aber besonders zweitgenannte Gruppe zeige sich „wieder deutlich optimistischer". Jeder Zweite der HRler erwarte in den kommenden sechs Monaten „nochmals verbesserte Geschäftsaussichten".
www.bdu.de

Promerit-Prognose
Bedarf an Beratung in Unternehmen wird weiter wachsen – auch in Restrukturierung

Als eine Konsequenz aus den negativen Auswirkungen der Corona-Krise auf die Wirtschaft wird der Bedarf an Beratung in Unternehmen steigen. Das prognostiziert Kai Anderson (Foto links), Partner des Consulting-Unternehmens Promerit, das zu Mercer gehört.

Anderson, der als Organisationsentwickler auch Entscheider bei der Transformation ihrer Unternehmen begleitet, sagt Zuwachs für Spezialisten für Onshoring, M&A und Restrukturierung sowie für Personalberater voraus. Das Onshoring zur Verlagerung von Wertschöpfungsteilen zurück ins Inland sei naheliegend, weil die Corona-Krise die Nachteile globaler Arbeitsteilung aufgedeckt habe, wenn etwa nur China noch Artikel wie Atemschutzmasken produziere. Restrukturierungen zur Kostensenkung und Prozessbescheunigung dienten Unternehmen dazu, sich besser aufzustellen. Der Beratungsmarkt sei schon seit der Finanzkrise 2008/2009 im Schnitt um acht Prozent pro anno gewachsen, so Anderson, und „Deutschland einer der größten Beratungsmärkte". Von Consulting-Erfolgen wie Arbeitsteilung bis Verschlankung würden alle profitieren.
www.springerprofessional.de/link/18004674

Lünendonk-Liste
Transformation und Turnarounds sind wesentliche Treiber für Industrie-Service

Die Top 20 Industrie-Service-Unternehmen sind im Jahr 2019 in Deutschland durchschnittlich um 6,4 Prozent gewachsen. Dieses Ergebnis enthält die neue Lünendonk-Liste des Marktforschungs- und Beratungsunternehmens von Jonas Lünendonk (Foto links) und Jörg Hossenfelder zu den führenden Industrie-Dienstleistern.

Danach erzielen diese Unternehmen trotz schwacher wirtschaftlicher Rahmendaten schon im zweiten Jahr in Folge überdurchschnittlich hohes Wachstum. Als „wesentliche Wachstumstreiber" genannt sind in der Auswertung unter anderem „gehäufte Turnarounds" und „die CO_2-neutrale Transformation der Industrie".
Doch „der Corona-Effekt wirkt sich wesentlich auf den Industrie-Service-Markt aus", heißt es vorab in der Studie, die als Langfassung im August erscheint: „Reisebeschränkungen, Verschiebungen von bereits geplanten Anlagenstillständen und Projektabsagen sowie Zutrittsbeschränkungen zu Produktionsstandorten haben in den Monaten März bis Juni 2020 zu etwa zehn Prozent Umsatzrückgang gegenüber den Planwerten der führenden Dienstleister geführt." Für das 2. Halbjahr erwarten die Firmen weitere Rückgänge.
www.luenendonk.de

Unternehmenskredite
Für frisches Geld und sichere Liquidität bei Banken nicht im Regen stehen

Immer mehr Unternehmen seien zur Aufnahme von Geld gezwungen, um ihre Liquidität zu sichern. Diesen wirtschaftlichen Folgen der Corona-Krise widmet sich Daniel Schopphoff als Experte für Kreditwesen und die Unternehmensplanung. Wie das Bankengespräch zum Erfolg führt, also trotz Krise doch Kredite fließen, erklärt der promovierte Betriebswirt in fünf Schritten. Aufrichtigkeit gegenüber dem Banker mit offener und ehrlicher Kommunikation helfe beispielsweise beim Aufbau eines Vertrauensverhältnisses. Eigeninitiative stoße auf Wertschätzung und verschaffe eine bessere Verhandlungsposition, um Herr des Handels zu bleiben. Eine realistische, positive Perspektive für die Zeit nach der Krise sei zudem aufzuzeigen, um Kapitaldienstfähigkeit zu beweisen.
www.springerprofessional.de/link/18090790

Unternehmensbilanzen
Mit starker Gewinn-und-Verlust-Rechnung ohne Rettungsschirm die Krise meistern

Die mittelständische Wirtschaft in Deutschland ist bilanziell gut gerüstet, konstatiert der Bundesverband der Deutschen Volksbanken und Raiffeisenbanken (BVR) bei Veröffentlichung seiner Studie „Mittelstand im Mittelpunkt" und hatte dafür mehr als 1.500 Inhaber und Geschäftsführer befragt. Zudem wurden die Jahresabschlüsse von Firmenkunden ausgewertet, die für Kreditanträge zwischen 2001 und 2018 eingereicht wurden, sodass insgesamt rund 2,3 Millionen Abschlüsse erfasst waren. Die Auswertung für 2018 zeige, dass sich die Bilanzqualität verbessert habe: Die durchschnittliche Eigenkapitalquote stieg von 26,9 auf 27,4 Prozent. Der Bilanzqualitätsindex lag mit 126,8 Punkten nur knapp unter dem historischen Höchstwert von 130,1 Punkten aus 2016.
www.springerprofessional.de/link/18106186

Siemens und Bosch berufen Judith Wiese und Filiz Albrecht

Zwei Frauen in Funktionen namhafter Unternehmensführungen: Der Aufsichtsrat der Siemens AG hat zum 1. Oktober Judith Wiese (Foto links) zum Mitglied des Vorstands bestellt. Sie übernimmt als globale Leitung das Personalressort, fungiert als Arbeitsdirektorin und führt den Bereich Gobal Business Services, der unter anderem Personaldienste oder Abrechnungswesen übernimmt. Sie war zuvor beim niederländischen Unternehmen DMS und US-Konzern Mars. Filiz Albrecht (Foto rechts) steigt zum 1. Januar 2021 als Geschäftsführerin und Arbeitsdirektorin der Robert Bosch GmbH ein. Zudem verantwortet sie Recht, Compliance Management, Datenschutz, Informations- und Arbeitssicherheit, Umweltschutz und Nachhaltigkeit. Sie kommt vom Automobilzulieferer „Mann + Hummel".
www.siemens.com; www.bosch.de

Jürgen von Hollen, President von Universal Robots, hat in Personalunion den Vorstandsvorsitz und die Geschäftsführung der deutschen Landesgesellschaft übernommen. Der bisherige Geschäftsführer Helmut Schmid ist ausgeschieden.
www.universal-robots.com/de

Armin Heß verantwortet in der Unternehmensgruppe Fischer, bekannt für ihre Dübel, als neuer Sprecher der Geschäftsführung im Bereich Befestigungssysteme künftig unter anderem Vertrieb und Marketing.
www.fischer.group/de-de

Dr. Serge Reitze und Dr. Oliver Wilken sind Namensgeber der neuen Kanzlei Reitze & Wilken in Köln, die insgesamt fünf ehemalige Anwälte des örtlichen Büros von Görg gegründet haben. Das Team ist unter anderem auf Restrukturierungen spezialisiert und besteht neben den beiden Namensgebern vorerst aus den Partnern Dr. Klaus Felke, Dr. Sebastian Hagemann und Dr. Boris Ober.
https://rwlaw.eu/

Markus Katholing wurde zum Geschäftsführer der Pluta Management GmbH berufen. Der Sanierungsexperte arbeitet seit elf Jahren für Pluta und hat viele Unternehmens-Restrukturierungen auch als CRO ebenso begleitet wie Insolvenz-Eigenverwaltungsverfahren oder M&A-Prozesse.
www.pluta.net

Der Rechtsanwalt und Sanierungsexperte Tim Langstädler ist von Buchalik Brömmekamp zur Kanzlei Stellmach & Bröckers gewechselt.
www.stellmach-broeckers.de

Untote der Wirtschaft

Die Unterstützung schwächelnder Unternehmen durch die Bundesregierung, insbesondere die Aussetzung der Insolvenzantragspflicht, sorgt für Aufschub – und neue „Zombies".

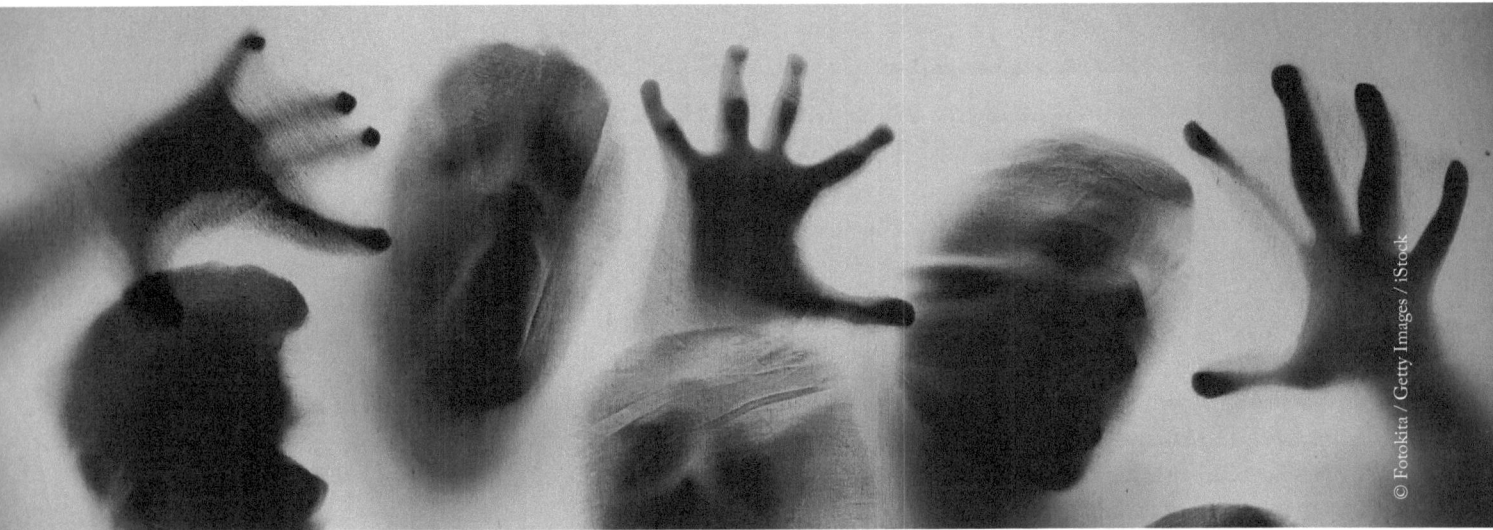

Verzweifelte Zombie-Unternehmen wandeln wegen Unrentabilität und Überschuldung wie blutleer durch ihre Märkte, die sie bedrohen.

Creditreform ist für Bonitätsauskünfte und Inkassodienste bekannt. Die hauseigene Wirtschaftsforschung hat nun rund 8.900 Unternehmensinsolvenzen für das erste Halbjahr 2020 gemeldet. Damit ist die Zahl gegenüber dem Vergleichszeitraum im Vorjahr um 8,2 Prozent zurückgegangen. Das Statistische Bundesamt bestätigte mit seiner April-Auswertung diesen Befund. Doch die Entwicklung mutet paradox an in der schwersten Rezession seit 100 Jahren. Geht es deutschen Unternehmen doch besser, als vielfach zu lesen ist?

Nein, das tut es nicht. Der Effekt beruht auf massiven Maßnahmenpaketen der Bundesregierung, konkret die massive finanzielle Unterstützung – etwa der erleichterte Zugang zu Krediten der Förderbank KfW, Zuschüsse für Selbstständige und kleine Gewerbetreibende sowie Steuerstundungen und Staatsbeteiligungen. Vor allem aber verschleiert die Aussetzung der Insolvenzantragspflicht seit 1. März bis vorerst 30. September den tatsächlichen Zustand der Wirtschaft; sie hatte der Gesetzgeber wegen der negativen Auswirkungen durch die Covid-19-Pandemie gewährt.

Der Aufschub soll Unternehmen davor schützen, wegen Corona ein Insolvenzverfahren beantragen zu müssen. Das klingt plausibel, ist aber ein zweischneidiges Schwert. Unternehmen, die nach dem 31. Dezember 2019 als Stichtag zahlungsunfähig waren oder sind, müssen dies nicht anzeigen. Das Angebot hat viele Trittbrettfahrer auf den Plan gerufen,

die vorher schon in Schieflage waren und gar nicht primär von der Krise getroffen wurden, nun aber gleichsam profitieren. Noch problematischer ist, dass ein eigentlich insolventes Unternehmen anderen Marktteilnehmern nicht mehr offen kommunizieren muss, dass es zahlungsunfähig ist.

Der wahre Status quo wird also (noch) nicht sichtbar. Es bleiben damit Unternehmen länger im Markt, die nur de jure nicht insolvenzreif sind, wohl aber de facto. Das ist eine akute Gefahr für deren Geschäftspartner und Lieferanten. Gläubiger, die kein gut funktionierendes Kredit- und Risiko-Management haben und bei Bonitätsprüfungen nicht alle verfügbaren Informationsquellen abfragen, laufen Gefahr, Geschäfte mit Abnehmern einzugehen, die nicht zahlungsfähig sind. Forderungsausfälle sind dann meistens die Folge.

Gefahr von Folgeinsolvenzen und Pleitewellen ab Herbst

Das kann sogar zu Zweitrundeneffekten führen, also Anschlussinsolvenzen ursprünglich gesunder Unternehmen. Hinzu kommt, dass sich die befürchtete Pleitewelle nur in den Herbst verschiebt. Wenn Ende September die Gnadenfrist nach aktuellem Stand ausläuft, setzt das böse Erwachen ein. Der Effekt wäre nur abzuwenden, wenn es den meisten betroffenen Unternehmen gelänge, bis zu diesem Zeitpunkt die Krisenfolgen zu überwinden und sich wieder zu stabilisieren. Das bleibt in Anbetracht der Schwere der Rezession fraglich. Übergeordnet führt das staatlich verordnete Moratorium zu einem großen Vertrauensverlust bei Geschäftspartnern und dem Markt insgesamt.

Schlimmer noch: Es droht eine weitere „Zombiefizierung" in der deutschen Wirtschaftslandschaft. Als Zombies bezeichnet man Unternehmen, wenn sie Zinsverpflichtungen längerfristig nicht mehr durch das operative Ergebnis decken können. Die Untoten der Wirtschaft sind unrentable und überschuldete Unternehmen, die sich durch die lockere Geld- und Zinspolitik der vergangenen Jahre refinanzieren und somit überleben konnten. Zombies sind eine Gefahr: Je länger sie am Markt agieren können, desto höher sind die möglichen Verluste, die sie bei Marktteilnehmern verursachen. Sie sind weniger produktiv und innovativ. Durch ihre Präsenz versperren sie den Weg für Start-ups und kleinere Unternehmen der Branche. Weiterentwicklung wird verhindert, Fachpersonal in maroden Betrieben gebunden. Sie profitieren von staatlichen Hilfspakten und richten volkswirtschaftlichen Schaden an. Zweige wie Tourismus, Gastronomie, Einzelhandel oder Event-Veranstalter sind gefährdet, was Insolvenzentwicklungen angeht. Innerhalb einzelner Sparten gibt es große Unterschiede. Im Transportgeschäft etwa kommt es darauf an, welche Güter für welche Kunden transportiert werden. Im Online-Handel gilt: Während im Shutdown der Kauf von Lebensmitteln einen echten Schub erlebt hat, stagniert der Absatz von Textilien über die digitalen Vertriebskanäle.

Es gab Krisen vor der Krise

Auch Branchen, die schon vor der Corona-Krise mit dem weltweiten Konjunkturrückgang zu kämpfen hatten wie die Automobilbranche oder der Maschinenbau, leiden derzeit stark. Denn es gab Krisen vor der Krise: Der Brexit, die Handelskriege zwischen den USA und China oder Tendenzen zunehmender Deglobalisierung setzen der gesamten deutschen Wirtschaft zu. Schon 2019 ist sie – wenn auch knapp – an einer technischen Rezession vorbeigeschrammt.

Im Juni 2020 meldete das Statistische Bundesamt einen Rückgang der Exporte um rund 31 Prozent. Das ist der größte Rückgang gegenüber einem Vergleichsmonat des Vorjahres seit Beginn der Erhebungen im Jahr 1950. Die Abhängigkeit der Wirtschaft von der Industrie und den Exporten schlägt in Corona-Zeiten voll durch. Ein Beispiel ist die Autoindustrie, die mitten im Strukturwandel steckt, der tiefgreifender ist. Auch deutsche Maschinenbauer zählen zur Vorzeigebranche, die allerdings vor Ausbruch des Virus drastische Rückgänge bei Aufträgen und Umsätzen beklagten und von steigenden Unternehmensausfällen betroffen waren.

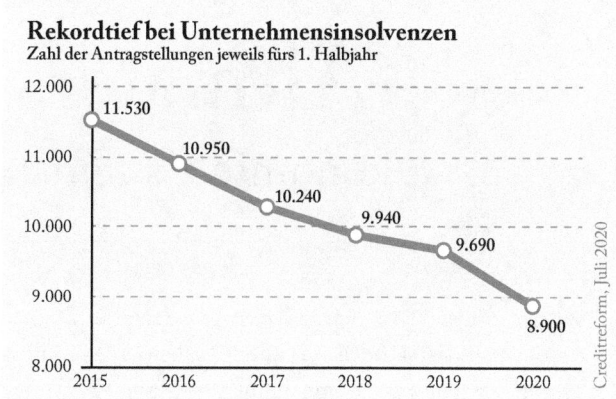

Rekordtief bei Unternehmensinsolvenzen
Zahl der Antragstellungen jeweils fürs 1. Halbjahr

Creditreform, Juli 2020

Der Rückgang der Unternehmensinsolvenzen täuscht, weil der Gesetzgeber einen Aufschub bei der Antragspflicht gewährt.

Kurzum: Deutsche Schlüsselindustrien schwankten schon Ende des vergangenen Jahres. Wird eine geordnete Marktbereinigung weiter quasi künstlich verhindert, fehlt es letztlich an Kraft, um in der Post-Corona-Zeit wettbewerbsfähig zu bleiben. Wie viele Pleiten es im laufenden Jahr letztendlich werden, hängt von diversen Faktoren ab. Weitet der Gesetzgeber etwa die Unterstützung weiter aus wie mit den kürzlich beschlossenen Hilfen für Mittelständler und Selbstständige, wird die Insolvenzwelle weiter verschoben.

Bedrohlicher als der Finanz-Crash 2008

Die aktuelle Lage ist für kleine und mittelständische Unternehmen gefährlicher als nach der Weltfinanzkrise 2008, da die Wirtschaft in der gesamten Breite betroffen ist. Damals stieg die Zahl der Unternehmenspleiten alleine in Deutschland um rund zwölf Prozent. Abhängig von der Dauer der aktuellen Krise wird diese Zahl wahrscheinlich übertroffen werden.

Für das Jahr 2020 wird aufgrund derzeitiger Faktenlage eine Zunahme von rund 20 Prozent gegenüber Vorjahr erwartet. Was hilft, ist unternehmerische Eigenverantwortung. Das bedeutet, sich nicht nur auf staatliche Maßnahmen zu verlassen, sondern sofort Finanzierung, Eigenkapitalstärkung und Weiterentwicklung seines Geschäftsmodells in den Fokus zu nehmen. Das kostet vielleicht mehr Mühe, als auf den nächsten „Wumms" zu warten. Aber diese Investition rentiert weit über die nächsten drei Monate hinaus.

Patrik-Ludwig Hantzsch ist seit Oktober 2019 unter anderem als Leiter der Wirtschaftsforschung beim Verband der Vereine Creditreform e. V. verantwortlich. Er kam von der Edeka Handelsgesellschaft Rhein-Ruhr mbH. Hantzsch schreibt zum ersten Mal für „return" und übernimmt künftig hier regelmäßig und exklusiv unsere neue Rubrik „Insolvenzmonitor".

Altmaiers Aussichten
Ökonomie als reinste Form von Hellseherei

Die „Iden des März" werden gern als Metapher für heraufziehendes Unheil verwendet, denn sie nimmt Bezug auf die Ermordung von Julius Cäsar am 15. März im Jahr 44 vor Christus. Dies wird dem Bundeswirtschaftsminister nicht klar gewesen sein, als er am 13. März sagte: „Wir werden verhindern, dass wirtschaftlich gesunde Unternehmen nur wegen Corona in die Insolvenz geraten." Über seine Sätze wird sicher auch Peter Altmaier später denken: „Hätte ich das bloß anders gesagt."
Immerhin prognostizieren Experten-Schätzungen 30.000 bis 700.000 mögliche Unternehmensinsolvenzen aufgrund von Corona. Das ist reine Spekulation. Schließlich gibt es Pleiten, die wir dem Virus nicht anlasten können. Etwa Wirecard. Einst war der Zahlungsdienstleister der lebende Beweis, dass man mit Schneeball-Systemen immer noch reich werden kann. Schlimm, dass Deutschlands Hoffnung im Digital-Universum des internationalen Finanzmarktes sich statt als Global Player nur als homöopathisch verdünnter Globuli Player entpuppt. Wir befinden uns, wie gerne schwarzgemalt wird, „in der größten Krise seit dem Zweiten Weltkrieg". Das nutzen viele als Rechtfertigung, um unangenehme Pflichten nicht zu erfüllen. Etwa in der Wirtschaft: „Wir sind in der größten Krise seit dem Zweiten Weltkrieg, und Sie wollen, dass wir auf Umweltverträglichkeit achten?", könnte hier die Ausrede lauten. Oder in der Politik: „Wir sind in der größten Krise seit dem Zweiten Weltkrieg – und Sie wollen den Wählerwillen durchgesetzt wissen?", wäre hier passend. Oder zu Hause: „Schatz, wir sind in der größten Krise seit dem Zweiten Weltkrieg – und Du möchtest, dass ich den Abwasch erledige?", würde die Forderung im Keim ersticken.

Voraussetzung für Staatshilfe ist genug „Rettungsmasse"

Damit bisher wirtschaftlich gesunde Unternehmen durch Corona nicht insolvent werden, wird kräftig gerettet. Voraussetzung: Der Konzern hat genug „Rettungsmasse". Die Lufthansa wird mit neun Milliarden Euro alimentiert, was die Aktionäre genauso freut wie den Staatshaushalt von Malta, wo der Konzern in einer Tochtergesellschaft mit zwei Angestellten satte 200 Millionen Euro Gewinn erzielt. Man fragt sich, wozu die Gesellschaft noch Flugzeuge in die Luft schickt, wenn sie mit 900 Angestellten auf dem Niveau der Malta-Produktivität die fehlenden neun Milliarden Euro locker in Eigenregie erwirtschaften könnte.
Mittelständische Unternehmen, eigentlich das Rückgrat unserer Wirtschaft, bedenkt der Staat weniger üppig. Die Veranstaltungsbranche, hierzulande mit 130 Milliarden Euro Umsatz sechstgrößter Wirtschaftszweig und mit einer Million Angestellten einer der größten Arbeitgeber, benötigt eine Milliarde Euro an Hilfen, um im Gegenzug allein 20 Milliarden Euro Umsatzsteuer zu generieren. Diese Hilfen stehen noch aus – zumindest beim Verfassen dieser Zeilen. War Altmaier vielleicht krank, als in der Schule die Grundrechenarten vermittelt wurden? Oder lehnt unser Wirtschaftsminister per se Steuereinnahmen ab? Die fast bedingungslosen Hilfen für eine in Deutschland kaum Steuern zahlende Lufthansa lassen es vermuten.

Äußerst komplexe Zusammenhänge

Überhaupt: Wer konnte denn auch ahnen, dass die Zusammenhänge so komplex sein würden? Etwa, dass die Ausbeutung in der Fleischindustrie ähnlich unappetitlich sein würde wie eine Après-Ski-Party in Ischgl. Wer hätte gedacht, dass Billigfleisch-Produktion indirekt Hotels und Cafés im Kreis Gütersloh an den Rand des Ruins treibt? Und dass sogar syrische Flüchtlinge leichter nach „Meck-Pomm" einreisen können als Leute aus Rheda-Wiedenbrück? Die Beispiele zeigen: Altmaiers Peter hat noch viel zu tun, wenn seiner Äußerung aus den „Iden des März" lebenserhaltene Maßnahmen folgen sollen.

Chin Meyer kreierte einst die Figur des Steuerfahnders Siegmund von Treiber und avancierte damit zum bis heute bekanntesten Finanz-Kabarettisten Deutschlands. Sein Slogan: „Bei Geld fängt der Spaß erst richtig an." Sein Erstlingswerk hieß „Ohne Miese durch die Krise". Mehr unter www.chin-meyer.de.

In der Krise den richtigen Weg zu finden, ist keine leichte Aufgabe.

Wir unterstützen Sie dabei.

Unter Hochdruck stehen insbesondere in Krisen bedrohte Unternehmen und ihre Beratungen. Es geht nicht allein darum, Dampf vom Kessel zu nehmen – erwartet werden wegweisende Ergebnisse für die Rückkehr auf den Pfad des Erfolgs. Doch bevor es so weit ist, sollten Unternehmer in Schwierigkeiten sich zuerst selbst im Klaren über die Lage ihres Betriebes sein, daraufhin passend zum ermittelten Problem rechtzeitig den richtigen Consultant auswählen und schließlich eindeutige Ziele für den Turnaround festlegen. Dann bleibt der Manager an der Unternehmensspitze weiter Herr des Handelns – trotz oder gerade wegen des Drucks.

Beratung unter Druck

Schaffen Unternehmen nicht alleine, ihre Krise zu bewältigen, kommen Externe zum Zug. Dann muss die Chemie zwischen Unternehmer und Berater stimmen, sonst wird daraus ein Drama.

Hochmut kommt vor dem Fall: Der alerte junge Geschäftsführer, der das in Schwierigkeiten geratene Kölner Medienhaus effizienter machen will, holt sich ein smartes Berater-Team ins Haus. Es läuft alles zunächst ganz nach Plan. Das Team aus drei jungen Betriebswirten mit knallharter Chefin dreht jeden Stein um und macht viel Einsparpotenzial aus.

Der altgediente Inhaber des Verlags grantelt, kann mit der modischen Beratersprache gar nichts anfangen, fügt sich aber seinem jungen Geschäftsführer, um das Verlagshaus zu retten. Letztgenannter stellt jedoch später entsetzt fest, dass die Beraterin ihn als Teil des Problems sieht, und muss sich von einem ihrer schnöseligen Consultants zusätzlich Häme gefallen lassen. Der ältere Verlagschef lässt sich überzeugen und ersetzt seinen jungen Geschäftsführer, der zuvor aber den höhnenden Berater von der Balustrade des Lichthofs stürzt.

So dramatisch wie in diesem „Tatort"-Fernsehkrimi aus Köln spielen sich Mandate wohl kaum ab, aber die Folge „Unter Druck" bringt auf den Punkt, wie Krisenberatung zum Drama werden kann. Wie unterm Brennglas zeigt der Film, wo Fallstricke lauern, wenn es um das Zusammenspiel von Unternehmern und Beratern geht. Tatsächlich kommt es vor, dass Berater nicht nur auf Zeit im Betrieb arbeiten, sondern später dauerhaft interne Posten besetzen.

> „Jeder sollte sein Unternehmen und seine Probleme analysiert haben, damit er die Beratung präzise briefen kann."
>
> Kurt Jonas

Manager sehen Berater skeptisch – wegen Lösungen nur auf dem Papier

„Der Berater hat ja bewiesen, dass er's kann", bestätigt Dr. Kurt Jonas. Der Interims-Geschäftsführer bei Ricardo Deutschland blickt selbst auf eine langjährige Karriere als Manager zurück. Seine Stationen in Geschäftsführungen waren beim Stoßdämpferproduzenten Thyssen-Krupp (TK) Bilstein, bei Maschinenhersteller und TK-Tochter Berco und jetzt bei Ricardo als deutsche Unternehmen des britischen Ingenieurdienstleisters mit Automotive-Schwerpunkt.

Jonas lernte Berater der Boston Consulting Group (BCG) bei einem Projekt kennen: „Als Thyssen-Krupp für sein BCG-Programm ein Pilotprojekt suchte, habe ich sofort den Finger gehoben. Es war klar, dass der Vorstand die Kosten begleitet, wir aber die volle Ernte einfahren." Dass überhaupt Ernte zu erwarten ist, sehe nicht jeder Manager so. Manche seien sehr skeptisch und würden denken: „Der Berater dreht mir nur ein Paper an und verschwindet dann wieder."

Deshalb bestand Jonas darauf, dass BCG mindestens sechs Monate im Betrieb bleibt, um auch die anfängliche Umsetzung zu begleiten. Das sei vor zehn Jahren nicht mit jeder Beratung möglich gewesen. Dank des Rahmenvertrages mit dem TK-Konzern habe sich Boston Consulting darauf eingelassen. „Die Zusammenarbeit hat hervorragend geklappt, das war kein Geschwafel, sondern hands-on", sagt er rückblickend.

Lob für erfahrene Beratung mit systematischer Herangehensweise

Damit es klappt, seien nicht nur kompetente Berater mit lösungsorientierter Ader gefragt: „Jeder sollte sein Unternehmen und seine Probleme genau analysiert haben, damit er die Beratung präzise briefen kann", sagt Jonas. Warum braucht derjenige dann noch externe Hilfe? Jonas antwortet: „Bei einem anderen Beratungsprojekt ging es darum, das Geschäft in andere Regionen auszuweiten. So ein großes Projekt ist nicht auf die leichte Schulter zu nehmen. Da ist es gut, wenn eine erfahrene Beratungsgesellschaft das systematisch angeht." Gerne hätte auch er Berater in Führungspositionen übernommen, aber McKinsey & Co. bieten häufig „Partnermodelle", um gute Leute zu binden.

Das weiß auch Prof. Thomas Deelmann, der an der Kölner Hochschule für Polizei und öffentliche Verwaltung zu Beratungen forscht und Wirtschaftswissenschaften lehrt. „So ein Partnermodell bietet langfristige Perspektiven: Wächst das

Interview

„In Krisen ist ein Stuhlkreis mit Beratern wenig sinnvoll"

Prof. Dr. Thomas Deelmann, Wirtschaftswissenschaftler mit Schwerpunkt Beratungsforschung an der Hochschule für Polizei und öffentliche Verwaltung NRW, über Auswahl und Nutzen.

Herr Professor Deelmann, was müssen Unternehmen beachten, wenn sie sich Berater ins Haus holen?

Thomas Deelmann: Bevor ich mit einem Berater anfange, muss ich wissen, was mein Problem ist. Dann kann ich mir überlegen, welchen Typ von Beratung ich brauche: Strategieberatung oder IT-Beratung. Ich muss mir Gedanken machen, welche aus dem riesigen Portfolio von rund 20.000 Beratungen für mich infrage kommt. Klingt einfach, ist aber kompliziert. Vor allem für mittelständische Unternehmen, die im Gegensatz zu großen Konzernen ja nicht ständig Berater im Haus haben. Denn egal, ob es um die Champions League der Beratungen geht oder um kleine Dienstleister – Kunden spielen oft in der Kreisliga C. Berater wissen im Alltagsgeschäft, welche Schalter im Verkaufsgespräch umzulegen sind, um zum Zug zu kommen. Bei den meisten KMU kommt das vielleicht einmal in zwei Jahren vor.

Sie waren bei einem großen Unternehmen auch für den Einkauf von Beratungsleistungen zuständig. Wie lief die Auswahl?

Ich war bei einem großen Telekommunikationsunternehmen, kenne aber auch die Strukturen bei anderen. Da gibt es im Einkauf ganze Teams, die sich nur mit Beratung auseinandersetzen. Das läuft extrem professionell. Sie machen regelmäßige Markt-Screenings, sprechen mit den Beratern auf Augenhöhe. Es geht nicht mehr nur darum, in den Verhandlungen den Tagessatz um x Prozent zu reduzieren, sondern um strategische Entscheidungen.

Rat von Beraterforscher Thomas Deelmann: „Lehre das Fischen."

So manch ein klassischer, gestandener, produzierender Mittelständler wird sich sicher fragen, wie ein Externer ihm überhaupt weiterhelfen soll.

Oft stecken im strukturierten Nachdenken über Probleme schon in der Tat erste Lösungsimpulse. Welche externe Hilfe ich anfordere, hängt davon ab, was ich brauche. Es gibt grob gesagt zwei Gruppen von Beratungen: Bei großen Beratungshäusern geht es oft darum, sich Expertenwissen ins Haus zu holen. Simon-Kucher zum Beispiel, wenn es ums Pricing geht. Oder Kerkhoff zu Einkaufs-Management. Sie wissen, wie's geht, denn sie haben es Hunderte Male gemacht und wenden ihr Spezialwissen an. Zur zweiten Gruppe gehören Prozessberater, Organisationsentwickler oder systemische Berater. Sie gehen davon aus, dass die Lösung im Unternehmen selbst liegt und nur zutage gefördert werden muss. Sie kennen das beliebte Bild: Wenn du dem Hungernden schnell helfen willst, gib ihm einen Fisch. Willst du ihm dauerhaft und grundsätzlich helfen, lehre ihn das Fischen.

In Krisen, wenn es wie derzeit vielerorts um die Existenz geht, ist eine bestimmte Art von Beratung gefragt?

Klar, dann ist – böse gesagt – ein Stuhlkreis mit Beratern, der Hilfe zur Selbsthilfe leisten soll, wenig sinnvoll. Um im vorherigen Bild zu bleiben: Was nützt es mir, wenn ich als Anfänger fischen lernen soll, wenn ich sofort etwas zu essen brauche?

Das Gespräch führte Armin Hingst.

Beratungsunternehmen stark, wie es bisher bei den meisten der Fall war, lassen sich erworbene Partneranteile beim Ausstieg oft mit mehrfachem Wert verkaufen."

Auswahl und Chemie entscheidend fürs Gelingen der Zusammenarbeit

Dass die Chemie zwischen Beratern und Unternehmen stimmen muss, ist natürlich nicht nur wichtig, wenn es darum geht, einen Berater fest anzustellen. Die richtige

Chemie zählt für Jonas und für Deelmann zu den zentralen Voraussetzungen fürs Gelingen in der klassischen Zusammenarbeit. Daneben hält Deelmann die richtige Auswahl für wichtig (siehe Interview oben).

Kurt Jonas war nach Thyssen-Krupp vor allem als Interim Manager tätig – etwa über den Vermittler Taskforce, bei dem er bis vor einem Jahr als Partner tätig war. Solche Provider gehören wie freie Interim Manager zu den Anlaufstellen, die die Dachgesellschaft Deutsches Interim Management e. V. (DDIM) stets zu Jahresbeginn befragt, um das Geschehen

Leere, aber früher gut frequentierte Filialen: Urlaubsguru-Stores mussten kürzlich wegen des Einbruchs bei Buchungen schließen.

am Markt zu beobachten. Für DDIM-Vorstandsvorsitzende Dr. Marei Strack, selbst Beraterin und Interim Managerin, zeigen die zuletzt erhobenen Ergebnisse starkes Wachstum am Markt: „Die Befragten waren 2019 gut ausgelastet. Die Aussichten fürs Jahr 2020 waren noch besser."

Ruf nach Managern auf Zeit am Steuer meist in Krisen

Doch dann kam der Corona-Lockdown und mit ihm zuerst „eine Schockstarre", wie sie sagt: „Wer braucht jetzt noch einen Interim Manager?" Danach habe sich die Lage wieder beruhigt, seit Juni sei das Bild „sehr differenziert". Einerseits seien Mandate geplatzt oder verschoben, andererseits laufe die Mehrzahl unverändert weiter und bei einigen Interim Manager habe das Geschäft sogar angezogen. Zum Beispiel bei Kollegen mit Kompetenz in Personalarbeit, speziell in puncto Kurzarbeit. Oder bei Beratern mit Schwerpunkt auf Banken. „Sie berichteten, dass es eine erhöhte Nachfrage durch Förderbanken gebe", sagt Strack.

Verändert haben sich sowohl Mandate als auch die Art der Zusammenarbeit. „Früher war Interim Management zu 99 Prozent die Arbeit vor Ort, was uns von der Arbeit mit Beratern differenziert hat", sagt Strack und erklärt: „Wir produzieren ja keine Konzeptpapiere – also Schrankware, wie ich

Daniel Marx nutzt als Urlaubsguru-Geschäftsführer trotz Krise keine klassischen Berater, sondern den Rat aus dem eigenen Netzwerk.

es ironisch nenne –, sondern setzen direkt in den Betrieben um." Jetzt aber arbeiten DDIM-Mitglieder vielfach in Projekten, ohne vor Ort zu sein – „eine völlig neue Erfahrung". Geblieben ist, was Interims-Arbeit inhaltlich immer schon ausmachte: Die Manager auf Zeit werden meist in Krisen ans Steuer gerufen, weil Aufsichtsgremien ihre Geschäftsführung ersetzen wollen oder weil ein Unternehmen(steil) abzuwickeln ist.

Dr. Kurt Jonas wollte sich als Manager von Thyssen-Krupp Bilstein nicht nur auf Berater-Charts verlassen.

Dr. Marei Strack beobachtet als DDIM-Vorstandsvorsitzende, dass sich die Mandate von Interim Managern in der Krise verändern.

Urlaubsguru: Filialschließung, Stellenabbau, Kurzarbeit, Kreditantrag – alles ohne Berater

Auch beim bekannten Reisevermittler Urlaubsguru ist derzeit Krisen-Management angesagt. Der radikale Buchungsstopp hat ein Unternehmen getroffen, das lange nur eine Richtung kannte – nach oben. Das Wachstum war so schnell und intensiv, dass die Online-Reisevermittlung von Schnäppchen sogar offline eröffnet – mit Filialen in Münster und Unna. Dort schlug die Krise zuerst ein, sodass die Geschäfte zu Ende Juli schlossen. Der Abbau von 40 Stellen, flankiert von Kurzarbeit, war die Folge.

Erstmals fremdes Geld seit der Gründung brauchte Uniq, wie das Unternehmen hinter der Marke Urlaubsguru heißt. Aber auch beim Kreditantrag für das KfW-Förderprogramm verzichtete die Unternehmensführung auf externe Berater. Know-how war längst an Bord: „Wir haben seit 2018 einen CFO, der über 35 Jahre Berufserfahrung verfügt, unter anderem in einem Konzern und innerhalb eines eigenen Unternehmens", sagt Daniel Marx, einer der beiden Gründer. Noch vor Corona habe schon die Krise von Thomas Cook

Kompakt

▶ Berater helfen Unternehmen, die ihre Situation und ihren Bedarf genau kennen.

▶ Reine Konzeptpapier-Lieferanten sind out, gefragt sind Berater mit Umsetzungskompetenz.

▶ Expertise und Analyse in allen Ehren, aber die Chemie zwischen Unternehmer und Berater muss stimmen.

▶ In der Krise ist Input von außen noch wichtiger – wenn nicht vom Berater, dann vom eigenen Netzwerk.

erste Dellen im Pauschalreise-Tourismus verursacht, betont Marx und rät für Unternehmer in schwieriger Lage salopp: „Man darf sich nicht ins Schneckenhaus zurückziehen." Nach den Lockerungen erachtet er die bisherigen Gegenmaßnahmen für ausreichend, denn der Juli habe sich besser entwickelt als noch im April befürchtet. Fernreiseziele fallen aber weiterhin aus, also bleibe man auf der Hut, sagt Marx: „Unsere Einschätzung ist optimistisch-realistisch."

Trennung von Prüfung und Beratung nach aktuellem Wirecard-Fall gefordert

Ob das eingangs erwähnte Verlagshaus aus dem „Tatort"-Krimi mit Beraterhilfe seine Ziele erreicht hat, zeigte der Film nicht. Kriminelle Energien in Chefetagen führt allerdings die Realität regelmäßig vor Augen – wie jüngst Luftbuchungen in Milliardenhöhe bei Wirecard. Im Unterschied zum Enron-Skandal in den USA aus 2001 mit ähnlichen Dimensionen hatten die externen Wirtschaftsprüfer zwar diesmal das letzte Testat verweigert. Doch EY, ehemals Ernst & Young, sah in den Jahren zuvor keinen Anlass zur Beanstandung. Kein Wunder also, dass erste Gesetzgeber wieder eine stärkere Trennung von Prüfungs- und Beratungsmandaten fordern. Das Verhältnis zwischen Beratern und Unternehmen bleibt spannend bis angespannt.

Armin Hingst, selbst Unternehmer mit seiner Gestaltmanufaktur GmbH, arbeitet als freier Journalist von Anfang an für „return". Er schreibt oft speziell zu IT-Themen oder wie zuletzt im Titelreport der Ausgabe 02/20 über systematisches Innovations-Management.

Basis besserer Beratung
Wie Respekt, Vertrauen, Unabhängigkeit und Werte wirken

Wir schreiben den 12. März 2020. Die Corona-Krise schlägt auch bei meinem Unternehmen und damit bei mir als Verantwortlicher in der Unternehmensführung mit voller Wucht ein. Unsere Kunden aus dem Bereich Travel & Transportation legen plötzlich Projekte auf Eis. Zuerst kann ich den radikalen Schnitt nicht ganz glauben.

Berufs- und Beratererfahrung für eigene Unternehmenskrise

Aber dann wird mir aus dem Blickwinkel unserer betroffenen Kunden schnell klar, dass, wenn man wie sie von heute auf morgen nur noch ein Bruchteil seines Umsatzes erzielt, jedes noch so wichtige strategische Projekt plötzlich überflüssig wird. Zuerst fallen die Planzahlen für den Umsatz in den Keller, dann muss Liquidität gesichert und Kurzarbeit beantragt werden. Jeder ist jetzt als Unternehmer gefragt. Dafür ist man schließlich Geschäftsführer oder Vorstand. Gleichwohl beschleicht mich ein mulmiges Gefühl und ich frage mich, ob mir mehr als 25 Jahre an Berufs- und Beratererfahrung auch in der eigenen Unternehmenskrise weiterhelfen.

Ehefrau und Beirat als Sparringspartner

Geholfen hat vor allem Kommunikation. Die wichtigsten Gespräche waren die mit meiner Partnerin. Sie ist nicht nur meine Ehefrau, sondern Teil unserer Geschäftsleitung, Psychologin und Coach – seit vielen Jahren für Führungskräfte, aber oft auch für mich. Ebenso halfen Telefonate und E-Mails mit einem der Beiräte meines Unternehmens. Er ist ein langjähriger Freund und Konzern-Manager, der soeben aus der Geschäftsführung ausgeschieden war und sich nach seinem Ski-Urlaub in Ischgl für 14 Tage in selbst verordnete Quarantäne befand. Er hatte Zeit für mich. Mein Glück. Meine Gattin und mein Beirat waren in ihren unterschiedlichen Rollen quasi meine Berater und Sparringspartner. Sicher, es scheint nichts Schwierigeres zu geben, als einen Berater zu beraten oder gar zu coachen. Aber es hat funktioniert, weil ich Respekt vor Kompetenz und Erfahrung meiner beiden Berater habe. Genau das ist eine Grundvoraussetzung, denn sonst nimmt man das Hinterfragen oder den Rat nicht ernst genug.

Jeder Kunde und sein Berater benötigen das gleiche Werteverständnis, um vertrauensvoll zusammenarbeiten zu können. Vertrauen bedeutet: Wir haben Respekt voreinander, wir teilen ähnliche Werte, wir bauen auf das feste Überzeugtsein vom anderen. Nur auf der Basis von Vertrauen kann ich offen und ehrlich über meine Probleme und Lösungsideen sprechen. Unabhängigkeit heißt: Der Berater muss abseits von Eigeninteressen die Beziehung pflegen. Der Vertriebsberater eines Software-Unternehmens für Customer Relationship Management (CRM) kann kaum unabhängig zu CRM-Lösungen beraten. Ähnliches gilt für Banker oder oft sogar auch für den eigenen Wirtschaftsprüfer. Besser geht das mit meinen vertrauten Beiräten, Beratern und meiner Frau.

Gerade in schwierigen Lagen ist jede Unterstützung willkommen

Jedem Unternehmer und Manager empfehle ich: Achten Sie auf den Respekt vor Ihrem Berater und auf seine Unabhängigkeit. Prüfen Sie die Beziehung auf deckungsgleiche Werte. Schenken Sie Vertrauen. Fast drei Jahrzehnte im Beruf haben mich gelehrt, dass diese Grundlagen die Basis für gute und erfolgreiche Beratung bilden. Kunden und Berater – beide sind gefragt, dies stets sicherzustellen!

PS: Wir sollten bitte nicht ernsthaft darüber diskutieren, ob man Berater braucht, denn gerade in Krisen sollte jede Unterstützung willkommen sein.

Ralf Strehlau ist Gründer und geschäftsführender Gesellschafter der Anxo Management Consulting GmbH und seit 2017 Präsident im Bundesverband Deutscher Unternehmensberater e. V. (BDU). Er arbeitet im Schwerpunkt an Unternehmensstrategien, Restrukturierungen, Change Management sowie Marketing und Digitalisierung. Neben seiner Tätigkeit als Berater übernahm er vielfach schon interimistisch diverse Aufgaben als Chief Transformation Officer, Head of Marketing & Sales und Geschäftsführer bei mittelständischen Unternehmen und Konzernen.

„Transformation verstehen wir als andauernde Reise"

Microsoft, Namens-Mix aus Microcomputer und Software, steht heute für Technologie-Beratung auch im Mittelstand. Sebastian Seutter begleitet Unternehmen bei der digitalen Transformation.

Herr Seutter, gilt für Ihre Beratungsmandate in Krisenzeiten noch stärker „Zeit ist Geld"?

Sebastian Seutter: Das stimmt insbesondere mit Blick auf die Corona-Krise, weil wir Unternehmen schnell helfen mussten, etwa mit technologischen Lösungen zum Mindestabstand. Unseren Kunden bieten wir außerdem Ansätze dafür, wichtige zeitkritische Daten aus Wertschöpfungsketten in Echtzeit zu nutzen. Der Fairness halber muss ich aber betonen, dass die Beratungsmandate von Microsoft bei vielen Transformationen eher langfristig angelegt sind. Unternehmen kommen oft auf uns zu, weil sie davon überzeugt sind, durch die Digitalisierung ihrer Geschäftsmodelle beispielsweise intelligentere Lieferketten aufbauen zu können. Solche Projekte dauern meist etwas länger und laufen je nach Komplexität und Reichweite bis zur kompletten Umsetzung zwischen sechs und 18 Monaten.

> „Wir spüren selbstverständlich auch neue Geschäftsfelder auf, wenn wir Industriekunden bei ihrer digitalen Transformation begleiten."
> Sebastian Seutter

Microsoft hat mit Thyssen-Krupp Elevator ein Projekt realisiert, um Kunden die Wartungsplattform „Max" als Service zur Verfügung zu stellen. Ist das ein gutes Beispiel dafür, was in Ihrem Geschäftsfeld „Manufacturing" passiert?

Ja, das ist sogar in mehrfacher Hinsicht ein gutes Beispiel. Max kenne ich ganz gut, weil ich selbst fünf Jahre bei Thyssen-Krupp gearbeitet habe. Microsoft liefert als Partner der Industrie allerdings nicht nur Software wie Office-Pakete, sondern wird etwa für IoT-Lösungen zurate gezogen *(IoT = Internet of Things; Anm. d. Red.)*. So kamen wir auch zur Aufzugssparte Thyssen-Krupp Elevator. Erst ging es nur um Anschluss, Erhebung und Analyse von Daten wie zu Standzeiten oder Lasten, was mit der geeigneten Rechenleistung zu kombinieren war.

Welche Projektschritte bis zur Plattform folgten als nächste?

Thyssen-Krupp Elevator und Microsoft haben danach ein Ökosystem rund um Aufzüge entwickelt. Ein Beispiel ist der Betrieb unseres Testturms. Ziel war die Abbildung eines Aufzugturms und seiner Interaktionen mit allen Systemen wie Menschen oder Gebäudetechnik in einer digitalen Umgebung. Dieser „digitale Zwilling" ist heute ein Leuchtturmprojekt, das in einem Ökosystem von diversen Unternehmen erfolgreich betrieben wird. Thyssen-Krupp Elevator und Microsoft arbeiten heute mit der Max-Lösung und den Computing-Diensten rund um unsere Azure Cloud gemeinsam an Lösungen für unsere Kunden. Sie werden zunehmend durch weitere Angebote wie Mixed-Reality-Ansätze über die Microsoft Hololens angereichert und ermöglichen so beispielsweise intelligente Lösungen für den Service-Bereich.

Damit soll Thyssen-Krupp Elevator die Ausfälle um rund 50 Prozent reduzieren können, was für Krankenhäuser durchaus systemrelevant ist. Sind solche großen Effekte durch digitale Transformation im B2B-Bereich die Regel oder die Ausnahme?

50 Prozent sind schon eine ziemliche Ansage. Aber es gibt Beispiele in ähnlicher Größenordnung. Systeme zur präventiven Instandhaltung schaffen eine 90-prozentige Vorhersage für potenzielle Ausfälle, wodurch die Planung der Service-Techniker-Einsätze stark optimiert wird. Wir haben etwa für eine großes deutsches Gebäudetechnik-Unternehmen die Zahl der Service-Tickets um über 50 Prozent reduziert.

Schlummert in bestehenden Wertschöpfungsketten noch so viel Verbesserungspotenzial?

Allerdings. Die Schnittstellen in der deutschen Wirtschaft wurden von der Unternehmensberatung McKinsey schon für eine ihrer Studien untersucht. Allein in der Automobilproduktion wird das Potenzial intelligenter Automatisierungsansätze auf 215 Milliarden US-Dollar an Einsparungen und Umsatzzuwächsen beziffert. Wir reden hier von durchschnittlich zusätzlichen 1,3 Ebit-Prozentpunkten! Das ist gigantisch.

Apropos Einsparungen: In der Digitalisierung ging es lange um Effizienz fürs Kostensenken. Bringt Transformation mittlerweile auch profitable Geschäftsmodelle hervor?

Ja, viele Unternehmen streben heute die digitale Transformation an, um über Innovationen intelligente Geschäftsmodelle zu kreieren. Wenn Unternehmen uns ansprechen, haben sie auch Einsparungen als Effekt im Sinn. Doch Carl Zeiss war beispielsweise ein Unternehmen, das innovative Spektroskopie-Lösungen durch die Verknüpfung mit Microsoft Azure anbieten konnte. Dadurch vermitteln Echtzeitdaten für Anwender den unmittelbaren Einblick in ihre Produktionsprozesse und in ihre Produktqualität. Zeiss zählt mit den vernetzten Spektrometern zu den Wegbereitern der intelligenten Fabrik. Toyota Material Handling hat mit Microsoft ein Konzept für vernetzte Flurfahrzeuge mit Künstlicher Intelligenz zu „A.I. Team Logistics" entwickelt, um den kontinuierlichen Materialfluss und optimierte Logistikabläufe zu gewährleisten.

Mit Autobauer BMW gründete Microsoft die Open Manufacturing Platform (OMP). Welche Vorteile bringt sie?

Mit diesem Ökosystem entstand eine Win-win-Situation für alle Beteiligten. BMW hat Vorteile in der Transportlogistik. Zulieferer wie ZF und Bosch oder Partner wie Wandelbots profitieren von der Referenz-Architektur für miteinander kommunizierende Roboter inklusive Datenmodell. Einer alleine hätte das nicht geschafft. Wir haben in offenen Gruppen an der gemeinsamen Plattform gearbeitet und allen gemeinsam Mehrwert gebracht.

Gehen Mittelständler in so einer Kooperation nicht unter?

Nein, Betreiber großer Anlagen mögen Marktmacht haben, aber sie profitieren auch von der Spezialisierung mittelständischer Partner wie Trumpf, die sich wiederum durch ihre Beteiligung von anderen Anbietern differenzieren können. Vom Vorteil einer Vernetzung, die von der Komponente bis zum gesamten Produktionsnetzwerk reicht, profitieren alle. Unsere Projekte laufen auch nicht nur bei Großunternehmen. Microsoft und Weidmüller haben Boge Kompressoren bei Aufbau und Betrieb einer IoT-Plattform unterstützt und dabei Maschinenbau mit Industrial Analytics und datenbasierten Services gekoppelt. Ähnliches gilt für Brasseler Medizintechnik, wo Machine Learning von Weidmüller und Microsoft Dynamics die Produktion optimiert.

Microsoft beteiligt also kleine und mittlere Unternehmen (KMU) gleichberechtigt an Projekten?

Aber ja! BMW, Weidmüller, Boge oder Brasseler sind Referenzen – und damit Leuchttürme für Microsoft Manufacturing. Die positiven Effekte sind ähnlich beeindruckend.

Führen Sie nach einem Muster digitale Ökosysteme zu einem profitablen Geschäftsmodell?

Business Modelling wie für Weidmüller oder Zeiss ergibt insofern ein Muster, als dass wir immer neue Felder auf Basis von Software und Digitalisierung erschließen. Wir spüren selbstverständlich auch neue Geschäftsfelder auf, wenn wir Industriekunden bei ihrer digitalen Transformation begleiten. Daraus können sich Blaupausen für Geschäftsmodelle

Sebastian Seutter arbeitet bei Microsoft als Senior Industry Executive und ist verantwortlich für Industrie 4.0 sowie die Zukunft der verarbeitenden Industrie. Darüber hinaus berät er Unternehmen als Mitglied des Innovation Boards von Forcam und des Dietmar Hopp Family Office sowie als Advisory Partner für den Technologie-Investor Digital + Partners. Der Diplom-Kaufmann war bei den Unternehmensberatungen PwC und KPMG, Vice President bei Thyssen-Krupp und kam vor fast vier Jahren zu Microsoft. Sein Schwerpunkt liegt darin, „aktiv die digitale Transformation zahlreicher Industrieunternehmen mit Schwerpunkt auf angewandte Technologien, digitale Ökosysteme und strategische Partnerschaften zu unterstützen", wie er beschreibt.

etwa mit Cloud-Diensten oder mit Künstlicher Intelligenz entwickeln, zum Beispiel zur Qualitätsverbesserung. Allerdings müssen erst einige ähnliche Projekte gelungen sein, bis standardisierte Geschäftsmodelle daraus zu formen sind. Es können daraus Geschäftsfelder entstehen, die es vorher nicht gab, oder Unternehmensgründungen folgen. So ging etwa Celonis 2011 an den Start, heute Marktführer für Enterprise Performance Acceleration Software als Process-Mining-Technologie.

Wenn Neues entsteht, während Altes geht: Ist dann auch der Verkauf von Software-Lizenzen, einst Geschäftsmodell von Microsoft, ein Auslaufmodell?
Ich würde unser Geschäftsmodell nicht nur aufs Verkaufen von Lizenzen beziehen. Besonders unsere Unternehmenskunden beziehen heute Software aus der Cloud und in hybriden Modellen. In diesem Geschäft wachsen die Zahlen. Bei Software außerhalb der Cloud sinken sie planmäßig mit der Zeit, aber noch nutzt nicht jede Organisation externe Cloud-Dienste. Denken wir nur an Behörden, die

Sabine Bendiek, Vorsitzende der Geschäftsführung von Microsoft Deutschland seit 2016, ist verantwortlich für rund 2.700 Mitarbeiter.

Microsoft setzt auf eigene digitale Transformationen

Das US-Unternehmen Microsoft erzielt mit mehr als 156.000 Mitarbeitern mehr als 125 Milliarden US-Dollar Umsatz und fast 37 Millionen US-Dollar Nettogewinn. Der weltweit führende Software-Hersteller ist bekannt durch die Büro-Software Office und das Betriebssystem Windows, das weltweit eine Verbreitung von mehr als 77 Prozent hat. Zuletzt wurden Linkedin, Skype und Teile von Nokia übernommen. Microsoft Deutschland beschäftigt unter der Führung von Sabine Bendiek als Vorsitzende der Geschäftsführung rund 2.700 Mitarbeiter, unterhält die Firmenzentrale in München sowie sechs Regionalbüros hierzulande und betreut B2B-Kunden mit rund 30.000 Partnerunternehmen.

www.microsoft.com/de-de

Liegenschaften des Bundes verwalten, oder an die Rüstungsindustrie. Aus Gründen der Sicherheit unterhalten sie jeweils eine Cloud in Eigenbetrieb.

Microsoft befindet sich also selbst in der Transformation?
Ja, selbstverständlich, wie viele andere Unternehmen auch. Transformation verstehen wir als andauernde Reise. Dabei führt uns unser Weg schon länger vom Lizenz- zum Nutzungsmodell. Unser Tal haben wir schon durchlaufen. Der Aktienkurs geht seit 2012 nach oben. Microsoft hat in der Corona-Krise mit Cloud-Diensten zugelegt. Allein unsere Software Teams nutzen jetzt täglich 75 Millionen Menschen weltweit, die Erlöse mit unseren Cloud-Diensten rund um Azure sind zuletzt um 59 Prozent gestiegen.

Microsoft arbeitet an weiteren neuen Umsatzbringern wie Künstliche Intelligenz (KI), die bei Security-Anwendungen hilft, indem diese bei Angriffssignalen schon 97 Prozent der Routineaufgaben automatisch auslösen. Aufzugs- bis Angriffssicherheit – ein Spiegel Ihres Spektrums?
Ja. Die vernetzte Fabrik der Zukunft ist ebenso unser Geschäft wie Sicherheit in Cyber Physical Systems. Microsoft investiert durchschnittlich zwölf Milliarden US-Dollar pro Jahr in Infrastruktur, davon eine Milliarde in Cyber Security. Das Eindringen in Produktionen hätte verheerende Auswirkungen. Im Prinzip gelingt Schutz durch Abschirmen und Absichern von Routineaufgaben. Würden wir diese Lösungen nicht anbieten, müsste beispielsweise ein bekannter mittelständischer Wärmepumpenhersteller mindestens zehn Experten für Informationssicherheit dafür vorhalten. Das zeigt die Dimensionen.

Microsofts starke Marktdurchdringung mit Produkten hat eine Kehrseite für Anwender: Windows-Betriebssysteme und Office-Software sind häufiger Ziel von Angriffen.
Sie spielen aufs Hacking unserer Xbox an. Daraus haben wir gelernt und entwickeln uns in Security auf allen Ebenen weiter. Hacker attackieren uns vielleicht besonders stark, aber wir halten heftig dagegen. Und vergessen wir nicht, dass weltweit zwar eine Milliarde Devices unter Windows 10 laufen, aber insgesamt 50 Milliarden andere Devices auch Angriffsflächen bieten.

Technologisch treibt den Wandel vor allem Software zur Automatisierung, KI oder Mixed Reality voran?
Die Treiber sind vielfältiger. Nachgefragt sind vor allem Lösungen für intelligente Feldgeräte, etwa zur Echtzeit-Auswertung von Maschinendaten, aber auch intelligente Cloud-Dienste wie maschinenbasierte Lern-Algorithmen. Hinzu kommen Cloud-Dienste am Arbeitsplatz wie Desktop- und App-Virtualisierung oder Microsoft Dynamics für

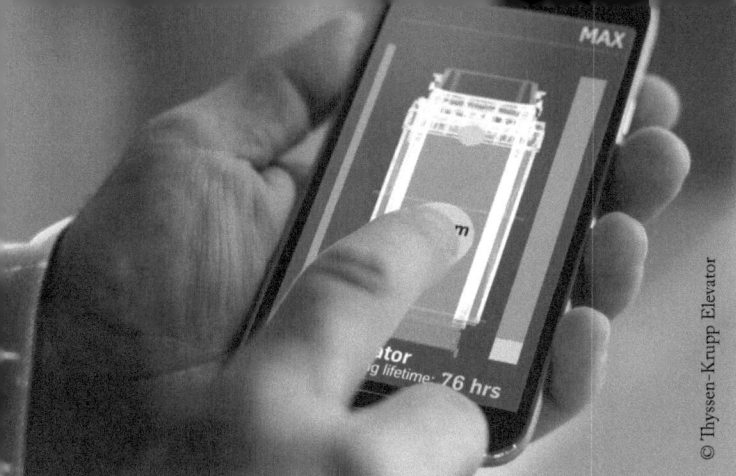

„Max" als vorausschauender Service für Aufzüge von Thyssen-Krupp Elevator funktioniert vernetzt bis aufs Smartphone.

Zum „digitalen Ökosystem" entwickelte sich die Open-Manufactoring-Plattform von BMW, an der sieben Partner beteiligt sind.

die Unternehmenssteuerung. Hardware wie Surface-Geräte oder Hololens-Brillen spielt eine Rolle in der Innovation.

Wie wird die Fabrik der Zukunft aussehen?

Schon heute ist die Fabrik der Zukunft mit unseren Komponenten zu realisieren – in Kombination mit Sensorik und Automatisierungstechnologie. Zurzeit laufen zwar vorrangig Versuchsreihen und Testfabriken. Einzigartig ist aber schon unser Leuchtturmprojekt bei Sandvik Coromat, dem Weltmarktführer für Werkzeuge und Zerspanungslösungen. Das Angebot unter dem Namen Coro-Plus basiert auf Azure IoT Suite, Cortana Intelligence Suite und Dynamics 365. Dabei nutzt Sandvik auf Maschinenebene nicht nur Daten, um Anlagen einzustellen oder Techniker bei Wartungsbedarf zu benachrichtigen, sondern warnt auch Manager bei Problemen. Die Daten werden über industrielles, quasi intelligentes Werkzeug gesammelt, das für effizienten Einsatz anzupassen und einzustellen ist, um Produktionsausfälle zu verhindern.

Mittelständler sollen zurückhaltend gegenüber neuen Technologien sein, solange sie nicht sicher wissen, was ihnen der Einsatz bringt. Erleben Sie die Klientel im Erstgespräch trotzdem offen und informiert für Zukunftstechnologien?

Auf jeden Fall. Vor allem familiengeführte Unternehmen sind sehr offen und gut informiert, wenn unsere Berater mit ihnen über den technologischen Wandel sprechen. Dagegen können manche Dax-Konzerne zurückhaltender wirken.

Microsoft hat jüngst in einer Umfrage ermittelt, dass jeder fünfte Mittelständler angesichts der Corona-Pandemie etwa IoT und KI „wichtiger als je zuvor" erachtet. Für Sie ein Zeichen für Aufbruchsstimmung?

Nicht erst dadurch. Schon bei 75 Prozent der Unternehmen laufen IoT-Projekte. KI kommt im nächsten Schritt dazu, wo erst bei 25 Prozent Projekte laufen. Besorgt bin ich allerdings über Studienergebnisse der Boston Consulting Group, wonach die KI-Welt in zwei Kategorien zerfällt: Die „Frontrunner" sitzen demnach in den USA oder in China,

Deutschland befindet sich immerhin noch am oberen Ende der Nachfolgenden. Allerdings berücksichtigte die Studie auch B2C-Branchen. Deshalb vermute ich, dass es bei uns im industriellen Bereich besser aussieht. Ganz klar gibt es bei uns gute Industrieunternehmen auf diesem Gebiet, weshalb viele beobachten, was wir in Deutschland tun.

Was unternehmen Sie, damit trotz Anfangseuphorie bei ausbleibenden Erfolgen keine Abbruchmentalität einsetzt?

In der Tat ein relevanter Punkt, für den wir sensibilisiert sind. Wir sorgen in den Fachbereichen für Aha-Effekte und vergessen nie, dass auch Kultur, Mitarbeiter und Weiterbildung wichtig sind. Auch IT, Sicherheit, Datenschutz und Vertrauen spielen eine wesentliche Rolle.

Dieses Interview steht im Heftschwerpunkt, der den Arbeitstitel „Unternehmer und ihre Berater – eine Win-win-Situation?" trägt. Wann gewinnen beide Seiten?

Berater kommen meist aus drei Gründen ins Haus: Unternehmer kaufen Kompetenz, es fehlen Kapazitäten oder sie wollen einen Partner, der Erfolge wie Niederlagen gemeinsam schultert. Wir leisten Überzeugungsarbeit für Win-win-Situationen, indem unsere Customer Sucess Unit mit Kunden Hand in Hand arbeitet, um Projekterfolge zu erzielen.

Was führt umgekehrt zu einem Scheitern der Beziehung zwischen Unternehmer und Berater?

Wenn Kompetenz, Kapazität oder Vertrauen fehlt oder die Partnerschaft nicht ausgewogen ist. Auch die Fähigkeit, in die Nutzung unserer Technologie zu kommen, wird immer bedeutender. Außerdem muss die Chemie stimmen, denn Beratung ist immer auch „People Business".

Was aus Ihrer Zeit als Consultant bei den Beratungsgesellschaften PwC und KPMG nutzen Sie heute bei Microsoft?

(lacht) Sehr viel! Grundsätzlich profitiere ich von meinen Erfahrungen im Management komplexer Projekte. In der anfänglichen Überzeugungsarbeit hilft vor allem, dass ich

„Zusammenarbeit von jedem Ort" verspricht Microsoft mit Dynamics 365 Remote Assist auf Hololens-, Android- bis iOS-Geräten.

gelernt habe, sauber zu analysieren und stimmige Prognosen abzugeben. Auch die Voraussetzungen für eine konsequente Umsetzung bringe ich mit. Ich habe bei beiden Beratungen unter anderem an Restrukturierungen und für Private Equity gearbeitet, überaus wichtige Stationen für das Verinnerlichen von Beratungstechniken.

„return" widmet sich erfolgreichen und gescheiterten Unternehmen, vor allem wenn sie nachhaltig zukunftsfähig aufgestellt sind. Wie sehen Sie Transformation und Turnaround?
Ich sammle da aktuell neue Erfahrungen, denn so viel erfolgreiche Transformation wie bei Microsoft habe ich bisher nie gesehen. Thyssen-Krupp mag im Vergleich ein langlebiges Geschäft betreiben, aber gerade die Materialbereiche stehen vor Herausforderungen. Da drücke ich meinen ehemaligen Kollegen die Daumen. Grundsätzlich gilt aber, dass Veränderungen von neuen Führungs- und Kulturansätzen profitieren. Bei uns steht dafür CEO Satya Nadella. Gelingt Veränderung nicht, müssen manchmal sogar Mitarbeiter und Führungskräfte ausgetauscht werden. Transformation und Turnaround sollten vom Management bis zum Mitarbeiter verstanden und gelebt werden: Wenn ein Teil keinen Fleck auf seine weiße Karriere-Weste bekommen will, verleitet das zum risikolosen Mitschwimmen. „Fehler vermeiden" ist dann Trumpf – und Innovationen, Transformation oder Turnaround sind weniger erfolgreich oder scheitern.

Transformation und Turnaround prägen heute das Tagesgeschäft. Zeigen Unternehmensführungen dafür genug Veränderungswillen, Transparenz und Agilität?
Das kann ich für die Gesamtheit deutscher Unternehmen nicht beurteilen. Aber das sind Voraussetzungen, die auch für die digitale Transformation elementar sind. Veränderungswille zählt zu den wichtigsten Voraussetzungen. Kunden kommen meist aber proaktiv auf Microsoft zu. Wenn ich

allein an die Hannover Messe denke, haben sich an unserem Stand zuletzt überwiegend interessierte Geschäftsführer und Vorstände informiert. Eine Unternehmensführung trifft auch selten allein die Schuld. Die Gründe des Scheiterns in Transformation und Turnaround sind mannigfaltig.

Sie nehmen zu Kunden gerne schon erfolgreich Begleitete mit. Leisten Referenzen die beste Überzeugungsarbeit?
Ja, es gehört dazu, Erfolgsgeschichten zu erzählen. Deshalb nutze ich gut beratene Kunden beispielsweise bei Auftritten zu Kongressen und Konferenzen, um das Zusammenspiel besser und glaubwürdig zu verdeutlichen.

Mit Transformationsprozessen geht in Belegschaften oft die Angst einher, neue Technologien könnten Arbeitsplätze kosten. Wie überwinden Sie solche Widerstände?
Den Fall hatte ich noch nicht. Es geht bei unseren Projekten nie ums Einsparen von Stellen, sondern um den Neuaufbau von Geschäft. Unternehmen wollen mit gleich vielen Kräften mehr erreichen. Mitarbeiter verstehen schnell, wenn Transformation alternativlos ist und neue Aufgaben beschert.

Microsoft Deutschland arbeitet mit 30.000 Partnern zusammen. Wie treiben Sie deren Transformation voran?
Mit einer enormen Bandbreite an Schulungen in Schulen bis zu Unternehmen. Wir zeigen auch großen Strategieberatern, was technologisch möglich ist. Unsere Partner wissen, was Kunden erwarten, und sind entsprechend gut vorbereitet.

Aufgrund der Corona-Einschränkungen mussten einige Unternehmen schnell die Digitalisierung ihrer Arbeitsplätze nachholen. Ist unsere Wirtschaft im internationalen Vergleich wettbewerbsfähig?
Wir sehen, dass deutsche Unternehmen international oft als Vorbild gelten. Sie haben sich der Situation gut angepasst oder neu aufgestellt. Vor allem europaweit liegen sie vorn, wenn auch nicht weltweit. Und noch sind B2C- weiter als B2B-Unternehmen.

Während Unternehmen technisch relativ gut fürs digitale Arbeiten im Homeoffice gerüstet waren, bemängeln Experten die schlechte Ausstattung von Bildungseinrichtungen. Ist der Nachholbedarf so groß – und der Nachwuchs weniger fit als anderswo?
Durch meine zwei Kinder sehe ich auch den Nachholbedarf in Schulen. Allerdings gab es auch welche, die ab Tag eins der Krise digitales Lernen von zu Hause angeboten haben. Das macht mir Hoffnung.

Das Interview mit Microsoft-Manager Sebastian Seutter führte „return"-Chefredakteur Thorsten Garber telefonisch.

Seniorenheim als Sanierungsfall

Das Pflegeheim St. Elisabeth im niedersächsischen Alfeld stand kurz vor der Stilllegung. Doch im Insolvenzverfahren gelang die Rettung. Ein Glücksfall in der gebeutelten Pflegebranche.

Ein großer Bedarf und damit eigentlich positive Marktaussichten sichern noch lange keinen wirtschaftlichen Erfolg. Anders sind die vielen Schieflagen und Insolvenzen von Pflegeheimen nicht zu erklären. Zwar erfreuen sich die Deutschen eines immer höheren Alters, womit die Zahl pflegebedürftiger Personen steigt und angesichts der demografischen Entwicklung weiter wachsen wird. Aber im Gegensatz zu Anbietern ambulanter Dienste profitieren Betreiber stationärer Pflegeeinrichtungen davon nicht.

Als Paradebeispiel für das Dilemma steht das traditionsreiche Pflegeheim St. Elisabeth in Alfeld. Ein Sanierungsfall war die Einrichtung seit vielen Jahren. Das Heim eröffnete vor rund 50 Jahren und litt schon lange unter einem Investitions- und Sanierungsstau. Gestiegene Brandschutzvorschriften erforderten komplizierte Umbaumaßnahmen, die in dem Gebäude aus den 70er Jahren teuer wären. Ende 2019 drohte erstmals die Zwangsschließung.

Der Eigentümer und Betreiber – eine gemeinnützige GmbH des Diakonischen Werks im lutherischen Kirchenkreis Hildesheim-Sarstedt – geriet wegen massiver Finanzlücken in die Schlagzeilen. Laut lokalen Medienberichten übernahm der Kirchenkreis Hildesheimer Land-Alfeld eine Finanzbürgschaft, um das Haus unter der Regie der Diakonie zu halten. Doch Ende 2018 war der Gang zum Insolvenzgericht nicht mehr zu vermeiden.

Bundesweit 700 Pflegeheime von einer Insolvenz bedroht

Das Pflegeheim St. Elisabeth steht nicht alleine schlecht da. Aktuell sind mehr als 700 Pflegeheime von einer Insolvenz bedroht. Weitere 3.500 Einrichtungen erwirtschaften Verluste. Das hat die Kanzlei Schultze & Braun für ihr im Mai veröffentlichtes "Healthcare Whitepaper" ermittelt. Rund ein Viertel aller insgesamt etwa 14.500 deutschen Pflege- und Seniorenheime steckt tief in den roten Zahlen und gilt damit als akut gefährdet, geradewegs in die Zahlungsunfähigkeit zu schlittern.

Als Ursachen für Schieflagen nennen die Autoren klassische Krisenursachen wie fehlende Management-Kompetenzen generell oder konkrete Fehlentscheidungen der Geschäftsleitung. Danach arbeiten gerade gemeinnützige Einrichtungen

Festgelegte Einheitssätze zur Refinanzierung gefährden die gesamte Pflegebranche

Die Diakonie Leine-Innerste betrieb bis Mai 2020 das Altenheim St. Elisabeth, das vor rund 50 Jahren in Alfeld an der Leine gegründet wurde. 90 Pflegekräfte betreuen derzeit 90 Bewohner, die in Zwei- oder Dreibettzimmern wohnen. In zwei Jahren sollen 120 moderne Einzel-Apartment-Pflegeplätze und 30 neue Plätze für betreutes Wohnen entstehen.

Die gesamte Pflegebranche ächzt unterm engen Refinanzierungsregime. Die staatlichen Stellen zahlen einheitlich festgelegte Sätze unabhängig von den tatsächlichen

Die düsteren Wolken haben sich verzogen.

Kosten. So haben insbesondere Einrichtungen mit in die Jahre gekommenem Baubestand arge Schwierigkeiten, ihre Heime kostendeckend zu betreiben. Werden dann noch höhere Maßstäbe angelegt, dass es etwa nur noch Einzelzimmer geben soll oder strengere Brandschutzauflagen zu erfüllen sind, bricht oft das gesamte Finanzkonzept zusammen.

Heute ist jedes vierte Pflegeheim in Deutschland akut von Insolvenz bedroht.

http://elisabeth.d-li.de/;
www.wpz-st-elisabeth.de

Tristesse rund ums traditionsreiche Pflegeheim: Die typische Bauweise der 70er Jahre führt zu hohen Sanierungskosten und zur Schieflage.

und Unternehmensgruppen oft unter Rahmenbedingungen, die kaufmännisch unzureichend sind, oder verzetteln sich in verworrenen Strukturen. Pflegeheime in finanzieller Schieflage kämpfen vor allem mit zwei Kostenfaktoren: Personal und Gebäudeinfrastruktur. Die schwierige Refinanzierung von Mitarbeitereinsatz und die gestiegenen Standards für Immobilien erlauben kaum noch einen wirtschaftlichen Betrieb.

„Auf strukturelle Probleme nachhaltig zu reagieren und die Krisenursachen dauerhaft zu beseitigen, ist in einem solchen Fall selten möglich", heißt es in der Branchenstudie. Die Bilanzen vieler Pflegeheime seien „auf Kante genäht" und ließen kaum noch Mittel für Investitionen in Gebäude oder Personal übrig – so wie in St. Elisabeth. Zunächst hatte das diakonische Haus eine Insolvenz in Eigenverwaltung beantragt. Als Sachwalter bestellt wurde Tobias Hartwig von Schultze & Braun.

> „Ich lade jeden Minister ein – in der Hoffnung, dass sich dann etwas ändern wird."
>
> Tobias Hartwig

Nach Unstimmigkeiten zwischen der Geschäftsführung und ihren Beratern beantragte Erstgenannte, die Eigenverwaltung aufzuheben. Der Sachwalter wird zum Insolvenzverwalter bestellt. „Grundsätzlich darf ein Insolvenzverwalter keinen Verfahrensbeteiligten beraten", betont Wirtschaftsjurist Hartwig. Doch bei modernen Insolvenzverwaltern finde sich „vieles von dem wieder, wie auch Unternehmensberater vorgehen". Ein Konzept, das im Insolvenzverfahren mit dem Ziel künftiger Wirtschaftlichkeit entwickelt wird, habe „große Ähnlichkeit mit den Plänen eines Beraters". Unterschied: Nicht das Beste für Mandanten soll erreicht werden, sondern „das große Ganze im Blick" bleiben.

Im Unterschied zum Berater hat der Insolvenzverwalter aber die Befugnis, die Pläne auch umzusetzen. Nach Sichten der Lage beauftragt Hartwig die im Healthcare-Bereich erfahrene Unternehmensberatung Rödl & Partner mit der europaweiten Suche nach Investoren. „Wir haben schon im Frühjahr 2019 von St. Elisabeth erfahren", erinnert sich Bernd Rothe, Geschäftsführer des privatwirtschaftlichen Berliner Pflegeheimbetreibers Cosiq, der zwölf Pflegeheime betreibt. Doch anfangs versichert die Diakonie, den Betrieb selbst weiterführen zu wollen. Der Insolvenzverwalter sucht deshalb zunächst einen Investor für die Immobilie, keinen neuen Betreiber.

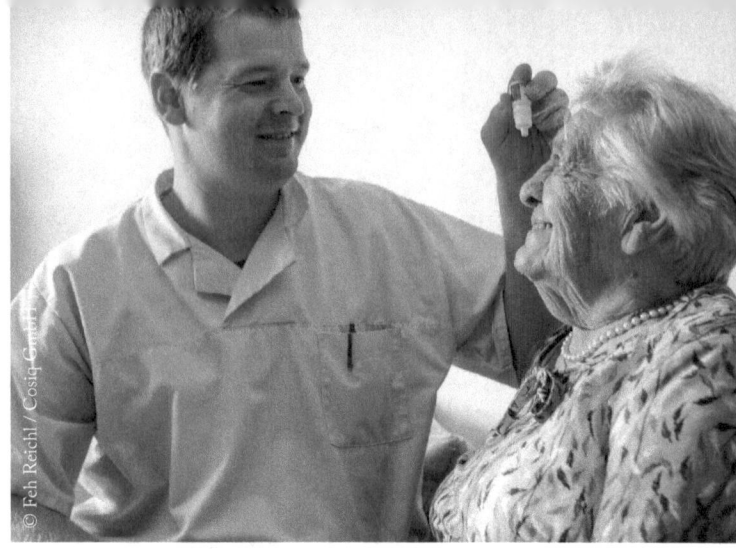

Gute Pflege im Seniorenheim bedarf auch guter Arbeitsbedingungen, damit Mitarbeiter mit Freude ihrer Arbeit nachgehen können.

Cosiq und Carestone geben gemeinsames Angebot ab

Doch Rothe nimmt damals Kontakt mit Mark Uhmeier auf, COO der Carestone Gruppe. Das Unternehmen aus Garbsen entwickelt, baut und realisiert Immobilien für Senioren. Beide kennen sich, weil sie das Göttinger Seniorenzentrum Weende übernommen hatten. „Uns war von Anfang an klar, dass wir als Betreiber nur Plan B sind", sagt Rothe. Trotzdem geben Cosiq und Carestone ein gemeinsames Angebot ab, das aber erst mal nicht angenommen wird.

Insolvenzverwalter Hartwig entwickelt derweil eine innovative Konstruktion, die es der Diakonie ermöglicht, weiter als Betreiberin zu fungieren. Als dann eine weitere Diakonie-Gesellschaft der Gruppe im Frühjahr 2020 insolvent ist, ist Hartwigs Vertrauen in die notwendige Leistungsfähigkeit für einen Neustart dahin.

„Wir sind Entwickler, Bauträger und Verkäufer. Wir verkaufen als Teileigentum."

Mark Uhmeier

Insolvenzverwalter erstaunt bis enttäuscht

„Spätestens da war mir klar, dass die Diakonie es nicht stemmen kann", erinnert sich der Insolvenzverwalter. „Erstaunlich bis enttäuschend" finde er immer wieder, wie oft und wie stark gemeinnützige Träger an eine Mangelwirtschaft gewöhnt seien. Zwischen Hoffnung und Miss-Management bewege sich daher das Handeln, was im Fall von St. Elisabeth unnötig Unsicherheit für Bewohner und Personal über Monate bedeutet habe. „Mein wichtigstes Ziel war, alle 90 Pflegeplätze und alle 90 Arbeitsplätze in Alfeld zu erhalten", sagt Hartwig. Neben der Wirtschaftlichkeit des Pflegeheims habe ihn als Insolvenzverwalter während des Verfahrens der Gedanke an seine eigene Zukunft im Alter oder die seiner Eltern angetrieben: „Es geht um Menschlichkeit und darum, alten Menschen ihr Zuhause nicht zu nehmen."

Er habe auch „das außergewöhnliche Engagement" der Pflegekräfte belohnen wollen, die er im engen Austausch besser kennenlernte. Noch zu Beginn der Corona-Krise stellten sich vielerorts Menschen auf Balkone oder Straßen und klatschten zur Anerkennung der Arbeit von Krankenhaus- und Pflegepersonal. Applaus reicht kaum aus. Das wissen die 50.000 Unterstützer der Petition „Mehr wert als ein Danke", die bis Juli zusammengekommen waren, um mitzuhelfen, die Bedingungen zu verbessern. Denn wie die Initiatoren fordern, äußere sich Wertschätzung auch in „gerechtem Lohn und besseren Arbeitsbedingungen". Ihrer Forderung schließt sich Wirtschaftsjurist Hartwig an. „Ich lade jeden Gesundheits- und Sozialminister zu einem Praktikum ein – in der Hoffnung, dass sich dann etwas ändern wird", sagt der Insolvenzverwalter nach seinen Erfahrungen in St. Elisabeth.

Betrieb übertragen in private Hände

In diesem Pflegeheim ändert sich jetzt so einiges. Innerhalb weniger Wochen gelang dem Insolvenzverwalter, den Betrieb in privatwirtschaftliche Hände zu übertragen. Die Diakonie lösten Carestone als Investor und Cosiq als Betreiber ab. Brandschutzauflagen werden nun umgesetzt. „Allein im Verlauf des Insolvenzverfahrens mussten hierfür etwa 200.000 Euro aufgebracht werden", erklärt Hartwig. Die Summe war zu finanzieren, weil durch das Insolvenzgeld

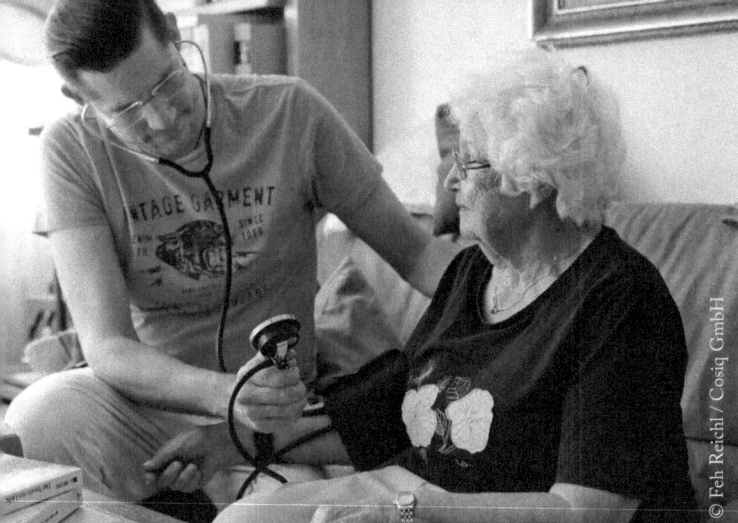

Neben medizinischer Betreuung sind für ältere Menschen auch der Kontakt und die Kommunikation mit den Pflegekräften wichtig.

wieder Liquidität aufgebaut wurde. Die Bundesarbeitsagentur übernahm für drei Monate alle Gehälter.

Das Grundstück mit Pflegeheim-Gebäude kaufte Carestone. Der Investor will einen zweistelligen Millionenbetrag investieren, um 120 Pflegeplätze und 30 Plätze für betreutes Wohnen entstehen zu lassen. „Das bisherige Angebot wird also nicht nur erhalten, sondern deutlich erweitert", freut sich Hartwig. Das Investment in Steine lohnt sich offensichtlich, denn es gab sogar internationale Interessenten, berichtet der Insolvenzverwalter: „Ich habe mit potenziellen Investoren aus Frankreich und China verhandelt."

Altbau weiterbetreiben, bis der Neubau steht

Carestone-COO Mark Uhmeier schloss drei Pachtverträge über 25 Jahre mit Betreiber Cosiq ab – über den Weiterbetrieb des Altbaus, bis der Neubau steht, über den Neubau des 120-Betten-Hauses und über das betreute Wohnen, wofür nach Abriss des möglicherweise asbestbelasteten Altbaus ein Neubau entstehen soll. „Einen defizitären Betrieb zu übernehmen ist immer ein Wagnis", räumt

Kompakt

▶ Die Sanierungsmöglichkeiten von Pflegeeinrichtungen im Insolvenzverfahren sind außerordentlich gut.

▶ Das Unternehmen kann wieder Liquidität aufbauen, wenn die Arbeitsagentur für drei Monate alle Gehälter als Insolvenzgeld übernimmt.

▶ Freigemeinnützige Träger agieren oft in Mangelwirtschaft zwischen Hoffnung und Missmanagement.

▶ Gute Insolvenzverwalter schlagen quasi wie Unternehmensberater nicht nur das Beste für Mandanten heraus, sondern haben stets „das große Ganze im Blick".

Cosiq-Geschäftsführer Rothe ein, der aber mittelfristig gute Perspektiven sieht. Durch Umstrukturierungen plant er noch für dieses Jahr mit einer schwarzen Null.

Insolvenzverwalter Hartwig weiß, welche schwere Aufgabe auf den neuen Betreiber zukommt: „St. Elisabeth benötigt 22 bis 23 Euro an Investitionskosten pro Kopf vom Sozialhilfeträger, um gut über die Runden zu kommen, der jedoch nur 16 Euro angeboten hatte. Davon lassen sich in der Regel keine Investitionen stemmen. Die Baupreise sind real ganz anders, als das Tabellen von Behörden abbilden."

Unangemessene Refinanzierung sorgt für wirtschaftliche Schieflage

„Nur mäßig gerecht" empfindet er, dass Betreiber mit Bestandsimmobilien finanziell über einen Kamm geschoren werden mit Betreibern von energieeffizienten Neubauten, obwohl Erstgenannte oft deutlich höhere Aufwendungen für Energie stemmen müssten. „Bei dieser Refinanzierungshöhe ist die Schieflage vorprogrammiert, spätestens bei neuen Anforderungen von Behörden oder größeren Investitionen", legt Hartwig den Finger in die Wunde im Sozialsektor. Doch in Alfeld haben im Sommer die ersten Abrissarbeiten begonnen. Der Grundstein für den Neubau wird im Herbst gelegt. Parallel beginnt Carestone mit der Vermarktung der Pflegeimmobilie, wie Uhmeier erklärt: „Wir sind Entwickler, Bauträger und Verkäufer. Wir verkaufen die einzelnen Wohnungen und Pflege-Apartments als Teileigentum." Selbst wenn der Investor dann kein Eigentümer mehr sei – als Hausverwalter bleibe Carestone langfristig an Bord und kümmere sich um Wartung, Instandhaltung und Abrechnung.

Gläubiger profitieren von hoher Ausschüttungsquote

„Die Sanierungsmöglichkeiten von Pflegeeinrichtungen im Insolvenzverfahren sind außerordentlich gut", bilanziert Hartwig, der mit dem Ergebnis sehr zufrieden ist: „Ich kann an die Gläubiger eine hohe Quote ausschütten." Alle Beteiligten freuen sich über den Erfolg, sagt er: „Von so einer positiven Lösung mit mehr Pflegeplätzen und einem Plus an Mitarbeitern haben anfangs sicher nicht viele zu träumen gewagt – von Bewohner über Mitarbeiter bis zum Landrat. Eine Traditions-Pflegeeinrichtung bleibt erhalten."

Anja Kühner zeigt wieder mal Geduld, wie schon bei einem vorherigen Sanierungsfall, bis sie über den erfolgreichen Turnaround berichten konnte. Die freie Wirtschaftsjournalistin aus Düsseldorf schreibt schon lange für „return" über Unternehmen in Krisen, aber auch über florierende Start-ups.

Cosmopolitan Consultants

Beratung im universalen Geschäft internationaler Wirtschaft

Spanien
Ein neuer Beratungsdienst
hilft Unternehmen nachhaltig
im Hafen von Barcelona

Lettland
Auf raffgierige Insolvenzverwalter
zielen unbestechliche Kritiker und
mitunter kaltblütige Auftragskiller

Brasilien
Rat des Wirtschaftsministers
scheitert am Desinteresse
von Präsident Jair Bolsonaro

Nigeria
Consultants von Crossboundary
schlagen Brücken für Einstieg
in afrikanische Frontier-Märkte

Kaltblütiger Auftragsmord

Lettland: Insolvenzverwalter leben hier mitunter gefährlich. Denn sie verkaufen Firmen weit unter Wert und verdienen Vermögen mit dem Leid anderer, urteilen viele Kritiker.

Vor der Freiheitsstatue flattert Lettlands Fahne in Riga. Viele Freiheiten nehmen sich Insolvenzverwalter in verschobenen Verfahren.

Als „Geheimtipp" werben Vermittler für Privatinsolvenzverfahren in Lettland, die „schneller, günstiger, leichter" sowie „einfach und weniger demütigend als deutsche" seien. Der finanzielle Neustart gelinge auf dem „effektivsten und schuldnerfreundlichsten Weg". Theis Klauberg kann mit diesen Versprechungen wenig anfangen. Der Rechtsanwalt aus Deutschland betreibt seit rund 20 Jahren eine Kanzlei in Riga und warnt: „Das klingt gut, funktioniert aber oft nicht." Er hält den angebotenen Insolvenz-Tourismus für irreführend, denn viele lettische Gerichte lehnten ein Verfahren ab, wenn der Schuldner keine Geschäftsbeziehungen im Land unterhält oder keine dauerhafte Aufenthaltserlaubnis besitzt. Zudem sei auch im baltischen EU-Land mit Interventionen deutscher Gläubiger zu rechnen.

Das profitable Geschäft mit Unternehmensinsolvenzen hatte jüngst das lettische Nachrichtenmagazin „Ir" investigativ aufgedeckt. Danach bereichern sich Insolvenzverwalter an

Firmen in Schieflage – nach unerlaubten Absprachen und mit fiktiven Gläubigern. Lukrative Mandate seien gegenseitig verschoben worden, zum nicht gerade gesetzestreuen Netzwerk gehörten auch Richter, ergaben die Recherchen. Die Hilfe bevorzugter Administratoren nutzten Schuldner in anderen Fällen, um über Rechtsschutz- und Insolvenzverfahren ihre Verbindlichkeiten auf Kosten der Gläubiger loszuwerden und ihr eigenes Vermögen zu schonen.

In Lettland mündeten Insolvenzverfahren bis vor einigen Jahren meist in einem Konkurs, endeten also selten mit anderen Entscheidungen. Nur in wenigen Fällen gelang es den Masseverwaltern, die ihnen anvertrauten Firmen zu sanieren und damit zu retten. Die meisten versuchten es erst gar nicht, sondern machten einfach nur das Licht aus – ohne überhaupt eine Restrukturierung einzuleiten.

Insolvenzverwalter starb auf offener Straße

Hunderte Millionen Euro hat der Missbrauch in Lettland gekostet, ermittelte eine Studie des Interessenverbands ausländischer Investoren, der wiederholt die Ineffektivität und mangelnde Transparenz von Insolvenzverfahren anprangerte. Für Aufsehen sorgte vor zwei Jahren der kaltblütige Mord an einem Insolvenzverwalter auf offener Straße. Die Behörden vermuten dahinter beauftragte Killer, doch die Ermittlungen kommen nicht voran.

Dafür sorgten Gesetzesänderungen für einige Fortschritte im Insolvenzsystem. Die „positiven Auswirkungen" der Reformen lobte 2019 der Internationale Währungsfonds in seinem Bericht. Das Problem liege nicht im existierenden Recht, sondern in der Art, wie Insolvenzen vollzogen werden, bestätigt Klauberg. Viele Verfahren dauern Jahre – trotz anderslautender Beteuerungen wie in der eingangs erwähnten Werbung übrigens auch bei Privatinsolvenzen.

Alexander Welscher schreibt von Riga aus als Baltikum-Korrespondent für „return" über Lettland, Litauen und Estland. Seinen Vorschlag zu diesem Beitrag über Insolvenzverwalter leitete er mit den Worten ein „Ist der Ruf erst ruiniert …".

Resistent gegen Ratgeber

Brasilien: Der Wirtschaftsminister ist ein ausgewiesener Fachmann. Doch in der Regierungsverantwortung ist seine Bilanz enttäuschend. Seine Expertise scheitert am Desinteresse des Präsidenten.

Paulo Guedes fällt als scheiternder Minister tief und attestiert Präsident Bolsonaro „schlechte Manieren, aber großartige Prinzipien".

Anfangs war er der Star im Kabinett des brasilianischen Präsidenten Jair Bolsonaro: Ein Ökonom mit Doktortitel der Chicago-University als Wirtschaftsminsister, der zudem als schwerreicher Investmentbanker eine der führenden Wirtschaftsuniversitäten Brasiliens aufgebaut hat, schien die perfekte Besetzung. Der 71-Jährige war womöglich das Zünglein an der Waage für Unternehmer und Investoren des Landes, um mehrheitlich für Bolsonaro zu stimmen. Denn der war zuvor als rechtsradikaler Hinterbänkler im Kongress über Jahrzehnte nicht wahrgenommen worden.

Paulo Guedes stand damals für maßgebliche Reformschübe, die Brasilien dringend brauchte: Er versprach, die Staatsausgaben zu streichen sowie mehrere grundlegende Reformen vom Steuersystem über die Arbeitsgesetze bis zur Rentenversicherung umzusetzen. Er wollte die Bürokratie abbauen, die Privilegien der Beamten stutzen, möglichst viel privatisieren und die Wirtschaft öffnen. Dafür gewährte ihm der Präsident alle Vollmachten: Guedes konnte vier Ministerien für Wirtschaft, Finanz, Planung und Industrie zu einem unter seiner Führung vereinen. Außerdem kontrolliert er alle staatlichen Konzerne und Banken. Vermutlich gibt es in keiner Demokratie weltweit einen Wirtschaftsminister, der mit solcher Allmacht ausgestattet ist.

Die Resultate indes sind enttäuschend. Guedes ist gescheitert, zeigt seine Bilanz nach eineinhalb Jahren. Schon vor der Corona-Pandemie, die Brasilien wegen staatlichen

Miss-Managements schlimm trifft, blieb das Werken des Wirtschaftsministers im Wesentlichen wirkungslos. Einzig Anerkennung erfährt seine Arbeit für die Rentenreform, die allerdings große Gruppen wie Militärs oder Spitzenbeamte mit Privilegien von Einschnitten verschont hat.

Womöglich hat Guedes den politischen und bürokratischen Widerstand unterschätzt. Zumindest hat er schon viel Porzellan zerschlagen und Lobbys viel Zeit zur Einflussnahme gelassen. Ständig stellt er neue und umfassende Pläne vor, sodass selbst seine Unterstützer sehr viel Mühe haben, diese nachzuvollziehen. Sein grundlegendes Kommunikationsproblem hat sich zum echten Dilemma entwickelt.

Der Rückhalt des Präsidenten erwies sich zeitlich als limitiert: Wenn das Wachstum weiter stagniert, entzieht Bolsonaro jedem Reformprogramm schnell seine Unterstützung und beweist damit einmal mehr, dass er nie ein Reformer war. Das Image des Neoliberalen verpasste er sich nur für den Wahlkampf, danach ging er wieder zur traditionellen Klientelpolitik über. Trotz leerer Kassen setzt er zudem auf staatliche Ausgabenprogramme.

Scheitern des Wirtschaftsministers fatal für Brasiliens Wettbewerbsfähigkeit

Mit der Corona-Krise starben liberale Reformen des Wirtschaftsministers. Guedes, ursprünglich neoliberaler Banker, schnürt nun kurzfristige Hilfskredit-Pakete für den Mittelstand und brütet über schnelle Lösungen zu Mindesteinkommen. Damit dürfte er sich nicht lange zufriedengeben. Offensichtlich scheint Präsident Bolsonaro resistent gegenüber Ratschlägen aus den eigenen Reihen, selbst durch Experten mit ökonomischem Sachverstand. Scheitert aber Guedes, ist dies fatal für Brasiliens Wettbewerbsfähigkeit.

Alexander Busch arbeitet von São Paulo und Salvador da Bahia aus als Lateinamerika-Korrespondent, davon für „return" seit dem Start. Er wolle „nicht noch ein Bolsonaro-Bashing" betreiben, hatte er angekündigt, denn Brasiliens Präsident müsse mittlerweile „für alles Schlechte herhalten". Dessen Beratungsresistenz erinnert nun allerdiungs doch vor allem wieder an Typen wie Donald Trump.

Der Hafen von Barcelona zählt europaweit zu den zehn größten Umschlagplätzen am Meer.

© Port de Barcelona

Nachhaltig beraten

Spanien: Der Hafen von Barcelona bietet Unternehmen und ihren Logistikdienstleistern neue Services – kostenlos, strategisch, intermodal und nachhaltig für effizienten Transport.

Aus Erfahrung weiß Emma Cobos: „Nachhaltigkeit ist ein wichtiges Ziel, das Unternehmen als Mehrwert ansehen." Deshalb hat der Hafen von Barcelona, in dem die Betriebswirtschaftlerin als Direktorin für kommerzielle Entwicklung arbeitet, im Mai einen neuen Dienst ins Leben gerufen. Port de Barcelona berät jetzt Logistikdienstleister und Unternehmen über nachhaltigen Transport – und zwar kostenlos. „Wir haben die Maßnahmen angelehnt an der Agenda 2030 der Vereinten Nationen mit ihren Zielen für nachhaltige Entwicklung", erklärt Cobos zum Hintergrund.

Dazu zählt, dass der Ausstoß von Treibhausgas in zehn Jahren um 50 Prozent sinken soll. Der Port de Barcelona soll bis zum Jahr 2050 sogar klimaneutral arbeiten. Der TÜV Rheinland gilt in Spanien als Instanz, wenn es um industrielle und umwelttechnische Prüfstandards geht, und zertifiziert den gesamten Umschlagplatz der kosmopolitischen Hauptstadt in der Region Katalonien.

Umschlagplatz für allein 3,5 Millionen Container

Barcelonas Hafen liegt europaweit auf Platz 10, wenn es nach der Statistik geht. Fast 3,5 Millionen Container werden pro Jahr umgeschlagen. Die Fabriken der Automobilindustrie verschiffen hier über 900.000 Pkw, Lkw und Lieferwagen. Damit ist die Frachtgut-Abfertigung am Mittelmeer bei Kraftfahrzeugen führend in Europa. Der neue Beratungsdienst, den die Abteilung für Geschäftsentwicklung ausgearbeitet hat, wendet ein selbst entwickeltes Berechnungsverfahren an, das Nachhaltigkeit misst. Es fußt auf einer Methode der Europäischen Umweltagentur (EUA), die das Kalkulieren von Menge und Art von Emissionen bei jeder Transportart ermöglicht. Zu den Grundlagen gehören zum Beispiel die Daten zu Art und Menge des verbrauchten Kraftstoffes.

Schon zuvor bot der Hafen seinen Kunden mehrere Online-Instrumente an, mit denen Umweltbelastungen durch Transporte zu berechnen sind. Die Berater kümmern sich künftig nicht mehr nur um den Transport auf dem Meer, sondern auf Wunsch von Unternehmen auch um die Klimabilanz für den Weitertransport via Schiene und Straße. In einer zweiten Stufe soll der Lufttransport mitberechnet werden. „Intermodales Kalkulieren" nennen sie das beim Beratungsdienst. Zudem liefern der Dienst auch Ideen für Verbesserungen.

„GBfoods", ein spanischer Lebensmittelkonzern, war einer der ersten Großkunden der Beratung für Nachhaltigkeit im Hafen von Barcelona. GB produziert und transportiert vor allem Brühen, Soßen, Konserven und Fertiggerichte. Das aktuelle Projekt ist noch nicht abgeschlossen, weshalb GBfoods derzeit öffentlich keine Bilanz ziehen möchte. Der spanische Chemiekonzern Ecros ist ein zweiter Großkunde, der über Barcelona vor allem Schüttgut verschifft.

Für Direktorin Cobos steht eines außer Frage: „Der neue Beratungsdienst ist ein strategisch wichtiges Instrument, um die Kunden an uns zu binden." Nach ihrer Beobachtung setzen immer mehr Logistikdienstleister und große Unternehmen auf Nachhaltigkeit, die „ein wichtiger Aspekt für das Marketing von Produkten" sei. Nachhaltigkeit benötige präzise Methoden und exakte Angaben, „um sie in die DNA des Unternehmens aufzunehmen", sagt sie. Und exakt das möchte der Port de Barcelona fortan liefern.

Reiner Wandler lebt seit 30 Jahren in Madrid, von wo aus er als freier Journalist über Spanien und Portugal berichtet – unter anderem für den österreichischen „Standard" und für „return". Erst wollte er eine interessante Beratung mit 156 Prozent Umsatzsteigerung allein in 2019 vorstellen, aber der neue Beratungs-Service in Barcelona war dann doch noch aktueller.

Selbsthilfe als Mission

Nigeria: In Frontier-Märkten wie hier schlagen Beratungen eine Brücke zwischen Investoren,
lokalen Unternehmen und Entwicklungsorganisationen – also mehrfach eine Win-win-Situation.

Großes Sortiment auf kleiner Fläche: Solch bunter Einzelhandel
birgt in Afrika viel Potenzial. Das lockt Investoren an.

Als die Corona-Pandemie auch Nigeria erreichte, reagierte die Regierung der Provinz Lagos State schnell und knüpfte Partnerschaften mit Anbietern von Heim-Solar-Systemen. Die Bürger sollten wenigstens Strom zu Hause haben im Lockdown. Doch die Verteilung der gespendeten Solaranlagen ist in einem Land wie Nigeria schwierig: In den Armenvierteln haben viele Straßen keine Namen, Häuser keine Adressen. Daten über die Bevölkerungsstruktur fehlen. Schon die Identifikation der von Covid-19 am stärksten betroffenen Gruppen kann Detektivarbeit erfordern.

Hilfe leistete die Beratungsgesellschaft Crossboundary. Ein Team in Nigeria ermittelte, wo die Anlagen dringend benötigt werden, und stellte einen Logistikplan auf. Berücksichtigt wurden darin nicht nur die Entfernungen zu Lagerhäusern, sondern auch das lokale Verbreitungsrisiko des Virus. Die Berater sind Spezialisten für sogenannte Frontier-Märkte. Diese bezeichnen Länder, die sich auf dem Weg zu Schwellenmärkten befinden. Für private Investoren aus dem Ausland ist der Marktzugang in diesen Nationen nicht einfach. Das macht örtliche Berater mit Expertise unerlässlich. „Das Fehlen von zuverlässigen Daten und Statistiken stellt im Vergleich zu entwickelten Märkten eine enorme Hürde dar", sagt Frederik Benzel, Leiter des Büros Johannesburg von Crossboundary.

Die Beratung wurde 2011 gegründet und ist heute mit mehr als 70 Experten im Einsatz. Afrika ist ein Schwerpunkt der Arbeit. Anders als Beratungen in entwickelten Ländern hat

Mitgründer Jake Cusack, ein ehemaliger US-Marine-Soldat mit Einsätzen im Irak, mit Crossboundary ein besonderes Ziel: Er will Investoren den Weg in Frontier-Märkte ebnen, um dort Kapitalmärkte zu vertiefen und damit die wirtschaftliche Entwicklung voranzutreiben.

Die Zahl solcher Beratungsgesellschaften mit einer Mission nimmt zu. Nicht nur als eine der letzten großen Wachstumsregionen zieht Afrika das Interesse der Welt auf sich. Auch der Paradigmenwechsel in der Entwicklungspolitik trägt dazu bei, denn abgesehen von Hilfsprojekten versuchen Entwicklungsinstitutionen, verstärkt lokale Betriebe mit internationalen Investoren zusammenzubringen. „Hilfe zur Selbsthilfe" lautet die Devise. Die Berater übernehmen eine unterstützende Rolle und agieren als Brückenbauer zwischen den Akteuren. Interessant dabei ist, dass die Kosten häufig von Entwicklungsorganisationen übernommen werden. Das senkt die Barrieren des Markteintritts für Investoren, ermöglicht zudem eine weitgehend objektive Beratung.

Chancen im Einzelhandel armer Länder verstehen

So hatte sich ein Private Equity Fonds an die amerikanische Hilfsorganisation Usaid gewandt, um die Chancen für Einzelhandel in Mosambik besser zu verstehen. Der Fonds wollte sich an einem Distributor von Markenprodukten beteiligen, der eine Ausweitung der Produktpalette und Vertriebskanäle plante. Eine Analyse von Crossboundary lieferte offenkundig die nötigen Informationen. Die Investition klappte.

Die Berater haben bisher Transaktionen im Wert von mehr als 700 Millionen US-Dollar begleitet. Ein Abschluss ist aber nicht immer garantiert. Zu gewagte Investitionen gelte es zu verhindern, um die Mission zu erfüllen, betont Frederik Benzel: „Das ist mindestens genauso wichtig. Manchmal lautet der beste Rat, eine Chance verstreichen zu lassen."

Claudia Bröll berichtet über die Wirtschaft im südlichen Afrika, davon im sechsten Jahr für „return". Sie kündigte im Vorfeld an: „Diese Beraterfirma ist interessant, weil sie in Ländern aktiv ist, in denen Investoren viel Wagemut und Pioniergeist mitbringen müssen."

Wellen der Verunsicherung

Unternehmensberatungen wachsen, seit es sie gibt, und gewinnen immer. Bewertungen, ob sie aber auch Probleme lösen, fallen bei negativem Ergebnis auf beauftragende Manager zurück.

Auf rauer See kämpft jeder Kapitän, sein Schiff auf Kurs zu halten. Genauso ergeht es Unternehmenslenkern in stürmischen Zeiten.

Unternehmensberatungen sind in Deutschland erst nach dem Jahr 1949 aufgetaucht und erfreuen sich seitdem eines anhaltenden Wachstums. Krisenbedingte Rückgänge wurden stets ausgeglichen. Also verwundert es nicht, dass Ralf Strehlau als Präsident des Bundesverbands Deutscher Unternehmensberater e. V. (BDU) selbst in der Corona-Krise optimistisch in die Zukunft blickt und laut BDU-Pressemitteilung im Juni erklärt: „Die aktuelle Geschäftslage wird zwar von den Consulting-Firmen noch ähnlich schwach eingeschätzt wie vor knapp acht Wochen zu Beginn des Lockdowns. Im Blick nach vorne kehrt der Optimismus in unserer Branche aber wieder zurück. Denn eines ist klar: Unsere Kunden benötigen in der nächsten Zeit viel Unter-

stützung in der Bandbreite von Sicherung der Liquidität bis hin zur Digitalisierung der Geschäftsmodelle. Die Notwendigkeit zur Anpassung ist immens."

Ob die Zeiten sich zum Guten oder Schlechten wenden – Beratungen scheinen immer zu gewinnen. Manager haben nicht nur Beratung erfordernde Probleme, wenn die Ergebnisse ihrer Unternehmen zu wünschen übrig lassen, sondern auch, wenn sie den Eindruck haben, wichtige Trends zu verpassen. Von Beratungen lancierte Megatrends wie Total Quality Management, Business Process Reengineering, Balanced Scorecard oder Lean Production lösen bei Managern allerdings schon seit einigen Jahren nicht mehr das Bedürfnis aus, sich unbedingt an den Erfolgszug ankoppeln zu müssen.

Branchenbezogene Wellen der Verunsicherung gibt es jedoch immer noch angesichts von Fragen wie dieser: Laufen wir Gefahr, abgehängt zu werden – bei der Digitalisierung, beim agilen Management, bei der Kundenbindung oder bei der erfolgsorientierten Vergütung? Beim Lostreten solcher Wellen des Wandels sind weiterhin Beratungen beteiligt, die davon profitieren. Große Beratungen verfügen über die unterschiedlichsten Spezialisten zur Lösung aller möglichen Probleme, sind also Allzweckwaffen gegen Verunsicherungen des Managements.

Allerdings ist es äußerst schwierig festzustellen, ob Berater ein Problem, zu dessen Lösung sie angeheuert wurden, tatsächlich gelöst haben. Untersuchungen zeigen, dass nach dem Abschluss von Beratungsprojekten ganz selten explizit geprüft wird, ob die Berater zufriedenstellend gearbeitet haben. Unternehmen begründen das damit, dass ihre Mitarbeiter ohnehin ständig mit den Beratern zusammengearbeitet und deren Arbeit dabei kontinuierlich überprüft hätten. Auch wird argumentiert – nicht ganz unbegründet –, es sei nicht möglich, die durch das Beratungsprojekt erzielten Ergebnisverbesserungen von anderen Einflüssen zu isolieren.

Letztlich entscheiden Einschätzungen der am Projekt beteiligten Manager, ob ein Beratungsprojekt als erfolgreich einzustufen ist. Würde diese Einschätzungen negativ ausfallen, müssten sich die Verantwortlichen fragen lassen, weshalb sie sich überhaupt auf Beratung eingelassen haben. Mitunter führen die Berater selbst eine Art formale Evaluation durch. Dabei wird aber in erster Linie die subjektive Zufriedenheit der Manager mit der Kooperation zwischen Auftraggeber und Beratung hinterfragt, und das häufig mit der Begründung, vor allem langfristige Auswirkungen seien zu berücksichtigen.

Steigende Budgets bei sinkender Zufriedenheit

Bei Beurteilungen von Beratungsprojekten tendieren die verantwortlichen Manager zur positiven Beurteilung, denn sie haben ja mitgewirkt. Gleichwohl macht sich Unmut breit, nicht zuletzt ausgelöst durch stetig steigende Budgets für Beratungen. „Nur noch 57 Prozent der Kunden sind mit den Leistungen der Berater zufrieden, der niedrigste Wert seit 2007", stellte etwa das „Manager Magazin" einst fest.

Die Schwierigkeit bei der Übertragung von Know-how einer Beratung auf Unternehmen wird tendenziell unterschätzt. Dies mag eine Ursache für die Unzufriedenheit über Leistungen von Beratungen sein. Beratungen dagegen brüsten sich, Wissen über Best Practice zu besitzen. Damit seien sie in der Lage, dieses Wissen in jedem Unternehmen zur Anwendung zu bringen. Welche Praxis tatsächlich die beste ist, hängt aber vom Kontext ab. Und der ist in jedem Unternehmen anders. Auch wird oft unterschätzt, welche Probleme bei dem

Versuch entstehen, eine in einem Unternehmen bestehende Praxis durch eine neue zu ersetzen.

In Unternehmen existieren nämlich genaue Vorstellungen darüber, wie Probleme erfolgreich zu lösen sind. Diese Vorstellungen sind tief eingebettet in eigene „Denkwelten". Neue Lösungen für Probleme müssen in diese Denkwelten übertragen oder in die Logik des Unternehmens übersetzt werden. Ablaufdiagramme sind hilfreich, müssen aber mit den Gewohnheiten des jeweiligen Unternehmens verbunden werden. Dabei ist plausibel aufzuzeigen, worin der Vorteil des neuen Ansatzes besteht.

Denn Mitarbeiter müssen von den Vorteilen der neuen Lösung überzeugt sein. Das Verankern des neuen Ansatzes im Unternehmen bedingt neue Abläufe. Mitarbeiter der Beratung bleiben externe Akteure, die unter sich beraten, wie Widerstände gegen die Neuorganisation am besten zu überwinden sind. Mitarbeiter des Unternehmens diskutieren unter sich, wie man Elemente der bestehenden Lösung am besten gegen die Berater verteidigen kann.

Unternehmen gründen interne Beratungen, um weniger abhängig von externen zu sein

Mit jedem Projekt, das als erfolgreich eingestuft wird, steigt die Abhängigkeit von Beratungen. Dagegen wappnen sich Unternehmen vor allem mit dem Aufbau einer eigenen internen Beratung, die bei größeren Projekten mit externen Beratungen kooperiert und diese gleichzeitig kontrolliert – vor allem, was die Kosten anbelangt. Erfolgsabhängige Honorierung von Beratung ist ein anderer Ansatz zur Kostenkontrolle. Dieser läuft aber Gefahr, bestehende Lösungen zu verfestigen, denn Erfolgsindikatoren orientieren sich tendenziell an bestehenden Lösungen.

Versuche zur Reduzierung von Abhängigkeiten der Unternehmen gegenüber Beratungen haben langfristig kaum Chancen, sich gegen strategische Vorteile von Beratungen durchzusetzen. Karriere machen diejenigen Berater, die beim Einwerben von Anschlussaufträgen die tüchtigsten sind. Und Berater haben bei der Durchführung von Projekten immer ausreichend Gelegenheit, Schwachstellen auszuspähen, die unbedingt Beratung erforderlich machen.

Alfred Kieser ist Professor emeritus für Betriebswirtschaftslehre der Universität Mannheim, lehrte Management-Theorie an der Zeppelin Universität und lehrt Organisationstheorie am Reinhard-Mohn-Institut für Unternehmensführung der Universität Witten/Herdecke. Der Wirtschaftswissenschaftler gilt als einer der führenden Forscher zur Organisationstheorie und zur Kritik der Unternehmensberatung.

Nur Gewinner

Gute Beratung bedarf der richtigen Vorbereitung, der rechtzeitigen Beauftragung und geprüfter Qualitätsstandards, betonen der Präsident und der Vorstandsvorsitzende zweier Berufsverbände.

© Robert Kneschke / Fotolia

Hoch die Daumen zum Gruß für Gewinner: Mit einem klaren „Ja!" beantworten diese neun Bewerter unsere Frage „Unternehmer und ihre Berater – eine Win-win-Situation?", wofür das Autorenduo in diesem Beitrag zur systematischen Auswahl und Qualitätssicherung rät.

Der Nutzen einer Beratung hängt vom Bedarf, den Zielen und den damit korrelierenden Erwartungshaltungen ab. Diese Faktoren sind daher zur Auftragsklärung sachlich, umfassend und präzise zu formulieren. Die abschließende Bewertung, ob alle Erwartungen auch erfüllt wurden, folgt zwar primär subjektiven Kriterien. Sie sollte für Berater jedoch selbstredend positiv ausfallen.

In der Beratung gilt seit jeher: Gute Vorbereitung ist die Hälfte des Erfolgs. Alles andere führt in Unternehmen zu Zweifeln, Vorbehalten und zu wenig Vertrauen. Das lässt eine erfolgreiche Beratung kaum zu. Denn Unternehmer geben in der Regel einen Vertrauensvorschuss, der während der Beratung immer wieder bestätigt werden muss und nicht in Zweifel geraten darf. Der versprochene Nutzen lässt sich in den meisten Fällen erst am Ende des Beratungsprojektes oder sogar noch später darstellen beziehungsweise ermitteln.

Umso mehr muss Qualität in der Beratung nicht nur hochgehalten, sondern kontinuierlich weiter erhöht werden. Beide

Verbände, „Die KMU-Berater" und der „IBWF", unterstützen und fördern den Anspruch hochwertiger Beratung für den Mittelstand. Denn Qualität schafft Vertrauen und zeigt nachhaltig Wirkung.

Beratung wird leider oft zu spät von Unternehmen in Anspruch genommen. Dabei würde eine vorbeugende und nachhaltige Nutzung von Beratern die Zukunftsfähigkeit vieler Unternehmen besser sichern. Wir bringen schließlich unsere Autos auch regelmäßig zum Spezialisten in die Werkstatt, um die Funktionsfähigkeit aufrechtzuerhalten. Wir gehen zur ärztlichen Vorsorgeuntersuchung, um gesund zu bleiben. Dies geschieht aus eigener Initiative und Verantwortung. Man muss es nur wollen und umsetzen.

„Gute Beratung ist der Impulsgeber für Lösungen und leistet Hilfe zur Selbsthilfe."

Gute Besserung – wie beim Arzt nur nach Einnahme verordneter Medizin

Gute Besserung? – Das Rezept eines Arztes hat selbstverständlich keinen Nutzen, wenn die verschriebenen Arzneien nicht eingenommen werden. Gleiches gilt für die Beratung. Eine gute Beratung ist der Impulsgeber für Lösungen. Sie unterstützt vor allem die Umsetzung in kleinen und mittleren Unternehmen (KMU). Gute Beratung leistet also Hilfe zur Selbsthilfe. Ein nachhaltiger und sinnvoller Nutzen von guter Beratung stellt sich ein, wenn qualifizierte Berater frühzeitig zur Problemlösung herangezogen werden oder vorsorglich im Unternehmen aus Eigenverantwortung auf Beratung gesetzt wird.

Beratung hat vor allem sehr viel mit Vertrauen zu tun. Deshalb lautet der Anspruch der beiden Verbände „Die KMU-Berater" und der IBWF, ein hohes Maß an Sicherheit für den Mittelstand über definierte Qualitätsstandards in der Beratung zu gewährleisten. Dabei ist die Sicherheit vor dem Hintergrund der ökonomischen, ökologischen und gesellschaftlichen Verantwortung zu sehen, die alle Unternehmen tragen.

Tragende Säule des Wohlstands

Der deutsche Mittelstand stellt 99,5 Prozent aller Unternehmen in Deutschland. Dahinter stehen 18 Millionen sozialversicherungspflichtige Arbeitsplätze. KMU erwirtschaften mehr als 60 Prozent der gesamten Nettowertschöpfung aller Unternehmen in Deutschland. Der Mittelstand bildet also eine der tragenden Säulen unseres Wohlstands, wie diese Daten des Instituts für Mittelstandsforschung (IfM)

Bonn zum Jahr 2018 belegen. Beide Verbände, „Die KMU-Berater" und der IBWF, legen Qualitätsstandards für gute Beratung fest, die sie kontinuierlich prüfen.

Damit wird unternehmerische und gesellschaftliche Verantwortung unterstützt und erfüllt. Qualität bedarf zudem der völligen Unabhängigkeit von Beraterinnen und Beratern. Zusätzlich gefordert: eine fundierte und qualifizierte Ausbildung, mindestens drei Jahre Berufserfahrung in der beratenden Selbstständigkeit, kontinuierliche Weiterbildungen in jedem Jahr, Vertraulichkeit des Mandats, Beratung nur innerhalb der eigenen Kompetenzbereiche sowie – auch das ist wichtig – eine Vermögensschadenshaftpflicht-Versicherung. Gute Beratung klärt eindeutig den Bedarf, den Inhalt und das Ziel des Auftrags sowie das beiderseitige Rollenverständnis. Gute Beratung unterstützt bei der Umsetzung und schafft damit für alle Beteiligten einen Nutzen. Beide Beraterverbände, „Die KMU-Berater" und der IBWF, empfehlen Unternehmen ausdrücklich, sich bei der Suche nach Beratern am Leitfaden „Gut Beraten" der Offensive Mittelstand zu orientieren (siehe www.offensive-mittelstand.de).

Qualitätssicherung durch Fachverbände

Zudem sollte jedes beauftragende Unternehmen auf die Anerkennung der Beraterinnen und Berater durch einen Berufsverband achten. Denn Fachverbände garantieren durch ihre Qualitätssicherungsmaßnahmen auch die hohe Beratungsqualität ihrer Mitglieder.

Mit der geschilderten systematischen Herangehensweise und dem Einhalten der beschriebenen Qualitätsstandards ist schließlich gewährleistet, dass Berater das ihnen entgegengebrachte Vertrauen auch rechtfertigen können. Letztlich legt dies die Basis dafür, dass Beratung nur Gewinner schafft.

Joachim Berendt (Foto oben) ist Vorsitzender des Vorstandes „Die KMU-Berater – Bundesverband freier Berater e. V.", Boje Dohrn (im Bild unten) ist Präsident des „IBWF e. V. – Das Netzwerk für Mittelstandsberater". Sie haben als Autorenduo nach eigenem Bekunden über unser Schwerpunktthema „Mittelständische Unternehmer und ihre Berater – eine Win-win-Situation?" für diesen Beitrag ausgiebig miteinander diskutiert mit dem Ergebnis: „Gute Beratung schafft nur Gewinner", wie sie in ihrer E-Mail zu ihrem Beitrag schreiben.

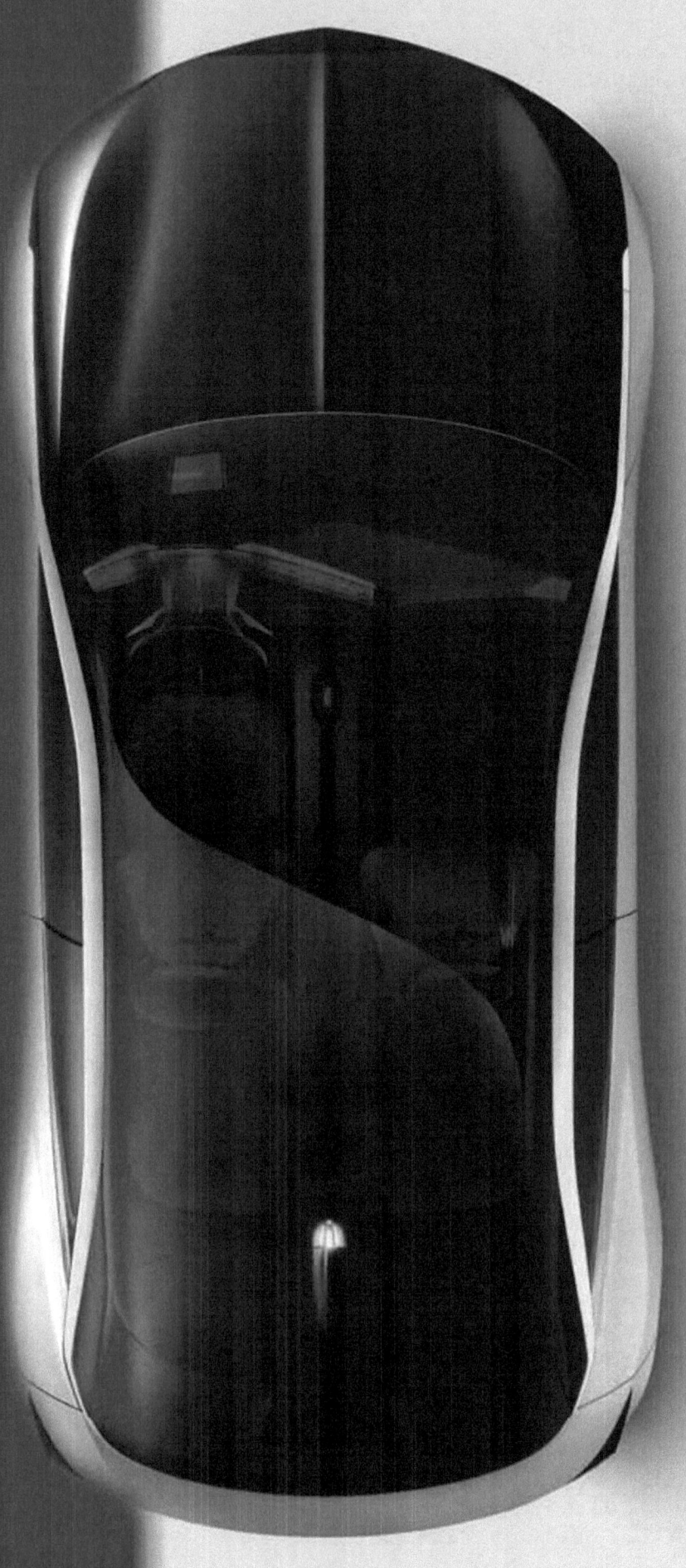

Zurück ins Scheinwerferlicht will Opel mit innovativen Autos wie zuletzt mit dem GT X Experimental (hier im Bild). Modell-Offensive und Marken-Design sollen die Brand mit dem Blitz wieder mit Emotionalität aufladen und so für neuen Glanz in alter Stärke sorgen. „Deutsch, nahbar, begeisternd", wirbt CEO Michael Lohscheller für die Werte zum Schärfen des Profils. Zurück in die Gewinnzone hat es Opel zuvor schon durchs harte Kostensenken geschafft.

Aufpolierter Blitz

Der Turnaround gelang Opel bei den Kosten, seit Groupe PSA die deutsche Traditionsmarke übernommen hat. Nun will der Autobauer ähnliche Erfolge auch beim Absatz erreichen.

In seiner über 150-jährigen Geschichte erlebte Opel eine wechselvolle Geschichte. Mit 20,4 Prozent Marktanteil waren die Rüsselsheimer im Jahr 1972 noch führend in Deutschland. Doch der Wert schrumpfte bis 2019 auf nur noch vier Prozent, belegt das Daten-Portal Statista. Der Niedergang begann mit den drastischen Sparmaßnahmen von José Ignacio López de Arriortúa in den 80er Jahren. Das Kostendrücken führte zu wenig innovativem Design, zu Problemen in der Qualität und in der Folge zur Entwicklung eines negativen Images.

Markenpsychologe Gert Gutjahr schrieb schon 2011: „Heute baut Opel (…) wettbewerbsfähige Pkw-Modelle, denen jedoch der Glanz einer starken Marke fehlt. Mit Verlust der Markengeschichte hat Opel seine Identität eingebüßt." Auch für Markenwissenschaftler Prof. Franz-Rudolf Esch haben viele Strategie- und Kampagnen-Wechsel das einst klare Markenbild verwässert: Neuronale Messungen zeigten, dass die Marke Opel vor allem Bereiche im Gehirn aktiviert, die für negative Emotionen stehen. Passend übten Probanden offen Kritik: „Jeder Popel fährt einen Opel."

Die französische Groupe PSA mit Marken wie Peugeot und Citroën übernahm Mitte 2017 den deutschen Autobauer.

© Barbara Heinz

„Wofür Opel heute steht, kann ich immer noch nicht sagen."

Franz-Rudolf Esch

Nach fast 20 verlustreichen Jahren gelang es Opel in 2018 und 2019, satte Rekordgewinne von 859 Millionen und 1,1 Milliarden Euro auszuweisen. Doch die Marktanteile rutschten in den Keller: In den ersten fünf Monaten 2019 vereinten Opel und Vauxhall noch einen Marktanteil von 5,7 Prozent, in diesem Jahr sind es nur noch 4,3 Prozent, belegen Zahlen des Europäischen Automobilherstellerverbands ACEA.

Dennoch gibt sich Michael Lohscheller als CEO von Opel optimistisch, denn es gehe nicht allein um Größe: „Wir haben Opel neu aufgestellt – als profitables und nachhaltiges Unternehmen sowie als erfolgreiche deutsche Marke im Konzernverbund der Groupe PSA." Deshalb sei er fest davon überzeugt, dass Opel in Zukunft eine Rolle als erfolgreiche Marke im europäischen Automobilgeschäft spielt.

Trotz Rekordgewinn stimmt der Absatz nicht zufrieden. Ursache für die Rückgänge ist die konsequente Umstellung des Produktportfolios auf künftig strenge CO_2-Flottenziele in Europa. Dafür wurde auf zukunftssichere Modelle und Motoren umgestellt und Fahrzeuge aus dem Programm genommen. Darüber hinaus konzentriert sich Opel auf profitable Vertriebskanäle. Jürgen Pieper,

Von Nähmaschinen bis zum PSA-Teil

Adam Opel gründet 1862 sein Unternehmen als Nähmaschinen-Hersteller. Seine Frau Sophie startet drei Jahre nach seinem Tod mit dem Automobilbau und avanciert zum größten deutschen Produzenten. Der US-Konzern General Motors übernimmt 1929 den deutschen Marktführer. Noch 1972 ist Opel mit 20,4 Prozent der Marktführer in Deutschland. Mit der nächsten Übernahme vor drei Jahren wird Opel ein Teil der französischen Groupe PSA, zu der unter anderem Peugeot und Citroën gehören.
www.opel.de; www.groupe-psa.com

© Opel Automobile GmbH

Opel möchte mit neuer Design-Sprache auch vermitteln, dass die Marke mit dem Blitz in Zukunft auf Elektromobilität setzt.

Zum Höhenflug ansetzen möchte der Autobauer aus Rüsselsheim mit futuristischen Konzeptstudien wie dieser für den Flügeltürer Monza.

Interview

„Wir haben ein neues, starkes Selbstbewusstsein"

CEO Michael Lohscheller über die Rolle von Opel im Konzernverbund der Groupe PSA mit Peugeot, Citroën und Marken von Fiat Chrysler sowie den Chancen der Offensive mit E-Autos.

Herr Lohscheller, welche Bedeutung hat der Zusammenschluss von PSA und Fiat Chrysler für Rüsselsheim?

Michael Lohscheller: Dieser Zusammenschluss ist eine große Chance für alle Beteiligten. Denn mit einem Jahresabsatz von 8,7 Millionen Einheiten und einem kombinierten Umsatz von fast 170 Milliarden Euro wird das kombinierte Unternehmen gemessen am Absatz der viertgrößte und gemessen am Umsatz der drittgrößte OEM weltweit sein. Es entsteht ein diversifiziertes Geschäft mit hohen Margen in den Kernmärkten Europa, Nordamerika und Lateinamerika und bietet die Möglichkeit, die Strategie in anderen Regionen neu zu formen. Zudem ergeben sich natürlich immense Synergien. All das stärkt beide Konzerne, und davon profitiert natürlich auch Opel.

Wird Opel zum fünften Rad am Wagen?

Der Zusammenschluss bietet auch für Opel viele Chancen. Wir werden auch in dem neuen, größeren Konzern die einzige deutsche Marke sein und für deutsche Ingenieurskunst stehen. Wir haben ein neues, starkes Selbstbewusstsein. Opel ist nachhaltig profitabel. Wir werden global und elektrisch. Diesen Erfolgskurs werden wir fortsetzen.

Michael Lohscheller mit „Erlkönig", dem neuen Opel Mokka.

Welche Chance bietet Opels Elektro-Offensive?

Ich bin überzeugt, dass wir genau richtig liegen mit unserem Ansatz. Die Ära der Elektromobilität beginnt jetzt – und wir sind da. Wir träumen nicht, wir liefern. Wir haben die richtigen Produkte: Mit dem Corsa-e und dem Grandland X-Hybrid sind wir bereits am Markt, der Vivaro-e und Zafira Life-e werden bald folgen, ebenso der Mokka-e. Wir werden also schon bald in allen wichtigen Segmenten mit elektrifizierten Varianten vertreten sein. Und schon 2024 werden alle unsere Modelle elektrifiziert erhältlich sein. Opel wird dann eine elektrische Marke sein.

Eine elektrische Marke mit Alleinstellungsmerkmal?

Wir stellen uns ganzheitlich auf beim Thema Elektromobilität: Mit unserem Mutterkonzern PSA und unserem Partner Saft investieren wir zwei Milliarden Euro in eine eigene Gigafactory für Batteriezellen an unserem Standort Kaiserslautern. Auch treiben wir den Infrastrukturausbau mit spannenden Projekten voran – unter anderem mit mehr als 1.300 Ladepunkten an unserem Stammsitz in Rüsselsheim.

Wie lauten die zentralen Ziele dieser Transformation?

Wir wollen Opel zu einem zukunftsfähigen und nachhaltig profitablen Unternehmen machen. Dazu gehört, beim Thema CO_2 und damit bei der Elektrifizierung ein Vorreiter zu sein. Wir werden die strengen CO_2-Ziele der EU einhalten – nicht nur, um keine Strafzahlungen leisten zu müssen. Vielmehr ist die globale Erderwärmung aus meiner Sicht die größte Herausforderung unserer Zeit – dafür müssen wir Lösungen bieten. Das ist unsere gesellschaftliche Verantwortung und somit auch eine ethische Frage.

Die Fragen stellte Peter Hanser.

Autoanalyst der Privatbank Metzler, bestätigt: Die schwindenden Marktanteile gehen auf die bessere Preisdisziplin und die Aufgabe eines Teils des Flottengeschäfts zurück. Aber bis zu welchem Grad kann Opel noch Marktanteilsverluste verkraften, ohne wieder in die Verlustzone zu geraten? Die Gefahr sieht Autoexperte Ferdinand Dudenhöffer nicht: Durch Verwendung gleicher Modellplattformen und -konzepte sowie dadurch der Kostenersparnis bei Fahrzeugentwicklung und -produktion lassen sich Skalengewinne realisieren, sagt der Direktor des Centers Automotive Research: „Dies gelingt PSA-CEO Carlos Tavares, indem er Personal reduziert. In der Summe bleibt Gewinn übrig, aber die Marke verliert halt."

Für Analyst Pieper war die harte Sanierung notwendig: „Man kann nicht nur über ein Fitnessprogramm reden, wenn jemand im Sterben liegt." Nachdem Opel die Kostenseite im Griff hat, könne man jetzt beginnen, die Marke wieder aufzupolieren. Für Pieper ist das eine langwierige Aufgabe, die bei den Produkten anfängt und mindestens zwei Autogenerationen dauert.

> „Die französische Art, Autos zu bauen, und die deutsche sind sehr unterschiedlich."
>
> Jürgen Pieper

„Image-Lokomotive für die Marke"

Opel-Chef Lohscheller betont: „Wir haben starke, innovative Modelle – und werden Kunden künftig stärker davon überzeugen." Er nennt den Corsa, den es als E-Auto gibt und den die Fachpresse lobt. Mit dem Grandland X Plug-in-Hybrid gibt es einen sparsamen Opel mit 300 PS und Allradantrieb. Der Mokka, der seit Juni verkauft wird, soll elektrisch durchstarten und zeigt das neue Design, geprägt von Opel Kompass und der Opel Vizor. Lohscheller schwärmt: „Dieses Auto wird begeistern, eine Image-Lokomotive für die Marke sein und uns Impulse verleihen." Im Konzernverbund von PSA-Gruppe und Fiat Chrysler soll Opel authentisch bleiben. „Deutsch, nahbar, begeisternd", wie Lohscheller definiert und konkretisiert: „Opel bietet deutsche Präzision, Technik und Hightech für alle." Sein Unternehmen stelle sicher, dass neue und relevante Innovationen für alle zugänglich sind. Dafür entwickelte Autos sollen, basierend auf Plattformen der Groupe PSA, wichtige Differenzierungsmerkmale mitbringen. Damit Kunden den Unterschied zu den französischen Modellen erkennen können, empfiehlt Markenforscher Esch direkt, die Modelle als typisch deutsch und die Marke als echten

Opel quasi in Alleinstellung zu präsentieren: „Menschen sind Augentiere, also geht es vor allem um Exterior und Interior Design sowie um klare Markenpositionierung und deren Übersetzung in Kommunikation."

Autopapst Dudenhöffer zweifelt: „PSA-Technik prägt die Konzernplattformen. Wenn Interessenten die Autos sehen, sie sehr ähnlich sind und gleiche Technik enthalten, dann entscheiden sie sich für die preisgünstigen."

Der Kritik, Opel sei nur eine Hülle, widerspricht Analyst Pieper von der Metzler Bank: „Der Corsa ist deutlich abgehoben vom Peugeot 208. Man kann nicht erkennen, dass sie auf einer Plattform basieren." Die französische Art, Autos zu bauen, unterscheide sich stark von der deutschen. Herz und Hirn der Kunden anzusprechen, empfiehlt Branding-Experte Esch. Opel müsse klar sagen, wofür die Marke steht und warum sie kaufen soll. Die „Umparken"-Kampagne war ein Schritt in diese Richtung, sagt Esch: Opel habe Vorurteile aufgegriffen und positiv widerlegt, um die Marke zu aktualisieren und im Image positiv aufzuladen. Noch nicht genug, wie der Leiter des Instituts für Markenforschung betont: „Die Kampagnen mit Klopp sind zwar nett anzusehen, aber wofür Opel heute steht, kann ich immer noch nicht sagen."

Ohne Fußfesseln in neue Märkte

Potenzial sieht Opel-CEO Lohscheller international: „Unser Ziel ist es, bis zur Mitte des Jahrzehnts mehr als zehn Prozent unseres Verkaufsvolumens pro Jahr außerhalb Europas zu erzielen." Die Präsenz in Asien, Afrika und Südamerika wird mit neuen Partnern verstärkt. „Gleichzeitig wollen wir bis 2022 mehr als 20 neue Exportmärkte erschließen", kündigt der Opel-Chef an: „Die Globalisierung bietet uns viele Möglichkeiten. Es gibt keine Fußfesseln mehr." Er setzt voraus, dass jedes Exportgeschäft profitabel läuft, was kein Selbstläufer wird. Denn international stehen deutsche Premiummarken in der Poleposition. Und sie versprechen Kunden schon die Qualität des German Engineerings.

Diplom-Ökonom Peter Hanser, mehr als 30 Jahre als Redakteur auf Marketing-Themen spezialisiert, war die ideale Besetzung für einen Beitrag über die deutsche Traditionsautomarke. Für die Antworten auf seine Fragen nahm sich Opel-CEO Michael Lohscheller persönlich Zeit.

Gewinner der Krise

Während durch die Corona-Pandemie viele Unternehmen leiden, profitieren einige Gründer von der Ausnahmesituation. Impfstoffe, Lieferdienste oder Desinfektions-Roboter sind sehr begehrt.

Frische Zutaten mit den passenden Rezepten dazu bringt der Lieferdienst „Hello Fresh" gewissermaßen bis auf den Tisch. Die „Kochboxen" kommen auf jeden Fall kostenlos bis an die Haus- oder Wohnungstür, sind online zusammenzustellen und im Abo erhältlich.

Die Welt hofft auf Impfstoffe gegen das Corona-Virus. In der Forschung sind deutsche Unternehmen traditionell weltweit vorne. Das Tübinger Start-up Prime Vector Technologies (PVT) sucht auch danach und hat dafür kürzlich 1,3 Millionen Euro vom Bundeswirtschaftsministerium erhalten. Der vielversprechende Ansatz zielt darauf, einen polyvalenten Impfstoff zu finden, in den sich im Fall von Covid-19 gleich mehrere Antigene einbauen lassen.

„Unser Impfstoff wird eine breitere Immun-Antwort auslösen – Impfschutz wäre selbst dann möglich, wenn das Virus mutieren sollte", sagt Co-Gründer Ferdinand Salomon von PVT als Chief Operating Officer. Sogar gegen andere Corona-Viren könnten Geimpfte immunisiert werden. Schon Ende Oktober sollen Tests an Primaten abgeschlossen sein, damit die besten Impfstoffkandidaten feststehen. Salomon, promovierter Mikrobiologe, hatte PVT erst im Oktober 2019 mit Ralf Amann und Melanie Müller an der Universität Tübingen als Spin-off gegründet. An einem Mittel gegen Krebs forscht hier eine zehnköpfige Projektgruppe schon seit sieben Jahren.

Die PVT-Unternehmensführung sucht aktuell strategische Partner, denn man zielt auf ein Lizenzmodell, um dauerhaft am Markt bestehen zu können. Die Pharmaindustrie soll die Technologie bei ihrer Impfstoffsuche einsetzen, um beispielsweise Mittel gegen verschiedene Infektions- oder Krebserkrankungen für Mensch und Tier zu finden. „Mithilfe von Investoren wollen wir im kommenden Jahr neue Mitarbeiter einstellen, um eigene Impfstoffkandidaten präklinisch zu entwickeln und unsere Plattformtechnologie kontinuierlich weiter zu optimieren", beschreibt Salomon.

Corona-Krise lässt leichter Investoren für Start-up finden

Auch Varomo aus Pforzheim setzt auf den Gesundheitsmarkt. Der Name steht für „Variable Roboter Module". Thomas Link und seine Mitgründer Marco Dittmann und Fabian Aichele könnten wegen der Corona-Krise jetzt leichter Investoren finden, nach denen sie seit 2017 vergeblich suchen. „Zwei Business Angels sind auf uns zugekommen. Nun verhandeln wir über die Finanzierung einer halben Million Euro für die erste Kleinserie", sagt Betriebswirt Link. Die Geschäftsidee kam einem ehemaligen Mitstreiter mit Kreuzbandriss, der in seiner Bachelor-Arbeit die

Marktchancen für einen fahrbaren Tisch auslotete. Das erleichtert den Alltag von Senioren oder Menschen, die etwa nach einem Unfall mit Krücken schon beim Transportieren einer Tasse Kaffee vor einem Problem stehen. Varomo hat das Geschäftsmodell entwickelt: Das Gründertrio perfektionierte das Basismodul, das mithilfe von Künstlicher Intelligenz und Lasertechnologie selbstständig Unterstützung leistet.

Mit Aufsätzen wird ein Desinfektions-Roboter daraus. Oder ein autonom fahrender Werkzeugwagen für die Industrie. Das Desinfektionsmodul lässt den Wagen mit UV-Licht durch Krankenhäuser, Pflegeeinrichtungen oder öffentliche Gebäude fahren, um Virenfreiheit zu gewährleisten. Link prognostiziert gute Perpektiven: „Obwohl wir erst zum Jahresende auf den Markt kommen, sehen wir gute Chancen, denn unser Carecules kostet maximal 15.000 Euro, vergleichbare Modelle sind nicht unter 70.000 Euro zu haben."

Das Forscher-Team des Start-ups PVT sucht fieberhaft nach einem Impfstoff gegen das Corona-Virus – und scheint schon weit zu sein.

Jahresziel schon im April erreicht

Ebenfalls der Hygiene verschrieben hat sich Uvis aus Köln, was für „UV-Innovative Solutions" steht. Mit „Escalite", einem Desinfizierungsmodul für Handläufe von Rolltreppen, begab sich das Start-up schon vor der Krise auf den Wachstumspfad (siehe return 5/2018, S. 50). „Wir hatten im April die für 2020 geplanten Umsatzzahlen erreicht – unter anderem wegen des Corona-Virus", antwortet jetzt Co-Gründerin Katharina Obladen auf Anfrage.

Den Umsatz treibt auch der Exklusiv-Vertrieb für „Titano". Die antimikrobielle Beschichtung schaffe „durch ihre selbstentkeimende Wirkung eine Dauerhygiene", sagt Obladen. Die Idee hatten Kunden: „Wir wurden oft gefragt, ob wir andere Flächen neben den Rolltreppenhandläufen desinfizieren können", sagt die Betriebswirtin. Die Lösung gab es schon, aber der bayerische Hersteller fokussiert den Vertrieb auf Krankenhäuser. Die Nanobeschichtung kommt seit der Corona-Krise in Einkaufszentren und Bahnhöfen zum Einsatz. Nach Ladenschluss folgt der Reinigungskolonne das Uvis-Team, das Titano auf Geländer, Griffe und Türklinken sprüht – in der Kö-Galerie in Düsseldorf, im Europa-Center in Hamburg oder im Skyline Plaza in Frankfurt am Main.

In Pandemie-Zeiten den Umsatz versiebenfacht

Der Körperhygiene verschrieben hat sich „Happy Po". Als Toilettenpapier zu Beginn der Corona-Krise plötzlich Mangelware war, boomte die Po-Dusche des Start-ups. Eine handliche Flasche bringt Wasser an Stellen, die nach dem Toilettengang zu säubern sind – sozusagen ein überall verfügbares Bidet. „Hygienischer geht es nicht", sagen die Gründer

Frank Schmischke und Oliver Elsoud. Dem Infodienst Gründerszene verrieten sie, den Umsatz in der Krise versiebenfacht zu haben. Ihr Onlineshop gehe „durch die Decke", die Verkäufe in den USA und Großbritannien über Amazon ebenso. Auch im stationären Handel griffen Kunden deutlich häufiger zur Po-Dusche, etwa im Dm-Drogeriemarkt.

Infektionsrisiken treiben Kunden in Onlineshops

Verbraucher setzen aufs Onlineshopping, weil das Einkaufen im stationären Handel mit Infektionsrisiken verbunden ist. Bislang waren nur bis zu zwei Prozent der Lebensmitteleinkäufe aus Filialen ins Internet gewandert. Doch dies ändert jetzt der Online-Supermarkt Picnic, für den die Deutschland-Zentrale inzwischen zwei Kühllager und elf Hubs betreibt. Vier Gründer starteten Picnic vor fünf Jahren im niederländischen Amersfoort. Nur eineinhalb Jahre später pumpten Investoren 100 Millionen Euro ins junge Unternehmen. In Deutschland startete Picnic vor zwei Jahren. Frederic Knaudt ist als Chef des deutschen Gründer-Teams von Anfang an dabei. Seine Start-up-Erfahrung erlangte er bei Rocket Internet sowie beim später von Lidl übernommenen Kochzauber.

Picnic ist mehr als bloßer Lieferdienst. „Wir sind ein echter Supermarkt, nur ohne Filialen", sagt Knaudt. Wie der Edeka-Markt an der Ecke beziehe Picnic seine Waren vom Einkaufspartner Edeka Rhein-Ruhr – ob frisches Obst und Gemüse, regionale Produkte, Toilettenpapier oder Shampoo. Die Fahrer liefern zu auswählbaren Zeiten den Einkauf nach Hause, nehmen Pfandflaschen und gebrauchte Batterien im Gegenzug mit. „Die in den Niederlanden entwickelte Logistik-Software stellt mithilfe Künstlicher Intelligenz

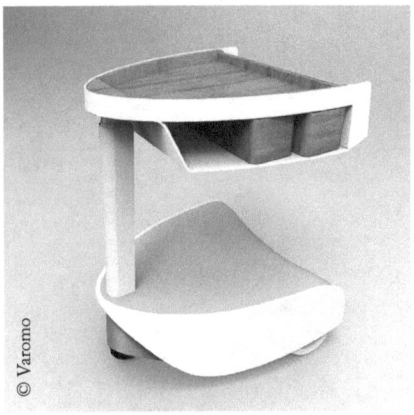

Der fahrbare Tisch von Varomo ist variabel einsetzbar – in Haushalt, Pflege, Industrie.

Desinfektion von Uvis wirkt hygienisch – in Hospitälern, Bahnhöfen, Einkaufszentren.

Eine pfiffige Flasche von Happy Po sorgt als Bidet für Sauberkeit bei Klopapiermangel.

Lieferrouten so zusammen, dass unsere Fahrer pro Stunde bis zu zehn Kunden beliefern, während herkömmliche Lieferdienste nur zwei oder drei schaffen", beschreibt Knaudt ein Alleinstellungsmerkmal.

Effizienz gepaart mit der Ersparnis ohne Filialstandorte führe zu wettbewerbsfähigen Preisen ohne Liefergebühren. „Außerdem werfen wir keine Lebensmittel weg, denn Kunden müssen bis zum Abend zuvor fest bestellen." Die Fahrer liefern mit kleinen Elektrowagen aus. Die Neuanmeldungen bei Picnic haben sich seit der Corona-Krise verfünffacht, Knaudt konkretisiert: „Bestandskunden haben in den Lockdown-Wochen bis zu 60 Prozent mehr bestellt. Unsere Warteliste wuchs zwischenzeitlich auf 90.000 Haushalte, die wir nur nach und nach in den Shop lassen konnten." Das Potenzial scheint gigantisch, denn allein „in Mönchengladbach haben 40 Prozent aller Haushalte die Picnic-App installiert", wie Knaudt betont und prognostiziert: „Zehn bis 20 Prozent sollten überall drin sein." Rund 20 Auslieferungsstandorte will Picnic bis zum Jahresende bedienen – und stellt dafür wöchentlich etwa 50 neue Fahrer und Lagerarbeiter ein.

Mit den geschlossenen Restaurants stieg die Nachfrage bei Hello Fresh

Auch Kochboxen-Lieferant „Hello Fresh" hat von der Corona-Krise profitiert. Restaurants waren geschlossen, also wurde zu Hause gekocht. Das Unternehmen, 2011 gegründet, entwickelt Rezepte und stellt passende Lebensmittel zusammen. Verbraucher erhalten als Abonnenten pro Woche eine neue Lieferung. „Zusätzlich zu unseren schon starken ersten beiden Monaten des Jahres haben wir in der zweiten Märzhälfte, mit der Entwicklung der Pandemie in unseren Märkten, eine erhebliche Nachfrage gesehen", sagt CEO Dominik Richter. „Besonders in diesen Zeiten macht es uns stolz, dass wir weltweit mehr als 111 Millionen Mahlzeiten an Familien verschicken." Im ersten Quartal 2020 nahm die Zahl der

aktiven Kunden um 68,4 Prozent auf 4,18 Millionen zu. Im Vergleichszeitraum 2019 waren es 2,48 Millionen.

Das Vorzeigeunternehmen der Start-up-Schmiede Rocket Internet verdoppelte fast die Prognose fürs Gesamtjahr 2020 vom bisher erwarteten Umsatzwachstum zwischen 22 und 27 Prozent auf jetzt 40 bis 55 Prozent. „Die erwartete bereinigte Ebitda-Marge der Gruppe liegt nun bei 6,0 bis 10,0 Prozent, von zuvor 4,0 bis 5,5 Prozent", teilte Hello Fresh mit. Neben Deutschland ist der Lieferant mittlerweile in Österreich, der Schweiz und in den USA tätig. Die Mitarbeiterzahl stieg von 118 im Jahr 2014 auf mehr als 4.200 in 2018.

Aktuelle Lage lässt Gründer aber auch Geschäftsideen auf Eis legen

So beeindruckend alle Beispiele sind, so bleiben sie doch Ausnahmen. Denn die Gründungstätigkeit in Deutschland zog zwar 2019 erstmals seit fünf Jahren wieder an, wie der aktuelle KfW-Gründungsmonitor zeigt, aber gleichwohl werden viele Geschäftsideen auf Eis gelegt. „Der Ausblick für das Gründungsjahr 2020 war positiv, doch die Corona-Pandemie belastet. Ich erwarte, dass Gründungspläne unter dem Eindruck der aktuell existenzbedrohenden Lage vieler Selbstständiger teilweise verschoben werden", sagt Fritzi Köhler-Geib, die Chefvolkswirtin der KfW-Bankengruppe. Jedoch werde die Krise auch positive Effekte haben. „Aufgrund von krisenbedingt zunehmender Erwerbslosigkeit dürfte die Zahl sogenannter Notgründungen – also Gründungen, die mangels besserer Erwerbsalternativen erfolgen – steigen." Welcher Effekt letztlich überwiegen werde, bleibe abzuwarten.

Anja Kühner arbeitet als freie Wirtschaftsjournalistin von Düsseldorf aus. Für „return" schreibt sie regelmäßig über die Gründerszene und ihre interessanten Start-ups, nach gescheiterten Entrepreneuren trotz Zukunftstechnologien in return 03/20 nun über Gewinner in Krisen.

Der Pilotbetrieb der QBIIK-Fahrzeugplattform läuft schon in der Logistikhalle des Konsortialpartners Audi Sport.

© QBIIK

Mensch assistiert Maschine

Durch Teleoperation zeigen Mitarbeiter den Robotern im Projekt QBIIK diverse Abläufe, die sie im lernenden System umsetzen. Diese Automatisierung läuft schon in der Praxis.

Fortschritte in der Robotik ermöglichen zunehmend, Prozesse in der Industrie zu automatisieren. Allerdings werden mit steigender Komplexität der zu bewältigenden Aufgaben auch Ausfälle wahrscheinlicher und das Erlernen neuer Funktionen aufwendiger. Im Forschungsprojekt

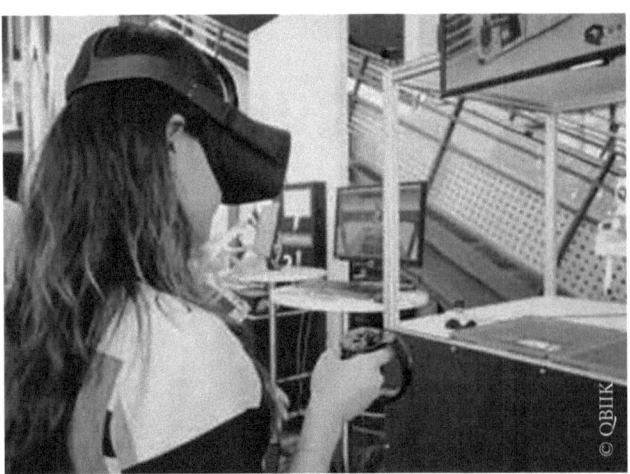

© QBIIK

Bewegungen des Menschen überträgt die QBIIK-Technologie direkt auf Roboter und erlaubt die intuitive Bedienung ohne Vorkenntnisse.

„QBIIK" hat eine Gruppe von Wissenschaftlern des Karlsruher Instituts für Technologie (KIT) am Institut für Fördertechnik und Logistiksysteme (IFL) und am Institut für intelligente Prozessautomatisierung (IPR) gemeinsam mit den Industriepartnern Still, Bär Automation und Audi Sport untersucht, wie den neuen Herausforderungen zu begegnen ist, und ein Lösungskonzept entwickelt.

Eine neue Art zu automatisieren

Ein klassischer Anwendungsfall ist das Automatisieren von Prozessen, die aktuell manuell ausgeführt werden. Denn die hohen Investitionskosten, der Einsatz von meist externem Fachpersonal und die große Komplexität verunsichern viele mittelständische Unternehmen. Zudem ist häufig unklar, wie die angeschaffte Technik bei Prozessänderungen weitergenutzt werden kann.

Das KIT-Forscher-Team hat eine intuitive Mensch-Maschine-Schnittstelle entwickelt, die unternehmenseigenen Mitarbeitern die Steuerung von komplexen Robotiksystemen ermöglicht – ohne aufwendige Programmierung oder Vorwissen. Je nach Aufgabe werden dem Bediener verschiedene Assistenzstufen zur Verfügung gestellt. Diese reichen von einer Web-Anwendung oder einer App am Smartphone bis hin zur vollständigen Teleoperation.

Der Mensch als Lehrer für lernende Maschinen

Bei der Teleoperation wird die menschliche Bewegung direkt auf den Roboter übertragen. Somit kann ein Mitarbeiter den bisher manuell ablaufenden Prozess dem Roboter vorführen und dieser kann die Bewegung anschließend replizieren. Dieser Vorgang wird als Teach-in bezeichnet und kann sowohl für die Inbetriebnahme als auch bei Prozessanpassungen eingesetzt werden.

Systemausfälle können durch die Verwendung der Web-Anwendung oder Smartphone-App schnell gelöst oder vollständig vermieden werden. Der Roboter kann bei diversen Unsicherheiten den Mitarbeiter nach dem richtigen Vorgehen fragen. Der Mensch gibt die Lösung vor, das System fährt unmittelbar nach der Hilfestellung fort. Während solcher Hilfestellungen werden Lerndaten generiert, die zur Verbesserung der automatisierten Funktion beitragen und dazu führen, dass ähnliche Situationen in Zukunft vom System selbst gelöst werden können.

Das Konzept, das im Zuge des QBIIK-Forschungsprojekts mit allen Konsortialpartnern entstand, ging als Anwendung in einen Pilotbetrieb bei Audi Sport. Die Arbeit, die innerhalb des Projektes geleistet wurde, setzt nun ein Start-up fort. Der Prototyp wird im Dezember auf der Messe „Automatica 2020" in München ausgestellt. Das Forschungs-Team vereinbart mit Interessenten aber auch vorher Besichtigungen.

Jonathan Auberle (Foto oben) arbeitet im Bereich Robotik und interaktive Systeme des Instituts für Fördertechnik und Logistiksysteme (IFL) des Karlsruher Instituts für Technologie (KIT). Der zweite Autor, Bengt Abel (im Bild unten), ist unter anderem Projektleiter Technology und Innovation der Still GmbH, insbesondere bekannt als Gabelstapler-Hersteller, aber mittlerweile ein Komplettanbieter von Intralogistik-Lösungen und ein Teil der Kion-Unternehmensgruppe.

Faire Werkverträge?

Umstrittene Thesen stellt dieses Magazin in „return kontrovers" zur Diskussion.
Diesmal drehen sich Diskurs und Debatte um das Für und Wider von Werkverträgen.

Fast verständlich, dass Clemens Tönnies keine Zeit findet für einen Gastkommentar über „Faire Werkverträge für die deutsche Wirtschaft". Obwohl er unter exakt diesem Titel als geschäftsführender Gesellschafter seiner Unternehmensgruppe am 20. Mai in einer Pressemitteilung erst die „Abschaffung von Werkverträgen" fordert, dann aber zitiert wird: „Wir brauchen in der gesamten deutschen Wirtschaft einen fairen Werkvertrag mit klaren Strukturen und Verantwortlichkeiten." Was denn nun: Abschaffung von Verträgen oder Fairness in Verträgen? Sein Vorschlag: „deutsches Arbeitsrecht und deutsche Sozialversicherung für alle Beschäftigten". Als aber in seinen Fleischbetrieben eine eigene Corona-Krise ausbricht, antwortet sein sicher viel beschäftigter Pressesprecher, Dr. André Vielstädte, auf die Anfrage für „return kontrovers" nur knapp: „Das schaffen wir aktuell nicht."

Viel Kritik trifft Tönnies nach rund 1.400 infizierten Mitarbeitern, geschlossenen Schlachthöfen, dem Landkreis-Lockdown und dem erzwungenen Abschied des Fleischbarons als Aufsichtsratchef beim Herzensklub Schalke 04. Seinen Antrag auf Lohnkosten-Erstattung durch den Staat findet Ralf Stegner (SPD) „unverschämt" und stellt nur „staatliche Kost und Logis" während einer möglichen Haftstrafe für Tönnies in Aussicht.

Mehr Flexibilität, weniger Komplexität – aber betriebswirtschaftlich sinnvoll?

„Werkverträge im Betrieb" hat das Forschungswerk des Deutschen Gewerkschaftsbundes, die Hans-Böckler-Stiftung, vor fünf Jahren untersucht mit dem Ergebnis: „Manche Praktiken der Werkvertragsnutzung überschreiten die Grenzen der Legalität (...). Aber nicht alle Werkverträge flanieren an der Grenze zur Illegalität. Auch gehen nicht alle mit schlechten Arbeitsbedingungen einher."

Ihr Einsatz sei „institutionalisiert" und „tradiert", ziele auf mehr Flexibilität und weniger Komplexität, indem etwa Kontrollen ausgelagert werden. Die Fallstudien würden allerdings auch zeigen, „dass das, was als betriebswirtschaftlich sinnvoll betrachtet und behandelt wird, einer genaueren Prüfung häufig nicht standhält".

Der Forschungsbericht des Instituts für angewandte Sozialwissenschaft (Infas), den das Bundesarbeitsministerium vor drei Jahren zu Werkverträgen vorstellte, enthält Fallstudien etwa aus der Baubranche, einer TV-Produktionsfirma oder Behinderten-Werkstatt sowie aus mittelständischen Maschinenbau- und Chemieunternehmen. Dies verdeutliche „beispielhaft die Vielfältigkeit des Werkvertragsgeschehens", schreiben die Autoren, denen „aus praktisch jeder Branche eine Anzahl an Mehrfach-Interviews" vorliegt. Mit der Verbreitung stelle die Studie „die Allgegenwart und Normalität von Werkverträgen in einer arbeitsteiligen Wirtschaft nachdrücklich unter Beweis". Als „schwierige Teilthemen" nennen die Forscher „rechtliche Grauzonen" und „problematische Arbeitsbedingungen", die aber eher „im Zentrum kritischer Medienberichterstattung" gestanden hätten.

Arbeitsminister Hubertus Heil

Der skandalöse Umgang mit Werkvertragsarbeitern in der Fleischindustrie scheint also nur ein Fass zum Überlaufen gebracht zu haben, denn am Bau oder in der Logistik gilt die Verbreitung solcher Verträge als ähnlich hoch. „Werkverträge sind im Wirtschaftsleben etwas total Normales", räumt auch Bundesarbeitsminister Hubertus Heil am 2. Juli in seiner Bundestagsrede ein, um dann doch rigoros nachzuschieben: „Ich werde mit Werkverträgen und mit Leiharbeit in der Schlachtbranche Schluss machen." Da in Betrieben wie in Coesfeld & Co. aber der Arbeitsschutz auch nicht ausreichend durch unabhängige Prüfungen sichergestellt war, kündigt Heil zusätzlich an: „Es nützen die schärfsten Regeln nichts, wenn man nicht auch kontrolliert. Das werden wir tun." Die „Katastrophe" fordere Konsequenzen, denn die „organisierte Verantwortungslosigkeit zur Ausbeutung von Menschen" sei inzwischen „ein allgemeines Gesundheitsrisiko für die Bevölkerung".

Diese kompakte Studien- und Medienauswertung, die klar kontrovers kommentieren soll, stammt von „return"-Chefredakteur Thorsten Garber.

<table>
<tr><td>

PRO

Brigitte Faust:
„Werkverträge sind streng reguliert"

</td><td>

KONTRA

Karl-Josef Laumann:
„Mit der Auslagerung beginnt Auslagerung von Verantwortung"

</td></tr>
</table>

Der Bedarf an Werkverträgen wird zunehmen – mit der Spezialisierung und Digitalisierung von Wirtschaft und Verwaltung, aber auch mit steigendem Fachkräftebedarf. Schon heute werden Werkverträge flächendeckend angewendet, um schnell und abfedernd auf den Bedarf an spezialisierter Arbeit reagieren zu können. Es obliegt der unternehmerischen Entscheidungsfreiheit, von diesem personalwirtschaftlichen Instrument Gebrauch zu machen.

In der Ernährungs- und Genussmittelindustrie sind etwa drei Prozent der Beschäftigten als Werkvertragsarbeitnehmer tätig. Sie sichern die Leistungsfähigkeit der Produktion, etwa in der Hochsaison oder bei Instandhaltungsarbeiten. Werkvertragsbeschäftigte sind vom Arbeits- und Tarifrecht erfasst wie andere Arbeitnehmer. Werkverträge sind streng reguliert. Die strenge Regulierung muss beibehalten werden, damit Werkverträge fair bleiben und Missbrauch ausgeschlossen bleibt. Die Politik ist gefordert, wirksame Mittel gegen Missbrauch zu finden, darunter verstärkte Kontrollen.

Schutz aller gewährleisten

Die Corona-Krise hat die Bedeutung des Arbeits- und Gesundheitsschutzes in allen Beschäftigungs- oder Vertragsverhältnissen verdeutlicht, der branchenübergreifend sicherzustellen ist. Bei der Koordination zur Einhaltung von Arbeitsschutzbestimmungen müssen Auftraggeber und Werkvertragsunternehmen sich abstimmen und eng zusammenarbeiten, sodass eine Diffusion der Verantwortung erst gar nicht entstehen kann. Dann ist der Schutz aller Beschäftigten gewährleistet – ungeachtet ihrer Beschäftigungsform.

Brigitte Faust ist Präsidentin der Arbeitgebervereinigung Nahrung und Genuss e. V. (ANG) seit neun Jahren und war bis 2018 Geschäftsführerin Personal und Arbeitsdirektorin der Coca-Cola European Partners Deutschland GmbH.

Ich muss voranstellen, dass ich Werkverträge nicht grundsätzlich für schlecht halte. Es gibt Branchen, wie die Chemie- und Automobilindustrie, in denen das System funktioniert. Probleme entstehen, wenn Unternehmen entscheiden, ihr Kerngeschäft auszulagern. Man stelle sich vor, VW entschlösse sich, seine Autos nur noch von Werkvertragsarbeitnehmern bauen zu lassen, und übernähme selbst nur noch die Logistik. Das klingt unvorstellbar, ist aber so in der Fleischindustrie geschehen. Das ist schädlich. Denn mit der Auslagerung des Kerngeschäfts beginnt ein Prozess der Auslagerung von Verantwortung.

Über Jahre wurde so ein System geschaffen, in dem Arbeits- und Gesundheitsschutz, Mindestlohn und Menschenwürde (der Mitarbeiter) regelmäßig unterlaufen wurden. Diese Missstände waren bekannt. Dann kam Corona und vergrößerte die Probleme wie unterm Brennglas. Große Corona-Ausbrüche in Schlachthöfen belegen, dass diese Industrie trotz Warnungen sogar in Zeiten der Pandemie am System des organisierten Wegschauens festhielt. Ich muss ganz nüchtern feststellen: Es ist jegliches Vertrauen verspielt worden, dass sich die Branche aus sich heraus reformieren kann.

Situation der Beschäftigten in Schlachtbetrieben verbessern

Es ist deshalb folgerichtig, dass die Bundesregierung nun ein weitreichendes Paket vorgelegt hat, um die Situation der Beschäftigten in den Schlachtbetrieben zu verbessern – darunter auch ein Verbot von Werkverträgen. Ich hoffe, dass wir das System der kollektiven Verantwortungslosigkeit in der Fleischwirtschaft damit endlich beenden können.

Karl-Josef Laumann ist NRW-Minister für Arbeit, Gesundheit und Soziales und war dies schon einmal von 2005 bis 2010. Er ist Bundesvorsitzender der Christlich-Demokratischen Arbeitnehmerschaft (CDA) und arbeitete als CDU-Bundestagsabgeordneter insbesondere an sozialpolitischen Themen.

Rückkehr zum Reisen

Warum Unternehmen zentrale Plattform-Lösungen nutzen

Geschlossene Grenzen, eingeschränktes Alltagsleben, aufs Minimum reduzierte Dienstreisen: Seit Ausbruch der Covid-19-Pandemie hat sich die Welt verändert. Die Menschen sind sprichwörtlich auf Distanz zueinander gegangen. Doch persönliche Kontakte sind für nachhaltige Geschäftsbeziehungen unersetzbar, nach der Normalisierung womöglich mehr denn je.

Dienstreisen werden schon bald wieder regelmäßig stattfinden, nun jedoch unter neuen Vorzeichen. Die oberste Prämisse von Unternehmen muss jetzt sein, ihrer Fürsorgepflicht gegenüber den Mitarbeitern nachzukommen. Doch was bedeutet das für Firmen aus dem Mittelstand?

Voraussetzungen schaffen für kontaktloses Reisen

Es geht um die Einhaltung von Sicherheits- und Hygienekonzepten. Grundsätzlich stehen die Unternehmen der Branche vor der zentralen Herausforderung, das Vertrauen ins Reisen zurückzugewinnen. Dabei sind vor allem die Hotels gefordert. Unternehmen, die Mitarbeiter entsenden, können aber durchaus auch mit dem richtigen Hotel-Programm ihren Anteil dazu beitragen, indem sie etwa die Voraussetzungen für kontaktloses Reisen schaffen.

Ein Schlüssel zum Erfolg sind digitale Bezahl-Lösungen, die den Check-in und Check-out an der Rezeption ersetzen. Reisende reduzieren so den Kontakt mit dem Hotelpersonal auf ein Minimum. Zeit und Nerven sparen dadurch nicht nur die Reisenden. Weil Gäste ihre Hotelrechnungen per E-Mail erhalten, können sie diese komfortabel in vorhandene Systeme zur Reisekostenabrechnung einspeisen. Damit verringert sich der interne Aufwand für die Buchhaltung erheblich und die Rückerstattung der Mehrwertsteuer bei Auslandsreisen wird automatisch angestoßen.

Global agierende Unternehmen wie Amazon oder Siemens setzen schon lange auf Online-Plattformen statt auf klassische Reisebüros. Denn das Abwickeln von Geschäftsreisen durch die digitale Bezahlmethode erhöht oft auch die Akzeptanz der Mitarbeiter, das Programm zu nutzen. Bei solchen End-to-End-Plattformen sind die Lösungen und die Datenströme verknüpft – ein Vorteil gegenüber Firmen, die bei der Abwicklung ihres Hotelprogramms auf mehrere Anbieter setzen. Anwender profitieren von der Optimierung entlang der Daten und von vielen Innovationen, die Prozesse effizienter gestalten, die Kosten senken sowie das Buchungs- und Reiseerlebnis verbessern. Dadurch werden die direkten Kosten um zehn Prozent und die indirekten Kosten über die Prozessautomation um 20 Prozent gesenkt sowie das Buchungs- und Reiseerlebnis verbessert.

HRS hat kurz nach Ausbruch der Corona-Pandemie das „Clean & Safe Protocol" als innovative Lösung auf den Weg gebracht. Dabei handelt es sich um ein neues Zertifizierungsprogramm für die Hotellerie, das wir mit der Société Générale de Surveillance SA entwickelt haben, der weltgrößten Inspektions-, Verifizierungs-, Test- und Zertifizierungsorganisation. Auf Basis der Richtlinien der Weltgesundheitsorganisation (WHO) und des Centers of Disease Control and Prevention (CDC) bietet das Clean & Safe Protocol sowohl Unternehmen als auch Hoteliers klar definierte Standards, denn in Zeiten wie diesen zählen Sauberkeit und Gebäudehygiene zu den wichtigsten Buchungskriterien. Nur Hotels, die diese Kriterien erfüllen, erhalten das Label als Kennzeichen für ihr Engagement. Damit gehören diese Unterkünfte zur bevorzugten Wahl für Reisende weltweit.

Sicherheit und Hygiene einhalten – mit System

Unternehmen bevorzugen digitale End-to-End-Systeme wie unsere weitestgehend kostenlose „Lodging as a Service"-Plattform, weil sie dank nahtlos verknüpfter Lösungen auch aktuell die beiden zentralen Herausforderungen meistern. Erstens gewinnen sie das Vertrauen in Dienstreisen zurück, zweitens helfen sie, Sicherheits- und Hygienekonzepte einzuhalten. Genau darauf kommt es an.

Tobias Ragge leitet als CEO seit 2008 die HRS Group, weltweit tätiges E-Commerce-Unternehmen im globalen Geschäftsreisemarkt mit Sitz in Köln. HRS zählt zu den Top 3 der Hotelportale in Europa und übernimmt auch für Firmen alle Prozesse rund um das Hotel-Management.

© HRS

Neues entdecken

Für marktorientiertes Innovations-Management betreiben Unternehmen professionell und systematisch Trendscouting, das auch bei der Transformation im Mittelstand wirkt.

Für jedes Unternehmen ist der Blick in und über den eigenen Markt hinaus essenziell, um innovativ zu bleiben. Zum einen besteht grundsätzlich immer die Gefahr, von disruptiven Produkten und Technologien aus dem Markt gedrängt zu werden. Zum anderen bedeutet das Vernachlässigen des Innovations-Managements, dass das eigene Produkt oder Geschäftsmodell schlichtweg veralten kann. Schnelligkeit ist also wichtig.

Dieser Gefahr ist sich der Kunde oft nicht bewusst. Oder er weiß noch gar nicht, was er will. Eine Innovation entsteht aber in der Regel weit vor dem Bedarf. Diese Erkenntnis überliefert auch das oft bemühte Zitat des bekannten Pioniers und Automobil-Unternehmers Henry Ford: „Wenn ich die Menschen gefragt hätte, was sie wollen, hätten sie gesagt: schnellere Pferde." Vermutlich ist das tatsächlich so, denn Autos kannten sie schließlich damals noch nicht.

Tempotreiber der Transformation

Die verstärkte Globalisierung, die schnelleren Entwicklungszyklen und die höhere Dynamik mit mehr Druck auf Innovationen genauso wie auf Start-ups – durch diese Tempotreiber der Transformation können Unternehmen heute rasch(er) in der Bedeutungslosigkeit verschwinden. Schneller übrigens, als viele Geschäftsführer es wahrhaben wollen.

Mit offenem Blick die Zukunft erkunden und Trends unter die Lupe nehmen gehört zum Innovations-Management. Was für schöpferische Erfinder in Unternehmen gilt, gilt auch für diesen jungen Mann im Gras, denn das englische Scout steht nicht von ungefähr für Pfadfinder.

© Bajinda Getty Images/iStock

Die Liste mit großen und bekannten Unternehmen, die untergingen, weil sie neue Trends nicht rechtzeitig erkannt oder deren Bedeutung für ihr Unternehmen unterschätzt haben, ist lang. Beispiele wie Blackberry, Kodak, Nokia oder Nordmende sind allenfalls Vorbilder zur Abschreckung.

Unternehmen haben ständig ihr Geschäftsmodell und ihre Produkte auf den Prüfstand zu stellen. Wer Transformation zur Weiterentwicklung außer Acht lässt, vernachlässigt Kernaufgaben der Geschäftsführung. Der empfohlene und klassische Prozess für das Auffinden von nachhaltigen Entwicklungen über das Trendscouting ist der Aufbau eines weitverzweigten und diversifizierten Expertennetzwerks. Dieses Expertennetzwerk versorgt Unternehmen im Idealfall regelmäßig mit Informationen zu neuen Trends.

Ein solches Vorgehen ist jedoch mit relativ hohem Aufwand verbunden. Allein das Identifizieren der Experten und das anschließende Aufrechterhalten des Netzwerks binden

> „Die Liste mit Unternehmen, die untergingen, weil sie Trends nicht rechtzeitig erkannt oder unterschätzt haben, ist lang."

erhebliche Ressourcen. Niemand sollte sich übrigens vom Begriff „Trend" verführen lassen. Viele Trends sind nur ein Medien-Hype oder eine technologische Innovation, die im Praxistest schnell verhungern – sei es wegen mangelnder Skalierbarkeit, hoher Kosten oder aufgrund fehlender Nachfrage. Dabei gibt es Bordmittel, die es auch jedem Mittelständler ermöglichen, ein Innovations-Management mit einem überschaubaren Aufwand professionell zu betreiben.

Megatrends wie Digitalisierung, Sharing, Miniaturisierung oder Nachhaltigkeit sind über einen langen Zeitraum relevant. Sie treiben Zukunftsmärkte. Für Unternehmen ist es extrem wichtig, in regelmäßigen Abständen die Auswirkungen dieser Megatrends auf die eigenen Produkte, Services oder Geschäftsmodelle zu überprüfen. Eine einfache Internet-Recherche kann schon reichen, um Studien zu Megatrends zu finden. Mit dem Wissen von Experten lässt sich allerdings die Spreu vom Weizen trennen. Identifizierte Megatrends müssen daraufhin untersucht werden, ob sie Auswirkungen

Kompakt

▶ Megatrends sind über einen langen Zeitraum relevant und treiben die Zukunftsmärkte.

▶ Auswirkungen von Megatrends auf eigene Produkte und Geschäftsmodelle sind regelmäßig einer Prüfung zu unterziehen.

▶ Wer Szenarien von morgen basierend auf den Trends von heute nicht regelmäßig durchspielt, verliert.

▶ Technologie- und Produkt-Scouting können eigene Innovationen vorantreiben und unterstützen.

▶ Besser ein „hemdsärmeliges" Innovations-Management mit einfachen Bordmitteln als keines.

auf das eigene Unternehmen haben. Das lässt sich gut in einem internen Workshop durchspielen, wobei man idealerweise ein paar klassische Analysemodelle als Basis nimmt. Hat man relevante Megatrends für das eigene Unternehmen gefunden, gilt es, auf ihrer Basis potenzielle Szenarien durchzuspielen. Diese Analyse ist spannend, denn Unternehmen erfahren, ob ihr Produkt in Zukunft noch gefragt sein wird. Oder nur mit ganz anderem Digitalisierungsgrad. Oder …

Mehr Bedarf und mehr Vielfalt bei Trend-Themen wie Mobilität

Das Trend-Thema Mobilität beispielsweise kann durch wachsenden Bedarf und durch steigende Vielfalt an verschiedenen Stellen im Unternehmen an Einfluss gewinnen. Dies kann Angebote für Mitarbeiter betreffen, um etwa als Arbeitgeber attraktiv zu bleiben, oder mehr Konnektivität erfordern, was das Entwickeln von Software „over the air" auslöste. Heute sind diverse Modelle eines Elektroautos mit dem gleichen Elektromotor auszustatten; das Differenzieren geschieht erst durch das Zubuchen von Features, die über die Cloud des Herstellers im Motor aktiviert werden.

Unbestritten gibt es Unternehmen mit Vorreiterrolle, insbesondere beim Betrachten globaler Märkte. Es ist sinnvoll, sich diese Unternehmen genau anzuschauen. Es ist dabei nicht entscheidend, ob Unternehmen aus derselben Branche stammen. Der Blick über den Tellerrand hinaus lässt die Adaption von Lösungen zu – aus anderen Industrien oder aus anderen Wirtschaftszweigen.

Die Recherche nach innovativen Technologien und Produkten schärft den Blick dafür, ob man etwas lernen oder adaptieren kann. Innovationen von außen liefern oft intern Inspiration für eigene Innovationen. Für solche Recherchen ist entscheidend, dass man nicht nur nach Produkten, sondern nach Lösungen sucht. Also beispielsweise nach bargeldlosen Zahlmethoden statt nach Kartenlesegeräten. Fündig wird

man in Patent- und Start-up-Datenbanken, in wissenschaftlichen Fachartikeln oder auf den Websites von Universitäten. Empfehlenswert sind auch Expertengespräche mit Verbänden oder Facheinrichtungen wie Fraunhofer-Instituten. Unternehmen sollten mindestens alle sechs bis zwölf Monate umfassende Recherchen anstoßen – vor allem zum Wettbewerbsumfeld. Das einfache Aufspüren von Trends lässt sich durch den Besuch von Messen und Kongressen unterstützen, wobei lässiges Lustwandeln kaum relevante Ergebnisse bringt. Interessante Unternehmen lassen sich vorher identifizieren, planvolles Vorgehen ist also möglich.

Ähnliche Veränderungen bei mehreren Anbietern aufspüren

Konkretes Suchen nach Trends oder Innovationen bedeutet, ähnliche Veränderungen bei mehreren Anbietern aufzuspüren. Ergebnisse sind detailliert zu dokumentieren, um später einen Abgleich zu ermöglichen. Ergänzend ist zu empfehlen, einschlägige Social-Media-Kanäle entweder mithilfe von Tools wie Brandwatch oder Radarly zu durchforsten oder manuell Meinungen zu Themen auszuwerten. Intern ist zur Diskussion zu stellen: Wie interessant ist das für uns? Betrifft das unsere Produkte? Welche Anpassungen sind vorzunehmen? Kritisches Hinterfragen hilft, Marktentwicklungen im Auge zu behalten und Innovationen im eigenen Unternehmen auf den Weg zu bringen.

Manche Branchen und Länder sind vorbildlich unterwegs und bei manchen Themen durchaus Vorreiter. Es lohnt sich also, innovative Branchen, Unternehmen und Länder gezielt zu untersuchen. Hieraus identifizierte Geschäftsmodelle gilt es, zusammenzuführen und ihre Attraktivität für das eigene Unternehmen einzuordnen. Verschiedene Geschäftsmodelle können Unternehmen in internen Workshops durchspielen, um schnell zu neuen Ideen zu kommen.

Keiner der vorgestellten Prozesse zwischen Trendscouting und Innovations-Management ist täglich zu absolvieren. Ratsam ist, dass dauerhaft zumindest ein Verantwortlicher im Unternehmen neue Entwicklungen aufspürt und prüft. Dies ist mithilfe von Planspielen möglich. Wie sich Trends, Märkte und Wettbewerber verändern, sollten Unternehmen mit Blick auf die Auswirkungen stets im Auge behalten. Denn damit ist gewährleistet, dass Unternehmen auch ihre Zukunftsfähigkeit sicher planen.

 Jenny Ripke führt als Vorstand die SVP Deutschland AG, die im Auftrag von Unternehmenskunden etwa aus dem Maschinen- und Anlagenbau, der Elektrotechnik oder der Chemieindustrie unter anderem Market Intelligence Services als Research-Partner übernimmt.

Kosten fürs Überleben

Strategie- und Pricing-Papst Hermann Simon betont, „Gewinnmaximierung ist das Gegenteil von Verschwendung", und verweist auf die in mehrfacher Hinsicht hohe Bedeutung für Unternehmen.

Ein Tag ohne Zahlungsfähigkeit kann das Ende des Unternehmens bedeuten. Illiquidität ist allerdings nur Anlass, nicht Ursache der Insolvenz. Ursachen für den Bankrott liegen darin, dass Unternehmen keine Gewinne erzielen oder Verluste einfahren. Verluste bedeuten, dass mehr Ressourcen herausfließen, als Wert hineinkommt. Das ist auf Dauer für Unternehmen ein unhaltbarer Zustand. Peter F. Drucker, der bekannte Management-Denker, hat „Gewinne als Kosten des Überlebens" definiert und in drei Arten eingeteilt:

▶ Kosten des Kapitals,
▶ Kosten des unternehmerischen Risikos und
▶ Kosten der Zukunft zur Sicherung von Arbeitsplätzen und Renten/Pensionen.

Demnach darf der Gewinn nicht als Restgröße verstanden werden, die am Ende des Geschäftsjahres hoffentlich ein positives Vorzeichen trägt. Gewinne sind vielmehr wie Kosten von vornherein einzukalkulieren, um das Überleben des Unternehmens zu sichern. Die Corona-Krise verdeutlicht die Überlebensfunktion des Gewinnes auf drastische Weise – sowohl im Blick zurück als auch im Blick nach vorne. Wer in der Vergangenheit ordentliche Gewinne erwirtschaftet hat und entsprechende Reserven bilden konnte, der wird die Krise überleben. Vielleicht wird ein Unternehmen sogar gestärkt aus ihr hervorgehen, indem es schwächelnde Konkurrenten übernimmt oder Marktanteile ausbaut.

Zum Gewinn schwirren viele Zahlen und Begriffe herum

Wer in Zukunft genug Gewinn erzielt, wird in der Lage sein, in der Krise aufgenommene Schulden zu tilgen. Die Liste der Namen von Unternehmen, die diese einfachen Wahrheiten bestätigen, wird derzeit jeden Tag länger. Das wird auch nach der Krise für lange Zeit so bleiben. Wenn es um Gewinn geht, schwirren zahlreiche Zahlen und Begriffe auch in Wirtschaftskreisen herum. Ebit etwa, also Gewinn vor Zinsen und Steuern. Oder Ebitda als Gewinn vor Zinsen, Steuern und Abschreibungen. Aber auch andere völlig abenteuerliche Konstruktionen.

Der Fahrdienstanbieter Uber ging am 10. Mai 2019 an die Börse. Im Jahr 2018 fiel nach gängiger Rechnung ein Verlust von 3,8 Milliarden US-Dollar an. Uber präsentierte einen „Core Platform Contribution Profit" von 940 Millionen US-Dollar. Der Bürovermieter „WeWork" erwirtschaftete im selben Jahr bei einem Umsatz von 1,8 Milliarden US-Dollar einen Verlust von 1,9 Milliarden US-Dollar. Als neue Metrik ließ sich WeWork ein „Community Adjusted"-Ebitda einfallen, das beispielsweise den Marketing-Aufwand ausschloss. Der Rabattanbieter Groupon berichtete – bei einem Verlust von 420 Millionen US-Dollar – sogar über ein „Adjusted Consolidated Segment Operating Income" von 61 Millionen US-Dollar. In dieser Kennzahl waren Anwerbekosten für Neukunden enthalten – als Zukunftsinvestition.

Beliebige Korrekturen für vorzeigbare Größe

Unter dem ironischen Titel „Gewinn vor Kosten" beschrieb die „FAZ" die moderne wie merkwürdige Tendenz, Gewinn-Miseren zu schönen: „In manchen Jahren steht beim Gewinn nur eine mickrige oder völlig unbefriedigende Zahl. Dann entwickeln Unternehmen viel Phantasie. Da werden die Steuern und die Zinsen wieder zum Nettogewinn hinzugerechnet oder auch die Abschreibungen. Und wenn dann immer noch keine vorzeigbare Größe herauskommt, rechnet man sogenannte Sondereinflüsse oder Einmalaufwendungen auch noch hinzu. Man korrigiert den Gewinn so lange um fast beliebige Größen nach oben, bis am Ende eine Zahl herauskommt, die einen im Vergleich mit der Konkurrenz gut aussehen lässt. Über die wahre Ertragssituation des Unternehmens sagt dieser Wert aber nichts mehr aus." Dem schließe ich mich an. Was ist überhaupt Gewinn? Auf diese Frage habe ich eine eindeutige Antwort: Gewinn ist das, was der Unternehmer, Eigentümer und/oder Aktionär behalten darf, wenn er alle vertraglich vereinbarten Ansprüche von Mitarbeitern, Lieferanten, Banken, sonstigen Gläubigern und des Staates befriedigt hat. Hingegen sind Ebit, Ebitda und erst recht erweiterte Finanz-Konstrukte kein Gewinn, sondern Vernebelung, manchmal sogar Selbstvernebelung. Es gibt aber eine

Wachstum benötigt Nahrung und Pflege. Für Unternehmen bestehen Nahrung und Pflege vor allem aus dem Erzielen von Gewinnen.

noch härtere Gewinn-Definition, den sogenannten „Economic Profit", ebenfalls genannt Excess Profit, Übergewinn, ökonomischer Gewinn oder Residual-Gewinn.

Der Economic Profit drückt aus, ob ein Geschäft mehr als die Opportunitätskosten des Kapitals verdient. Die zentrale Rolle für die Ermittlung des Economic Profits spielen dabei die von den Kapitalgebern geforderten sogenannten „Weighted Average Cost of Capital". Hinter der Abkürzung WACC stehen übersetzt die gewichteten, durchschnittlichen Kosten des Kapitals. Die Berechnung finden Interessierte in meinem Buch „Am Gewinn ist noch keine Firma kaputtgegangen". Nur wenn ein Unternehmer einen Economic Profit erzielt, also mehr als die Kosten des Kapitals verdient, kann man von echtem unternehmerischen Gewinn sprechen. Andersherum und härter formuliert: Verdient er weniger, dann wäre er besser beraten, sein Geld am Kapitalmarkt anzulegen.

Deutsche Unternehmen vergleichsweise schlecht

Wie ist die Gewinnlage deutscher Unternehmen? Im internationalen Vergleich schlecht! Im Schnitt mehr als 14 Jahre erzielen sie eine Nettoumsatzrendite von nur 3,4 Prozent. International liegt der Durchschnitt bei circa sechs Prozent. Die meisten deutschen Firmen erwirtschaften keinen Economic Profit, verdienen also ihre Kapitalkosten nicht. Das schlägt sich in entsprechend niedrigen Börsenwerten nieder – eine riskante Situation. Die Ursachen für die deutsche Gewinnschwäche sind komplex und hier nur oberflächlich zu beleuchten. Dazu zählen falsche Ziele bei der Absatzmenge, für den Umsatz und für Marktanteil statt Gewinn.

Gewinnmindernd wirkt sich die Dominanz reifer Märkte mit niedrigen Margen aus, extrem hohe Wettbewerbsintensität wie bei Lebensmitteln, Überkapazitäten sowie spezifisch deutsche Gegebenheiten wie die Mitbestimmung, zu weiche Banken, eine Scaling-up-Schwäche, eine Gesamtverantwortung des Vorstandes, hohe Steuerbelastungen.

Die aufgezählten Gründe sind nur einige wichtige von vielen. Mein dringender Rat an die Chefs deutscher Unternehmen lautet deshalb, deutlich konsequenter und dezidierter auf Gewinnorientierung umzuschwenken. Denn in der Tat ist am Gewinn noch keine Firma kaputtgegangen.

Kompakt

► Viele Unternehmen werden die Corona-Krise nicht überleben. Die Ursache ist ihre Gewinnschwäche.

► Gewinne sind Kosten des Überlebens, das heißt Kosten des Kapitals, des Risikos und der Zukunftssicherung.

► Nur was der Unternehmer nach Tilgung aller Verbindlichkeiten behalten darf, ist Gewinn.

► Deutsche Unternehmen schneiden im internationalen Vergleich beim Gewinn sehr schlecht ab.

► Gewinnorientierung ist überlebenswichtig.

Prof. Hermann Simon ist Gründer und Honorary Chairman von Simon-Kucher & Partners, der weltweit tätigen Unternehmensberatung mit Hauptsitz in Bonn, die ihren Fokus besonders auf Strategie, Marketing und Pricing legt.

Digitalisierte Funktionen
Wie Lösungen in Finance und Controlling greifen

Die Digitalisierung wird zwar viel diskutiert, es bleibt angesichts rasanter Entwicklungen aber eine Herausforderung, den aktuellen Stand im Blick zu behalten. Deshalb seien hier Tools und Konzepte genannt, mit denen typische Aufgaben in Finance und Controlling vereinfacht und verbessert zu bewältigen sind – gegliedert nach Abläufen in alltäglicher Planung und Kontrolle.

Objectives and Key Results (OKR) hat als Konzept zuletzt mehr Verbreitung erfahren. Denn damit gelingt es, strategische Ziele in konkrete und vor allem messbare Meilensteine einzuteilen. Ursprünglich bei Google eingesetzt, gibt es inzwischen eine Reihe von Cloud-Anbietern wie Weekdone, Perdoo, 7geese, Myobjectives und andere.

Immer mehr Unternehmen setzen Predictive Analytics ein. Dazu gibt es große Anbieter wie SAP Predictive Analytics, aber auch kostenloses Machine Learning mit Algorithmen wie in der Programmiersprache Python. Noch einen Schritt weiter geht Causal Machine Learning. Dieses prognostiziert auf Basis bestehender Daten, wie stark ein bestimmtes „Treatment" wie etwa ein Rabatt eine Zielvariable wie den Umsatz beeinflussen würde sowie in welchen Einheiten, beispielsweise in Filialen, der Nutzen am größten wäre.

Empfehlung zu jeder Kennzahl mit Stellhebel zur Verbesserung

Innovative Tools können dabei helfen, auch potenzielle Performance-Treiber in großen Datenmengen zu identifizieren. So kann die Trufa Analytics Application in Millionen von Dateneinträgen statistische Zusammenhänge suchen. Nutzer erhalten hier für jede beliebige Kennzahl eine Empfehlung, welche Stellhebel eine Verbesserung bewirken. Robotic Process Automation (RPA) hilft, digitale Prozesse über verschiedene Programme und Datenbanken zu automatisieren. Dank Tools mit grafischer Oberfläche wie UiPath oder Automation Anywhere können auch Mitarbeiter ohne Programmierkenntnisse ihre eigenen Bots für spezifische Aufgaben bauen.

Wenn es darum geht, digitale Prozesse zu verbessern, zum Beispiel in Purchase to Pay, ist das sogenannte Process Mining hilfreich. Lösungen wie Celonis, Processgold oder Aris Process Mining können digitale Prozesse automatisch visualisieren. Diese eröffnen Möglichkeiten, unter anderem Prozesse zu identifizieren und zu korrigieren, die ineffizient sind oder von der Corporate Compliance Policy abweichen.

Auch neue Lösungen für Spracherkennung haben in den vergangenen Jahren rasante Fortschritte vollzogen. So kann die Software Cogito in Echtzeit etwa Gespräche im Callcenter analysieren und Mitarbeitern sogar Verbesserungsvorschläge unterbreiten, wie „bitte deutlicher sprechen".

Tägliches Nachverfolgen von erreichten Zielen

Monatliches Reporting wird zusehends durch interaktive Dashboards ersetzt. Lösungen wie SAP Business Cloud, Tableau und einige andere kombinieren die Visualisierung mit dem möglichen Aufriss (Drill-down) der zugrunde liegenden Daten. Der schon erwähnte OKR-Ansatz beinhaltet übrigens auch das tägliche oder wöchentliche Nachverfolgen von Zielerreichung. Darüber hinaus lassen sich Gamification-Aspekte einbauen, wie Abzeichen („Badges") für besonders erfolgreiche Teams.

Der Trend insgesamt geht weg vom Jahresgespräch zwischen Mitarbeiter und Vorsetzten – hin zu Peer-Feedback und Transparenz auf allen Ebenen der Hierarchie. So zielt die App Bonus.ly darauf ab, das Employee Engagement durch häufiges 360-Grad-Feedback und verschiedene Incentives zu erhöhen.

Die genannten Beispiele belegen, wie vielfältig die Entwicklungen sind. Die Lösungen zeigen aber insbesondere, dass es für die meisten Unternehmen interessant sein sollte, sich mit der einen oder anderen Anwendung ab sofort vertieft zu beschäftigen.

Prof. Matthias D. Mahlendorf ist akademischer Direktor des berufsbegleitenden Masters in Corporate Performance & Restructuring an der Frankfurt School of Finance & Management (siehe www.fs.de/mcpr).

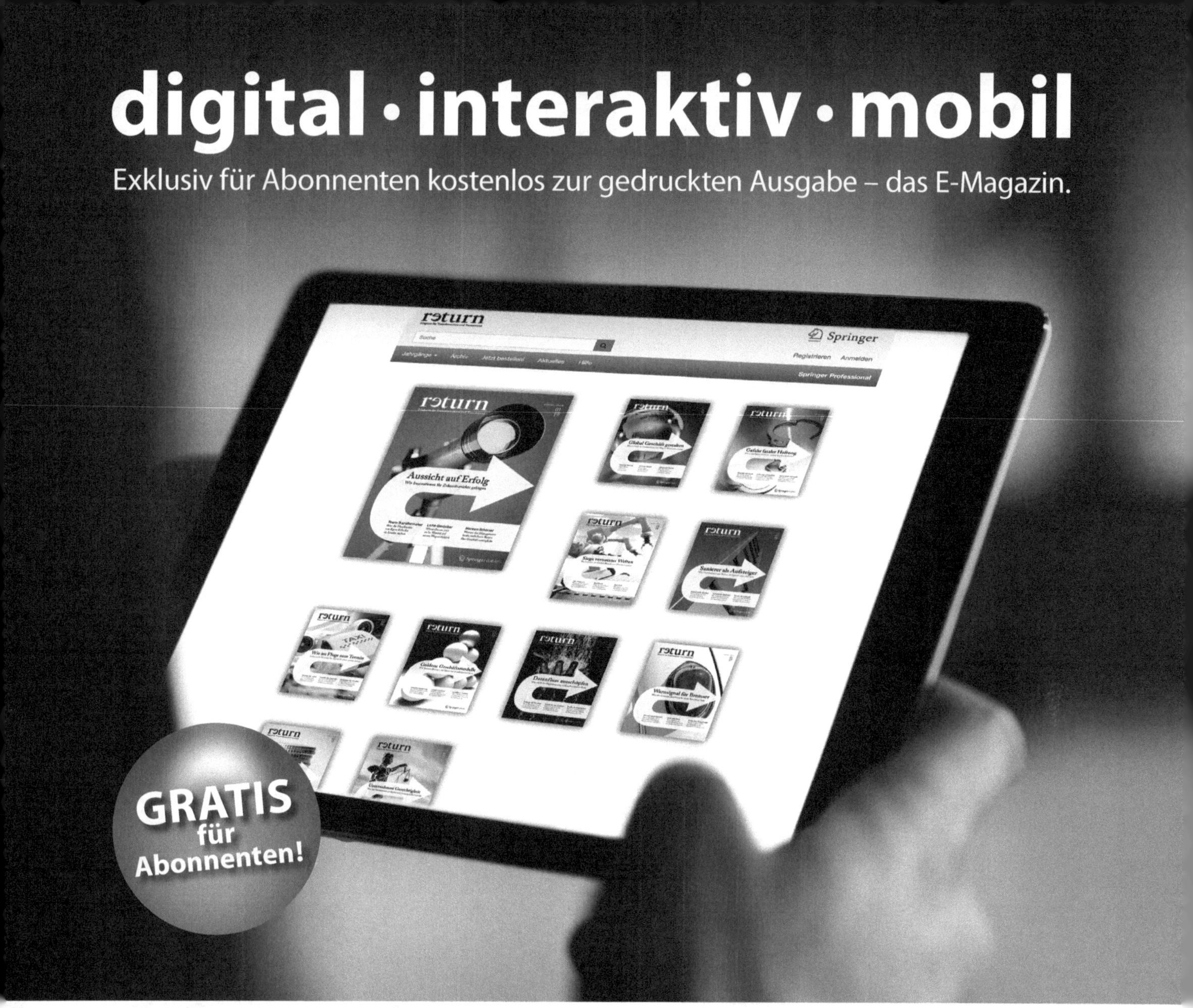

Haftungsgefahr in Krisen

Für Geschäftsführer und Vorstände ist das Vermeiden persönlicher Haftung permanent ein Thema. Das gilt besonders in Krisen – angesichts von Marktverwerfungen oder Pandemien.

Der Großteil aller Unternehmer entscheidet sich für eine Rechtsform, durch die ihre persönliche Haftung für Unternehmensschulden ausgeschlossen wird. Die Wahl einer haftungsbeschränkenden Rechtsform – vor allem GmbH, GmbH & Co. KG oder AG – geht allerdings damit einher, dass Geschäftsführer oder Vorstände eines Unternehmens in der Krise besondere Handlungs- und Unterlassungspflichten treffen. Deren Verletzung kann erhebliche Konsequenzen auch in der Haftung haben. Und zwar unabhängig davon, ob der Betroffene angestellter Manager ist oder ob die Organfunktion vom Inhaber oder einem Gesellschafter des Unternehmens ausgeübt wird. Das Pflichtenspektrum für angestellte Manager oder geschäftsführende Gesellschafter ist in der Unternehmenskrise dasselbe.

Die Handlungs- und Unterlassungspflichten, die in einer Krise zu beachten sind, erschließen sich nicht aus natürlicher Anschauung und erst recht nicht aus naturrechtlichen Prinzipien. Vieles folgt daraus, dass der Gesetzgeber die Regeln zum Schutz der Gläubiger und des Rechtsverkehrs normiert hat. Dazu zählt, dass in der Krise unter bestimmten Voraussetzungen ein Insolvenzantrag gestellt werden muss oder dass dann nur in engen Grenzen noch Verringerungen des Aktivvermögens erlaubt sind. Geschäftsführer und Vorstände sollten also diese haftungsgefährlichen Vorschriften kennen, um sie nicht zu verletzen. Anders formuliert: Unwissenheit schützt vor Haftung und damit Strafe nicht.

Zu den wichtigsten Pflichten, die in Krisen zu beachten sind, gehören die Insolvenzantragspflicht und das Zahlungsverbot. Daneben gibt es aber noch weitere Haftungsfallen, die besonders in der Unternehmenskrise gefährlich werden können, etwa die Pflicht zur Erfüllung von Steuerverbindlichkeiten oder zur Weiterleitung von Sozialversicherungsbeiträgen.

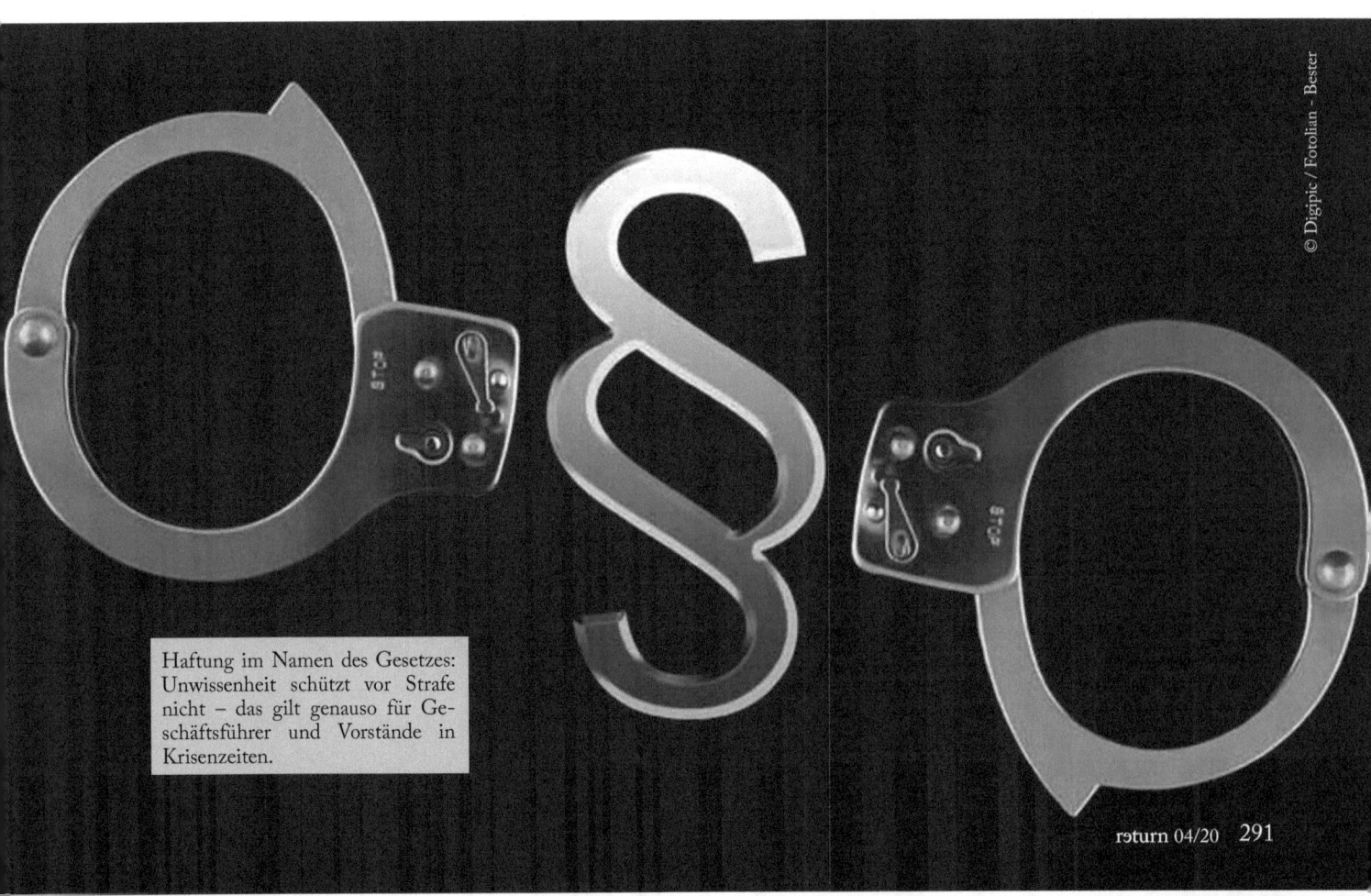

© Digipic / Fotolian - Bester

Haftung im Namen des Gesetzes: Unwissenheit schützt vor Strafe nicht – das gilt genauso für Geschäftsführer und Vorstände in Krisenzeiten.

Auch wenn grundsätzlich das Unternehmen der Schuldner von Steuern und Sozialversicherungsbeiträgen ist, können Geschäftsführer und Vorstände als gesetzliche Vertreter ihrer Gesellschaft für die Erfüllung dieser Zahlungsverpflichtungen persönlich haftbar gemacht werden – in zivilrechtlicher wie in strafrechtlicher Hinsicht.

Wichtiges Wissen für Unternehmenslenker

Deshalb sollten Geschäftsführer und Vorstände über ein Grundverständnis zu den die Krisenpflichten auslösenden Insolvenzgründen verfügen. Dies betrifft die Zahlungsunfähigkeit, die insolvenzrechtliche Überschuldung und Instrumente der kurzfristigen Insolvenzabwendung wie Stundung, Einforderungsverzicht, Rangrücktritt und Patronatserklärung. Mit diesem Wissen helfen die Unternehmenslenker nicht nur ihrer Gesellschaft, weil dadurch womöglich eine Insolvenz verhindert werden kann, sondern vor allem sich selbst. Denn mit dem Wegfall des Insolvenzgrundes löst sich die Krisenpflicht quasi in juristische Luft auf.

Der Gesetzgeber hat im März 2020 mit dem „Covid-19-Insolvenzaussetzungsgesetz", kurz: COVInsAG, sowohl die Insolvenzantragspflicht als auch das Zahlungsverbot bis mindestens Ende September 2020 für Fälle ausgesetzt, in denen die Krise oder Insolvenz des Unternehmens auf dieser Pandemie beruht. Das ist beispielsweise dann der Fall, wenn der Liquiditätsengpass auf der gesetzlichen oder behördlichen Schließung eines Betriebes im Einzelhandel oder in der Gastronomie beruht.

Haftungsfallen drohen bald – mit Verzögerung

Doch hier können Stolperfallen drohen, weil der Gesetzgeber die Erleichterungen aus dem COVInsAG ausdrücklich zeitlich befristet eingeführt hat. Selbst wenn also die Geltungsdauer des COVInsAG wie schon im Gesetz vorgesehen bis Ende März 2021 verlängert wird: Irgendwann kommt der Moment, ab dem die Antragspflicht und das Zahlungsverbot wieder in strengster Form anzuwenden sind. Hierauf müssen Geschäftsführer und Vorstände vorbereitet sein, indem sie rechtzeitig dafür sorgen, dass ihr Unternehmen zum künftigen Stichtag wieder über hinreichend Liquidität und eine positive Fortführungsprognose verfügt.

Hervorzuheben ist, dass haftungsgefährliche Krisenpflichten allein an einem Fehlverhalten in der Krise anknüpfen. Sie formulieren jedoch keinen Vorwurf im Hinblick auf die Krise als solche oder deren Ursachen. Warum die Gesellschaft zahlungsunfähig oder überschuldet wurde, ist für die in der Krise zu beachtenden Pflichten gewissermaßen ohne Belang. Für den Geschäftsführer oder Vorstand geht es allein darum, in der eingetretenen Krise keine relevanten Pflichten zu verletzen.

Für den redlichen Unternehmer oder Manager wird sich früher oder später die Grundsatzfrage stellen, ob nicht eine für das Unternehmen besonders nachhaltige Sanierung in der aktiven, frühzeitigen Einleitung eines Insolvenzverfahrens besteht. Dadurch kann man sich nämlich der Instrumente der Eigenverwaltung und/oder des Insolvenzplans bedienen, um eine tief greifende Restrukturierung unter dem Schutz des Insolvenzrechts anzugehen.

Die Abwägung aller Aspekte, die je nach Einzelfall für Entscheidungen relevant sind, reicht über Fragen der Haftungsvermeidung weit hinaus. Erfahrungen zeigen, dass langfristig erfolgreiche Sanierungen immer dann gelingen, wenn die Beteiligten das wirtschaftliche und juristische „große Ganze" in den Blick nehmen. Dafür muss man über den Tellerrand juristischer Einzelbausteine hinausschauen. Das bedeutet auf keinen Fall, dass juristische Einzelbausteine vernachlässigt werden dürfen. So ist zur Vermeidung einer Haftung das persönliche Risiko für Geschäftsführer und Vorstände schon deshalb sorgfältig zu prüfen, damit die Organvertreter nicht durch die Sorge vor persönlicher Inanspruchnahme belastet sind. Kurzum: Sie sollten den Kopf tatsächlich für die Unternehmenssanierung frei halten und haben.

Auch in risikobehafteten Zeiten bleiben die Chancen bestehen

Im kommenden Jahr 2021 ist voraussichtlich nicht nur eine Rück- und Abkehr von Erleichterungen des COVInsAG zu erwarten. Es steht auch die Umsetzung der EU-Restrukturierungsrichtlinie in deutsches Recht an. Alle Beteiligten sollten hoffen, dass dem Gesetzgeber hier ein großer Wurf gelingt. Dieser echte Fortschritt wäre gelungen, wenn das Insolvenzrecht auch Änderungen erfährt und das vorinsolvenzliche Sanierungsrecht in Kraft tritt. Idealerweise müsste ein mehrstufiges Restrukturierungsrecht aus einem Guss vorliegen. Die Chancen in risikobehafteten Zeiten bleiben also bestehen, selbst wenn unsere Wirtschaft die negativen Auswirkungen der Corona-Krise überwindet.

Dr. Christoph Poertzgen ist Rechtsanwalt im Kölner Büro von CMS Hasche Sigle und berät als Experte für Insolvenzrecht und angrenzender Gebiete vor allem Unternehmer, Gesellschafter und Geschäftsführer. Er ist Autor zahlreicher Publikationen, zuletzt erschien sein Praxishandbuch „Haftungsvermeidung in der Unternehmenskrise – Praxiswissen und Taktik für Geschäftsführer und Vorstände" im Juni 2020.

„Experten für Restrukturierungen"

Beratungen und Kanzleien treiben ihre Transformation voran, denn auch sie passen sich dem Wandel an. Wie, ermittelt „return" – diesmal bei der Beratung „Restrukturierungspartner".

Erstmals porträtieren wir auf Basis der Antworten zu unserem standardisierten Fragebogen eine Beratung – nach drei Kanzleien in den ersten drei Serienteilen. Eine interessante Formulierung finden Besucher unter „Über uns" gleich auf restrukturierungspartner.com, wo es zur Arbeit für Unternehmen in der Krise heißt: „Das Leistungsspektrum reicht von viertel vor zwölf bis viertel nach zwölf."

Wer hat wann die Beratung aus der Taufe gehoben?
Im Jahr 1975 gründeten Claudio Ciacci, Lutz Mackebrandt und Peter Salvers in Berlin die Vorgängergesellschaft CMS Planungsteam GmbH.

Die Zahl der Mitarbeiter und Standorte damals und heute?
Nur die drei Gründer arbeiteten zuerst als Projektsteuerer für komplexe Bauvorhaben von Berlin aus. Heute begleiten wir mit unserem Team aus rund 30 Experten von fünf Standorten aus Unternehmen in der Krise.

Wie entwickelten sich die Schwerpunkte?
Über die Insolvenz des Generalübernehmers für den Bau der deutschen Botschaft in Kairo übernahmen die Gründer bereits in den 80er Jahren das erste Beratungsmandat dieser Art. Daraus entwickelte sich frühzeitig das, was heute die Restrukturierungspartner auszeichnet: betriebswirtschaftlich geprägte Projektsteuerung inklusive Übernahme von operativer Verantwortung. Wir sind Experten für Restrukturierungen von Unternehmen in der Krise. Neben Sanierungskonzepten, die wir erstellen und umsetzen, begleiten wir Unternehmen in der Insolvenz bei der Sanierung in Eigenverwaltung, im operativen Management sowie Transaktionen mit klarem Distressed-Fokus.

Welche Leistungen werden künftig stärker gefragt sein?
Erfolgreiche Restrukturierung verlangt, dass man sich intensiv mit der Wettbewerbsfähigkeit des Geschäftsmodells auseinandersetzt. Heute fordern Digitalisierung, Konnektivität und Flexibilisierung die Unternehmen. Dabei fragen Kunden verstärkt die Bandbreite unserer Expertise nach, denn Restrukturierungen werden inhaltlich immer komplexer.

Welche (neuen) Fähigkeiten müssen Bewerber mitbringen?
Neugier, Interesse an Unternehmen und ihren Menschen, ein hohes Maß an Sozialkompetenz sowie einen guten Studienabschluss, idealerweise mit betriebswirtschaftlichem Schwerpunkt. Was in den vergangenen zehn Jahren als Anforderung hinzugekommen ist, ist Sicherheit auch auf dem internationalen Parkett. Ohne verhandlungssicheres Englisch geht heute gar nichts mehr.

Aus welchen Disziplinen ist vor allem Know-how gefragt?
Betriebs- oder Volkswirtschaft, gerne gepaart mit technischen, mathematischen, finanzwirtschaftlichen oder juristischen Zusatzqualifikationen.

Löst betriebswirtschaftliches Wissen juristisches ab?
Diesen Eindruck haben wir in der Restrukturierung nicht. Erfolgreiche Restrukturierungen zeichnen sich durch ein interdisziplinäres Zusammenspiel aus.

Welche nachhaltigen Trends sehen Sie in Ihrer Branche?
Internationalität der Player, Interdisziplinarität in der Projektbearbeitung und Arbeiten in Netzwerken.

Was leistet Ihr Unternehmen in der Transformation?
Bei nachhaltigen Restrukturierungen geht es um die Transformation eines suboptimalen Ist-Zustands hin zu einem optimierten Soll-Zustand. Diesen Weg zeigen wir auf und begleiten auf Wunsch die Umsetzung.

Nennen Sie ein Referenz-Projekt zur Transformation.
Die Restrukturierung eines der führenden Aufbauhersteller im Automobilbereich mit rund 100 Millionen Euro Jahresumsatz und 600 Beschäftigten ist ein Beispiel. Wir haben als Gutachter das Sanierungskonzept erstellt, um nachhaltig aus der akuten Ertrags- und Liquiditätskrise zu kommen. Die Neupositionierung des Produktportfolios für neue Kunden und Märkte ergänzten prozessuale Verbesserungen in Produktion und Administration. Das Unternehmen steht heute sehr gut da, hat sogar die Corona-Krise stabil durchlaufen und rechnet gegen den Markttrend mit weiterem Wachstum.

Quartett der Geschäftsführung: Burkhard Jung, Werner Warthorst, Dr. Robert Tobias und Dr. Stefan Weniger (v. l.) bilden die Spitze der Unternehmensberatung Restrukturierungspartner.

© Restrukturierungspartner RSP

Was leistet Ihr Unternehmen für den Turnaround?

Wir begleiten Unternehmen in dieser kritischen Phase als ausgewiesene Turnaround-Experten und übernehmen bei Bedarf operative Verantwortung in der Sanierungsgeschäftsführung oder als -vorstand, auch in der Insolvenz.

Nennen Sie ein Referenz-Projekt für den Turnaround.

Das von uns gemanagte Schutzschirmverfahren für die Narva Lichtquellen GmbH + Co. KG ist ein Beispiel. Die (grüne) Narva fertigt für den Weltmarkt, aber der Preisdruck durch globale Player wurde so groß, dass eine rentable Produktion am deutschen Standort nicht mehr möglich war. Die Zukunft für Narva liegt in UV- und Speziallampen, Röhren für die Solarthermie, der Entwicklung von kundenspezifischen T5-LED-Projekten.
Der Turnaround durch Transformation des Geschäftsmodells war außergerichtlich nicht finanzierbar, sodass von uns die Sanierung im Schutzschirmverfahren konzeptioniert und umgesetzt wurde. Wir haben die Eigenverwaltung und die Restrukturierung verantwortet sowie in Absprache mit Gläubigerausschuss und Sachwalter den Fortbestand der Narva und etwa 200 Arbeitsplätze nachhaltig gesichert.

Bedeutet frühzeitiges Handeln heute: Je eher, desto besser?

Unternehmen, die flexibel und reaktionsschnell auf Veränderungen reagieren, können Krisen besser bewältigen.

Was bedeutet das für Ihre Beratung?

Wir beschäftigen uns permanent mit dem Markt und den Anforderungen, die an uns Berater gestellt werden. Unsere Kunden sollen eine State-of-the-Art-Beratung bekommen. Deshalb legen wir sehr viel Wert auf Fortbildung: Qualitätsführerschaft ist unser zentrales Element, um im Wettbewerb mit hoch spezialisierten Marktbegleitern zu bestehen.

Wann sind Unternehmen zukunftsfähig aufgestellt?

Erfolgreiche Unternehmen beobachten aufmerksam und laufend Veränderungen ihres Marktes, bewerten mit Blick auf diese Veränderungen immer wieder sich und ihr Geschäftsmodell und passen sich schnell und fokussiert an.

Welche Methoden wenden Sie an?

Wir nutzen die gesamte Toolbox der Betriebswirtschaft, einschließlich der Erstellung eigener Studien und Marktanalysen. Wir veröffentlichen eigene Publikationen und pflegen den Austausch mit mehr als 20 Veranstaltungen pro Jahr.

Auf welche digitalen Tools setzen Sie?

Unser Research Team arbeitet mit zahlreichen digitalen Tools, wenn wir Transaktionen begleiten, etwa bei der Analyse für Marktstudien oder der Ermittlung von Benchmarks.

Wie hoch liegt Ihr Jahresumsatz?

Die Höhe liegt wie bei anderen mittelständischen Beratungen zwischen fünf und zehn Millionen Euro.

Welche Ziele haben Sie?

Wir wollen zu den führenden Restrukturierungsberatern in Deutschland gehören und Qualitätsführer im für uns relevanten Markt sein. Rein quantitatives Wachstum ist nicht unser Ziel.

Dr. Stefan Weniger beantwortete den „return"-Fragebogen für die Restrukturierungspartner RSP GmbH & Co. KG. Er ist einer der vier Geschäftsführer der Gesellschaft.

Direktionsrecht und Anzeigepflicht

Der schmale Grat zwischen der Freiwilligkeit bei der Nutzung der Corona-Warn-App und dem Arbeitgeber-Weisungsrecht zum Schutz des Unternehmens führt zu gefährlichen Abgründen.

Eine Geschäftsführerin ordnet in ihrem Betrieb die Nutzung der Corona-Warn-App für alle Mitarbeiter an, egal ob auf dem dienstlichen oder geschäftlichen Smartphone. Außerdem möchte sie dies kontrollieren und verlangt eine Information, sobald die App angibt, dass ein Mitarbeiter im Kontakt mit Infizierten stand. Bei Nichtbefolgen steht eine Abmahnung oder sogar die Kündigung im Raum.

Die Nutzung der Corona-Warn-App ist aber freiwillig. Die Geschäftsführerin stützt sich zwar auf ihr Weisungsrecht als Arbeitgeber nach § 106 Gewerbeordnung (GewO) und begründet ihre Entscheidung damit, dass sie ihrer Fürsorgepflicht nachkomme, um das Infektionsrisiko für Mitarbeiter so gering wie möglich zu halten. Doch das Weisungsrecht gegenüber Beschäftigten bezieht sich hauptsächlich auf den betrieblichen, nicht auf den privaten Bereich. Deshalb ist zwischen der App-Nutzung auf dem privaten und dem dienstlichen Smartphone zu unterscheiden.

Es spricht einiges dafür, dass die App-Installation auf dem privaten Smartphone nicht verlangt werden darf. Der Arbeitgeber hat keine Kontrollrechte bei privaten Geräten, also würde die Anweisung ins Persönlichkeitsrecht und ins grundrechtlich geschützte Eigentumsrecht eingreifen.

Ob App-Installation oder -Nutzung auf dem Dienst-Smartphone angeordnet werden darf, ist umstritten. Der Arbeitgeber darf nicht anordnen, dass das Diensttelefon immer – also auch in der Freizeit wie in Pausen – mitgeführt oder in Betrieb bleiben muss. Das Weisungsrecht des Arbeitgebers bezieht sich nur auf den betrieblichen Bereich. Daher kommt, unabhängig von möglichen anderen Rechtsgrundlagen, nur in Betracht die Anregung des Arbeitgebers zur freiwilligen App-Nutzung oder das freiwillige Mitführen des Dienst-Handys in der Freizeit.

Dann stellt sich jedoch die Frage, ob tatsächlich eine freiwillige Einwilligung im Beschäftigungsverhältnis vorliegt nach § 26 Abs. 2 Bundesdatenschutzgesetz (BDSG). Vom Appell an die Mitarbeiter, die App freiwillig zu nutzen, rät das Bayerische Landesamt für Datenschutzaufsicht ab, sofern man die datenschutzrechtliche Einwilligung als einzig mögliche

Die umstrittene Corona-Warn-App ist ein Angebot der Bundesregierung, die betont: „Download und Nutzung sind vollkommen freiwillig."

© Simon Lehmann / Getty Images / iStock

Rechtsgrundlage ansieht. Aufgrund des Ungleichgewichts im Beschäftigungsverhältnis sieht es die „Freiwilligkeit" in der Regel als nicht gegeben und die Einwilligung somit als unwirksam an, droht außerdem mit der Verhängung von Bußgeldern.

Hat ein Mitarbeiter allerdings die App installiert und eine Warnung bekommen, dass er mit positiv getesteten Personen in Kontakt war, kann sich daraus eine Mitteilungspflicht gegenüber dem Arbeitgeber ergeben. Damit kann dieser entsprechende Schutzmaßnahmen für die anderen Mitarbeiter einleiten. Noch gibt es hierzu verschiedene Ansichten.

Rücksichtnahmepflicht besteht aus dem Arbeitsschutzgesetz

Grundsätzlich hat der Mitarbeiter keine Pflicht, seinen Arbeitgeber über seine konkrete Krankheit zu unterrichten. Es spricht aber einiges für eine Anzeigepflicht, zumindest, wenn sich der Mitarbeiter innerhalb der vergangenen zwei Wochen vor seiner Infektion noch in der Arbeitsstätte aufgehalten hat. Dies ergibt sich aus der Rücksichtnahmepflicht im Sinne des Arbeitsschutzgesetzes, der jeder Mitarbeiter unterliegt. Danach muss er erhebliche Gefahren für Sicherheit und Gesundheit unverzüglich anzeigen. Hat sich der Mitarbeiter in den vergangenen zwei Wochen vor seiner Infektion nicht in der Arbeitsstätte aufgehalten, etwa aufgrund von Urlaub und sich direkt anschließender zweiwöchiger Quarantäne, spricht einiges eher dafür, dass keine Anzeigepflicht gegenüber dem Arbeitgeber besteht.

Die Geschäftsführerin sollte daher auf jeden Fall ihre Vorgehensweise überdenken, denn ihr bisheriges Verhalten schießt über das Ziel hinaus und kann zu Bußgeldern führen. In diesem Zusammenhang ist übrigens auch interessant, dass die Konferenz der Datenschutzbeauftragten des Bundes und der Länder (DSK) zuletzt klargestellt hat, dass der Zugang zur Arbeitsstätte nicht von der Benutzung der App abhängig gemacht werden darf. Das Konzept der Freiwilligkeit sei zu beachten und eine Diskriminierung von Personen, die diese App nicht anwenden, kategorisch auszuschließen.

Caroline Pluta, Fachanwältin für Arbeitsrecht und Mediation, ist bei der Pluta Rechtsanwalts GmbH für Schwerpunkte wie Arbeitsrecht, Compliance und Datenschutz zuständig.

Vorreiter für Veränderung

Die Bedingungen in Wirtschaft und Arbeit verändern sich in hohem Tempo.
Transformation gelingt deshalb nicht mehr in klassischen Change-Prozessen.

Kürzlich berichtet ein Manager, dass sein Unternehmen großen Veränderungsbedarf habe, um künftig noch mithalten zu können. Produkte, Geschäftsprozesse, Digitalisierung, Agilität – die ganze Palette. Im Vertrauen gesteht er, dass Change-Projekte in seiner Firma meist gescheitert seien. Er fragt: Wie lassen sich diese Pleiten verhindern?

Sein Unternehmen ist kein Einzelfall, sondern befindet sich quasi in guter Gesellschaft. Zahlreiche Studien – unter anderem von Kotter, McKinsey oder PMI – haben schon in vielfältiger Weise belegt, dass rund 70 Prozent aller klassischen Change-Projekte scheitern. Die Ursachen sind vielfältig und verdichtet auf diesen Nenner zu bringen: Klassische Change-Maßnahmen plant oft die Unternehmensführung. Der Ansatz ist also erst weit oben formuliert und dann nach Vorgaben weiter unten auszurollen. Große Ziele fest im Blick, ist die weitere Vorgehensweise durchzogen mit Meilensteinen, die wie in Marmor gemeißelt feststehen. Dann wird alles über alle und jeden weiter ausgerollt. So entwickeln Unternehmen übrigens echte Hassprojekte.

Gute Change-Projekte scheitern nicht an der Aversion der Belegschaft, die per se gegen Wandel ist. Sie scheitern auch nicht am grundsätzlichen Widerstand von Mitarbeitern mit hartnäckigem Beharrungsvermögen und stetigem Unwillen. Selbstverständlich mag unser Gehirn gern Routinen, weil sie Sicherheit bieten und Energie sparen helfen. Andererseits haben Menschen immer schon auch das Alte verworfen und das Neue gewagt. Die Evolution beweist, dass Pioniergeist und Wissensdurst sich durchsetzen gegen Beharren und Tradition. Denn nur so ist Fortschritt überhaupt möglich. Die Suche nach dem nützlichen Neuen zählt sogar zu den wichtigsten Triebfedern unseres Denkapparats.

Hauptgrund fürs Versagen: Führung aus Vergangenheit

Die Hauptgründe für das Versagen in klassischen Change-Projekten sind das Managen nach bewährten Methoden und eine Unternehmensführung aus vergangenen Zeiten. Leider lernen Studierende diese überlieferten Herangehensweisen noch immer an unseren Unis, lesen darüber in Fachbüchern und erfahren sie im unternehmerischen Alltag. Warum? – „Weil alle es so machen", wie die Antwort häufig heißt. Nehmen wir den Drei-Phasen-Prozess aus „unfreeze, move, refreeze" – was für „auftauen, bewegen, wieder einfrieren"

Im Wettrennen mit dem Wettbewerb helfen die Vorreiter im Unternehmen in Veränderungsprozessen, die Transformation zuerst voranzutreiben.

© Flowman7 / Fotolia

steht – des Soziologen Kurt Lewin aus dem Jahr 1947. Eingefrorene Zustände wirken in hoch dynamischen Zeiten letal, und Change ist weder ein Reagieren noch ein Projekt mit Anfang und Ende. Die fortwährende und vorausschauende Selbsterneuerung hat Unternehmensführung heute zwingend mit allen Beteiligten als Tagesgeschäft voranzutreiben.

Populär ist auch die Change-Kurve von Elisabeth Kübler-Ross, die die Sterbeforscherin im Jahr 1969 veröffentlichte. Sie beschreibt das emotionale Erleben von Menschen eines Sterbeprozesses. Es führt über Schock und Leugnung ins Tal der Tränen bis zur sich anschließenden Akzeptanz. Herrje! Muss man seine Mitarbeiter tatsächlich erst durch das Tal der Tränen schicken, um über derart Leidvolles mehr Bereitschaft für Change zu erzeugen? Dabei haben doch Angst- und Schmerzinformationen immer Vorfahrt im Gehirn. Doch sie führen zwangsläufig zu Vermeidungsstrategien. Stattdessen sollte Veränderung – im Sinne von sinnvoller Weiterentwicklung – etwas Freudvolles sein.

Wer bewegen will, sorgt für Change im Change

Angeblich bewährte Vorgehensweisen gehören also geändert: Wer etwas bewegen will, sorgt für einen Change im Change. Ablehnung und Unlust entstehen automatisch dort, wo von oben verordnet wird. Mit Druck oder Zwang behaftete Prozesse erhalten zu viel Gewicht, das lähmt und verlangsamt. Mehr beflügelnde Zustimmung entsteht, wenn Beteiligte selbst über Veränderungen mitentscheiden.

Freiwilligkeit ist ein enormer Erfolgsantrieb für gelingende Wandlungsprozesse. Zumal wenn Entscheidungen klein genug sind und man daran gewöhnt ist, sie stets anzupassen. Es ist viel leichter, selbst zu restrukturieren, wenn bessere Umstände dies fördern. Fallen Entscheidungen dagegen gigantisch groß aus und folgt man im Unternehmen gewohnt vorgedachten Plänen, wird der Weg im Change-Prozess auch dann nicht verlassen, wenn er nicht weiterführt.

Ein schwerer Fehler ist, seine Energie anfangs an diejenigen zu verschwenden, die den Wandel nicht wollen. Wer ihnen zu viel Aufmerksamkeit widmet, stärkt ihre Position und gibt ihnen Zeit zum Säen von Zwietracht. Menschen haben verschiedene Geschwindigkeiten, wenn es um Veränderung geht. Vorreiter und Nachzügler gibt es in jeder Firma. Unternehmenslenker konzentrieren sich zu Beginn besser auf Experimentierfreudige und Pioniere mit Biss und Durchhaltevermögen.

Dem eingangs erwähnten Manager sei empfohlen, in Anlehnung an den Soziologen und Kommunikationstheoretiker Everett Rogers nach seiner „Innovation Curve" vorzugehen: Nach dem Beginn bei den Vorreitern geht die gesamte Organisation nach und nach durch den Veränderungsprozess. Die Bewegung vollzieht sich nicht top-down, sondern

Kompakt

▶ Klassische Change-Prozesse funktionieren heute nicht mehr.

▶ Veränderung muss freiwillig, proaktiv und permanent passieren.

▶ Die Change-Richtung verläuft nicht mehr top-down, sondern horizontal.

horizontal. Von ersten Erfolgen inspiriert rücken weitere Einheiten nach. Die frühe Mehrheit wird indes nichts versuchen, bevor es nicht andere ausprobiert haben. Sukzessive findet gewissermaßen von Mitarbeiter zu Mitarbeiter eine Ansteckung mit dem Virus der Veränderung statt, denn auf freiwilliger Basis durchwandern immer mehr Personen diesen Weg zur Gesundung eines Unternehmens.

Ein Sog entsteht, wenn zehn Prozent der Menschen für eine Sache gewonnen sind, besagt eine Faustregel. Wagen aus der frühen Mehrheit genügend Menschen das Neue, folgt die späte Mehrheit. Die Mehrheit bilden viele Bewahrer, die wie beim Bau einer Brücke ins Neuland abwarten, bis der Weg sicher genug ist. Sie von Beginn an mitnehmen zu wollen, ist also meist verlorene Mühe. Besser beruhigt sind sie, wenn sie anfangs nicht am Prozess teilnehmen müssen.

Konstruktive Skeptiker sind jedoch sehr hilfreich

Unter den Nachzüglern befinden sich Bedenkenträger, die erst zu überzeugen sind, wenn alle Risiken beseitigt scheinen. Konstruktive Skeptiker sind jedoch sehr hilfreich, weil sie Change-Beteiligte dazu bringen, gründlicher nachzudenken, um noch bessere Argumente zu entwickeln. Von Boykotteuren dagegen, die anhaltend im Widerstand für die Bewahrung der Vergangenheit kämpfen, muss man sich trennen. Wobei einige von ihnen freiwillig gehen, weil das Unternehmen nicht mehr zu ihnen passt. Was bleibt, sind Teams mit starker Anziehungskraft, die beispielsweise neue Mitarbeiter mit Talent und Agilität ins Unternehmen locken. Solche Menschen benötigt jede Organisation zwingend und dringend, um sich fit für die Zukunft aufzustellen.

Autorin Anne M. Schüller ist Diplom-Betriebswirtin und gilt als führende Expertin für Touchpoint Management und auf Kunden fokussierte Unternehmensführung. Sie hält dazu Keynotes, Impulsvorträge und Workshops. Zudem bildet sie am eigenen Institut zertifizierte Touchpoint Manager und Orbit-Organisationsentwickler aus.

Bücher

Clemens Fuest
Gesundheit der Wirtschaft

In zehn Kapiteln bringt laut Verlagsankündigung „Deutschlands führender Ökonom" die Gesundheits- und Wirtschaftspolitik zusammen und gibt im letzten Kapitel seine Empfehlungen für die Überwindung der negativen Auswirkungen durch die Corona-Krise, wozu er Bildung als „Schlüssel zu Wohlstand und Chancengerechtigkeit" nennt. Wie die Chancen dieser Krise zu nutzen sind, zeigt er ebenfalls auf.

277 Seiten, 18,00 Euro, seit Juli 2020
ISBN 978-3-351-03866-3, Aufbau Verlag

Christoph Poertzgen
Risiken der Haftung

Das Buch richtet sich an Geschäftsführer und Vorstände von Unternehmen, die sich in einer Krise befinden oder von einer Insolvenz bedroht sind. Dr. Christoph Poertzgen ist als Rechtsanwalt bei CMS auf die Beratung in solchen Phasen spezialisiert und schreibt hier auch auf Seite 62. Im Buch erläutert er Pflichten und Haftungsrisiken. Das Buch dient der Vorbereitung und Begleitung auch durch Krisenberater.

186 Seiten, 37,99 Euro, seit Juni 2020
ISBN 978-3-658-30082-1, Springer Gabler

Ulla Herrmann
Persönlichkeit der Beratung

Sein Name steht für Unternehmensberatung in Deutschland. Die Autorin ist langjährige Wirtschaftsjournalistin bei der Fernsehanstalt ARD und berichtet heute als Freie über Unternehmen. Hier beschreibt sie den Geschäftsmann Roland Berger und damit die Geschichte seines weltweit agierenden Consulting-Unternehmens. Sie zeichne nicht nur das Bild einer interessanten Persönlichkeit, so der Verlag, sondern beleuchte ein Stück deutscher Wirtschaftsgeschichte.

160 Seiten, 18,50 Euro, ab Oktober 2020
ISBN 978-3-907-12627-1, Kurz & Bündig Verlag

Regine C. Henschel, Bernd Kröplin
Kraft der Innovation

Wettbewerbsvorteile durch Innovationskraft versprechen die Autoren dieses Buches mit Praxiswissen für Firmeninhaber. Denn nutzbringende Ideen und Innovationen zu verwirklichen sei „der beste und nachhaltigste Weg zu mehr Wettbewerbsfähigkeit, zu mehr Gewinn und Umsatz". Regine C. Henschel schrieb übrigens schon vorab in return 02/20 ab Seite 38 über Innovations-Management in der Unternehmensführung.

180 Seiten, 34,99 Euro, ab Oktober 2020
ISBN 978-3-658-23118-7, Springer Gabler

Stefan Holtel
Automation des Denkens

Wofür steht Künstliche Intelligenz (KI)? Der Autor hilft Entscheidern zu verstehen, was sie ist – „die Automation des Denkens". Das erklärt der Informatiker verständlich, denn er ist auch Wissens-Manager und Trainer für Lego Serious Play. Vorher arbeitete er in der Forschung und Entwicklung von Vodafone, hält mehrere Patente und ist seit zwei Jahren als Curator of Digital Change bei der Beratung PwC tätig.

224 Seiten, 24,99 Euro, ab Oktober 2020
ISBN 978-3-868-81799-7, Redline

Eva Ullmann
Instrument der Erfolge

Humor gehört in den Handwerkskoffer jeder guten Führungskraft, heißt es zum Buch von Eva Ullmann, Gründerin des Deutschen Instituts für Humor in Leipzig (siehe Interview S. 6). Ihr erstes Sachbuch exklusiv für Geschäftsführer, Vorstände und andere Chefs vermittelt Techniken und Nutzen dieses Instruments, das insbesondere auch wirkungsvoll in Krisensituationen einzusetzen ist. Humor und Schlagfertigkeit kann man üben, um mehr Erfolg damit zu haben.

425 Seiten, 19,99 Euro, ab Oktober 2020
ISBN 978-3-658-30094-4, Springer

SpringerProfessional.de

Neuerscheinung des Monats

Berater zeigen wirksame Instrumente und Methoden für Unternehmenskrisen

Eine Anleitung, um schrittweise eine Strategie in Krisenzeiten für ein Unternehmen zu entwickeln. Auf Basis von Erkenntnissen aus der Forschung und Praxisbeispielen führt das Buch zu wirksamen Instrumenten und Methoden. Die Autoren Florian Lanzer, Lucas Sauberschwarz und Lysander Weiß sind Experten für Strategie, Innovation und New Work. Sie führen die Unternehmensberatung Venture Idea.
72 Seiten, 14,99 Euro, seit Juni 2020,
ISBN 978-3-658-30542-0, Springer Gabler
www.springerprofessional.de/link/18129872

Newsletter zu „return"

Das Portal springerprofessional.de bietet zahlreiche deutsch- und englischsprachige Online-Newsletter zu insgesamt 20 Fachgebieten. Dieses Informationsangebot ist kostenfrei.
Das Angebot reicht von „Automobil + Motoren" über „Business IT + Informatik" bis „Management + Führung". Die Themen rund um Inhalte, die auch für „return" relevant sind, greift der Online-Newsletter „Transformation + Turnaround" auf. Kostenfrei registrieren können sich interessierte Leser unter:
www.springerprofessional.de/link/6630158

Empfehlung des Monats

Interim Manager rät zum strategischen Ökosystem

Die Corona-Krise sieht der preisgekrönte Interim Manager Ulvi Aydin in seiner Online-Kolumne als „eine einzigartige Gelegenheit für jeden Unternehmer". So trenne sich im stationären Handel „die Spreu vom Weizen". Überleben könnten nur Geschäfte, deren Leiter unternehmerisch denken, wozu sie die Strategie der Filialsysteme umkrempeln müssten.
„Es bleiben die Geschäfte bestehen, deren Verantwortliche kein unternehmerisches Risiko scheuen, Konsequenzen aus der Krise ziehen und strategische Lehren daraus ableiten",

schreibt Ulvi Aydin und prognostiziert: „Wer aus seinem Filialsystem ein Netzwerk selbstständiger Unternehmen macht, setzt sich im Post-Corona-Markt durch." Geschäftsführer von Unternehmen mit nichtselbstständigen Filialsystemen sollten „das Vor-Corona-Franchise-System überspringen und sofort auf ein strategisches Ökosystem bauen", rät er und empfiehlt, „die Chance der Krise zu ergreifen, um mit innovativem Organisationsmodell den Markt zu erobern".
www.springerprofessional.de/link/18100096

Springer Professional

Unser Wissensportal Springer Professional

 SpringerProfessional.de

Dieses Wissensportal bündelt Fachgebiete aus Wirtschaft und Technik. Über www.return-online.de und die Verlinkung dorthin zeigt sich auch der Online-Auftritt dieser Zeitschrift mit aktuellen Informationen, Beiträgen, Empfehlungen, Literatur und einem kostenlos bestellbaren Online-Newsletter zu Themen rund um Transformation und Turnaround.
Auf unserer Landing Page unter springerprofessional.de sind zudem das Online-Archiv, die Mediadaten oder der Kontakt zur Redaktion von „return" zu finden. Hier können das Print-Magazin und das E-Magazin abonniert werden, in denen Hinweise stehen auf weiterführende und frei zugängliche Beiträge unter springerprofessional.de. In Fachbeiträgen enthalten sind außerdem Empfehlungen der Redaktion aus Zeitschriften und

Büchern wie in diesem regelmäßig veröffentlichten Kasten „Springer Professional", die mit dem Zeitschriften- und/oder Voll-Abonnement frei abrufbar sind.
Kurzanleitung zur Registrierung für den Zugriff auf alle Beiträge aus „return" in digitaler Fassung aus dem Online-Archiv und im E-Magazin:
1. www.springerprofessional.de/register
2. Eingabe der persönlichen Kontaktdaten
3. Passwort festlegen
4. Registrierung absenden
5. Sie erhalten eine Bestätigungs-Mail des Verlages. Klicken Sie auf den Link in der E-Mail, um sich für Springer Professional freizuschalten.

Nach der Registrierung loggen Sie sich unter **www.springer professional.de/login** ein. Bei Problemen können Sie sich wenden an **support@springerprofessional.de**. Zum Voll-Abonnement von Springer Professional geht es unter **www.springer professional.de/bestellung**.

Schwarze Schafe mit System

Insolvenzverwalter – so gut und schlecht wie ihr Ruf

Vor einem Amtsgericht steht eine lange Schlange von Besuchern, die auf Einlass und Sicherheitskontrolle warten. Plötzlich stürmt ein Mann vorbei mit dem Ausruf „Ich bin Insolvenzverwalter, gehen Sie zur Seite, ich habe einen Gerichtstermin!". Auf den Großkotz haben – nur ironisch gemeint – alle gewartet. Diese Art von Wichtigtuern prägt das Bild des deutschen Insolvenzverwalters. Ein Zerrbild, das falsche Schlüsse auf die vielen seriösen Vertreter der Zunft zulässt. Das miese Image verstärken Verwalter, die noch nie ein Unternehmen operativ saniert haben. Ihre Devise: „Schlüssel umdrehen und eine Woche nicht erreichbar sein – das mindert Haftungsrisiken." Ein anderer Typus veräußert insolvente Unternehmen weit unter Wert an Bekannte. Dabei greift er mitunter auf Strohleute zurück, um die Werte des verkauften Unternehmens später mit großem Gewinn zum echten Wert zu versilbern. Es soll sogar Verwalter geben, die sich mit Kick-back-Zahlungen von Verwertern dafür entlohnen lassen, dass sie ihnen das Vermögen des Schuldners günstig vermittelt haben.

Dilemma beginnt bei der Auswahl

Selbstverständlich sind das Einzelfälle, doch in der Summe schlicht zu viele, sodass ein System vermutet werden muss. In Deutschland – anders als in vielen europäischen Ländern – wird man zum Verwalter, indem man Insolvenzrichter findet, die Kandidaten für ein Verfahren zum Insolvenzverwalter bestellen. Man muss keine Sanierungsexpertise nachweisen, um faktisch uneingeschränkt zur Verwaltung fremden Vermögens autorisiert zu sein. Damit beginnt das Dilemma. Der fragwürdige Auswahlprozess geht zudem auf die fehlenden Basisqualifikationen beim Gerichtspersonal zurück, bei dem vor allem Bauchgefühl zählt. Alle Bemühungen, objektive Kriterien zur Entscheidungsfindung zu etablieren, sind bislang am Beharrungsvermögen interessierter Kreise und dem Versagen des Gesetzgebers gescheitert. Veränderungen scheitern auch an den Verlockungen von Geld und Macht, die dieses System begünstigt: Denn die Vergabe attraktiver Insolvenzverfahren gleicht dem Verteilen eines Jackpots. Also hinterlassen Kandidaten gegenüber Insolvenzrichtern den bestmöglichen Eindruck.

An Systemfehler Nummer eins reiht sich Systemfehler Nummer zwei: Im laufenden Verfahren versagt die Kontrollfunktion der Gerichte, was am Mangel an effektiven Prüfungen und nachvollziehbarer Transparenz liegt. Jedes Insolvenzgericht soll zwar Verfahren beaufsichtigen. Doch dies geschieht auf Grundlage von Informationen aus Verwalterberichten. Der zu Beaufsichtigende ist also Herr darüber, welche Inhalte fließen – ob zum Gericht und zu den Gläubigern. Entsprechend gering ist das Entdeckungsrisiko für Fehlverhalten.

So liegen Kassenführung und Buchführung allein in der Hand des Insolvenzverwalters. Das Vier-Augen-Prinzip ist dem deutschen Insolvenzverfahren fremd. Während in den USA alle Gläubiger übers Internet fortlaufend Einblick in die Akten des Verwalters und des Gerichts bekommen, verharren die Beteiligten hierzulande im Denken der Justiz aus dem 19. Jahrhundert. Es wundert kaum, dass bisher alle Skandale um kriminelle Insolvenzverwalter von Dritten aufgedeckt wurden. Die Weigerung der Bundesländer, diese Systemfehler zu korrigieren und Transparenz zu etablieren, stützt die unseriösen Verwalter. Berufsverbände kämpfen gegen das Veröffentlichen der Vergütungen statt dafür, transparente Informationssysteme verpflichtend einzuführen. Auch bei Gericht scheut man leider Transparenz so wie der Teufel das Weihwasser. Denn andernfalls wären zweifelhafte Begründungen für satte Verwalter-Vergütungen zum Teil in Millionenhöhe zu entlarven. Gläubiger dagegen müssen sich mit Miniquoten begnügen. Wir fördern also schwarze Schafe mit System, solange Gerichte und Verwalter ihre Interessen über die Interessen von Öffentlichkeit und Gläubigern stellen und Gläubiger nicht auf allen Ebenen partizipieren. Solange unser System so schiefläuft, wird der Ruf von Insolvenzverwaltern maßgeblich von den schwarzen Schafen der Branche geprägt.

Prof. Hans Haarmeyer ist „return"-Herausgeber sowie Verfasser zahlreicher Handbücher und Kommentare zum Insolvenzrecht. Der Diplom-Betriebswirt war viele Jahre als Insolvenzrichter tätig und lehrte Wirtschaftsrecht am Rhein-Ahr-Campus in Remagen.

Vorschau 05/20

Die nächste Ausgabe von „return – Magazin für Transformation und Turnaround" erscheint am 15. Oktober 2020.

► Schwerpunkt Finanzen, Recht und Steuern: Titelreport – Interview – Firmenprofil – Auslandsberichte – Gastfachbeiträge

► Ressort Start & Szene: Insolvenzradar – Meldungen – Kabarettisten-Kolumne

► Ressort Menschen & Unternehmen: Firmenprofil – Gründerszene – Serie „Digitales" – Kontrovers – Unternehmer-Kolumne

► Ressort Hintergrund & Wissen: New Work – HR-Ressourcen – neue Geschäftsmodelle – Wirtschafts- und Rechtswissen – Kanzlei-Serie

Schwerpunkt: Finanzen, Recht und Steuern

© Andre Bonn / Fotolia

Impressum

„return – Magazin für Transformation und Turnaround"
www.springerprofessional.de
www.return-online.de
Ausgabe 4 | 2020, 07. Jahrgang
ISSN (Print) 2199-8841
ISSN (Online) 2520-8187

Verlag
Springer Gabler
Springer Fachmedien Wiesbaden GmbH
Abraham-Lincoln-Str. 46
65189 Wiesbaden
Die Springer Fachmedien Wiesbaden GmbH ist Teil der Fachverlagsgruppe Springer Nature

Geschäftsführer
Stefanie Burgmaier |
Joachim Krieger | Juliane Ritt

Redaktion
Herausgeber:
Stefanie Burgmaier |
Prof. Dr. Hans Haarmeyer

Teamleitung Managementzeitschriften:
Anja Schüür-Langkau

Chefredakteur
(verantwortlich für den redaktionellen Inhalt):
Thorsten Garber
Am Stierksken 18
59379 Selm-Cappenberg
Tel.: +49 (0)2306 75 74 99
thorsten.garber@springernature.com

Redaktionelle Mitarbeiter
dieser Ausgabe:
Bengt Abel, Jonathan Auberle, Alexander Busch, Joachim Berendt, Claudia Bröll, Boje Dohrn, Brigitte Faust, Patrik-Ludwig Hantzsch, Peter Hanser, Karl-Josef Laumann, Prof. Matthias D. Mahlendorf, Chin Meyer, Armin Hingst, Prof. Alfred Kieser, Anja Kühner, Dr. Christoph Poertzgen, Caroline Pluta, Tobias Ragge, Jenny Ripke, Anne M. Schüller, Prof. Hermann Simon, Reiner Wandler, Alexander Welscher

Titelfoto
© eyeQ / Fotolia

Anzeigen, Marketing
und Produktion
Leiter Media Sales:
Volker Hesedenz

Leiter Vertrieb + Marketing:
Jens Fischer

Gesamtleitung Produktion:
Ulrike Drechsler

Verkaufsleitung (verantwortlich für den Anzeigenteil):
Eva Hanenberg
Tel.: +49 (0)611 7878-226
Fax: +49 (0)611 7878-430
E-Mail: eva.hanenberg@springer.com

Anzeigendisposition:
Leonida Fischer
Tel.: +49 (0)611 7878-148
E-Mail: leonida.fischer@springer.com

Anzeigenpreise:
Es gelten die Mediadaten von Oktober 2019.

Produktmanagement:
Britta Rossbach
Tel.: +49 (0)611 7878-271
E-Mail: britta.rossbach@springer.com

Satz, Layout und Produktion
Iris Conradi

Alle angegebenen Personen sind, soweit nicht ausdrücklich angegeben, postalisch unter der Adresse des Verlags erreichbar.

Sonderdrucke
Anja Trabusch
E-Mail:anja.trabusch@springernature.com
Tel.: +49 (0)611 7878 298

Leserservice
Springer Customer Service Center GmbH
Springer Gabler Service
Tiergartenstr 15, 69126 Heidelberg
Tel.: +49 (0)6221 345-4303
Fax: +49 (0)6221 345-4229
Montag – Freitag 8.00 Uhr – 18.00 Uhr
E-Mail: springergabler-service@springer.com

Druck
Kliemo Printing AG,
Hütte 33,
B-4700 Eupen, Belgien

Fachbeirat
Dr. Utz Brömmekamp, Buchalik Brömmekamp Rechtsanwaltsgesellschaft; Udo Doetsch, Sparkasse Duisburg; Prof. Dr. Roland Eckert, FOM Hochschule für Oekonomie & Management im Hochschulzentrum Düsseldorf; Prof. Dr. Christian Gärtner, Wiesbaden Business School, Hochschule Rhein-Main; Carl-Jan von der Goltz, Maturus Finance; Dr. Ulrich Hermann, Heidelberger Druckmaschinen AG; Prof. Dr. Michael Jünger, Technische Hochschule Ingolstadt; Michael Pluta, Pluta Rechtsanwalt; Uwe Rotermund, Noventum Consulting; Heinrich Fritz Stellmach, Stellmach & Bröckers Rechtsanwälte, Wirtschaftsprüfer, Steuerberater

Bezugsmöglichkeiten
Das Heft erscheint sechsmal jährlich. Bezugsmöglichkeiten und Details zu den Abonnementbedingungen finden Sie unter www.mein-fachwissen.de/return
Alle Rechte vorbehalten.

© Bernd Hegert

Hoffnungsträger

Die wirtschaftliche Not vieler Unternehmen spiegelt das Insolvenzgeschehen bislang nicht wider. Verlassen Sie sich nicht auf Luftnummern, liebe Leserin und lieber Leser, es herrscht nur Ruhe vor dem Sturm. Die Zahl der beantragten Insolvenzverfahren sank zwar im ersten Halbjahr 2020 gegenüber dem Vorjahresvergleichszeitraum um mehr als sechs Prozent, doch dafür sorgte auch der Gesetzgeber mit der Aussetzung der Antragspflicht. Nach Angaben der Amtsgerichte stiegen allein die voraussichtlichen Forderungen der Gläubiger – trotz der deutlich weniger gemeldeten Fälle – dramatisch von 10,2 auf 16,7 Milliarden Euro.

Weitere Gefahr liegt in der Luft, weil künstlich am Leben gehaltene Firmen wie „Zombies" als wankende Untote und vermeintliche Geschäftspartner gesunde Unternehmen mit in den Abgrund zu reißen drohen. Mehr Horrorfakten ließen sich herbeischaffen, besonders betroffene Betriebe an einer Schnur des Schreckens aufreihen. Die Krisenberichterstattung der meisten Medien steht kaum für Zuversicht mit Überschriften im Spektrum zwischen „Angst vor dem Todesstoß" („zeit online") und „Wenn die zweite Welle kommt, habe ich keine Reserven mehr" („spiegel online"). In der Tat tauscht niemand gerne mit einem Unternehmer, der derzeit – wie ein Schwerkranker am Tropf – vom Wohlwollen seiner Hausbank abhängt. Die höhere Verschuldung, welche sich während dieser Krise in Wirtschaft und Staat aufbaut, mutet zusätzlich besorgniserregend an.

Bei aller Misere muss jedoch die Frage erlaubt sein: Wer will schon Regierungen oder Unternehmensführungen den Turnaround zutrauen, die „Wir schaffen das nicht!" in Aussicht stellen? Liquiditätshilfen, Steuerstundungen und Kurzarbeitergeld zählen für die meisten Ökonomen zu den effektivsten Mitteln, um Schäden einzudämmen. Der Gesetzgeber hat zudem den klaren Auftrag, die neuen Instrumente aus der EU-Richtlinie zur präventiven Restrukturierung zügig national freizugeben. Vorausschauende Entscheider mit Zahlungskraft und Zukunftsziel versuchen, jedes Verschieben von Investitionen zu vermeiden. Viele Mittelständler reagieren pragmatisch mit Kreditlinienaufbau, Kapazitätsabbau und Homeoffice-Umbau. Wichtig ist jetzt, „dass man nicht aufhört zu fragen", wie der weltweit wohl bekannteste Wissenschaftler Albert Einstein einst forderte, um richtige Lehren aus dieser Krise zu ziehen und für kommende Kalamitäten zu lernen.

Da der Glaube an Chancen für Unternehmen oft über Geld zur Umsetzung führt, ist dieses Heft speziell Finanzen, Recht und Steuern gewidmet. Dabei bestätigen alle Autoren frohe Erwartungen: Es gibt gute Lösungen. „return" versetzt Leser vermutlich nicht in gute Laune mit Themen über schlimme Lagen, vermittelt ihnen mit aufgezeigten Auswegen aber Wissen, um Krisen zu verhindern und zu bewältigen. Wie Nobelpreisträger Elias Canetti empfahl: „Das Furchtbarste so sagen, dass es nicht mehr furchtbar ist, dass es Hoffnung gibt, weil es gesagt ist."

Ihr

Thorsten Garber
Chefredakteur return / thorsten.garber@springernature.com

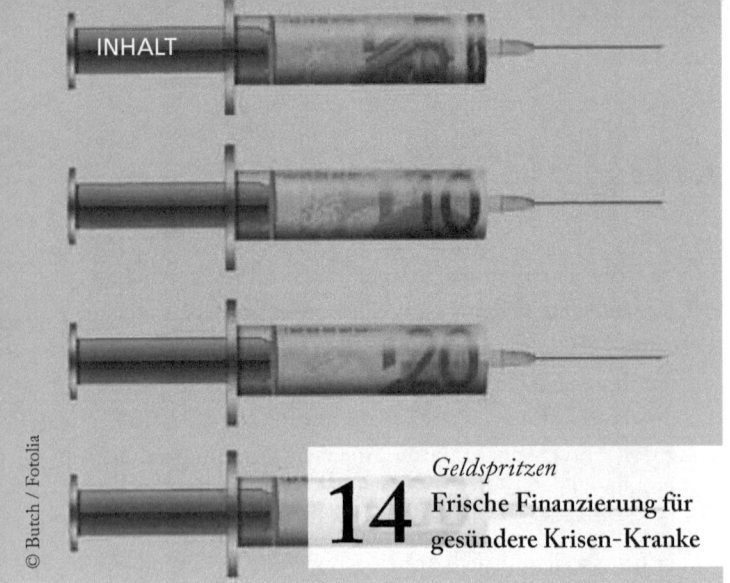

© Marc Pape

© Butch / Fotolia

Inhalt

return 05/20

Start & Szene

Interview

„Die Homeoffice-Diskussion trägt zur Unsicherheit über Flächenbedarf bei"

Mehr Homeoffice-Lösungen seit der Corona-Krise verändern den Markt für Büroimmobilien. JLL-Büroexperte Stephan Leimbach vom führenden Gewerbeobjekte-Berater über die Folgen.

© Jones Lang LaSalle SE

Herr Leimbach, JLL sagt für den deutschen Büroflächen-Umsatz 2020 gegenüber 2019 ein Minus von 29 Prozent voraus. Ein Homeoffice-Effekt?

Stephan Leimbach: Es hat mehrere Gründe: Das erste Quartal war schon schlechter. Im Lockdown wollten die meisten Unternehmen den Betrieb in den Büros unter Covid-Einschränkungen aufrechterhalten. Die Homeoffice-Diskussion trägt auch dazu bei, dass Unsicherheit über den künftigen Flächenbedarf besteht und Umzüge oder Expansionen erst einmal zurückgestellt werden.

Droht jetzt ein Überangebot?

Auch wenn die Nachfrage aus den genannten Gründen nun nachlässt, haben die meisten Großstädte immer noch ein viel zu geringes Angebot. Von einem „gesunden" Leerstand sind diese Metropolen immer noch weit entfernt.

Empfehlen Sie Unternehmen mit Expansionsplänen, nun erst einmal abzuwarten bezüglich Neubau und Umzug?

Wer das Büro strategisch als wichtige Komponente im Kampf um die besten Köpfe begreift, der muss frühzeitig handeln. Dies ist allein schon deshalb wichtig, weil gerade größere und hochwertige Flächen meist nur in Neuentwicklungen zu bekommen sind, was mit einer Wartezeit verbunden ist. Selbstverständlich muss die Unternehmensleitung sich zudem Gedanken darüber machen, wie die Arbeit in Zukunft im jeweiligen Betrieb aussehen soll. Denn auch Homeoffice funktioniert langfristig nur, wenn es kulturell zum Unternehmen passt. Dies erfordert eher eine Auseinandersetzung mit diesem Thema statt eines Abwartens.

Wozu raten Sie insbesondere Unternehmen in Krisen, die Liquidität sichern müssen?

Ich würde dazu raten, die Kosten runterzufahren. Das ist bei Immobilien aber schwierig, weil sie zumeist langfristig angemietet sind. Hier könnte kurzfristig allerdings eine Untervermietung helfen.

Tobias Just, Professor der Immobilienakademie IREBS, sieht neue Chancen durch flexible Büroflächen mit anderen Geschäftsmodellen aus Nutzersicht. Sie auch?

Das sehe ich ähnlich. Zwischen der langfristigen und individuellen Anmietung sowie dem eher uniformen Co-Working werden sich Mischformen etablieren. Die Nutzersicht ist dabei das Maß aller Dinge.

Die Fragen an Stephan Leimbach stellte Thorsten Garber schriftlich.

Kinobetreiber-Krise

Verhandlung über Sozialplan für Colosseum

Sebastian Laboga, Pluta-Insolvenzverwalter für die Kino Colosseum Betriebsgesellschaft mbH, arbeitet am Sozialplan. Der Fall scheint beispielhaft für die schwierige Lage der Lichtspielhäuser, denen neben den Corona-Einschränkungen auch fehlende Film-Premieren zusetzen. Ein kostendeckender Betrieb sei, „wie bei Hunderten anderer deutscher Kinos auch" bis auf Weiteres unmöglich, so Laboga.

www.pluta.net

Porzellanhersteller-Krise

Neuer Kahla-Eigentümer setzt auf Tradition

Daniel Jeschonowski, einst Restrukturierungs- und Interim Manager bei Bain und Alix, hat als Geschäftsführer des Werbeartikelproduzenten Senator jetzt auch den traditionsreichen Porzellanhersteller Kahla übernommen und will an Erfolge alter Zeiten anknüpfen. Das Thüringer Unternehmen (siehe Firmenprofil return 04/18) hatte im März seinen Insolvenzantrag gestellt und hat noch 175 Mitarbeiter.

www.kahlaporzellan.com

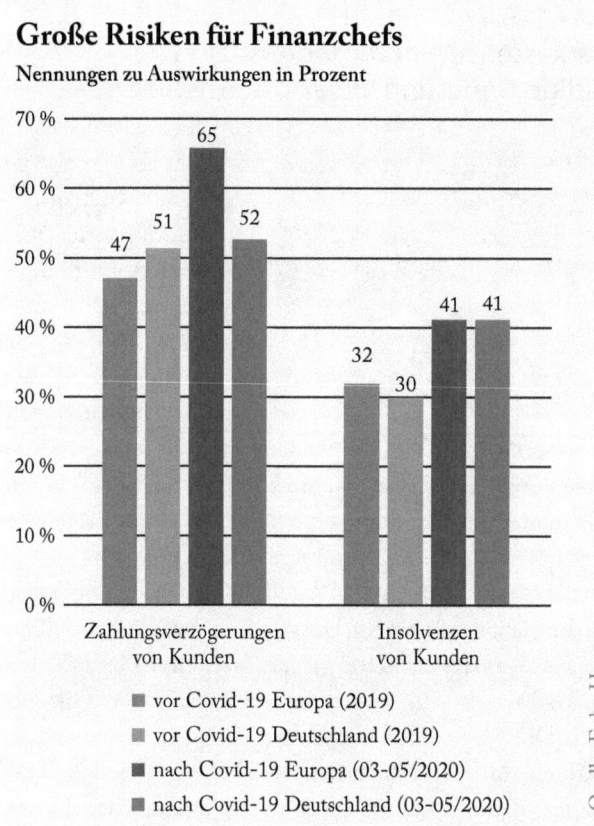

Große Risiken für Finanzchefs

Nennungen zu Auswirkungen in Prozent

Legende:
- ■ vor Covid-19 Europa (2019)
- ■ vor Covid-19 Deutschland (2019)
- ■ nach Covid-19 Europa (03-05/2020)
- ■ nach Covid-19 Deutschland (03-05/2020)

Zahlungsverzögerungen von Kunden: 47, 51, 65, 52
Insolvenzen von Kunden: 32, 30, 41, 41

Quelle: Euler Hermes

Befragung von Finanzchefs
Unternehmen fürchten am häufigsten verzögerte Zahlungen von Krisen-Kunden

Die größte Sorge deutscher und europäischer Finanzchefs in Unternehmen gilt den Zahlungsverzögerungen durch Kunden. Die Bedenken scheinen berechtigt: Mehr als die Hälfte der befragten Unternehmen aus Deutschland hatten noch vor der Corona-Krise schon im vergangenen Jahr ihre Not mit säumigen Zahlern, fast ein Drittel war von Insolvenzen seiner Abnehmer betroffen. Die Studie des Kreditversicherers Euler Hermes ermittelte, dass jetzt sogar 36 Prozent der deutschen Unternehmen „täglich mit Zahlungsverzögerungen zu kämpfen" haben, während es bei den europäischen im Schnitt 24 Prozent sind.

Die CFO-Befragung zeigt, dass hinter der Sorge um verspätete Zahlungen selbst Risiken wie Cybercrime, Lieferketten-Probleme oder rückläufige Umsätze und Profitabilität weniger Furcht einflößen. Ron van het Hof, CEO von Euler Hermes für die D-A-CH-Region, kommentiert das Ergebnis als „relativ erschreckende Bilanz", die zeige, „welch große Schneeballeffekte Insolvenzen in der gesamten Lieferkette auslösen können". Zahlungsverzögerungen bringen Finanzchefs somit am häufigsten um ihren ruhigen Schlaf."
www.eulerhermes.de

Studie „Risk Disclosure Noncompliance"

Forscher bemängeln Jahresabschlüsse wegen laxer Risiko-Berichterstattung

Bislang nehmen es viele Unternehmen mit der verpflichtenden Risiko-Berichterstattung in ihren Jahresabschlüssen nicht ernst genug. Dies war Wirtschaftswissenschaftlern erst aufgefallen und haben sie jetzt mit ihrer Untersuchung bestätigt. Nach der Studie der Universität Trier und der Erasmus University Rotterdam haben die 383 zufällig ausgewählten Unternehmen aus EU-Ländern im Schnitt nur über knapp 62 Prozent der berichterstattungspflichtigen Risiken auch tatsächlich informiert. Kein einziges Unternehmen hat alle Risiken offengelegt.

In ihren Jahresabschlüssen müssen Unternehmen gemäß den seit 15 Jahren einheitlichen EU-Regeln darüber aufklären, welchen Risiken sie ausgesetzt sind. Das können beispielsweise mögliche Probleme bei der Aufrechterhaltung der Liquidität sein. Die Vergleichbarkeit soll unter anderem Investoren zur besseren Einschätzung dienen. „Die Verletzungen erscheinen uns ein Problem des Kontrollsystems zu sein", warnte mit Prof. Michael Erkens aus Rotterdam einer der Studienautoren. Die Forscher fordern daher, bei der Aufsicht nachzubessern.

www.springerprofessional.de/link/18347854

Studie „Zukunft Mittelstand"

Sparkassenverband prognostiziert baldige Genesung vieler Unternehmen

Für viele Mittelständler sieht der DSGV, also der Deutsche Sparkassen- und Giroverband, trotz negativer Auswirkungen der Corona-Krise einen „Erholungsprozess, der in Teilen aber längere Zeit in Anspruch nehmen wird", wie DSGV-Präsident Helmut Schleweis zur Vorstellung der Studie „Zukunft Mittelstand 2020" sagte. Mit solider Finanzierung und flexiblem Kosten-Management hätten sie die Kraft für eine baldige Genesung.

Für die Studie wurden auch rund 300.000 Firmenbilanzen von Betrieben mit einem Umsatz von zwei bis 50 Millionen Euro analysiert. Der gemessene „Fitnessindex" sinkt danach im Jahr 2020 unter das Niveau in der Krise von 2009. Die wirtschaftlichen Folgen fallen in den einzelnen Sektoren zum Teil sehr unterschiedlich aus. Die Erhebung beziffert den Umsatzrückgang über alle Branchen hinweg durchschnittlich auf fünf bis sieben Prozent für das laufende Jahr. Simulationsergebnisse zeigten bei nur fünf Prozent der betrachteten Unternehmen einen bilanziellen Verlust für 2020, sodass der DSGV weniger als zwei Prozent Unternehmensinsolvenzen unter seinen Firmenkunden erwartet.

www.springerprofessional.de/link/18380060

Statement des Bundesverbandes ESUG

„Maßnahmen verlängern den Todeskampf vieler Unternehmen unnötig"

Robert Buchalik, Vorstandsvorsitzender des Bundesverbandes ESUG e. V., sieht staatliche Hilfen für schwächelnde Unternehmen in der Corona-Krise kritisch, weil sie Probleme verschleppen.

„Durch staatliche Hilfen halten sich viele Unternehmen, trotz hoher operativer Verluste, weiter über Wasser und verschleppen die Insolvenz. Das dicke Ende kommt, wenn die Verbindlichkeiten zurückgezahlt werden müssen, dann aber die Mittel dafür nicht vorhanden sind.

Viel besser wäre es, jetzt sofort reinen Tisch zu machen. Eine Lösung könnte der Eintritt in ein Eigenverwaltungsverfahren sein. Oder der Gesetzgeber setzt zügig die EU-Restrukturierungsrichtlinie in nationales Recht um. Die Richtlinie sieht vor, dass insolvenzgefährdete Unternehmen in ein gerichtliches Moratorium eintreten und unter gerichtlich angeordnetem Vollstreckungsschutz mit den Gläubigern einen Schuldenschnitt vereinbaren können.

Das Bundesjustizministerium hat zwar am 19. September endlich den Gesetzesentwurf veröffentlicht, der Abhilfe schaffen könnte. Aber bis zur Verabschiedung wird es noch

Monate dauern, weil erheblicher Diskussionsbedarf besteht. Durch die bestehenden Maßnahmen wird aber der Todeskampf vieler Unternehmen unnötig verlängert und der Insolvenzverschleppungsschaden weiter gesteigert. Sinnvoll wäre es, zumindest eine Übergangsregelung zu schaffen.

Mit dem vom Rechtsausschuss des Bundestages ursprünglich geplanten Corona-Maßnahmengesetz, das derzeit aber wohl keine Mehrheit findet, könnte Abhilfe geschaffen werden. Mit einem Moratorium würde die Möglichkeit eröffnet, einen Schuldenschnitt zu vereinbaren.

Überlebt das Unternehmen nicht, soll dem persönlich haftenden Unternehmer schnell der Weg in die Restschuldbefreiung ermöglicht werden. Unternehmer, die unverschuldet durch die Pandemie ihr Unternehmen verlieren und auch noch in Existenznot geraten, müssten dann am Ende nicht von Sozialhilfe leben."

© Claire-Lise Havet

© Condor Flugdienst GmbH

Neue Unternehmensspitze für Deutsche Hospitality

Marcus Bernhardt, neuer Chief Executive Officer (CEO), und Dr. Ulrich Johannwille, neuer Chief Financial Officer (CFO) plus Arbeitsdirektor, übernehmen zum 1. November die Unternehmensführung der Steigenberger Hotels AG/Deutsche Hospitality (DH). Bernhardt (Foto links) kommt von der Europcar Mobility Group, Johannwille (Foto rechts) von der Condor Flugdienst GmbH. Vorgänger Matthias Heck hatte die Gruppe kommissarisch als CEO und CFO geführt, nachdem zuvor Thomas Willms um Auflösung seines Vertrages zum 30. September gebeten hatte. Im Frühjahr hatte schon André Witschi als Aufsichtsratschef Dr. Rolf Corsten abgelöst. DH mit fünf Marken und 150 Häusern, darunter Intercity Hotels, gehört seit 2019 zum chinesischen Konzern Huazhu mit 5.700 Hotels.
www.deutschehospitality.com

Dominique Leroy, zuletzt Managing Director für Belgien und Luxemburg bei Unilever, leitet ab 1. November das Segment Europa im Vorstand der Deutschen Telekom. Sie tritt die Nachfolge von Srini Gopalan an, der dann das Deutschland-Segment verantwortet.
www.telekom.com

Sabine Bendiek, Vorsitzende der Geschäftsführung von Microsoft Deutschland (siehe return 04/20, S. 22), wechselt zu Jahresbeginn 2021 als Chief People Officer und Arbeitsdirektorin in den Vorstand der SAP Deutschland SE & Co. KG.
www.sap.com

Olaf Schneider, bis Spätsommer 2019 General Counsel und Chief Compliance Officer sowie Generalbevollmächtigter bei dem Industriedienstleister Bilfinger, ist nun Partner der Kanzlei Hogan Lovells im Bereich Compliance & Investigations.
www.hoganlovells.com

Dr. Ilkin Karakaya, bisher Chefjurist von Knorr-Bremse, wechselt als General Counsel & Senior Vice President Legal Affairs in den Vorstand von Tetra Pak.
www.tetrapak.com

Dr. Norman Häring, Rechtsanwalt in der Kanzlei MSL Dr. Silcher, ist jetzt als Insolvenzverwalter und Restrukturierungsexperte im Insolvenz-Team der Kanzlei Tiefenbacher tätig. Er hat mit einem dreiköpfigen Team gewechselt und ist als Partner eingestiegen. Seine Schwerpunkte liegen in der Insolvenzverwaltung sowie der Sanierung und Restrukturierung von mittelständischen Unternehmen.
www.tiefenbacher.de

Ausverkauf der Textilbranche

Die Pleitewelle bei Textilherstellern und -händlern schwappt auffällig durch die Innenstädte. Neben der Corona-Krise sorgen vor allem strukturelle Schwächen für eine Flut von Insolvenzen.

© Macgyverhh / Fotolia

Volle Innenstädte, leere Textilgeschäfte? Zahlreiche Pleiten in der Bekleidungsbranche seit Beginn der Corona-Krise lassen aufhorchen.

Nun hat es also die Luxusmarke Escada erwischt. Schon wieder muss man sagen. Die Escada SE hat Anfang September einen Insolvenzantrag wegen Zahlungsunfähigkeit gestellt. Schon im Jahr 2009 war eine Pleite formal angezeigt worden. Das ehemalige Edel-Flaggschiff schippert seitdem von einem Umsatzrückgang zum nächsten. Damit steht der Textilhersteller allerdings nicht alleine da. Ob Luxussegment, Fast Fashion oder Miederwarengeschäft. Die Textilbranche leidet seit Jahren. Die Corona-Krise versetzt jetzt vielen bekannten Marken den (vorläufigen) Todesstoß.

Von A wie Appelrath-Cüpper bis vorerst zuletzt E wie Escada

Die Liste der Pleiten in der Bekleidungsbranche seit dem Ausbruch der Pandemie liest sich wie ein Who's who der deutschen Traditionsmarken: Galeria Karstadt Kaufhof, Appelrath-Cüpper, Tom Tailor, Esprit, Sinn, Hallhuber, Gerry Weber, Herzog & Bräuer, Picard, Hiltl, Bonita und

jetzt Escada. Sind sie tatsächlich alle ein Opfer der Pandemie? Zunächst erscheint das logisch. Denn mit dem Shutdown im März leerten sich die Innenstädte. Die meisten Läden mussten schließen, der Umsatz brach ein.

Aber mit der Wiederkehr des Wirtschaftslebens, hier der Öffnung der Läden, stellte sich kein Kundenansturm ein. Samstags in die Stadt fahren, um durch Ladenzeilen zu bummeln, ist zwar möglich. Aber die Realität sieht so aus: Lange Schlangen vor den Geschäften, weil nur wenige Kunden auf die Verkaufsfläche dürfen. Die Gesichtsmaske ist obligatorisch, aber bei warmen Temperaturen abschreckend. Der Gesundheitsschutz und das Fernhalten potenzieller Virenträger schlagen auf die Kauflaune. Laufkundschaft bleibt oft fern.

Trotz der ausgesetzten Insolvenzantragspflicht hat eine Reihe von Konzernen und Mittelständlern einen Insolvenzantrag gestellt. Bemerkenswert, da das Insolvenzgeschehen eigentlich stark rückläufig ist. Auffällig, dass viele ins Schutzschirmverfahren schlüpfen, mit dem sich der Instrumentenkasten des Insolvenzrechts nutzen lässt. Zumal die

Geschäftsführung im Unterschied zum Regelinsolvenzverfahren weiter am Ruder bleibt.

Der Verfahrensname indes ist ein PR-Coup, suggeriert er dem Außenstehenden eine ausgedehnte Erholungsphase. Doch selbstverständlich handelt es sich um eine Spielart der Insolvenz, nur eben in Eigenverwaltung. Der formaljuristische Aufwand ist hoch, um den Schutzschirm aufspannen zu dürfen (siehe Kasten). Schließlich ist es möglich, teure Mietverträge und Mitarbeiter außerordentlich zu kündigen. Der Sanierungsgedanke steht hier zwar klar im Vordergrund, es bleibt aber am Ende trotzdem eine Insolvenz.

Prominentes Beispiel für den Trend ist „Galeria Karstadt Kaufhof". Auch sonst lassen sich aus der Pleite der großen Warenhauskette viele Erkenntnisse ziehen, die bei der Analyse der Branche helfen. Der Konzern schreibt seit Jahren rote Zahlen. Das Kaufhaus-Konzept schwächelte schon zu Hochzeiten. Eigentümer René Benko hatte ein Sanierungskonzept außerhalb des Insolvenzantrags vorgelegt. Es setzte auf Verschlankung durch das Zusammenlegen von Betriebsteilen und auf Personalabbau in der Verwaltung. Diese Diät hat die Corona-Krise jedoch verpuffen lassen.

„Strategische Insolvenz" zielt auf neue Handlungsfähigkeit

Nun könnte das Schutzschirmverfahren sich als weiser Weg erweisen, das Unternehmen wieder zu Kräften kommen zu lassen. Knapp 30.000 Beschäftigte waren erst mit Kurzarbeitergeld versorgt und beziehen jetzt Insolvenzgeld. Viele teure Mietverträge konnten neu verhandelt und Filialen so gerettet werden. Kurzum: Es ist eine „strategische Insolvenz". Das Unternehmen ist wieder handlungsfähig. Es begründet Masseverbindlichkeiten, ist aber vor Vollstreckungen geschützt. Bei Tausenden Lieferanten der Warenhäuser, insbesondere für Textilien, dürfte es die Gesundung erst ermöglichen.

Eine andere Frage ist die nach den Lieferanten, die auf ihr Geld warten müssen. Die Gläubigerversammlung bei Galeria hat dem Insolvenzplan zugestimmt – wohl mangels Alternativen. So ging es am Ende um einen Milliardenverzicht oder eine 0,0-Prozent-Quote. Das Handelshaus wollte ab Oktober schuldenfrei sein und sich ohne insolvenzrechtliche Einschränkungen wieder dem Wettbewerb stellen.

Selbst wenn Galeria Karstadt Kaufhof seine Probleme löst, leidet die Branche im Strukturwandel doch weiter. Die Transformation folgt nicht der Formel „Online-Handel plus, stationärer Handel minus". Speziell junge Konsumenten schätzen zwar die Vorteile des bequemen Onlineshopping, dies begründet aber nicht die essenzielle Krise. Bei Käufern der westlichen Welt setzt sich immer mehr der Nachhaltigkeitsgedanke durch. Die wichtige Zielgruppe der

Schutzschirmverfahren in Eigenverwaltung

Das Gesetz zur weiteren Erleichterung der Sanierung von Unternehmen (ESUG) ist 2012 in die Insolvenzordnung aufgenommen worden. Ziel war es, einen „return", also die Unternehmenssanierung in geordneten Bahnen des Insolvenzrechts, zu ermöglichen. Die Insolvenz sollte nicht mehr mit der Liquidation des Betriebes enden, nachdem der Vergleich aus der alten Konkursordnung keine Rolle mehr gespielt hatte. Unternehmenswerte sollten erhalten bleiben.

An das Schutzschirmverfahren sind strenge Auflagen geknüpft. Das Unternehmen muss noch zahlungsfähig sein, es darf eine drohende Zahlungsunfähigkeit oder Überschuldung gegeben sein. Dies ist durch einen Sachverständigen zu bescheinigen, der in Insolvenzen kompetent ist. Dem Gericht ist ein Antrag auf Eigenverwaltung vorzulegen und ein Sachwalter zu nennen. Bei der Auswahl hat das Unternehmen weitgehende Freiheiten. Hier liegt ein wesentlicher Unterschied zum Sachwalter im Insolvenzplanverfahren. Wichtig, damit das Gericht dem Antrag stattgibt: Der Sanierungsplan muss realistische Chancen aufzeigen, um die Sanierung zum Erfolg zu führen.

Jugendlichen wendet sich ab von Fast Fashion und Billig-Klamotten. Das zeigen negative Umsatzentwicklungen großer Player wie Inditex oder Hennes & Mauritz noch vor Corona. Management-Fehler der Vergangenheit, als Expansion und Vertikalisierung das Gebot der Stunde waren, gesellen sich dazu. Übereilte Investitionen in Onlineshops ohne Strategie führten zu weiteren Verlusten. Auf der Suche nach neuen Kunden jagt ein „Mid-Sale" den nächsten „Black-Friday". Der Preiskampf führte zum Verramschen der Waren. Sogar Städtebauer stehen dem Aufschwung mit ihren Plänen entgegen: Die City der Zukunft soll nach der Corona-Zeit aus weniger Autos und Parkplätzen bestehen. Angesichts langer Schlangen vor überteuerten Parkbuchten wird der Kunde aus dem Umland zweifeln, ob der Trip zum Bummeln noch lohnt. Wie sich Städte und Branchen entwickeln, darf gespannt beobachtet werden. Anziehen müssen sich Menschen zwar immer, aber wie viel, von wo und von wem – das ist offen.

Patrik-Ludwig Hantzsch ist unter anderem als Leiter der Wirtschaftsforschung beim Verband der Vereine Creditreform e. V. verantwortlich. Er schreibt hier regelmäßig und exklusiv Analysen unter der Rubrik „Insolvenzmonitor".

Investition in Ideen
Geschäftsmodelle brauchen die Kraft der Fantasie

Wer erfolgreich sein möchte, sollte ein Geschäftsmodell haben, das die Fantasie von Investoren anregt. Investoren lieben es zu träumen: vom Profit in erster Linie, aber auch vom Fortschritt der Menschheit und natürlich von der Rettung der Welt. Dann öffnen sich ihre Schatullen, und Geld regnet auf völlig überforderte Software-Entwickler. Sie sollten eigentlich nur ein neues Computer-Spiel bauen, sollen jetzt aber eine Designer-Brille für Hunde erschaffen, welche deren visuelle Daten an den Besitzer überträgt, der über eigene „Smart Glasses" die Welt seines Liebsten „haut-visuell" miterlebt. Diese Idee gibt es übrigens meines Wissens noch nicht. Wer sie klauen will, darf das gegen eine Beteiligung von zehn Prozent an mich gerne tun.

© Markus Nass

Am besten irgendwas mit „autonom" und „vernetzt"

Beim Fantasie-Spiel für Investitionen kommt es darauf an, dem Investor den Mund so dermaßen wässrig zu machen, dass er im übertragenen Sinn sabbert und schlabbert. Dafür braucht man eine tolle Idee für den nächsten „heißen Scheiß". Das geht am besten mit allem, was irgendwie „autonom" und „vernetzt" ist. Ausnahme: Der vernetzte Autonome wohnt im Hamburger Schanzenviertel und ruft per Whatsapp zum Krawall rund um den G20-Gipfel auf. Denn dafür sind die Finanzierungsaussichten eher düster – jedenfalls von klassischer Investitionsseite her.

Die Regeln für das Start-up-Spiel „Investition für Millionen" sind denkbar einfach: Als Erstes braucht man einen IT-Nerd, etwas entrückt, mit leichtem Asperger-Syndrom, aber faszinierenden mathematischen Fähigkeiten. Dann einen Marketing-Typen, der – nach eigenen Angaben „selbstverständlich super vernetzt" – immer einen coolen Spruch auf den Lippen hat. Einen Marketer also, der es mühelos schafft, in der Wüste Sand zu verkaufen. Und schließlich einen Kreativen, der „eine total spannende Idee" hat, die dann nur noch mit ausreichend „Buzzwords" zu beschreiben ist; also etwa „skalierbar", „nachhaltig", „biologisch", „achtsam", „vegan" sowie auf jeden Fall „vernetzt" und „autonom".

Dann gilt die Regel: Je essenzieller der Beitrag zur Befriedigung von Kundenbedürfnissen ist, desto besser verkauft er sich – und regt damit die Fantasie der Investoren an. Ein herausragendes Beispiel dafür ist die Toilette. Bevor es Toiletten gab, war die Entsorgung von Ausscheidungen eine unappetitliche Angelegenheit. Vor Kurzem hatte jemand die Idee zu einer „digitalen Toilette" – und sammelte 1,24 Milliarden Euro an Anfangskapital ein. Ein voller Erfolg: Heute ist die Entsorgung geistiger Ausscheidungen eine unappetitliche Angelegenheit – dank Facebook.

Nun sind trotz blühender Fantasie bei den Investoren nicht gleich alle Start-ups erfolgreich. Die nachhaltige, skalierbare, biologische, achtsame, vegane, vernetzte sowie fast autonome Idee zu einer Saftpresse, die App-gesteuert (ohne App geht nix!) und im Abonnement ein Püree-Säckchen geschickt in gesunden Bio-Saft verwandelt, scheiterte leider. Es stellte sich heraus, dass eine analoge, nachhaltige, biologische, achtsame und neuronal vernetzte Idee namens „menschliche Hand" das Püree-Säckchen genauso effektiv und sehr viel kostengünstiger auspressen konnte. Bis die Spielkinder von „Juicero" dies jedoch merkten, hatten sie schon 118 Millionen US-Dollar an Investoren-Geldern versenkt.

Man darf nur nicht den Exit verpassen

Trotzdem muss das Spiel nicht enden. Irgendetwas gibt es immer hervorzuzaubern. Wie wäre es mit einem digitalen Zahlungsabwickler? Der hätte ein wahnsinnig großes „Aufwärtspotenzial" – und ganz, ganz viele Kunden in Asien, speziell auf den Philippinen. Am besten mit dem total innovativen Namen „Never-Tire-Card" oder so. Das klappt garantiert. Man darf nur den Exit nicht verpassen.

Chin Meyer kreierte einst die Figur des Steuerfahnders Siegmund von Treiber und avancierte damit zum bis heute bekanntesten Finanz-Kabarettisten Deutschlands. Sein Slogan: „Bei Geld fängt der Spaß erst richtig an." Sein Erstlingswerk hieß „Ohne Miese durch die Krise". Aktuell tourt er unter dem Titel „Leben im Plus". Mehr unter www.chin-meyer.de.

In der Not ist wirksame Hilfe entscheidend.

Wir stehen an Ihrer Seite.

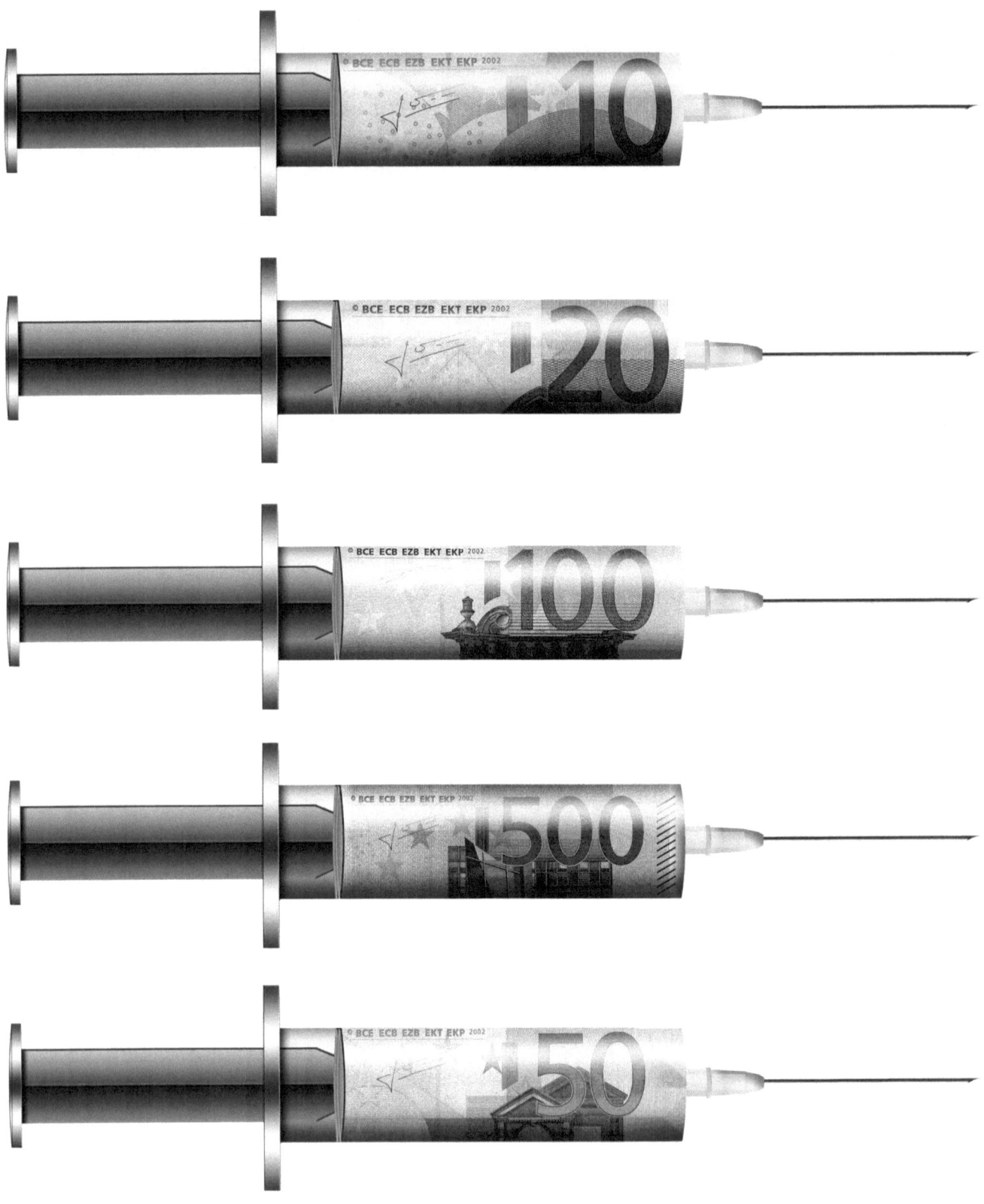

Geldspritzen zur Gesundung sehnen krankhaft klamme Unternehmen als frisches Kapital herbei wie angeschlagene Patienten die Medizin gegen ihre Leiden. Alternative Finanzierungskonzepte sind deshalb sehr willkommen.

Wirksame Geldspritzen

Unternehmen haben sich seit der Corona-Krise hoch verschuldet. Für sie ist es mittlerweile spürbar schwieriger, an frisches Geld zu kommen. Alternative Finanzierungen sind gefragt.

Erhebliche negative Auswirkungen hat die Corona-Krise auch hierzulande auf Möglichkeiten der Unternehmensfinanzierung. Doch Carsten Hoffmann, Leiter Firmenkundengeschäft Düsseldorf/Neuss bei der Commerzbank, betont: „Die meisten Mittelständler sind im Vergleich zur Finanzkrise 2009 mit weitaus besserer Eigenkapitalsituation und mit soliden Bilanzen in diese Krise gegangen." Das bestätigt das „Mittelstandspanel 2019" der Förderbank KfW: Danach lag die durchschnittliche Eigenkapitalquote bei 31,2 Prozent, zur Jahrtausendwende betrug das Eigenkapital im Schnitt nur knapp 18 Prozent.

Doch mit den in der Corona-Krise aufgenommenen Liquiditätskrediten sind viele Betriebe jetzt höher verschuldet. Das sei „erst einmal nicht schlimm, denn die Unternehmen haben vor der Krise ihre Kreditlinien im Schnitt nur zur Hälfte ausgenutzt", sagt Hoffmann. Der KfW-Kreditmarktausblick von Anfang September zeigte aber fürs abgelaufene Quartal, dass langfristige Finanzierungen mit einem Plus von 17 Prozent die Treiber des Kreditneugeschäfts waren. Dabei prüfen Banken neue Anfragen eingehend: „Wir müssen uns jedes einzelne Engagement ansehen. Das ist unsere Pflicht", betont der Commerzbank-Experte für Mittelstandsfinanzierung. Nur „in wenigen Fällen" könne ein Unternehmen dann nicht begleitet werden.

> „Unternehmen haben vor der Krise ihre Kreditlinien im Schnitt nur zur Hälfte ausgenutzt."
> Carsten Hoffmann

„Betroffenheit deutscher Unternehmen durch die Corona-Pandemie"

Solche Fälle finden sich in besonders betroffenen Branchen wie Gastronomie, Touristik wie Hotels und Reisebüros, aber auch bei Event-Veranstaltern und Messebauern. Durch den Nachfrageeinbruch kämpfen Unternehmen gegen Existenzbedrohungen und Liquiditätskrisen. Jede vierte Firma musste schon im April einen Kreditantrag stellen, ermittelte eine Studie im Auftrag des Bundeswirtschaftsministeriums unter dem bezeichnenden Titel „Betroffenheit deutscher Unternehmen durch die Corona-Pandemie". Fast ein Fünftel mit Liquiditätsengpässen hielt es für wahrscheinlich, dass die Misere zur

Insolvenz führen könnte. Durch die Aussetzung der Insolvenzantragspflicht wird sich später zeigen, wie viele den Gang zum Insolvenzrichter antreten müssen.

Allerdings kann auch bei gesunden Firmen „der Verschuldungsgrad eine Investitionsfinanzierung beeinflussen", warnt Commerzbank-Experte Hoffmann. Die Unsicherheit wegen möglicher Lockdowns oder zögerlichen Hochfahrens der Wirtschaft lässt Unternehmen vorsichtig agieren, etwa mit Blick auf Investitionen. 73 Prozent der deutschen Maschinenbauer überlegten beispielsweise, Investitionsvorhaben für das laufende Jahr zu kürzen, wie der „Schnelldienst 05/20" des Wirtschaftsinstituts Ifo berichtet.

Dabei wären Investitionen eigentlich dringend notwendig: „Die internationale Konkurrenz schläft nicht", sagt Hoffmann: „Wenn Wettbewerber in Effizienzsteigerung, Digitalisierung und ressourcenschonende Produktionsverfahren investieren, dann muss auch der deutsche Betrieb nachziehen, um langfristig konkurrenzfähig zu sein."

Frühzeitiges Bankgespräch zum langfristigen Finanzbedarf

Früh die Hausbank anzusprechen, empfiehlt Hoffmann. Im Gespräch mit Bankberatern sollte es um Zukunftsstrategien gehen anhand Fragen wie diesen: Was erwartet das Unternehmen nach der Belebung des Geschäfts? Welcher Liquiditätsbedarf kann auf das Unternehmen zukommen? Es sollte nicht nur um die klassische Betriebsmittelfinanzierung gehen.

„Vor allem kleinere Unternehmen haben oft keine Langfristplanung. Wer aber einen Kredit auf fünf oder zehn Jahre zurückzahlen will, muss seiner Bank auch Pläne vorlegen, wie er dies bewerkstelligen will", mahnt der Mittelstandsberater. Unternehmer sollten Altbilanzen und betriebswirtschaftliche Auswertungen zum Gespräch mitbringen. Hoffmann weiß aus Erfahrung: „Oft haben Unternehmer ihre Ideen und Ziele im Kopf, aber sie noch nicht aufgeschrieben."

Rund 498.000 kleine und mittlere Unternehmen (KMU) führten Verhandlungen mit Banken und Sparkassen über

Interview

„Ein Viertel investiert in Unternehmen, denen es nicht gut geht"

Prof. Dr. Jörn Block, Leiter des Forschungszentrums Mittelstand an der Universität Trier, über alternative Finanzierungsmöglichkeiten für kleine und mittlere Unternehmen (KMU).

Wie sieht ganz allgemein die aktuelle Finanzierungssituation deutscher Mittelständler aus?

Mittelständische Unternehmen sind sehr individuell aufgestellt. Die Bandbreite ist groß. Der klassische Mittelstand hatte Anfang 2020 eine vergleichsweise hohe Eigenkapitalquote. Deutsche Unternehmen setzen bei Fremdkapital nach wie vor stark auf Banken.

© Jörn Block

Jörn Block sieht sinnvolle Finanzierungsarten auch für Restrukturierungsphasen.

Was bewegt sich in der Finanzierung?

Je größer das Unternehmen, desto diversifizierter ist die Finanzierungssituation. Ganz allmählich kommt auch die Kapitalmarkt-Finanzierung über Anleihen in Deutschland an. Generell gilt: Familien- und inhabergeführte Unternehmen geben ungern Eigentumsanteile ab. Sie setzen daher weiterhin auf Kreditfinanzierung oder schießen im Notfall sogar durch Verzicht auf Dividende oder Kapitalerhöhungen selbst Geld nach. In der Krise hat auch Bootstrapping zum Generieren von Liquidität zugenommen, bei dem man seine Forderungen schneller eintreibt, hingegen seine Rechnungen später bezahlt. Gerade in der harten Corona-Phase haben viele die Möglichkeit genutzt, ihre Kosten ausgelagert, etwa Lohnkosten, indem sie Kurzarbeitergeld für ihre Belegschaft beantragt haben.

Gibt es neue Finanzierungs-Instrumente, die jeder Unternehmer kennen sollte?

Jeder Unternehmer sollte zunächst die klassischen Varianten ausnutzen, um an Geld für Investitionen oder Liquidität zu kommen: Erhöhung der Kreditlinien, Leasing oder Fac-

toring. Alternative Möglichkeiten sind zum Beispiel die Nutzung von Crowdfunding oder Debt Funds. Letztere haben im deutschsprachigen Raum stark zugenommen.

Was ist ein Debt Fund?

Die Finanzierungsform „Private Debt Funds" existiert schon seit den 50er Jahren in den USA. In diesen Investmentfonds tun sich Investoren zusammen und stellen Unternehmen Fremdkapital zur Verfügung. Stand Juli 2020 existierten weltweit 495 Private Debt Funds. Allein in der D-A-CH-Region haben 488 Unternehmen und 4.289 Unternehmen in Europa eine Private-Debt-Finanzierung von Debt Funds, Asset Managern und Investment Firms bekommen. Seit der Finanzkrise haben die Assets under Management von globalen Debt Funds ein enormes Wachstum hingelegt. Sie erreichten im Juni 2019 812 Milliarden US-Dollar. Damit ist Private Debt die drittwichtigste Asset-Klasse für mehr als 4.100 Privatinvestoren.

Privatfinanziers leihen Krisen-Firmen kein Geld, oder?

Doch. Immerhin ein Viertel aller Debt Funds investiert wegen der hohen Renditen in Unternehmen, denen es nicht so gut geht. Eine auf „Special Situations" fokussierte Vergabepraxis fahren 13,3 Prozent der Fonds und steuern beispielsweise ihr Geld in Fusionen, feindliche Übernahmen, Reorganisationen oder Leveraged Buy-outs (LBO). Auf „Distressed Debt" haben sich 12,1 Prozent spezialisiert. Gerade in Restrukturierungs- und Turnaround-Situationen kann diese Finanzierungsart sinnvoll sein.

Investitionskredite, ermittelte das KfW-Mittelstandspanel 2019 für das Vorjahr. Die Sonderauswertung des vorherigen Mittelstandspanels der KfW bestätigt, dass im deutschen Mittelstand noch das Hausbankprinzip enorm verbreitet ist. 93 Prozent aller Unternehmen haben demnach ein primäres Kreditinstitut. Die Geschäftsbeziehung beträgt im Schnitt zwei Jahrzehnte, ist also sehr beständig. Auf die Hausbank als „Bank des Vertrauens" fallen bei Mittelständlern rund 80 Prozent des Kreditvolumens, zeigen KfW-Auswertungen. Mehr als die Hälfte aller Unternehmen

haben Kredite nur bei ihrer Hausbank laufen. Doch mit steigender Unternehmensgröße geht eine Diversifizierung der Geschäftsbeziehungen einher. Und Unternehmen haben gelernt, bei größeren Krediten mehrere Banken einzubinden, sodass kein einzelnes Institut abspringen kann.

Gleich drei Hausbanken hat die Bäckerei Lechtermann-Pollmeier aus Bielefeld. Damit hat sie sich relativ unabhängig von internen Zwängen eines einzigen Geldhauses gemacht. Das Unternehmen mit 520 Mitarbeitern setzte 2019 kräftig auf Investitionen. Die Finanzierung des Kassensystem läuft

Mittelständler wie Freudenberg, hier Pipeline-Verbinder von Oil & Gas Technologies, nutzen schon alternative Lieferantenfinanzierung.

Bosch Rexroth, hier in der Beratung rund um Hydraulik-Aggregate, testete ein „Pay per use"-Finanzierungsmodell.

über die Sparkasse und ein Landesförderprogramm zur Digitalisierung. Die Computer-Kasse zahlt sich aus: „Wir sparen etwa 30.000 Euro pro Jahr, die aufgrund der Bon-Pflicht auf uns zugekommen wären, weil unsere Kasse per QR-Code den Bon aufs Smartphone überträgt", sagt Geschäftsführer Stefan Lechtermann. Das bargeldlose Bezahlen funktioniert ebenfalls, denn seit der Corona-Krise bezahlt jeder Dritte selbst einzelne Brötchen mit Karte oder Smartphone. Auch kaufte Lechtermann-Pollmeier einen voll elektrischen Lkw, um Backwaren an seine 38 Standorte auszuliefern. In die Finanzierung des Transporters band die Volksbank die Finanzmittel eines EU-Forschungsprojekts für Elektromobilität ein.

Verschärfte Bedingungen bei der Kreditvergabe

Aufgrund von Bonitäts- und Rating-Verschlechterungen erwarten Finanzexperten eine restriktive Kreditvergabepraxis mit verschärften Bedingungen. Eine Folge der Finanzkrise 2008: Niemals mehr sollte der Staat schwächelnde Banken retten müssen, die zuvor zu stark ins Risiko gegangen waren. Mit Haftungsfreistellungen sorgen staatliche Förderbanken für mehr Spielraum in der Kreditvergabe. Ende August stellte allein die NRW-Bank zusätzlich 25 Millionen Euro bereit für Mittelständler, die sich in schwieriger Finanzierungslage befinden, etwa in Restrukturierung oder im Turnaround.

Kann die Hausbank den angefragten Kredit nicht ins eigene Portfolio nehmen, kooperiert sie mit spezialisierten Anbietern, um als Finanzpartner trotzdem indirekt an der Seite ihrer Firmenkunden zu stehen. Fintechs, Challenger-Banken und digitale Marktplätze wie Check 24 oder Iwoca vertreiben nämlich nicht nur eigene Produkte. Und die Commerzbank vermittelt Kredite von Creditshelf (siehe S. 44).

Die Plattform für Kredite in der digitalen Mittelstandsfinanzierung bietet schon ab einem Jahresumsatz von einer Million Euro statt bisher 2,5 Millionen Euro unbesicherte

Kredite für Unternehmen an. „Gerade in den letzten Monaten erleben wir eine stark zunehmende Nachfrage der kleineren Mittelständler", sagt Daniel Bartsch, Gründungspartner und Marktvorstand bei Creditshelf.

Vermehrt Anfragen von Mittelständlern

Glücklich können sich Mittelständler schätzen, die Sicherheiten stellen. Innenfinanzierung nennt sich diese Art, an Geld zu kommen. Denn das Unternehmen stemmt quasi die Finanzierung aus eigenen Mitteln, die nur getauscht werden: Immobilie, Warenbestand oder Maschine gegen Geld. Maturus Finance hat sich diesem „ältesten aller Modelle im Finanzierungsgewerbe" verschrieben, wie Lars Bresan als Leiter Asset Based Credit bei Maturus erklärt.

Als Sicherheiten für Kredite akzeptiert Maturus schnell drehende Warenlager ebenso wie Maschinen, deren Beleihungswert auf Wiederverkäuferniveau angesetzt wird. „So können die über unsere Partnerbank vergebenen Kredite über das Umlaufvermögen besichert werden", sagt Bresan: „Wir sehen vermehrt Anfragen von Mittelständlern ab 120 Millionen Euro Umsatz aufwärts, die wir vorher nicht im Markt für alternative Finanzierungen angetroffen haben."

„Große Mengen an Liquidität auf unkomplizierte Art und Weise"

Banken müssten derzeit auf die Kreditbremse treten, weil ihre bei Regulatoren hinterlegten Score-Modelle auf Cashflow basieren, so seine Begründung. Unternehmen könnten die damit prognostizierten Umsätze aber Corona-bedingt nicht realisieren. Befinden sich Maschinenparks im Eigentum eines Unternehmens, lassen sie sich per „Sale and lease back" zunächst veräußern und dann zurückmieten. So könne sich ein Unternehmen „auf unkomplizierte Art und Weise

Frank Lutz, Vorstandschef von CRX Markets, registriert im Mittelstand einen Anstieg von digitaler Lieferantenfinanzierung.

Lars Bresan, Leiter Asset Based Credit bei Maturus Finance, sieht mehr Anfragen von Mittelständlern für Innenfinanzierung.

große Mengen an Liquidität verschaffen", betont Bresan: Maturus biete auch diese Finanzierungsvariante an.

Nach Ausbruch der Covid-19-Pandemie waren insgesamt rund 52 Prozent aller Unternehmen in Deutschland von Zahlungsverzögerungen betroffen, beziffert Kreditversicherer Euler Hermes in seiner aktuellen Studie die Not. Rund 36 Prozent und damit mehr als jedes dritte Unternehmen kämpft täglich an dieser gefahrbringenden Front. Viele Unternehmen verkaufen ihre Forderungen, um dieses Risiko auszuschalten. Factoring-Gesellschaften sorgen mit ihrem Kaufpreis für laufende Liquidität im Umlaufvermögen. Insgesamt 242 Milliarden Euro setzten die Mitglieder des Deutschen Factoring-Verbands im Jahr 2018 um.

Alternative Lieferantenfinanzierung bei Daimler bis Freudenberg und Eckes

Fintechs bieten Alternativen zum klassischen Rechnungsverkauf. So lädt ein beliefertes Unternehmen die Rechnung seines Zulieferers nach Eingang der Waren bei „CRX Markets" hoch, um sie auf dem digitalen Marktplatz zur Finanzierung freizugeben. Statt auf die Zahlung durch das belieferte Unternehmen zu warten, erhält der Lieferant sein Geld schnell vom Zwischenfinanzierer, der in der Auktion siegreich war. Neben Großkonzernen wie Daimler, Lufthansa oder Nestlé nutzen viele Mittelständler die alternative Lieferantenfinanzierung – etwa Freudenberg, Döhler oder Eckes-Granini. Frank Lutz, der Vorstandsvorsitzende von CRX Markets,

Kompakt

▶ Die höhere Unternehmensverschuldung in der Corona-Krise sorgte bislang nicht für eine Kreditklemme.

▶ Deutsche Unternehmen vertrauen ihrer Hausbank.

▶ Vier von fünf Krediten laufen über Banken.

▶ Debt Funds, Innenfinanzierung, „Sale and lease back"- und „Pay per use"-Modelle gewinnen an Bedeutung.

konstatiert: „Rund 520 zuliefernde Unternehmen waren Ende August auf unserem Marktplatz aktiv, mehr als doppelt so viele wie zu Jahresbeginn 2020."

Drei von vier mittelständischen Unternehmen nutzen Leasing für Investitionen. Für 40 Prozent ist es sogar die erste Wahl, so der Bundesverband Deutscher Leasing-Unternehmen. Mit „Pay per use"-Modell abzurechnen statt teure Maschinen zu kaufen oder zu leasen, ist vermehrt möglich. Nutzenabhängige Abrechnungen griffen bis jetzt bei Kopiergeräten oder Aufzügen. Das Finanzierungsmodell gewinnt aber an Fahrt. So testete Bosch Rexroth, bis zu 100.000 Euro teure Hydraulik-Aggregate auf Nutzenbasis anzubieten.

Eigenkapital hilft bei Wachstum und auch beim Turnaround

Die Aufnahme von Eigenkapital ist für immer mehr Mittelständler kein Tabu mehr. Mit 1.943 Fällen gab es 2019 mehr Anfragen nach Growth-, Turnaround- und Replacement-Capital- als mit 1.740 Fällen nach Venture-Capital-Finanzierungen, belegte zuletzt der Bundesverband Deutscher Kapitalbeteiligungsgesellschaften.

Mittelständler als lohnende Investment-Ziele haben Investoren schon lange im Blick, zeigen die mit 10.631 Investitionsfällen deutlich höheren Zahlen an Buy-outs. Doch jeder Unternehmer muss bei dieser Art von Kapital wissen: Wer offene Beteiligungen ermöglicht und damit Eigenkapitalanteile abgibt, verzichtet auf das alleinige Entscheidungsrecht. Allerdings holt sich der Unternehmer im Gegenzug oft wertvolle Sparringspartner ins Haus, weil die meisten Private-Equity-Investoren gestandene Unternehmer sind.

Anja Kühner arbeitet als freie Wirtschaftsjournalistin von Düsseldorf aus. Für „return" schreibt sie regelmäßig über die Gründerszene und speziell die interessanten Start-ups etwa aus der Finanzbranche, sodass sie sich diesmal gerne der neuen Formen der Unternehmensfinanzierung annahm.

Lotsen fürs Leben

Wie Unternehmer in Krisen auf Steuerberater bauen

Wer an die Aufgaben von Steuerberatern denkt, hat häufig zuerst Steuererklärungen, Buchhaltung und Jahresabschlüsse im Kopf. Aber unser Berufsstand kann viel mehr als Deklaration und Lohnbuchhaltung: Die Corona-Pandemie zeigt unter dem Brennglas, was Steuerberater schon seit Langem leisten. Wir alle befinden uns in einer Krisensituation, für die es keine Blaupause gibt und deren Ende nicht absehbar ist. Einige unserer Mandanten haben in oder durch die Corona-Krise sogar zugelegt, während andere praktisch vor der Insolvenz stehen und Existenzängste haben. Verheerend ist die Lage in weiten Bereichen der Gastronomie, im Event-Bereich und in der Tourismus- und Kulturbranche. Das zerrt an den Nerven und stellt für Mitarbeiter wie Unternehmer selbst eine enorme Belastung dar.

Hinzu kommen zahlreiche politische Neuerungen: Überbrückungshilfen, Soforthilfen, Mehrwertsteuersenkung – da den Überblick zu behalten und nicht unterzugehen, ist herausfordernd. Mein Rat in diesen turbulenten Zeiten: Ruhe bewahren und die Last auf mehrere Schultern verteilen. Unternehmer sollten sich jetzt hundertprozentig um ihre Firma, Kunden und Mitarbeiter kümmern und bürokratische oder steuerrechtliche Fragen an Berater auslagern.

Wirtschaftliches Überleben von Unternehmen sichern

Wie unterstützen Steuerberater konkret? Dieser Berufsstand nimmt in der Corona-Krise eine Schlüsselrolle ein. Ich übertreibe nicht, wenn ich sage, dass Steuerberater und ihre Mitarbeiter für ihre Mandanten seit Beginn der Pandemie eine wichtige Rolle gespielt haben und nach wie vor spielen. Sie lotsen durch unruhiges Fahrwasser und sichern das wirtschaftliche Überleben von Unternehmen, Kleinbetrieben oder auch den sogenannten Solo-Selbstständigen – und das schon über Wochen hinweg. Die umfassende Beratung und Unterstützung, die Steuerberater leisten, folgen dem Gebot der Stunde, und zwar branchenübergreifend.

Aber nicht nur während der Corona-Krise, sondern dauerhaft stehen Steuerberater mit Rat und Tat zur Seite. Sie sind Berater fürs Leben. Neben den typischen deklaratorischen Aufgaben bieten sie ihren Mandanten auch vereinbarte Tätigkeiten an. Je nach Kanzleiportfolio sind das Dienstleistungen von A wie Aufsichtsrat bis Z wie Zwangsverwalter.

Sie behalten den Überblick über Finanzen und bereiten unternehmerische Entscheidungen vor – professionelle betriebswirtschaftliche Beratung aus einer Hand. Das passt ideal zum besonderen Vertrauensverhältnis zwischen ihnen und ihren Mandanten, denn niemand kennt deren Finanzen derart gut wie sie. So können Unternehmer in Gesprächen mit ihrem Steuerberater die Anzeichen einer Insolvenz frühzeitig erkennen und alle Hebel in Bewegung setzen, um diese abzuwenden. Ist das Unternehmen schon vor der Beratung in wirtschaftliche Schwierigkeiten geraten, eine Fortführung des Betriebs aber noch möglich, greifen Berufsträger dem Mandanten mit einem Sanierungsplan unter die Arme.

Mittel- und langfristige Finanzierungskonzepte

Zudem gelingen mit einem Steuerberater selbst die großen Schritte: Er berät beispielsweise kompetent zu den passenden Finanzierungsarten und geeigneten Darlehensgebern schon bei der Existenzgründung. Der Steuerberater erstellt sowohl mittel- wie langfristige Finanzierungskonzepte und übernimmt das Controlling. Weiterer Pluspunkt: Bei der Finanzplanung behält er stets auch steuerrechtliche Aspekte im Auge.

Denken Sie also jetzt schon an morgen: Stellen Sie sich mit dem Expertenwissen eines Steuerberaters zukunftsfest auf!

Hartmut Schwab ist Präsident der Steuerberaterkammer München seit 2006 sowie der Bundessteuerberaterkammer seit 2019, dort auch Vorsitzender im „Ausschuss Ertragssteuern". Der Diplom-Ökonom, promovierte Betriebswirt, Steuerberater und Fachberater für internationales Steuerrecht zählt in der Praxis unter anderem Umstrukturierungen zu seinen Tätigkeitsschwerpunkten. Schwab ist Honorarprofessor an der Fakultät für Betriebswirtschaft an der Hochschule München.

„Es geht künftig klar übers Geld"

Katharina Beckemper, Professorin der Juristenfakultät an der Universität Leipzig, ordnet das neue Verbandssanktionengesetz und die Konsequenzen für Unternehmen im Interview ein.

Frau Beckemper, was war Ihr erster Gedanke, als seinerzeit der Wirecard-Skandal bekannt wurde?

Katharina Beckemper: Ich habe mich wie viele andere sehr gewundert. Weniger als Wissenschaftlerin, sondern vielmehr als Bürgerin. „Wie kann ein DAX-Unternehmen nur rund 1,9 Milliarden Euro vergraben, angeblich ohne dass es jemand bemerkt?", war vermutlich mein erster Gedanke. Zumal es ja wohl mehrfach Hinweise gegeben hat. Als Außenstehender bleibt man vor allem fragend zurück.

Was an krimineller Energie ist hier das Besondere?

Das kann ich aus meiner Warte nur vage beantworten. Wir sind in Deutschland ja gewohnt, dass kleine und mittlere Unternehmen (KMU) grundsätzlich regelkonform arbeiten. Dieses Grundgefühl besteht trotz Wirecard immer noch. Wie fast zwei Milliarden Euro als existent verkauft wurden, erachte ich als Sonderfall und unglaublichen Sündenfall. Mit den Akteuren unserer Realwirtschaft hat das Gehabe und Geklapper dieser Großkotze nichts gemein. Die Egomanie bei Wirecard erinnert eher an die Vorkommnisse bei der Bremer Vulkan Werft oder an den Banken-Skandal rund um den Baulöwen Schneider.

Steht der Fall also deutschem Unternehmergeist geradezu entgegen und eher für Kriminalität internationaler Art?

Ehrlichkeit gilt im Ausland als deutsche Tugend. Das gilt auch für unsere Unternehmer. Die Kriminalität bei Wirecard repräsentiert einen bestimmten Typus von Aufschneidern auf internationalem Niveau. Mit einem Hubschrauber zum drei Kilometer entfernten Termin zu fliegen, steht beispielsweise für Großmannssucht. Solche Wirtschaftskriminalität hat ein hohes Niveau, womit aber nicht die Qualität gemeint ist, sondern die Dreistigkeit. Warum dies nicht viel früher aufgeflogen ist, kann ich mir nicht erklären.

Die Wirtschaftsprüfer sowie die Finanz- und Zollbehörden stehen im Wirecard-Fall stark in der Kritik. Sind deren Verfehlungen genauso skandalös?

Ihre Verfehlungen kann ich von außen nicht beurteilen, aber ich bin schon erstaunt über die wohl mangelhafte Kontrolle.

Hort einer Horrorbilanz: Wirecard-Hauptsitz in Aschheim.

Doch man sagt nicht umsonst: Hinterher ist man immer schlauer. Welche Mechanismen hätten greifen müssen, werden wir hoffentlich noch erfahren.

Nimmt die Moral ab und Wirtschaftskriminalität zu? Oder gab es immer gleich viele schwarze Schafe, die Medien nur mittlerweile mehr ans Licht der Öffentlichkeit zerren?

Quantitativ ist Wirtschaftskriminalität nicht gewachsen, was wir positiv bewerten dürfen. „Ans Licht der Öffentlichkeit zerren" klingt unberechtigt negativ. Gut recherchierende Medien finde ich wichtig, denn sie helfen, zu sensibilisieren und für ein besseres Bewusstsein zu sorgen. Als ich vor rund 30 Jahren begann, Wirtschaftsstrafrecht zu studieren, war das anders. Korruption war bis 1999 in Deutschland noch kein großes Thema. Dann gab es neue Gesetze. Eine Zäsur war die Korruptionsaffäre bei Siemens. Weitere Urteile folgten zu Skandalen bei Daimler, MAN, Telekom und Deutsche Bahn. Zuletzt prägte VW mit „Dieselgate" die Schlagzeilen.

Sie wünschen sich Hartnäckigkeit seitens der Medien?

Selbstverständlich. Wir brauchen die Medien als vierte Gewalt. Diese Kontrollfunktion gehört zu ihren Aufgaben. Ohne sie wüssten wir auch nicht von den Panama Papers.

Regelkonform müsste jeder Verantwortliche angesichts von Compliance arbeiten. Sind die Versuchungen zu groß, also die Vorteile und zu seltene Ahndung zu verlockend?

Scheint so, denn Kriminelle nutzen wegen der Verlockung des schnellen Geldes immer wieder Schlupflöcher. In den meisten Fällen sprechen Täter später von „Sachzwängen".

Etwa bei Korruption, weil andere Wettbewerber auch Aufträge erkaufen. In Wirtschaftszweigen wie der Baubranche hört man immer wieder, dass in bestimmten Ländern anders kein Geschäft zu machen sei. Wer wegen ausbleibender Aufträge die drohende Insolvenz nahen sieht, erliegt vermutlich aus Verzweiflung schneller den Versuchungen.

Ein Kommissar-Beck-Krimi heißt „Und die Großen lässt man laufen". Finden Wirtschaftsstraftaten tatsächlich eher in Konzernen als in kleinen und mittleren Unternehmen statt?
Das kann ich entschieden verneinen. Seit zehn Jahren erstelle ich nun einen Rechtsvergleich zum Unternehmensstrafrecht. Dabei registrieren wir regelmäßig genauso Verstöße etwa in kleinen Restaurants oder Bäckereien. Größere Fälle sind publikumswirksamer. Ich habe ein Grundvertrauen in die deutsche Justiz, die selbst ein Interesse hat, gegen die Großen zu ermitteln. Nur sind die Ermittlungen ungleich komplexer und aufwendiger, als wenn ein Restaurant nur den Lärmschutz unterläuft.

Leisten sich große Unternehmen die besseren Anwälte?
Ein noch so guter Anwalt kann mich nicht rausboxen, wenn der Fall klar auf der Hand liegt. Überspitzt formuliert: Mit dem Messer in der Hand neben der noch warmen Leiche erwischt, wird jeder verurteilt. Ein guter Anwalt sorgt eher für die Einhaltung aller Schritte im fairen Rechtsverfahren.

Dann helfen gute Anwälte doch in Wirtschaftsstrafsachen?
Ja wahrscheinlich, weil die Verfahren komplex sind und dafür ein spezialisierter Profi gefragt ist. In klaren Fällen macht zwar die Honorarhöhe des Anwalts auch keinen Unterschied. Aber ein guter Wirtschaftsanwalt sorgt wo immer möglich dafür, dass es erst gar nicht zur Verhandlung kommt, sondern zur außergerichtlichen Absprache. Für Mörder kommt diese Möglichkeit nicht in Betracht. Insofern sind die Chancen für einen Wirtschaftskriminellen in der Tat höher.

Gut ausgehandelte Absprachen statt klarer Urteile – teure und ausgebuffte Anwälte sind also ein Erfolgsgarant.
So dogmatisch lässt sich das bei oft schwierigen Sachverhalten im Wirtschaftsstrafrecht kaum behaupten. Ein Beispiel: Grundsätzlich gilt ja, dass Unwissenheit nicht vor Strafe schützt. Bei allen Wirtschaftsstraftaten brauche ich aber den Vorsatz für eine Verurteilung. Ich habe mehrere Verfahren zu Umsatzsteuerhinterziehungen begleitet, in denen Vorsatz nicht gegeben war. Die Komplexität bei Wirtschaftsstraftaten erfordert in der Tat einen Spezialisten, der leider oft auch ein höheres Honorar verlangt. Das stimmt.

War unser Gesetzgeber bisher zu lasch mit seinen Vorgaben zur Bekämpfung oder warum war eine Reform notwendig?

Die Reform ist zwar nicht zwingend notwendig, aber der internationale Druck besteht. Es gab keine einklagbare Verpflichtung gegen unseren Gesetzgeber, aber schon eine gewisse Erwartungshaltung durch geltende EU-Vorgaben. Regelungen zu Unternehmenssanktionen, wie sie in unserem Kartellrecht schon greifen, hatten wir in unserem Gesamtsystem bislang nicht. Viele Regelungen sind aber völlig verschieden in EU-Ländern. Es geht beim deutschen Entwurf also nicht um eine Harmonisierung, sondern um die Angleichung in unseren eigenen rechtsstaatlichen Vorgaben.

© Marc Pape

Katharina Beckemper übernahm vor zehn Jahren die Professur für Strafrecht, Strafprozessrecht und Wirtschaftsstrafrecht an der Universität Leipzig. In ihren Schriften und Vorträgen geht es konkret um Korruption, Compliance oder Kultur in Unternehmen. Sie hat als Sachverständige und als Mitglied der Expertenkommission den Bundestag etwa zur Neuregelung der Geldwäsche beraten, begleitet den Bund der Deutschen Kriminalbeamten im wissenschaftlichen Beirat und gehört zum Vorstand des Deutschen Zentrums für Wirtschafts-, Steuer- und Unternehmensstrafrecht.

Vor der Juristenfakultät
im Karmann-Autowerk

An der Juristenfakultät der Universität Leipzig forscht und lehrt Katharina Beckemper im Studiengang Rechtswissenschaft zum Schwerpunktbereich Kriminalwissenschaften. Dieser umfasst „als Pflichtfächer das Revisionsrecht, die Rechtsfolgen der Tat sowie materiell-rechtlich das Wirtschaftsstrafrecht", wie es auf der Website heißt. Ihre Laufbahn startete Beckemper indes bei der Karmann GmbH, dem Automobil-Auftragsfertiger und Entwickler in Osnabrück, der 2009 einen Insolvenzantrag stellte und dann in Teilen von Volkswagen übernommen wurde. Dort absolvierte sie eine Ausbildung zur Werkzeugmechanikerin im dualen System kombiniert mit einem Studium der Produktionstechnik an der Fachhochschule Osnabrück. Zum Studium der Rechtswissenschaft wechselte Beckemper an die Universität Osnabrück, studierte später auch in Athen und Potsdam. Sie beendete ihr Studium nach dem zweiten juristischen Staatsexamen mit einer Habilitation zum Thema „Ökonomische Analyse der Täuschungsdelikte des Wirtschaftsstrafrechts". Die Weiterbildung im Studium „Risk-and-Fraud-Management" führte sie zwischen 2006 und 2008 in den MBA-Studiengang an der Steinbeis-Hochschule Berlin.

Mit Prof. Uwe Hellmann von der Universität Potsdam veröffentlichte sie unter anderem Monografien wie „Wirtschaftsstrafrecht" oder „Fälle zum Wirtschaftsstrafrecht" und zuletzt den Buchbeitrag „Strafrechtliche Verantwortlichkeit für Täuschungen über Prognosen, Pläne und andere innere Tatsachen" sowie demnächst „Bestechung und Bestechlichkeit im geschäftlichen Verkehr". Einer ihrer vielen Vortragstitel ausgerechnet beim „Autogipfel 2018" in der VW-Autostadt Wolfsburg lautete „Kann Compliance die nächste Krise verhindern?".

https://wirtschaftsstrafrecht.jura.uni-leipzig.de/start/

Augusteum und Paulinum der Universität Leipzig.

Das Bundesjustizministerium (BMJV) hat sich mit dem Bundeswirtschaftsministerium abgestimmt und dann ein „Gesetz zur Stärkung der Integrität in der Wirtschaft" vorgelegt statt eines Gesetzes zur Bekämpfung der Unternehmenskriminalität. Haben sich Lobbyisten durchgesetzt?

Nein. Ich muss das Justizministerium sogar ausdrücklich loben. Selten ist für einen Gesetzesentwurf so viel Diskussion zugelassen worden – nicht allein mit der Wirtschaftslobby. Auch Wissenschaftler wurden mehrfach eingeladen. Das BMJV hat alle Interessen abgewägt und berücksichtigt. Die Namensgebung finde ich unschädlich, die Formulierung schön. Denn sie beschreibt gut die Grundtendenz des Gesetzesentwurfes.

Von Strafen ist allerdings nicht mehr die Rede, obwohl das Gesetz der Kriminalitätsbekämpfung dienen soll.

Der Ruf nach Strafen wird in der Öffentlichkeit oft und schnell laut. Das Problem einer echten Kriminalstrafe ist, dass in ihr ein sozial-ethischer Vorwurf steckt und es dazu der menschlichen Schuld bedarf. Nach Jahren der Diskussion gibt es keine neuen Argumente. Das BMJV hat sich für einen Weg entschieden, der formal nicht auf Strafe setzt und damit ein Umdenken einläutet. Gleichwohl hat sich der Gesetzgeber genau gefragt, wie alle Unternehmen auf den rechten Weg zu bringen sind. Es geht künftig klar übers Geld. Verfehlungen werden ernster geahndet, nicht mehr nach Ordnungswidrigkeitenrecht, das genauso das Falschparken regelt.

Ordnungswidrigkeiten werden auch nicht immer geahndet.

Ganz genau. Denn hier greift das Opportunitätsprinzip und damit der Grundsatz, wonach die Strafverfolgung in gesetzlich gekennzeichneten Ausnahmefällen dem Ermessen der Staatsanwaltschaft überlassen ist. Künftig greift bei Wirtschaftskriminalität das Legalitätsprinzip, wonach ein Staatsanwalt die Pflicht zur Verfolgung aller strafbaren Handlungen hat, sobald er von einem Vergehen Kenntnis erhält. Er muss also ermitteln. Das ist keine reine Symbolik, sondern ein klares Zeichen gegenüber Kriminellen, dass immer gegen sie alle vorgegangen wird.

Schon den ersten Entwurf kritisierten Rechtsfachmedien unter Überschriften wie „Ein Strafrecht, das nicht strafen will?". Sehen Sie die Gesetzesvorlage nicht ähnlich kritisch – zum Beispiel mit Blick auf den Verbraucherschutz?

Nein, gar nicht. Was verstehen wir denn unter einer Strafe? Doch entweder Geldstrafe oder Freiheitsentzug. Der Freiheitsentzug fällt für ein Unternehmen verständlicherweise weg. Die Geldstrafen sollen aber weder zur Überschuldung noch zur Zahlungsunfähigkeit oder gar zur Zerschlagung führen. Denn damit würde der Gesetzgeber unter Umständen auch schwächere Dritte wie Gesellschafter oder Mitarbeiter treffen. Entsprechend gibt es bei der neuen Sanktionszuweisung

Die Konzernzentrale der Siemens AG in München geriet wegen der Korruptionsaffäre ab 2006 ins Visier der Ermittler.

Die Hauptverwaltung der Volkswagen AG in Wolfsburg steht seit 2015 wegen des Abgasskandals, der eine Krise auslöste, im Fokus.

abmildernde Umstände. Unsere Justiz wird also sehr klug und weitsichtig über die jeweiligen Sanktionen befinden müssen. Ist das Unternehmen zum Beispiel wichtig für die Region, könnte auch das zum Abmildern der Sanktionen führen. Diese Regelung greift ähnlich im Strafrecht bei Tätern, die gerade Vater werden. Kurzum: Kollateralschäden für Dritte müssen berücksichtigt werden. Der Gesetzesentwurf erntete Kritik für manche Unbestimmtheit und Weite mit viel Spielraum für Auslegungen, aber konkreter geht es nun mal nicht. Ich traue unseren Juristen zu, damit vernünftig umgehen zu können.

> „Kein deutscher Staatsanwalt wird Unternehmen mit Sanktionen in die Insolvenz treiben."
>
> Katharina Beckemper

Wie sollten Unternehmen für das neue Gesetz vorsorgen?

Für das Risiko-Management sehe ich keinen Unterschied und daher keinen Anlass zu neuer Vorsorge. Wer konform handeln möchte, fühlte sich schon vorher zu Compliance verpflichtet. Zulieferer sind sogar vielfach in ein Verpflichtungsgeflecht für Compliance-konformes Arbeiten eingebunden. Gefahren für Unternehmen drohen künftig eher, weil bei Verfehlungen geprüft wird, wie ernst sie Compliance genommen haben. Doch beherzigte Maßnahmen hat die Justiz verpflichtend sanktionsmildernd zu werten. Viele Unternehmensanwälte hatten im Vorfeld gefordert, dass Compliance-Konzepte von KMU sich endlich lohnen müssen. Deshalb war ich sehr erstaunt, dass einige von ihnen den Gesetzesentwurf jetzt dafür kritisiert haben. Versierte Wirtschaftsanwälte wissen es allerdings zu würdigen.

Beschreiben Sie bitte „Vorher-nachher"-Veränderungen.

Blicken wir dazu auf die Siemens-Korruptionsaffäre aus dem Jahr 2006. Im Vergleich zu den USA wurden damals hier in Deutschland nur „Peanuts" als Geldbußen verhängt. Es handelte sich halt um Bußen für Ordnungswidrigkeiten. Demnächst würde die deutsche Justiz wohl viel höhere Sanktionen verhängen. Der Gesetzesentwurf hebt die möglichen Sanktionen auf zehn Millionen Euro oder mehr an, was auch

Großkonzerne hart treffen wird. Verfehlungen können jetzt mit zehn Prozent ihres Umsatzes geahndet werden.

Die Sanktionen liegen aber nicht viel höher als vorher.

Es bleibt ja nicht dabei, dass Unternehmen mit zehn Prozent ihres Umsatz sanktioniert werden könnten. Der Sanktionsrahmen schafft mehr Möglichkeiten, etwa durch Gewinnabschöpfungen. Das erzeugt bei potenziellen Tätern mehr Angst davor, wie hoch die Sanktion ausfällt. Die Abschreckung ist höher. Auch im Strafrecht kann ein Raub mit Waffen etwa „eine Freiheitsstrafe bis zu zehn Jahren" nach sich ziehen. Sanktionen nach neuem Wirtschaftsstrafrecht könnten zwischen zwei und acht Millionen Euro liegen. Mittelständler, die Compliance betreiben und Verfehlungen mit aufklären, haben aber nicht viel zu befürchten.

Die Sanktionen werden Existenzen nicht gefährden?

Sicher nicht. Kein deutscher Staatsanwalt wird Unternehmen mit Sanktionen in die Insolvenz treiben. Den richtigen Rahmen haben wir – damit steigt die Sicherheit.

Justizministerin Christine Lambrecht hat deutlich betont: „Die übergroße Mehrheit der Unternehmen in Deutschland hält sich selbstverständlich an Recht und Gesetz. Es sind wenige Kriminelle, die großen Schaden anrichten." Liegt sie mit ihrer Einschätzung richtig?

Ja, das unterschreibe ich mit vollem Namen. In Betrieben mit 100 Mitarbeitern sind doch alle damit beschäftigt, für das Unternehmen durch ehrliche Arbeit das Geld zu verdienen. Diese Firmen können keinen eigenen Compliance-Beauftragten einstellen. Inhabern, die sich selbst darum kümmern, empfehle ich daher, gegenüber allen Beschäftigten die Compliance-Regeln offensiv und klar zu kommunizieren. Sie können eine E-Mail-Adresse für Whistleblower einrichten und Ansprechpartner für vertrauliche Meldungen

Katharina Beckemper lobt den Gesetzesentwurf zum neuen Verbandssanktionengesetz, weil „die Grundtendenz" stimme.

Für Justizministerin Christine Lambrecht sorgt das neue Gesetz dafür, „dass die ehrlichen Unternehmen nicht die Dummen sind".

festlegen. Die Unternehmensleitung weiß in der Regel genau, wenn jemand falsch gehandelt hat. In allen mir bekannten Strafrechtsfällen war sie jedenfalls immer eingebunden.

Staatsanwaltschaften ermitteln jetzt außer gegen Manager zusätzlich gegen Unternehmen. Damit steigt der Aufwand.
Ja, davon bin ich auch überzeugt, und zwar erheblich.

Sind Ermittlungsbehörden dafür ausreichend ausgestattet?
Leider erkenne ich selbst als Außenstehende einen Mangel an Personal und Technik. Es wird hoffentlich noch nachgerüstet, bis das Gesetz in Kraft ist. Dieses Investment wird sich für den Staat übrigens auch finanziell lohnen. Außerdem wünsche ich mir natürlich als Ausbilderin für Juristen, dass genug Stellen für den Nachwuchs geschaffen werden.

Wie stehen denn für den Nachwuchs derzeit die Chancen?
Im Prinzip schon jetzt sehr gut: Wegen der Überalterung werden Juristen gesucht ohne Ende. Pro Jahr schließen rund 2.000 ausgebildete Juristen das zweite Staatsexamen ab. Rund 100 neue Juristen pro Jahr sucht allein eine Großkanzlei der Big Five. Zusätzlich suchen alle anderen Kanzleien und die gesamte Justiz auch Juristen, die also händeringend benötigt werden. Die Berufsaussichten sind salopp gesagt „mega".

Könnten interne Ermittlungen von Unternehmen nicht unter Umständen auch zu Vertuschungen führen?
Ja, ein schwieriges Thema. Man könnte dies als Schwäche des Entwurfs sehen, aber er löst damit den Konflikt zwischen gewünschter Aufklärung und gewährter Schweigepflicht, stärkt also letztlich die Rechte der Arbeitnehmer.

Der Gesetzgeber appelliert quasi an verantwortungsvolle Unternehmensführung. Ist Integrität aber überhaupt ein geeignetes Mittel zur Kriminalitätsbekämpfung?
Ja, wir wollen doch alle Integrität. Insofern steht der Entwurf als Anfang für Gutes. Er schafft Möglichkeiten für

empfindliche finanzielle Sanktionen, aber vor allem mehr Sicherheit für Unternehmen, die in Compliance investieren.

Wie bewerten Sie die Entschädigungsregelungen?
Sehr gut. Denn dadurch, dass auch das Gewinnabschöpfungsgesetz auf den neuen Gesetzesentwurf übertragbar ist, ergeben sich große Vorteile für Geschädigte.

Ist eine sichere Compliance ohne Hilfe zu entwickeln?
Durchaus. Ordentlich entwickelte Compliance-Konzepte mittelständischer Unternehmer würde ich unterzeichnen. Als Tochter eines Klempners weiß ich, wie schwierig sich für kleine Unternehmer das Tagesgeschäft gestaltet. Sie haben andere Sorgen, als sich aufwendig mit Konformität zu beschäftigen, aber das müssen sie für das neue Gesetz auch gar nicht, sondern einfach sauber arbeiten wie immer.

Abschließend noch zu Motiven und Täterprofilen: Kommt Wirtschaftskriminalität eher bei gut dastehenden Unternehmen vor, die aus Gier noch mehr wollen, oder eher bei Unternehmen, denen es wirtschaftlich nicht gut geht? Kurzum: Sind Krisen ein Kriminalitätstreiber?
Krisen sind immer Kriminalitätstreiber. Jeder gute Unternehmer versucht, seinen Betrieb zu retten. Die Motive bei Wirecard sehen anders aus, weil es vermutlich um unlautere Bereicherung ging, wofür absurde Geschichten erfunden wurden. Wenn Mittelständler durch negative Auswirkungen der Corona-Krise geschwächt sind und versuchen, mit irregulären Mitteln gegen den Untergang zu kämpfen, ist das Motiv nicht Bereicherung. Wie gesagt kenne ich als Tochter eines Klempners ziemlich gut viele Handwerksbetriebe, die oft an der Insolvenz vorbeischrappen. Mit dem neuen Gesetz soll unsere Justiz aber gegen Skandale wie gegen Wirecard oder VW vorgehen und keine kleinen Betriebe jagen.

Das Interview mit Strafrechtsprofessorin Katharina Beckemper führte „return"-Chefredakteur Thorsten Garber telefonisch.

Erneuerung des Energieriesen

Der RWE-Konzern aus dem Ruhrgebiet stand vor vier Jahren noch kurz vor der Pleite. Doch der oft kritisierte Kohlestrom-Erzeuger wandelte sich durch clevere Deals zur Ökostrom-Größe.

In der Metropolregion Ruhr waren schon einige Unternehmen gezwungen, sich an verändernde Umfelder anzupassen. Die Transformation begann nicht immer aus eigener Initiative. Doch seitdem die Politik nach und nach ihre schützende Hand zurückzieht, gehört der Wandel zum Alltag der Menschen und Unternehmen. Eine der größten Transformationen in der Geschichte des Ruhrgebiets kommt jetzt dazu: RWE, die Rheinisch-Westfälischen Elektrizitätswerke, mit fast 19.800 Mitarbeitern wandeln sich vom Kohlestrom-Erzeuger zur Ökostrom-Größe. Bildlich gesprochen wechselt der Konzern den vom Kohlestaub schwarz-braunen Arbeitsanzug gegen den grünen Ingenieurkittel (siehe Grafik auf Seite 29).

Bagger im Braunkohle-Tagebau schaffen mit dem Schaufelrad bis zu 240.000 Kubikmeter pro Tag.

weil gleichzeitig Anlagen in Erdölkonzerne erlaubt sind. Vor allem ist da aber der europäische Emissionsrechtehandel. Er führt bei den eingezogenen Stromerzeugern zu einer stetigen Verteuerung des Ausstoßes von Kohlendioxid (CO_2), das bei der Verbrennung von Stein- und Braunkohle im großen Stil freigesetzt wird. Die Emissionsrechte werden seit 2013 von der EU-Kommission vergeben und regelmäßig verknappt. Bis Ende 2017 lag der Preis für eine Tonne CO_2 unter zehn Euro. Dann stieg er – je nach Konjunktur und Nachfrage – unter Schwankungen bis auf 28 Euro.

Erst das behördlich angeordnete Herunterfahren der Wirtschaft im Kampf gegen die Ausbreitung der Corona-Pandemie ließ den CO_2-Preis wieder auf 16 Euro fallen. Mit dem Überwinden der Krise dürfte der Ausstoß von CO_2 rasch wieder teurer werden. Die Bedeutung des EU-Emissionshandels für die eingezogenen Industrien wird in der öffentlichen Diskussion oft übersehen. Dabei ist er ein effektives und effizientes Instrument des Klimaschutzes. „Die kontinuierlich steigenden Kosten wären für RWE als größten CO_2-Produzenten Europas schlicht nicht tragbar", sagt Thomas Deser, Experte für Nachhaltigkeits-Investments bei der Kapitalanlagegesellschaft Union Investment. Für ihn ist die Neuausrichtung der RWE daher folgerichtig.

„Meilenstein der Energiewende"

Allerdings hat dabei die Politik wieder ihre Finger im Spiel. Bundestag und Bundesrat beschlossen erst am 3. Juli den Ausstieg aus der Kohleverstromung bis zum Jahr 2038. Für die Entwertung der getätigten Investitionen soll allein RWE rund 2,6 Milliarden Euro an Entschädigungen vom Staat erhalten. Bundeswirtschaftsminister Peter Altmaier sprach vom „Generationenprojekt" und „Meilenstein der Energiewende". Den Atomausstieg bis 2022 hatte das Parlament schon am 30. Juni 2011 beschlossen – zehn Wochen nach der Nuklearkatastrophe in Fukushima. Auch die Klimabewegung „Fridays for Future" und ein insgesamt stärkeres Bewusstsein vieler Menschen für die Erderwärmung tragen zum zügigen Wandel des Energiekonzerns bei, der im Jahr 1898 in Essen gegründet wurde.

Neben politischem Druck kommen wirtschaftliche Gründe hinzu. Ein schlechtes Image zieht weniger Investorengelder an. Viele große Fonds lehnen Investitionen in Kohle-Unternehmen ab. Dabei sind die Kriterien nicht immer schlüssig,

Wirtschaftlich zum Wandel getrieben

RWE-Chef Rolf Martin Schmitz und sein Führungs-Team hatten sicher auch die zukünftige Preisentwicklung beim EU-Emissionshandel im Blick, als sie im März 2017 den Beschluss zur Neuausrichtung des Konzerns fassten. „Wir gehen wieder in erneuerbare Energien rein", erklärte Schmitz: „Wir sind wirtschaftlich dazu getrieben worden." Damals galt RWE als potenzieller Pleitekandidat.

Windmühlen in Offshore-Parks der Nordsee drehen sich kräftig zur Stromerzeugung mit der regenerativen Energie, die über die See bläst.

Die Energiewende mit Atomausstieg und subventionierter Ökostrom-Schwemme führte zu Milliarden-Verlusten. Die Investoren machten einen Bogen um RWE, sodass die Aktie gegen Ende 2016 nur noch elf Euro notierte – nach rund 100 Euro zu Beginn des Jahres 2008.

Netze, Vertrieb und Erzeugung von Ökostrom jetzt in Innogy

Mit dem Rücken zur Wand leitete das Management dann die grüne Wende ein. Bisher mit Erfolg: Die Aktie kostet inzwischen wieder 34 Euro. Analysten sehen weiteres Potenzial. Im ersten Schritt trennte RWE in 2016 die Geschäfte mit den Stromnetzen, dem Vertrieb und der Ökostrom-Erzeugung von dem herkömmlichen Kraftwerksgeschäft mit Kohle- und Atomstrom ab. Dafür schufen die Essener ihre Tochtergesellschaft Innogy, die im Oktober 2016 an die Börse ging. Für 24 Prozent der Anteile erhielt RWE 4,5 Milliarden Euro. Die staatlich regulierten Stromnetze von Innogy versprachen Investoren stabile Dividendenerträge – in Zeiten des Nullzinses eine attraktive Sache.

Im zweiten Schritt wurde RWE die Verantwortung für die Endlagerung des Atommülls los. Der Konzern überwies am 3. Juli 2017 insgesamt 6,8 Milliarden Euro an den neuen sogenannten Atomfonds, eine Stiftung öffentlichen Rechts.

Auch andere Atomkraftwerksbetreiber kauften sich frei. Insgesamt wurde der Fonds mit gut 24 Milliarden Euro ausgestattet. Dafür trägt er jetzt die Ewigkeitslasten der Kernenergie. Was Umweltschützer noch heute erzürnt, war für RWE wie ein Befreiungsschlag.

Der dritte Schritt der Transformation folgte im März 2018: RWE teilte die Tochter Innogy mit dem Rivalen Eon auf. Geld floss kaum, die beiden Konzerne tauschten stattdessen Unternehmensteile. Eon erhielt die Netze und den Vertrieb von Innogy. RWE bekam die Ökostrom-Sparte von Eon und Innogy sowie weitere Kraftwerksbeteiligung und einen 15-prozentigen Anteil an Eon. Die EU-Kommission gab den Deal im September 2019 unter moderaten Auflagen

Kompakt
► Nachhaltigkeit und Klimaneutralität werden für Unternehmen immer wichtiger.
► Die Stromerzeugung in Deutschland unterliegt dem starken Einfluss des Staates.
► Ob der RWE-Eon-Deal dem Wettbewerb schadet, muss beobachtet werden.
► RWE ist schon heute der weltweit zweitgrößte Windparkstromanbieter.

frei. Beide Konzerne schlossen die Transaktion am 30. Juni 2020 ab. „Die neue RWE ist komplett", kommentierte Konzernchef Schmitz.

Zur Vervollständigung ist hier indes zu erwähnen, dass elf regionale Energieversorger, darunter Schwergewichte wie die Frankfurter Mainova und Enercity aus Hannover, vor dem Europäischen Gerichtshof eine Nichtigkeitsklage gegen die Freigabe durch die EU-Kommission eingereicht haben. Das Bundeskartellamt hatte dem RWE-Eon-Deal schon im Februar 2019 zugestimmt. Dagegen wehren sich die Regionalversorger mit der Kernkritik, die beiden größten Anbieter, RWE und Eon, würden den deutschen Energiemarkt unter sich aufteilen. Beide Behörden hätten „den Weg für zwei nationale Champions zulasten des Mittelstands frei gemacht", lautet der Vorwurf in einer gemeinsamen Erklärung. Im schlimmsten Fall droht für RWE und Eon eine Rückabwicklung der Transaktion.

„Wir können
grünen Strom
liefern, um grünen
Wasserstoff herzustellen."

Rolf Martin Schmitz

„RWE steht nahe an der Beherrschungsschwelle"

Interessant ist, dass dem Bundeskartellamt mit Blick in die Zukunft offenbar selbst mulmig wird. In seinem ersten „Marktmachtbericht" zur Energiewirtschaft betonte Präsident Andreas Mundt am 19. Dezember 2019: „RWE ist derzeit zwar nicht marktbeherrschend, steht aber vergleichsweise nahe an der Beherrschungsschwelle." Das Unternehmen sei für die Deckung der Stromnachfrage „unverzichtbar". Schon eine relativ geringfügige weitere Verknappung der Angebotskapazitäten im Zuge des Atom- und Kohleausstiegs könne dazu führen, dass „RWE die Schwelle zur Marktbeherrschung überschreitet". Das hätte zwar keine unmittelbaren Folgen, aber RWE dürfte seine Marktmacht nicht missbrauchen. Bei Fusionen und Übernahmen würde das Amt wohl noch genauer hinschauen.

RWE selbst blickt weit über den deutschen Markt hinaus. Die Essener sehen sich beim Ökostrom mittlerweile als Global Player. Spätestens 2040 will der Konzern klimaneutral sein, also bei der Produktion von Strom kein Kohlendioxid mehr freisetzen. Die noch laufenden konventionellen Kraftwerke sollen dabei als „verlässliche Brücke in das neue Energie-Zeitalter" dienen. Geld verdienen will der Traditionskonzern in Zukunft im Geschäft mit erneuerbaren Energien und mit dem Energiehandel. Während andere Unternehmen noch

unter der Corona-Pandemie schwächeln, setzt RWE-Chef Schmitz auf „Vollgas" und damit auf Stärke.

Die im August im Eiltempo durchgezogene Kapitalerhöhung – in nur 20 Minuten waren 61,5 Millionen neuer Aktien bei Investoren platziert – spülte brutto zwei Milliarden Euro in die RWE-Kasse. Zuvor standen schon fünf Milliarden für Investitionen bereit. Die insgesamt sieben Milliarden Euro will der Konzern ausschließlich in erneuerbare Energien investieren.

Dabei interessieren Schmitz fertige Stromerzeugungsanlagen aber nicht. „Daran verdienen wir nichts. Und es hilft dem Klimaschutz nicht, da es nicht zu einer Erhöhung der Kapazitäten führt." RWE sei vor allem auf der Suche nach Wind- und Solarprojekten, die noch entwickelt werden müssen. Aktuell hat der Konzern mit Nordex eine Vereinbarung über den Erwerb einer Projekt-Pipeline von 2,7 Gigawatt getroffen. Den Kaufpreis gibt RWE mit 400 Millionen Euro an. Bis Ende 2022 soll die installierte Leistung bei erneuerbaren Energien von neun auf mindestens 13 Gigawatt netto steigen. Vom Sieben-Milliarden-Euro-Budget ist mindestens eine Milliarde Euro für Projekte in Deutschland vorgesehen. „Die Gelegenheiten sind derzeit da – und die wollen wir nutzen", klingt Schmitz optimistisch. Er übergibt Mitte 2021 das Zepter an Finanzvorstand Markus Krebber, einem gelernten Banker und Handelsexperten. Schließlich wird der Handel mit Strom immer wichtiger.

Noch ein weiter Weg bis zum profitablen Schwenk

Auch im Zukunftsgeschäft Wasserstoff will RWE eine prägende Rolle spielen. „Wir können hier die gesamte Wertschöpfungskette abdecken. Wir können grünen Strom liefern, um grünen Wasserstoff herzustellen. Wir haben das Know-how, um Elektrolyseure zu bauen. Unsere Gasspeicher kann man auch als Wasserstoffspeicher nutzen. Wir können mit unserer Trading-Abteilung Wasserstoff weltweit handeln", gerät Schmitz geradezu ins Schwärmen. Allerdings werde es noch zehn bis 15 Jahre dauern, bis das Wasserstoffgeschäft ordentliche Ergebnisse abwerfen kann. Auch Deser sieht als Investment-Experte für Nachhaltigkeit noch einen weiten Weg für RWE: „Bis der Konzern ein Erneuerbarer-Energie-Titel ist, dürfte noch viel Zeit vergehen." Angesichts des Tempos, das der Konzern bei

RWE-Transformation auf dem Weg zur Klimaneutralität im Jahr 2040

Steigendes Nettoergebnis
In Milliarden Euro

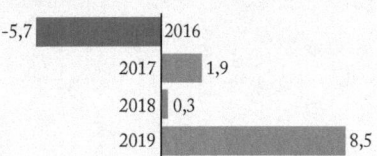

-5,7 | 2016
2017 | 1,9
2018 | 0,3
2019 | 8,5

Mehr Grün in der Stromerzeugung
Anteile in Prozent zum 31.10.2019

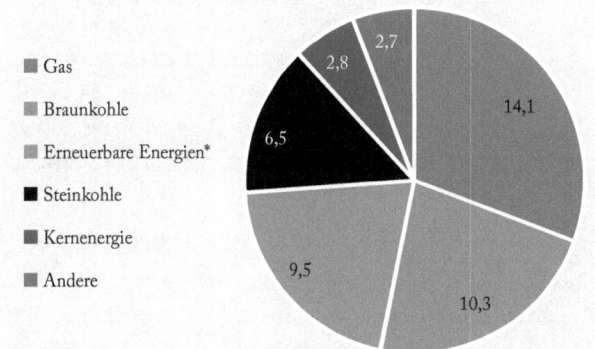

- Gas
- Braunkohle
- Erneuerbare Energien*
- Steinkohle
- Kernenergie
- Andere

2,7
2,8
14,1
6,5
9,5
10,3

*davon: 65 % Onshore Wind, 26 % Offshore Wind, 6 % Wasser, 3 % Sonstige

Weniger Kohlendioxid
In Millionen Tonnen

180
<120
<55
0

2010 2015 2020 2025 2030 2035 2040 2045

Quelle: RWE

Mit der eigenen Trading-Abteilung setzt RWE auch auf den weltweiten Handel mit Energie.

Bagger im Tagebau Garzweiler und 1.000 bis 3.000 Menschen bildeten einen Ring um das Dorf Lützerath, das zur Braunkohlegewinnung zügig weggebaggert werden soll. „Der Bremsklotz der Energiewende in Deutschland" bleibt RWE für Karsten Smid, Energieexperte bei Greenpeace. Während der Konzern im Ausland in erneuerbare Energien investiere, gehe hierzulande der Braunkohletagebau weiter. Dies sorge dafür, dass „Städte zerstört und Menschen vertrieben" werden. Als „lächerlich" bezeichnet Smid das Ziel des Konzerns, bis 2040 klimaneutral zu sein, denn RWE sei „der ewig Letzte in Europa".

Druck erhöht Tempo der Transformation

Das sind zwar die gewohnt scharfen Worte von Klima- und Umweltschützern. Gleichwohl sollten auch sie anerkennen: Seitdem die Politik sukzessive ihre schützende Hand über RWE zurückgezogen hat und Nachhaltigkeit weltweit zum Investment-Thema geworden ist, drücken auch die Manager in Essen mächtig aufs Tempo bei der Transformation. Der Weg des Konzerns vom Kohle-Verstromer zum Ökostrom-Anbieter scheint alternativlos. Mit Blick auf die Klimaerwärmung wäre ganzheitlich betrachtet allerdings wünschenswert, wenn auch andere große Kohlendioxid-Emittenten diesen Weg einschlagen würden.

seinem Wandel an den Tag legt, hält er es aber für möglich, dass die Führung „die Kohleverstromung unter Umständen schneller zurückführt als bislang avisiert".

Greenpeace: „Der ewig Letzte in Europa"

Ins Bild passt, dass wieder Aktionen von Braunkohlegegnern stattfanden just an den Tagen, an denen RWE die Transaktion mit Eon final abschloss und „die neue RWE" in Szene setzte. Medien zufolge besetzten Aktivisten einen

Stefan Terliesner, Diplom-Volkswirt und seit 1996 Wirtschaftsjournalist, analysiert für „return" insbesondere Unternehmen im Wandel oder in der Wende aus Krisen.

Verbote und Gebote

Finanzen, Recht und Steuern in ausgewählten Ländern

Großbritannien
Nach dem EU-Austritt
sehen Brexit-Anhänger
den Inselstaat als Steueroase

Estland
Steuerberater als exotischer Beruf,
denn Unternehmen erledigen hier
ihre Jahreserklärungen selbst

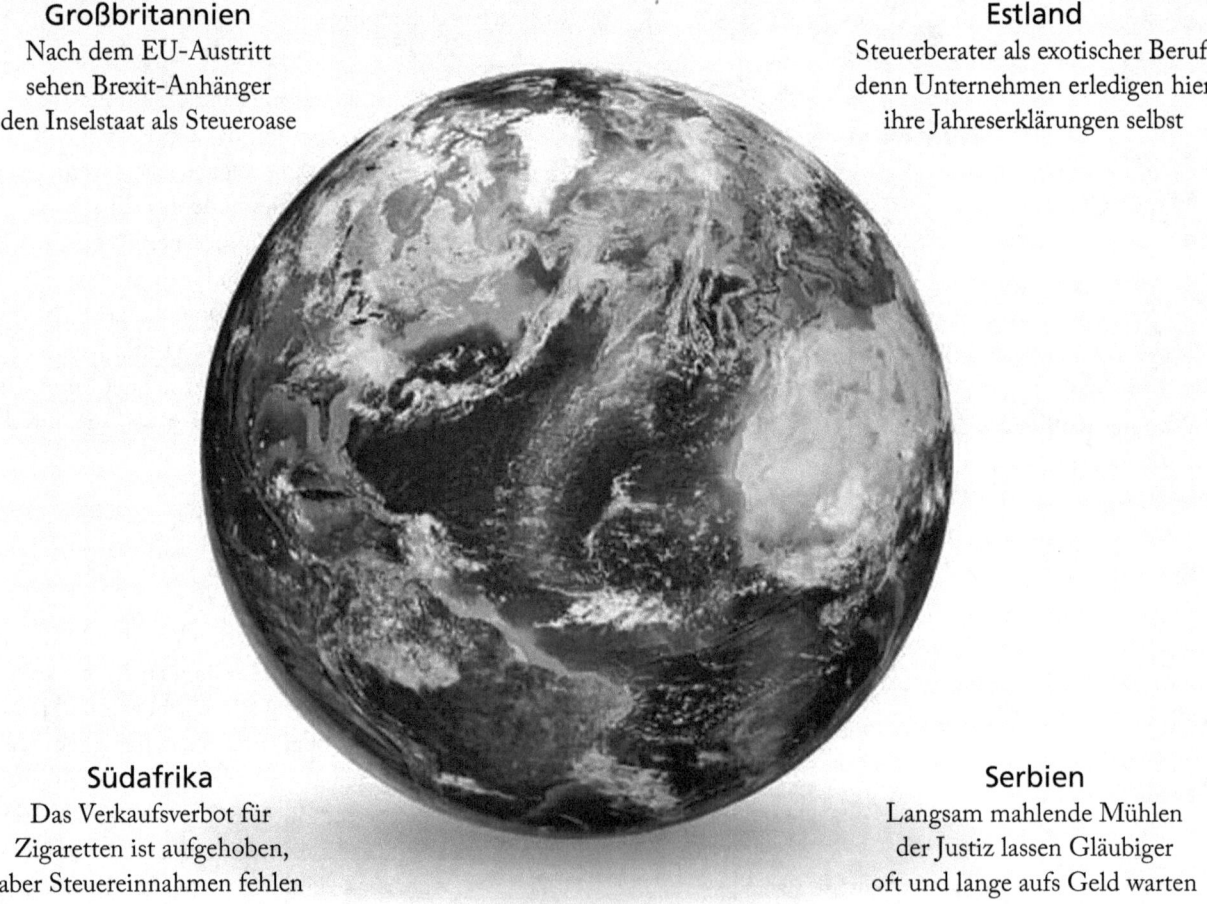

Südafrika
Das Verkaufsverbot für
Zigaretten ist aufgehoben,
aber Steuereinnahmen fehlen

Serbien
Langsam mahlende Mühlen
der Justiz lassen Gläubiger
oft und lange aufs Geld warten

Justiz als Inkasso-Hürde

Serbien: Ausländische Investoren legen ihr Geld gerne an beim EU-Anwärter in Südosteuropa.
Doch bei schlechter Zahlungsmoral nerven die sehr langsam mahlenden Mühlen der Gerichte.

Den Namen seiner Firma in Serbien will der deutsche Manager zwar nicht veröffentlicht wissen, doch mit seiner Kritik an den langsam mahlenden Mühlen der Justiz hält der Geschäftsmann nicht hinter dem Berg: „Es ist eine Katastrophe. Bis die Gerichte ihre Urteile fällen, ist die angeklagte Firma pleite oder ihr Eigentümer ist längst über alle Berge."
Ausländische Investoren wertschätzen im Staat auf der Balkanhalbinsel insbesondere die kostengünstigen, noch verfügbaren Arbeitskräfte. Sie klagen jedoch über fehlende Rechtssicherheit und träge Gerichte. Die Zahlungsmoral serbischer Firmen sei zwar „erfreulich", versichert Geschäftsführer Martin Knapp von der Deutsch-Serbischen Wirtschaftskammer in Belgrad: „Aber das Problem ist die Justiz."

Prozesse gegen Schuldner enden meistens in Zahlungsunfähigkeit

Tatsächlich ist der Rechtsprechungsapparat in Serbien oft eher Hindernis als Hilfe. Selbst bei „glasklarer Lage" seien juristische Streitigkeiten über drei bis fünf Jahre die Regel, berichtet der eingangs zitierte Manager, auch Urteile nach sechs bis zehn Jahren seien keine Seltenheit. Prozesse gegen Kunden, die nicht bezahlen, enden zu 70 Prozent in der Zahlungsunfähigkeit der Gegenseite.
Im Schnitt rund 150.000 Euro pro Jahr verliere sein Unternehmen durch Insolvenzen von Kunden – in den Vorjahren lagen die Verluste deutlich höher. Er nennt einen Rechtsstreit, der sich über elf Jahre bis 2020 hinzog: Der Streitwert unbezahlter Rechnungen lag bei 118.000 Euro. Ganze 94 Euro aus der Konkursmasse bekam der Gläubiger ausbezahlt. Kernproblem sei die völlige Überlastung der Gerichte. Seine

Das Wirtschaftsgericht in Serbiens Hauptstadt Belgrad ist wie andere Rechtsprechungsorgane auch völlig überfordert mit der Prozessflut.

РЕПУБЛИКА СРБИЈА
ПРИВРЕДНИ СУД
У БЕОГРАДУ
БЕОГРАД

Beobachtung: „Die Richter kommen nicht nach, lesen oft Akten nicht und kauen alles endlos durch in Verhandlungen. Wer die beste Vorstellung liefert, kommt weiter. Entsprechend sind die Urteile."
Eine Verfahrensdauer von maximal drei Jahren sehen die Vorschriften vor, betont eine Juristin. Sie hat als Richter-Assistentin zehn Jahre am Wirtschaftsgericht in Belgrad gearbeitet. Die Zahl der Richter sei zu niedrig, die zugeteilten Fälle „von 500 oder mehr im Jahr" zu hoch. Das hohe Aufkommen gehe auf das in der Verfassung garantierte Recht zurück, dass jeder jeden verklagen könne. „Relativ geringe" Gerichtskosten würden die Anklagewelle verstärken und Verzögerungsmanöver von Verteidigern zur Überlastung der Richter beitragen.
Zu allem Übel neigen Unternehmer dazu, das Recht zu missbrauchen, wie sie klagt. Denn eine mit 100 Dinar (85 Eurocent) Einlagekapital gegründete GmbH könne mit Krediten, unbezahlten Rechnungen und unbeglichenen Steuern gezielt in die Überschuldung getrieben werden. Gleichzeitig überschreiben Unternehmer ihr Privatvermögen und Firmenbeteiligungen auf Angehörige, so die Juristin: „Der Eigentümer lässt die überschuldete Firma in der Insolvenz absaufen – und gründet die nächste." Sperren für Unternehmer, die pleitegegangen sind, sehe das serbische Recht bei Registrierung einer neuen Firma nicht vor.

Thomas Roser arbeitet von Belgrad aus als Balkan-Berichterstatter – vor allem für Tageszeitungen der D-A-CH-Region und im vierten Jahr für unsere Leser. Zuletzt ermittelte er exklusiv für „return 01/20" in Slowenien, dass dort mit Erfolg schon seit fünf Jahren eine präventive Restrukturierung für Unternehmen greift.

Brücke zum Steuerparadies

Großbritannien: Viele Brexit-Anhänger verfolgen mit dem EU-Austritt als zentrales Ziel die Deregulierung. Für den Inselstaat stehen die Chancen als neue Steueroase aber schlecht.

Brücken bauen für Unternehmen: Blick auf den Finanzdistrikt der City of London hinter der Tower Bridge.

Zwei Wochen vor dem formellen Austritt Großbritanniens aus der EU, am 17. Januar 2020, versammelte sich eine Gruppe europäischer Journalisten im Zentrum von London zu einem „Brexit-Steueroasen-Stadtrundgang". Die Tour wurde organisiert von der Global Alliance for Tax Justice. Die Kampagne wollte damit auf die Gefahr des sogenannten „Singapur-an-der-Themse"-Modells aufmerksam machen: das Umfunktionieren von Großbritannien, insbesondere von London, zu einem Steuerparadies.

Die Idee, dass die britische Regierung den Brexit nutzen könnte, Steuern zu senken und die Deregulierung voranzutreiben, wird seit Jahren debattiert. Viele EU-Kritiker vertreten die Ansicht, dass dies sogar der Zweck sei: Befreit von den „Fesseln" der EU-Bürokratie, könne das Land eigene Regeln aufstellen und dank eines unternehmerfreundlichen Umfeldes massenhaft Firmen ins Land locken. Premierminister Boris Johnson sagte schon im vergangenen Jahr, dass Großbritannien „der Überregulierung ein Ende setzen" und so der Wirtschaft einen Schub verleihen könne.

Zehn sogenannte „Freeports" sind schon in Planung. Das sind Sonderwirtschaftszonen, in denen keine Zölle anfallen, weniger Regulierungen gelten und die Steuern niedriger sind als im Rest des Landes. Diese Zonen sollen innerhalb von 18 Monaten nach dem Ausscheiden aus der Zollunion und dem EU-Binnenmarkt voll funktionsfähig sein. Sie sollen vor allem der Wirtschaft eine neue Dynamik bescheren. Allerdings fürchten Kritiker, dass der Nutzen für Großbritannien begrenzt sein wird. Eine Analyse des UK Trade Policy Observatory an der Universität Sussex hat ergeben, dass diese Zonen in erster Linie Jobs von anderswo anlocken, aber kaum neue Arbeitsplätze schaffen werden.

Auch jenseits der Freihandelszonen ist es fraglich, ob das Steueroasen-Modell funktionieren wird. Denn britische Firmen müssen sich auch außerhalb der EU den Regulierungen und Standards der EU anpassen. Die Spielregeln und Prozeduren des internationalen Handels werden heutzutage nicht mehr von einzelnen Staaten festgelegt, sondern von den großen Märkten, die die Weltwirtschaft prägen, sagt Anastasia Nesvetailova, Professorin für politische Ökonomie an der City University von London: „Derzeit gibt es drei solche Märkte: China, die EU und die USA. Wenn Großbritannien aus der EU raus ist, wird es den Regeln folgen müssen. Es wird die ganze Zeit hinterherhinken, die Standards übernehmen und sich ihnen anpassen."

Schattenfinanzzentren noch heute von London gesteuert

Die Steueroasen in der Karibik und im Ärmelkanal sind auch für den Finanzplatz London von entscheidender Bedeutung. Dazu gehören etwa „Kronbesitzungen" wie die Kanalinseln oder die ehemaligen Kolonien in der Karibik wie British Virgin Islands. Von diesen Schattenfinanzzentren, die auch heute noch von London aus gesteuert werden, fließen jährlich Hunderte Milliarden US-Dollar nach Großbritannien. Mit dem Brexit wird die EU allerdings in einer viel stärkeren Position sein, bessere Transparenz-Regeln zu fordern. Während die britische Regierung als EU-Mitglied zuvor ein allzu stringentes Vorgehen gegen Steuerparadiese mittels eines Vetos verhindern konnte, hat sie jetzt keine Mitsprache mehr: Großbritannien ist künftig jeglichen Maßnahmen, die die Europäer gegen Schattenfinanzzentren treffen wollen, also quasi schutzlos ausgeliefert.

Peter Stäuber, gebürtig aus St. Gallen, zog es vor zehn Jahren von der Schweiz in die Hauptstadt des Vereinigten Königreichs, von wo er als Korrespondent unter anderem für „return" berichtet – dabei schon oft über die Finanzwelt der City of London, die Brexit-Anhänger künftig als Steueroase aufblühen sehen.

Fiskus auf Entzug

Südafrika: Das Verkaufsverbot für Tabakwaren im gesamten Land während der Corona-Krise hat nicht den erhofften Erfolg gebracht. Jetzt fehlen dem Staat beträchtliche Steuereinnahmen.

Kleine Einzelhändler mit plötzlich leeren Zigarettenregalen wie dieser aus Kapstadt traf das Verkaufsverbot besonders hart.

Auf den Moment hatten Millionen Raucher sehnsüchtig gewartet: Im August fiel das Verkaufsverbot für Zigaretten in Südafrika. Diese Art der Prohibition galt fünf Monate seit Beginn der Corona-Krise im März. Einige Geschäfte berichteten von derart hohen Tagesumsätzen, wie sonst in zwei Monaten an Einnahmen über die Verkaufstheke gehen. Nicht nur Verbraucher hatten gegen den staatlich verordneten Entzug vehement protestiert. Wenig überraschend war die Tabakindustrie deswegen sogar vor Gericht gezogen.

Der Tabak-Bann sollte helfen, schwere Erkrankungen von Covid-19-Infizierten zu vermeiden und die Verbreitung des Virus einzudämmen. Umstritten bleibt, ob das Ziel erreicht wurde. Sicher ist indes, dass der Staat hohe Steuereinbußen verzeichnete – ausgerechnet in einer Zeit, in der ohnehin die Einnahmen wegbrechen und umfangreiche Hilfsprogramme finanziert werden müssen.

Nach Inkrafttreten des Verbots offenbarte sich unmittelbar, dass Raucher auf ihre Nikotin-Dosen nicht verzichten. Auf dem Schwarzmarkt blühte der Handel. Päckchen und einzelne Glimmstängel wechselten die Besitzer an Straßenkreuzungen, in Hinterhöfen und auf Parkplätzen. Selbst über Soziale Medien seien Zigaretten vertrieben worden, manche als „Grillengift" getarnt, berichtet Telita Snyckers, Steuerexpertin und Autorin eines Buches über die Tabakindustrie. Die Preise kletterten auf ein Vielfaches des Ladenniveaus. Außerhalb des regulären Handels entwickelte sich ein gigantisches Geschäft.

Die Tabaksteuer spielt eine nicht unwesentliche Rolle für Südafrikas Finanzpolitik. Wechselnde Finanzminister haben seit 1994 jedes Jahr deutlich an diesem Stellrad gedreht, um auch Löcher im Haushalt zu stopfen. Mehr als die Hälfte des Zigarettenpreises fließt in Südafrika an den Fiskus, wobei der Großteil direkt nach der Produktion von den Herstellern bezahlt werden muss. Beim Verkauf an Endkunden kommt noch einmal eine Mehrwertsteuer von 15 Prozent hinzu.

Der Schwarzmarkthandel mit Zigaretten ist deshalb auch kein neues Phänomen. Nach Schätzungen wurden vor dem Verbot mehr als ein Drittel der Zigaretten „unter der Hand" verkauft. Teils stammen die Kontingente aus Fabriken in Simbabwe, die über die Grenze nach Südafrika geschmuggelt werden, teils handelt es sich um inländische Produktion, die fürs Ausland bestimmt war. Von einigen Ausnahmen abgesehen müssen Hersteller auf Exportwaren keine Steuer entrichten.

Seltsamer Anstieg des Zigarettenexports

Der Verdacht lag also nahe, dass dieses Schlupfloch auch in der Corona-Krise genutzt wurde, denn das Verkaufsverbot bezog sich nur auf Südafrika. So rätselten Medien viel über den rasanten Anstieg des Exports in Länder wie Namibia, wo Raucher die dort eingeführten Mengen nicht einmal über ein ganzes Jahr hätten wegpaffen können. Vermutlich gelangten Überschussmengen auf undurchsichtigen Wegen nach Südafrika zurück oder hatten das Land nie verlassen.

Mittlerweile ist für Raucher wieder Normalität eingekehrt. Die Zigarettenregale der Supermärkte und Kioske sind gefüllt, an den Straßenkreuzungen sind die Schwarzhändler verschwunden. Expertin Snyckers befürchtet jedoch langfristige Folgen – auch für den Fiskus. Für sie hat der Entzug die zuvor schon bestehenden Netzwerke auf dem Schwarzmarkt gestärkt. Eine Umfrage der Universität Kapstadt unter mehr als 23.000 Rauchern ergab übrigens, dass neun Prozent das Rauchen während der Prohibition aufgegeben haben, wovon 71 Prozent auch nicht mehr damit anfangen wollten.

Claudia Bröll berichtet über die Wirtschaft im südlichen Afrika, davon im sechsten Jahr für „return". Wie sie schreibt, zeigt ihr Foto den „kleinen Tante-Emma-Laden ‚Superette on Kloof' bei mir ums Eck, der durch das Verkaufsverbot für Zigaretten enorme Umsatzeinbußen hatte und in dem ich zuletzt häufiger eingekauft habe, damit er nicht verschwindet".

Steuerberater unbekannt

Estland: Eine Steuererleichterung der anderen Art erfreut hier Unternehmen und Bürger. Sie können ihre Jahreserklärungen schnell und selbst digital erledigen und online übermitteln.

Kaum Besucher hat das Kundenzentrum von „Maksu- ja Tolliamet", übersetzt die „Steuer- und Zollbehörde" in Estland.

Das einfache Steuersystem und die digitalisierte Verwaltung ermöglichen, dass die 1,3 Millionen Einwohner des Baltenstaats ihre Steuererklärung mit wenigen Klicks am eigenen Computer erledigen. Die jährliche Abgabe ist dadurch kein aufwendiger Papierkram wie etwa noch in Deutschland.

Im Internetportal der Steuerbehörde mit geschütztem Zugang ist die vorausgefüllte Erklärung digital hinterlegt. Mühsames Sammeln und Sortieren von Belegen entfallen. Benötigte Daten ruft das Finanzamt bei Arbeitgeber, Banken und anderen Stellen ab. Freibeträge und abzugsfähige Ausgaben wie Versicherungsbeträge und Kreditzinsen werden direkt ans voll automatisierte System übermittelt.

Behörden müssen Daten teilen und abgleichen

Per Gesetz ist für die voll automatisierte Besteuerung festgelegt, dass der Staat die Daten von Bürgern nur einmal erfassen darf. Die Behörden müssen die dezentral gespeicherten Informationen aus vernetzten Datenbanken untereinander teilen und abgleichen. Die Bürger behalten die Hoheit über ihre Daten und können über ihr Nutzerkonto nachvollziehen, welche Informationen von ihnen abgerufen wurden. Unerlaubte Dateneinsicht wird juristisch geahndet.

Der Aufwand, den jeder Este mit seiner Steuererklärung hat, ist minimal: Nach kurzer Überprüfung kann sie mit digitaler Unterschrift freigegeben werden. Für Normalbürger dauert dies drei bis fünf Minuten. Flott funktioniert auch die Rückzahlung: Binnen fünf Tagen findet der Steuerzahler das Geld auf seinem Konto.

Die elektronische Steuererklärung startete schon vor 20 Jahren. Damals war sie die erste von inzwischen Hunderten von digitalen Online-Services für Bürger. Mit dem digitalen Medikamenten-Rezept ist sie der populärste E-Service. Insgesamt 98 Prozent aller Steuererklärungen für 2019 gingen in Estland elektronisch ein. Dabei hilft der digitale Ausweis, denn fast alle Esten besitzen eine Computer-lesbare ID-Karte, welche die sichere Feststellung der Identität im Internet garantiert. Über die eindeutige Erkennung kann jedem Bürger jede Zahlung und Transaktion zugeordnet werden.

Fast alle Steuererklärungen von Unternehmen gehen online ein

Das Grundprinzip gilt auch für Unternehmen, die für 2019 sogar 99,8 Prozent aller Erklärungen online einreichen. Zeit und Aufwand richten sich nach der Steuerart, wobei Körperschaftsteuer erst bei der Ausschüttung von Gewinnen anfällt. Reinvestierte Gewinne sind steuerfrei. Unternehmen können ihre Daten direkt über eine Schnittstelle mit betriebseigenen Software-Systemen an die Steuerbehörde übermitteln.

Auch der Fiskus profitiert von der Digitalisierung: Nur wenige der mehr als 700.000 eingereichten Erklärungen müssen noch manuell bearbeitet werden. Arbeit für rund 750 Finanzbeamte sparen die Steuerbehörden damit nach eigenen Angaben. Zudem habe sich die Steuerehrlichkeit deutlich erhöht. Leidtragende des vollautomatischen Systems sind die Steuerberater. Der in Deutschland relativ prestigeträchtige Beruf ist in Estland nahezu unbekannt.

Alexander Welscher schreibt als Korrespondent in Riga über die baltischen Staaten Estland, Lettland und Litauen. Diesmal hat er quasi keine gute Kunde für Steuerberater, in „return 04/20" berichtete er Schlimmes über Insolvenzverwalter in Lettland, wo es unter ihnen vermutlich sogar einen Mord gab.

Interview

„Unternehmen erhält 90 Prozent sofort"

Das „Dresdner Factoring" der abcfinance GmbH ist ganz besonders für Unternehmen interessant, die sich in der Restrukturierung oder Insolvenz befinden.

Stephan Ninow gehört zur Geschäftsführung der abcfinance GmbH.

Herr Ninow, vor dem Hintergrund der negativen wirtschaftlichen Auswirkungen durch die Corona-Krise: Welche Vorteile bringt Factoring mittelständischen Unternehmen, die sich in der Restrukturierung oder Insolvenz befinden?

Stephan Ninow: Neben den klassischen Vorteilen wie der schnellen und umsatzkongruenten Liquidität, dem 100-prozentigen Ausfallschutz und der Entlastung beim Debitoren-Management, ist Factoring aus weiteren Gründen ganz besonders interessant für Unternehmen, die sich in der Restrukturierung oder Insolvenz befinden. Sehr hilfreich ist zum Beispiel, dass beim Factoring keine banküblichen Sicherheiten verlangt werden. In der Restrukturierung oder Insolvenz sind diese entweder ohnehin nicht vorhanden oder nicht mehr frei von Rechten Dritter. Darüber hinaus stellen wir die Finanzierungsentscheidung nicht überwiegend auf die Bonität des Anschlusskunden ab, sondern auf dessen Forderungen, da wir Forderungen ankaufen, welche uns dann selbst als Anlagegut und Sicherheit dienen.

Dresdner Factoring steht speziell dafür, alle Forderungen aus dem Geschäftsbetrieb eines Unternehmens anzukaufen und den Rechnungsbetrag nahezu vollständig auszuzahlen. Wie funktioniert der Ablauf aus Kundensicht genau?

Stephan Ninow: Bei den grundsätzlichen Abläufen zum Beispiel in der Buchhaltung ändert sich nicht viel. Das Unternehmen liefert seine Ware oder erbringt seine Dienstleistung. Danach schickt es die Rechnung an den Kunden, der Factor erhält gleichzeitig eine Kopie der Rechnung. Daraufhin erhält das Unternehmen bis zu 90 Prozent der Bruttorechnungssumme sofort überwiesen. Der Kunde zahlt später direkt an den Factor. Danach erhält das Unternehmen die restlichen zehn Prozent der Rechnungssumme.

Branchenexperten prognostizieren, dass die Zahl der Unternehmensinsolvenzen spätestens ab 2021 steigt, was manche überfällige Rechnung mehr befürchten

lässt. Welchen Schutz hiervor stellen Sie über ein professionelles Risiko- und Debitoren-Management her?

Stephan Ninow: Die angekauften Forderungen sind zu 100 Prozent vor Ausfall geschützt. Im Regelfall übernehmen wir auch das komplette Debitoren-Management. Dadurch sind wir nah am Kunden und bemerken eine Verschlechterung des Zahlverhaltens der Rechnungsempfänger sehr frühzeitig. Die sich hieraus ergebenden steigenden Risiken können wir so dem Factoring-Kunden zeitnah spiegeln. Insofern profitiert der Factoring-Kunde nicht nur vom Ausfallschutz, sondern kann anhand unserer Rückmeldungen auch erkennen, ob Debitoren künftig als Kunden ausfallen, und damit genauer Umsätze planen sowie frühzeitig drohende Umsatzrückgänge und Debitoreninsolvenzen antizipieren.

Grey Rhino als Risiko

Negative Auswirkungen der Corona-Krise stellen Verantwortliche vor schwierige und neue Aufgaben in der Unternehmensfinanzierung. Mehr Resilienz gegen Risiken ist gefragt.

Als neues Risiko kommt das sogenannte Grey Rhino im übertragenen Sinne auf Unternehmen zu, weil Reaktionen in der schwierigen Lage unberechenbarer werden. Der gefährlichen Wechselwirkung von Corona-Krise und Rhino-Risiken begegnet das Management besser mit mehr Resilienz in der Unternehmensfinanzierung.

Diese großen Herausforderungen in der Unternehmensfinanzierung sind neu. Damit müssen sich die Finanzverantwortlichen jetzt befassen. Aktuell überwiegt das Ziel, die Zahlungsfähigkeit zu sichern. Kreditlinien werden erweitert, neu verhandelt und durch andere Finanzierungszusagen ergänzt. Alte Handlungsmuster funktionieren nicht mehr. Es geht darum, die neuen Risiken zu verstehen und ihren Effekt auf Branche und Unternehmen einzuschätzen. Es gilt, die Resilienz der Unternehmensfinanzierung zu prüfen und zu stärken, sodass drei Voraussetzungen erfüllt sein sollten:

► die Fähigkeit, externen Schocks zu widerstehen,
► die Fähigkeit, nach einem Schock in den Ausgangszustand zurückzukehren, und
► die Fähigkeit, aus Schocks einen nachhaltigen Nutzen zu ziehen (Anti-Fragilität).

Finanzielle Resilienz ist erreichbar durch kurzfristig sinkende Kosten im operativen Geschäft wie in Vertrieb, Marketing, Real Estate oder Personal. Geschäftsabläufe und Investitionspläne sind mit einem hohen Grad an Flexibilität zu versehen, inklusive Standortschließungen. Umsätze sind mit einem hohen Maß an Kundenloyalität zu sichern. Lösungen für Finanzierungskonditionen funktionieren dabei wie ein Schutzschirm für finanzielle Resilienz, der bei Bedarf zur kurzfristigen Gefahrenabwehr aufgespannt werden kann.

Bestehende Netzwerke für mehr Resilienz nutzen

Ein typischer, interner Resilienz-Stellhebel ist die Nutzung bestehender Netzwerke mit in der Wertschöpfungskette vorgelagerten Unternehmen. Zahlungsziele werden hoch verhandelt und für ausgewählte Partner nur teilweise ausgereizt. Kommunikation ist ein wichtiger Baustein, um in Krisen die Erwartungen bezüglich des Nutzens dieser Puffer zu managen und zusätzlichen Goodwill bei Partnern zu schaffen.

Stellhebel in der externen Finanzierung sind Kreditlinien, aber auch die Auswahl und das Partner-Management der Kern-Bankbeziehungen sowie die Diversifikation der Liquiditäts-Pools. Wenn Kreditlinien gesichert sind, sollten Trigger-Punkte fürs Ziehen dieser Linien definiert sein. Bei

Kern-Bankbeziehungen ist eine Kombination von partnerschaftlichem Dialog und klar formulierter Erwartungshaltung wichtig. Das schafft gegenseitiges Vertrauen und lässt erst gar keine Bittsteller-Rolle aufkommen.

Auch alternative Liquiditäts-Pools wie Commercial Papers, Schuldschein-Darlehen oder Asset-Backed-Verbriefungen haben sich in der Diversifikation bewährt. Doch nicht alle Unternehmen haben dazu Zugang. Ideal ist, einen institutionellen Zugang zu Emissionsplattformen zu etablieren, um deren Nutzung bei Bedarf kurzfristig zu intensivieren. Auch der Markt für klassische, aber alternative Finanzierungsformen wie Factoring oder Leasing hat sich durch Fintechs und durch die Transformationen etablierter Player verändert. Ein Blick auf die Angebote lohnt, denn Crowdlending oder -funding kann interessant sein. Angebote zu Mezzanin-Finanzierungen sind weniger transparent. Ein Mix der Lösungen steht für mehr Finanzierungsoptionen.

Finanzvorstände müssen auf die negativen Auswirkungen der Covid-19-Pandemie reagieren. Denn für viele Unternehmen beschleunigt die Krise die destruktive Kraft struktureller Transformationsprozesse. Richtig und wichtig wäre, neben notwendiger Basisarbeit in der Krisenbewältigung vor allem Ursachen der strategischen Risiken und Chancen offenzulegen. Darauf aufbauend hilft die Stärkung der Resilienz der Unternehmensfinanzierung.

Krise beschleunigt destruktive Kraft struktureller Transformationsprozesse

Unternehmen spüren mannigfaltige Marktdynamik, bekannt unter dem Kürzel VUKA für Volatilität, Unsicherheit, Komplexität, Ambiguität. Dies kann disruptiv Transformationsprozesse auslösen. Häufig drohen Risiken, die sich erst nur graduell auf das Unternehmen auswirken, beim Überschreiten eines kritischen Wendepunkts aber an Geschwindigkeit gewinnen und bestehende Geschäftsmodelle infrage stellen. Beispiele: Künstliche Intelligenz oder Klimawandel.

Für solche Risiken steht der Begriff „Grey Rhino" (graues Nashorn), der den psychologischen Zustand beschreibt, auf eine schwierige Lage zu reagieren, ohne dass der konkrete Zeitpunkt oder der Auslöser der Krise zu erkennen wäre. Die aktuelle Corona-Krise überlagert allgemeine Transformationsprozesse, wirkt sich massiv auf die Wirtschaft aus und erhöht die Geschwindigkeit der „Grey Rhino"-Risiken. Die Zeiten verkürzen sich, bis kritische Punkte als Signal zum unternehmerischen Gegensteuern erreicht sind.

Mit Blick auf die Unternehmensfinanzierung stellt die Wechselwirkung zwischen Corona-Krise und „Grey Rhino"-Risiken die größte Herausforderung der Krise dar. Unternehmen haben kurzfristig erhöhten Liquiditätsbedarf durch volkswirtschaftliches Negativ-Wachstum und branchenspezifische Negativ-Einflüsse. Zusätzlich werden Finanzmittel benötigt, um Transformationen schneller anzugehen.

Die aktuelle Krise verändert nachhaltig das Wettbewerbsumfeld. So zählt Zoom Video Communications zu den großen Krisen-Gewinnern, weil stabile Videokonferenzen stark nachgefragt ist. Das gilt auch für Online-Plattformen wie Amazon. Die Krise wirkt als Wachstumsbeschleuniger. Neue Finanzmittel müssen dafür beschafft werden, um die Kapazität bei stabilem Geschäftsmodell höher zu skalieren.

Investitionen in Innovationen für Geschäftsmodelle erhöhen Finanzbedarf

Andere Unternehmen kämpfen gegen temporäre Störungen. Liquiditätssicherung und Kosten-Management stehen dann im Vordergrund. Restrukturierungsprogramme können den Abbau von „Legacy Assets" vorantreiben, wodurch zusätzlicher Finanzierungsbedarf entstehen kann. In vielen Fällen ist das Geschäftsmodell infrage gestellt. So wächst der Druck zur Transformation bei der Produktion fossiler Brennstoffe angesichts von Klimazielen und Preissenkungen für Solar- und Windenergietechnologien. Der Nachfragerückgang in der Corona-Krise verstärkt die Entwicklung. Der Ertragsrückgang plus die Investitionen in Innovationen für neue Geschäftsmodelle erhöhen den Finanzbedarf.

Es bedarf neuer Mittel zur Steigerung der Liquidität und zur Finanzierung von Restrukturierung oder Wachstum. Daran sind Krisen-Management und strategische Neuausrichtung zu koppeln. Gegensteuern geht an „3M"-Stellrädern: Das **Messen** in der Cashflow-Planung ist zu ergänzen durch Analysen von Stress-Szenarien, um notwendige Finanzierungsquellen zu ermitteln und zu erschließen. **Maßnahmen**, die für das Portfolio der Unternehmensfinanzierung ergriffen werden, sind nach Umsetzbarkeit und Kosten-Nutzen-Effekt zu priorisieren. Das **Machen** bezieht sich aufs Gestalten eines robusten, aber flexiblen Finanzierungsplans. Dieser ist regelmäßig vom Top-Management zu prüfen und wird mit Feedback Loops weitere Lerneffekte bringen.

Prof. Ulrich Hommel (Foto oben) ist Inhaber des Lehrstuhls für Unternehmens- und Hochschulfinanzierung an der EBS Business School in Wiesbaden. Er hat unter anderem als Mitherausgeber das „Handbuch Unternehmensrestrukturierung" begleitet, das bei Springer Gabler erschienen ist. Dr. Niklas Bartelt (Foto unten) ist Senior Advisor der DZ Bank AG. Er war zuvor Gründungsgeschäftsführer der Paydirekt GmbH und Managing Director der DZ Bank AG.

Recht auf Rechner

Effizientes Dokumenten- und Vertrags-Management, digitale Signaturen, Online-Archive, Cloud-Dienste – auch kleine Unternehmen profitieren vom Schub mit Tools für Legal Tech.

Vieles rund ums Recht etwa zu Verträgen ist durch Legal Tech rein über Rechner zu gestalten und zu verwalten, wenn die richtigen Tools zum Einsatz kommen. Auch mittelständische Unternehmen können dadurch einen Effizienz-Schub erhalten.

Der Begriff „Legal Tech" steht für Technologien in juristischen Arbeitsbereichen, also in Rechtsabteilungen von Organisationen wie Unternehmen, in Kanzleien, in der Justiz oder in Behörden. Doch nicht alles, was eingesetzt wird, muss Legal Tech sein. Es können auch nur Technologien sein, um neue Services oder mehr Effizienz zu bieten. Kanzleien oder Rechtsabteilungen haben erkannt, dass sie Kommunikationsstrategien entwickeln müssen, um intern Aufgaben effizient zu verteilen. Als Lösung setzen einige auf „Tech Tools", die oft nicht viel Künstliche Intelligenz (KI) beinhalten, aber „Hands on"-Eigenschaften mitbringen. Ein solches Technik-Werkzeug soll der Aufgabenverteilung dienen und für alle zugänglich sein. So ist von Mitarbeitenden und Führungskräften einzusehen, wer welche Aufgaben wahrnimmt und welche Verteilung viel Effizienz erzielt.

Aber welches kleine und mittlere Unternehmen unterhält schon eine eigene Rechtsabteilung? Doch keine Organisation muss sie vorhalten, um Legal Tech einzusetzen. Denn Dokumente und Verträge gibt es in jedem Unternehmen. Also können sämtliche Unternehmen davon profitieren – jedes auf seine Weise, mit eigens definierter Geschwindigkeit und Ressource. Nachfolgend einige Beispiele, wie wo und wie die Digitalisierung einen Mehrwert bieten kann: Ein empfehlenswertes Tool ist die digitale Signatur, weil irgendwann auf jedem Tisch Lieferantenverträge, Vertraulichkeitserklärungen oder Kooperationsverträge landen. Hilfreich ist dann, wenn man stets die finale Version findet, vor allem die unterschriebene Endversion. Jede Änderung, auch die zuletzt in einem Telefonat übermittelte Ergänzung, sollte eingearbeitet sein. Wer keine Zeit mit mühevoller Suche verlieren möchte, sollte über die Einführung der digitalen Signatur nachdenken. Gerade bei Verträgen, die formfrei zwischen Handelspartnern abzuschließen sind, spart sie viele Scans für E-Mails.

80 Prozent der Abwicklung sind bei Verträgen abzudecken

Eine Option für Legal Tech ist das Umsiedeln in die Cloud, was fürs Unternehmen oder nur den Rechtsbereich funktioniert. Es sollte sich um einen zertifizierten Anbieter handeln wie FP Sign oder D-velop aus Deutschland. Alle Mitarbeitenden sollten Zugang zum System erhalten, damit Effizienz durch Transparenz erzielt wird. Wer über Möglichkeiten und Ressourcen verfügt, kann es feinkörniger gestalten, indem vorab analysiert und nachgezeichnet wird, wie der Verlauf bei Unterschriften sich bestmöglich darstellen lässt. Der Prozess ist so zu optimieren, das rund 80 Prozent der Vertragsabwicklung abgedeckt sind.

Neben der digitalen Signatur bietet sich auch eine kleine

Archivlösung mithilfe einer Datenbank an, in der digital unterzeichnete Verträge automatisch abzulegen sind. Angebracht ist, danach Ausschau zu halten, welche Anbieter beides liefern. Nutzen und Vorteil einer solchen Lösung: Jeder Vertrag befindet sich an einem Ort mit einsehbarem Status, etwa ob und wann er unterschrieben wurde oder bei wem er gegenwärtig noch auf Bearbeitung wartet.

Der größte Vorteil, den Legal Tech für Unternehmen und ihre Rechtsabteilungen bringt, geht mit der Zeitersparnis einher. Berechnungen, wie viel Zeit ein Unternehmen spart mit der Einführung der digitalen Unterschrift, kamen zu einem erstaunlichen Ergebnis. Der Aufwand reduziert sich um mindestens 60 Prozent – Kapazitäten, die für andere Aufgaben einzusetzen sind.

Vor der Einführung eines Systems ist unbedingt zu prüfen, welche Arten von Verträgen zu bearbeiten sind. Denn unterschiedliche Vertragsformen stellen verschiedene Anforderungen an die Digitalisierung. Sollen nach der digitalen Signatur auch Dokumente bearbeitet werden, die der Schriftform zum Einbinden in Arbeitsprozesse bedürfen wie Arbeitsverträge, ist eine sogenannte „qualifizierte Signatur" nötig. Auch sie gibt es von zertifizierten Anbietern.

Handelt es sich hingegen um unzählige Standardverträge, dann sollte die Frage nach ihrer Optimierung im Prozess beantwortet werden. Denn heute ist die Bearbeitung von Prozessen mit Standardverträgen für Mitarbeitende meist mühsam. Eine Digitalisierung mit Systemen wie „Contractbook", „Begal Legal" oder „Lawlift" schafft mehr Wertschöpfung. In diesen Systemen sind Standarddokumente gut aufzubereiten und jederzeit und überall über einen Link im Intranet verfügbar. Alle Dokumente sind immer auf dem neuesten Stand.

Tools sind nicht als Ersatz für eine Strategie zu verstehen

Wer sich für eine klauselbasierte Variante entscheidet, nutzt deren Vorteil, dass neueste Änderungen nur einmal zu ändern sind und dann alle Dokumente automatisch die Neuerungen übernehmen. Sinnvoll ist, sich einen Überblick zu verschaffen über alle angewendeten Dokumentenarten, Zuständigkeiten und Prozesse. Und zwar bevor ein neues Tools implementiert wird. Die genannten Tools sind zwar Beispiele, aber nicht als Empfehlung zum Ersatz einer Strategie zu verstehen. Denn je nachdem, wie die IT-Strategie gestaltet ist, sollten Anwender passend dazu ihre Tools aussuchen.

Kriterien bei der Auswahl können von der Entscheidung abhängen, ob die Software in der Cloud oder vor Ort (on premise) sein soll. Eine Rolle spielen zudem: Server in der EU oder in den USA, Länge der Speicherfristen, Art der Verschlüsselungen, Sicherheits- und ISO-Zertifikate sowie userbasiertes oder fallbasiertes Zahlungsmodell.

Ein digitalisiertes „Case Management"-Tool wäre im nächsten Schritt interessant für Unternehmen oder Kanzleien. Dabei ist die Übersicht über Dokumente und Verträge im Idealfall schon eingerichtet. Bei Verträgen sollte jederzeit Einsicht zu nehmen sein, wo sie sich im Erstellungszyklus befinden. Viele Unternehmen sehen sich oft damit konfrontiert, dass es ihnen an Wissen mangelt sowohl zu rechtlichen Themen als auch zu Lösungen in Legal Tech. Es gibt allerdings Systeme, die zwar etwas kosten, aber ein kleines Unternehmensbudget dennoch nicht übermäßig strapazieren.

Wenige Schnittstellen für Übertragung in SAP-Systeme

Ein weiterer Schritt zur Anwendung und Implementierung von Tools ist der Transfer rechtlicher Informationen aus Verträgen in Kernsysteme wie SAP. Dafür gibt es noch wenige Schnittstellen. SAP selbst bietet zwar ein Tool zur Vertragserstellung, jedoch nicht mit allen vorher beschriebenen Funktionen. Für Unternehmen, die mit SAP arbeiten, lohnt es sich, einen Blick darauf zu werfen, wie und an welchen Schnittstellen sie sich digitaler Tools bedienen können.

Externe Anwaltskosten, oft ein Thema, fallen in Legal Tech unter „Billing Systems". Hier bieten Tools wie Busy Lamp ein Drittsystem an, in das Anwaltskanzleien ihre Angebote, Rechnungen und Stunden einbetten und später im Reporting darauf zurückgreifen können. Wer andere Buchhaltungssysteme unterhält, sollte überlegen, wie Anwaltsrechnungen und Leistungsaufstellungen einbezogen werden können, ohne ein neues System einzuführen.

Viele weitere Tools sind für Legal Tech einsetzbar und interessant, doch die hier beschriebenen Instrumente sind auch tatsächlich einfach und effizient in mittelständischen Unternehmen einsetzbar. Sie vermitteln echten Mehrwert durch Prozessoptimierung und Customer Experience – von Letztgenanntem profitieren Nutzer intern wie extern.

Sophie Martinetz (Foto oben) ist Gründerin und Managing Partnerin bei Future-Law, eine in Österreich führende Plattform für Legal Tech und Digitalisierung mit Sitz in Wien. Dr. Sarah Maringele (Foto unten) ist Juristin bei Nord Law Firm, einer dänischen Großkanzlei mit Standorten in Kopenhagen und Aarhus, die in Skandinavien und im Baltikum zu multinationalen Rechtsverhältnissen tätig ist. Sie gehört zudem an der Universität Lund zum „European Business Law Programm" mit Fokus auf Wirtschaftsrecht im Kontext von Technologie, Digitalisierung, KI und Big Data.

Bunt, dynamisch und vielfältig geht es zu im Zentrum für Start-ups der Banco Itaú Unibanco, das Lateinamerikas führender Finanzdienstleister unter dem Namen „Cubo" errichtete. Das global zu den größten Gründerzentren gehörende Gebäude in Würfelform bringt Ideen hervor, die unterstützenden Unternehmen und ihren Kunden dienen, um itzukunftsfähige Geschäftsmodelle digital voranzutreiben. Die Innovationsschmiede wirkt – ob für Fintech oder Bank – wie ein Trend-Radar für alle Branchen.

© Cubo

Der Tempotempel

Die Banco Itaú Unibanco betreibt eines der größten Gründerzentren weltweit. Der „Cubo" gilt als Vorbild für Transformation. Die Bank und ihre Kunden profitieren vom digitalen Treiber.

Seine Studien bei Unternehmen im Silicon Valley unternahm Thierry Fournier vor sechs Jahren. Er war soeben zum Chef des französischen Baustoffherstellers Saint Gobain in Brasilien ernannt worden. Was er in Kalifornien sah, „das war ein Schock", sagt er heute: „Wir haben immer gute Zahlen geliefert, aber wir waren verstaubt." Danach beschloss er, das Unternehmen digital zu transformieren. Das war gar nicht so einfach: Denn Saint Gobain betreibt Baumarktketten und stellt Baumaterialien her. Beide Bereiche arbeiten selbstständig für sich. Fast agieren die Geschäftsbereiche wie ein Mittelständler in einer konservativen und traditionellen Branche, wie jeder bei Saint Gobain in Brasilien versichert. Es bedurfte eines Beschleunigers, einer Art von Tempel für mehr Tempo in Digitalisierung und Innovationskraft.

Unterstützung bei seinen Umbauplänen erhielt Fournier durch seine Bank, die Itaú Unibanco. Sie hatte ähnliche Probleme, wenn auch auf anderem Niveau. Die familiengeführte Itaú war 2008 durch die Fusion mit der ebenfalls privaten Unibanco zur größten Bank Lateinamerikas gewachsen. Zeitweise rangiert das Institut je nach Börsenwert sogar unter den zwölf größten Banken der Welt. Die Bank liefert stetig zweistellige Renditen auch in Krisenjahren. Investment-Guru Marc Mobius pries sie einmal als „die möglicherweise profitabelste Bank der Welt".

Neue Technologien nötig für ein digitales Geschäftsmodell

Doch wie bei Saint Gobain war auch bei Itaú abzusehen, dass ohne Veränderungen der Erfolg nicht andauern wird. Die Bank hatte in Lateinamerika expandiert, nur weitere Großbanken als Übernahmekandidaten gab es kaum noch auf dem Kontinent. Außerdem ist Größe nicht mehr entscheidend für Konkurrenzfähigkeit. Den Verantwortlichen der Bank

„Es war klar, dass wir uns neu erfinden müssen."

Pedro Prates

wurde klar, dass der Finanzdienstleister neue Technologien benötigt, um das Geschäftsmodell zu digitalisieren.

Itaú spürte wachsenden Wettbewerb durch Fintechs, die als kleine, kundenorientierte und digitalisierte Finanzinstitute schneller unterwegs waren. Der 32-jährige Pedro Prates, der für Itaú den Schritt in die digitale Welt organisieren sollte, erinnert sich: „Es war klar, dass wir uns neu erfinden müssen." Sein Auftrag: Die Bank sollte „zu einem Tech-Konzern werden, der auch Finanzprodukte verkauft".

Prates benötigte wie Fournier bei Saint Gobain eine Lösung als Antwort auf die Frage: Wie setzt man die Transformation um in einem fast 100 Jahre alten Unternehmen, das in der dritten Generation in Familienhand geführt wird und als finanzielles Rückgrat der brasilianischen Wirtschaft gilt? Die Idee, wie ein Venture-Capital-Fonds selbst in Start-ups zu investieren, wäre teuer und langwierig geworden. Prates reiste wie Fournier nach Israel, China, Großbritannien und in die USA, um sich digitale Zentren und Netzwerke anzuschauen, die Konzerne und Universitäten aufgebaut hatten. So entstand die Idee für den Gründer-Würfel: der Cubo.

Bank-Vorstand traditionell mit Ingenieuren besetzt

Roberto Setúbal, damals CEO und Miteigentümer von Itaú, segnete das Projekt ab, ohne richtig zu verstehen, wohin diese Fahrt zu mehr Fortschritt seine Bank führen würde. Geholfen hat Prates, dass bei Itaú traditionell der Vorstand mit Ingenieuren besetzt ist und die Unternehmenskultur dadurch technikaffin ist. Jedes Jahr wirbt die Bank die besten Ingenieure renommierter Universitäten Brasiliens ab. Gemeinsam mit Redpoint Ventures als erfahrener Investor in der Gründerszene entwickelte Prates eine Plattform, auf welcher die alte und neue Ökonomie zusammenkommen:

Rund zwei Dutzend brasilianischer Marktführer engagierten sich bis jetzt als weitere Sponsoren bei bisher rund 300 Start-ups. Von Anfang an war Saint Gobain dabei. Die Entwicklungen im Cubo wirken für die Großbank Itaú und den französischen Konzern wie eine permanente Frischzellenkur. Für die Start-ups eröffnen sich direkte Zugänge zu Industrie und Dienstleistern mit der Möglichkeit, ihre Ideen zu testen, Modelle anzuwenden und Investoren zu finden.

Das größte Gründerzentrum Lateinamerikas liegt im modernsten Business-Bezirk von São Paulo. Den Cubo bildet ein quadratisches Hochhaus, das tatsächlich wie ein Würfel wirkt. Es ist auch beabsichtigt, dass es dort zu vielen Begegnungen kommt. Vor ihrem Eintritt müssen Start-ups jedoch durch ein Auswahlverfahren – nur jedes zehnte kommt durch.

Clevere Kombination:
Banco Itaú plus Cubo

Banco Itaú Unibanco aus Brasilien ist das führende Finanzinstitut in Lateinamerika und eine der größten Emerging-Market-Banken in privatem Besitz, also ohne staatliche Beteiligung. Banco Itaú wurde 1944 gegründet und fusionierte 2008 mit dem kleineren Konkurrenten Unibanco, der sogar schon 20 Jahre früher aus der Taufe gehoben wurde. Beide bilden die neue Itaú Unibanco mit Sitz in São Paulo.

Cubo, portugiesisch für Würfel, ist das eigens geschaffene Zentrum für Start-ups. Die Einrichtung für Gründer hat die Itaú Unibanco zusammen mit dem US-Venture-Capital-Unternehmen Redpoint Ventures errichtet. Insgesamt 227 junge Unternehmen arbeiten dort derzeit auf einer digitalen Plattform. Rund 400 Start-ups haben Cubo bisher schon durchlaufen. 26 Unternehmen unterstützen als Sponsoren das Gründerzentrum und entwickeln zusammen mit den Technologie-Unternehmen ihr Geschäftsmodell weiter.

Der moderne Empfang erinnert nicht an eine klassische Bank.

Wer es schafft, trägt automatisch ein Gütesiegel. Die Unternehmen selbst unterstützen das Zentrum, schreiben Projekte aus und lassen Probleme von externen Dritten lösen. „Cubo ist für uns und die beteiligten Unternehmen ein Radar, um Trends in unseren Branchen früh zu erkennen", sagt Estevão Lazanha, Technologie-Direktor bei Itaú. Die Bank nutze den privilegierten Zugang zu Cubo nicht direkt als Marketing-Instrument oder Service für ihre Unternehmenskunden, wie er betont: „Wir wollen den Start-ups nicht vorgeben, nach welchen Lösungen sie suchen sollen." Cubo sei inzwischen bekannt genug: Kleine und mittlere Unternehmen, die sich digital entwickeln wollten, würden heute häufiger selbst auf die Einrichtung zukommen. In der Corona-Pandemie hätten Mittelständler vor allem nach Lösungen für Vertriebsprobleme suchen lassen.

Thierry Fournier vom französischen Baustoff-Spezialisten Saint Gobain nutzte den Cubo-Zugang, um für die Digitalisierung seine Belegschaft zu „evangelisieren", wie er sagt. Dafür stellte er eine dynamische und charismatische Führungskraft von außen für dort ein, die ihm direkt zuarbeitet: „Er hatte zwar keine Ahnung von Saint Gobain, aber vom Digitalen." Als Chief Digital Officer eröffnete Fabiano Sant´Ana allen Mitarbeitern neue Horizonte, indem er ihnen die Möglichkeiten der Digitalisierung und dazugehöriger Instrumente aufzeigte. Wichtig sei für Unternehmen in einem solchen internen Innovationsprozess, sich insbesondere nach außen zu öffnen. Dazu zähle für ihn, mit Universitäten zu kooperieren, mit Inkubatoren zusammenzuarbeiten, digitales Marketing mit Start-ups auszuprobieren sowie gemeinsam mit Kunden und Lieferanten neue Produkte zu entwickeln. Fourniers Erfahrung: „Ingenieuren fällt es schwer, zu verstehen und zu akzeptieren, dass ihre oberste Priorität sein muss, das hervorzubringen, was Kunden verlangen."

Mehrwert durch schnelle Geschwindigkeit und praxiserprobte Prozesse gewachsen

CDO Fabiano Sant`Ana sieht den Vorteil von Cubo und vom Zugang zu Start-ups insbesondere im beschleunigten Tempo zur Umsetzung von Projekten: Die Gründer würden schneller, agiler und weniger komplex arbeiten – und Lösungen anbieten, die es auf dem Markt noch nicht gebe. Etablierte Unternehmen bringen zudem Ressourcen, Struktur, Prozesse und Personal mit. „In der Kombination sind wir messbar schneller und sparsamer geworden. Der Mehrwert durch die Ergebnisse ist deutlich gewachsen", sagt er zu den Vorteilen der Zusammenarbeit.

Das Timing war perfekt für die Gründung von Cubo: Vor fünf Jahren gab es kaum Start-ups in Brasilien. Eine rege Gründerszene belebt inzwischen insbesondere São Paulo. Allein 13 Unicorns sind in den vergangenen zwei Jahren aus

So geht Bank heute auch: Die neue Filiale „Itaú Agencias" ähnelt fast einem Internet-Café. „Was suchen Sie?", heißt es an der Wand.

So sieht der Cubo im Innern aus: Das Gründerzentrum der Banco Itaú könnte auch Hort des Lernens an einer Hochschule sein.

brasilianischem Boden geschossen. Das sind Start-ups, die mit über einer Milliarde US-Dollar bewertet werden. Das seien immerhin „mehr als in Deutschland", wie Prates betont. Angesichts der Corona-Krise sieht er wirtschaftlich alle leiden und konstatiert: „Nur Wachstum war wichtig, Cashflow zweitrangig." Jetzt müssten aber Kosten radikal beschnitten werden. Denn die 1.200 Menschen, die sonst täglich den Cubo aufsuchten, seien immer noch nicht zurückgekehrt.

Investition lohnt dreifach: Marke, Mitarbeiter, Mittel

Für Itaú lohnt sich die Cubo-Investition dreifach, sagt Prates: Erstens stärke sie die Marke, weil die Bank permanent mit Hightech und Start-ups in Zusammenhang gebracht werde. Zweitens, die Mitarbeiterauswahl werde erleichtert, weil der direkte Zugang zu Talenten gegeben sei. Und drittens werde die Technologie schneller und besser in die Bank integriert, weil der Umgang selbstverständlich werde.
Sant`Ana von Saint Gobain sagt, dass der tägliche Kontakt im Cubo entscheidend dafür gewesen sei, den Wandel im Konzern besser voranzutreiben. 600 Mitarbeiter hätten immer wieder mit dem Gründerzentrum zu tun.

Verantwortliche Mitarbeiter hätten vor der Corona-Pandemie regelmäßig einen Tag pro Woche im Cubo verbracht. Für André Castellini von Bain & Company gibt es noch mehr Möglichkeiten für Unternehmen, um an neue Technologien zu kommen. Etwa durch Investitionen über Risikokapitalfonds oder über den direkten Einstieg bei digitalen Start-ups. Allerdings sieht er den Cubo als „eine intelligente Alternative, um engen Kontakt zu neuen Technologien zu halten und von der Konkurrenz nicht durch Innovationen überrascht zu werden".

Gewinn aus Kooperation mit Gründern spürt auch Baustoffgigant Saint Gobain

Für Thierry Fournier hat sich die Zusammenarbeit für sein Baustoff-Unternehmen auf jeden Fall spürbar bezahlt gemacht: Saint Gobain sei in den vergangenen Jahren in allen Sparten seines brasilianischen Geschäfts schneller als der Markt gewachsen. Das gesamte Board aus Frankreich hat sich inzwischen sogar persönlich in São Paulo informiert. Die Unternehmensleitung sieht die Zusammenarbeit im Cubo mit Kontakt zur Kultur der Start-ups als Modell für die gesamte Firmengruppe.

Kompakt
► Eigenen Ingenieuren fällt es oft schwer, den Kundenwunsch als oberste Priorität zu beherzigen.
► Kooperationen in Inkubatoren bringen hier eher echte Innovationen hervor und beschleunigen die digitale Transformation.
► Clevere Kombination: Kreativität, Energie, Leistungsbereitschaft, Agilität der Start-ups und Ressourcen, Strukturen, Prozesse, Personal der etablierten Unternehmen.

Alexander Busch arbeitet von Brasilien aus als Lateinamerika-Korrespondent und für diese Zeitschrift schon seit 2015. Seinen Vorschlag zum Firmenprofil über Itaú, die clevere Bank mit eigenem Gründerzentrum, begründete er damit, dass der „vermeintliche Dino über Cubo stets spürt, wohin der Wind weht auf dem Fintech-Markt". Dies beschrieb er schon in seinem Beitrag über die frühe Itaú-Beteiligung an der erfolgreichen Investoren-Plattform XP („Pfiffige Gründer", return 02/20).

Flinke Finanzen

Für ihre Fintechs etablieren Gründer die Geschäftsidee als vernetzte Ökosysteme. Damit können beispielsweise Mittelständler schnell und komfortabel ihre Unternehmensfinanzierung ergänzen.

Über das Fintech Traxpay nutzen Unternehmen einen Onboarding-Prozess, mit dem sie nach wenigen Klicks schon Zugang zur benötigten Liquidität bekommen. Der voll automatisierte Ablauf dient zum Beispiel als Lösung zur Finanzierung von Lieferketten.

Für Christoph Söhngen, Partner bei Porsche Consulting, steht fest: „Fintechs haben aufgrund ihrer Fokussierung und Innnovationsgeschwindigkeit einige Vorteile gegenüber traditionellen Banken. Sie erfüllen oft genauer die Kundenerwartungen an bestimmte Finanzlösungen." Klassische Banken seien dagegen im Vorteil, wenn sie große und komplexe Transaktionen übernehmen. „Diese erfordern vielfach Infrastruktur, gewachsene Vertrauensbeziehungen, besondere Risikotragfähigkeit und interdisziplinäre Expertise, die Fintechs in diesen Gebieten noch nicht haben", sagt er. Wachstumschancen vieler Fintechs und Drittanbieter eröffnete PSD 2. Hinter diesem Kürzel steht die Umsetzung der Richtlinie über Zahlungsdienste. Sie schreibt Finanz- und Bankinstituten vor, offene Programmierschnittstellen zur Verfügung zu stellen. Aus geschlossenen Strukturen werden so offene Systeme. Vorausgesetzt, der Bankkunde stimmt zu. Für Söhngen kann das direkt dem Kunden zugutekommen, denn der erhalte jetzt neue Services, die möglicherweise über das gewohnte Angebot seiner Hausbank hinausgehen. „Schon heute bekommen Nutzer von Financial Apps umfangreiche Analysen – wie es etablierte Banken bislang größtenteils noch nicht angeboten haben", erklärt der Unternehmensberater: „Die Zukunft liegt in offeneren Gesamtsystemen, nach deren Logik große Technologiekonzerne aus Handel und Internet schon arbeiten."

Treiber von Biometrie bis Blockchain, von Data Science bis Distributed Ledger

Die technologischen Treiber, die das Firmenkundengeschäft einer Bank verändern, sind schnell gefunden. Sie heißen Data Science, Biometrie, Blockchain oder Distributed Ledger sowie Cloud Computing, Machine Learning und Künstliche Intelligenz. Die dazugehörigen Leistungsfelder sind im Open Banking beispielsweise digitale Identitäten, Zahlungsverkehr und Finanzierung. Und zwar entlang der gesamten Customer Journey eines Finanz-Ökosystems für Finanzinstitute, Konzerne, Mittelständler oder Start-ups. Verimi, Fintech aus Berlin, identifiziert und authentifiziert sogenannte „Endanwender" – also Kunden – für Geschäftspartner und bietet das Speichern und Wiederverwenden verifizierter digitaler Identitäten. Business-to-Business-Partner von Verimi stammen aus der Bank- und Versicherungsbranche, dem Telekommunikationssektor oder der öffentlichen Verwaltung. Das Start-up bündelt verschiedene Lizenzen und Technologien aus der Finanzwelt, um neue, disruptive Identifizierungs- und Authentifizierungsmethoden über eine offene, nutzerzentrierte Plattform anzubieten. Eine bei Verimi einmal hinterlegte Identität kann der User ohne Medienbruch mit nur wenigen Klicks für weitere Transaktionen nutzen. Hierzu zählt zum Beispiel der sichere Log-in oder die Neueröffnung eines weiteren Bankkontos. Damit spart sich der Endkunde jegliches Video- oder Post-Ident-Verfahren. Als Identitätsplattform und ID-Provider unterstützt Verimi somit Unternehmen bei Onboarding- und Know-your-Customer-Prozessen. Darüber hinaus bietet Verimi ein eigenes Bezahlsystem über SEPA-Lastschrift als Mehrwertdienst an. Der Nutzer kann so nahtlos mit seinem Log-in oder mit seiner Identifizierung digital bezahlen.

Miriam Wohlfahrt bietet mit Ratepay beispielsweise Ratenzahlung oder Rechnungskauf und steht für mehr Frauen-Power bei Fintechs.

Viel Potenzial schlummert bei digitalen Identitäten

„Wir schützen die Prozesse unserer Partner mit relevanter Cyber-Technologie und sichern diese regulierungskonform ab", sagt Verimi-Geschäftsführer Roland Adrian, der das Geschäftsmodell so beschreibt: Für Nutzer fallen die Eintrittsbarrieren zu neuen Angeboten und Services in der digitalen Welt. Für Partner sind höhere Effizienzniveaus bei Conversion und Stückkosten zu erreichen. Für ihn schlummert bei digitalen Identitäten noch viel Potenzial.

Die Überlebensfähigkeit eines Fintechs in der Seed- oder Early-Stage-Phase ist in Finanz-Ökosystemen merklich höher. Vernetzte und digitale Systeme können durch einen Akzelerator, ein Gründerzentrum, einen Hub oder per Inkubator etabliert werden. Denn sie helfen bei der Finanzierung und Skalierung von Geschäftsmodellen und stellen die benötigte Infrastruktur bereit.

Der Main Incubator ist dafür ein gutes Beispiel. Der Name steht für den Frühphaseninvestor der Commerzbank-Gruppe, der junge technologiegetriebene Start-ups durch strategische Investments unterstützt mit dem Ziel, innovative und mehrwertorientierte Lösungen für die Bank und deren Kunden zu entwickeln. Wie Matthias Lais als COO erklärt, kooperiere Main Incubator als 100-prozentige Commerzbank-Tochter auch mit anderen Gesellschaften und Geschäftsbereichen der Bank. „Dadurch konnten bislang mehr als 60 Prozent unserer Portfolio-Unternehmen und ihre Lösungen bei internen Prozessen innerhalb der Commerzbank-Gruppe oder bei Kunden Anwendung

Verimi sichert das Bezahlen über eine mobile App.

finden", sagt er. Bei der Entwicklung von Prototypen arbeite man mit Partnern aus Industrie und Forschung zusammen wie etwa mit dem Fraunhofer-Institut für Materialfluss und Logistik aus Dortmund.

Zum Main Incubator gehören aktuell 18 Start-ups. Die Optio Pay GmbH ist eines davon. „Als B2B2C-Dienstleister vertreiben wir unsere Open-Banking-Technologie an Banken, Versicherungen, Telekommunikationsunternehmen oder den Handel", sagt Gründer und Geschäftsführer Marcus Börner. Ihre Kunden melden sich an, um von Mehrwerten auf Basis ihrer Bankdaten zu profitieren." Zu Beginn des Corona-Lockdowns hat Optio Pay die Gutschein-Plattform „Hilfe Lokal" ins Leben gerufen, um geschlossenen Geschäften durch Gutscheinverkäufe Liquidität und Umsätze zu ermöglichen.

Technologie bietet Maklern bessere Möglichkeiten

Doch das Geschäftsmodell des Fintechs zündet nicht nur in Krisen. Es soll Kunden neue Möglichkeiten und Mehrwerte bieten, wie Oliver Pradetto, COO der Blau Direkt GmbH & Co. KG, betont. Der Geschäftsführer dieses „Infrastrukturdienstleisters für Vermittlungsbetriebe der Versicherungsbranche": „Wir haben mit Optio Pay die Finanzplattform Simlpr Banking auf den Markt gebracht. Die Open-Banking-Technologie arrangiert für Makler bessere Beratungsmöglichkeiten und realisiert datenbasierte Mehrwerte für unsere Kunden."

Mit Creditshelf gründeten Dr. Tim Thabe und Dr. Daniel Bartsch ein Geschäftsmodell für digitale Mittelstandsfinanzierung.

Mit Optio Pay bauten Marcus Börner und Oliver Oster eine Plattform auf für die bessere Zahlungsabwicklung.

Auch Ratepay verwendet moderne Technologie und arbeitet damit für Online Payment. Miriam Wohlfahrt, Gründerin und Geschäftsführerin, steht für zunehmend mehr starke Frauen, die die Fintech-Szene prägen. Fünf von sieben Funktionen in der Geschäftsleitung verantworten weibliche Führungskräfte. Das junge Unternehmen entscheidet in Millisekunden über Annahme oder Ablehnung einer Transaktion. Dazu werden täglich mehrere Millionen Datenpunkte verarbeitet und Machine-Learning-Methoden eingesetzt, um Verhaltensmuster von Käufern zu analysieren und somit Identitätsbetrug zu verhindern.

Ratepay ermöglicht Online Payment von Händlern und Käufern ohne Störung

Diese Lösung bietet Ratepay als White Label an. Damit bleibt die Beziehung zwischen Händler und Käufer quasi ungestört. Das stärkt die Akzeptanz des jeweiligen Onlineshops. Für den Unternehmenserfolg steht bei Ratepay das Team im Vordergrund. Dafür verzichtet Miriam Wohlfahrt auf Einfluss: „Wir treffen Entscheidungen immer gemeinsam. Wichtiges stimmen wir in unserer siebenköpfigen Geschäftsführung ab." Jeder im Team habe Stärken, ihre eigene liege in Marketing und Vertrieb. Damit sie sich darauf konzentrieren könne, habe sie sich damals Expertise ins Team geholt, die ihre Kompetenz ergänze und etwa die Rolle des CEO optimal ausfülle. „Die klassische Machtposition gab es bei uns nie", betont sie.

Traxpay bietet eine Lösung zur Finanzierung von Lieferketten. Dazu können Kunden entweder die eigene Liquidität nutzen oder Drittmittel einbringen durch Finanzierungspartner, etwa Hausbanken. Der hinterlegte Prozess ist voll automatisiert, erfordert keinen manuellen Eingriff und ermöglicht die Frühzahlung auf Einzelrechnungsbasis für

Lieferanten. Überdies erhalten Lieferanten mit Traxpay mehr Transparenz mit Blick auf ihre Geschäftsbeziehungen, womit Rückfragen zu Rechnungen, Gutschriften und Zahlungen an Kunden überflüssig sein sollen.

Creditshelf hilft Mittelstand etwa bei der Auftragsvorfinanzierung

„Unsere Lösung lässt Kunden finanzielle Key-Perfomance-Indikatoren erreichen – entweder auf Ebene des Ebitda oder des Net Working Capital (DPO)", sagt Stephan Knauf, Supply-Chain-Finance-Experte bei Traxpay. Das Angebot richtet sich an Unternehmen mit mindestens 500 Millionen Euro Einkaufsvolumen. Diese Kunden wollen ihre Lieferketten sichern, „was in Zeiten von Covid-19 eine Top-Priorität geworden ist", unterstreicht Knauf.

Creditshelf steht für Mittelstandsfinanzierung. Das Startup kommt oft ins Spiel, wenn kleine und mittelständische Unternehmen (KMU) neben ihren üblichen Bankbeziehungen keine zusätzlichen Kredite akquirieren konnten, aber kurzfristig Geld benötigen, etwa für Auftragsvorfinanzierungen. Creditshelf freut sich vor allem über Weiterempfehlung von Kunden, beispielsweise Melanie Baum. Die Inhaberin und Geschäftsführerin des spezialisierten Lohnfertigers Baum Zerspanungstechnik sagt überzeugt: „Rückblickend war Creditshelf genau das Puzzle-Teil, das mir im optimalen Mix unserer Finanzierung noch gefehlt hat."

François Baumgartner, freiberuflicher Journalist mit Schwerpunkt auf Wirtschafts- und Finanzthemen. Für „return" berichtet er vor allem aus dem Raum Süddeutschland, Österreich und der Schweiz.

return

Magazin für Transformation und Turnaround

Schutz gegen den freien Fall

Beim Bewältigen von **Unternehmenskrisen** oder noch besser beim Verhindern eines möglichen freien Falls halten Vorstände und Geschäftsführer besonders viel Verantwortung und Risiko in ihren Händen. **Clevere Unternehmer und Manager sorgen vor:** Gegen Krisen sind sie gewappnet – mit klugen Lösungen für erfolgreiches Handeln für Transformation und Turnaround.

return – das Magazin für Manager, die Krisen besser meistern.

PLM-Informationen

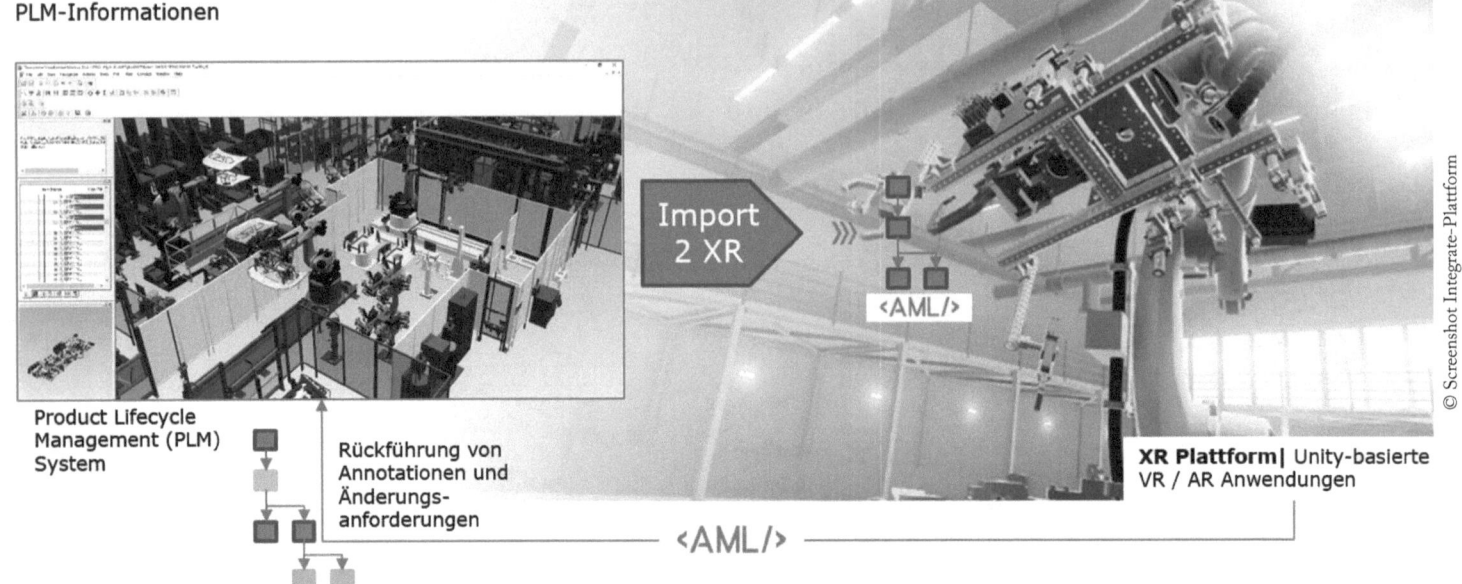

Product Lifecycle Management (PLM) System

Rückführung von Annotationen und Änderungs- anforderungen

XR Plattform| Unity-basierte VR / AR Anwendungen

<AML/>

„Integrate" verbindet beispielsweise Anwendungen für Virtual und Augmented Reality in der Produktion mit Systemen für Product Lifecycle Management. Die Übertragung von Datenänderungen zwischen Engineering-Tools gelingt über die neue Plattform einfach und komfortabel.

Integriertes Engineering

Im Projekt „Integrate" haben fünf Forschungspartner eine Plattform hervorgebracht, über die mit durchgängigem Engineering weitere Schritte zur Industrie 4.0 gelingen.

Mittlerweile haben sich Entwurf, Entwicklung und Nutzung von Produktionssystemen zu einem komplexen, interdisziplinären Prozess entwickelt. Dabei kommen in der Regel unterschiedliche Werkzeuge zum Einsatz für zeitlich sich überlappende Aufgaben. Aktuell prägt noch immer eine mangelhafte Interoperabilität zwischen Engineering-Werkzeugen die meisten Prozesse.

Da verschiedene Mitarbeitende parallel mit unterschiedlichen Werkzeugen an denselben Daten arbeiten, kommt es bei Änderungen zu Inkonsistenzen. Dies erfordert eine kostspielige, manuelle Nachbearbeitung. Ein Beispiel: Wird das 3-D-Modell eines Greifers in einem Modellierungswerkzeug geändert, muss die Roboter-Programmierung danach manuell in einem anderen Werkzeug angepasst werden.

Komplexes Änderungs-Management und zunehmende Variantenvielfalt

Diese mangelnde Werkzeug-Beschaffenheit führt zu starren Prozessen, die nur schwerfällig auf sich ändernde Anforderungen reagieren und damit die Wettbewerbsfähigkeit hemmen. Zunehmende Variantenvielfalt und komplexes

Änderungs-Management sind weitere Herausforderungen, die wesentlichen Einfluss auf die Konsistenzhaltung von Engineering-Daten und somit ein erfolgreiches Engineering von Produkten und Produktionssystemen haben.

Projektpartner aus fünf Organisationen

Das Projekt „Integrate" sollte hier Verbesserungen herbeiführen und wurde vom Bundesministerium für Wirtschaft und Energie von 2017 bis 2020 im Rahmen des Technologieprogramms „Digitale Technologien für die Wirtschaft" (Paice) gefördert. Das Projektkonsortium besteht aus der Innovationsgesellschaft für fortgeschrittene Produktionssysteme in der Fahrzeugindustrie mbH (Inpro), der Logicals Automation Solutions & Services GmbH, dem ABB-Forschungszentrum Deutschland, dem Forschungszentrum Informatik (FZI) sowie dem Institut für Arbeitswissenschaft, Fabrikautomatisierung und Fabrikbetrieb (IAF) an der Otto-von-Guericke-Universität Magdeburg.

Für Integrate wurde eine erweiterbare Cloud-Plattform entwickelt für den Austausch von Entwurfs- und Laufzeitdaten zwischen existierenden Engineering-Werkzeugen. So ist ein kooperatives und unternehmensübergreifendes Engineering sichergestellt. Für die Interoperabilität von Engineering-Werkzeugen wurde die Plattform auf Grundlage des offenen Datenaustauschformates „AutomationML" entwickelt, das der IEC-Norm 62714 entspricht und den Datenaustausch in verschiedenen Werkzeuglandschaften unterstützt.

Das FZI hat die Plattform um neuartige Software-Dienste ergänzt wie das Erzeugen von rollenbezogenen Ansichten auf Teilmodelle, um Know-how zu wahren und Modellvarianten zu verwalten. Zusätzlich wurden Methoden zur automatisierten Erkennung und Reparatur von Inkonsistenzen für die im Engineering genutzten Datenformate adaptiert.

ABB sorgt für Datenaustausch – cloudbasiert und automatisiert

ABB sorgte für einen cloudbasierten und automatischen Datenaustausch zwischen mehreren Engineering-Tools, etwa zwischen Eplan P8 und ABB Robot Studio. Sie wären sonst auf einen zeitaufwendigen, manuellen und fehleranfälligen Austausch angewiesen. In Anwendungsszenarien demonstrierte die Plattform ihre Leistungsfähigkeit, darunter bei der Augmented-Reality-basierten Visualisierung von Anlagenplanungsdaten, bei der Datenintegration beim digitalen Zwilling und beim Erstellen semantikbasierter Abbildungen zwischen verschiedenen Engineering-Werkzeugen. Damit beinhaltet die Integrate-Plattform weitere Schritte auf dem Weg zur Industrie 4.0 mit durchgängigem Engineering.

Sofia Ananieva (Foto oben) arbeitet als wissenschaftliche Mitarbeiterin im Forschungsbereich „Software Engineering" in der Außenstelle Berlin des Karlsruher Forschungszentrums Informatik (FZI), das als gemeinnützige Einrichtung für Informatik-Anwendungsforschung und Technologietransfer steht. Dr. Prerna Juhlin (Foto unten) arbeitet als Senior Scientist in den Forschungsbereichen Automatisierung, Interoperabilität und Digitale Zwillinge im Forschungszentrum Deutschland des Technologieunternehmens ABB im baden-württembergischen Ladenburg.

Integres Wirtschaftsrecht?

Umstrittene Thesen stellt dieses Magazin in „return kontrovers" zur Diskussion. Diesmal drehen sich Diskurs und Debatte um das neue Verbandssanktionengesetz (VerSanG).

Juristen gelten gemeinhin nicht als Schwärmer und Idealisten, sondern eher als nüchtern und spröde. Ein Blick auf die Rechtswelt unserer Tage belehrt uns bald eines Besseren. Die Politik und das internationale Recht geben reiches Zeugnis vom idealistischen Streben, das aus Gesetzen, Übereinkommen und Entscheidungen spricht. Große Anstrengungen werden für eine bessere Welt unternommen.

Ein Gesetz zur Stärkung der Integrität in der Wirtschaft kann da kein Fremdkörper sein. Sein Name klingt in Anbetracht der besorgniserregenden rechtsethischen Entgleisungen auch deutscher Unternehmen wie ein Produkt aus der Werbebranche. Wer erwartet, dass der Gesetzesentwurf auch Verhaltensstandards kodifiziert, deren gewissenhafte Befolgung die Integrität in der Wirtschaft stärkt, sieht sich enttäuscht. Denn mit solcher Maßstabbildung befasst sich der Entwurf nicht, wendet sich vielmehr einer genuin juristischen Aufgabe zu: der Sanktionierung von Fehlverhalten. Kernstück des Vorhabens ist der Entwurf eines Verbandssanktionengesetzes, also das Einbeziehen von Verbänden in die Sanktionsprozeduren des Wirtschaftsstraf- und -ordnungswidrigkeitenrechts. Dass dieses vor der Aufgabe der Sanktionierung begangenen Unrechts bislang versagt, jedenfalls vor rechtskonstruktiven Hindernissen gescheut hat, ist unbestreitbar und mit dem Kartellrecht belegbar.

© Bucerius Law School

Rechtsgelehrter Karsten Schmidt

Während das europäische Kartellrecht mit Verbotstatbeständen auf marktspezifische Verhaltensweisen zielt (vgl. Art. 101, 102 AEUV), benennt das deutsche Kartellrecht Unternehmen in großer Klarheit als Normadressaten (vgl. nur §§ 19-21, 41 GWB), ohne sie zu Sanktionsadressaten zu erklären. „Wer" dem Kartellrecht zuwiderhandelt, wird zivil- und bußgeldrechtlich mit Sanktionen bedroht (vgl. §§ 33, 33a, 81 GWB). Nur unter mitleiderregenden Verrenkungen lenkt das Recht die Sanktionsrichtung auf Gesellschaften und Verbände um (§§ 9, 30 OWiG).

Das Ziel vor Augen, versperren Juristen den Weg zur Unternehmenssanktion. Wie zu Kaisers Zeiten die zivilrechtliche Verantwortlichkeit von Gesellschaften arge Kopfschmerzen bereitete, müht sich bis heute das Wirtschaftsstrafrecht mit der Verhängung von Sanktionen gegen Unternehmen. Das Verbandssanktionengesetz will damit Schluss machen. Verbände laufen Sturm dagegen und malen eine Überforderung des Mittelstands an die Wand. Dass der Teufel im Detail, nämlich in der komplizierten Versuchsanordnung des Sanktionsexperiments steckt, wird an ernsthaft mit Wirtschaftskriminalität befassten Lehrstühlen diskutiert und ist auf das Beste in einer Arbeitsgruppe der Wissenschaftlichen Vereinigung für Unternehmens- und Gesellschaftsrecht (VGR) herausgearbeitet worden. Es geht also voran.

Kein Wunder an Weltverbesserung

Wer von der „Stärkung der Integrität in der Wirtschaft" ein Wunder an Weltverbesserung erwarten wollte, sei auf das verwiesen, was Bert Brecht und Kurt Weill im „Ersten Dreigroschenfinale" den Jonathan Peachum anstimmen lassen:
„Ein guter Mensch sein. Ja, wer wär's nicht gern?
Sein Brot den Armen geben, warum nicht?
Wenn alle gut sind, ist Sein Reich nicht fern.
Wer säße nicht sehr gern in Seinem Licht?
Doch leider sind auf diesem Sterne eben
Die Mittel kärglich und die Menschen roh.
Wer möchte nicht in Fried'n und Eintracht leben?
Doch die Verhältnisse, sie sind nicht so."

Was hätte wohl Brechts linke Gesinnung über die Realität unternehmerischen Handelns zu Gehör gebracht? Hätte er auch das ethische Versagen der kapitalistischen Wirtschaft statt der Erbsünde den „Verhältnissen" zur Last gelegt? Festgehalten sei: Dem, was der neue Gesetzesentwurf wirklich will, lässt sich mit Paechums Zynismus nicht beikommen.

Karsten Schmidt ist Inhaber des Lehrstuhls für Unternehmensrecht an der Bucerius Law School, deren Ehrenpräsident er auch ist.

PRO

Stephan Grüninger: „Der Anreiz muss im Vordergrund stehen"

© Marek Vogel

Redliche Unternehmen dürfen nicht darunter leiden, dass geringe Entdeckungs- und Sanktionsrisiken nicht von Betrug oder Korruption abschrecken. Zumal, wenn dadurch Wettbewerbsvorteile zu erzielen sind. Wirkungslose Compliance-Systeme und organisierte Unverantwortlichkeit dürfen sich nicht lohnen. Die Einführung eines Gesetzes zur Stärkung der Integrität in der Wirtschaft ist darum richtig. Unternehmen und ihre Organe werden durch ein Verbandssanktionengesetz stärker als bislang motiviert, für eine wirksame Prävention zu sorgen.

Einzelne Straftaten werden immer noch vorkommen. Sie müssen aufgedeckt werden. Systematische Unternehmenskriminalität aber ist der auszuschließende Fall – mit Mitteln des Compliance Managements und ethischer Unternehmenskultur. Das funktioniert. Es versteht sich von selbst, dass auch Sanktionsandrohungen notwendig sind, um die Aufmerksamkeit von Unternehmenslenkern zu erhalten.

Die Unternehmen schützt ihr System vor Sanktionen

Unternehmen brauchen Anreize für Compliance-Maßnahmen. Hier sollte der Gesetzgeber Leitlinien definieren. Verbindliche Konkretisierungen für unterschiedliche Unternehmensgrößen oder Branchen könnten darauf aufbauen. Die „Stärkung der Integrität in der Wirtschaft" kann nur profitieren durch ein Mindestmaß an gesetzlicher Bestimmtheit zu erforderlicher Compliance. Unternehmen könnten so realistisch am Ziel arbeiten, dass im Falle eines Falles ihr angemessenes und funktionierendes Compliance-System vor hohen Verbandssanktionen schützt.

Stephan Grüninger ist Professor für Betriebswirtschaft an der Hochschule Konstanz, wissenschaftlicher Direktor des Konstanz Institut für Corporate Governance und Vorstandsvorsitzender des Deutschen Netzwerks Wirtschaftsethik.

KONTRA

Reinhold von Eben-Worlée: „Auf Unternehmen kommen enorme Compliance-Lasten zu"

© Anne Grossmann

Mit dem Entwurf zum Unternehmenssanktionsrecht will die Bundesregierung wenige treffen, bezieht aber die ganze Wirtschaft ein. Denn für die Umsetzung kommen enorme Compliance-Lasten auf Unternehmen zu. Dies ist ein Bürokratieaufbaugesetz. In Zeiten, in denen Unternehmen den Neustart aus der Corona-Krise wagen, besonders ungeeignet. Hinzu kommen drei rechtliche Vorbehalte.

Erstens: Geschäftsführende Gesellschafter unterliegen als Geschäftsführer ohnehin einer Strafandrohung und haften aus ihrem Vermögen. Wird nun noch ihre Gesellschaft in Haftung genommen, muss dieselbe Person zweimal für eine Tat haften. Der Gesetzesentwurf verstößt damit klar gegen das strafrechtliche Prinzip „ne bis in idem" („nicht zweimal in derselben Sache"). Ein Rückfall ins Mittelalter.

Zweitens: Bei Familienunternehmen stimmen Name und sozialer Auftritt oft für sämtliche Familienmitglieder überein. Der vorgesehene Pranger, auf bis zu 15 Jahre angelegt, begründet eine lebenslängliche Sippenhaft, die es in westlich geprägten Wirtschaftsräumen zu Recht nicht geben sollte.

Kein Unternehmen kann wissen, was an Compliance verlangt wird

Drittens: Auch das Prinzip, keine Strafe ohne vorangegangene Strafandrohung, wird durchbrochen, wenn kein Unternehmer exakt wissen kann, was genau an Compliance von ihm verlangt wird, um der Bestrafung zu entgehen. Ein Straftatbestand wird nicht ins Gesetz geschrieben. Stattdessen nur eine „Strafzumessung", was den Betroffenen mit der Auslegung allein lässt. Das mag in Diktaturen üblich sein, nicht aber in einem funktionierenden Rechtsstaat.

Reinhold von Eben-Worlée ist Präsident der Organisation „Die Familienunternehmer e. V.", die 180.000 inhabergeführte Firmen repräsentiert. Er ist Geschäftsführer die Worlée-Gruppe und leitet das Unternehmen in fünfter Generation.

Home sweet home

Warum das Arbeiten von zu Hause viele Vorteile schafft

Was CEOs und CIOs in so kurzer Zeit nie geschafft hätten, das wird durch das Covid-19-Virus in nur wenigen Wochen vorangetrieben: Digitalisierung und Homeoffice. In meiner Firma sind wir seit dem 12. März 2020 im „Corona-Modus", denn an diesem Tag gab es dazu den ersten Eintrag in unserem Collaboration Tool.

Unser Personal ist es zwar seit Jahren gewohnt, sowohl im Büro zu arbeiten als auch im Homeoffice oder beim Kunden. Homeoffice im normalen Arbeitsalltag zu etablieren war jedoch ein langer Weg für unsere Firma. Dabei beschäftige ich mich schon seit Anfang 2000 mit dem mobilen Arbeiten – gleich zum Start meiner Selbstständigkeit. Nach über fünf Jahren als Angestellter im Stabsbereich eines Konzerns, übrigens mit 95 Prozent Präsenzanteil, hatte ich zu Hause meine Unternehmensberatung gegründet.

Nach wenigen Wochen war mir schon klar: Ich muss hier raus „in ein richtiges Büro". In meinen eigenen vier Wänden fand ich vor allem keine klare Abgrenzung zwischen Privat- und Berufsleben. Mit einem sehr gut befreundeten Kollegen haben wir dann den Entschluss gefasst, gemeinschaftlich eine Beratungsfirma für Prozesse, Logistik und IT in einem gemieteten Büro zu gründen. Nach wenigen Jahren hatten wir ein eigenes Firmengebäude, was mich sehr glücklich machte.

Projekte persönlich und vor allem direkt beim Kunden begleiten

Durch Beratungsmandate im Interim Management war ich von den ersten zehn Jahren fast sieben nicht zu Hause; die Auswertung meiner Nachweise ermöglicht diese genaue Angabe. Wir hatten als junge Geschäftsführer den Anspruch, dass wir die Projekte persönlich und vor allem direkt beim Kunden begleiten. Parallel sind Systemmodule zum Workforce Management entstanden, die unser IT-Team entwickelt und betreut hat – selbstverständlich am Arbeitsplatz im Unternehmen.

Denn zu der Zeit hatte ich noch wenig Vertrauen in das Arbeiten im Homeoffice. Mitarbeitende mussten mir stichhaltige Gründe nennen, um in den Genuss der Heimarbeit zu kommen. Doch relativ schnell merkte ich, wie produktiv die Tätigkeiten erledigt wurden. Außerdem war ich es gewohnt, ein Team aus der Ferne zu führen. Also öffneten wir den Zugang für alle. Ein Grund muss nicht mehr genannt werden, in unserem Planungs-Tool ist der Arbeitsplatzwechsel „Homeoffice" einfach einzustellen. Meine positiven Erfahrungen teilte ich schon vor der Corona-Krise meinen Kunden mit. Das Feedback lautete oft: „Bei uns geht das nicht. Das ist nicht mit Deiner Firma vergleichbar." Jetzt haben Homeoffice-Lösungen den Feldversuch bestanden, obwohl die meisten Unternehmen vor der Krise wenig Erfahrung gesammelt hatten.

Mitarbeiter loben Regelung immer wieder ausdrücklich

Heute bin ich froh, dass wir digitale Projekte flexibel bezüglich Arbeitszeit und Arbeitsort umsetzen. In Gesprächen loben Mitarbeiter unsere Regelung immer wieder ausdrücklich. Das schafft für das Unternehmen eine bessere Kultur und eine engere Bindung. Bei allen Bewerbungen ist „Remote Work" ein wichtiger und wesentlicher Aspekt. Ohne diesen Vorteil würden wir vermutlich künftig keine Kandidaten für unsere Firma mehr gewinnen. Kurzum: Homeoffice ist heute Teil unseres Arbeitsalltags.

Weitere Vorteile: Wir haben unsere Reisetätigkeiten gut reduzieren können. Im Vertrieb werden schon seit einigen Jahren alle Erstgespräche nur noch als „NetMeeting" durchgeführt. Anfangs mussten wir dafür oft und viel Überzeugungsarbeit leisten. Im Extremfall mussten wir sogar potenziellen Kunden absagen. Unsere aktuellen Kunden sind alle digital sehr gut aufgestellt, sodass in Projekten und im nachgelagerten Support nur wenige Reibungspunkte entstehen. Gleichwohl wird die Bedeutung von persönlichen Treffen in der wirklichen Welt mit effektiver Kommunikation für uns stark zunehmen. Übrigens: Dieser Artikel ist im Homeoffice entstanden.

Volker Johannhörster ist Gründer und geschäftsführender Gesellschafter der „p.l.i. solutions GmbH", die Unternehmen mit Workforce Management Software bei Personaleinsatz, Bedarfsplanung und Arbeitszeit-Management unterstützt. Der studierte Wirtschaftsingenieur arbeitete zuvor in einem Medienkonzern als Leiter Prozessorganisation.

Vitale Wege zum Wandel

Innovationen für Geschäftsmodelle entstehen auch in der Corona-Krise. Im derzeit besonders dynamischen Wettbewerb kann man speziell von chinesischen Unternehmen viel lernen.

Viele Jahre war China nur als verlängerte Werkbank der Welt bekannt. Hier wurden die Produkte für die westlichen Märkte kostengünstig hergestellt. Durch die Übernahme der ausführenden Tätigkeit fand aber auch ein zunehmender Wissenstransfer statt. Es entstanden günstige chinesische Produktkopien, die gut für den heimischen Markt und die aufstrebenden Märkte der Schwellenländer waren, für den höherpreisigen Weltmarkt aber nur eingeschränkt ein Absatzpotenzial boten.

Dieses Kopieren betraf und betrifft nicht nur die westlichen Wettbewerber, sondern auch die kopierenden Unternehmen in China selbst. So entsteht heutzutage in China im Schnitt alle acht Minuten ein neues Unternehmen. Diese neuen Unternehmen kopieren in Teilen noch immer Produkte, Dienstleistungen und Geschäftsmodelle der erfolgreichen chinesischen Wettbewerber oder der westlichen Vorbilder. Sie schrecken auch nicht davor zurück, das Geschäftsmodell von Alibaba, die nach eigenen Angaben größte IT-Firmengruppe des Landes, in Teilen zu kopieren.

Die Covid-19-Pandemie leitet einen Wendepunkt ein, der insbesondere chinesischen Unternehmen neue Opportunitäten ermöglicht, da sich grundlegende Anforderungen an Unternehmen zu verändern scheinen. So steht zunehmend das schnelle Erkennen und Umsetzen von Opportunitäten

Shanghai Skyline: Auch der Verkehr steht für die Dynamik der bedeutendsten Industriestadt Chinas, mit fast 26 Millionen Einwohnern eine der größten Metropolen weltweit. Das Wirtschaftswachstum beeindruckt seit 1991 mit zweistelligen Werten und lag bis zum Jahr 2015 bei zwölf Prozent pro anno. Die umgangssprachliche Bezeichnung „Tor zur Welt" scheint also berechtigt.

im Mittelpunkt. Anstelle der Antizipation, die in westlichen Unternehmen als Stärke ausgebildet ist, steht die Resilienz im Fokus. Dabei versteht man unter Resilienz die Fähigkeit, ein Unternehmen und dessen Geschäftsmodell durch das Erarbeiten von improvisierten Zwischenlösungen am Laufen zu halten. Diese scheint bei chinesischen Unternehmen aber schon heute sehr ausgeprägt zu sein.

Improvisierte Zwischenlösungen gehören zur DNA erfolgreicher Unternehmen

In China ist das Erarbeiten von improvisierten Zwischenlösungen – auf Produkt- und Geschäftsmodell-Ebene – aufgrund der Erfahrungen zum festen Bestandteil der DNA von erfolgreichen Unternehmen geworden. Die häufig noch immer als Kopierer („Copycat") gebrandmarkten chinesischen Unternehmen zeigen bei Geschäftsmodellen, dass sie gelernt haben, kreativ und schnell zu reagieren.

So sind die angeblichen Kopierer Alibaba, EHi, Tencent oder Niho bei näherer Betrachtung eben keine reinen Copycats, sondern eher Imitatoren von Geschäftsmodellen, die sie für die Bedürfnisse der chinesischen Kunden anpassen und

weiterentwickeln. Beispielsweise sind Kunden in China in der Mehrzahl stärker preissensitiv gegenüber der Mehrzahl der westlichen Käufer. Außerdem spielt bei chinesischen Kunden die Lebensdauer der Produkte eine weitaus geringere Rolle. Zudem muss das Produkt nur die gewünschten Funktionalitäten erfüllen, deshalb wird ein Over-Engineering nicht bezahlt. Das führt allerdings dazu, dass neben den Kunden auch der externe Wettbewerb sehr genau beobachtet wird.

Elastisch-stabiles Geschäftsmodell besser für dynamische Veränderung in Krisen

Allgemein beschreibt ein Geschäftsmodell die Funktionsweise eines Unternehmens und wie es Geld verdient. Gleichzeitig können verschiedene Elemente eines Geschäftsmodells und ihr Zusammenspiel beschrieben werden. In Untersuchungen hat sich gezeigt, dass jedes Geschäftsmodell aus einem stabilen Geschäftsmodellkern und weiteren Elementen besteht. Gerade in Zeiten dynamischer Veränderungen wie in Krisen scheint es nun zunehmend wichtig zu sein, das Geschäftsmodell an den richtigen Stellen elastisch und an den richtigen Stellen stabil zu halten.

© Eyetronic / Fotolia

In der Konsequenz bedeutet dies, dass Geschäftsmodell-Innovationen die richtigen Schwerpunkte setzen müssen. So hat der Hangzhou Intime Department Store in der Krise den Kern des Geschäftsmodells wie das Marken-Image unverändert belassen. Gleichzeitig wurde an anderen Stellen des Geschäftsmodells eine enge Zusammenarbeit mit der Alibaba-Gruppe begonnen, etwa bei Kundenkanälen oder Customer Experience. Ziel war es, in kürzester Zeit digitale Live-Stream-Verkaufskanäle aufzubauen. Alibaba lieferte als neuer Ökosystem-Partner die fehlenden, aber notwendigen technologischen Fähigkeiten für das Unternehmen.

Ähnlich agierte Ideal, eine traditionelle Schmuck-handelskette im stationären Retail. Sie nutzte Technik-Kompetenzen des neuen Ökosystem-Partners „YouZan", um eine SaaS-Store-Management-Lösung zu entwickeln. Diese wurde mit Zahlfunktionalitäten von Wechat als weiterem Ökosystem-Partner verbunden. Es entstand ein digitales Warenhaus mit vielen virtuellen Verkaufsläden, die von Mitarbeitern des Unternehmens betreut werden. Hier wird ein breites Basissortiment in Verbindung mit regional differenzierten Produkten angeboten. Jeder Mitarbeiter, inklusive Führungskräfte, betreut einen eigenen regionalen Shop. Regelmäßig wurden Bestenlisten ermittelt. Sie bilden die Grundlage für ein modifiziertes und flexibles Provisionssystem und damit für ein neues Profit Model.

Drohnen-Hersteller liefert jetzt auch Medikamente an Krankenhäuser

SF Express hat als Hersteller von Drohnen sein Geschäftsmodell in der Krise um Logistikdienstleistungen erweitert. Das Unternehmen nutzte die beschleunigte Zulassung von technologischen Neuerungen. Aus dem Hersteller von Drohnen wurde gleichzeitig ein Logistikdienstleister zur Medikamenten-Lieferung an Krankenhäuser mit den eigenen Drohnen. Bis zu zehn Kilogramm können über 18 Kilometer kontaktlos transportiert werden.

Ein weiteres Beispiel für opportunitätsorientiertes Denken stammt aus der traditionellen chinesischen Medizin (TCM). Die chinesische Regierung setzte nach Ausbruch der Covid-19-Pandemie auf strenge Ausgangskontrollen. Aufgrund der eingeschränkten Bewegungs- und Sportmöglichkeiten nahmen viele Menschen an Gewicht zu. Ein Unternehmen entdeckte die Marktpotenziale und entwickelte ein Produkt zur Gewichtsabnahme auf pflanzlicher Basis. Dazu nutzte es Erkenntnisse der traditionellen chinesischen Medizin. Die Neuheit verkauft sich über einen Online-Vertrieb, der nicht als einziger Kanal aufgebaut wurde. Auch eine personalisierte

Diagnose und Behandlung wurde als App-basierte Lösung umgesetzt. Darüber begann zudem der Aufbau einer Community, die online von chinesischen TCM-Ärzten betreut wird. Die App wird aktuell zum exklusiven Tool für umfassendes Gewichts-Management weiterentwickelt – mit Online-Diagnose, Beurteilung des körperlichen Zustands der Mitglieder, Beantwortung von Fragen, Körperfettanalyse, körperlicher Konditionierung, Kalorien-Management sowie speziell für Frauen mit Menstruations-Management.

Es gibt individualisierte Ernährungspläne im 14-Tage-Abstand, um das Abnehmen zu unterstützen.

Die Mitgliedschaft für Kunden einer Wechat-Gruppe mit 50 bis 100 Mitgliedern ergänzt das Angebot. Jeder Gruppe sind zwei bis drei Experten zugeordnet, die Fragen beantworten und den Abnehmprozess unterstützen. Bei Bedarf und höherer Zahlungsbereitschaft ist der Wechsel in kleinere Gruppen mit zehn Personen möglich. Hier wird die Entwicklung der Betroffenen täglich überwacht und der Behandlungsplan permanent an die individuelle Situation angepasst.

> „In China sind improvisierte Zwischenlösungen ein fester Bestandteil der DNA erfolgreicher Unternehmen."

Resilienz steigern in vier Schritten

Die Rahmenbedingungen in China erscheinen aufgrund der Wettbewerbssituation sehr dynamisch. Chinesische Unternehmen haben deshalb schon vor der Corona-Krise intensiv potenzielle Wettbewerber und Kunden analysiert. Aus den chinesischen Erfahrungen kann man die nachfolgenden vier Schritte ableiten. Erstens sind die stabilen Elemente des Geschäftsmodells zu identifizieren, die den Kern ausmachen: etwa strategische Kompetenzen und Prozesse oder das Marken-Image. Zweitens sind die Opportunitäten zu ermitteln: Hier geht es insbesondere darum, wie durch die Veränderung der elastischen Elemente des Geschäftsmodells – etwa Kundenkanäle – die Opportunität genutzt werden kann. Drittens müssen die notwendigen Ökosystem-Partner gefunden und/oder die notwendigen Technologien entsprechend weiterentwickelt werden. Viertens, oft der schwierigste Schritt: die konsequente Umsetzung.

Roland Eckert ist Professor für Betriebswirtschaftslehre an der FOM Hochschule in Düsseldorf, erhielt zudem vor einem Jahr eine Professur an der Wenzhou University Business School in China und gründete ein Institut für Forschung und Beratung im hyperdynamischen Wettbewerb namens „HyperDynamic".

Starten Sie durch und sichern Sie sich die Basis für Ihren Erfolg. Das neue Magazin Sales Excellence ist die führende Plattform für Vertriebsexperten und bietet effiziente Techniken für einen dynamischen Sprint in Bestzeit. Nutzen Sie die gesamten Potenziale von Print, E-Magazin, Social Media und der digitalen Wissensdatenbank von Springer Professional.

www.meinfachwissen.de/SLX

Sales Excellence
Weil Leistung im Vertrieb entscheidet.

Anziehendes Investment

Deutsche Mittelständler sind stark, einige sogar Hidden Champions. Zu viel „hidden" schadet aber auch unbekannten Weltmarktführern dabei, Führungs- und Fachkräfte zu finden und zu halten.

Mittelständische Unternehmen stellt die Corona-Krise vor große Herausforderungen. Doch ein Blick auf die Entwicklung der vergangenen 20 Jahre zeigt: Der deutsche Mittelstand boomt. Alle Anzeichen deuten darauf hin, dass er auch diese Krise überstehen wird. Hidden Champions, die oft unbekannten Weltmarktführer unter ihnen, prägen mit einem starken Anteil den erfolgreichen Wirtschaftsstandort Deutschland. Als Technologie- und Innovationsmotor im Inland gilt der Mittelstand international als Markenzeichen. Doch warum haben viele Mittelständler dann Probleme, die richtigen Mitarbeiter zu finden und/oder zu halten? Der Mangel an Fachkräften und (Nachwuchs-)Führungskräften ist eine der größten Bedrohungen für den Mittelstand. Der War for Talents ist intensiver geworden. Dies wird sich nach der Covid-19-Krise noch verschärfen. Denn ein mögliches Überangebot an qualifizierten Kräften garantiert noch keine gute Personalsituation im einzelnen Unternehmen.

Die zielorientierte Akquisition von gesuchten Mitarbeitern und das Erreichen von langfristiger Loyalität bei gefundenen Mitarbeitern gehören zu den strategischen Aufgaben der Unternehmensführung, die in hohem Maße über künftigen Erfolg mitentscheiden. Einerseits stellen sich Unternehmen diesen Aufgaben, andererseits unterschätzen viele Arbeitgeber die Hindernisse. Mittelstand als starke Marke alleine reicht nicht aus. Es geht darum, die Unternehmensmarke exzellent zu führen. Dazu ist für den Personalmarkt eine wettbewerbsfähige Corporate Brand zu schaffen und zu führen, also eine starke Employer Brand. Eine solche starke Marke hat nicht nur eine strategische Bedeutung, sondern eine ganze Reihe betriebswirtschaftlicher Vorteile. Zu den wichtigsten Herausforderungen und Lösungen für Auf- und Ausbau einer starken Employer Brand gehören die nachfolgenden.

Aufmerksamkeit und Wahrnehmung schaffen: Viele mittelständische Unternehmen werden gar nicht als potenzieller Arbeitgeber von Führungs- und Fachkräften wahrgenommen. Schon beim Herausfiltern geeigneter Unternehmen im Bewerbungsprozess fallen viele Mittelständler wegen fehlender Sichtbarkeit am Arbeitsmarkt heraus. Sichtbarkeit ist durch gezielte Investition zu erhöhen. Der professionelle Auftritt mit gut organisierter Website speziell für Human Resources (HR) auch über Social Media wie Linkedin und andere zählt dazu. Gezieltes Bewerben von Stellenausschreibungen in Sozialen Medien kann Unternehmen helfen, die Aufmerksamkeit geeigneter Kandidaten auf sich zu lenken.

Brita verschafft sich einen hohen Bekanntheitsgrad

Gleiches gilt für Auftritte an Hochschulen und Universitäten, die oft Großunternehmen, Konzernen und Global Playern überlassen bleiben. Durch geschickte Präsenz der Employer Brand können auch Mittelständler erfolgreich auf sich aufmerksam machen. Dies beweist beispielsweise der Wasserfilter-Hersteller Brita aus Taunusstein an der EBS Universität für Wirtschaft und Recht in Oestrich-Winkel. Mit systematischen und aufeinander abgestimmten Angeboten für Studierende in relevanten Fachbereichen, durch integrierte Case Studies im Vorlesungsbetrieb und über Vorträge von Führungskräften hat sich das Unternehmen mit weltweit mehr als 1.800 Mitarbeitern innerhalb kurzer Zeit einen hohen Bekanntheitsgrad verschafft. Das daraus entstandene Interesse der Studierenden führte zu signifikant gestiegenen Bewerberzahlen auf allen Ebenen – vom Praktikanten bis zum ehemaligen Ex-Absolventen als Führungskraft.

Fluktuation vermeiden: Die Akquise von neuen Mitarbeitern wird immer teurer sein als das Erreichen von langfristiger Loyalität bei gefundenen Mitarbeitern. Eine hohe

Kompakt

▶ Aufgabe der Unternehmensführung ist auch, eine starke Arbeitgebermarke aufzubauen.

▶ Mit der Umsetzung werden statt Personal-Verwaltern besser HR-Gestalter inklusive Know-how in Marketing betraut.

▶ Die Erwartungen nachwachsender Generationen erhöhen den Druck, hier zu investieren.

Wie ein Magnet müssten Mittelständler auf Führungskräfte und Mitarbeiter wirken, denn ihre Unternehmen stehen streng genommen schon für Stärke. Aber als Anziehungspunkt für Bewerber funktionieren sie nur, wenn die Unternehmensführung in Employer Branding investiert.

Fluktuationsrate schadet Unternehmen wirtschaftlich. Angesichts dieser Tatsache erstaunt es, wie wenig Zeit und Mittel mittelständische Unternehmen in ihre starke Arbeitgebermarke investieren. Fach- und Führungskräfte, die stolz auf ihren Arbeitgeber sind, haben eine belegbar höhere Loyalität gegenüber ihrem Unternehmen. Eine starke Employer Brand aufzubauen, zu der sich Mitarbeiter gerne bekennen, hat also unmittelbare betriebswirtschaftliche Vorteile.

Veränderung bedeutet inhaltlichen Wandel

Employer Branding statt Personalabteilung: HR-Abteilungen werden oft als reine Personalverwaltung unterhalten – häufig zu Unrecht. Personalabteilungen müssen inhaltlich ganzheitlich betrachtet werden. Langfristig ist Expertenwissen in HR aufzubauen, um kompetente Mitarbeiterförderung leisten zu können. Dann können sie auch Aufstiegschancen für Führungskräfte der Zukunft im Unternehmen kreieren. Die Personalabteilungen klassischer Prägung werden diesen Anforderungen nicht gerecht. Es reichen keine kosmetischen Eingriffe, wie etwa die Bezeichnung der Abteilung zu ändern. Veränderung bedeutet inhaltlichen Wandel. Zeitgemäße HR trägt die strategische Verantwortung für das Personal und trägt zum Großteil zum Employer Branding bei, sodass die Wahrnehmung steigt. Dafür übernehmen auch Markenprofis in HR oder Staff Development einige Aufgaben.

Neue Generationen, neue Erwartungen: Die sogenannten Generationen Y und Z haben eigene Wertvorstellungen und stellen viele HR-Entscheider damit vor neue Aufgaben. Die Bedeutung ist bei einer großen Anzahl von Unternehmen noch unbekannt, obwohl die jungen Generationen schon im Arbeitsmarkt angekommen sind. Ihre Ansprüche, beispielsweise ihr Verlangen nach flachen Hierarchien, ist also keine Zukunftsmusik.

Je eher sich Mittelständler mit den Generationen und ihren Ansichten auseinandersetzen, desto eher schaffen sie es, ihre Personalarbeit daran anzupassen. Ihre sicher geglaubte Arbeitsplatz-Situation mag sich in der Corona-Krise verändert haben, ihre Erwartungen an ihren Arbeitsplatz ändern die nachwachsenden Generationen sicher nicht.

Roland Mattmüller (Foto oben) ist Inhaber des Lehrstuhls für Betriebswirtschaft, insbesondere Strategisches Marketing, an der EBS Universität für Wirtschaft und Recht sowie Head of Department und Akademischer Direktor der Markenakademie. Co-Autorin Linda Rinke (Foto unten) ist wissenschaftliche Mitarbeiterin und Doktorandin an seinem Lehrstuhl; ihr Fokus liegt auf Kommunikations- sowie Mittelstandsforschung.

Schlüssel des Erfolgs
Warum Qualifizierung als Krisenprävention wirkt

Krisen bergen immer auch Chancen. Zwar hat die Corona-Pandemie die weltweite Wirtschaft ausgebremst, was Deutschland als exportorientiertes Land besonders spürt, zumal die Umsätze in fast allen Branchen eingebrochen sind. Aber unser Land hat das hervorragende Instrument der Kurzarbeit. Viele Länder haben das nicht, also müssen Unternehmer in Massen ihre Mitarbeitenden entlassen.

Die Kurzarbeit hat große Vorteile. Aber man sollte sie auch optimal nutzen. Durch den drastischen Umsatzrückgang sind die meisten Unternehmen stark verunsichert. Sie wissen nicht, wie die wirtschaftliche Entwicklung in der Zukunft aussehen wird. Verunsicherung lähmt. Alle hoffen und viele sind überzeugt, dass es nach der Corona-Krise wieder aufwärts gehen wird. Darauf gilt es, sich gut vorzubereiten.

© Phoenix Contact

Unser Wohlstand wird durch die Qualifikationen getragen

Einer der Gründe für wirtschaftlichen Erfolg in Deutschland war bisher immer gut ausgebildetes Personal. Schließlich verfügen wir über keine Bodenschätze, die Wohlstand erzeugen. Unser Wohlstand wird durch die Qualifikationen unserer Mitarbeitenden getragen. Wir haben zum Beispiel das duale Ausbildungssystem, das Top-Facharbeiter entwickelt. Viele Länder beneiden uns dafür. Wir haben das duale Studium geschaffen, das die Theorie der Hochschulen und die Praxis der Unternehmen für junge Menschen miteinander verknüpft. Die Digitalisierung erfordert, alle Mitarbeitenden auf dem neuesten Bildungsstand zu halten. Weiterbildung und Personalentwicklung sind hier Schlüsselmethoden. Mitarbeitende müssen stets auf dem neuesten Stand des Wissens sein, um die Digitalisierung und die Zukunft gestalten zu können. Wenn gerade wie jetzt in diversen Unternehmen die Kurzarbeit greift, sollte diese Zeit genutzt werden, um Mitarbeitende zu qualifizieren. In Hochkonjunkturen fehlt manchmal die Zeit für genügend Weiterbildung, – manchmal ist es aber auch nur eine Ausrede. Jetzt hätten wir die Zeit dazu, da die Konjunktur schwächelt, aber leider wird weiterhin in vielen Unternehmen an der Weiterbildung gespart. Wenn die Qualifizierung unserer Mitarbeitenden immer schon der Schlüssel des Erfolgs der deutschen Wirtschaft war, sollte man jetzt nachhaltig in sie investieren. Unternehmer heißen so, weil sie etwas unternehmen. Exzellente Unternehmer haben Visionen für die positive Zukunft ihres Unternehmens. Sie investieren auch in bestens qualifizierte Mitarbeitende, denn sie wissen, dass Zukunft nur gemeinsam erfolgreich zu gestalten ist. Sie gehen ein Risiko ein, wenn sie in Weiterbildung investieren, aber sie wollen ja noch bessere Innovationen generieren, Prozesse optimieren und digitalisieren sowie Services zum Kunden ausbauen.

Weitergebildete Mitarbeiter sind meist motivierter und erfolgreicher

Seit Corona müssen Webinare statt Präsenzveranstaltungen stattfinden, die im Homeoffice zu nutzen sind. Mitarbeitende, die spüren, dass ihr Unternehmen in der Krise viel für sie leistet, sind noch motivierter. Damit können sie Kunden für ihr Unternehmen und dessen Produkte besser begeistern. Wer sich gut qualifiziert fühlt, wer erlebt, wie das Unternehmen sich für ihn einsetzt, wird sich umgekehrt stärker für sein Unternehmen einsetzen, um Erfolge zu erzielen.

Unternehmer sollten also unbedingt diese besondere Chance der Qualifizierung nutzen, um in Zukunft besser als andere durchzustarten. Denn nach der Corona-Krise lautet die Devise: Auf die Plätze, fertig, los! Trainieren wir besser schon jetzt, um gut aus den Startblöcken zu kommen.

Gunther Olesch war bei der Phoenix Contact GmbH & Co. KG aus Blomberg als Geschäftsführer erst 20 Jahre für Human Resources, Information Technology and Facility Management tätig, bevor er dort zum 1. August als Chief Representative die Verantwortung übernahm. Das Unternehmen erzielt weltweit mit mehr als 17.000 Mitarbeitern fast 2,5 Milliarden Euro Umsatz mit elektrotechnischer und elektronischer Verbindungstechnik. Olesch erhielt zahlreiche Auszeichnungen als führender Personal-Manager in Deutschland, hat mehrere Bücher zum Thema veröffentlicht und lehrt als Honorarprofessor an der TU Ostwestfalen.

Arbeitsrechtliche Spielräume

Dem derzeitigen Druck durch die Corona-Krise begegnen betroffene Unternehmen auch durch Personalanpassungen. Ihre Möglichkeiten zwischen Restrukturierung und Insolvenz.

Die Wirtschaftsleistung ist geschrumpft. Mehr als sieben Millionen Beschäftigte befinden sich in Kurzarbeit. Entscheider der Wirtschaft suchen nach Lösungen, um ihre Unternehmen so anzupassen, dass sie in Zukunft am Markt bestehen können. Ein Augenmerk ist auf die Anpassung der Personalstruktur gerichtet. Hoffnung liegt auf der nationalen Umsetzung des präventiven Restrukturierungsrahmens, den die Europäische Union im vergangenen Jahr als Richtlinie verabschiedet hatte. Bis Mitte 2021 muss die Umsetzung in nationales Recht erfolgen, Ende September ist mit dem ersten Entwurf des Bundesjustizministeriums (BMJV) zu rechnen. Für viele Unternehmen wird das Restrukturierungsverfahren indes zu spät kommen. Zahlungsunfähig dürfen sie nämlich noch nicht sein, wenn sie dieses Sanierungsinstrument nutzen möchten. Wie beim Schutzschirmverfahren wird vermutlich an die drohende Zahlungsunfähigkeit angeknüpft. Eine eingetretene Überschuldung dürfte keine Eintrittshürde darstellen. Schenkt man dem Glauben, was Finanzverwaltung und Krankenkassen beklagen, bestehen enorme Rückstände bei Tausenden von Unternehmen. Solchen wird der Zugang zum neuen Verfahren zweifelsohne versperrt bleiben. Die Grundidee der präventiven Restrukturierung bleibt die Beseitigung von entstandenen Schulden. Verbindlichkeiten

gegenüber Krediten und Lieferanten sind an erster Stelle zu nennen. Die EU-Richtlinie und deutsche Überlegungen zur nationalen Umsetzung werfen die Frage auf, ob daneben auch Dauerschuldverhältnisse für die Zukunft beendet und abgefunden werden können. Sollten beispielsweise laufende Miet- oder Leasing-Verträge nicht einbezogen und nur klassische Finanzierungsverträge erfasst werden können, wäre der Anwendungsbereich des neuen Gesetzes zur präventiven Restrukturierung sicherlich sehr eng.

Beseitigung von Schulden durch Beendigung laufender Verträge?

Es liegt auf der Hand, die Einbeziehung von Mietverträgen zu fordern. Wie sollte man sonst etwa eine Einzelhandelskette erfolgreich durch die Restrukturierung führen? Gleiches kann man für Leasing-Verträge und Arbeitsverträge wünschen. Zunächst sollte man den Blick aber auf bestehende Möglichkeiten richten. Wichtigste Maßnahmen zur Anpassung und zum Abbau von Arbeitsplätzen sind vorinsolvenzlich (Änderungs-)Kündigungen, Betriebsvereinbarungen, Sozialpläne sowie Interessenausgleiche. Alle diese vorinsolvenzrechtlichen Anpassungen haben den maßgeblichen Nachteil, dass sie

Beschäftigte und Unternehmensleitung stehen sich in Krisen bei Arbeitsplatzabbau gegenüber wie diese Schachfiguren im Dauerregen. Der rechtliche Spielraum ist eng, aber es gibt ihn.

© Fotomek / Getty-Images / iStock

frei verhandelt werden müssen. Das Maß der Deckelung der Personalabbau-Kosten ist ein frei verhandelbares Ergebnis zwischen Arbeitnehmern, Betriebsrat und Geschäftsführung. Gerade bei angespannter Liquidität ist es oft schwierig, die Wünsche aller in Deckung zu bringen.

Für den Arbeitsplatzabbau in Schutzschirm-, Eigenverwaltungs- und klassischen Insolvenzverfahren sind Kosten besser zu planen und ihr Volumen zu deckeln. Eigenverwaltungs- und Schutzschirmverfahren kommen Erleichterungen anderer Insolvenzverfahren ebenso zugute. So werden Kündigungsfristen unabhängig von ihrer (tarif-)vertraglichen oder gesetzlichen Dauer auf ein Maximum von drei Monaten begrenzt. Sind kürzere Fristen vereinbart, gelten diese.

Gelingt der Abschluss des Interessenausgleichs mit Namensliste, wird der Prüfungsmaßstab des Arbeitsgerichtes bezüglich der Sozialauswahl auf „grobe Fehlerhaftigkeit" beschränkt. Das ist ein großer Vorteil im Hinblick auf Rechtssicherheit und Planbarkeit einer Betriebsänderung. Eigenverwaltungs- und Schutzschirmverfahren werden wie Regelinsolvenzverfahren bei der Bemessung des Sozialplanvolumens begünstigt. Das Volumen des Sozialplans darf Abfindungsleistungen von zweieinhalb Bruttomonatsgehältern pro Abfindungsberechtigtem als sogenannte „absolute Obergrenze" und einem Drittel der später zur Verteilung stehenden Insolvenzmasse als sogenannte „relative Obergrenze" nicht überschreiten.

Finanzielle Möglichkeiten des Schuldners im Vordergrund

Es sind auch Sozialpläne denkbar, die aufgrund geringer Insolvenzmasse nicht erfüllt werden: Null-Sozialpläne. Damit sind in Eigenverwaltungs-, Schutzschirm- und Regelinsolvenzverfahren etwaige Personalmaßnahmen stark privilegiert; sie dienen dem Überleben des Unternehmens und stellen seine finanziellen Möglichkeiten in den Fokus.

Das Insolvenzgeld ist ein wesentliches Instrument, das dem neuen Restrukturierungsverfahren vorenthalten bleiben wird. Dies knüpft in seiner jetzigen Struktur an die Eröffnung des Insolvenzverfahrens an. Hierzu soll es nicht kommen im künftigen Verfahren, das ein „liquides" sein soll. Die Mittel dürften nicht notwendig sein. Der Entwurf zur EU-Richtlinie ist weitreichend in seinen Möglichkeiten, Arbeitsverträge einzubeziehen, und eröffnet den Mitgliedsstaaten ein enges wie weites Spektrum für die Umsetzung.

Forderungen aus Arbeitsverhältnissen können Gegenstand von Restrukturierungsplänen sein. Den nationalen Gesetzgebern steht es aber auch frei, arbeitsrechtliche Regelungen generell auszuklammern. Im Falle der Einbeziehung gibt es weitere Einschränkungen. So muss ein Gericht dem Plan zum Abbau von mehr als 25 Prozent der Arbeitsverhältnisse zustimmen. Ansprüche auf eine betriebliche

Altersversorgung dürfen ebenfalls nicht berührt werden. Damit dürfte das Restrukturieren von Pensionsrückstellungen über das neue Verfahren ausgeschlossen sein.

Weiterhin können Änderungen, die nach nationalem Recht einer Genehmigung der Arbeitnehmer bedürfen, nicht alleine durch den Plan eingeschränkt werden. Auch hier bedarf es dann wieder der Zustimmung des Arbeitnehmers. Bedenkt man, dass im deutschen Kontext arbeitsvertragliche Regelungen nur individualvertraglich oder kollektivrechtlich angepasst werden können, würde eine Eröffnung der Restrukturierung von Arbeitsverhältnissen tiefe Verknüpfungen in das sonstige Arbeitsrecht mit sich bringen. Doch der Restrukturierungsplan und seine arbeitsrechtlichen Maßnahmen dürfen mit sonstigem nationalen Arbeits- und Tarifrecht nicht kollidieren.

Arbeitsrecht vermutlich erst kein Teil des deutschen Sanierungsverfahrens

Angesichts der Komplexität der Umsetzung und des hohen Drucks auf die Umsetzungsgeschwindigkeit ist nicht damit zu rechnen, dass arbeitsvertragliche Anpassungen ein Teil des deutschen Restrukturierungsplans sein werden. Vermutlich wird das Arbeitsrecht in der ersten Umsetzung ausgeklammert. Dennoch werden kollektivarbeitsrechtliche Maßnahmen sicher einen Restrukturierungsplan flankieren. Diese Anpassungen werden, falls sie parallel verhandelt werden, unter der Bedingung stehen, dass der Restrukturierungplan angenommen wird.

Das ungeliebte „I-Wort" – I für Insolvenz – wird zwar im Restrukturierungverfahren nicht vorkommen oder als ferne Drohkulisse dargestellt. Aber der Wunsch von Unternehmern und ihren Führungskräften wird dennoch gering bleiben, sich einem solchen neuen Sanierungsverfahren zu stellen. Nur wenn es unumgänglich ist, wird das neue Restrukturierungsverfahren das Verfahren der Wahl sein, oder wenn man auf die arbeitsrechtlichen Gestaltungsspielräume der Eigenverwaltungs-, Schutzschirm- und Regelinsolvenzverfahren sowie die Liquiditätshilfe des Insolvenzgeldes verzichten kann.

© Schiebe und Collegen

Dr. Robert Schiebe ist Namensgeber der auf Rechtsberatung, Insolvenzverwaltung und Sanierung spezialisierten Kanzlei Schiebe und Collegen. Der Rechtsanwalt – Fachanwalt für Insolvenzrecht, ausgebildete Bankkaufmann und studierte Wirtschaftsjurist nennt Insolvenz- und Zwangsverwaltung als Schwerpunkte. Zu den Referenzen seiner Kanzlei zählt etwa die Insolvenzverwaltung bei der Lehman Brothers Grundbesitz GmbH oder die Begleitung der Eigenverwaltung bei der Behindertenhilfe Dieburg und Umgebung e. V. (siehe „return 01/15").

Spezialboutique für Konfliktlösung

Beratungen und Kanzleien treiben ihre Transformation voran, denn auch sie passen sich dem Wandel an. Wie, ermittelt „return" – diesmal zur Kanzlei und Beratung Leonhardt Rattunde.

Diesmal kam der Kandidat für das zweiseitige Porträt aktiv unserer Anfrage zuvor und bekundete gegenüber der Redaktion früh Interesse, den standardisierten „return"-Fragebogen ausfüllen zu wollen. Wie gut diese Rechtsanwälte Partnerschaftsgesellschaft, ursprünglich vor fast 100 Jahren von einem Kaufmann gegründet, in diese Serie passt, vermag man anhand der Ankündigung unter leonhardt-rattunde.de zu erahnen: „Wie wir Krisen meistern und Wandel gestalten."

Wer hat wann Leonhardt Rattunde aus der Taufe gehoben?
Gegründet in den 20er Jahren durch den Kaufmann Otto F. Gebler, führte Altpartner Peter Leonhardt die Kanzlei ab Mitte der 70er Jahre als klassisches Berliner Insolvenzverwalterbüro. Mit weiteren Partnern um Prof. Rolf Rattunde entwickelte sich aus der Kanzlei eine überregionale Sozietät mit mehr als 30 spezialisierten Berufsträgern.

Die Zahl der Mitarbeiter und Standorte damals und heute?
Die anfängliche One-Man-Show ist heute eine Spezialboutique mit mehr als 100 Mitarbeitenden an vier Standorten.

Wie entwickelten sich die Arbeitsschwerpunkte?
In der klassischen Konkursverwalterkanzlei gewannen außergerichtliche Restrukturierung und Sanierung in den 2000er Jahren mehr und mehr an Bedeutung. Die Beratung auf diesem Gebiet und im Gesellschaftsrecht bilden heute einen wichtigen Schwerpunkt neben der Insolvenzverwaltung. Ein Notariat mit drei Notaren und ein Bereich für Litigation (*Prozessführung, Anm. d. Red.*) gehören in Berlin dazu.

Welche Leistungen werden künftig stärker gefragt sein?
Der Trend geht ganz klar Richtung frühzeitiger und außergerichtlicher Konfliktlösung. Die Mandanten erwarten trotz aller Spezialisierung umfassende rechtliche und betriebswirtschaftliche Expertise aus einer Hand.

Welche (neuen) Fähigkeiten müssen Bewerber mitbringen?
Hervorragende juristische Kenntnis, tiefes Verständnis für betriebswirtschaftliche Zusammenhänge, nötiges Maß an Verhandlungsgeschick und Empathie. Letztgenanntes ist wichtig, um in Krisensituationen beraten und bestehen zu können.

Aus welchen Disziplinen ist vor allem Know-how gefragt?
Betriebswirtschaft, Restrukturierungs- und Insolvenzrecht, Gesellschafts- und Arbeitsrecht, Einfühlungsvermögen und Weitblick.

Löst betriebswirtschaftliches Wissen juristisches ab?
Eine Sanierung, echt und nachhaltig, gelingt nur betriebswirtschaftlich fundiert. Aber die Klaviatur der rechtlichen Möglichkeiten muss auch gespielt werden. Beides muss ineinandergreifen.

Welche wichtigen Trends sehen Sie in Ihrer Branche?
Die Restrukturierungsbranche befindet sich in einer andauernden Phase der Umwälzung und Veränderung. Dies ist bedingt durch veränderte gesetzliche Rahmenbedingungen. Der Trend zur außergerichtlichen Sanierung ist nicht aufzuhalten – zumal ohne die oft schädliche Beobachtung von klassischen Insolvenzverfahren in der Öffentlichkeit.

Was leisten Sie in der Transformation von Unternehmen?
Wir verstehen uns schon lange nicht mehr als Dienstleister, der nur eingreift, wenn die Hütte brennt. In Teams aus Anwälten und Betriebswirten, individuell zugeschnitten auf den Einzelfall, beraten und begleiten wir frühzeitig, um später existenzbedrohende Krisen zu vermeiden.

Was leisten Sie für den Turnaround in Unternehmen?
Wir wägen in jeder potenziellen Krise für das Unternehmen und die Branche die Risiken und Chancen verschiedener Sanierungsarten gegeneinander ab: vorgerichtlich, gerichtlich, klassische Insolvenz, Eigenverwaltung, Schutzschirm. Mit dem Auftraggeber wird der optimale Weg bereitet. Wir präferieren keinen Weg, sondern entscheiden aufgrund der Besonderheiten des Einzelfalls. Mit eigenen Bordmitteln zu Arbeits-, Handels- und Gesellschaftsrecht sowie Buchhaltung und Steuern bieten wir einen Großteil des Leistungsspektrums selbst an. Für spezielle Themen greifen wir meist auf Ressourcen in unserem Netzwerk zurück.

Bedeutet frühzeitiges Handeln heute: Je eher, desto besser?
Ja, frühzeitiges Handeln ist immer angezeigt, egal welche

Das Team über den Dächern von Berlin: Das Foto zeigt einen Teil der Partnerschaftsgesellschaft von Leonhardt Rattunde, denn für die Spezialboutique sind insgesamt mehr als 100 Mitarbeiter an vier Standorten tätig.

Branche es betrifft. Ist das Kind schon in den Brunnen gefallen, sind viele Möglichkeiten für den Turnaround verspielt. Damit ist nicht gemeint, einer verfrühten Totaloperation das Wort zu reden. Minimalinvasive Eingriffe reichen mitunter in frühen Krisenphasen. Unser Anspruch ist, um im Bild zu bleiben, den Zustand des Patienten genau zu diagnostizieren.

Was bedeutet dies für Ihre Arbeit?

Unser Tagesgeschäft ist in den vergangenen Jahren deutlich vielschichtiger und zeitlich anspruchsvoller geworden. Wir halten deshalb Ressourcen vor, um auch mehrere größere Projekte schnell, effektiv, parallel und zielorientiert betreuen zu können.

Wann sind Unternehmen zukunftsfähig aufgestellt?

Das A und O einer zukunftsorientierten Unternehmensführung umfasst die permanente Marktbeobachtung, das kritische Hinterfragen der eigenen Position und Performance im Wettbewerbsvergleich, die hohe Bereitschaft zum Blick über den Tellerrand und auf gesellschaftliche Entwicklungen sowie das rechtzeitige Einleiten der eigenen Nachfolge.

Welche Methoden wenden Sie an?

Auf rechtlichen und betriebswirtschaftlichen Standards beruht jede Mandatsbearbeitung – ob Restrukturierungsberatung oder Insolvenzverwaltung. Zusätzlich sind die zuvor genannten Soft Skills optimal kombiniert mit guten Lösungsideen. Das Anwenden wissenschaftlicher Qualitätsstandards garantieren unsere Betriebswirte und Rechtsanwälte. Wir unterhalten zudem einen eigenen Thinktank mit wissenschaftlichen Mitarbeitern, die die operativen Teams dabei unterstützen, immer am Puls der Zeit zu bleiben. Wir sind sogar besonders stolz auf unsere wissenschaftliche Expertise, allerdings nicht als Selbstzweck, sondern als wichtiger Baustein zur Ergänzung unserer Arbeit.

Auf welche digitalen Tools setzen Sie?

Ein Großteil unserer Arbeit kann nur so weit digitalisiert sein, wie es das Unternehmen ist, das es zu untersuchen und zu begleiten gilt. Ansonsten setzen wir auf branchenübliche Lösungen der durch Künstliche Intelligenz gestützten Krisen-Ursachenanalyse und zur Aufdeckung insbesondere insolvenzspezifischer Vermögenswerte. Letzteres ist bei größeren Unternehmen und Datenmengen händisch nicht mehr machbar.

Welche strategischen Ziele und welche Wachstumsziele haben Sie?

Mit unseren Kernkompetenzen konzentrieren wir uns auf Restrukturierung und Sanierung – trotz aller Möglichkeiten zur Risikostreuung durch Diversifizierung der Arbeitsgebiete. Ein Fokus liegt auf dem frühzeitigen Einbeziehen der nachfolgenden Generation, bei der wir uns wünschen, dass sie Verantwortung übernimmt.

Welche Auszeichnungen hat Ihre Kanzlei und Beratung schon erhalten?

Vor allem das Lob unserer Auftraggeber für unsere Arbeit – neben den branchenüblichen Auszeichnungen mit Fach- und Wirtschaftspreisen.

Torsten Martini, neben Toralf Maatz geschäftsführender Partner der Leonhardt Rattunde Rechtsanwälte Partnergesellschaft mbB, beantworte den „return"-Fragebogen. Der promovierte Jurist arbeitet als Insolvenzverwalter und mit den Schwerpunkten Insolvenzrecht und Sanierungsberatung neben Köln im Wesentlichen vom Standort Berlin aus, wo er an der Hochschule für Wirtschaft und Recht einen Lehrauftrag als Honorarprofessor hat.

Kein Kinderspiel

Der Trend zu Homeoffice-Lösungen hat mit der Corona-Krise einen Schub erhalten. Doch Arbeitgeber sollten die Einführung umsichtig umsetzen, denn sie sind arbeitsrechtlich verantwortlich.

Folgender Fall, der sich angesichts der Corona-Krise derzeit täglich ereignen könnte: Eine alleinerziehende Arbeitnehmerin spricht ihren Arbeitgeber an, dass sie von zu Hause aus arbeiten möchte, weil der Kindergarten wegen der Pandemie geschlossen sei. Sie hätte einen Computer zu Hause und könne in den Randzeiten des Tages oder an Wochenenden ihr Pensum erfüllen. Der Arbeitgeber stimmt zu. Soweit scheinen sich beide Seiten gut geeinigt zu haben.

Doch wenige Tage später kommt der Betriebsrat auf den Arbeitgeber zu, um auf die Mitbestimmung bei Einführung von Homeoffice hinzuweisen. Der im Homeoffice tätige Arbeitnehmer gehört zum Betrieb. Das regelt § 5 Abs. 1 Satz 1 des Betriebsverfassungsgesetzes (BetrVG). Daher ist die Gestaltung der Arbeit im Homeoffice grundsätzlich mitbestimmungspflichtig. Dies gilt schon für die Einführung von Homeoffice-Lösungen – und zwar bezüglich des Arbeitsplatzes allein schon mit Blick auf die Arbeitszeitgestaltung oder auf den Arbeitsschutz.

Außerdem kann es sich bei der Begründung und Beendigung der Arbeit im Homeoffice um eine mitbestimmungspflichtige Versetzung handeln, da sich Ort und Umstände der Arbeit ändern. In der Regel ist dies nicht der Fall, wenn abwechselnd im Homeoffice und der Betriebsstätte gearbeitet wird. Bei der Einführung und Gestaltung von Homeoffice ist also immer zu prüfen, ob und in welchem Umfang der Betriebsrat einzubeziehen ist.

Es ist wichtig zu beachten, dass für Arbeitnehmer im Homeoffice das Arbeitszeitgesetz gilt. Insbesondere, dass der Arbeitgeber für die Einhaltung verantwortlich bleibt, auch bei Vertrauensarbeitszeit. Das heißt, die Arbeitnehmer sollten angewiesen werden, im Homeoffice ihre Arbeitszeit zu erfassen, zumindest aber die Überstunden. Die Höchstarbeitszeit von acht Stunden ist einzuhalten. Andere Vorgaben des Gesetzes sind ebenfalls zu beachten: Ruhepausen von 30 Minuten bei mehr als sechs bis neun Stunden Arbeit, 45 Minuten bei mehr als neun Stunden, die nächtliche Ruhezeit von elf Stunden sowie das Arbeitsverbot an Sonn- und Feiertagen. Ausnahmen davon sind zu prüfen.

Einigen Arbeitgebern ist zwar bekannt, dass ein Arbeitnehmer grundsätzlich keinen Anspruch darauf hat, im Homeoffice zu

Die lieben Kleinen etwa wegen eines geschlossenen Kindergartens dauerhaft zu Hause zu betreuen, indem die Arbeit ins Homeoffice verlegt wird, ist auch arbeitsrechtlich nicht so einfach.

© Iurii Sokolov / Fotolia

arbeiten. Hiervon gibt es allerdings Ausnahmen. Das ist zum Beispiel der Fall, wenn einem schwerbehinderten Arbeitnehmer kein seinem Leiden gerecht werdender Arbeitsplatz zur Verfügung gestellt werden kann, die Voraussetzungen hierfür aber beim Heimarbeitsplatz vorliegen.

Mögliche Gefahren und Schäden für Arbeitnehmer sind zu berücksichtigen

Außerdem kann wegen der aktuellen Umstände während der Corona-Krise eine Ausnahme bestehen, wenn beispielsweise am eigentlichen Arbeitsplatz die empfohlenen Hygiene-Standards oder der Mindestabstand nicht eingehalten werden können. Hier muss der Einzelfall geprüft werden, wobei etwa die Dauer eines Verstoßes sowie mögliche Gefahren oder Schäden für den Arbeitnehmer zu berücksichtigen sind. Ein Arbeitnehmer hat grundsätzlich auch keinen Anspruch darauf, die Tätigkeit im Homeoffice fortzusetzen, wenn der Arbeitgeber eine Rückkehr in den Betrieb anordnet, außer es besteht eine anderweitige Vereinbarung.

Auch der Datenschutz ist im Homeoffice zu gewährleisten. Denn der Arbeitgeber bleibt als Verantwortlicher in der Pflicht für die Datenverarbeitung, die im Homeoffice geschieht. Deshalb muss der Arbeitgeber technische und organisatorische Maßnahmen ergreifen, um verarbeitete Daten zu schützen. In Betracht kommt dafür, etwa Betriebsmittel zur Verfügung zu stellen, die vom Arbeitgeber dann auch auf Datenschutz-konforme Einstellungen kontrolliert werden können. Außerdem empfiehlt es sich, eine sichere VPN-Verbindung zum Firmennetzwerk einzurichten.

Homeoffice-Lösungen haben seit Ausbruch der Corona-Pandemie wahrscheinlich jetzt auch in vielen mittelständischen Unternehmen verstärkt Einzug gehalten und sind in einer Zukunft von New Work nicht mehr wegzudenken. Zumal Bewerber und Arbeitnehmer heute vor dem Hintergrund von Fachkräftemangel selbst aktiv darauf drängen. Allerdings sollten Arbeitgeber beachten, dass diese viele Fallstricke mit sich bringen, und nicht leichtfertig mit der Umsetzung umgehen. Kurzum: Homeoffice ist ganz sicher kein Kinderspiel.

Caroline Pluta, Fachanwältin für Arbeitsrecht und Mediation, ist bei der Pluta Rechtsanwalts GmbH für Schwerpunkte wie Arbeitsrecht, Compliance und Datenschutz zuständig. Sie liefert die praxisnahen Beiträge mit Fallstricken für Arbeitgeber seit Einführung dieser Rubrik.

Illusionen der Führung

Über die zentrale Rolle der Unternehmensführung für erfolgreiche Transformation ist alles gesagt. Das größte Potenzial für Anpassungsfähigkeit steckt aber in der Personalentwicklung.

Wie die Katze, die sich gerne als Tiger im Spiegel sähe, muss sich auch die Unternehmensführung vor großen Illusionen im Selbstverständnis hüten, wenn Transformation gelingen soll.

© Indr’ Getty Images / iStock

Wenn CEO Johannes Teyssen von Eon eine Führungsposition besetzt, lässt er sich von den Anwärtern bis zu drei Referenzgeber nennen. Nicht von ehemaligen Führungskräften, sondern von Menschen, die der Kandidat gefördert hat. Personalentwicklungskompetenz also als zentrales Auswahlkriterium für Management-Funktionen.

Wenn das Schule macht, würde uns die Veränderungsfähigkeit von Unternehmen weniger Sorgen bereiten. Die Logik liegt auf der Hand: Entwicklungen von Organisationen und von Mitarbeitern bedingen einander. Mitarbeiter wollen sich entwickeln. Nach Arbeitsplatzsicherheit sind Karriere- und Entwicklungschancen das zentrale Kriterium für die Arbeitgeberwahl weltweit – vor angemessener Vergütung. Entwicklung für Entwicklung ist der neue Deal. Das gemeinsame Wachsen an Herausforderungen bringt das Unternehmen und die Menschen darin auf ein neues Level. Umso erstaunlicher, dass der Tatsache in vielen Unternehmen noch immer so wenig Beachtung geschenkt wird. Das Thema lässt sich auch nicht mal eben an die HR-Abteilung delegieren. Es ist zuerst eine Aufgabe der Unternehmensführung, wie Johannes Teyssen als Eon-Chef vorbildlich verdeutlicht.

Zwei wesentliche Irrtümer verursachen das Scheitern

Über die zentrale Rolle der Führung im Kontext von Transformation ist hinreichend geredet und geschrieben worden. Vieles davon ist schöne Theorie, die sehr schnell in der Realität an der Umsetzung scheitert. Es sind zwei wesentliche Irrtümer, die dieses Scheitern verursachen. Die erste Illusion liegt in der Selbstwahrnehmung vieler Manager, die sich für gute Führungskräfte halten und daher keine Notwendigkeit sehen, sich verändern zu müssen.

Das ist ein wenig wie Autofahren – die meisten halten sich für überdurchschnittlich gute Autofahrer, was schon rein statistisch betrachtet unmöglich ist. Die Sicht der Mitarbeiter ist eine andere. In jeder Mitarbeiterbefragung sind zwei Handlungsfelder die Spitzenreiter: Führungsqualität und Kommunikation. Die Sicht wird von Führungskräften geteilt – aber immer mit Blick auf die anderen. Fragt man auf der Geschäftsführungsebene, wo die Probleme liegen, wird gerne auf die „Lehmschicht" in zweiter oder dritter Führungsebene verwiesen. Spricht man dazu mit Abteilungs- oder Team-Leitern, zeigen sie fast immer nach oben.

Die zweite Illusion, die Veränderung verhindert, liegt im Grundverständnis von Führung. Führung wird mit Anleiten oder Kontrollieren gleichgesetzt. Kontrolle ist eine Illusion in einer Welt, die wir heute mit dem Akronym VUCA bezeichnen – Volatility (Volatilität), Uncertainty (Unsicherheit), Complexity (Komplexität) und Ambiguity (Mehrdeutigkeit). In einer solchen Welt müssen wir uns nicht nur anders organisieren, wir müssen zuerst beginnen, anders zu denken.

Command & Control war die Maxime im Industriezeitalter. Befehle und Kontrollen prägen immer noch in vielen Unternehmen die Kultur, die Struktur und viele Prozesse. Mit der Komplexität moderner Organisationen ist eine zentrale Steuerung von oben aber nicht mehr leistbar. Dennoch ist in mittelständischen Unternehmen nach wie vor alles auf den Menschen an der Spitze ausgerichtet. Die Alternative wird gerne mit einem Anglizismus als Empowerment für Ermächtigung betitelt. Das Übertragen von Verantwortung stärkt die Selbstverantwortung einzelner Teile im System und damit die ganze Organisation. Diese Erkenntnis ist nicht neu, denn die Maxime hat schon vor mehr als 400 Jahren als Subsidiaritätsprinzip die calvinistische Gemeindeordnung bestimmt. Sie zielt auf eine größtmögliche Selbstbestimmung des Individuums, der Familie oder der Gemeinde.

Wer sich dieses Prinzip konsequent zunutze macht, muss zuerst die kulturelle Herausforderung verstehen. Wenn Fremdkontrolle durch Selbstkontrolle und Eigenverantwortung ersetzt werden soll, braucht es Vertrauen von allen Seiten. Vertrauen ist der Leitsatz moderner Unternehmen im 21. Jahrhundert. Ein Wandel hin zu einer Vertrauenskultur als Voraussetzung für eine moderne, anpassungsfähige und leistungsfähige Organisation ist echte Transformation.

Transformation beginnt mit Überwindung der Illusionen

Jede Transformation beginnt damit, die zwei großen Illusionen der Führung zu erkennen und hinter sich zu lassen. Das muss von der Spitze des Unternehmens ausgehen und beginnt mit der echten Absicht, das eigene Führungsverhalten zu verändern – konsequent angegangen keine bequeme Angelegenheit. Dafür ist das Hinterfragen des eigenen Führungsstils notwendig inklusive Einholen von Feedback sowie regelmäßiger Reflexion im Führungs-Team. Dies funktioniert sogar in Großunternehmen, wie die Inhaber und die Geschäftsführung der Otto Group eindrucksvoll bewiesen haben. Überhaupt ist Otto ein Paradebeispiel für gelungene Transformation, die auf Unternehmenskultur abstellt.

Kompakt
- ▶ Vertrauen und Empowerment ersetzen Kontrolle.
- ▶ Veränderung beginnt im eigenen Selbstverständnis.
- ▶ Transformation ist Dialog und Entwicklung.

Neben der Veränderung des Führungsverständnisses und -verhaltens ist der Dialog mit den Mitarbeitenden zwingend notwendig, um die Veränderung in die Breite der Organisation zu tragen und sich dort weiterentwickeln zu lassen. Diese Form dialogorientierter Transformation ist aufwendig. Sie braucht Zeit von allen Beteiligten und hält damit selbstverständlich von der Tagesarbeit ab. Aber anders funktioniert es nicht. Um ein System zu verändern, muss ihm Energie zugeführt werden.

Die Hoffnung auf eine Transformation ohne Mehraufwand im laufenden Betrieb ist eine weitere Illusion, der man sich nicht hingeben sollte. Der Aufwand ist allerdings ein Prüfstein. Die Belegschaft muss erkennen können, wie ernst es der Geschäftsführung mit der Veränderung ist. Erkennen die Mitarbeiter nicht nur die Absicht, sondern auch die Konsequenz, mit der die Veränderung angegangen wird, sind sie engagiert dabei. Wenn echter Dialog erlebt wird, wenn echtes Feedback gefragt ist, wenn Verantwortung konsequent delegiert wird, gewinnt man das Vertrauen der Organisation. Das daraus resultierende Engagement – also die Aktivierung der Belegschaft – kippt das gesamte System in einen neuen und vor allem besseren Zustand.

Empowerment bedeutet aber nicht, die Ermächtigten alleinzulassen

Daraus resultierende Veränderungen müssen sich in den Strukturen und Prozessen der Organisation niederschlagen. Die Netzwerkorganisation schlägt die Linien- oder Matrixorganisation der vergangenen Jahrzehnte. Heute erfährt die Projektorganisation eine deutliche Aufwertung. Hier kommt das Subsidiaritätsprinzip zum Tragen. Empowerment verändert zentrale Prozesse und Verfahren. Empowerment bedeutet aber nicht, die Ermächtigten alleinzulassen. Im Gegenteil: Der Dialog ist notwendiger als zuvor, um den neuen Verantwortlichen zur Seite zu stehen und sie in ihrer Entwicklung zu begleiten. Kurzum: Das Fördern von Mitarbeitenden ist das wirksamste Mittel für echte Transformation.

 Kai Anderson, Partner und Vorstand, gründete vor 21 Jahren die Promerit AG, die heute zu Mercer gehört. In Human Resources (HR), also menschlichen Leistungspotenzialen, ist die Unternehmensberatung spezialisiert auf Business Transformation, HR Transformation und HR Digitalisation.

Bücher

Hans-Dietrich Reckhaus
Insect Respect
Der Autor leitet in zweiter Generation ein mittelständisches Familienunternehmen, das seit mehr als 60 Jahren Insektenbekämpfungsmittel herstellt. Eine Konfrontation mit zwei Künstlern ließ Unternehmer Reckhaus sein Geschäftsmodell komplett infrage stellen. Sein Buch über eine ungewöhnliche Transformation, die schon einen Ethik- und Vordenkerpreis erhielt, beschreibt den Wandel vom Insekten-Vernichter zum Insekten-Retter.
180 Seiten, 20,00 Euro, seit September 2020
ISBN 978-3-86774-663-2, Murmann Verlag

Dirk Thiemann, Rainer Skazel
Sales Company
„Der Vertrieb ist die Schlüsselkompetenz für den Unternehmenserfolg", heißt es zum Buch der beiden Gründer und geschäftsführenden Gesellschafter des Deutschen Instituts für Vertriebskompetenz. Sie beschreiben an konkreten Unternehmensbeispielen insgesamt 16 Dimensionen und Leistungsfaktoren, die darüber entscheiden, ob sich eine Organisation zur „Top Sales Company" entwickelt.
158 Seiten, 39,99 Euro, seit September 2020
ISBN 978-3-658-30308-2, Springer Gabler

Reed Hastings, Erin Meyer
Extraordinary Guideline
Innovationskraft, Flexibilität, Tempo und unternehmerischer Mut: Vier Faktoren sorgten im Wesentlichen dafür, dass Netflix eines der erfolgreichsten Unternehmen der Welt wurde. Gründer und CEO Reed Hastings, einst auch Aufsichtsrat bei Microsoft und Facebook, und Erin Meyer als Professorin an der renommierten privaten Management-Universität Insead in Paris, bezeichnen vor allem die außergewöhnlichen Unternehmensleitlinien als maßgeblichen Schlüssel für die Leistung.
400 Seiten, 26,00 Euro, seit September 2020
ISBN 978-3-430-21023-2, Econ

Dimitris Karagiannis, Christioph Moser, Anke Helmes (Hrsg.)
Architecture Management
Geschäftstransformation in Unternehmen definiert dieses Buch als „Prozess der Veränderung, der beschritten werden muss, um auf diese Einflussfaktoren angemessen zu reagieren". Damit gemeint sind gesetzliche, politische, ökologische oder sozio-kulturelle Faktoren, die sich auf den Geschäftserfolg auswirken. Die Autoren geben hier eine Anleitung zu Methodik und Anwendung von Unternehmensarchitektur-Management.
265 Seiten, 49,99 Euro, seit September 2020
ISBN 978-3-658-30536-9, Springer Vieweg

Jim Collins
Best Leadership
Wie gute Unternehmen zu Spitzenunternehmen wurden, schildert der renommierte Strategie-Vordenker und Bestseller-Autor mit eigenem Management-Zentrum in Boulder im US-Bundesstaat Colorado. Er hat sieben Management-Prinzipien für dauerhaften Unternehmenserfolg ausfindig gemacht, die er hier ausführlich und nachvollziehbar beschreibt.
323 Seiten, 32,00 Euro, ab Dezember 2020
ISBN 978-3-593-51157-3, Campus

Heino Hilbig
Future Workshop
Die Bücher-Rubrik in „return" enthält nur Erstveröffentlichungen, es sei denn, ein Buch ist so völlig überarbeitet wie dieses von Praktiker Heino Hilbig, der in Technologieunternehmen wie Casio oder Olympus gearbeitet hat. Er klärt hier nicht nur auf, warum frühzeitige Zukunftsplanung erfolgsentscheidend sein kann und welche Fehler es zu vermeiden gilt, sondern möchte speziell für Mittelständler einen „Leitfaden für Krisenzeiten" an die Hand geben.
144 Seiten, 39,99, Euro, ab Oktober 2020
ISBN 978-3-658-31245-9, Springer Gabler

Springer Professional

Neuerscheinung des Monats

Erfolgsfaktoren im Management zur Transformation von Unternehmen

Viele Transformationsprojekte scheitern in der Praxis, weil unter anderem eine Methode mit System fehlt. Dieses Buch richtet sich an Praktiker wie Geschäftsführer und andere Entscheider mit Verantwortung für Change oder Business Management. Die beiden Betriebswirtschaftsprofessoren stellen die Methode „Enterprise Transformation Cycle" (ETC) vor und verdeutlichen das Vorgehen anhand von Beispielen.

439 Seiten, 54,99 Euro, seit September 2020
ISBN 978-3-658-28493-0, Springer Gabler
www.springerprofessional.de/link/18346506

Newsletter zu „return"

Das Portal springerprofessional.de bietet deutsch- und englischsprachige Online-Newsletter zu insgesamt 20 Fachgebieten. Das Informationsangebot ist umfangreich und kostenfrei. Die Auswahl reicht von „Automobil + Motoren" über „Business IT + Informatik" bis „Management + Führung". Themen rund um Inhalte, die auch für „return"-Leser relevant sind, greift der Online-Newsletter „Transformation + Turnaround" auf. Registrieren können sich interessierte Entscheider unter:

www.springerprofessional.de/link/6630158

Empfehlung des Monats

Compliance Management schützt vor Sanktionen

„Das geplante Verbandssanktionengesetz (VerSanG) stellt in Deutschland ein Novum dar, weil bei Strafrechtsverstößen künftig nicht nur verantwortliche Manager oder Beschäftigte, sondern auch die Unternehmen selbst zur Verantwortung gezogen werden sollen", beginnt KPMG-Partner Jan-Hendrik Gnändiger seinen Beitrag als Spezialist für die Prüfung und Beratung rund um Corporate Governance.

Mit seinem KPMG-Kollegen Timo Herold, der in Enterprise Risk Management und Compliance Management berät,

weist Gnändiger darauf hin, dass der Gesetzesentwurf in Unternehmen stärker Straftaten sanktionieren und Anreize für Compliance-Investionen geben soll. Die Unternehmen hätten bis zum Inkrafttreten noch zwei Jahre, um Compliance-Management-Systeme (CMS) zu implementieren.

Beide Autoren raten dringend dazu, eine Risikoanalyse vorzunehmen und ein funktionierendes CMS zu implementieren. Über das VerSanG geht es ab Seite 20 auch im Interview.

www.springerprofessional.de/link/18126922

Springer Professional

Unser Wissensportal Springer Professional

SpringerProfessional

Dieses Wissensportal bündelt Fachgebiete aus Wirtschaft und Technik. Über www.return-online.de und die Verlinkung dorthin zeigt sich auch der Online-Auftritt dieser Zeitschrift mit aktuellen Informationen, Beiträgen, Empfehlungen, Literatur und einem kostenlos bestellbaren Online-Newsletter zu Themen rund um Transformation und Turnaround.

Auf unserer Landing Page unter springerprofessional.de sind zudem das Online-Archiv, die Mediadaten oder der Kontakt zur Redaktion von „return" zu finden. Hier können das Print-Magazin und das E-Magazin abonniert werden, in denen Hinweise stehen auf weiterführende und frei zugängliche Beiträge unter springerprofessional.de. In Fachbeiträgen enthalten sind außerdem Empfehlungen der Redaktion aus Zeitschriften und

Büchern wie in diesem regelmäßig veröffentlichten Kasten „Springer Professional", die mit dem Zeitschriften- und/oder Voll-Abonnement frei abrufbar sind.

Kurzanleitung zur Registrierung für den Zugriff auf alle Beiträge aus „return" in digitaler Fassung aus dem Online-Archiv und im E-Magazin:

1. www.springerprofessional.de/register
2. Eingabe der persönlichen Kontaktdaten
3. Passwort festlegen
4. Registrierung absenden
5. Sie erhalten eine Bestätigungs-Mail des Verlages. Klicken Sie auf den Link in der E-Mail, um sich für Springer Professional freizuschalten.

Nach der Registrierung loggen Sie sich unter **www.springerprofessional.de/login** ein. Bei Problemen können Sie sich wenden an **support@springerprofessional.de**. Zum Voll-Abonnement von Springer Professional geht es unter **www.springerprofessional.de/bestellung**.

Ungewöhnliche Wege

Wie der Staat eine Insolvenzflut eindämmen kann

Die Zahlen sind alarmierend: 40 Prozent der Unternehmen in Deutschland klagten über Liquiditätsengpässe wegen der Corona-Pandemie, ermittelte der Deutsche Industrie- und Handelstag für Juli. Mehr als 20.000 Unternehmen könnten bis Ende 2021 in Deutschland insolvent sein, schätzt der Kreditversicherer Euler Hermes. Wie kann diese Welle gestoppt werden?

Aussetzen der Antragspflicht führt zu sinkenden Insolvenzen

Schon kurz nach Beginn des Lockdowns im März hat der Gesetzgeber die Aussetzung der Insolvenzantragspflicht bis zum 30. September beschlossen. Diese Sonderregelung hat dazu geführt, dass die Zahl der Insolvenzen im ersten Halbjahr im Vergleich zum Vorjahreszeitraum leicht zurückging. Bei einzelnen Gerichten wurden nur noch halb so viele Insolvenzverfahren beantragt wie in den ersten sechs Monaten 2019. Nun hat die Regierung die Aussetzung der Antragspflicht sogar bis zum 31. Dezember verlängert. Doch damit ist das Problem nicht gelöst. Denn so werden Zahlungsausfälle und/oder Überschuldung nur verschoben. Es bleiben Unternehmen am Markt, die eigentlich nicht überlebensfähig sind. Das gefährdet insbesondere Lieferanten, die in gutem Glauben ihre Produkte und Dienstleistungen der Problemfirma anbieten, und Käufer, die große Stückzahlen beim vermeintlich sicheren Wackelkandidaten ordern. Wenn das schwächelnde Unternehmen fällt, weil es nach Beendigung der Sonderregelung doch in die Insolvenz gehen muss, dann reißt es Zulieferer und Abnehmer mit.

Sanierte Unternehmen verlieren das Stigma des Scheiterns

Diese Abwärtsspirale kann nur verhindert werden, wenn die Sonderregelung tatsächlich Ende Dezember endet. Die Zeit bis dahin sollte der Staat dazu nutzen, die EU-Richtlinie zur präventiven Restrukturierung in nationales Recht umzusetzen. Den Entwurf hat das Bundesjustizministerium jüngst am 19. September vorgelegt, das Gesetz soll am 1. Januar 2021 in Kraft treten. Die neuen Möglichkeiten könnten Insolvenzen verhindern. Denn dann kann eine Sanierung ohne gerichtliches Insolvenzverfahren eingeleitet werden, wenn 75 Prozent der Gläubiger zustimmen. Durch das außergerichtliche Verfahren verlieren Unternehmen, die so saniert werden, das Stigma des Scheiterns.

Die Bundesregierung will mit einer schon ab Oktober geltenden Regelung die Restschuldbefreiung für Unternehmen und Verbraucher von sechs auf drei Jahre verkürzen. Damit auch in der Übergangszeit betroffenen Unternehmen rasch geholfen wird, sollte die schon im alten Recht bestehende Möglichkeit einer Sanierung in Eigenverwaltung zumindest deutlich bekannter gemacht werden. Dabei kann der Schuldner nämlich weiterhin über das Geschäftsvermögen verfügen. In der Regel wird ein Sanierer in die Geschäftsführung aufgenommen. Ein Sachwalter kontrolliert, dass keine Nachteile für die Gläubiger entstehen.

Verfahren in Eigenverwaltung im Mittelstand noch unbekannt

Dieses Verfahren ist bislang vor allem bei großen Unternehmen beliebt und akzeptiert. 2019 war rund die Hälfte der großen Insolvenzverfahren in Deutschland eine Sanierung in Eigenverwaltung. Doch bei kleineren und mittleren Unternehmen ist diese Methode noch vielfach unbekannt. Das liegt auch daran, dass es für ihre Größenklasse nur wenige Sanierungsexperten gibt. Mit einer gezielten Förderung dieser Restrukturierungsart würden die staatlichen Mittel sinnvoller ausgegeben als mit einer Verlängerung der Aussetzung des Insolvenzantrags.

Ungewöhnliche Zeiten verlangen ungewöhnliche Wege. Statt weiterer Milliardenhilfen könnte die Modernisierung der Gesetze eine Insolvenzflut eindämmen.

Stefanie Burgmaier ist Herausgeberin von „return" und als Geschäftsführerin der Springer Fachmedien Wiesbaden GmbH unter anderem für alle Portale, Magazine und Events des Verlages im Bereich Professional verantwortlich.

Vorschau 06/20

Die nächste Ausgabe von „return – Magazin für Transformation und Turnaround" erscheint am 17. Dezember 2020.

▶ Schwerpunkt Internationalisierung: Titelreport, Interview und Firmenprofil – Fachbeitrag zu Wachstumstreibern – Auslandsberichte

▶ Ressort Start & Szene: Insolvenzmonitor – Meldungen – Kabarettisten-Kolumne

▶ Ressort Menschen & Unternehmen: Firmenprofil – Gründerszene – Serie „Digitales" – „return kontrovers" – Unternehmer-Kolumne

▶ Ressort Hintergrund & Wissen: Effektive Mobilität – Effizienter Einkauf – Rechts- und Wirtschaftswissen für Unternehmer

Schwerpunkt:
Globale
Geschäfte

© Kentoh / Fotolia

Impressum

„return – Magazin für Transformation und Turnaround"
www.springerprofessional.de
www.return-online.de
Ausgabe 5 | 2020, 7. Jahrgang
ISSN (Print) 2199-8841
ISSN (Online) 2520-8187

Verlag

Springer Gabler
Springer Fachmedien Wiesbaden GmbH
Abraham-Lincoln-Str. 46
65189 Wiesbaden
Die Springer Fachmedien Wiesbaden GmbH ist Teil der Fachverlagsgruppe Springer Nature

Geschäftsführer

Stefanie Burgmaier |
Joachim Krieger | Juliane Ritt

Redaktion

Herausgeber:
Stefanie Burgmaier |
Prof. Dr. Hans Haarmeyer

Teamleitung Managementzeitschriften:
Anja Schüür-Langkau

Chefredakteur
(verantwortlich für den
redaktionellen Inhalt):
Thorsten Garber
Am Stiersken 18
59379 Selm-Cappenberg
Tel.: +49 (0)2306 75 74 99
thorsten.garber@springernature.com

Redaktionelle Mitarbeiter
dieser Ausgabe:
Sofia Ananieva, Kai Anderson, Francois Baumgartner, Prof. Katharina Beckemper,
Claudia Bröll, Alexander Busch, Prof. Roland Eckert, Prof. Stephan Grüninger, Patrik-Ludwig Hantzsch, Volker Johannhörster, Dr. Prerna Juhlin, Anja Kühner, Prof. Torsten Martini, Prof. Roland Mattmüller, Chin Meyer, Prof. Gunther Olesch, Caroline Pluta, Linda Rinke, Thomas Roser, Dr. Robert Schiebe, Prof. Karsten Schmidt, Prof. Dr. Hartmut Schwab, Peter Stäuber, Stefan Terliesner, Reinhold von Eben-Worlée, Alexander Welscher

Titelfoto

© K.-U. Hässler / Fotolia

Anzeigen, Marketing und Produktion

Leiter Media Sales:
Volker Hesedenz

Leiter Vertrieb + Marketing:
Jens Fischer

Gesamtleitung Produktion:
Ulrike Drechsler

Verkaufsleitung (verantwortlich für den Anzeigenteil):
Eva Hanenberg
Tel.: +49 (0)611 7878-226
Fax: +49 (0)611 7878-430
E-Mail: eva.hanenberg@springer.com

Anzeigendisposition:
Leonida Fischer
Tel.: +49 (0)611 7878 148
E-Mail: leonida.fischer@springer.com

Anzeigenpreise:
Es gelten die Mediadaten von Oktober 2020.

Produktmanagement:
Britta Rossbach
Tel.: +49 (0)611 7878-271
E-Mail: britta.rossbach@springer.com

Satz und Layout: Magazine Team, Scientific Publishing Services, Chennai / Indien

Produktion: Iris Conradi

Alle angegebenen Personen sind, soweit nicht ausdrücklich angegeben, postalisch unter der Adresse des Verlags erreichbar.

Sonderdrucke

Anja Trabusch
E-Mail:anja.trabusch@springernature.com
Tel.: +49 (0)611 7878 298

Leserservice

Springer Customer Service Center GmbH
Springer Gabler Service
Tiergartenstr 15, 69126 Heidelberg
Tel.: +49 (0)6221 345-4303
Fax: +49(0)6221 345-4229
Montag – Freitag 8.00 Uhr – 18.00 Uhr
E-Mail: springergabler-service@
springer.com

Druck

Kliemo Printing AG,
Hütte 33, B-4700 Eupen, Belgien

Fachbeirat

Dr. Utz Brömmekamp, Buchalik Brömmekamp Rechtsanwaltsgesellschaft; Udo Doetsch, Sparkasse Duisburg; Prof. Dr. Roland Eckert, FOM Hochschule für Oekonomie & Management im Hochschulzentrum Düsseldorf; Prof. Dr. Christian Gärtner, Wiesbaden Business School, Hochschule Rhein-Main; Carl-Jan von der Goltz, Maturus Finance; Dr. Ulrich Hermann, Heidelberger Druckmaschinen AG; Prof. Dr. Michael Jünger, Technische Hochschule Ingolstadt; Michael Pluta, Pluta Rechtsanwalt; Uwe Rotermund, Noventum Consulting; Heinrich Fritz Stellmach, Stellmach & Bröckers Rechtsanwälte, Wirtschaftsprüfer, Steuerberater

Bezugsmöglichkeiten

Das Heft erscheint sechsmal jährlich. Bezugsmöglichkeiten und Details zu den Abonnementbedingungen finden Sie unter www.mein-fachwissen.de/return
Alle Rechte vorbehalten.

Märkteeroberer

Das perfekte globale Unternehmen besteht immerhin schon seit 2.000 Jahren: die katholische Kirche. Diesen Beweis für Beständigkeit durch Internationalisierung nennt Hermann Simon, dessen weltmännische E-Mail-Signatur ihn als „Founder & Honorary Chairman" seines selbst weltweit aufgestellten Consulting-Unternehmens ausweist, das als Weltmarktführer in der Preisberatung gilt. Der Management-Vordenker, in vielen Ländern gern gesehener Referent, beginnt sein Buch über Wirtschaftstrends der Zukunft wie selbstverständlich mit der Globalisierung als Wachstumstreiber: Der Megatrend, der unser Leben seit 50 Jahren am stärksten verändert habe, sei die Transformation durch Informationstechnologie. Der einflussreichste Trend der nächsten Jahrzehnte bleibe die Globalisierung.

Indikatoren für die große Bedeutung sind die rasant gewachsene Zahl der Bücher zum Thema und die täglich grenzüberschreitenden Finanztransaktionen. Sicher, China hat vor elf Jahren den langjährigen Exportweltmeister Deutschland an der Spitze abgelöst. Doch trotz des Einbruchs deutscher Exporte im Krisenjahr 2009 haben hiesige Unternehmen damals so viel ausgeführt wie Großbritannien, Frankreich und Italien zusammen. Zu Chancen und Risiken für uns und unsere Wirtschaft sagte Hermann Simon schon im Interview für „return 03/15": „Deutschlands Bevölkerung wird mit Flüchtlingen wachsen. Globalisierung ist eine Zweibahnstraße." Deshalb sei Panik auch nicht angebracht, wenn etwa starke chinesische Unternehmen schwächelnde deutsche Firmen übernehmen.

Globalisierenden Unternehmen empfiehlt Jürgen Hambrecht, langjähriger Vorstandschef und bis Juni 2020 Aufsichtsratsvorsitzender des BASF-Konzerns, „eine klare Vision und innerhalb der Vision hohe Flexibilität". Dies setzt systematisches und strategisches Vorgehen als Hausaufgabe voraus. Im Heft-Schwerpunkt auf Seite 19 begründet Reinhold Würth als Kommentator das Kultivieren der eigenen Internationalisierung damit, dass dies als Schlüssel zum Erfolg und als Chance zum Krisenausgleich dient: „Ich betone unermüdlich, dass wir unser Unternehmen im Zustand des Werdens halten müssen, weil sonst die Phase des Seins und damit des Vergehens unweigerlich näher rückt." Guter Rat für Märkteeroberer, die auch anderswo Herz und Kopf ihrer Kunden gewinnen wollen, als würden sie wie Liebende ihre Partner umwerben.

Vermutlich haben zwar speziell Unternehmen, die besonders von den negativen Auswirkungen der Corona-Krise betroffen sind, derzeit andere Sorgen als den Aufbau oder Ausbau des Auslandsgeschäfts, liebe Leserin und lieber Leser. Doch da „return" als Unternehmer-Magazin vor allem Wissen zur Krisenvermeidung durch Transformation vermitteln möchte und dann erst hilfreiche Aufklärung zur Krisenbewältigung durch Turnaround, sehen wir Expansion als Prävention. Oder wie einst Afrikaforscher David Livingstone bekannte: „Ich bin bereit, überall hinzugehen, vorausgesetzt, der Weg führt vorwärts."

Ihr

Thorsten Garber
Chefredakteur return / thorsten.garber@springernature.com

© Štěpán Kápl / stock.adobe.com

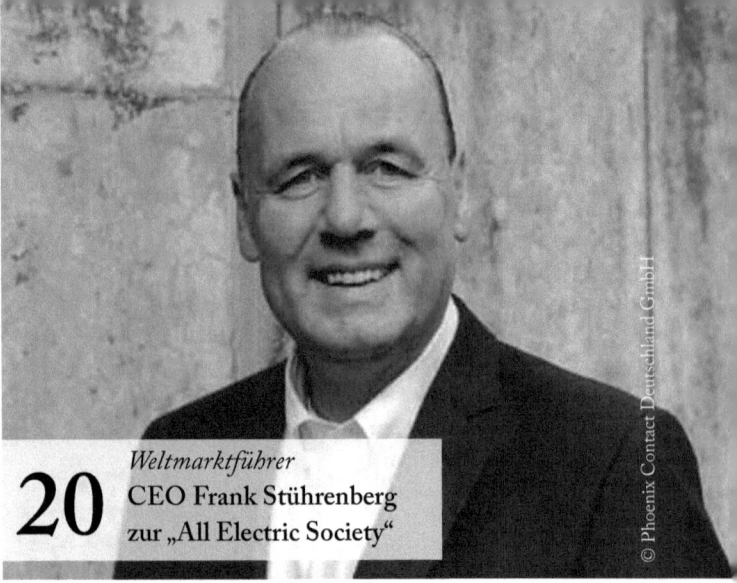

© Phoenix Contact Deutschland GmbH

Inhalt

return 06/20

Start & Szene

Schwerpunkt

Menschen & Unternehmen

Start & Szene

Interview

„Aktuelle Transformation ist durch die Politik ausgelöstes Strukturproblem"

Milliardenhilfen für die Transformation der Autoindustrie will der Bund ab 2021 bereitstellen. Fünf Fragen dazu an Emese Weissenbacher, Geschäftsführerin Finanzen bei Mann+Hummel.

Frau Weissenbacher, warum ist die Transformation nicht ohne staatliche Hilfe zu schaffen?

Emese Weissenbacher: Die Automobilindustrie hat schon mehrere schwierige Phasen gemeistert. Die aktuelle Transformation ist ein durch politische Entscheidungen und Vorgaben ausgelöstes Strukturproblem. Die Politik zielt im Individualverkehr auf Emissionswerte-Reduzierungen, dabei wären die Einsparungen in der Energieversorgung oder Stahlproduktion günstiger zu erreichen. Die Vorgaben beschleunigen unseren Strukturwandel übermäßig schnell. Dies werden die Unternehmen allein nicht finanzieren können, der Staat muss für sein Handeln einstehen.

Reichen zwei Milliarden Euro überhaupt aus?

Das kann ich nicht beurteilen. Aber wenn die EU die Grenzwerte für Emissionen weiter verschärft, dann reden wir statt von einer Transformation über eine Disruption.

Richtig, dass Zulieferbetriebe von Zuschüssen profitieren?

Zulieferbetriebe sind oftmals aufgrund ihrer Größe, Abhängigkeit von einzelnen Automobilherstellern, ihrer regionalen Einschränkung und ihres Geschäftsmodells anfälliger als ihre Kunden. Deshalb sollte man darauf achten, dass Deutschland weiterhin eine gesunde Zulieferlandschaft beibehält.

Projekte zu Digitalisierung und Qualifizierung erhalten priorisiert Förderung. Für Mann+Hummel attraktiv?

Ganz sicher. Wir haben für uns drei Megatrends definiert, die für unsere langfristige Strategie relevant sind. Einer davon ist die Digitalisierung. Deshalb investieren wir in die Entwicklung von digitalen Geschäftsmodellen und die Digitalisierung interner Prozesse.

Gut auch, dass Kooperationen unterstützt werden?

Der Ansatz geht in die richtige Richtung. Bei Rückgang des Marktes für Verbrennungsmotoren könnten Anpassungen von frei werdenden Kapazitäten einfacher bewältigt werden. Unternehmen könnten ihre Produktionskapazitäten bündeln oder Produktbereiche von Wettbewerbern übernehmen. So ein Konzept müssen die Automobilhersteller natürlich mit unterstützen – aktuell würde das Vorgehen deren Lieferanten- und Sourcing-Strategie ändern oder ihnen sogar widersprechen. Vorstellbar sind auch Kooperationen bei der Entwicklung von neuen Geschäftsmodellen, um Investitionen und andere finanzielle Belastungen mit einem Partner zu teilen.

Die Fragen an Emese Weissenbacher stellte Thorsten Garber.

Transaktion in Gebäudedienstleistungsbranche
Deutsche R + S geht an Thelen

Die Thelen Gruppe aus Essen übernimmt einen Großteil des Dienstleistungskonzerns Deutsche R + S, das Kürzel steht für Reinigung und Service. Das Unternehmen mit bundesweit mehr als 100 Standorten und mehr als 100 Jahre Tradition war im April 2019 in einem vorläufigen Insolvenzverfahren. Thelen wächst damit um 2.500 auf 4.500 Mitarbeiter und 95 Millionen Euro Umsatz.

www.thelen-gruppe.com; www.deutsche-rs.de; www.bbl-law.de

Transaktion in Schuhfachhandel
Schuhhaus Dielmann aufgeteilt

„MyShoes" aus Essen hat acht Fachmärkte der Schuhhaus Dielmann GmbH & Co. KG in übernommen. Je drei weitere Filialen gehen an Sutor Schuh, an Siemes Schuhcenter und an Fritz Frank Schuhe. Die Investorensuche für die restlichen neun Dielmann-Filialen und für acht Geschäfte der Sporthaus Robert Hübner GmbH läuft noch. Gespräche mit Interessenten führt Dr. Georg Bernsau, K&L Gates.

www.dielmann.de; www.sporthuebner.de; www.klgates.com

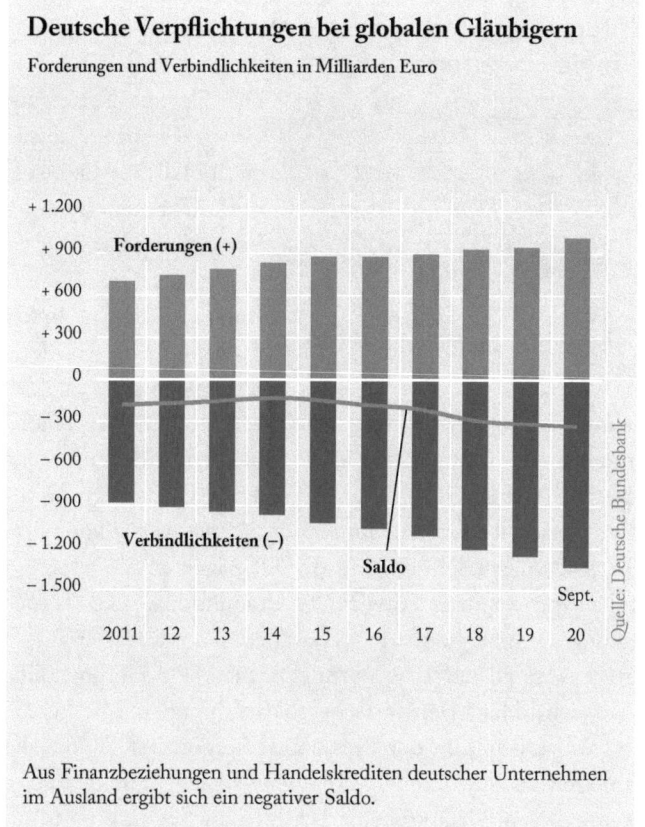

Deutsche Verpflichtungen bei globalen Gläubigern

Forderungen und Verbindlichkeiten in Milliarden Euro

Forderungen (+)

Verbindlichkeiten (–)

Saldo

Sept.

Quelle: Deutsche Bundesbank

Aus Finanzbeziehungen und Handelskrediten deutscher Unternehmen im Ausland ergibt sich ein negativer Saldo.

Bundesbank-Auswertung

Deutsche Unternehmen gegenüber dem Ausland klarer Netto-Schuldner

Unternehmen aus Deutschland sind inzwischen Netto-Schuldner gegenüber dem Ausland: Ihre Verbindlichkeiten aus Finanzbeziehungen und Handelskrediten übersteigen mittlerweile mit 1.328 Milliarden Euro die entsprechenden Forderungen über 963 Milliarden Euro. Damit stehen unter dem Strich 365 Milliarden Euro. Das ermittelte die Deutsche Bundesbank zur Auslandsposition der Unternehmen.

Von Bedeutung seien vor allem die Finanzbeziehungen zu ausländischen Nichtbanken, während die Beziehungen zu ausländischen Banken eine untergeordnete Rolle spielten. Auf die erste Gruppe entfallen 74 Prozent der Forderungen und 84 Prozent der Verbindlichkeiten. Dabei bleiben die Anteile der Handelskredite an den Gesamtbeträgen mit 22 Prozent und 14 Prozent vergleichsweise gering.

In der Auslandsposition der Unternehmen werden insbesondere die Auslandsforderungen und -verbindlichkeiten aus Finanzkrediten und Handelsbeziehungen der inländischen Unternehmen zum Ultimo einer Berichtsperiode erfasst. Zu den Unternehmen zählen beispielsweise auch Kapitalanlagegesellschaften.

www.bundesbank.de

Finanzierung-Marktstudie
Kreditsummen für Fahrzeuge steigen durch Zunahme von Ratenzahlungen

Die meisten Kunden verschieben zwar in der Corona-Krise größere Anschaffungen, Feste oder Urlaube. Gleichwohl steigt die Kreditsumme für Konsumgüter und Fahrzeuge (Foto links), denn mittlerweile werden die Käufe gerne über Ratenzahlungen finanziert. Zwei Drittel aller im Handel finanzierten Käufe würden Kunden ohne Ratenzahlung nicht tätigen. Vor zehn Jahren lag dieser Anteil noch bei der Hälfte. Zu diesem Ergebnis kommt eine aktuelle Marktstudie zur Konsum- und Kfz-Finanzierung des Meinungsforschungsinstituts Ipsos im Auftrag des Bankenfachverbands.

„Die Bedeutung alternativer Bezahloptionen hat deutlich zugenommen", konstatiert Verbandsgeschäftsführer Jens Loa. So fragten mehr als 70 Prozent der Finanzierungsnutzer Ratenzahlungen sogar aktiv nach. Das gilt allen voran für Fahrzeuge. Dabei machen Ratenkredite bei Gebrauchtwagen 30 Prozent und bei Neuwagen 29 Prozent der Verwendungszwecke aus. Erst dann folgen Möbel und Küchen mit 15 Prozent, Unterhaltungselektronik mit 13 Prozent sowie Haushaltsgroßgeräte mit elf Prozent.
www.springerprofessional.de/link/18566342

Senning-Übernahme
Integration und Synergie als ideale Erweiterung für Optima

Die Optima Packaging Group GmbH, Schwäbisch Hall, hat die insolvente Christian Senning Verpackungsmaschinen GmbH & Co. KG aus Bremen (Foto links) übernommen. Als Senning GmbH ist das Untenehmen seit Oktober 2020 jetzt Teil der Unternehmensgruppe Optima, die als familiengeführtes Unternehmen in dritter Generation mit 2.450 Mitarbeitern an 19 Standorten weltweit Lösungen und Systeme für komplexe Verpackungsmaschinen und Abfüllanlagen entwickelt.

„Die von Senning entwickelte Produktions- und Verpackungstechnologie für Papiertaschentücher und -servietten stellt eine ideale Erweiterung unseres Produktportfolios dar", wird Hans Bühler als geschäftsführender Gesellschafter von Optima in der Pressemitteilung zitiert. Durch die Integration und damit verbundene Synergieeffekte stärke Optima seine Marktposition. Christian Senning hatte im Jahr 1949 sein Unternehmen gegründet, das heute Annette Bengs leitet. Mehr als 85 Prozent seiner Anlagen verkauft die Senning GmbH mittlerweile ins Ausland. Laut eigener Website sind dort mehr als 80 Mitarbeiter beschäftigt.
www.optima-packaging.com; www.pluta.net

Statement des TMA
„Wir brauchen die Modernisierung – und wir brauchen sie jetzt"

Die Turnaround-Praktiker der Gesellschaft für Restrukturierung – TMA Deutschland e. V. fordern die Umsetzung der Gesetzesreform, um sanierungsfähige Firmen vor der Insolvenz zu retten.

„Die in der Gesellschaft für Restrukturierung – TMA Deutschland e.V. zusammengeschlossenen Restrukturierungspraktiker warnen vor den Folgen einer Verschiebung der Beschlussfassung oder einer inhaltlichen Verwässerung des Regierungsentwurfs für ein Gesetz zur Fortentwicklung des Sanierungs- und Insolvenzrechts (SanInsFoG) sowie insbesondere des Gesetzes über den Stabilisierungs- und Restrukturierungsrahmen für Unternehmen (StaRUG).

Unternehmen in Deutschland sehen sich derzeit nie da gewesenen Unsicherheiten und fortlaufenden Änderungen der rechtlichen Rahmenbedingungen ausgesetzt, mit denen die Politik der Bedrohung durch Covid-19 begegnet. Unternehmen, die aufgrund der Corona-Situation Umsatzeinbrüche erlitten haben und derzeit überschuldet sind, setzen zu Recht darauf, dass ihnen nach dem Auslaufen der Aussetzung der Insolvenzantragspflicht zum Jahresende ein neues

Instrument an die Hand gegeben wird, um eine Insolvenz zu vermeiden. Ein Verschieben des Inkrafttretens der neuen Gesetze würde den Unternehmen diese Option nehmen, selbst wenn die Aussetzung der Insolvenzantragspflicht ein weiteres Mal verlängert würde.

Mit den von der Bundesregierung vorgelegten Entwürfen zur Modernisierung des Sanierungs- und Insolvenzrechts wird nun auch in Deutschland eine dringend gebotene Option geschaffen, wertvernichtende und disruptive Insolvenzen von Unternehmen mit einem im Kern gesunden Geschäftsmodell auf Basis eines Votums der Gläubigermehrheit abzuwenden, ohne dabei in Arbeitnehmerrechte einzugreifen. Das StaRUG stellt insofern eine wesentliche Neuerung im deutschen Sanierungs- und Insolvenzrecht dar. Die Diskussion (...) läuft bereits seit 2016. Von einem ,Schnellschuss' (...) kann keine Rede sein."

© Continental

© Continental

Nikolai Setzer für Dr. Elmar Degenhart als Conti-Vorstandschef

Nikolai Setzer (im Bild links) ist vom Aufsichtsrat der Continental AG zum Vorstandsvorsitzenden ernannt worden. Er folgt auf Dr. Elmar Degenhart (rechts), der sein Mandat aus gesundheitlichen Gründen zum 30. November niedergelegt hatte. „Continental ist auf dem Weg der Transformation hin zu einem Technologie- und Softwareunternehmen, das gemeinsam mit den Fahrzeugherstellern die Grundlagen für eine nachhaltige Mobilität der Zukunft schafft", erklärte Prof. Dr. Wolfgang Reitzle als Aufsichtsratschef des Automobilzulieferers: Setzer genieße das Vertrauen, dass er den Wandel weiter vorantreibt und erfolgreich gestaltet. Reitzle dankte Degenhart „für seine hervorragende Leistung, sein vorbildliches Führungsverhalten sowie seine großen Verdienste".

www.continental.com

Tim Hartmann hat seine Ämter bei der Stahl-Holding-Saar GmbH & Co. KGaA (SHS) niedergelegt – „im gegenseitigen Einvernehmen aufgrund unterschiedlicher Auffassungen über die künftige strategische Ausrichtung", wie es in der Mitteilung des Unternehmens heißt. Sein Nachfolger zum 1. Januar 2021 wird Dr. Karl-Ulrich Köhler. Der ehemalige CEO von Thyssen-Krupp Steel und Tata Steel war bis 31. Oktober 2020 der Vorsitzende der Geschäftsführung der Rittal GmbH.

www.stahl-holding-saar.de

Nathalie Bendikt, Vorstandsmitglied und Chief Financial Officer der Pfeiffer Vacuum Technology AG, hat ihr Amt niedergelegt – „im Einvernehmen mit dem Aufsichtsrat", teilte das Unternehmen mit. Dr. Britta Giesen, Vorstandsmitglied und designierte Vorstandsvorsitzende, hat alle Verantwortungsbereiche übernommen außer Investor Relations, künftig beim Vorstandschef Dr. Eric Taberlet.

www.group.pfeiffer-vacuum.com

Dr. Angelika Bartholomäi ist als Partnerin ins Frankfurter Büro der Wirtschaftskanzlei Rittershaus gewechselt. Die Transaktionsspezialistin kommt PwC Legal, wo sie als Director das M&A-Team Frankfurt/Mannheim leitete.

www.rittershaus.net

Norman Dreger ist Geschäftsführer der Unternehmensberatung Mercer Deutschland als Nachfolger von Achim Lüder, der globaler Chief People Officer wird.

www.mercer.de

Christian Knittel verstärkt als Partner die Restrukturierung in der Kanzlei BBL.

www.bbl-law.de

Düstere Aussichten

Wie ein Sturm wirbelt die Corona-Krise die Wirtschaft durcheinander, gewährt aber klare Sicht auf strukturelle und akute Nöte von Unternehmen. Der Insolvenz-Tornado steht noch bevor.

Viele Ökonomen und Politiker haben in den vergangenen Monaten den Aufschwung beschworen und sogar herbeigesehnt, obwohl vieles gegen eine schnelle und nachhaltige Erholung sprach. Die deutsche Wirtschaft leidet stattdessen, aber nicht alle gleichermaßen. Viele Unternehmer haben sich früh auf harte Zeiten eingestellt, manche haben ihr Geschäftsmodell weiterentwickelt und sind schon stark digital unterwegs. Andere Unternehmen erwischt jeder Lockdown kalt. Womit haben sie im schlimmsten Fall zu rechnen?

Im Frühjahr gab es noch einen kleinen wirtschaftlichen Aufschwung: „Hervorragende Zuwächse", hieß es aus dem Bundeswirtschaftsministerium. Doch für eine Volkswirtschaft in tiefer Rezession ist jede kleine Erholung eine erfreuliche, aber eben nur relativer Zuwachs. So ließen normale Nachholeffekte im Sommer mit Milde aufs eisige Frühjahr zurückblicken. Doch spätestens mit den Herbststürmen sind sonnige Vorhersagen passé. Stattdessen ist die strukturelle und akute Not der Unternehmen klarer sichtbar, leider mit düsteren Aussichten.

Der Lockdown wirkt fatal. Denn spätestens seit den Erfahrungen vom vergangenen März ist gewiss, wie weitreichende Kontaktverbote auf die Umsatz- und Ertragslage der Unternehmen wirken. Restaurantbesitzer, Hoteliers, Gastwirte, Vermieter, Künstler, Veranstalter, Reisebüros und Händler müssen sich warm anziehen. Das von zahlreichen renommierten und namhaften Ökonomen prophezeite „V-Szenario" mit wieder ansteigender Kurve ist vorläufig außer

Sichtweite. Diese Prognose war auch nie wahrscheinlich. Bei der Bewertung der enormen Hilfsmaßnahmen sprach Creditreform schon vor einigen Monaten von „einer Wette auf die Zukunft mit ungewissem Ausgang". Gesamtwirtschaftlich betrachtet ist diese Wette verloren – zumindest für dieses Jahr. Doch in welcher Verfassung befindet sich der deutsche Mittelstand, zu dem über 90 Prozent aller Unternehmen in Deutschland gehören? Immerhin erwirtschaften sie insgesamt mehr als jeden zweiten Euro in diesem Land.

Studie zur Lage des Mittelstands mit niederschmetterndem Befund

Jährlich gibt Creditreform die Studie „Wirtschaftslage und Finanzierung im Mittelstand" heraus. Diesmal enthielt die Untersuchung erwartungsgemäß einen niederschmetternden Befund: Der eigens für die Studie entwickelte Index zum Geschäftsklima ist im Herbst 2020 auf den niedrigsten Stand seit der weltweiten Finanzkrise im Jahr 2009 gefallen. Besonders die Geschäftslage bewerten die befragten Unternehmen negativ. Die Geschäftserwartungen sind erstmals seit Herbst 2009 überwiegend pessimistisch.

Vieles bleibt jedoch noch diffus: Die Zahl der Unternehmensinsolvenzen ist mitten in der größten Krise stark rückläufig, der Arbeitsmarkt weitgehend stabil und die Finanzierungssituation der Betriebe noch immer positiv. In Anbetracht der historischen Rezession ist die scheinbar entspannte Situation allerdings nur eine Folge fiskalpolitischer, geldpolitischer und regulatorischer Maßnahmen. Staatliche Hilfen wirken derzeit massiv auf die deutsche Volkswirtschaft ein.

Beispiele dafür sind die Aussetzung der Insolvenzantragspflicht, das Kurzarbeitergeld, die staatlichen Kredite und Überbrückungshilfen sowie umfangreiche Garantien für Unternehmen. Dennoch zeigen sich im Detail auch innerhalb von Branchen große Unterschiede – in Abhängigkeit von Geschäftsmodell und Kundensegment. So dürfte das Familienhotel an der Ostsee in diesem Sommer die Saison seines Lebens verbucht haben, während das Business-Hotel in der Innenstadt von Frankfurt am Main dagegen um sein Überleben kämpfen muss.

Konjunktur im Keller
Angaben in Indexpunkten aus Herbst-Unternehmerumfrage

Geschäftslageindex
Geschäftsklimaindex
Geschäftserwartungsindex

Quelle: Creditreform

Zur aktuellen Konjunkturlage und zu Geschäftsaussichten äußerte sich der deutsche Mittelstand niederschmetternd schlecht.

© ohenze / stock.adobe.com

Wie beim nahenden Tornado drohen durch die Corona-Krise, schwere Unwetter als Naturkatastrophe auf das Wirtschaftsklima und damit auch in Form einer Insolvenzwelle auf Unternehmen zuzurollen, ergab die Creditreform-Studie speziell zum Mittelstand.

Die Autoren der Studie von Creditreform haben auch nach den staatlichen Hilfen gefragt. Nach den Antworten hat der Mittelstand vorrangig die sogenannte Soforthilfe für kleine und mittlere Firmen zur Überbrückung von akuten Liquiditätsengpässen (27,1 Prozent) genutzt und auf das Instrument der Kurzarbeit (33,7 Prozent) gesetzt. Im verarbeitenden Gewerbe hat sogar fast die Hälfte der befragten Unternehmen – exakt 47,2 Prozent – Kurzarbeit beantragt. Das Überbrückungsgeld wurde kaum abgerufen, wobei vor allem der Antragsprozess als zu bürokratisch bewertet wurde. Unterstützungsmaßnahmen hat gut die Hälfte der Befragten insgesamt in Anspruch genommen. Im Baugewerbe war der Anteil am geringsten. Trotz der milliardenschweren staatlichen Hilfspakete zur Stabilisierung der Wirtschaft sehen sich viele Unternehmen derzeit in der Krise, gaben 11,9 Prozent der Befragten zu. Dieser Anteil ist gegenüber dem Wert (7,4 Prozent) aus dem Frühjahr 2020 spürbar gestiegen.

Aktuelle Krise verursacht noch keinen volkswirtschaftlichen Totalschaden

Besonders hoch ist der Anteil kriselnder Unternehmen im verarbeitenden Gewerbe mit 20,8 Prozent der Nennungen. Zudem verweist jeder fünfte Mittelständler infolge der negativen Auswirkungen der Corona-Krise auf die Verringerung seines Eigenkapitals. Wie sich diese Entwicklung auf das Insolvenzgeschehen auswirken wird, wird sich noch zeigen, denn noch profitieren angeschlagene Unternehmen von der Aussetzung der Insolvenzantragspflicht.
Die aktuelle Krise verursacht – so dramatisch sie sich im Einzelnen auch auswirkt – volkswirtschaftlich keinen Totalschaden.

Die gigantischen Euro-Summen staatlicher Hilfspakete genauso wie die Aussetzung der Insolvenzantragspflicht verschieben unmittelbare Effekte in das kommende Jahr 2021, in dem bekanntermaßen ab März die Landtags- und Kommunalwahlen in acht Bundesländern sowie deutschlandweit im Herbst die Bundestagswahl stattfinden.
Eigentlich müssten viele Unternehmen jetzt zum Amtsgericht gehen und einen Insolvenzantrag stellen. Sie tun es aber nicht: teils, weil sie überschuldet sind und (noch) nicht müssen. Teils, weil das Geld noch reicht. Teils aber vor allem, weil kleine und mittlere Unternehmen noch nicht verstanden haben, dass sie es eigentlich müssten. Dieses unfreiwillige Versäumnis dürfte in Zukunft auch die Strafgerichte beschäftigen. Zumindest, wenn die Geschäftsführer hätten erkennen können, dass ihr unternehmerisches Handeln den Tatbestand des Eingehungsbetrugs erfüllt.
Nach Schätzung von Creditreform sind für das Jahr 2020 insgesamt 17.000 bis 18.000 Insolvenzverfahren zu erwarten. Im Jahr 2019 mit Hochkonjunktur waren es 18.800. Paradox! Damit ist der niedrigste Wert seit 27 Jahren zu verzeichnen. Doch die Welle an Unternehmenspleiten wird rollen: Die Insolvenzwelle erreicht nach Voraussage von Creditreform im ersten Quartal 2021 ihren Höhepunkt, insgesamt ist im kommenden Gesamtjahr mit 24.000 Verfahren zu rechnen.

© Creditreform

Patrik-Ludwig Hantzsch ist unter anderem als Leiter der Wirtschaftsforschung beim Verband der Vereine Creditreform e. V. verantwortlich. Er schreibt hier regelmäßig und exklusiv Analysen unter der Rubrik „Insolvenzmonitor".

Mut zur Lücke

Wie eine Wirtschaftspolitik als Fanal völlig verpufft

Die „Gemeinsame Agrarpolitik" (GAP) der einfalls-reichen Europäischen Union sollte der ganz gro-ße Wurf werden – insbesondere mit einem Fanal für Umweltschutz und für kleinere Betriebe. „Käse-Alternative" und „Joghurt-Style" sind ab jetzt verboten. Richtig gelesen: Milch-produkt-Bezeichnungen dürfen nur noch auf Milchprodukte angewendet werden. „Käsefüße" sind damit also out; sie müssen ab sofort „Muffelquanten" heißen. Mutig. Ein „Dreikäsehoch" wird zum „Kleinkind mit lockerer Referenz zu gestapelten Milch-produkt-Laibern" und „Leberkäs" mutiert zu „überbackene Schlachtabfälle".

Zwischen Scheuermilch und Dutten-Drink

Damit setzt sich fort, was sich schon 2017 andeutete, als der Europäische Gerichtshof kurzerhand Mandel-, Kokos- und Sojamilch verbot. Diese haben Mandel-, Kokos- und Soja-Drink zu heißen, um „den Verbraucher nicht zu verunsi-chern". Milch darf nun nur noch nennen, was aus „normaler Eutersekretion" gewonnen wird. Das Schöne: „Mutter-milch" darf weiter verwendet werden und muss nicht in „Dutten-Drink" umbenannt werden, obwohl das sicher gute Marketing-Sprache wäre. Welches Euter allerdings für „Scheuermilch" sekretiert wurde, bleibt bislang unklar. Verkehrsminister Andreas Scheuer dementiert, dass er dafür gemolken wurde. Es wäre ja auch Quatsch: Scheuermilch ist ein kräftiges, wirkungsstarkes, ehrliches Mittel – wo soll das bitte schön beim Scheuer-Andi rauskommen?

Bei der Milch allein wollte der Bauernverband nicht halt-machen: Die Bezeichnungen „Steak", „Burger" oder „Wurst" sollten dem „echten" Fleisch vorbehalten bleiben, was das EU-Parlament jedoch ablehnte. „Veggie-Steak", „Tofu-Burger" oder „vegane Curry-Wurst" müssen jetzt nicht in „geschmackloser Pflanzen-Bratling", „nährstoff-freies Gemüse-Rundstück" und „in Pelle gedrängtes Soja-Hack mit krebserregenden Aroma-Stoffen" umbenannt werden. Abgesehen von diesen Details ist das „Fanal" für Umwelt-schutz und kleine Betriebe ganzheitlich betrachtet eher ein Leuchtfeuerchen. Oder ein „Bengalisches Streichholz", um genau zu sein. Resultat? Die zu verteilenden 387 Mil-liarden Euro werden nach wie vor in zwei Säulen ausgeschüttet. Einmal die Direktzahlungen an die Landwirte, die nach Größe des Betriebs verteilt werden, wodurch die Großbetriebe und Monokulturen nach wie vor absahnen. Die Wirkung ähnelt der einer Steuer-reform von Donald Trump. Damit erhält Günther Fielmann neben seinen Brillen-Millionen zusätzlich mehr als 600.000 Euro an Subventionen – Jahr für Jahr. Natürlich gibt es ein paar Elemente mit elegantem Green-washing. Wenn etwa ein Land die eine oder andere EU-Richtlinie umsetzt, erhält es aus der „Flächenzahlungs-Säule" extra Geld für „Eco Schemes", also Öko-Ansätze. Pfiffige der geschickten Vermarktung setzen hierzu einfach etwas Naturbelassenes ein: homöopathische Bio-Milch zum Beispiel. Ein Liter Bio-Milch wird in einen Hek-toliter konventioneller Milch gekippt. Das Zeug heißt dann „Homöopathische-Hochpotenz-Bio-Milch C100". Für den Liter fließen 2,50 Euro. Und schon schwappen Sub-ventionen in die Kassen.

Die Umwelt und Kleinbetriebe gemeinsam außen vor gelassen

Ach so, die GAP muss selbstverständlich umbenannt werden. Denn was bitte schön ist daran eine „Gemeinsame Agrar-politik"? Außerdem steht das Kürzel GAP im Englischen für Gap (= Lücke), was eigentlich besser passt. Schließlich wurde mächtig etwas ausgelassen – zum Beispiel neben der Umwelt auch Kleinbetriebe. Vielleicht sollte diese gemein-same Agrarpolitik einfach zur Vermeidung von Etiketten-schwindel umbenannt werden in „Bereicherungs-Initiative-von-Großbauern-für-Umwelt-Chaos-und-Katastrophen", kurz: BIG-FUCK.

Chin Meyer gilt als der bekannteste Finanz-Kabarettist Deutschlands. Sein Slogan „Bei Geld fängt der Spaß erst richtig an". Sein Erstlingswerk hieß „Ohne Miese durch die Krise". Aktuell tourt er, so Corona es zulässt, unter dem Titel „Leben im Plus". Mehr unter: www.chin-meyer.de

© Markus Vass

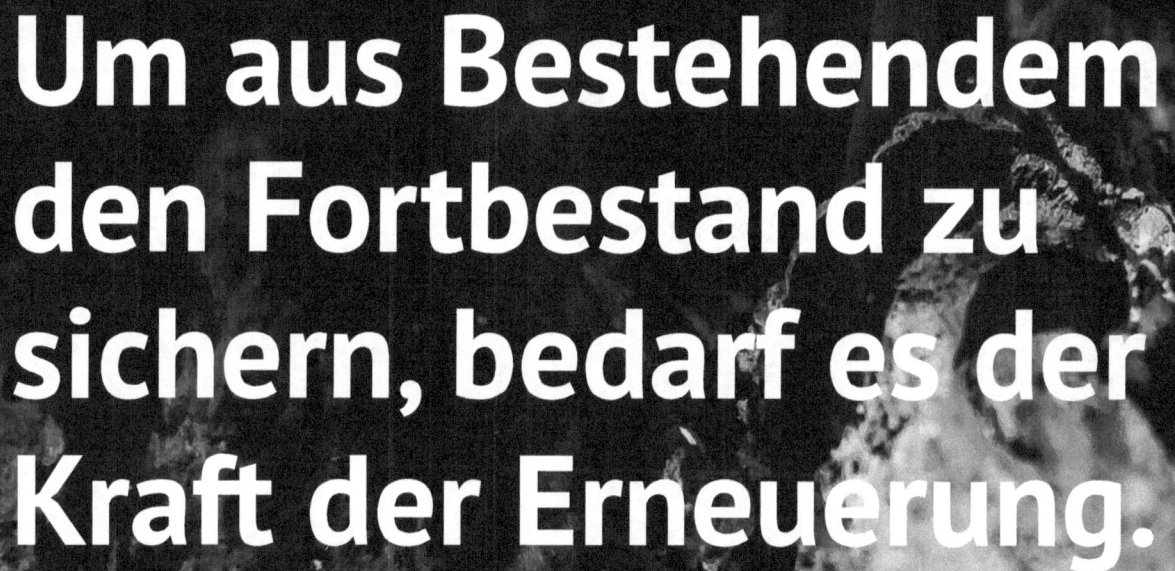

Um aus Bestehendem den Fortbestand zu sichern, bedarf es der Kraft der Erneuerung.

Wir leiten Sie auf diesem Weg.

Lunte riechen sollten Unternehmen bei ihrer Internationalisierung. Denn Risiken lauern viele bei Präsenz in Auslandsmärkten. Gefahren globaler Geschäfte gilt es, systematisch und kontinuierlich zu bewerten – und entsprechend zu handeln. Bedrohungen ergeben sich nicht nur aus wirtschaftlichen, sondern oft aus politischen Veränderungen oder wie derzeit aus den negativen Auswirkungen der Corona-Krise. In Ländermärkten können auf politischer Ebene ungünstige Entscheidungen für viel Zündstoff sorgen und zu starken Umsatzrückgängen führen: Zuletzt etwa durch den sturen Trump-Kurs „America First" mit Handelsbarrieren für die USA, die harte Johnson-Gangart beim Brexit für den EU-Ausstieg von Großbritannien oder jüngst in der Türkei der zornige Erdogan-Boykottaufruf gegen französische Waren.

Gefahren globaler Geschäfte

Internationalisierung gilt für manche Mittelständler als einziger Weg zum Wachstum. Doch im globalen Geschäft drohen auch genügend Gefahren. Neue Risiken gilt es zu beherrschen.

Quasi alternativlos ist die Internationalisierung für Frankiermaschinen-Hersteller Francotyp-Postalia. „Wir sind seit vielen Jahren international aufgestellt, um Wachstumschancen zu realisieren und neue Märkte zu erobern. Unser Kerngeschäft ist zu klein, um nur in einem Markt aktiv zu sein", begründet Rüdiger Andreas Günther, bis November der CEO. Das Unternehmen aus Berlin erwirtschaftete 2020 im ersten Halbjahr 55 Prozent seines Umsatzes im Heimatmarkt, der Rest verteilt in 45 Ländern.

Die Internationalisierung des Industrieklebstoff-Herstellers Delo hängt mit Strukturveränderung bei seinen Kunden zusammen. Als immer mehr von ihnen aus der Automobil- und Unterhaltungsbranche anfingen, in Asien zu kaufen und zu produzieren, begleitete sie das Unternehmen aus Windach bei München. „Immer dort zu sein, wo unsere Kunden sind, ist ein wichtiger Teil unserer Strategie und Philosophie", betont Geschäftsführer Robert Saller. Durch Präsenzen auf internationalen Märkten sei es zudem gelungen, mehr globale Kunden zu gewinnen.

© Francotyp-Postalia Holding AG

„Mit der internationalen Ausrichtung diversifizieren wir unser Geschäft und damit unser Risiko."

Rüdiger Andreas Günther

Mobotix streut das Risiko und vermeidet die Abhängigkeit

Dr. Ralf Hinkel, Gründer von Mobotix, erkannte vor mehr als 20 Jahren, dass durch das Internet die Globalisierung für seine IP-Kameras vorgegeben war. Das Geld aus dem Börsengang 2007 wurde in die Internationalisierung investiert, um Vertriebsgesellschaften in New York und Niederlassungen in anderen Ländern zu gründen. Auch auf der Beschaffungsseite ist die internationale Ausrichtung gefragt. Denn für die Hardware, die in Deutschland entwickelt und hergestellt wird, kommen elektronische Bauteile aus dem Ausland zum Einsatz. Ziel der Internationalisierungsstrategie bei Mobotix ist die Streuung von Risiko, um die Abhängigkeit von einem Land zu vermeiden. Das Unternehmen, anfangs nur im deutschen Markt tätig, stieg in Österreich und in der Schweiz ein. Weitere europäische Märkte und die USA folgten. Heute kommen noch 23 Prozent der Umsatzerlöse aus der DACH-Region, die USA bringen 22 Prozent ein, aus dem Rest Europas stammen 32 Prozent.

Doch der Wachstumsmotor birgt heute mehr Risiken: Handelskonflikte, Renationalisierung, Sanktionen, das gescheiterte Freihandelsabkommen TTIP, der Brexit, schwächelnde Schwellenländer und die aktuell alles überlagernde Corona-Krise. Unwägbarkeiten wie diese schaffen Unsicherheit. Die Commerzbank-Studie „Unternehmens-Perspektiven – Wie sicher sind die Märkte" zeigt, dass viele der befragten Unternehmen im Auslandsgeschäft auch Gefahren sehen. Dem mag Prof. Svenja Falk, Managing Director bei Accenture Research, nicht zustimmen. Sie konstatiert: „Unternehmen schauen heute viel genauer und mit aufgeklärterem Blick auf ihre Internationalisierungsstrategien, als sie das noch vor zehn Jahren getan haben." Durch die ökonomischen und politischen Schocks der vergangenen Jahre hätten sie gelernt, dass man nicht in jedem Land präsent sein muss. Standorte, die attraktiv wirken, um Wachstum zu realisieren, erweisen sich oft nicht als Füllhorn. „Wachstum in neuen Märkten zu realisieren ist kein Selbstläufer, braucht viel Verständnis, viele Investitionen und mehr", beschreibt Falk harte Arbeit für die Umsetzung von Internationalisierungsstrategien.

Gefahren durch die internationale Ausrichtung erkennt man bei Francotyp-Postalia auf den ersten Blick nicht. Denn der

Frankiermaschinen-Hersteller agiert mit zwei großen Wettbewerbern in einem oligopolistischen Markt mit hohen Eintrittsbarrieren. Die Herausforderung besteht darin, die Konkurrenzfähigkeit auf der Kostenseite zu erhalten. Mit der Strategie ACT – das steht für Attack, Customer Journey und Transformation – sowie mit dem Effizienzsteigerungsprogramm „Jump" gelingt es dem Unternehmen bislang, die Kostennachteile gegenüber internationalen Wettbewerbern auszugleichen.

Für Ex-CEO Günther bedeuten populistische Bestrebungen in vielen Regierungen mehr Unsicherheit. Dennoch beurteilt er das Auslandsgeschäft als positiv: „Mit der internationalen Ausrichtung diversifizieren wir unser Geschäft und damit unser Risiko." Gegen Renationalisierungsbestrebungen bieten Produktionsstätten in den Absatzmärkten einen gewissen Schutz. Francotyp-Postalia produziert zwar nur in Deutschland, aber laut Günther gewährleisten auch Vertriebsgesellschaften eine gewisse Sicherheit in ausländischen Märkten.

Positiv wirken sich sogar die Handelsbeschränkungen der US-Regierung auf den Absatz der Wärmebildkameras von Mobotix aus. Diese lassen sich nämlich zur Hautoberflächen-Temperaturmessung einsetzen, was in dem vom Corona-Virus geplagten Land gefragt ist. Die Messungen lassen Rückschlüsse auf potenzielle Covid-19-Erkrankungen zu. Die Zulassung bei der Gesundheitsbehörde FDA zieht

Interview

„Viele Unternehmen haben sich auf China ausgeruht"

Prof. Svenja Falk, Managing Director bei Accenture Research, über die Hindernisse mittelständischer Unternehmen bei ihrer Internationalisierung.

Frau Professor Falk, der „Internationalisierungsbericht 2020" der Förderbank KfW sieht die Auslandsumsätze von Mittelständlern in 2018 unter dem Niveau von 2011. Sind globale Geschäfte nicht mehr die großen Wachstumsbringer?
Svenja Falk: Internationalisierung ist durch geopolitische Konstellationen und Verschiebungen ökonomischer Macht nach Asien erheblich schwieriger geworden. Darum sind kluge Strategien zu entwickeln, um in den Märkten weiterhin gut präsent zu sein. Viele Unternehmen haben sich auf China ausgeruht, das sich jetzt stark bemüht, in entscheidenden Wachstumsindustrien von ausländischen Unternehmen unabhängig zu werden. Internationalisierung als Strategie aufzugeben, bedeutet das aber nicht.

© Accenture Research

Svenja Falk leitet Accenture Research, verantwortlich für Markt- und Trendstudien.

Welche Risiken ergeben sich aus der Internationalisierung speziell für Mittelständler?
Unternehmen können sich verheben, wenn sie die Komplexität unterschätzen. Interkulturelles Management ist ein Thema, das zwar jetzt nicht mehr so präsent, aber immer noch relevant ist. Es ist etwas anderes, eine Fabrik in Shanghai oder in Detmold zu betreiben. Dann haben wir die großen Themen von Diebstahl geistigen Eigentums und

Cyber-Kriminalität. Dies sind nicht gerade triviale Themen. Deutschland hat die Hälfte der weltweiten Hidden Champions, die ein Produkt auf Weltmärkten verkaufen. Diese Kronjuwelen müssen sie schützen.

Wie geht ein Unternehmen strategisch klug ins Ausland?
Man muss nicht überall unterwegs sein. Große Unternehmen sind in 50 und mehr Märkten vertreten. Damit wächst die Komplexität. Es ist schwer zu überblicken, welche Bedingungen in den einzelnen Märkten herrschen. Deshalb muss ein Unternehmen prüfen, wo es mit welcher Markteintrittsstrategie hin möchte. Es kann Formate wählen, die für einen Markt und damit verbundene Risiken optimal erscheinen.

Sanktionen, Handelskonflikte, Renationalisierung und Boykottaufrufe. Welche Märkte sind noch attraktiv?
Unternehmen haben, wenn es um Absatzmärkte ging, in den vergangenen Jahren hauptsächlich nach China und den USA geschaut. Blickt man entlang der Seidenstraße, ist es spannend zu sehen, wie sich diese Länder aufstellen. Und es gibt viele Teile der Welt, über die wir noch nicht richtig nachgedacht haben.

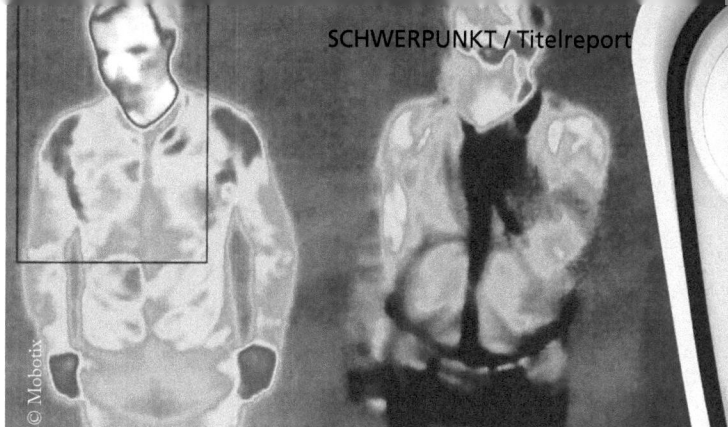

Hightech-Klebstoffe von Delo kommen weltweit unter anderem in der Mikroelektronik zum Einsatz.

Die Zulassung seiner Wärmebildkamera als Medizinprodukt in den USA zieht Mobotix in Betracht.

Mobotix in Betracht. Derzeit gilt eine Ausnahmeregelung. „Wenn wir die Zertifizierung erhalten, haben wir eine andere Position auf dem US-Markt", freut sich Finanzchef Klaus Kiener. Vom Handelskonflikt zwischen China und den USA profitiert Mobotix, weil man keine Bauteile aus China bezieht, wie das „Formblatt NDAA 889" bestätigt. Damit kann das Unternehmen weiteres Umsatzpotenzial heben, denn es erfüllt die Regularien. Solche Risikominderer sind nicht die Regel. Mobotix ist nicht gefeit vor makro- oder mikroökonomischen Risiken. Auf der Absatzseite sieht Kiener die Internationalisierung als Vorteil. Hiermit ist es leichter, zu diversifizieren und das Risiko zu streuen. Dagegen hält der CFO die Gefahr auf der Beschaffungsseite für bedrohlicher, weil Lieferketten etwa im Katastrophenfall abreißen können.

Delo setzt auf Diversifizierung von Märkten und Branchen

Klebstoffspezialist Delo setzt auf die Diversifizierung von Märkten und Branchen, um Risiken im internationalen Geschäft zu vermeiden und Chancen zu nutzen. „Diese breite Positionierung macht uns unabhängig von einzelnen Ländern und Sparten", hebt Geschäftsführer Saller hervor. Diese Strategie bewährte sich während der Corona-Pandemie: So sprang der chinesische Markt schon wieder an, als der Lockdown die hiesige Wirtschaft im Frühjahr einschränkte.

Nachhaltiges Wachstum ist für Mittelständler erstrebenswert. Mit systematischer Strategie und Umsetzung sind Risiken zu identifizieren, zu analysieren und zu bewerten. Über globale Marktstudien verschafft sich Mobotix den Überblick über Gefahren im Auslandsgeschäft. „So können wir mikro- und makroökonomische Themen gut beurteilen, die für unseren Absatz eine negative Rolle spielen könnten", berichtet Kiener. Auf der Beschaffungsseite hilft die Software „Silicon Expert" bei der Identifizierung von Risiken. Sie zeigt unter anderem, ob Konzentrationen von Lieferanten vorliegen beziehungsweise Komponentenengpässe auftreten könnten. Ein Risiko-Management-System, das für börsennotierte Unternehmen wie Mobotix zur Pflicht zählt, ist installiert. Damit sei das

Unternehmen bei bestandsgefährdeten Risiken in der Lage, rechtzeitig zu handeln, statt den Super-GAU zuzulassen.

Bei Vorwerk gehört zum Risiko-Management ein kontinuierlicher Prozess: Der Hersteller von Haushaltsgeräten beschreibt im Geschäftsbericht, dass er Risiken mindestens zweimal pro Jahr identifiziert und quantifiziert. Jeder Geschäftsbereich überwacht davon unabhängig die Entwicklung von Risiken und ist verpflichtet, risikosteigernde Auffälligkeiten sofort zu melden und Gegenmaßnahmen einzuleiten.

Aufbau qualifizierter Experten mit Kenntnis der Landeskultur

Die Absicherung basiert bei Delo auf klaren Zielen, mehr Kommunikation und dem Aufbau qualifizierter Experten in den Regionen. Zur Verteidigung der Wettbewerbsposition investiert der Industrieklebstoff-Hersteller rund 15 Prozent des Umsatzes in F&E. Zudem entstanden Lager und Labore an den Standorten, um vor Ort die Bauteile verkleben und testen zu können. Robert Saller setzt auf schlanke Strukturen. Sie ermöglichen, schnell und flexibel auf Veränderungen im Markt zu reagieren. Ein weiterer Pluspunkt des Weltmarktführers: „Da wir uns als Familienunternehmen durch Eigenkapital finanzieren, können wir Marktverschiebungen länger aussitzen als börsennotierte Unternehmen."

In soliden Unternehmensfinanzen sieht Francotyp-Postalia große Vorteile. Sie ermöglichen, zeitnah und flexibel auf

Kompakt

▶ Die Internationalisierung dient vielen mittelständischen Unternehmen als Wachstumstreiber.

▶ Mit der Zahl ausländischer Absatzmärkte steigt für Mittelständler die Komplexität.

▶ Politische und wirtschaftliche Einflüsse erhöhen das Gefahrenpotenzial.

▶ Gefahren beherrschen Unternehmensführungen besser mit einem Risiko-Management-System.

Delo-Geschäftsführer Robert Saller: „Familienunternehmen können Marktverschiebungen länger aussitzen."

Mobotix-Finanzchef Klaus Kiener: „Auf der Absatzseite lässt es sich leichter diversifizieren und das Risiko streuen."

notwendige Investitionsvorgaben zu reagieren. Dabei sorgen stabile Erlöse aus dem Geschäftsmodell mit Frankiermaschinen für Krisenresistenz. Das versetzt die Berliner in die Lage, die Marktanteile im traditionellen und eher schrumpfenden Kerngeschäft physischer Kommunikation zu steigern, um damit die Umsätze zu verbessern. Zudem sind gezielt neue digitale Geschäftsfelder aufzubauen.

Mit systematischer Beobachtung und Analyse der Auslandsmärkte sowie mit flachen Hierarchien feilt das Unternehmen an seiner Reaktionsfähigkeit. Einflüssen auf das Geschäftsmodell kann Francotyp-Postalia dadurch schneller begegnen. In den Auslandsgesellschaften arbeiten überwiegend Manager, die aus dem jeweiligen Land stammen und mit den lokalen Besonderheiten vertraut sind. Mit dieser Führungskräftestruktur bleiben die Berliner nah an den wirtschaftlichen und politischen Entwicklungen. Francotyp-Postalia arbeitet intensiv an der Standardisierung etwa von

Prozessen, Kennzahlen, Leistungsversprechen oder Verträgen. „Abweichungen vom Standard müssen durch landesspezifische Erfordernisse begründet sein, sodass sie transparent im Headquarter nachvollziehbar sind", verlangt Günther.

Vorausschauend innovative Produkte und gepflegte Kundenbeziehungen

Trotz aller Maßnahmen können sich Unternehmen negativen Entwicklungen im Internationalen nicht entziehen. Denn Unsicherheiten im Welthandel verursachen mitunter Zurückhaltung auf Kundenseite oder bewirken Schwankungen in der Nachfrage. Für Delo-Geschäftsführer Saller eine der größten Herausforderungen im globalen Geschäft: „Als Unternehmen muss man vorausschauend und innovativ sein, um jetzt schon Produkte zu entwickeln, die erst in einigen Jahren nachgefragt werden, und vor allem Kundenbeziehungen pflegen."

Mittelständler haben den Vorteil, dass sie schneller und damit besser auf Risiken reagieren können als Konzerne mit komplexen Organisationsstrukturen. Deshalb haben mittelständische Unternehmen für Accenture-Expertin Svenja Falk gute Chancen in der Internationalisierung, wenn es ihnen gelingt, bislang fehlende Skaleneffekte dann positiv zu nutzen. Allerdings rät die Professorin kompromisslos zum Abbruch im Ausland, „wenn die Dinge richtig knatschen". „Dann", sagt sie, „muss man sie lassen."

Matrix zur Risikobewertung

Effekte durch Aspekte im Auslandsgeschäft im Ergebnis

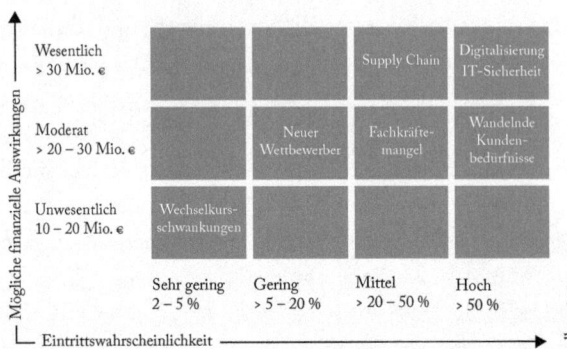

Risiko-Management-Systeme klassifizieren Gefahren nach Eintrittswahrscheinlichkeit und Auswirkungen auf die Ertragslage.

Peter Hanser, Diplom-Ökonom, mehr als 30 Jahre im Wirtschaftsjournalismus und von Anfang an für „return" aktiv, hat diesmal fleißig Fakten zum Für und Wider der Internationalisierung gesammelt. Lesenswert ist übrigens auch sein Firmenprofil über den Mittelständler ZSK, der in 80 Ländern vertreten ist, auf Seite 40.

Chance zum Krisenausgleich
Wie Würth die eigene Internationalisierung kultiviert

Ich wollte schon immer wissen: Was ist hinterm Berg und ums Eck? Die Neugier hat mich angetrieben. Mein Vater war mein Vorbild: Er hat mich früh dazu motiviert, den Schritt ins Ausland zu wagen. So gründeten wir bereits 1962 die erste Auslandsgesellschaft in den Niederlanden. Sicher eine meiner weitreichendsten strategischen Entscheidungen. Für mich war schnell klar: Der Schlüssel zum Erfolg liegt im Wachstum.

Das monumentale Triptychon des Schweizer Malers Giovanni Segantini greift diesen Prozess trefflich auf. Ich betone unermüdlich, dass wir unser Unternehmen im Zustand des Werdens halten müssen, weil sonst die Phase des Seins und damit des Vergehens unweigerlich näher rückt. Auf die Niederlande folgten die Schweiz, Österreich, Italien, Belgien, Dänemark und Frankreich. Für uns war es logisch, in Länder zu gehen, die an Deutschland grenzen, weil die Kulturkreise einander ähneln. Trotzdem war die Internationalisierung nicht am Reißbrett geplant. Sie war geprägt von Zufällen. Wir folgten keinen schlauen Management-Theorien. Wir betrachteten in den Ländern die Rahmenbedingungen sowie die geografische, politische und wirtschaftliche Situation. Wir entwickelten Ideen und haben dann einfach gemacht.

Die große Kunst der Verknüpfung

Entscheidend: Wir arbeiten mit den Menschen zusammen, die vor Ort tätig sind. Die Mitarbeiterinnen und Mitarbeiter, die direkt aus dem jeweiligen Kulturkreis kommen, verstehen und orientieren sich viel schneller und leichter. Den Versuch, unser Verständnis irgendwem überzustülpen, erachte ich als sinnlos. Das eigene Know-how mit den Stärken im jeweiligen Land als Synergie zu verknüpfen und erfolgreich zu nutzen – das ist große Kunst! Beides losgelöst voneinander zu betrachten, wird nie funktionieren.

Die Internationalisierung, aber auch die Diversifikation in verschiedene Branchen und Wirtschaftszweige birgt immer die Chance zum Krisenausgleich. Die Corona-Krise hat uns dies deutlich vor Augen geführt. Auch wenn uns diese weltweite Pandemie genauso getroffen hat wie andere Unternehmen, so haben wir es doch geschafft, die Würth-Gruppe in ihrer Gesamtheit gut auszubalancieren.

Das liegt zum einen innerhalb der Würth-Linie an der strategischen Ausrichtung zum Multikanalvertrieb, mit dessen digitalen Möglichkeiten wir eine Antwort auf die Kontaktbeschränkungen bieten. Zum anderen hilft uns, dass die Würth-Gruppe über viele Länder und Geschäftsbereiche hinweg sehr heterogen aufgestellt ist. Die Pandemie bewegt sich ja wie eine Welle über den Globus hinweg. Als sie in Europa ihren Höhepunkt erreichte, zeigten sich in Asien erste Anzeichen der Erholung.

Voneinander lernen und von Erfahrungen profitieren

Diese fortlaufende geografische Bewegung der Pandemie sorgte dafür, dass die Länder, in denen wir am Markt aktiv sind, zu unterschiedlichen Zeitpunkten erfasst wurden. Ging es einer Region schlecht, konnten wir das in anderen Regionen abfedern. Wir profitieren von Erfahrungen und lernen voneinander. Gleiches gilt für Branchen, in denen wir aktiv sind. So war das Baugewerbe nach wie vor gut unterwegs, während die Automobilindustrie schwächelte.

Heute ist die Würth-Gruppe mit mehr als 400 Gesellschaften in mehr als 80 Ländern aktiv. Wir beschäftigen mehr 78.000 Mitarbeiterinnen und Mitarbeiter, die im vergangenen Jahr weltweit einen konsolidierten Außenumsatz von 14,3 Milliarden Euro erwirtschaftet haben – eine Internationalisierungsgeschichte, die Völkerverständigung als Auftrag ihrer Unternehmenskultur versteht. Wenn so viele Nationen, Kulturen und Menschen vereint unter einem Dach für eine gute Zukunft arbeiten, ist Internationalisierung mehr als ein Unternehmenszweck. Darüber sollten wir alle gerade in der heutigen Zeit auch nachdenken.

Autor Reinhold Würth ist Vorsitzender des Stiftungsaufsichtsrats der Würth-Gruppe und feierte 2019 sein 70-jähriges Arbeitsjubiläum sowie in diesem Jahr seinen 85. Geburtstag und das 75-jährige Bestehen seines Unternehmens, dessen Erfolgsgeschichte sicher mit ihm und auch mit der weltweiten Internationalisierung zusammenhängt.

„Überall lokale Teams vor Ort"

Phoenix Contact ist mit klassischen Tugenden eines Mittelständlers international erfolgreich. Warum dies auch mit Regelbrüchen gelingt, erklärt CEO Frank Stührenberg im Interview.

Herr Stührenberg, der letzte CEO aus der Gesellschafterfamilie, Klaus Eisert, hat dem „Handelsblatt" einst gesagt, er habe ein Faible für die Provinz. Lässt sich das prima mit dem Erfolg auf internationaler Ebene verbinden?

Frank Stührenberg: Das Thema „Provinz" hat damit wenig zu tun. Die größten und wichtigsten unserer Wettbewerber im Bereich Verbindungstechnik, Interface-Module, Automatisierungstechnik und Reihenklemmen haben ihren Sitz in einem Umkreis von rund 50 Kilometern um uns herum. Das sind Firmen wie Weidmüller, Harting, Wago – alles große Familienunternehmen. Regional gesehen ist hier sicher Provinz, wir müssen immer eine Stunde früher aufstehen, um zeitig zu einem Flieger oder zum Bahnhof zu kommen.

Also ist Blomberg technologisch mittendrin?

Was unsere technischen Themen angeht, haben wir uns stets im Zentrum des Geschehens gefühlt. Auch im Ausland haben wir daher keine Angst vor der Provinz. In den USA sind wir in Harrisburg, in Spanien in Oviedo und in China in Nanjing mit Tochtergesellschaften vertreten. Das sind verglichen mit Blomberg natürlich alles Metropolen. Aber so mancher fragte uns, wie wir auf die Idee kämen, nicht nach Peking zu gehen.

Wie kamen Sie denn auf die Idee?

Viel wichtiger als Standort-Analysen oder Marktpotenzial-Untersuchungen ist es meistens, die richtigen Personen vor Ort zu finden. Das war die Strategie von Gerd Eisert, dem Bruder von Klaus Eisert, der damals maßgeblich das Engagement im Ausland vorangetrieben hat. Diese Herangehensweise habe ich dann übernommen, als ich verantwortlich für den internationalen Vertrieb wurde. Bis in die 2000er Jahre hinein haben wir Auslandsgesellschaften, inzwischen sind es 55, immer so gegründet, dass wir zunächst sondiert haben, mit wem vor Ort wir das sinnvoll umsetzen können. Wir

haben eine Person gesucht, die kulturell zu uns passt, die vom technologischen Verständnis her und vom unternehmerischen Mut zu uns passt. Das hat dazu geführt, dass wir bis heute überall ein lokales Team vor Ort haben, jeweils bis in die Spitze. Wir haben nie mit der Idee gearbeitet, von der deutschen Zentrale aus Menschen in die Welt zu schicken.

> „Wir haben nie so gearbeitet, von der deutschen Zentrale aus Menschen in die Welt zu schicken."
> Frank Stührenberg

Mit zwei Berliner Gesellschaften, Phoenix Smart Business und Cyber Security, haben Sie nun zwei Standbeine in einer Metropole. Das Ende der Liebe zur Provinz?

Das nicht, aber wir sind inzwischen in technologischen Feldern tätig, die nicht mehr der klassischen Industrie zugeordnet werden können. Um uns in die neuen Themen einzuarbeiten und auch für andere Zielgruppen attraktiver zu machen, verfügen wir seit einigen Jahren über einen Corporate-Venture-Capital-Arm. Mit diesem haben wir uns zunächst an der ehemaligen Smart B Energy Management GmbH beteiligt und das Start-up dann übernommen. Es ist heute Kompetenzzentrum für alle softwarebasierten Services, die mit unseren Geräten verbunden sind. Finden wir etwa zum Thema Data Analytics in Bad Pyrmont oder Lemgo keine geeigneten Fachkräfte, treffen wir sie vielleicht in Berlin an. Wir denken nicht in den Kategorien wie Provinz und Metropole oder national und international. Natürlich hat das alles eine Bedeutung, aber für uns ist es einer der wichtigen Kulturpfade, dass wir uns als international aufgestellte Gruppe empfinden. Wir müssen die Stärken, die wir in China haben, mit den Kompetenzen kombinieren, die in Deutschland vorhanden sind, und mit dem Fertigungswissen abrunden, das es in Polen gibt.

Phoenix Contact ist seit Mitte der 80er Jahre in der Schweiz, Schweden und den USA vertreten. Warum seit diesem Zeitpunkt?

Zur Gründung im Jahr 1923 war man mit den Hauptprodukten, den Reihenklemmen, noch sehr auf die damals

SCHWERPUNKT / Interview

© Phönix Contact

CEO Frank Stührenberg leitet seit Januar 2015 die Phoenix Contact GmbH & Co. KG, die mit Verbindungs- und Automatisierungstechnik weltweit zum Marktführer in der Elektrotechnik aufgestiegen ist. Er arbeitet schon seit rund 30 Jahren im Unternehmen, davon fast 20 Jahre in der Geschäftsführung. Zuvor war er Vertriebsleiter Deutschland und Leiter des internationalen Key Account Managements. Seine Vorliebe für Software-getriebene Innovation kommt aber auch nicht von ungefähr: Der 58-Jährige studierte Wirtschaftswissenschaften mit Schwerpunkt Wirtschaftsinformatik und begann seine berufliche Karriere bei Nixdorf.

stark national angelegte Energieversorgung ausgerichtet. Im Wirtschaftswunder nach dem Krieg fingen viele andere Unternehmen an, sich international aufzustellen. Bei Phoenix Contact war man noch dem deutschen Markt verhaftet – und hat sich damit gut entwickelt. Klaus Eisert sagte lange Jahre, eigentlich haben wir in Deutschland genug zu tun. Mitte/Ende der 70er Jahre kam Gerd Eisert ins Unternehmen. Der Bruder von Klaus war kein Ingenieur, sondern sah als Kaufmann stärker auf Themen wie Marktvolumen und wollte sich nicht auf den kleinen Fleck in Europa beschränken.

Warum hat Phoenix Contact ausgerechnet in den genannten Staaten mit der Auslandsexpansion begonnen?
Einer unserer größten Kunden war das Unternehmen, das heute ABB heißt. Es hat ja einen Schweizer und einen schwedischen Arm. Und weil es ein großer und fordernder Kunde war, ergaben sich die Niederlassungen in diesen Ländern. Die USA ergänzten das, da diese nach damaliger Lesart natürlich den größten Markt außerhalb Europas darstellten. Das war keine Raketenwissenschaft. Es waren zum Teil kundenbezogene, zum Teil marktbezogene Entscheidungen.

Die Auslandstöchter von Phoenix Contact waren doch zunächst reine Vertriebsstandorte, oder?

Ja, Produktionsstandorte kamen erst später hinzu. Wir haben bis heute relativ wenig Fertigung im Ausland, das sind nur elf Standorte. Viele unserer Produkte – ich sprach schon von den Reihenklemmen – werden in sehr großen Stückzahlen hergestellt. Von einer kleinen Leiterplattenklemme produzieren wir Hunderte von Millionen pro Jahr. Da sind Skalierbarkeit und Volumen die großen Hebel, was Kosten und Produktivität angeht. Erst sehr spät, als die Größenvorteile in Deutschland ausgeschöpft waren, haben wir die Internationalisierung und Vorteile anderer Standorte wahrgenommen. Unsere Vertriebsgesellschaften waren aber von Anfang an „full scale", wie wir das nennen. Sie verantworten den gesamten Vertriebsprozess von der Anbahnung über die logistische Abwicklung bis zur Rechnungslegung. Daher haben wir auch in fast allen Vertriebsgesellschaften ein eigenes Lager. So sind ergänzende Services wie Klemmen-Vormontage oder kundenindividuelle Beschriftungen sowie Support vor Ort möglich.

Mitte der 90er Jahre eröffnete das erste Büro der Auslandshandelskammer „Greater China" in Shanghai auf dem Festland. Wie betritt man Neuland?
Bei Großkonzernen kommt in der Regel der Griff zum Telefonhörer, um eine Unternehmensberatung anzurufen, mit der

Eigene System-Software
für die Auslandsexpansion

Die Entwicklung von Phoenix Contact bringt CEO Frank Stührenberg so auf den Punkt: „Als ich 1992 ins Unternehmen eintrat, erwirtschafteten wir noch 60 Prozent des Umsatzes in Deutschland. Heute kommen 70 bis 75 Prozent aus dem Ausland." Aktuell erzielt das Unternehmen mit mehr als 17.000 Beschäftigten weltweit rund 2,5 Milliarden Euro. Die Hälfte von ihnen steht hierzulande in Lohn und Brot. Viele der deutschen Standorte liegen rund um Blomberg, südöstlich von Bielefeld.

Das Portfolio, das mit eher simplen Klemmen begann, bietet heute Lösungen wie elektronische Automatisierungsplattformen inklusive App-Store. Die Präsenz sichern 55 Auslandsgesellschaften, die ersten entstanden Anfang der 80er Jahre. Logisch, dass ein technisch getriebenes Unternehmen ausgeklügelte Software nutzt, um in der Auslandsexpansion nicht den Überblick zu verlieren. Dazu startete Phoenix Contact vor fünf Jahren ein System für das eigene internationale Beteiligungs-Management.

www.phoenixcontact.com

Hauptsitz von Phoenix Contact ist Blomberg bei Bielefeld, aber das globale Geschäft überwiegt.

man ein entsprechendes Projekt aufsetzt. Wir dagegen sind ähnlich wie bei den ersten Engagements vorgegangen. Wir hatten schon Kunden in China, die in Deutschland bestellten, also auf eigene Rechnung importierten, weil sie die jeweiligen Produkte in China nicht bekamen. Unsere Geschäftsleitung hat die Kunden kontaktiert, um abzusprechen, ob man nicht gemeinsam vor Ort etwas aufbauen wolle. Der eine konnte nicht, der andere wollte nicht. Mit dem Nanjing Automation Research Institute (NARI) klappte es dann aber. Damals war es noch nicht möglich, eine hundertprozentige Tochter in China zu gründen, es musste also ein Joint Venture sein. NARI erklärte sich als Partner dazu bereit.

Wie fanden Sie China damals als Markt vor?

China war damals schon auf dem Weg in Richtung Hightech. Mit Klemmen zu punkten war zunächst nicht einfach. Doch unser Partner erkannte das Potenzial, das in der Vernetzung liegt. Wir haben inzwischen eine Reihe weiterer Gesellschaften in China, aber NARI ist weiterhin unser Partner in dem Joint Venture und nach wie vor ein großer Kunde. Wir haben derzeit eine Holding auf nationaler Ebene in China mit sechs Gesellschaften und beschäftigen mehr als 2.500 Menschen in China, nach wie vor ein chinesisches Team.

War Phoenix Contact in China insbesondere anfangs von Produktpiraterie stark betroffen?

Das haben wir selbstverständlich erlebt. Anfangs hat man über gleiche Farben und ähnliche Logos viel versucht. Wir haben uns aber nicht in Grabenkämpfe verwickeln lassen. Wir wollten uns stattdessen so tief im chinesischen Markt etablieren, dass wir als eigenständiges und China zugewandtes Unternehmen wahrgenommen werden. Wenn Sie heute in China jemanden aus der Branche fragen, der uns einigermaßen kennt, was das Besondere an Phoenix Contact ist, dann würde er sicher antworten: „Immer noch zu 100 Prozent chinesisch." Irgendwann haben Kopierer aufgehört, unsere Produkte nachzumachen, weil die chinesischen Kunden lieber das Original haben wollten.

Haben staatliche Restriktionen Ihre Aufbauarbeit in China behindert, wie Unternehmen mitunter beklagen?

Wir bewegen uns dort zwar im bürokratischen Dickicht, und es ist längst nicht so einfach wie beispielsweise in den USA, sich in China zu beteiligen. Aber wir haben, auch bei Unternehmen zu Software oder E-Commerce, keine staatlichen Beschränkungen erlebt. Etwa nach dem Motto „Einsteigen kann man, ihr allerdings nicht, weil ihr ein deutsches Unternehmen seid". Doch das verbreitete Bashing gegenüber China, nach dem sich der Staat überall beteiligen wolle und den Markt abschotte, kann ich aus unserer Perspektive nicht bestätigen.

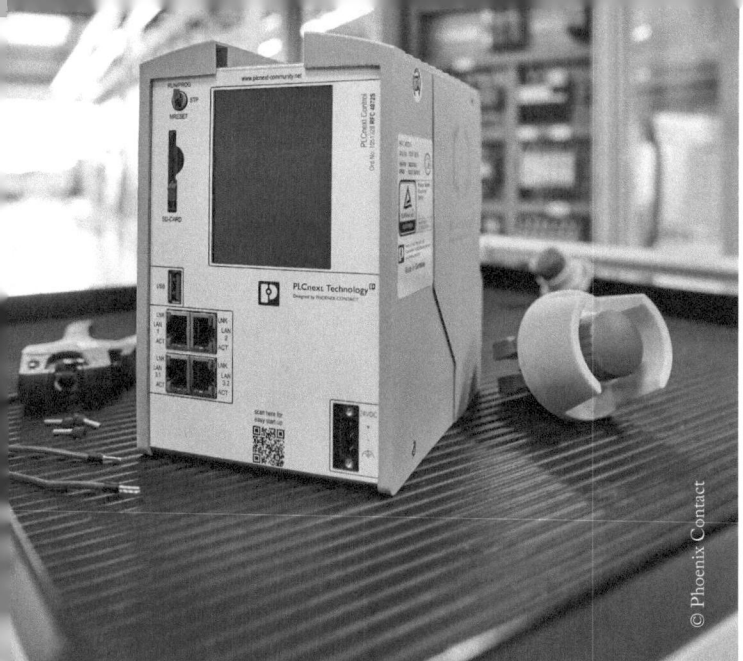

Hohe Sicherheit: Der Remote Field Controller RFC 4072S ist die erste Hochleistungssteuerung für Maschinen mit „PLCnext Technology" für favorisierte Programmiersprachen.

Globaler Auftritt: Messen in aller Welt sind für Phoenix Contact wichtige Marktplätze für den Austausch mit internationalen Interessenten.

Ihr Leitspruch lautet seit 2005 „Inspiring Innovations". Weil Phoenix Contact immer elektronischer und digitaler, aber auch internationaler wurde?

Nachdem wir immer mehr Komponenten zur aktiven Vernetzung anboten, ließ sich unser Portfolio nicht mehr mit Interface umschreiben. Vom Feldbus-System ging es in die Ethernet-Vernetzung, wir stellten Industrie-PCs zur Verfügung, befanden uns inzwischen mitten in der Welt der Steuerung. Technologisch haben wir zunächst nicht so viel anders gemacht als die anderen. Dann haben wir aber gemerkt, dass wir vermutlich erfolgreicher sind, wenn wir uns als Regelbrecher verhalten.

Wie verstehen Sie diese Rolle?

Die meisten Steuerungselemente, die es gibt, sind proprietär, also von einer Programmierumgebung abhängig. Wir haben uns am Open-Source-Konzept der IT-Welt orientiert und mit „PLCnext Technology" eine offene Hardware-Plattform geschaffen. Sie ist für jede Programmierumgebung offen und bildet die industriellen Notwendigkeiten wie Echtzeitfähigkeit ab. Wir wollten einen Store, in dem jeder Anbieter frei Funktionen offerieren kann, die auf dieser Plattform laufen, ob er etwas mit Phoenix Contact zu tun hat oder nicht. Außerdem müssen wir ermöglichen, dass diese Software auf Hardware läuft, die nicht von uns stammt. Das japanische Unternehmen Yaskawa, mittlerweile zweitgrößter Roboter-Hersteller der Welt, setzt jetzt Teile seiner Steuerung ebenfalls auf PLCnext Technology auf. Damit haben Yaskawa-Kunden auch Zugriff auf den Store. Wir bekommen eine Lizenzgebühr, aber weder die Steuerung noch die Interfaces – eigentlich unser klassisches Geschäft – sind von uns. Eine hoch spannende Entwicklung, die so nicht vorhersehbar war.

Befüllen Sie den Store auch international?

Ja, eines der ersten Unternehmen, die eine App beigesteuert haben, war eine israelische Firma. Die Internationalität, die mit einer derartigen Plattform verbunden ist, bringt zahlreiche Herausforderungen mit sich. Wenn der Anbieter aus Schweden ist, die Plattform aus Deutschland und der Kunde vielleicht aus Österreich, dann stellen sich schon beim Rechnungsformat viele Fragen zur Abwicklung. Das ist alles andere als trivial, zumal die Plattform alles in Sekunden entscheiden muss. Da merkt man schnell, dass es in der Praxis doch deutlich schwieriger ist, eine solche Plattform aufzubauen als gedacht. Wir sind sehr froh, dass wir die ersten Schritte gegangen sind. Denn wir glauben, dass es wichtig ist, Store-Konzepte in Zukunft umfassend zu beherrschen, was weit über unser bisheriges Geschäftsfeld hinausgeht.

Phoenix Contact E-Mobility ist ein Investment in die Zukunft, denn noch ist ja der Fehlbetrag etwa so hoch wie der Rohertrag. Wird es sich langfristig lohnen?

Wir gehen davon aus, dass Elektromobilität ein enormes Potenzial hat. Das hängt zum einen mit den Anforderungen an die Ladeinfrastruktur zusammen. Allein schon hinter der Ladesäule muss ein detailliertes Energie- und auch Quartiers-Management stehen. Das ist eigentlich klassische Energieverteilung, hier sehen wir viele Möglichkeiten für unsere Produkte. Insgesamt ist das ein gigantisches Thema. Noch längst nicht alle haben erfasst, wie intensiv wir unser Energiesystem umstellen müssen, wenn wirklich die Hälfte der Fahrzeuge in Europa elektrisch fährt. Die zweite Facette besteht für uns darin, dass wir in der E-Mobilität mit den Fahrzeug-Inlets zum ersten Mal ein Automobilzulieferer sind. Das Inlet wird dabei zum Kommunikations-Interface

© Phoenix Contact

Das Ecosystem für industrielle Automatisierung kombiniert Steuerungsplattform, Engineering Software und Software-Marktplatz.

für das Internet der Dinge. Das Auto vernetzt sich darüber zum Beispiel mit dem Energiesystem und kann so, wenn der Ladestecker zuhause in die Wallbox eingesteckt wird, ebenfalls zum Energiespeicher werden.

Gigantisch dürfte das Potenzial in China sein.
Ja, die Chinesen schreiben in ihre Fünfjahrespläne, wie wichtig ihnen Elektromobilität ist und dass sie es möglichst national betreiben wollen. Man möchte eben nicht mehr in die IT-Falle laufen und abhängig von amerikanischen Chips werden – wie Huawei. Das wird China nicht mehr passieren. Wir müssen uns daher auch hier wieder zu einem Teil der chinesischen Welt machen.

Wie stellen Sie das an?
Wir haben schon vor drei Jahren die erste Tochtergesellschaft der Phoenix Contact E-Mobility in China gegründet. Vor Kurzem sind wir außerdem eine strategische Partnerschaft mit dem größten chinesischen Infrastrukturhersteller T-Good eingegangen. Das ist ein gewaltiges Unternehmen, von dem 40 Prozent der aktuellen Ladesäulen in China stammen. Ziel der Partnerschaft ist ein Joint Venture für automatisiertes Laden.

> „Wir müssen uns
> wieder zu einem Teil
> der chinesischen Welt machen."
> Frank Stührenberg

Sie haben eine „Agenda 2023" aufgelegt, die das Unternehmen ins Jubiläumsjahr führen soll. Dann wäre vielleicht auch wieder ein neuer Slogan fällig. Wie könnte der lauten?
Der Slogan unter dem Logo ist viel Markenführung und derzeit noch völlig offen. Aber das Motto der Jubiläumsdekade steht schon fest, denn wir werden künftig noch internationaler werden. Unser gewähltes Motto lautet „Empowering the All Electric Society".
Wir sind der Ansicht, dass die maximale Elektrifizierung der Welt – natürlich mit erneuerbarer Energie – einen Lösungsraum bietet für fast alle Menschheitsfragen, die uns aktuell bewegen. Sei es der Klimawandel, sei die wachsende Weltbevölkerung oder sei es der Wunsch nach mehr Wohlstand in zahlreichen Ländern. Wir werden das kaum so umsetzen können, wie wir das bisher machen konnten, nämlich mit fossilen Energien.

Armin Hingst führte das Interview telefonisch mit Frank Stührenberg, CEO in der Geschäftsführung der Phoenix Contact GmbH & Co. KG. Oft schreibt unser Autor über IT-Themen, zuletzt aber beispielsweise den Titelreport in „return 04/20" über Unternehmer und ihre Krisenberater.

Vergoldete Geschäfte

Die Vectron Systems AG transformiert ihr Geschäftsmodell, indem Kunden künftig Kassensysteme kostenlos erhalten. Dies soll Partner binden, die für neue Digitaldienste zahlen und Erlöse steigern.

Der Vorstandsvorsitzende von Vectron Systems kämpft. Thomas Stümmler hat mit dem Unternehmen schon manche Krisen gemeistert, das er 1990 mitgegründete und jetzt durch die Corona-Pandemie führen muss. Gerade jetzt. Denn die Verantwortlichen bei Vectron stecken mitten in einer radikalen Transformation des Geschäftsmodells. Gerade als sich erste Erfolge der Neuausrichtung zeigten, tauchte plötzlich auch das Virus auf. Die von der Politik angeordneten Maßnahmen zu Eindämmung von Covid-19 treffen ausgerechnet die größte Kundengruppe von Vectron in erheblichem Umfang: Gaststätten und Bäckereien.

Vectron mit Sitz in Münster ist angesehener Anbieter von digitalen Kassensystemen aus Hardware, Software und Cloud Services. Für Unternehmensanalyst Malte Schaumann von Warburg Research zählt Vectron zu den „Technologie- und Innovationsführern". Von den rund 180 Mitarbeitern sei ein Drittel im Bereich Entwicklung und Produkt-Management tätig. Die meisten Kunden befänden sich im deutschsprachigen Raum sowie in den Benelux-Staaten. Hier sei Vectron mit 25 Prozent Marktanteil führend.

© Vectron Systems AG

„Wir dachten,
wir verkaufen
gar nichts mehr."

Thomas Stümmler

Stümmler schon im März 2020 wegen der ersten virusbedingten Totalschließungen durch die Politik eine schlimme Befürchtung äußerte: „Wir dachten, wir verkaufen gar nichts mehr." So heftig sei es zum Glück nicht gekommen. Mit den Lockerungen im Sommer habe sich das Geschäft wiederbelebt. Doch solange kein Impfstoff zugelassen ist, bleibt die Lage angespannt. Aktuell breitet sich eine zweite Corona-Welle aus. Und wieder kommt es zu Schließungen.

In Liquiditätsnot befindet sich Vectron nicht. „Wir sind bilanziell sehr stark", sagt Stümmler. Noch im Februar 2020 hatte das Unternehmen, das an der Wertpapierbörse in Frankfurt am Main gelistet ist, eine Kapitalerhöhung vorgenommen. Der Nettoerlös von 10,5 Millionen Euro soll überwiegend in den Ausbau des Digitalgeschäfts fließen. Aktuell verschafft das Geld dem Management und den Mitarbeitern eine komfortable Position. „Wir haben eine Eigenkapitalquote von 50 Prozent", betont der Vectron-Chef. Und weiter: „Wir haben uns frühzeitig darauf eingerichtet, dass man auch ein Jahr mit halbem Umsatz überleben können muss."

Trotz internationaler Marktpräsenz bleibt die Lage angespannt

Weitere Regionen kommen hinzu. Mit mehr als 200.000 Installationen in 30 Ländern zählt das Unternehmen eigenen Angaben zufolge zu den größten europäischen Herstellern von Kassensystemen. Am Flughafen in Prag könnten Kunden ebenso an Vectron-Kassen zahlen wie in Odeon Cinemas in London oder in Nationalparks in Kanada. Vor diesem Hintergrund wird verständlich, dass Vectron-Chef

Turbulenzen nach Zusammenbruch an der Frankfurter Wertpapierbörse

Das westfälische Unternehmen hat Erfahrung im Überlebenskampf. Im Zuge des Zusammenbruchs des Neuen Marktes an der Frankfurter Wertpapierbörse zu Beginn der 2000er Jahre geriet auch Vectron in Turbulenzen. Zwischenzeitlich übernahm Hansa Chemie International die Mehrheit, bevor Stümmler zusammen mit seinem alten Weggefährten, Jens Reckendorf, vor 14 Jahren nach Management Buyout mit anschließender Neugründung

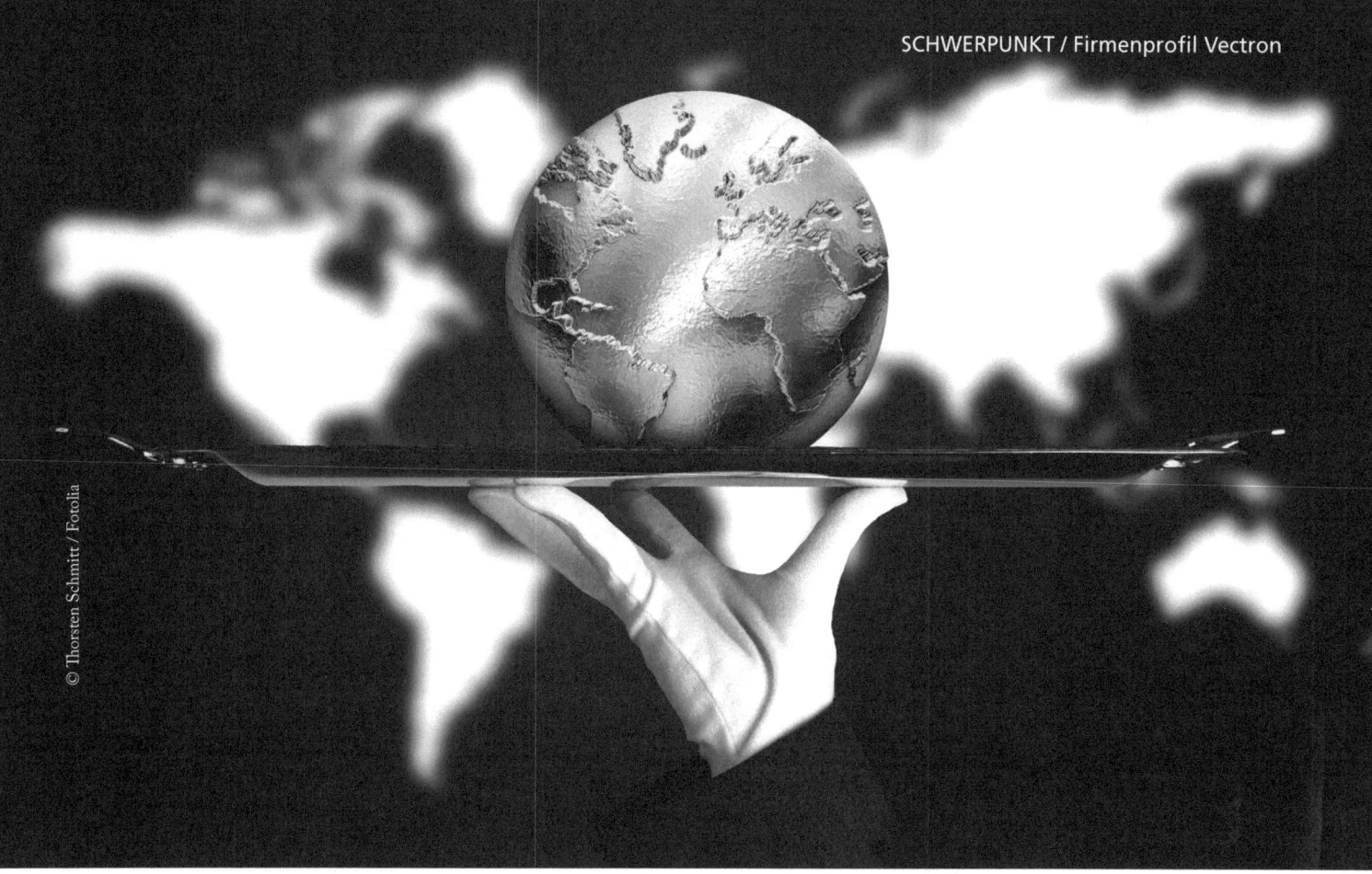

Ob in der Gastronomie oder in Bäckereien – mit ihren Kassensystemen gehört die Vectron Systems AG zu den Marktführern in vielen Branchen und zählt zu den größten Herstellern in Europa mit mehr als 200.000 Installationen in mehr als 30 Ländern.

das Kommando wieder übernahm. Auch Reckendorf hatte schon 1990 Vectron mitgegründet und sitzt im Vorstand mit Stümmler und mit Silvia Ostermann – sie seit August 2018. In dem Jahr gab es auch kurz einen anderen Vorstandsvorsitzenden. Aufgrund von Meinungsverschiedenheiten über die strategische Ausrichtung wechselte Stümmler dann nach nur kurzer Zeit als Aufsichtsratschef wieder zurück an die Vorstandsspitze.

Druck auf Geschäftsmodell zwingt zur Transformation

Auch sonst ist Vectron ständig in Bewegung. Die Wurzeln des Unternehmens liegen in der Software-Entwicklung, zusätzlich zum Hardware-Produzenten entwickelte sie sich ab 1998. Inzwischen gewinnt Software und vor allem auf ihr basierende Dienstleistungen rasant an Bedeutung für die Betreiber von Kassensystemen. Mit dem Aufkommen neuer digitaler Technologien in Wirtschaft und Gesellschaft geriet auch das Geschäftsmodell von Vectron unter Druck. Die Zeit war reif für eine weitere Transformation.

Wie groß der Handlungsbedarf für das Management war, zeigt der Umsatzeinbruch im Jahr 2018 um fast ein Viertel herunter auf rund 25 Millionen Euro. Da der Vorstand gleichzeitig die Mitarbeiterzahl für den Ausbau der digitalen

Geschäftsfelder um ein Drittel erhöhte, stand unter dem Strich ein Jahresfehlbetrag von 3,9 Millionen Euro. Wichtig zu wissen: Beim Hard- und Software-Geschäft von Vectron handelt es sich überwiegend um Einmalgeschäft. Ohnehin entwickeln sich Umsatz und Ergebnis sehr volatil. Denn großen Einfluss auf das Neugeschäft hat der Gesetzgeber.

Neue Kassensysteme gegen Steuerbetrug und Geldwäsche

Seit Anfang 2020 gilt zum Beispiel eine neue Kassensicherungsverordnung. Gaststätten, Bäckereien und andere Firmen mussten bis zum 30. September 2020 einen Auftrag zur gesetzeskonformen Umrüstung ihrer Kassensysteme erteilen. Für die technische Umsetzung gilt eine Frist bis

Kompakt

▶ Ihre Hardware kaufen Unternehmen nur alle paar Jahre, digitale Dienste generieren permanent Erlöse.

▶ Neue Geschäftsmodelle dazu lassen sich mithilfe von Partnern realisieren.

▶ Diese Art der Transformation ist durch Kapitalaufnahme vorzubereiten.

zum 31. März 2021. Auch wegen Corona gewährte der Gesetzgeber den Unternehmen einen Aufschub. Für Vectron bedeuten die Vorgaben zur Bekämpfung von Steuerbetrug und Geldwäsche eine Sonderkonjunktur, denn alte Kassen werden durch moderne Systeme ersetzt oder zumindest umgerüstet.

Dauerhafte Einnahmen aus digitalen Geschäftsmodellen

Genau diesen Schwung will der Vorstand für die Umgestaltung des Geschäftsmodells nutzen. Seit Anfang 2019 lautet das Ziel, die Abhängigkeit vom Neugeschäft zu beenden und auf stabile dauerhafte Einnahmen aus digitalen Geschäftsmodellen umzustellen. Um die Übergangszeit bilanziell abzusichern, erhöhte die Gesellschaft schon im Februar 2019 das Grundkapital, was netto 4,9 Millionen Euro in die Kasse spülte. Das Management zeichnet mehr als die Hälfte dieser Kapitalerhöhung, sodass die Gründer Stümmler (22,49 Prozent) und Reckendorf (19,05 Prozent) viele Anteile selbst halten.

Im Geschäftsjahr 2019 investierte Vectron rund 3,4 Millionen Euro in die Digitalisierung – fast 14 Prozent des Vorjahresumsatzes. Bei null fangen die Münsteraner allerdings nicht an. Schon 2010 brachte Vectron für Großkunden die Online-Service-Plattform „Bonvito" auf den Markt. Laut Vectron kann der Betreiber unter eigenem Logo unterschiedliche Dienste online mit der Kasse verknüpfen und direkt über die Kasse abwickeln. Beispielsweise für Kundenkarten, Punktesammeln, Gutscheine, Reservierungen, Bestellungen oder Bezahllösungen.

Wie Vectron auf Anfrage der „return"-Redaktion mitteilt, nutzen schon rund 6.000 Geschäfte und mehr als fünf Millionen Kunden aktuell die Plattform. Bonvito firmiert

Vom Vectron-Firmensitz in Münster gehen Kassensysteme in weltweit mehr als 30 Länder, demnächst kostenlos.

inzwischen als hundertprozentige Tochtergesellschaft von Vectron, die nur noch nicht im Konzernabschluss konsolidiert wird.

Neue Online-Service-Plattform und Zukauf von Software-Spezialisten

Zudem kaufte Vectron vor vier Jahren erst 75 Prozent und dann im vergangenen Jahr die restlichen Anteile des Start-ups Posmatic, das für Kassen-Software steht. Posmatic-Anwendungen laufen auf Apple-Geräten wie iPad und iPhone. Solche Systeme seien bei kleinen Betrieben beliebt, erklärt Vectron. Schließlich spielt die Zweitmarke Duratec in der Konzernstrategie eine wichtige Rolle, denn unter diesem Namen verkaufen die Münsteraner seit 2013 ihre Kassensysteme, die weniger Funktionalitäten als die High-End-Geräte der Marke Vectron mitbringen.

Jetzt wird´s unter dem Druck der Corona-Krise noch interessanter: Denn bis vor wenigen Jahren waren Kassensysteme noch die einzigen digitalen Lösungen in Restaurants. Inzwischen sei es für die Betreiber wichtig, in der digitalen Welt präsent zu sein. Online bestellen und reservieren, Kundenkarten abrechnen und neue Bezahlmethoden anbieten – all dies entscheide verstärkt über den Umsatz eines Betriebes.

Digitale Welten für Restaurant-Betreiber rund um Dienste in der Corona-Krise

Solche Services will Vectron künftig aus einer Hand seinen Kunden anbieten. Unter der allumfassenden Bezeichnung „Duratec Digital World" offerieren die Münsteraner ein

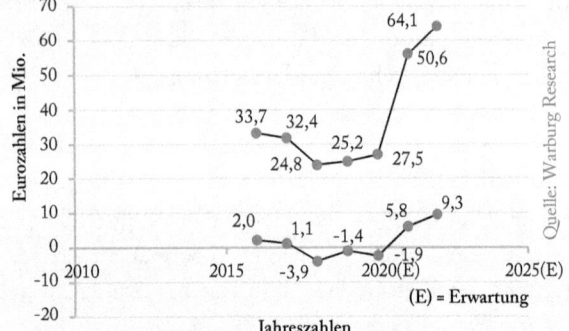

Die Kurve kriegen bei Umsatz und Gewinn
Bilanzielle Kennzahlen der Vectron Systems AG in Millionen Euro

Quelle: Warburg Research

Die Kennzahlen lassen einen Turnaround erkennen, und die Transformation des Geschäftsmodells trägt erste Früchte.

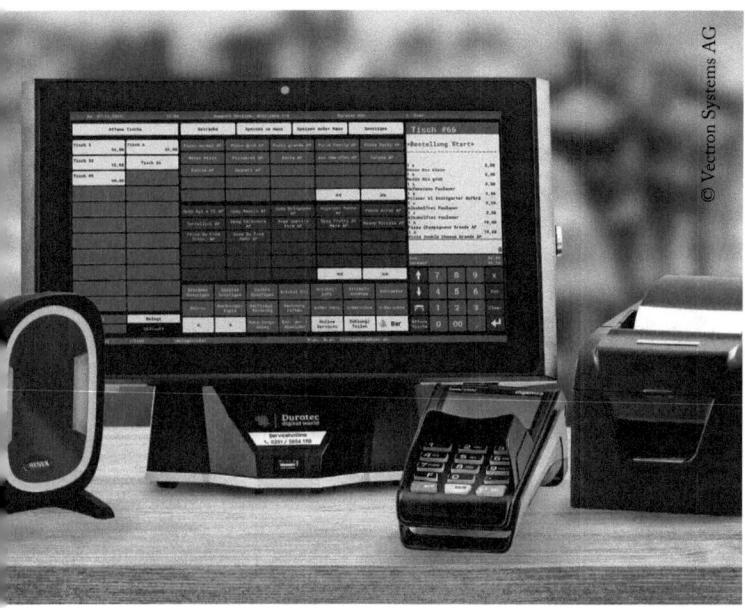

Neues System: Mit „Duratec Digital World" offeriert Vectron ein Komplettpaket in Kooperation mit drei Partner-Diensten.

Etabliertes System: Kassensysteme von Vectron sind weltweit verbreitet, etwa in der Gastronomie oder in Bäckereien.

Komplettpaket – in Kooperation mit dem Essenlieferdienst Restablo, dem Tischreservierer Resmio und dem Bonusprogrammanbieter Deutschlandcard. Unternehmensanalyst Schaumann sieht in der Zusammenarbeit „Wachstumsmöglichkeiten" über weitere Partner.

Solche Services und in Zukunft womöglich völlig neue Digitaldienste, für die je nach Kundenvertrag bei jeder Transaktion für Vectron ein Entgelt herausspringt, das hält Vorstandschef Stümmer für die Chance, sich vom schwankenden Neugeschäft zu befreien. Für die Kernmarke Vectron will er das Digitalgeschäft mithilfe des Software-as-a-Service-Angebots „myVectron" ausbauen. Mit Bonvito besitze Vectron eine gute Ausgangslage zum Sammeln von Transaktionsdaten.

> „Wir wollen das Modell im Mobilfunkmarkt auf Kassen übertragen."
>
> Thomas Stümmler

Wachstum wie einst im Mobilfunkmarkt

Das Management vermittelt Kunden seit einem Jahr ein besonderes Angebot, um das vielversprechende digitale Umsatz- und Ergebnispotenzial schnell für Vectron zu erschließen: Das Unternehmen stellt die Kasse gegen einen Mindestumsatz kostenlos zur Verfügung. Dies gilt bisher nur für die Marke Duratec. Verdienen will Vectron monatlich dadurch, dass es Dienste von Partnern wie Restablo und Resmio in die Systeme integriert. Dafür will Vectron von diesen Partnern Umsatzbeteiligungen kassieren. So sind regelmäßig Einnahmen zu erzielen, statt den Kunden alle paar Jahre eine neue Kasse zu verkaufen. Abnehmer, die lieber die Hard- und Software kaufen möchten, haben weiterhin die Möglichkeit dazu.

Vorstandschef Stümmler vergleicht das Modell mit der Situation im Mobilfunkmarkt in den 90er Jahren, als es plötzlich Handys kostenlos bei Abschluss eines Mobilfunkvertrages gab. „Das hat das Wachstum des Mobilfunkmarktes erst ermöglicht. Wir wollen dieses Modell auf den Markt für Kassen übertragen. Wir glauben, dass das die Zukunft ist", sagt er.

Das Jahr 2020 hat mit der neuen Kassensicherungsverordnung ideale Voraussetzungen für die Einführung eröffnet. Alle Kassensysteme in Deutschland benötigten eine Auffrischung oder müssten ersetzt werden. Bei der Gelegenheit könne Vectron den Kunden gleich das neue Modell erklären. Die Corona-Krise habe den Vertrieb zwar „etwas ausgebremst", aber schon jetzt hätten sich rund 1.600 Kunden für das Geschenk-gegen-Mindestumsatz-Modell ausgesprochen. Weiter kämpfen lohnt sich für Stümmler allemal, denn es wäre nicht die erste Krise, die sein Unternehmen Vectron überwunden hat.

Stefan Terliesner, Diplom-Volkswirt und seit 1996 Wirtschaftsjournalist, analysiert für „return" insbesondere Unternehmen im Wandel oder in der Wende aus Krisen. Über die Transformation seines diesmal ausgewählten Kandidaten schrieb er im Vorfeld, das Unternehmen habe „das Geschäftsmodell radikal verändert" und verdiene jetzt „an den Transaktionen über die Kassen".

Welt der Märkte

Jede Auslandspräsenz mit anderer Anforderung

Estland
Baltischer IT-Vorzeigestaat
initiiert mit Online-Hackathon
weltweiten Ideenwettbewerb

Serbien
Für Stada AG aus Bad Vilbel
entwickelt sich der Einstieg
im Balkanstaat als Erfolgs-Story

Südafrika
Gebr. Kufferath AG aus Düren
tüftelt an der Einhaltung von
Black Economic Empowerment

Israel
Deutsche Mittelständler finden
Partner für digitale Transformation
in der Gründerszene von Tel Aviv

Mittelstand trifft Digitechs

Israel: Ihre digitale Transformation treiben deutsche Konzerne längst international voran. Jetzt suchen auch deutsche Mittelständler nach Technologie-Partnern und finden sie oft in Tel Aviv.

Technologisch liegt das kleine Land am Mittelmeer mittlerweile weit vorne. Allein schon aufgrund der politischen Gegebenheiten musste Israel frühzeitig Technologien entwickeln, um ferne Märkte zu erschließen. So entstand hier eine „Start-up Nation", die Erfolge wie Check Point, Waze und Mobileye hervorbrachte.

„Die Entwicklungen der rund 7.000 israelischen Start-ups decken alle Bereiche der Digitalisierung – von Cybersecurity bis Industry 4.0 und Künstliche Intelligenz – optimal ab", versichert Charme Rykower. Die Senior Executive der deutsch-israelischen Auslandshandelskammer sieht die lokale Industriesparte unterrepräsentiert, doch darin sei Deutschland stark. Deshalb passen für sie deutscher Mittelstand und israelische Start-ups ideal als Partner zueinander. Vorbehalte wegen der nationalsozialistischen Vorgeschichte gebe es in Israel nicht mehr. Deutschland sei das Lieblingsziel israelischer Touristen, deutsche Produkte seien hoch angesehen.

Ideen-Austausch im Konnect-Campus des Volkswagen-Konzerns vor der Skyline von Tel Aviv. Auch deutsche Mittelständler zieht es nach Israel.

Imat-uve aus Mönchengladbach mit Innovationsbüro in Tel Aviv

Der Verhaltensforscher Stanislaw Grünstein, der das Innovationsbüro von „imat-uve" aus Mönchengladbach in Tel Aviv leitet, bestätigt das Zusammenwachsen: Imat-uve hat sich auf Materialien für den Fahrzeug-Innenraum spezialisiert und nutzt Technologie aus Israel. Darüber hinaus profitiert das Unternehmen vom direkten Zugang zu internationalen Fahrzeugherstellern und Zulieferern, die hier Entwicklungszentren unterhalten. Flache Hierarchien und die offene Art der Israelis begünstigen die Zusammenarbeit. „Die Absprache funktioniert schnell und effizient", betont Grünstein. Mit den Technologien aus Israel zur

Prozessoptimierung habe imat-uve den Sprung zum digitalen Unternehmen geschafft.

Das gilt für die Samson AG aus Frankfurt am Main ebenso. Der Hersteller von Ventilen unterhält weltweit 18 Produktionsstätten und kooperiert in Israel mit Start-ups, um den Zustand von Anlagen zu prüfen und Engpässe zu identifizieren. „3d Signals hat uns in die Lage versetzt, jede Produktionsmaschine innerhalb von nur 45 Minuten anzuschließen", berichtet CEO Dr. Andreas Widl und meint damit den Anschluss an das cloudbasierte IoT-System. Die Produktivität an Maschinen sei um 30 Prozent gesteigert.

Danya Golan, Vice President Marketing von „3d Signals", sagt: „Im Gegensatz zu großen Software-Firmen setzen wir in Israel auf hochwertige, aber Aufwand sparende Lösungen." Dieses System sei oft hilfreicher als komplexe Lösungen und je nach Bedarf auszubauen. Die Fernüberwachung der Maschinen leistet spezielle Dienste in der Corona-Krise, etwa weil damit jetzt Früh- und Mittagsschichten durch einstündige Pausen getrennt bleiben, um Mitarbeiter vor Ansteckungen zu schützen. Ein weiteres Projekt diente dazu, Daten des Systems in eine SAP-Cloud so zu integrieren, dass von der Bestellung bis zur Lieferung die gesamte Wertschöpfungskette digitalisiert ist.

Yvette Schwerdt arbeitet von Tel Aviv aus international als Marketing-Expertin, vorher viele Jahre aus New York. Von dort hatte sie in „return 01/17" unter der Überschrift „Trotz Trump" treffende Tipps für den erfolgreichen US-Markteintritt gegeben, weil der damals neue Präsident gleich Hürden aufbaute. Sie berät Unternehmen aus Israel, den USA und der DACH-Region zum anvisierten Ländermarkt. Themen zum Judentum wie der Kampf gegen Antisemitismus liegen ihr zudem am Herzen.

Begeisterung, Benachteiligung, Beteiligung

Südafrika: Die Gebr. Kufferath AG aus Düren (GKD) tüftelt daran, wie im südlichen Afrika die Regeln des Black Economic Empowerments einzuhalten sind. Keine einfache Aufgabe.

GKD konfektioniert im südafrikanischen Randfontein auch Filtergewebe aus Kunststoff für Entwässerungsmaschinen im Bergbau.

Als Stephan Kufferath vor mehr als 40 Jahren erstmals südafrikanischen Boden betrat, war das Land international geächtet. Die Apartheid-Regierung bediente die Hebel der Macht. Doch Kufferath, damals Student, war fasziniert. Eine Stiftung hatte die Reise organisiert, die Einblicke eröffnete, wie sie zu der Zeit wenigen Ausländern möglich waren. Einmal habe er einen beeindruckenden jungen Widerstandskämpfer getroffen, erinnert sich der heutige Geschäftsführer des Familienbetriebs GKD. Der Mann hieß Cyril Ramaphosa und führt heute als Staatspräsident das Land.

Größter Auslandsstandort des Mittelständlers aus Aachen

Die Faszination blieb bestehen: Südafrika ist rund 40 Jahre später, gemessen an der Mitarbeiterzahl, der größte Auslandsstandort des deutschen Mittelständlers aus der Nähe von Aachen. GKD hat sich auf Metall- und Kunststoffgewebe spezialisiert für Industrie, Architektur und Bergbau und gilt auf diesem Gebiet als Exportweltmeister. Vom Werk bei Johannesburg beliefert GKD ganz Südafrika und den restlichen Kontinent, Südamerika sowie Australien.

Die Internationalisierung birgt jedoch Herausforderungen. In Südafrika müssen auch ausländische Unternehmen die Regeln zur Förderung der einst wegen ihrer Hautfarbe extrem Benachteiligten beachten. Black Economic Empowerment (BEE) sei grundsätzlich wichtig, um in dieser Bevölkerungsethnie einen Mittelstand zu schaffen, sagt Kufferath,

schiebt jedoch kritisch nach: In der Praxis profitiere oft nur eine Elite. Unternehmen, die Arbeitsplätze schafften, werde wiederum das Geschäft erschwert. Unternehmen sammeln Punkte für ihre Bemühungen – für schwarze Beschäftigte, für Ausbildungsprogramme oder soziale Projekte. Ein hoher Punktestand ist unverzichtbar, um an Staatsaufträge zu kommen. Auch für private Geschäftsbeziehungen sind die Punkte relevant, denn für Lieferanten mit hoher Punktzahl gibt es ebenfalls Punkte. „Kein größeres Unternehmen kann BEE ignorieren", konstatiert Kufferath.

Aufgezwungene Anteilseigner ärgern Familienunternehmer

Schwierig wird es bei der Beteiligung ehemals benachteiligter Gruppen. Zulieferer für den Bergbau wie GKD kommen kaum drum herum. Das ärgert Kufferath: „Wir sind ein Familienbetrieb in der vierten Generation und wollen nirgendwo gezwungen sein, Anteile am Unternehmen abzugeben." Die neuen Partner sind selten in der Lage oder bereit, für Anteile zu zahlen. Konzerne vergeben oft Kredite oder verschenken Anteile.

Für GKD folgte eine lange Suche nach Lösungen. Zunächst gliederte man das Bergbaugeschäft in Südafrika aus, berief einen schwarzen Mitarbeiter zum Miteigentümer, der aber zu spendierfreudig auftrat. Dann zog Kufferath eine Stiftung in Erwägung. Erträge sollten in die Ausbildung der Kinder von schwarzen Mitarbeitern fließen. Doch dies erwies sich als schwierig. Jetzt tüftelt man am dritten Modell. Südafrika zu verlassen, daran denkt bei GKD niemand. Der Unternehmen muss vor Ort sein oder lokale Partner haben, um Bergwerke schnell zu beliefern. Kufferath sieht trotz der Mühen weiteres Wachstumspotenzial: „In all den Jahren haben wir in Südafrika in keinem Jahr einen Verlust geschrieben."

Claudia Bröll berichtet über die Wirtschaft im südlichen Afrika, davon im sechsten Jahr für „return". Im Vorfeld für ihren Vorschlag an die Redaktion beschrieb sie ihr „sehr interessantes Gespräch mit Stephan Kufferath". Der Weltmarktführer für Industriegewebe unterhalte einige Auslandsstandorte, sodass die Besonderheiten in Südafrika gut zu vergleichen seien.

Kosten, Ketten, Kultur

Serbien: Kurze Logistikketten und niedrige Lohnkosten locken Firmen an Standorte wie Belgrad.
Der Einstieg des deutschen Pharmakonzerns Stada bei Hemofarm entpuppt sich als Erfolgs-Story.

Die Furcht vor dem Chef ist bei Hemofarm längst einem entspannten Umgang gewichen. „Statt mit Herr Generaldirektor sprechen mich meine Mitarbeiter mit dem Vornamen an", sagt Vorstandschef Ronald Seeliger in der Belgrader Zentrale. Die Integration des serbischen Unternehmens in die deutschen Stada-Gruppe sei geglückt: „Die Übernahme hat sich für alle ausgezahlt – eine Erfolgs-Story."
Der Konzern agierte wie ein Trendsetter auf dem Balkan, als er vor 14 Jahren für 450 Millionen Euro Hemofarm mit heute 3.500 Mitarbeitern übernahm. Denn die meisten Investoren richteten ihre Blicke damals noch auf Asien, betont Seeliger: „Wer hatte da schon den Balkan als Industriestandort auf dem Schirm? Nur wenige."

Das Hauptwerk unterhält das Pharmaunternehmen Hemofarm im serbischen Vršac.

Motive für Einstieg in Südosteuropa

Mittlerweile finden immer mehr Unternehmen den Weg nach Südosteuropa. Dies erklärt sich Seeliger nicht nur mit den kürzeren Logistikketten und günstigen Lohnkosten. „Verglichen mit China oder Indien haben wir hier eine viel ähnlichere Kultur", betont er. Stada habe die Präsenz in Südosteuropa verstärken und sich zusätzliche Produktionskapazitäten verschaffen wollen, nennt der 53-Jährige die Motive zum Einstieg in den Markt: „Hemofarm war genau das passende Paket, das Stada zur Komplettierung benötigte."
Umgekehrt half der Einstieg auch Hemofarm, an die benötigten Investitionsmittel für Modernisierung und Expansion zu kommen: Jedes Jahr investiere der Konzern hier 20 Millionen Euro, unterstreicht der CEO. Die Jahresproduktion in den Hemofarm-Werken in Serbien, Bosnien und Herzegowina sowie Montenegro habe sich seit 2012 von einer Stückzahl von 1,5 auf 7,5 Milliarden Tabletten verfünffacht. Für den seligen Chef „eine wahnsinnige Steigerung".
Doch in Südosteuropa fallen auch ausländischen Unternehmen die Erfolge nicht in den Schoß: Insbesondere Familienbetriebe, die erstmals den Sprung über die Grenze

wagen, dürfen Hürden und Tücken nicht unterschätzen. Administrative Hindernisse, ein Wust von Gesetzen und sehr langsam mahlende Mühlen der Justiz erfahren Entscheider der Wirtschaft hierzulande ebenso als Bremse wie das immer stärkere Buhlen um hoch qualifizierte Arbeitskräfte gegen großen Wettbewerb.
„Jedem Investor ist es bislang zwar noch gelungen, seine Belegschaft in der geplanten Zeit aufzubauen. Aber oft fallen die Kosten dafür höher aus als gedacht", warnt der Hemofarm-Chef. Kleinen und mittleren Unternehmen rät der ehemalige Präsident der deutschen Auslandshandelskammer (AHK) in Serbien, bei der Standortsuche und zur Nutzung von Förderprogrammen die Beratungsangebote der AHK zu nutzen.
Manche Kommunen seien offener gegenüber Investoren als andere, gibt er zu bedenken. Umgekehrt seien Fachkräfte oft nur sehr schwer zum Umzug aus der Hauptstadt in eine Provinzstadt zu bewegen: „Die Mobilität serbischer Arbeitnehmer ist gering", konstatiert Seeliger. Alle großen Consulting-Unternehmen, aber auch auf den Mittelstand spezialisierte Beratungsfirmen und Anwaltskanzleien seien in Serbien aktiv, berichtet er.
Natürlich rät er Neulingen ausdrücklich von windigen Beratern ab, die mit ihren Kontakten zu Regierungsmitgliedern prahlen. Es sei besser, der „Versuchung des kurzen Drahts" zu widerstehen, empfiehlt Seeliger: „Jemand anzurufen, um kurzfristig etwas zu regeln, hat oft nur eine kurz anhaltende Wirkung. Man muss sich alles erarbeiten – und auf professionelle Unterstützung bauen."

Thomas Roser, von Belgrad aus als Balkan-Berichterstatter tätig, findet für „return" seit vier Jahren interessante Unternehmen und Unternehmer mit deutschem Bezug in Serbien, Slowenien, Kroatien, Bosnien und Herzegowina oder Montenegro. Diesmal zur Internationalisierung einen erfahrenen Managers mit zusätzlichem Überblick als ehemaliger Vorsitzender der dortigen Auslandshandelskammer.

Hackathoner bekämpfen Krise

Estland: Die Pandemie bringt hierzulande nicht nur Maskenpflicht und Abstandsregeln, sondern auch technische Neuerungen. Ideen dazu entwickelten Netzwerke während digitaler Hackathons.

Den Austausch pflegten IT-Experten einst in Estland in gut besuchten Präsenz-Veranstaltungen, jetzt in digitalen Hackathons.

Alles Nerds, diese Hacker, die illegal auf fremde Computer zugreifen? Falsch! In der Corona-Krise arbeiten sie als pfiffige Erfinder gemeinsam daran, Lösungen für wirtschaftliche, medizinische und soziale Probleme zu entwickeln. Weltweit haben Hunderttausende in digitalen Hackathons seit dem Frühjahr gute Ideen hervorgebracht. Das Kunstwort für (virtuelle) Treffen setzt sich aus Hacking und Marathon zusammen. Der Begriff steht nun auch für Team-Arbeit gegen negative Auswirkungen durch Covid-19.

Den globalen Ideenwettbewerb hat das technikaffine Estland initiiert. Im baltischen IT-Vorzeigestaat war mit dem ersten Online-Hackathon der Aufruf verbunden: „Jetzt ist die Zeit, Moonshot-Ideen zu entwerfen, zu testen und umzusetzen, die uns helfen, die Krise zu bewältigen und neue, wettbewerbsfähige Geschäftsmodelle für die Zukunft zu schaffen." Der Startschuss fiel am Tag, als die Regierung in Tallinn im März den Notstand verhängte, um die Corona-Ausbreitung einzudämmen. Freiwillige starteten die Initiative, für die sich der öffentliche und private Sektor zusammenschlossen.

Die Umsetzung geschah in Rekordzeit, dauerte nur wenige Stunden, sodass schon am nächsten Tag das erste Online Event unter dem Titel „Hack the Crisis" begann – mit mehr als 1.000 Teilnehmern aus 20 Ländern in 15 Zeitzonen. Estlands Vorbild fand im Netz in kürzester Zeit Nachahmer auf der ganzen Welt. In Deutschland beteiligten sich mehr als 28.000 Menschen am „#WirVsVirus-Hackathon", den die Bundesregierung unterstützte.

Binnen eines Monats gab es weltweit mehr als 50 Veranstaltungen. Höhepunkt war „The Global Hack" im April mit mehr als 12.000 Teilnehmern aus fast 100 Ländern. Nur 48

Stunden hatten sie Zeit, um Lösungen zu teils komplexen Fragen zu finden. Tag und Nacht programmierten, diskutierten und optimierten die Teams via Internet und Telefon ihre Vorschläge. Prominente Mentoren leisteten Unterstützung. Platz eins belegte der Vorschlag des deutschen Start-ups „SunCrafter", ausgediente Solarmodule zur Händedesinfektion mittels UV-Bestrahlung zu nutzen.

„Als wir unseren lokalen ‚Hack the Crisis'-Hackathon in Estland ins Leben riefen, dachten wir nicht, dass sich das Ganze global ausbreiten würde. Es fühlt sich fast surreal an", sagt Mitbegründerin Kai Isand. Das Ergebnis habe alle Erwartungen übertroffen. Bis heute starteten mehr als 60 Veranstaltungen nach estnischem Vorbild. Die Organisatoren aus Tallinn leisteten freiwillig Unterstützung, stellten etwa eine Anleitung bereit fürs Planen, Organisieren und Umsetzen digitaler Hackathons.

Automatisierter Chatbot und Plattform zur gemeinsamen Krisenbewältigung

Bei der Premiere in Estland entstanden damals 30 Ideen, wovon acht schon realisiert sind. Dazu zählt ein automatisierter Chatbot, der häufige Fragen rund um das Corona-Virus direkt auf der Webseite staatlicher Behörden beantwortet. „Die Idee eines landesweiten Chatbot-Dienstes kursierte schon vor der Krise, aber der Hackathon ermöglichte die schnelle Umsetzung", betont Michaela Snopková als Beteiligte. Auch entstanden eine Plattform zur gemeinsamen Nutzung von Arbeitskräften auf Zeit, eine Datenbank für Personen mit medizinischer Ausbildung und eine Austausch-Plattform mit freiwilligen Helfern und Hilfsbedürftigen aus Risikogruppen. Damit weitere Ideen die gleiche Wirkung entfalten, wurde ein Förderprogramm aufgelegt, das tragfähige Projekte aus Hackathons unterstützt.

Alexander Welscher beobachtet als Korrespondent von Riga aus die baltischen Staaten für „return" und stieß bei seiner Suche nach einem Thema für unseren Schwerpunkt „Internationalisierung" fast zwangsläufig auf die digitalen Hackathons, die von Estland erfolgreich ihren weltweiten Siegeszug angetreten haben als Transformationstreiber im Kampf gegen die Corona-Krise.

Segel setzen für ferne Ziele

Unternehmensführungen sollten für internationale Märkte darauf achten, den Einstieg und die Positionierung besser systematisch und strategisch vorzubereiten. Nur dann ist Erfolg planbar.

Voller Flaggen, aber nicht voller Geigen hängt der Himmel für Unternehmen, denn auch bei der Auslandsexpansion fällt der Erfolg nicht vom Himmel. Jeder Einstieg in Ländermärkte ist gewissenhaft zu planen.

© margis / Fotolia

Selbstverständlich könnte eine Unternehmensführung auch auf Zufälle hoffen. Etwa auf neue Kunden aus dem Ausland, die durch glückliche Fügungen auf die Angebote ihres Unternehmens aufmerksam werden. Oder potenzielle Vertriebspartner, die von den Leistungen gehört haben. Oder sie bekommen diesen entscheidenden Tipp aus ihrem Netzwerk, der plötzlich neue Chancen in Übersee eröffnet. Das alles mag durchaus bei dem ein oder anderen mittelständischen Unternehmen ab und an funktionieren – ohne strategische Planung. Aber wer will schon ernsthaft seinen Unternehmenserfolg solchen Zufällen überlassen?

Wenn Führungskräfte die Internationalisierung ihres Unternehmens systematisch angehen und damit ihre Chancen auf Erfolg in internationalen Märkten erhöhen, empfiehlt es sich, eine Internationalisierungsstrategie zu entwickeln. Ein strategischer Zugang kann helfen, die richtigen Märkte zu identifizieren, Risiken und Fehlinvestitionen zu vermeiden. Klare Ziele sind vorher zu definieren, um sie dann gemeinsam mit dem Team zu verfolgen und umzusetzen.

Ist das Unternehmen fit für den nächsten Schritt?

Der Prozess der Strategieentwicklung umfasst drei Phasen: erstens die Analyse, zweitens die Zielfindung und drittens die Umsetzung. In der Analysephase richtet die Unternehmensführung ihren Blick auf das eigene Unternehmen, um ganzheitlich die Frage zu beantworten, wie fit es für den nächsten Internationalisierungsschritt ist. Folgende Aspekte sind besonders zu prüfen:

► die besonderen Fähigkeiten, die das Unternehmen auszeichnen und auf Auslandsmärkten von Nutzen sind;
► der besondere Kundennutzen, den die eigenen Produkte und Dienstleistungen stiften;
► die speziellen Kaufgründe, die Kunden überzeugen, beim eigenen Unternehmen statt beim Wettbewerb zu ordern.
► die hervorstechenden Vorteile für Kunden, die auch ins Ausland zu transferieren sind;
► die maßgebliche Kosten- und Preisstruktur, die im Vergleich zum Wettbewerb auch im anderen Wettbewerbsumfeld des neuen Ländermarktes zu betrachten ist

inklusive der zusätzlichen Kosten wie für Transport, Auslandsvertrieb, Zoll oder Wechselkurs-Absicherung;

▶ die finanziellen und personellen Ressourcen, über die das Unternehmen für die Auslandsexpansion verfügen muss, etwa zum Aufbau von Kontakten und Know-how zur erfolgreichen Internationalisierung.

Deutet die Betrachtung der einzelnen Aspekte darauf hin, dass das Unternehmen mit seinen Angeboten auch auf anderen Märkten erfolgreich sein könnte, geht es dann im nächsten Schritt darum, den richtigen Zielmarkt zu finden. Hier helfen folgende konkrete Fragen bei der Auswahl:

▶ Welche Länder kommen generell infrage?

▶ Welche Hindernisse erschweren den Einstieg in den internationalen Zielmarkt, weil etwa in dem Land eine Handelsschranke oder zu viel Korruption besteht?

▶ Welches Marktpotenzial verspricht der anvisierte Zielmarkt? (Auswertung von Importstatistiken, Gesprächen mit Experten etwa aus Außenhandelskammern oder mit potenziellen Kunden)

▶ Welche Unterschiede bestehen bei Kundenbedürfnissen im potenziellen Zielmarkt gegenüber dem Heimatmarkt?

▶ Welche Risiken sind zu beachten? (rechtliche Fallstricke, wirtschaftliche Situation im Zielmarkt, Transportschwierigkeiten, Wechselkursentwicklungen)

Ländermärkte mit großem Potenzial bei kleinem Risiko unter der Lupe

Alle Länder, die großes Markt- bei kleinem Risikopotenzial haben, sind interessante Zielmarkt-Kandidaten. Bei ihnen wären allerdings noch die Wettbewerbs- und Preissituation zu prüfen, mögliche Zulassungs- oder Zertifizierungserfordernisse für Produkte sowie vorhandene Distributionsstrukturen oder potenzielle Vertriebspartner.

Ist ein geeigneter Zielmarkt identifiziert, definiert das Team für die Auslandsexpansion im nächsten Schritt klare Ziele, was das Unternehmen dort erreichen soll. Dies kann ein bestimmter Umsatz, ein gewünschter Marktanteil oder der angestrebte Aufbau von Markt-Know-how sein. Festlegen sollte das Team für den Zielmarkt zudem, wie die eigenen Leistungen gegenüber dem Wettbewerb zu positionieren sind. Darüber hinaus ist die vielversprechendste Markteintrittsstrategie zu wählen – also etwa ein Start mit eigener Niederlassung, mit Distributionspartner oder Lizenzpartner vor Ort.

Die gemeinsam im Team entwickelten Ziele sind schriftlich festzuhalten. Denn dieses Commitment gilt als Selbstverpflichtung darüber, was für das Unternehmen im Zuge dieser Internationalisierungsinitiative erreichen werden soll. Die Umsetzung der Strategie gelingt in drei entscheidenden Schritten: Meilensteine setzen, Umsetzungsaufgaben mit

konkreten Verantwortlichkeiten verteilen und strategische Review Meetings abhalten.

Strategische Ziele sind meist langfristig angelegt. Deshalb benötigen alle Beteiligten in der Umsetzung zur besseren Orientierung herausragende Meilensteine. Diese entstehen durch das Herunterbrechen von großen strategischen und langfristigen Zielen auf kleinere und in kürzeren Zeitabschnitten erreichbare Zwischenziele. Zum besseren Verfolgen strategischer Ziele hat sich in vielen Unternehmen als Zeitpunkt für Zwischenberichte der Zyklus in Quartalen bewährt. Dazu haben die Unternehmensleitung und ihr Team für die Auslandsexpansion festzulegen, welche Meilensteine jeweils bis zum nächsten Quartal erreicht sein müssen. In Etappen kommt das Unternehmen damit dem strategischen Ziel schrittweise näher.

Von A wie Abwicklung beim Zoll bis Z wie Zielkunden ermitteln

Meilensteine sind an konkrete Aufgaben geknüpft, die zu definieren und mit klarer Verantwortlichkeit zu verteilen sind. Eine verbindliche Vereinbarung – wer hat was bis wann zu erledigen? – ist mit allen Team-Mitgliedern zu treffen. Dazu zählt, wer sich um noch fehlende Informationen zum Zielmarkt kümmert, wer geeignete Vertriebspartner vor Ort sucht, wer notwendige Zertifizierungen organisiert, wer für Transport und Zollabwicklung sorgt, wer die passenden Mitarbeiter im Zielmarkt rekrutiert oder wer potenzielle Zielkunden ermittelt und sie anspricht.

Daraus entsteht ein koordinierter Maßnahmenplan mit klar festgelegten Verantwortlichkeiten und einem detailliert abgestimmten Zeitplan als Basis für eine zielorientierte Umsetzung der Internationalisierungsstrategie. Die regelmäßigen Review Meetings mit den Verantwortlichen finden mindestens einmal pro Quartal statt und helfen dabei, die Umsetzung auf Kurs zu halten. Außerdem können Verantwortliche so eventuell auftretende Schwierigkeiten rasch bewältigen.

Viele kleine Schritte führen also in Summe zu großen Erfolgen auf internationalen Märkten. Das macht vielleicht viel Mühe, aber dadurch bleibt die Auslandsexpansion des Unternehmens nicht dem Zufall überlassen, sondern fußt auf durchdachter Strategie.

© Dietmar Sternad

Dietmar Sternad, Professor für Internationales Management an der Fachhochschule Kärnten in Österreich, arbeitet auch als Strategieberater, Autor und Herausgeber zahlreicher Publikationen wie zuletzt dem im Juni erschienenen Buch „Grundlagen Export & Internationalisierung" (siehe Seite 70).

Initialzündung im Inland

Viele mittelständische Unternehmen treiben ihre Auslandsexpansion auf der Suche nach Wachstumspotenzial voran. Doch Entscheidungen dazu fallen oft zu schnell und zu unüberlegt.

Leider sieht das Gras an anderen Stellen oft grüner aus, als es sich dann vor Ort tatsächlich darstellt. Bei allem Verständnis für das Bestreben, das eigene Geschäft möglichst schnell auszubauen und dabei dem Wettbewerb wenig Raum zu lassen: Bei der Internationalisierung geht Sorgfalt vor Geschwindigkeit. Was hilft es, wenn ein Unternehmen beispielsweise in Russland seinen neuen Markt sucht, ohne sich vorher mit der Tatsache beschäftigt zu haben, dass die Gegebenheiten fürs Geschäft dort ganz andere sind als in Deutschland? Oder wenn es dort von Sanktionen überrascht wird? Auch nützt es wenig, wenn ein Unternehmen mit der festen Absicht expandiert, in Asien zu wachsen, aber dort ohne Verbindungen und kulturelle Kenntnis startet.

Die nachfolgenden Aspekte gilt es zu berücksichtigen, wenn Mittelständler im Ausland wachsen wollen. Eine wichtige Frage, die vorab zu klären ist: Warum geht unser Unternehmen die Internationalisierung an oder forciert sie? Wenn die Auslandsexpansion dem Zweck dient, das eigene Ego zu stärken, lassen Verantwortliche das Vorhaben besser bleiben. Internationalisierung muss auf einer schlüssigen Strategie beruhen, die zentrale Stärken der Organisation aufgreift und nicht deren Schwächen zu kompensieren versucht.

Mangelnde Vorbereitung führt zu teuren Missverständnissen

Erst wenn der Zweck des Vorhabens geklärt ist, damit verbundene Ziele festgelegt sowie die Messgrößen definiert sind und vor allem der Nutzen innerhalb der Unternehmensführung gemeinsam als lohnenswert erkannt ist, ergibt es überhaupt erst Sinn, sich mit der Umsetzung zu beschäftigen. Erstaunlicherweise nehmen sich Unternehmenslenker für diese vorab zu schaffenden Voraussetzungen der Internationalisierung häufig zu wenig Zeit. Das führt dann später zu teuren Missverständnissen, die bei besserer Vorbereitung vermeidbar gewesen wären.

Auch die weitverbreitete Überlegung und Begründung, dass ein Unternehmen die (weitere) Internationalisierung deshalb benötige, weil der heimische Markt gesättigt sei und keine weiteren Potenziale mehr biete, sollte die Unternehmensführung mit einem Blick auf die Fakten des neuen Marktes kritisch hinterfragen. Meist ist nämlich das Argument zur Sättigung des Heimatmarktes nicht haltbar. Eine Internationalisierung setzt zwingend voraus, dass das eigene Geschäftsmodell im Heimatmarkt sauber aufgestellt sein muss, bevor es in die Ferne getragen werden kann.

Wenn Geschäftsbereiche schon im Heimatmarkt nicht stabil aufgestellt sind, ihre Leistungsfähigkeit nicht die Erwartungen erfüllt oder die Ziele erreicht, wenn der Vernetzungsgrad gering oder nicht vorhanden ist, sollten Unternehmen vom Vorhaben der Internationalisierung besser Abstand nehmen. So ernüchternd dies fürs Management sein mag: Andernfalls drohen unweigerlich große Risiken für eine Schieflage.

Leistungsfähigkeit zuerst im Heimatmarkt stärken

Es gilt stattdessen, die Leistungsfähigkeit der Geschäftsbereiche vorher im Heimatmarkt zu stärken und zu stabilisieren. Dazu zählt, verbindliche Standards in gleichbleibender Qualität zu setzen und die Geschäftseinheiten so miteinander zu vernetzen, dass eine Basis fürs Ausland gelegt ist. Ist der erste Schritt in einem neuen Wachstumsmarkt vollzogen, müssen Erfahrungen aus Erfolgen und Misserfolgen in diesen neuen Märkten gesammelt und verarbeitet werden, um schrittweise weiter zu expandieren.

Was kaufende Zielgruppen im Heimatland überzeugt, die Produkte und/oder Services eines Unternehmen zu ordern, trifft nicht wie selbstverständlich auf potenzielle Kunden in anderen Ländern zu. Bevor Unternehmen in einen neuen Ländermarkt aufbrechen, sollten sie dort die Bedürfnisse und Erwartungen potenzieller Kunden analysieren und verstehen. Erst dadurch sind relevante Implikationen für Produktentwicklung und -kommunikation abzuleiten. Kulturelle Unterschiede beginnen meist an den Landesgrenzen. Schon in den Niederlanden stellt sich der Markt ganz anders dar als in Deutschland.

Große Erfolge treten in der Internationalisierung in der Regel ein, wenn nicht das gesamte Sortiment eins zu eins in den neuen Zielmarkt überführt wird, sondern bewusst ausgewählte Produkte des Portfolios im entsprechenden Land eingeführt werden – vielleicht auch leicht angepasst an die

Mit vollem Schub auf dem Weg in neue Welten: Der Aufbruch ins Auslandsgeschäft ist vor dem Start wohlüberlegt zu planen.

Bedürfnisse der dortigen Zielgruppen. Kurzum: Ein Schlüssel zum Erfolg liegt darin, manchen Verlockungen besser nicht zu erliegen.

Geht es nicht um den reinen Produktexport, der sich direkt an Kunden oder Distributoren im neuen Ländermarkt richtet, ist die gezielt ausgewählte Mannschaft mit örtlichem und fachlichem Know-how extrem wichtig. Im deutschen Mittelstand ist allerdings oft festzustellen, dass sich Vorstände und Geschäftsführungen in Unternehmen überwiegend aus Deutschen zusammensetzen.

Führungs- und Fachkräfte aus dem Zielland rekrutieren

Ohne landestypische Eigenheiten zu kennen, können solche Unternehmensführungen aber nur Vermutungen und Annahmen über den angestrebten Wachstumsmarkt anstellen. Die Annahmen und Vermutungen sind in der Regel jedoch von keiner der handelnden Personen zu belegen – außer durch reine Theorie oder vage Vor-Ort-Recherchen. Für authentische Informationen fehlen Top-Führungskräfte und andere qualifizierte Mitarbeitende aus dem Zielland.

In Deutschland erleben wir überdies häufig, dass Deutsche ins Ausland entsendet werden, um dort Niederlassungen aufzubauen. Das mag auf den ersten Blick in Ordnung sein, sollte aber nur ergänzend erfolgen. In erster Linie ist für eine erfolgreiche Expansion auf Menschen aus dem Zielmarkt zu setzen. Sie sollten auch die lokalen Niederlassungen führen.

Die Sorge vor Kontrollverlust wird in diesem Zusammenhang häufig geäußert. Oder auch die Sorge, dass die zentralen Überlegungen aus dem Mutterhaus nicht richtig verstanden werden. Doch diese Sorgen bleiben in einem Großteil beobachteter Fälle unbegründet. Außerdem ist diesen Defiziten durch persönliche Beziehung zu begegnen, was grundsätzlich als wichtiges Faustpfand für Internationalisierungen gilt und überhaupt als zentrale Stärke multinationaler Unternehmenskultur zu beherzigen ist.

Internationalisierung beginnt mitnichten im Ausland, sie beginnt im Inland. Erst wenn zu Hause sichergestellt ist, dass alle vorbereitenden Aufgaben erledigt sind, darf ein erfolgreicher Gang ins Ausland erwartet werden. Andernfalls wird unvermeidbar mehr Chaos exportiert mit wenig Chance auf Erfolg. Unternehmensführungen, die sich dem Prinzip sorgfältiger Expansionsplanung verpflichtet fühlen, werden auch sorgsam vorbereitet ihr profitables Wachstumspensum schaffen. Vorbilder der Internationalisierung exandieren nämlich nicht unbesonnen oder nur um der Größe willen.

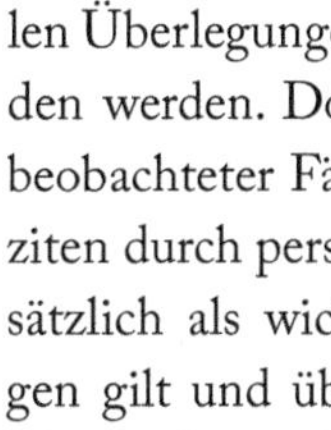

Guido Quelle, geschäftsführender Gesellschafter der Mandat Managementberatung GmbH, ist Unternehmer, Berater, Autor und Redner. Er agiert seit rund 30 Jahren als Experte für gesundes und profitables Wachstum und lehrt als Honorarprofessor für Management an der SRH Hochschule für Logstik und Wirtschaft sowie als Dozent an der International School of Management (ISM).

© ZSK

Kunstvoll wie clever abgenäht und bestickt: Für dieses „Embroidered Keyboard" verarbeiten ZSK-Maschinen ebenso innovativ Textilien, wie intelligente Textilien künftig verstärkt zum Einsatz kommen. Neue Möglichkeiten der Digitalisierung und Personalisierung lassen Stickmaschinen für die Stückzahl 1 vermehrt zum gefragten Gut werden. Mit ausgefeilter Technik gelingt in der Wertschöpfung eine Veredelung, die von feinster Fahrzeugausstattung bis zum Hautersatz in der Medizin reicht. Die Erfindung der Textilbranche 4.0 schreibt hierzulande Erfolgsgeschichten.

Gestickt eingefädelt

ZSK Stickmaschinen agierte lange als Maschinenverkäufer – zu lange. Bei der Übernahme sah die Geschäftsführung darin kein Zukunftsmodell und setzte auf Problemlösungen.

Das Unternehmen ZSK Stickmaschinen stand vor zehn Jahren am Scheideweg. Die schwierige Entscheidung zwischen zwei aussichtsarmen Alternativen sieht rückblickend Geschäftsführer Julius Sobizack unmissverständlich darin, „entweder das Unternehmen weit runterzufahren, um eine neue Basis fürs Überleben zu schaffen, oder Insolvenz anzumelden". Dabei blickte das Unternehmen bis dahin auf eine erfolgreiche Geschichte zurück (siehe Kasten Seite 42).

© ZSK

„Wir beraten Kunden,
die bislang nicht daran dachten,
eine Stickmaschine zu kaufen."

Julius Sobizack

Doch im Strudel der Abwärtsspirale, der die deutsche Textilindustrie in die Krise zog, musste 1983 auch das Krefelder Unternehmen seine Insolvenz anmelden. Allerdings glaubten die Handelsvertreter für Italien und Deutschland an die Produkte und kauften aus der Insolvenzmasse das Kleinstickgeschäft. Ein Jahr später starteten sie mit 30 Mitarbeitern ein kleines Wirtschaftswunder. Ihnen kam zupass, dass bis Mitte der 90er Jahre ein riesiger Bedarf an Stickmaschinen in Deutschland und Italien herrschte.

Fokussierung auf zwei Ländermärkte rächte sich

Das Unternehmen wuchs auf 400 Mitarbeiter, doch die Marktverhältnisse änderten sich. Die Fokussierung auf die beiden Ländermärkte rächte sich, weil das Geschäft nach Asien abwanderte, aber ZSK zum größten Kontinent der Marktzugang fehlte. Das Management reagierte in den späten 90er Jahren mit dem Aufbau von Geschäft in Nordafrika und Südamerika. Dort gab es Boom-Jahre durch die Anfänge des Aufbaus einer Textilwirtschaft.

„Doch durch den Wegfall des Europageschäfts ging viel Marge verloren, was erste Rückgänge bei Umsatz und Mitarbeitern bedeutete", erinnert sich Sobizack an die schwierige Lage, die sich ab Mitte der 2000er Jahre verschärfte. Nun drängten chinesische Anbieter mit Maschinen auf den Markt, die teilweise 25 Prozent unter dem Preis deutscher Anlagen lagen.

Darauf reagierte das hiesige Management mit billigen Maschinen – das ging mit dem Verzicht auf Erhaltung des technologischen Vorsprungs und folglich mit dem Verlust von Qualität einher. Die Führung konzentrierte sich zudem auf Großaufträge aus Asien, um die Mitarbeiter-Auslastung mit wenig Vertriebsaufwand zu sichern. Die Preise deckten nur die Materialkosten, also war das finanzielle Aus absehbar. Die ursprünglichen Eigentümer verloren die Lust an diesem Verlustgeschäft, sodass 2010 die Familie Sobizack den Maschinenbauer übernahm.

Für Geschäftsführer Julius Sobizack ist klar: „Was in den vergangenen zehn Jahren passierte, darf nicht noch einmal geschehen." Er will das Unternehmen breiter aufstellen, um unabhängiger von Marktschwankungen zu sein. Doch für dieses Ziel war zunächst ein drastischer Einschnitt angezeigt: „Wir haben das Unternehmen auf 45 Mitarbeiter runtergefahren, um eine neue Basis zu schaffen, auf der es überleben kann." Die „Erste-Hilfe-Maßnahme" hält der ZSK-Chef heute noch für richtig, denn so hätten attraktive Kunden weiter bedient werden können – ohne unter Druck jeden Auftrag annehmen zu müssen.

Maschinen in Ausdauer den japanischen voraus

Glückliche Fügung: Der Textilveredler Wailua vergrößerte damals seine Produktion von 100 auf 3.000 Quadratmeter. Der Maschinenpark bestand überwiegend aus japanischen Maschinen und sollte eine neue Ausgestattung erhalten. ZSK-Maschinen zog Weilua-Inhaber Mark Flynn dafür mit ins Kalkül: „Sie hatten ihre Stärke in der Ausdauer, in der Präzision waren die Japaner etwas voraus." Wailua entschied sich für ZSK Stickmaschinen, obwohl Mahner mit Blick auf die kritische Lage des Unternehmens warnten. „Ein Blick hinter die Kulissen überzeugte mich davon, dass hier eine vielversprechende Transformation stattfand", erinnert sich Flynn. Für ZSK war es ein wichtiges Signal der heimischen Branche, denn Wailua zählt zu den größten Stickereien Deutschlands.

ZSK beteiligte sich mit seinen Landesvertretungen an bis zu 100 Messen pro Jahr, um weiteres Geschäft zu generieren. Kleine Stände reichten schon, um eine erste Markteinschätzung zu bekommen und neue Kunden zu gewinnen. „Wir fragten uns immer wieder, wofür unsere Technik noch

Technisch versiert verstickt, sind Garne vielseitig verwendbar.

Schreiner, Maschinenbauer und Robotertechnik-Berater

Heute lassen mit Stickmaschinen intelligent verarbeitete Materialien erkennen, ob Krankenhausbetten belegt sind, und in Lenkräder gestickte Sensoren, ob der Fahrer das selbstfahrende Auto lenkt. Maschinen übernehmen ganze Prozesse bei Herstellern solcher technischer Finessen. Die Robotertechnik dazu kommt von ZSK.

Dabei gründet Hermann Schroers 1875 ursprünglich eine Schreinerei und beginnt erst später mit der Herstellung mechanischer Seidenwebstühle. Das Unternehmen beschäftigt im Jahr 1900 rund 1.200 Mitarbeiter. Der Textilingenieur Carl Zangs übernimmt 1920 den Maschinenbau für die Textilindustrie und gründet die Carl Zangs Aktien-Gesellschaft.

Die Zangs AG muss 1983 Insolvenz anmelden. Die deutschen und italienischen Handelsvertreter übernehmen das Stickmaschinengeschäft und firmieren in ZSK Stickmaschinen um. Vor zehn Jahren ruiniert der Preiskampf fast ZSK, aber Julius Sobizack und seine Familie übernehmen das Unternehmen. Heute erzielen 130 Mitarbeiter einen Umsatz von bis zu 30 Millionen Euro mit bis zu 90 Prozent Auslandsanteil. ZSK ist in 80 Ländern vertreten.

www.zsk.de

eingesetzt werden kann", sagt Sobizack über den Einstieg in die Entwicklung technischer Stickmaschinen.

Heute fixieren ZSK-Stickmaschinen die Heizdrähte von Autositzen, sticken Toilettenkonstruktionen aus Carbon für Airbus oder Hautersatz für die Medizinsparte. „Wir beraten Kunden, die bislang nicht daran dachten, eine Stickmaschine zu kaufen", erzählt Sobizack von Erfolgen der Vertriebsstrategie und -praxis. Neue Kunde kaufen aber nicht nur Maschinen, sondern lassen sich bei der Entwicklung ihrer Produkte und in ihrer Produktion von ZSK unterstützen. Neben Stickmaschinen zur Textilveredelung und -personalisierung bringen technische Stickmaschinen als zweites Standbein schon rund 25 Prozent des Umsatzes ein. Mittelfristig soll der Anteil die Hälfte betragen.

Europäische Universitäten in vielen Textilfeldern tätig

Für einen Mittelständler mit rund 130 Mitarbeitern stellt diese Weiterentwicklung des Know-hows für verschiedene Branchen eine große Herausforderung dar. ZSK kommt entgegen, dass in Europa viele Universitäten in textilen oder ingenieurwissenschaftlichen Feldern arbeiten. Über die Zusammenarbeit gewinnt das Unternehmen wertvolle Erkenntnisse. Teams kreieren themenspezifisch Lösungen für Kunden und nutzen Kundenanforderungen, um Entwicklungen voranzutreiben. Mit guten Ideen befähigt ZSK seine Kunden, neue Geschäftsfelder zu erschließen, und stärkt sie in ihrer Wettbewerbsfähigkeit. Der vorbildliche Innovationsprozess durch den Austausch mit Hochschulen, Produktentwicklern und Kunden bescherte den Krefeldern eine Auszeichnung für die „Top 100" der findigsten Unternehmen im deutschen Mittelstand.

Silicon Valley: Intelligente Textilien gelten als „das nächste große Ding"

Einen neuen Ansatz lernte Sobizack an der Westküste der USA kennen: Für Unternehmen spiele dort der Preis einer Maschine keine Rolle, wenn sicher ist, dass sie Support und Wissen für den eigenen Fortschritt bekommen. Intelligente Textilien gelten als „das nächste große Ding" im Silicon Valley. ZSK hat hierzu schon einige Patente angemeldet und ein weiteres US-Büro in Seattle eröffnet, um näher an diesen Zukunftstechnologien zu sein.

„Mit dem lokalen Support von Firmen mit intelligenten Textilien sind wir einzigartig aufgestellt", sieht Sobizack einen Schritt zum Durchbruch in diesem Geschäftsfeld. Trotz aller Faszination für solche neuen Technologien und für technische Stickmaschinen bleibt die Relevanz textiler Stickmaschinen für ZSK hoch. Nur gab es hier einen

Formvollendete Fahrradsättel aus Stickereien entstehen ebenfalls auf den innovativen Maschinen aus Krefeld.

Filmreife Fertigung in der Hightech-Produktion von ZSK sorgt bei Hausmessen regelmäßig für Aufsehen.

Umbruch. Denn mit der Digitalisierung und Personalisierung nahm die Nachfrage nach großen Maschinen ab, während Stickmaschinen für die Stückzahl 1 zunehmend gefragt sind. „Kleine Maschinen sind heute unser Brot-und-Butter-Geschäft", hebt Sobizack hervor: „Davon leben wir in der Grundlast, weil dieser Markt ein sehr breiter ist."

Technische Stickerei eröffnet Chancen für neue Anwendungen

Nikolai Strauch, verantwortlich für den VDMA-Fachverband Textilmaschinen, findet die ZSK-Kombination beeindruckend – über Jahrzehnte gewachsenes Know-how gepaart mit frischer Innovationskraft. Deshalb bewertet er die Zukunft der Firma positiv: „Im Bereich technischer Stickerei eröffnen fortschrittliche Systeme neue Anwendungsmöglichkeiten, etwa durch das Versticken von Sensoren für biomedizinische Zwecke oder die Verarbeitung von Carbon-Fasern für vorgeformte 3-D-Teile."

Die Hightech-Produkte von ZSK können sich jedoch nicht Kunden aus jedem Land leisten. Preissensible Interessenten wie aus Zentralafrika erhielten in der Vergangenheit oft gebrauchte Maschinen. Heute wünschen sie sich neue

Kompakt

▶ Mit technischen Maschinen stellt sich ZSK breiter auf, um unabhängiger von Schwankungen zu sein.

▶ Innovationen entstehen mit Hochschulen, Produktentwicklern und im Kundenaustausch.

▶ Die Transformation führt vom Maschinenverkäufer zum integrierten Prozesse-Verbesserer bei Kunden.

Technik, weshalb ZSK mit Maschinen „Designed in Germany, made in Czech Republic" reagierte. Hierbei handelt es sich um bis zu sechs Jahre alte Modellreihen, die mit minimalen Veränderungen modernisiert werden.

Der reine Maschinenvermarkter hat sich zum innovativen Problemlöser transformiert. ZSK arbeitet an der Zukunft, in der Effizienz und Automatisierung die Entwicklungsthemen bis 2025 beherrschen. „Wir möchten Kunden den gesamten Prozess abnehmen", sieht Sobizack als Ziel, künftig ZSK bei Abnehmern zu integrieren. Damit wandelt sich der Anlagenbauer zum Prozessanbieter – mit eigener Software, E-Commerce- und Workflow-Systemen für Vertriebslogistik und virtueller Ablage von Produktionsdaten.

Geschäftsführer sieht Krisenschutz durch Integration bei Kunden

Sein Ziel seit der Übernahme hat Sobizack erreicht: Der Maschinenbauer steht sicher auf mehreren Beinen und für Innovationen. Den besten Krisenschutz für die nächsten knapp 150 Jahre beschreibt der Geschäftsführer so: „Für uns ist es wichtig, mit unserer Technik immer einen guten Ruf als zufriedenstellender Lieferant zu behalten. Dann werden wir in Projekte miteinbezogen und können mit unseren Kunden mitwachsen."

Peter Hanser, Diplom-Ökonom und seit drei Jahrzehnten als Wirtschaftsredakteur auf der Suche nach interessanten Entwicklungen, hat nach seinem Porträt über den beispielhaften Wandel von Opel in einer Autoindustrie im Umbruch (return 04/20) diesmal mit ZSK ein Vorbild gefunden – für die Transformation des deutschen Textilmaschinenbaus und dessen Fortschritt in Richtung Industrie 4.0.

Ideale E-Autos laden sich selbst auf, dachten Laurin Hahn und Jona Christians als Gründer von Sono Motors und entwickelten ihr erstes Solar-E-Fahrzeug. Dabei produzieren Solarzellen in der Außenhaut den Strom und können wie hier beim Modell Sion auch Energie abgeben.

Starke Start-ups auf der Straße

Mobilität gehört zum Leben. Deshalb fahren Gründer mit neuen Geschäftsmodellen darauf ab – mit selbstaufladenden Solarautos, Messtechnik für autonome Mobile oder mit E-Fahrtenbuch.

Was ihre Arbeit für den Umweltschutz bewirken könnte, fragten sich Laurin Hahn und Jona Christians vor acht Jahren. Sie sahen Elektroautos als Lösung, obwohl sie damals kaum alltagstauglich waren – zu geringe Reichweite, zu wenig Ladestationen. Ein ideales E-Auto würde sich selbst aufladen, dachten die beiden. Also bastelten sie drei Jahre lang an ihrem ersten Solar-E-Fahrzeug. Ihr Unternehmen Sono Motors gründeten sie 2016, dann warben sie für ihre Vision mittels Crowdfunding-Kampagne. „Wir hatten in wenigen Tagen eine Million Euro beisammen und konnten den ersten Prototypen bauen", erinnert sich CEO Hahn heute.

„Bei herkömmlichen Autos ist die Außenhaut aus Blech, bei unserem Sion aus speziellen Polymeren mit eingebetteten Solarzellen, die Strom produzieren", erklärt der 26-Jährige. Inzwischen besitzt das Unternehmen dazu etliche Patente. Strom für bis zu 34 Kilometer kann das Auto jeden Tag generieren – durch bloßes Herumstehen. „Das reicht für die meisten Pendler- und Stadtfahrten, denn im Schnitt fährt ein Auto in Deutschland nur etwa 17 Kilometer am Tag, den Rest steht es zum Beispiel auf einem Firmenparkplatz", weiß Hahn. Theoretisch kann der Sion auch Solarenergie abgeben, etwa zum Aufladen eines anderen Sion, eines Elektrorollers oder sogar um einen Haushalt mit Strom zu versorgen. Rund 15.000 Probefahrten und vier Finanzierungsrunden später – die aktuellste Crowdfunding-Runde brachte mehr als 50 Millionen Euro ein – liegen 12.300 Bestellungen vor. Die Serienfertigung bereiten derzeit 100 Vollzeitkräfte und

fast 300 externe Mitarbeiter mit Vollgas vor. Zwei seriennahe Prototypen sollen im Bayerischen Wald entstehen. Ursprünglich waren vier Prototypen geplant. Doch Corona durchkreuzte die Pläne. Im schwedischen Trollhättan, in der ehemaligen Saab-Fabrik, sollen ab 2021 die Bänder laufen, um ein Jahr später die ersten Sion auszuliefern.

Trendforscher sieht E-Solar-Mobilität als ersten Schritt der Transformation

„Wir sind stolz, eine Community um uns zu wissen, die uns unterstützt und wie wir von der Zukunft der E-Mobilität durch Solarenergie überzeugt ist", sagt Hahn. Davon ist auch Trendforscher Dr. Stefan Carsten vom Frankfurter Zukunftsinstitut überzeugt, der schrieb: „Die Corona-Krise macht klar, dass wir einen echten Systemwechsel in der Mobilität brauchen: weg von einer fossilen Mobilität, die auf Technik fokussiert, hin zu einer postfossilen Mobilität der Menschen und der Bewegung. E-Fahrzeuge sind nur der erste Schritt in dieser großen Transformation."

Es wundert deshalb, dass trotz solcher Prognosen der wirtschaftliche Erfolg mit E-Fahrzeugen hierzlande bislang die Ausnahme ist. Das zeigt das Ende des Elektrotransporters „Streetscooter", dessen Produktionsstopp die Deutsche Post bekannt gab. Gerade noch die Kurve scheint „e.Go Mobile" zu kriegen: Der Insolvenzverwalter hatte die Produktion gestoppt, doch ein niederländischer Investor stieg ein.

International begann das Sterben schon früher: Vor zwei Jahren verpasste Apple dem eigenen E-Mobil eine Abfuhr. Der britische Erfinder James Dyson vom gleichnamigen Hersteller für Design-Staubsauger musste 2019 sein E-Auto-Projekt aus wirtschaftlichen Gründen einstellen. Die US-Firma Workhorse beerdigte die Entwicklung ihres E-Pick-ups in diesem Jahr. Ebenso verabschiedeten sich von ihren E-Ideen auch Aston Martin, Daimler, Fiat, General Motors, Mini, Nissans Luxusmarke Infiniti und Volvo.

Auch auf zwei Rädern ist E-Mobilität kein Selbstläufer. Unu Motors aus Berlin brachte 2013 seinen E-Motorroller auf die Straße. Pascal Blum und Elias Atahi entdeckten während ihres gemeinsamen Studienaufenthalts in Shanghai die Möglichkeiten urbaner Mobilität. Beide beschlossen mit Mathieu Caudal, der aus Frankreich stammt, mit allem Ersparten das Abenteuer einer Scooter-Entwicklung zu wagen. Heute arbeiten 100 Mitarbeiter aus 20 Nationen im Kreuzberger Büro an moderner Mobilität. Ihr Scooter bietet tragbare Batterieeinheiten zum Laden in der Wohnung.

E-Scooter kommen vom Marktführer aus Berlin

Unu kam zum richtigen Zeitpunkt: Der Markt für E-Roller wuchs im Jahr 2018 um 51 Prozent, während der Absatz von konventionellen Rollern um 40 Prozent einbrach. In fünf Jahren verkaufte Unu mehr als 10.000 E-Roller und wurde zum Marktführer in Deutschland. Das Start-up ging 2016 ins Ausland, zuerst nach Frankreich und in die Niederlande. Mit einer Wachstumsrate von 725 Prozent steht Unu im Ranking von Gründerszene.de auf Platz vier der am schnellsten wachsenden Start-ups in Deutschland. Die Unu-Entrepreneure gehören zu den vielversprechendsten Jungunternehmern der „Forbes 30 under 30 Founder Europe".

Mit Auflade-Software aus München an die Weltspitze

Aufladbare Batterien sind erforderlich, um E-Mobilität zu gewährleisten. Sie müssen Fahrzeugen ortsunabhängig Strom liefern. Software unterstützt effizientes Aufladen. Twaice aus München ist mit solcher Software sogar Weltspitze. Ein Team um Michael Baumann und Stephan Rohr, beides promovierte Ingenieure, entwickelt seit Ausgründung aus der Universität einen „digitalen Zwilling" von Akkusystemen. Exakte Analysen und Prognosen zu jedem Energiespeicher-Zustand liefert ihre Internetplattform in Echtzeit.

Twaice schließt den Kreis zwischen Produktentwicklung und Anwendung, indem Felddaten genutzt und mit datengetriebenen Batteriemodellen kombiniert werden. „Eine vorausschauende Wartung wird ebenso möglich wie eine Verlängerung der Gewährleistung, weil die Batterien eine längere Lebenszeit haben", sagt Rohr. Die Software erkenne, ob Zwischenfälle bis hin zu Betriebsausfällen drohen, und verhindere sie rechtzeitig. Mit dem Mix aus Wissen über den Batterie-Zustand, aus skalierbarer Cloud-Plattform und maschinellem Lernen gewann das Start-up innerhalb von nur zwei Jahren namhafte Kunden aus der Auto- und Lkw-Industrie oder Anbieter von Elektrowerkzeugen.

Dieselgate und Regulierungen intensivieren auch die Suche nach innovativen Batterien

Twaice spielt in die Karten, dass nach Diesel-Skandal und mehr Regulierung die Fahrzeug-Hersteller die Entwicklung emissionsloser Gefährte forcieren. Dabei sind sie auf innovative Batterien angewiesen. Die Verbreitung von Lithium-Ionen-Speichern bringt mobile und stationäre Batterien zusammen, weil das erhöhte Netzentgelte vermeidet und Energienetze stabilisiert.

Uno Motors aus Berlin verkauft seit sieben Jahren erfolgreich solche E-Motorroller und erreichte die Marktführerschaft in Deutschland.

Vimcar aus Berlin bietet mittelständischen Unternehmen digitale Dienste wie ein Fahrtenbuch als App für Firmenwagen im Fuhrpark.

Blickfeld-Gründer: Mathias Müller, Florian Petit und Rolf Wojtech (v. l.).

Twaice-Gründer: Stephan Rohr ist wie sein Kompagnon Michael Baumann promovierter Ingenieur.

Vimcar-Gründer: Andreas Schneider ist Geschäftsführer des Digitalisierers.

Messtechnik von Blickfeld erfasst Fahrzeugumgebung als 3-D-Abbild

Viele denken bei autonomen Fahrzeugen an Tesla, Google, BMW oder Daimler. Doch das Start-up „Blickfeld", das Mathias Müller, Florian Petit und Rolf Wojtech in München gründeten, ist in diesem Geschäft ein innovativer Anbieter. Die Gründer nutzen dazu 3-D-Lidar-Produkte. Lidar ist eine Abkürzung für „Light Detection and Ranging". Die optische Messtechnik basiert auf dem Laufzeitprinzip: Sensoren und Software erfassen das Umfeld im Umkreis von mehreren Hundert Metern. Sie liefern hochauflösende, dreidimensionale Umgebungsdaten und erstellen damit ein 3-D-Abbild. Der Solid-State-Sensor, den Blickfeld entwickelte, schafft das selbst bei widrigen Umweltbedingungen wie Regenwetter und Nebel. Der Sensor ist vergleichsweise kleinformatig und als Massenprodukt hochautomatisiert herstellbar. Die Blickfeld-Belegschaft umfasst mittlerweile schon mehr als 100 Mitarbeiter.

Sensoren und Software für Mobilität, Logistik, Smart City oder Security

„Außer im Mobility-Bereich können unsere Lidar-Sensoren und Erkennungs-Software vielfältig eingesetzt werden", betont Blickfeld-Mitgründer Florian Petit: „Kundenprojekte in Logistik, Smart City und Security bestätigen unseren Ansatz. Ebenso das finanzielle Engagement des Automobilzulieferers Continental sowie unsere bisherigen Investoren, darunter Osram Ventures und Tengelmann Ventures." Immerhin schaffte Blickfeld seine Series-A-Finanzierung zu Beginn der Corona-Krise. Nun planen die Gründer, die neu eingesammelten Finanzmittel in das Hochfahren ihrer Serienproduktion zu investieren. Nils Berkemeyer, Venture Capital Manager bei Continental, ist jedenfalls vom weiteren Erfolg seiner Beteiligung überzeugt: „Blickfeld ist bestens positioniert, um sich weltweit als Schlüsselanbieter für optische Sensorik zu etablieren."

Rund ums Auto entstehen immer mehr digitale Dienste. Vimcar etwa will den Firmenwagen digitalisieren und verwendet dazu im Fahrzeug-Fußraum die Diagnose-Schnittstelle. Sie wurde einst per Gesetz zum Standard für die Abgaskontrolle. Werkstätten nutzen sie zur Fehleranalyse. Vimcar entwickelte einen Stecker, der Fahrzeugdaten ausliest und via integrierte SIM-Karte online verfügbar macht.

Vimcar bietet digitale Dienste als App für die Fuhrparks von Mittelständlern

Das Start-up aus Berlin zielt vor allem auf Mittelständler. Für sie bietet Vimcar diverse Apps, die Fuhrparkverantwortliche und Firmenwagenfahrer nutzen. Vimcar-Geschäftsführer Andreas Schneider erklärt: „Wir digitalisieren Prozesse rund um die Dienstfahrzeuge, etwa die Fahrtenbuchführung, die Live-Ortung, die Führerscheinkontrolle, die Leasing-Verträge und das Kosten-Management." Die Nachrüstung von Vimcar vernetzt schon mehr als 90.000 Firmenfahrzeuge. Zu den Kunden zählen neben mittelständischen Unternehmen auch bekannte Größen wie Allianz, Zalando, Ford, Knauf oder Adecco. Das Start-up hat von Investoren bislang rund 18 Millionen Euro eingesammelt.

Von den Gründern moderner Mobilität geht offensichtlich auch ein Hoffnungsschimmer für die gesamte deutsche Fahrzeugbranche aus, wenn Vimcar-Geschäftsführer Schneider selbstsicher sagt: „Die Zukunft des vernetzten Automobils muss nicht im Silicon Valley liegen. Beim Schulterschluss mit innovativen Start-ups hat die deutsche Automobilindustrie nach wie vor die technologisch besten Karten."

Anja Kühner arbeitet als Wirtschaftsjournalistin von Düsseldorf aus und schreibt regelmäßig für „return" über die Gründerszene, speziell über Start-ups mit interessanten neuen Geschäftsmodellen. Sie findet dabei meist vorbildliche Beispiele gebündelt innerhalb einer Branche.

Die Rundstrickmaschine ließ Thoenes mit der sensorbasierten Nachrüstung (Retrofit) dergestalt vernetzen, dass Daten systematisch erfasst werden und das Unternehmen damit Ausfallzeiten reduziert und Prozesse effizienter gestaltet.

© Thoenes

Retrofit sichert Rundstrick

Textil vernetzt: Die Rundstrickmaschine der Thoenes Dichtungstechnik GmbH erhielt ein Retrofitting, um Ausfallzeiten zu reduzieren und Prozesse effizienter zu gestalten.

Das Traditionsunternehmen Thoenes Dichtungstechnik GmbH gilt als Experte für individuelle und innovative Lösungen in Dichtungen, Filtrationen und Leichtbauteilen. Mit Erfahrungen aus mehr als 140 Jahren auf diversen Gebieten dieser Anwendungen arbeiten rund 50 Beschäftigte etwa an Beschichtungen für Schnittkantensicherung von Geflechten, an der Konvertierung textiler Erzeugnisse wie beim Umwinden oder Zwirnen oder an Flechtstrukturen für Leichtbau-Elemente. Trotz oder gerade wegen des historischen Qualitätsanspruchs: Thoenes goes digital.

Der Mittelständler kontaktierte das „Mittelstand 4.0-Kompetenzzentrum Textil vernetzt", denn Maschinenlaufzeit und Produktionsgeschwindigkeit/-menge sollten systematisch erfasst und damit die Produktivität gesteigert werden. Thoenes kooperierte dann mit dem Sächsischen Textilforschungsinstitut (STFI) als „Textil vernetzt"-Partner, um die Rundstrickmaschine sensorbasiert nachrüsten zu lassen. Dieses Retrofitting sollte dafür sorgen, dass Ausfallzeiten reduziert und Prozesse effizienter gestaltet werden.

Von Anfang an war klar: Die Projekt-Ergebnisse sind im Erfolgsfall auf die anderen Maschinen zu adaptieren. In mehreren Workshops hat das Thoenes-Team mit dem STFI die Anforderungen für die Umsetzung im laufenden Betrieb erarbeitet. Die Messung von Drehzahl und die Bestimmung des Spulendurchmessers ergaben sich dabei als Indikatoren für Laufzeit, Verarbeitungsgeschwindigkeit und Produktionsmenge. Als Prototyp entstand eine Test-Drehzahlmessung mithilfe eines Hallsensors, der an den

Produktionsmaschinen verbaut wurde. In Pilotversuchen wurden weitere Methoden zur Drehzahlmessung und zur Erfassung des Spulendurchmessers erprobt.

Zentrales Ziel des Projektes war, transparente Prozesse zu gestalten. Zudem sollten Mitarbeitende künftig befähigt sein, Maschinenstillstände detailliert zu erfassen und zu klassifizieren. Denn durch kontinuierliche und fehlerfreie Datenerfassung profitiert Thoenes von den weiteren Auswertungsmöglichkeiten. Dies spart nicht nur Zeit, sondern ermöglicht, kritische Stillstände frühzeitig zu erkennen und vorbeugende Instandhaltungsmaßnahmen einzuleiten.

Thoenes unterhält einen vielseitigen Maschinenpark

Thoenes realisiert laufend unterschiedliche Kunden- und Entwicklungsprojekte. So entstehen energetische Dicht- und Isolierschnüre mit hoher Effizienz, die akkurate Konvertierung textiler Schnüre und Bänder mittels Umwinden und Zwirnen oder Leichtbauprofile aus Hybridgeflechten. Dazu unterhält Thoenes einen vielseitigen Maschinenpark. Neben zahlreichen Flechtmaschinen kommen Rundstrickmaschinen für Kunststoff-Gestricke zum Einsatz, die für den Fahrzeugbau bestimmt sind und der Minimierung von Druckluftgeräuschen in Bremssystemen dienen.

Im Zweischichtbetrieb können verschiedene Ereignisse auf die Arbeitsprozesse einwirken. Material- und Produktwechsel sind zwar unkritisch, aber es können Fehler auftauchen,

Auf diesem Horizontalflechter entstehen Hochleistungsisolationen und Faserverbund-Preforms bei Thoenes.

die Produkt, Laufzeit oder Geschwindigkeit beeinflussen können. Daten dazu werden zwar erhoben, aber die Zuordnung zu Maschinenparametern war bislang nicht ohne Weiteres möglich. Mangels Schnittstellen fehlte die Übergabe in übergeordnete Systeme inklusive Weiterverarbeitung.

Das umgesetzte Retrofitting an der Rundstrickmaschine greift seit gut einem Jahr im Produktivbetrieb. Durch die höhere Transparenz fallen deutlich reduzierte Ausfallzeiten an. Das Instandhaltungs-Team nutzt die Lösung als Teil seines Werkzeugkastens. Thoenes setzt die entstandene Retrofit-Lösung im Produktivbetrieb ein, um die Produktionsdaten zu erfassen. Hier hilft „Node-RED" bei der Datenerfassung und bei der

Ablage der Sensorwerte in der Datenbank. Darüber hinaus nutzt Thoenes das System, um mobil Störungsmeldungen zu erfassen. Als Ergänzung zu Node-RED wird für die Datenanalyse das Open Source System „Grafana" eingesetzt.

Anderen Unternehmen empfiehlt Thoenes dringend, bei einer digitalen Transformation immer alle beteiligten Mitarbeiter bei Veränderungsprojekten einzubinden. Denn dies steigere die Akzeptanz und bringe den Gesamtprozess schneller voran. Wichtig sei daran vor allem auch, die digitale Transformation hautnah mitzuerleben, um danach mit der Lösung kunden- und produktorientiert zu agieren.

Das Thoenes-Projekt war übrigens in mehrfacher Hinsicht vorbildlich: Intern als Anfang für neue Ansätze in den Wertschöpfungsprozessen, extern entstand im Nachgang am STFI in Chemnitz ein „Retrofit-Demonstrator". Dieser zeigt weitere Lösungen auf und ist von Unternehmen mit ähnlichen Anforderungen auszuleihen.

Peter Schneider ist Leiter Forschung und Entwicklung in der Thoenes Dichtungstechnik GmbH und hat das Projekt verantwortlich begleitet.

Restrukturierung präventiv?

Umstrittene Thesen stellt dieses Magazin in „return kontrovers" zur Diskussion. Diesmal drehen sich Diskurs und Debatte um die Reform des Sanierungs- und Insolvenzrechts.

Auf die Idee, den Gesetzesentwurf zur Fortentwicklung des Sanierungs- und Insolvenzrechts (SanInsFoG) ausgerechnet als „Erfolg für die Frauenbewegung" zu feiern, muss man erst mal kommen. Andreas Niesmann vom „Redaktionsnetzwerk Deutschland" (RND) hatte den Einfall und zählte bienenfleißig „mehr als 600 Stellen in dem 247-seitigen Entwurf" des Bundesjustizministeriums (BMVJ) und fand dort „die weibliche Form". Die selbst gestellte Frage, ob „aus dem SPD-geführten Haus" damit eine Vorlage komme, die gegen „eigene Vorschriften" verstoße, beantwortet der RND-Mann mit BMVJ-Erklärung: „Das Femininum sei in dem Gesetzesentwurf nur deshalb verwendet worden, weil es in den meisten Fällen um juristische Personen wie Aktiengesellschaften oder Gesellschaften mit beschränkter Haftung gehe, und die in der Regel weiblich seien." Ach, so!

Bundesjustizministerin Christine Lambrecht, Hausherrin der angeblich SPD-geleiteten Behörde, die hoffentlich parteiunabhängig arbeitet, wird am 14. Oktober bei Veröffentlichung des Gesetzesentwurfs in der Pressemitteilung zitiert: „Die heute beschlossene Reform des Insolvenzrechts ist ein Meilenstein für einen fortschrittlichen und effektiven Rechtsrahmen zur Unternehmenssanierung." Künftig könnten Unternehmen, „die eine Mehrheit ihrer Gläubigerinnen und Gläubiger mit einem soliden Plan von ihrer Sanierungsperspektive überzeugen", ihre Sanierung damit sogar „auch ohne Insolvenzverfahren umsetzen". Endlich.

Ministerin Christine Lambrecht

Für Lambrecht profitieren von den Neuerungen vor allem Unternehmen, die aufgrund der Corona-Pandemie „unverschuldet ins Straucheln geraten" seien, aber „über ein überzeugendes Geschäftsmodell verfügen". Für die Bewertung von profitablem Business haben sich ihre Juristen beim Formulieren der Definition bestenfalls vom Team um Bundeswirtschaftsminister Peter Altmaier beraten lassen. Dieser CDU-Minister und auch sein SPD-Pendant Olaf Scholz als Verantwortlicher für Finanzen feuern schon eine Weile aus allen Rohren, um in der Wirtschaft zu retten, was noch zu retten ist. Zwar war Altmaier im März noch willens, kein Unternehmen wegen der Corona-Krise in Insolvenz gehen zu lassen. Aber Anfang November musste auch er einräumen: „Die Auswirkungen der Corona-Pandemie sind größer und länger, als wir dies Mitte des Jahres noch erwartet und erhofft hatten", zitiert ihn die gemeinsame Pressemitteilung von BMWi, BMF und KfW zu einem weiteren Schnellkredit-Sonderprogramm, um direkt kämpferisch sich wiederholend nachzuschieben: „Wir lassen in dieser ernsten Lage unsere Unternehmen und ihre Beschäftigten nicht allein."

SanInsFoG inklusive StaRUG – nomen est omen fürs Verfahren?

Derweil setzt die Justizministerin voll aufs Inkrafttreten des neuen SanInsFoG mit dem unter Artikel 1 gefassten „Gesetz über den Stabilisierungs- und Restrukturierungsrahmen für Unternehmen", kurz: StaRUG. Den Nutzern bleibt zu wünschen, dass der komplexe Name nicht für komplizierte Verfahren steht. Bei der Vorstellung hatte Lambrecht noch Erleichterungen versprochen, weil unter anderem Unternehmen ab 1. Januar 2021 „wieder der Insolvenzantragspflicht wegen Überschuldung" unterliegen. Laut Zitate-Sammlung im Pressebereich der BMVJ-Website klang das am 10. August aber noch anders: „Um Pandemie-bedingt überschuldeten Unternehmen Zeit zu geben, sich zu sanieren, werde ich vorschlagen, die Insolvenzantragspflicht für diese Unternehmen weiterhin bis Ende März 2021 auszusetzen."

Dr. Volker Beissenhirtz, erfahrener Restrukturierungsberater aus Berlin, bilanziert in seinem Blog berechtigt: Der Entwurf sei ein großer Schritt in die richtige Richtung, „auch wenn ich die teils euphorischen Stellungnahmen einiger Berufskollegen nicht teile. Denn kann das ‚StaRUG' ausgerechnet in der Corona-Krise richten, was jahrelanges Feilen an der InsO nicht vermochte (...)?"

Die zitierten Ministerienmitteilungen und Medienberichte hat „return"-Chefredakteur Thorsten Garber ausgewertet.

PRO

Jörn Weitzmann:
„Unternehmern sollte möglich sein, sanierungsfähigen Kern zu sichern"

Das deutsche Insolvenzrecht ist traditionell sanierungs- und vergleichsfreundlich. Im Rating der Weltbank für Europa kommt es nach Finnland auf Platz 2. Insolvenz ist der letzte Grad der wirtschaftlichen Krise. Vorausgegangen sind regelmäßig eine Produkt- und Ertragskrise sowie eine Finanzierungs- und Liquiditätskrise.

Nicht jedes Unternehmen kann gerettet werden. Wo keine Ertragskraft besteht und kein Geschäftsmodell funktioniert, muss der Marktaustritt erfolgen, und zwar möglichst ohne dass zuvor Gläubiger belastet werden. Wo ein sanierungsfähiger Kern vorhanden ist, sollte der redliche Unternehmer aber die Möglichkeit haben, diesen zu sichern und Akkordstörer „in die Linie zu stellen". Der Schuldner ist zur Selbstprüfung verpflichtet und kann einen Restrukturierungsplan vorlegen.

Die Chance auf ein „deutsches Scheme"

Die Chance auf ein „deutsches Scheme" kann das StaRUG bieten, wenn in sechs Punkten nachjustiert wird: Erstens muss ein unabhängiger Restrukturierungbeauftragter obligatorisch sein. Zweitens müssen die Rechtsprechungsregeln zu Sanierungs- und Überbrückungsdarlehen auch für die „neue Finanzierung" gelten. Drittens ist das Verbot von Lösungsklauseln auf Antrag auf den Zeitraum von einem Monat vor der Anzeige auszudehnen. Viertens sind dem Gläubiger angemessene Fristen für die Überprüfung zuzubilligen. Fünftens ist die Darlegungs- und Beweislast fairerweise nach Sphären vorzunehmen. Sechstens sollte jeder Beteiligte aus Gründen der Einsparung seine Kosten selbst tragen.

Jörn Weitzmann ist Fachanwalt für Insolvenzrecht und Steuerrecht in der Kanzlei Kilger & Fülleborn sowie Vorsitzender der Arbeitsgemeinschaft für Insolvenzrecht und Sanierung im Deutschen Anwaltverein (DAV).

KONTRA

Marc S. Tenbieg:
„Aus Unternehmerperspektive sind diese 265 Seiten Gesetzestext schwere Kost"

Grundsätzlich ist es zu begrüßen, dass das Bundesjustizministerium jetzt Nägel mit Köpfen macht: Eine Modernisierung des Sanierungs- und Insolvenzrechts war überfällig und wird wegen der Corona-Krise dringender denn je benötigt. Aus Perspektive des Mittelstandes wird die Einführung eines vorinsolvenzlichen Sanierungsverfahrens, quasi das „Filetstück" des Gesetzesentwurfs, ausdrücklich begrüßt. Referenten- und Regierungsentwurf zum Gesetz zur Fortentwicklung des Sanierungs- und Insolvenzrechts (SanInsFoG) haben deshalb zu Recht positive Resonanz erzeugt. Dennoch fragt man sich, warum die Umsetzung der EU-Richtlinie auf den letzten Drücker erfolgt – und warum jetzt doch alles wieder etwas komplizierter werden muss.

Verpasste Chance für echte Erleichterungen

Wie so oft steckt der Teufel im Detail. Aus Unternehmerperspektive sind diese 265 Seiten Gesetzestext schwere Kost. Für Magenverstimmung sorgt die hohe Komplexität des Verfahrens, die durch den Regierungsentwurf zugenommen hat. Erklärtes Ziel sollte es sein, Entscheider in Unternehmen mit einem außergerichtlichen, anonymen und schlanken Verfahren möglichst frühzeitig dazu zu bringen, Sanierungsschritte einzuleiten. Nun soll bei notwendigen Fällen aber doch ein „Restrukturierungsbeauftragter" vom Restrukturierungsgericht zugeteilt werden. Für Kleinunternehmer und Selbstständige dürfte das Restrukturierungsverfahren ohnehin zu voraussetzungsvoll sein. Spezifische Erleichterungen für Selbstständige wären wünschenswert gewesen, fehlen aber gänzlich. Und das ist eine verpasste Chance.

Marc S. Tenbieg ist geschäftsführender Vorstand im Deutschen Mittelstandsbund (DMB). Der Verband vertritt die Interessen von rund 21.000 Mitgliedern – Unternehmer, Gewerbetreibende und Freiberufler.

Innovation und Inkubation

Wie Struktur und Mindset der Melitta Group wirken

Innovationen sind zentrale Treiber jeder Unternehmensentwicklung. Denn Produktlebenszyklen fallen immer kürzer und der Wettbewerb immer globaler aus. Trends und Bedürfnisse sind daher früh und systematisch aufzuspüren, damit sie schnell in Prozesse gebracht und in Produkte umgesetzt werden – möglichst vor dem Wettbewerb.

Die Melitta Group hat Innovationen im Unternehmen als treibende Kraft verankert. Erstens, indem der strategische Schwerpunkt auf dem Innovations-Management liegt. Zweitens, indem Methoden zur Innovationsförderung implementiert sind. Drittens, indem das passende Umfeld die Atmosphäre für Gründungsinitiativen und Produktideen bis zur Marktreife schafft. Dies ist insbesondere für Geschäftsmodell-Entwicklungen relevant, die abseits erprobter Produktwelten im Kerngeschäft laufen.

Seit Gründung der eigenen Abteilung für Corporate Innovation wachsen neue und übergeordnete Kompetenzen fernab der Entwicklungsabteilungen. Mit weitem Blick in neue und alte Märkte entstehen frische Ideen. Regelmäßige Analysen von Kundengewohnheiten, Lifestyle-Mustern, Technologienutzung oder auch Design Trends bieten neue Orientierungspunkte.

Organisationsform ergänzt Kultur von New Work

Die nächste Stufe ist, eine Inkubator-Unternehmenseinheit zu implementieren. Diese kümmert sich schnell, pragmatisch und mit agilen Methoden um disruptive Innovationen und Minimal Viable Products (MVPs) als marktreife Prototypen für Testmärkte. Die Organisationsform als Inkubator ergänzt die Kultur von New Work, was den Umgang miteinander und Prozesse untereinander verjüngt.

Den organisatorischen und kulturellen Rahmen im Unternehmen zu schaffen reicht allerdings nicht. Es gilt, dafür spezielles Expertenwissen ins Haus zu holen und mit dem unternehmensspezifischen Erfahrungsschatz zu verbinden. Dazu zählt, sich in Innovatoren-Netzwerken zu engagieren und übergreifendes Wissen für Innovationsthemen aufzubauen. Ansätze aus der Welt von Lean Start-ups bringen auch etablierten Unternehmen alle Vorteile wie Nutzen aktueller Methodik. Oft hilft es traditionellen Unternehmen sogar, ihre DNA als einstige Start-ups wiederzuentdecken. „Fail fast, learn and adapt quickly" fördert als Devise mehr Innovationen.

Das neue Expertenwissen sollte unternehmensweit kollaborativ gestreut werden, um die Kerngeschäftsfelder mit aktuellen Insights zu befruchten. Methoden des Design Thinkings und andere zeitgemäße Management-Ansätze sind inhouse über Seminare einzuführen und flächendeckend im Unternehmen zu verbreiten. Dies fördert unter allen Mitarbeitenden die Bereitschaft, neue Wege zu beschreiten und gemeinsam an Lösungen zu arbeiten. Dies gelingt besser in Prozessen, in denen Fehler nicht sanktioniert, sondern als Erkenntnisfortschritt anerkannt sind. Dies alles hilft, mutig neue Ansätze und Methoden auf dem Weg zur Innovation zu wählen.

Geschäftserfolg mit Neuheiten gehört zur konsequenten Wertschöpfung

Dafür müssen gezielt Freiräume geschaffen werden, sodass alle Beteiligten stärker mit unternehmerischem Denken an Innovationen arbeiten. Denn der Geschäftserfolg mit neuen Produkten und Services gehört hier zur konsequenten Wertschöpfung. Innovation und Inkubation können Unternehmen ideal verankern, wenn sie passende Organisationsstrukturen schaffen und vernetzen.

Neues Wissen und traditionelle Erfahrung wirken dann so zusammen, dass dies das Mindset aller Beschäftigten für Innovationen fördert. Diese Effekte entfalten bei der Entwicklung neuer Produkte, Services und Geschäftsmodelle nachhaltig Wirkung.

Dr. Stefan Scholle ist Geschäftsführer des Zentralbereichs Unternehmensentwicklung der Melitta Group Management GmbH & Co. KG. Die international tätige Unternehmensgruppe zählt zu den namhaften Familienunternehmen, die unabhängig Markenprodukte erschaffen. Dazu gehört das entwickelte, hergestellte und vertriebene Portfolio rund um Kaffee-Genuss, für Aufbewahrung und Zubereitung von Lebensmitteln sowie für Sauberkeit im Haushalt.

© Melitta / Stefan Freund

Neue Wege entdecken

Die betriebliche Mobilität gerät unter Transformationsdruck. Unternehmen sollten sich mit einem systematischen Management dazu besser aufstellen, um attraktiver, variabler und robuster zu sein.

Mobilität ist in aller Munde: Die einen sehen eine rosige Zukunft mit autonomen und klimaneutralen Fahrzeugen zu Wasser, an Land und in der Luft. Die anderen fürchten Einschränkungen ihrer persönlichen Bewegungsfreiheit. Dabei ist jedem klar: Unsere heutige, überwiegend auf fossilen Rohstoffen basierende Mobilität hat langfristig keine Zukunft.

Klar ist aber auch: Mobilität ist und bleibt ein zentraler Erfolgsfaktor für Unternehmen und ihre Mitarbeitenden: Einschränkungen in der Mobilität begrenzen Wirkungskreis wie -möglichkeiten und damit erfolgreiches Wirtschaften. Die Frage ist also nicht, *ob*, sondern *wie* Unternehmen mobil bleiben und mit welchen Optionen sie eine wirtschaftliche, umweltgerechte Mobilität gestalten sowie dabei ihre Belegschaft einbeziehen.

Eigentlich ist das gar nicht so schwierig, wenn klar ist, welcher Mobilitätsbedarf in welchen Unternehmensprozessen besteht. Es gibt zahlreiche Möglichkeiten, aus denen sich die Verantwortlichen bedienen können. Das systematische Management von attraktiver, bedarfsgerechter Mobilität hilft,

angesichts vieler innovativer Methoden und Instrumente nicht den Anschluss an zeitgemäße Beweglichkeit zu verlieren. Unternehmen nutzen dieses heute schon und können darüber eine neue Mobilität entdecken. Das systematische Management zur Mobilität benötigt einen Startpunkt. In beinahe jedem Unternehmen gibt es Ziele und Beweggründe, die eine Initialzündung fürs Mobilitäts-Management auslösen können. Nachfolgend Beispiele.

Fachkräftesicherung: Viele Unternehmen beklagen einen Mangel und entwickeln deshalb Strategien zur Gewinnung und zur Bindung solcher Kräfte. Dazu braucht der Betrieb ein attraktives Profil und gute Standortbedingungen – besonders im ländlichen Raum. Solche verlockenden Konditionen für Mobilität sind für Bewerber auf Arbeitgebersuche ein überzeugendes Argument, das im besten Fall mit weiteren Motiven zu Umweltfreundlichkeit und Gesundheitsförderung im Unternehmen untermauert wird.

Gesundheitsförderung: Sie zählt zu den wichtigen innerbetrieblichen Zielen, die auch bei Beschäftigten auf Interesse stoßen. Daraus könnte sich ein Ansatz für das Mobilitäts-Management ergeben. Arbeitswege von Beschäftigten bieten gute Chancen für Unternehmen zu signalisieren: Wir helfen auf dem Weg zwischen Heim und Arbeit. Wir sind an der Gesundheit unserer Belegschaft interessiert. Beschäftigte, die regelmäßig mit dem Rad zur Arbeit pendeln, sind nachweislich weniger krank. Und auch die Nutzung von Bus und Bahn ist mit mehr Bewegung verbunden als etwa beim Pendeln mit dem eigenen Auto.

Die Elektromobilität hält Einzug in den Fahrzeugmix des Fuhrparks

Fuhrparkelektrifizierung: Auch wenn einige Unternehmen noch zögern, hält Elektromobilität in den kommenden Jahren verstärkt Einzug in den Mobilitätsmix. Alltagstauglichkeit und Wirtschaftlichkeit hängen davon ab, ob die Fahrzeuge richtig eingesetzt oder sogar im übergreifenden Verbund intensiver genutzt werden, etwa über Corporate Carsharing.

Eine exakte Analyse des Fuhrparks hilft, die Potenziale von Elektromobilität und anderen alternativen Antriebstechnologien zu ermitteln und zu verdeutlichen. Die Ergebnisse zeigen Optimierungsmöglichkeiten im Fuhrpark-Management auf, geben aber auch Hinweise zur Gestaltung von

Die Autobahn A3 ist Spitzenreiter der „Stau-Statistik 2019", die der Verkehrsclub ADAC zu Jahresbeginn als Auswertung veröffentlicht hat. Insgesamt 206 Staukilometer pro A3-Kilometer mussten Verkehrsteilnehmer wie Berufspendler zwischen Köln, Frankfurt am Main und Passau ertragen; hier im Bild südlich von Aschaffenburg bei Rohrbrunn. Nach Bundesländern liegt Nordrhein-Westfalen vorne in der Negativ-Tabelle. Bei den Städten führt Hamburg die lange Liste im „Tom Tom Traffic Index 2019" an, wonach die hiesigen Autofahrer allein in den zehn erstgenannten Metropolen im Schnitt mehr als 120 Stunden pro Jahr durchs Warten verlieren.

Dienstreisen. Noch immer ist in Unternehmen das Unterhalten von Pool-Fahrzeugen nicht mit dem Management von Dienstreisen verknüpft. Effizienz bleibt dabei mitunter auf der Strecke. Wer Fahrprofile erstellt, häufige Wege ermittelt und klare Regeln zur Nutzung von Verkehrsmitteln aufstellt, kann die Potenziale für Beschäftigte und Betrieb heben.

Mobiles Arbeiten: Homeoffice-Lösungen haben sich seit Ausbruch der Corona-Pandemie als probates Mittel gegen Ansteckungen am Arbeitsplatz etabliert. Gleichzeitig wurden Dienstreisen drastisch heruntergefahren, was ökonomisch wie ökologisch als Einsparung in besseren Bilanzen sichtbar ist. Nun überlegen Unternehmenslenker, wie sich diese Vorteile – weniger Kosten für Unternehmen, mehr Zeit für Beschäftigte – künftig in den Regelbetrieb nach der Corona-Krise überführen lassen. Mit einem systematischen Mobilitätskonzept betten Verantwortliche das mobile Arbeiten in vorhandene Arbeitsstrukturen ein. Aus der ursprünglich eingeführten Notlösung entwickelt sich ein mächtiges Instrument der Organisationsentwicklung, mit dem fast nebenbei auch Verkehr vermieden wird. Richtig gesteuert hilft es sogar, Büro- und Parkflächen einzusparen.

Meilensteine ansteuern auf dem Weg zum Ziel

Betriebliches Mobilitäts-Management beginnt damit, ein strategisches Ziel zu formulieren, konsequent zu verfolgen und Mobilität als Vehikel einzubeziehen. Dieses Ziel kann Innovationen, Mitarbeiterbindung oder Wirtschaftlichkeit umfassen. Weitere Bereiche sind schrittweise zu integrieren, wobei folgende Meilensteine bei der Umsetzung anzusteuern sind:

▶ **Daten auswerten:** Clevere Unternehmen verschaffen sich zunächst einen Überblick. Sie prüfen, welche Abteilungen und Personen wie mit Mobilität in Berührung kommen und wo sie Mobilität abrechnen. Die Art und Weise, wie Betriebsangehörige mobil sein müssen, ist zu erfassen. Gezielte Analysen eröffnen viel Veränderungspotenzial. So zeigen Auswertungen der Wohnorte von Beschäftigten den idealen Modal-Split auf. Eine Befragung unter Mitarbeitenden zu ihrer Mobilität deckt Bedarfe auf und auch Chancen zum Umstieg. Analysen zu Dienstreisen und Fuhrpark ermitteln meist auch Möglichkeiten für Einsparungen und Verlagerungen.

▶ **Zusammenarbeit fördern:** Unternehmensführungen sollten Teams mit Verantwortlichen aus Fuhrpark, Personal, Controlling und Marketing an einen Tisch holen. Diese Teams überlegen dann, welche Ziele und Ansprüche an

„Unternehmensführungen sollten Teams aus Fuhrpark, Personal, Controlling und Marketing an einen Tisch holen."

Mobilität im Unternehmen vorhanden sind. Über die entsprechend maßgeschneiderte Strategie sind auch unbequeme Maßnahmen in der Kommunikation verständlich zu erklären. Vorgeschlagene Alternativen zum Pkw sind transparent und verlässlich nachzuvollziehen. Das Bilden einer „Taskforce Mobilität" ist ratsam.

▶ **Mitarbeiter schulen:** Die Wende in der Mobilitätskultur leiten nicht allein Technik und Wirtschaftlichkeit ein. Der Aufbau von Know-how garantiert, dass das Thema dauerhaft und kompetent im Unternehmen vorangetrieben wird. Schulungen wären deshalb zielführend für Veränderungen durch Multiplikatoren. Beispielsweise bieten die Industrie- und Handelskammern seit 2018 ihren Lehrgang zum „Betrieblichen Mobilitäts-Manager IHK" sogar kostenfrei oder kostengünstig an.

▶ **Kräfte kooperativ bündeln:** Investitionen wie der Aufbau von Ladeinfrastruktur oder das Betreiben eines Fuhrpark-Pools lassen sich gemeinsam mit anderen Unternehmen wesentlich günstiger umsetzen. Andere kooperative Projekte, etwa zusammen Plattformen für Fahrgemeinschaften zu nutzen oder Mobilitätsaktionstage auf die Beine zu stellen, helfen, ausreichend Masse zu mobilisieren. Örtliche Verkehrsträger gehen sicher eher auf Wünsche zum ÖPNV-Angebot ein, wenn sie gleich mehrere Unternehmen vorbringen. Der Interessenverbund mit (benachbarten) Betrieben und der Kommune vor Ort ergibt also mehrfach Sinn.

▶ **Förderprogramme nutzen:** Bund, Länder, Kommunen – sie alle unterstützen Betriebe beim Umstieg auf umweltfreundliche Verkehrsmittel. So sind Anschaffungskosten von E-Autos heute nicht mehr höher als für vergleichbare Fahrzeuge mit Verbrennungsmotor. Bei den Betriebskosten indes unterscheiden sie sich deutlich: Durch geringere Verbrauchskosten und weniger Wartungsaufwand lässt sich mit Elektromobilität mittlerweile Geld sparen.

Das Autorenduo arbeitet in der Praxis gemeinsam an Mobilitätsprojekten für die Baum Consult GmbH, die Unternehmen und Kommunen hierzu sowie zum nachhaltigen Wirtschaften insgesamt berät: Johannes Auge (Foto oben) ist Geschäftsführer am Baum-Standort im westfälischen Hamm, Michael Wedler (Foto unten) vom Baum-Standort Berlin ist Bereichsleiter Politik- und Strategieberatung und Senior Consultant Smart Energy/Mobility.

digital · interaktiv · mobil

Exklusiv für Abonnenten kostenlos zur gedruckten Ausgabe – das E-Magazin.

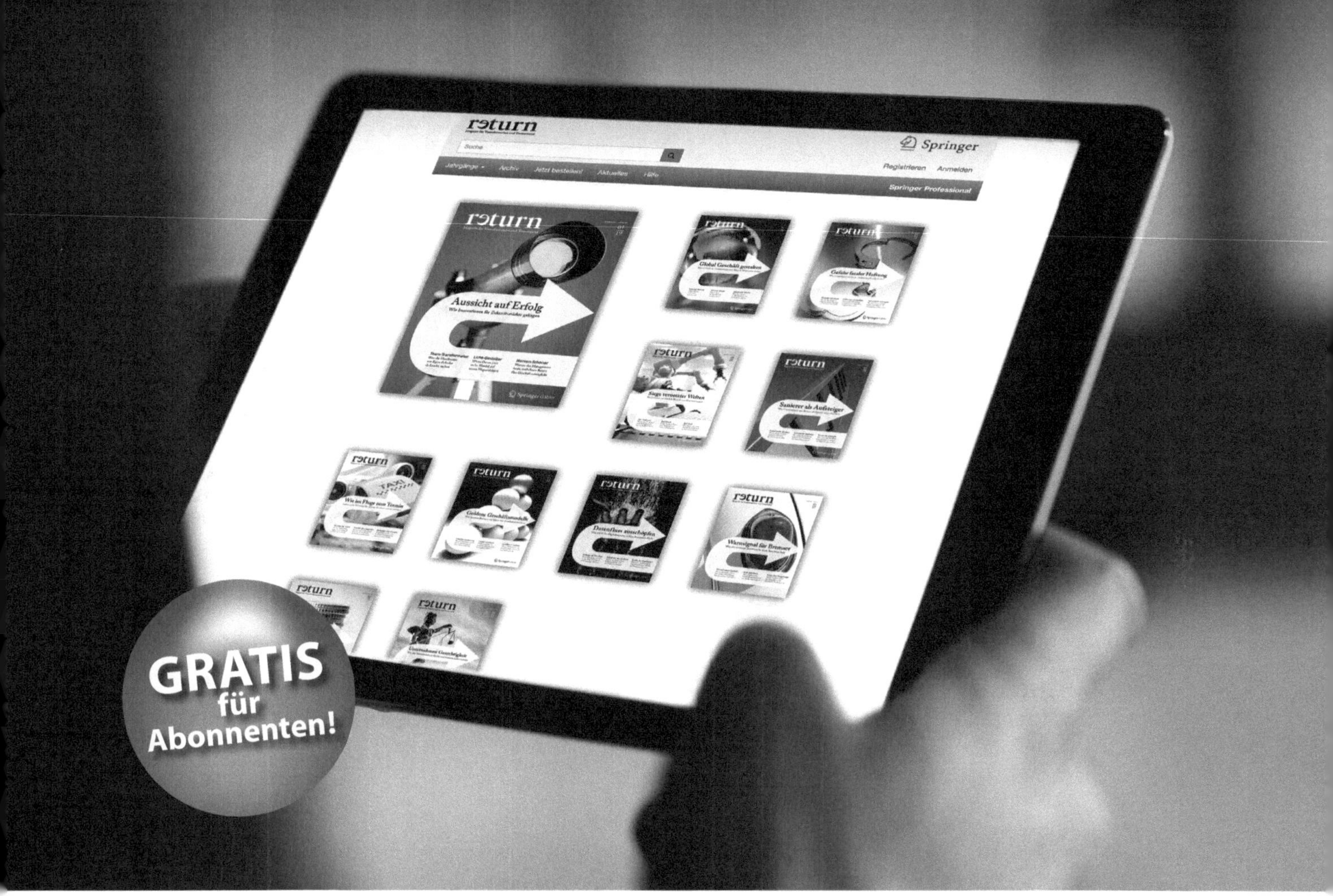

GRATIS für Abonnenten!

 Schlagwortsuche
In Sekundenschnelle die komplette Ausgabe nach einem Schlagwort durchsuchen.

 Responsives Webdesign
Zugriff auf Ihr E-Magazin von Desktop, Laptop, Smartphone und Tablet.

 PDF-Downloads
Download von Artikeln aus dem umfangreichen Online-Archiv.

 Einfach und direkt ohne App
Zugriff ohne App-Store durch direkte Anbindung an die Website mit HTML5-Technologie.

 Interaktive Empfehlungen
Zusätzliches Spezialwissen durch verlinkte Quellenangaben der Fachartikel rund um die Heftthemen.

 Interaktives Inhaltsverzeichnis
Mit einem Klick zum gewünschten Beitrag.

 Interaktive Heftnews
Ergänzende Informationen zum Heft durch verlinkte Firmen- und Produktnews.

return
Magazin für Transformation und Turnaround

▶▶ **Ihr E-Magazin finden Sie unter: www.emag.springerprofessional.de/return**

Vorsicht, Falle: Auch bei der Übernahme attraktiver notleidender Unternehmen können Käufer ins Stolpern geraten, denn bei Distressed Mergers & Acquisitions (M&A) lauern Risiken, die nur durch vorherige gewissenhafte Prüfungen zu verhindern sind.

Gefährliche Stolperfallen

Bei Wachstumsambitionen lohnt der Blick auf Distressed-Unternehmen als Zukäufe. Sechs Stolperfallen sind dabei zu vermeiden. Eine Methode aus der Spieltheorie hilft.

Zur Umsetzung ihrer Expansionsstrategie sollten Unternehmer immer auch Lösungen für exogenes Wachstum in Betracht ziehen. Sofern dies der Fall ist, müssen sie die Wachstumsstrategie um eine gezielte Mergers & Acquisitions (M&A)-Strategie ergänzen. Unternehmen geben in Umfragen zwar regelmäßig an, auch durch Zukäufe wachsen zu wollen. Doch sobald sie nach der Definition ihres Zielbilds gefragt werden, bleiben die Antworten meist wenig konkret. Basis für eine erfolgreiche Unternehmensentwicklung – durch Zu- und gegebenenfalls begleitende Verkäufe – ist aber gerade die fundierte Ableitung des Zielbilds aus der mittel- bis langfristigen Unternehmensstrategie.

Marktpositionierung und Zielobjekt umreißen

„Looking forward, reasoning backward" heißt eine Methode aus der Spieltheorie, mit der sich eine M&A-Strategie entwickeln lässt. Primäre Fragestellung muss sein, in welchen Märkten, mit welchen Produkten und Kunden will das Unternehmen tätig sein. So kann das Management die Marktpositionierung und das Zielobjekt („Target") in der Vorschau möglichst konkret umreißen. Von diesem Zielbild ausgehend, können Projektverantwortliche und mandatierte Berater quasi rückblickend den Umsetzungspfad beschreiten.

Entscheidenden Werttreiber vor Transaktion definieren

So lassen sich konkrete Targets identifizieren, Gespräche einleiten und bei Erfolgsaussicht die Due Diligence umsetzen. Dabei sind die Divergenzen des Targets vom definierten perfekten Zielobjekt fortlaufend zu identifizieren, zu quantifizieren und in finale Abschluss- und Bewertungsüberlegungen einzubeziehen. Wer auch noch den entscheidenden Werttreiber – die Unternehmensintegration – schon vor der Transaktionsumsetzung definiert, mit Verantwortlichen besetzt und spätestens zum Closing mit der adaptiven Umsetzung beginnt, hat die Basis für eine wertegenerierende, nachhaltige M&A-Strategie gelegt.

Zur Strategie-Umsetzung kann das Zielobjekt auch ein attraktives Distressed Target sein. Notleidende Unternehmen haben meist tiefgreifende leistungs- und/oder finanzwirtschaftliche Probleme. Hier kommen horizontale und vertikale Integrationen in Betracht. Von Expansionen in neue Märkte durch Zukäufe von Distressed-Unternehmen ist abzuraten. Die Restrukturierung und die Integration dieser Unternehmen erfordern ein hohes Maß an Verständnis über bis dahin unbekannte Märkte, Kunden und Produkte. Darüber hinaus müssen Management-Expertise und Know-how zur Branche bereitstehen. Diese Integrationsleistung mag der Käufer für sein Marktsegment mitbringen; in artfremden Bereichen kann er jedoch nicht in gleichem Maße auf seine eigenen Kompetenzen und Kapazitäten zurückgreifen.

Die sechs größten Gefahrenquellen

Bei Distressed-Transaktionen sind schon vor der Integration, also ab Start des Kaufprozesses bis zur Transaktion, einige Gefahrenquellen zu umgehen. Solche Stolperfallen treten häufiger und weiter gehender auf als bei Zukäufen ertragsstarker Unternehmen. Fehltritte sind im M&A-Markt oft zu beobachten. Zum Opfer fallen ihnen strategische Käufer, aber auch Finanzinvestoren. Oft haben sie die Grundsätze einer professionell umgesetzten M&A-Strategie aus dem Blick verloren, wie sich an sechs Fällen nachzeichnen lässt:

▶ **Auslaufmodell:** Die Nachhaltigkeit des Geschäftsmodells, vor allem die technische Leistungs- und Zukunftsfähigkeit der Produktpalette, wurde nicht ausreichend evaluiert. Ein Konzern mag Weltmarktführer mit seiner innovativen Produktpalette sein. Dies muss aber nicht für das vom Carve-out umfasste Produktspektrum gelten.

▶ **Fallende Messer:** Ein Merkmal für Distressed-Unternehmen ist oft die tendenziell rückläufige Top-Line. Die verlässliche Einschätzung über den weiteren Verlauf des Abschwungs und den Zeitpunkt der Talsohle ist häufig sehr herausfordernd. Hinzu können weitere Umsatzrückgänge nach der Übernahme kommen, die vorher nicht zu antizipieren waren. Zur Vermeidung eines Griffs in das fallende Messer müssen höchste Anforderungen und ein ausgeprägter Konservatismus an die Verifizierung der Top-Line angelegt werden.

▶ **Schein statt Sein:** In Restrukturierungsfällen hören Käufer häufig von Verkäufern Schilderungen wie diese: „Wesentliche, insbesondere operative und personelle Restrukturierungsmaßnahmen sind schon umgesetzt, entfalten Wirkung und das Unternehmen arbeitet im Cashflow positiv." Allerdings haben solche Aussagen mitunter mit der Realität wenig zu tun. Es gilt vielmehr, geplante und eingeleitete Maßnahmen der Restrukturierung kritisch aufzunehmen und mit objektiver Eintrittswahrscheinlichkeit sowie Einspareffekt in der Unternehmensplanung zu quantifizieren. Ihren kritischen Blick sollten Käufer insbesondere auf geplante Mitarbeiterkapazitäten richten. Erfahrungsgemäß schneiden strategische Käufer hier häufig tiefer und legen damit die Basis für nachhaltige Sanierungen, selbst wenn sie im ersten Moment rigoroser ausfällt.

▶ **Überbewertung:** Die Bewertungsableitung aus negativer Historie mit Negativ-Ergebnissen und negativem Cashflow in Kombination mit einer rudimentären oder von Unsicherheit geprägten Unternehmensplanung ist schwierig. Durch einen übermotivierten Abschlusswillen werden zudem bei Bewertungen oft Vernunft und Grundsätze im Schlussspurt über Bord geworfen. Die Divergenz zwischen einer Asset-Based-Bewertung, die ein Verkäufer ins Feld führt, und der tatsächlichen Ertragskraft eines Unternehmens wird dann nicht mehr ausreichend berücksichtigt. Diese Divergenz wäre allerdings besser transparent als Gegenposition an die Verkäuferseite zu adressieren.

▶ **Beratungsmangel:** Involvierte Berater sind nicht immer vom Fach und verfügen über wenig oder keine Expertise in Distressed M&A. Damit werden sie zum Spielball anderer Stakeholder. Dies führt zum Beispiel dazu, dass potenzielle insolvenzrechtliche Anfechtungstatbestände für den Käufer keinen Weg auf die Risikoliste finden.

▶ **Ziellinienstolpern:** Die Integration des Targets nach dem Kauf benötigt mindestens eine ähnlich gute Fokussierung wie der M&A-Prozess selbst. Dies umfasst eben auch die in der Investment-Ratio und im Kaufpreis eingepreisten sowie zu finalisierenden Restrukturierungsmaßnahmen inklusive Ausschöpfung der eingeplanten Synergien.

Gewissenhafte Prüfungen als wirksamer Risikoschutz

Bei der Übernahme eines notleidenden Unternehmens sind im Vergleich zum „Sunshine"-M&A einige Besonderheiten zu berücksichtigen. Diesen kann durch dezidiertes „Looking forward, reasoning backward", die nötige Sorgfalt im Rahmen der Due Diligence und die Vernetzung aller Prüfungsstränge zur Vermeidung von Prüfungssilos wirksam Rechnung getragen werden.

© Falkensteg

Jonas Eckardt arbeitet als Partner bei der Beratungsgesellschaft Falkensteg, die auf Restrukturierung und Distressed Mergers & Acquisitions (M&A) spezialisiert ist. Transaktionen durch Übernahmen oder Fusionen sind das Fachgebiet des Diplom-Betriebswirts, Steuerberaters und zertifizierten ESUG-Beraters. Er begleitet Unternehmen auf der Käufer- wie auf der Verkäuferseite.

Das A-Team

Wie Dräxlmaier den Einkauf in Exzellenz entwickelt

Die Automobilindustrie befindet sich mitten in einem historischen und technologischen Umbruch. Digitalisierung, Elektromobilität, autonomes Fahren und Nachhaltigkeit heißen die Megatrends, die es aktiv zu gestalten gilt. Zugleich drängen neue Wettbewerber auf den Markt: Chip-, Software- und Smartphone-Giganten sowie zahlreiche innovative Start-ups entwickeln smarte Soft- und Hardware-Lösungen für das Auto von morgen.

© Dräxlmaier

Entscheidender Erfolgsfaktor

In den umkämpften Geschäftsfeldern der Branche sind marktorientierte Innovationskraft, beste technologische Lösungen und ausreichend hohe Profitabilität gefordert. Ein innovativer Einkauf ist ein entscheidender Erfolgsfaktor, um die Wettbewerbsfähigkeit des Unternehmens sicherzustellen. Denn der Einkauf hat maßgeblichen Einfluss auf die Qualität der Produkte und die Profitabilität des Unternehmens. Er sorgt für Best-in-Class-Preise bei Produktionsmaterial, Dienstleistungen und Investitionsgütern. Er stellt die Versorgung mit kritischem Material sicher und steuert die Lieferkette bis zum Rohstoff.

Zugang zu Innovationen in Produkten und Prozessen

Der innovative Einkauf etabliert zusätzlich das Unternehmen als „preferred customer" am Lieferantenmarkt und gewährleistet dadurch unter anderem den Zugang zu Produkt- und Prozessinnovationen. Er hat eine klare funktionale Strategie, die stets das Marktumfeld reflektiert und alle Trends im Blick hat wie künftige Anforderungen an eine nachhaltige und perspektivisch CO_2-neutrale Lieferkette. Die Organisation ist nach außen eindeutig auf den Lieferantenmarkt und die Einkaufskategorien ausgerichtet, intern ist sie Business-Partner und spiegelt das organisatorische Set-up des Unternehmens wider.

Ein innovativer Einkauf entwickelt die eingesetzten Tools und Methoden stetig weiter. Dabei nutzt er neueste Erkenntnisse aus Wissenschaft und Praxis, wie spieltheoretisch basierte Vergabeprozesse, Online-Auktionen und innovative Verhandlungsmethoden. Zum Beispiel hat die Dräxlmaier Group ein führendes Verhandlungs-Team mit talentierten und erfahrenen Einkäufern etabliert. Dieses sogenannte „A-Team" entwickelt seine Verhandlungsmethoden kontinuierlich weiter und unterstützt alle Einkaufsbereiche in der Vorbereitung und Durchführung großer Verhandlungen.

Die Digitalisierung erfasst nach und nach alle Prozesse des Einkaufs. So können einige Prozesse, die in Best-Cost-Ländern aktuell noch Ressourcen im Backoffice binden, künftig über Robotic Process Automation abgebildet werden. Perspektivisch bietet Künstliche Intelligenz zahlreiche Möglichkeiten, darunter fundierte Lieferantenmarkt-Analysen, Prognosen, Simulationen sowie auf lange Sicht sogar Verhandlungs-Bots.

Verändertes Berufsbild

Mit der Digitalisierung ändert sich das Berufsbild des klassischen Einkäufers. Kompetenzen und Erfahrungen sind aber immer noch wichtige Assets des innovativen Einkaufs. Die fachliche und persönliche Weiterentwicklung von Einkäufern inklusive der Förderung von Talenten schaffen das Fundament für eine zukunftsfähige Organisation. In Fragen zur Zukunft der Einkaufsorganisation sind also die Mitarbeiter aktiv einzubinden.

Tobias Moch verantwortet seit vier Jahren den weltweiten Einkauf der Dräxlmaier Group, die Premium-Fahrzeughersteller mit Bordnetzsystemen, Elektrik- und Elektronikkomponenten, Speichersystemen für Elektromobilität und exklusivem Interieur international beliefert. Der studierte Luft- und Raumfahrttechniker war zuvor bei Daimler in diversen Leitungspositionen tätig, zuletzt im globalen Einkauf.

Krisenzeichen früher erkennen

Das Sanierungs- und Insolvenzrechtsfortentwicklungsgesetz soll Unternehmern in Krisen
neue Chancen durch eine präventive Restrukturierung eröffnen und schon bald in Kraft treten.

Wenn Unternehmen die neuen Möglichkeiten aus dem bald geltenden Sanierungs- und Insolenzrechtsfortentwicklungsgesetz (SanInsFoG) richtig nutzen, kann es ihnen auch helfen, eine Corona-bedingt schlechte Finanzlage zu überwinden – ohne hierfür ein Insolvenzverfahren durchlaufen zu müssen. Der Gesetzesentwurf trifft insofern punktgenau auf eine Wirtschaft in Turbulenzen.

Gleichwohl mussten Unternehmen ganzer Branchen wie in der Automobilindustrie oder im stationären Einzelhandel schon vorher grundlegende Transformationen einleiten. Das Niveau notleidender Kredite hat zudem schon seit einiger Zeit europaweit bedenkliche Ausmaße angenommen. Diese negativen Entwicklungen und die Diskrepanzen zwischen verschiedenen Restrukturierungsgesetzgebungen europäischer Mitgliedstaaten hatten die Europäische Union im Jahr 2019 dazu veranlasst, eine Richtlinie zu verabschieden, die die Mitgliedstaaten bis spätestens zum 17. Juli 2021 verpflichtet, einen präventiven Restrukturierungsrahmen einzuführen. Die Aussetzung der Insolvenzantragspflicht wegen Überschuldung, die der deutsche Gesetzgeber wegen der negativen Auswirkungen der Corona-Pandemie gewährt, wird zum 1. Januar 2021 enden. Auch deshalb will die Regierung die Restrukturierungsrichtlinie bis dahin durch das SanInsFoG in nationales Recht umsetzen.

Kern des Gesetzesentwurfs bildet der Stabilisierungs- und Restrukturierungsrahmen (SRR), der ab dem Zeitpunkt drohender Zahlungsunfähigkeit zur Verfügung stehen soll. Die Abgrenzung zum zwingenden Insolvenzantragsgrund der Überschuldung soll anhand der Prognosezeiträume gelingen: Bei einer prognostizierten Liquiditätsunterdeckung innerhalb von 24 Monaten soll drohende Zahlungsunfähigkeit vorliegen, für die Fortführungsprognose des Überschuldungsbegriffs soll es hingegen nur noch auf einen Zeitraum von zwölf Monaten ankommen. Bei Covid-bedingter Überschuldung soll der Zeitraum sogar nur vier Monate betragen. Nach Absicht des Gesetzgebers soll die Unternehmensführung krisenbefangener Unternehmen die Restrukturierung künftig deutlich früher und aktiver managen. Eine Inanspruchnahme des SRR ab vorliegender Überschuldung soll dann nur ausnahmsweise in Betracht kommen.

© Frank May / picture-alliance

Die Zeichen solider Unternehmensfinanzen sind zwar wegen der negativen Auswirkungen der Corona-Krise weniger klar, aber grundsätzlich sollen Unternehmensführungen künftig finanzielle Schieflagen weit vor der drohenden Zahlungsunfähigkeit erkennen.

Herzstück des SRR ist der vom Unternehmen zu entwerfende Restrukturierungsplan, den die Gläubiger mehrheitlich beschließen und der Rechtsverhältnisse des Unternehmens neu gestalten kann. Dabei werden die Gläubiger – ähnlich wie beim Insolvenzplan – in Gruppen eingeteilt und müssen in jeder Gläubigergruppe mit mindestens 75 Prozent dem Plan zustimmen. Grundsätzlich muss jede Gruppe zustimmen, unter bestimmten Voraussetzungen können jedoch auch Gläubigergruppen überstimmt werden.

Das Restrukturierungsverfahren ist kein Insolvenzverfahren und läuft nicht unter der Aufsicht eines Insolvenzgerichts. Das Unternehmen gestaltet das Verfahren selbst unter Aufsicht eines neutralen und erfahrenen Restrukturierungsbeauftragten. Die Rolle des Restrukturierungsgerichts ist es, vor allem den Restrukturierungsplan am Ende des Verfahrens zu bestätigen, nachdem die Gläubiger darüber abgestimmt haben. Daneben kann es Stabilisierungsmaßnahmen erlassen, die im Wesentlichen auf ein Moratorium hinauslaufen. Vorgesehen ist zudem, dass es bestimmte Verträge beenden kann, ähnlich wie beim insolvenzrechtlichen Nichteintritt. Damit beschreitet der Gesetzgeber absolutes Neuland: Die Beendigung nachteiliger oder belastender Verträge durch Mehrheitsentscheid der Gläubiger gab es außerhalb der Insolvenz noch nicht.

Pflicht der Geschäftsleitung zur Krisenfrüherkennung verankert

Der SanInsFoG-Entwurf verankert erstmals eine gesetzliche Pflicht der Geschäftsleitung zur Krisenfrüherkennung. Diese Pflicht gilt fortlaufend, soll also auch weit vor der drohenden Zahlungsunfähigkeit greifen. Ergeben sich Anzeichen einer Krise aus der Früherkennung, sind Geschäftsleiter verpflichtet, Nachforschungen anzustellen und geeignete Gegenmaßnahmen zu ergreifen. Ab drohender Zahlungsunfähigkeit – also 24 Monate vor Eintritt einer Unterdeckung – werden Geschäftsleiter verpflichtet, die Interessen der Gesamtheit der Gläubiger zu wahren. Bei Verletzung dieser Pflichten sollen sie dem Unternehmen für den entstandenen Schaden von Gesetzes wegen haften.

Der Gesetzgeber vollzieht hier einen Paradigmenwechsel, denn bisher waren Geschäftsleiter außerhalb der Insolvenz vor allem dem Wohle der Gesellschaft verpflichtet. Künftig ist das Management bei ersten Anzeichen einer Unternehmenskrise gehalten, sich deutlich früher und professioneller mit der Krisenursache und vor allem deren Bewältigung auseinanderzusetzen. Dies nicht nur zum Wohle der Gesellschaft, sondern auch zur eigenen Risikominimierung.

Auch die Insolvenzordnung soll reformiert werden, insbesondere im Bereich der Eigenverwaltung. Dies auch vor dem Hintergrund der 2018 veröffentlichten Evaluation des Gesetzes zur weiteren Erleichterung der Sanierung von Unternehmen (ESUG). Denn die Untersuchung kam zu dem Ergebnis, dass Eigenverwaltungsverfahren unter anderem zu vielen unqualifizierten Schuldnern gewährt werden. Nun muss das Unternehmen mit Antragstellung bei Gericht eine Eigenverwaltungsplanung einreichen, die etwa einen Finanzplan für die Betriebsfortführung und ein Grobkonzept für die Sanierung enthält. Eigenverwaltungen werden künftig also deutlich früher und sorgfältiger vorbereitet und professionell begleitet werden müssen, um den neuen Anforderungen zu entsprechen.

Folgen für die Praxis

Unter dem Druck der negativen Auswirkungen der Corona-Krise führt der Gesetzgeber in einem Parforceritt das präventive Restrukturierungsverfahren ein. Es ermöglicht erstmals ohne Insolvenz den Eingriff in laufende Verträge zu Sanierungszwecken durch Mehrheitsentscheid. Ohne größere wirtschaftliche Not wird das Verfahren indes nicht eingeleitet werden. Denn die Einleitung ist trotz aller Motivation zur Sanierung geeignet, auch Zweifel an der Solvenz aufkommen zu lassen. Sie werden sich selbst im Falle erfolgreich durchlaufener Restrukturierungsverfahren nicht gänzlich beseitigen lassen.

Immerhin hat das Unternehmen zum Ausdruck gebracht, eingegangene vertragliche Verpflichtungen nicht mehr erfüllen zu können. In jedem Fall bedeutet das Gesetz ein sehr starkes, zusätzliches und neues Argument für außergerichtliche Sanierungsverhandlungen. Scheitern diese, kann der Unternehmer künftig den Weg über den SRR wählen, bevor es zu härteren Einschnitten im Rahmen einer Insolvenz kommt. Eine stringente und ordnungsgemäße Liquiditätsplanung wird in Zukunft mehr denn je für Manager zur selbstverständlichen und zwingend erforderlichen Arbeitsgrundlage. Sie dient der Steuerung des Restrukturierungsprozesses und der Dokumentation sorgfältigen Geschäftsleiterhandelns. Das mag trivial erscheinen. Aber in der Sanierungspraxis ist das Gegenteil noch immer die Regel.

Christopher Seagon – unser Autor vereint Bankenpraxis, Jura-Studium und 26 Jahre Praxiserfahrung – arbeitet als Fachanwalt für Insolvenzrecht und als Partner der Sozietät Wellensiek, die seit mehr als 50 Jahren auf Restrukturierungen von Unternehmen spezialisiert ist. Er ist außerdem Unternehmenstreuhänder und Mitglied verschiedener Aufsichtsgremien. Als Lehrbeauftragter der Universität Heidelberg vermittelt er Wissen über die Unternehmensfortführung in Sanierung und Insolvenz.

„Partner für Restrukturierungen"

Beratungen und Kanzleien treiben ihre Transformation voran, denn auch sie passen sich dem Wandel an. Wie, ermittelt „return" mit einem Fragebogen – diesmal zur Plenovia GmbH.

Wie gravierend die Veränderungen in der Branche greifen, zeigt der sechste Teil dieser Reihe mit Porträts über Beratungen und Kanzleien im Wandel deutlich. „Buchalik Brömmekamp Unternehmensberatung stellt sich neu auf" hieß es in der Pressemitteilung vom 2. September 2019. Rund ein Jahr nach dem Start beantwortet Dr. Utz Brömmekamp unseren standardisierten Fragebogen.

Wer hat wann Plenovia aus der Taufe gehoben?
Die Unternehmensberatung wurde im Jahr 1997 von Partnern der Verwalterkanzlei Metzeler van Betteray Buchalik unter dem Namen „mbb consult GmbH" gegründet. Robert Buchalik und Dr. Utz Brömmekamp führten sie ab 2002 als Buchalik Brömmekamp Unternehmensberatung GmbH fort. Seit Frühjahr 2020 und firmiert sie unter dem Namen „plenovia GmbH". Die Geschäftsführung besteht aus Dr. Utz Brömmekamp, Andreas Schmieg und Florian Schercher.

Die Zahl der Mitarbeiter und Standorte damals und heute?
Die mbb Consult startete in Düsseldorf mit vier Mitarbeitern, erweiterte sich im Verbund mit der Buchalik Brömmekamp Rechtsanwaltsgesellschaft mbH auf rund 80 Mitarbeiter an den Standorten Frankfurt am Main, München, Dresden, Berlin, Stuttgart. Heute verfügt Plenovia über rund 30 Mitarbeiter in Düsseldorf, Berlin und Frankfurt am Main.

Wie entwickelten sich die Arbeitsschwerpunkte?
Im Fokus standen zunächst Krisenberatung, Mandate zur Restrukturierung im Mittelstand sowie Treuhandschaften und Pool-Verwaltungen. Seit der Gesetzesnovelle 2012 lag der Schwerpunkt auf betriebswirtschaftlichen Beratungen von Unternehmen in ESUG-Verfahren mittels (vorläufiger) Eigenverwaltung oder Schutzschirm. Jetzt ist Plenovia zu den Wurzeln zurückgekehrt und hat sich als Ansprechpartner für Restrukturierungen im deutschen Mittelstand aufgestellt. Digitalisierung, Geschäftsmodell-Innovation und ganzheitliche Sanierungslösungen gehören zum Angebot.

Welche Leistungen werden künftig stärker gefragt sein?
Mit dem Gesetzesentwurf zum neuen Sanierungs- und Insolvenzrecht (SanInsFoG) erweitern sich unser Spektrum und Angebot. Das neue Restrukturierungsverfahren nach dem Unternehmensstabilisierungs- und Restrukturierungsgesetz (StaRUG) wird einige Zeit brauchen, um sich zu etablieren. Aber wir erwarten mehr außerinsolvenzliche Sanierungen. Dabei liegt unser Schwerpunkt auf der ganzheitlichen Transformation von Geschäftsmodellen zur Erlangung von nachhaltiger Rendite- und Wettbewerbsfähigkeit.

Welche Fähigkeiten müssen Bewerber heute mitbringen?
Künftig werden noch stärker betriebswirtschaftliche Kompetenzen gefragt sein. Ergänzend sind Fähigkeiten zur Identifizierung und Umsetzung von Digitalisierungspotenzialen notwendig. Des Weiteren wird es unerlässlich sein, mediative Kompetenz aufzubauen, denn man muss mit psychologischem Geschick und Rüstzeug bei der Verhandlungsführung aufwarten. Kompromissfähigkeit wird eine gesunde Streitkultur nicht verdrängen, aber an Bedeutung zulegen.

Löst betriebswirtschaftliches Wissen juristisches ab?
Es wird ein Miteinander beider Disziplinen bleiben müssen. Im klassischen Restrukturierungsgeschäft geht es meist mehr um Maßnahmen im operativen Geschäft und in der Leistungswirtschaft. Mit wachsenden Krisenstadien und nahender Insolvenzreife gewinnt die juristische Beratung an Bedeutung. Das Insolvenzverfahren ist in erster Linie ein juristisches Verfahren, welches jedoch durch betriebswirtschaftliche Themen maßgeblich beeinflusst wird. Denn nur die Umsetzung eines betriebswirtschaftlichen Konzeptes kann die echten Krisenursachen beseitigen.

Welche wichtigen Trends sehen Sie in Ihrer Branche?
Es geht stärker um Nachfolgelösungen, um wachsende Digitalisierung in allen Wertschöpfungsketten und um das Hinterfragen und Neuausrichten von Geschäftsmodellen.

Was leisten Sie in der Transformation von Unternehmen?
Mit Plenovia bieten wir allen Stakeholder-Gruppen, insbesondere Unternehmern, unsere Beratung mit ganzheitlichen Lösungen in jedem Krisenstadium. Unser interdisziplinäres

Die plenovia-Führung besteht aus (v. l.) Geschäftsführer Florian Schercher, Director Friederike Maaß, dem geschäftsführenden Gesellschafter Dr. Utz Brömmekamp und Geschäftsführer Andreas Schmieg.

© plenovia

Team aus erfahrenen Spezialisten kann von der Kostensenkung über die Geschäftsmodellentwicklung bis zur Digitalisierung alle Aufgaben aus einer Hand übernehmen. Der nachhaltige Erfolg des Unternehmens steht klar im Fokus.

Nennen Sie bitte ein Referenz-Projekt für Transformation.

Für ein mittelständisches Unternehmen, das anspruchsvolle Metallgestelle für Sitzmöbel fertigt und bearbeitet, haben wir abteilungsübergreifend eine Verbesserung des Wertstroms erzielt. Verschwendung wurde beseitigt, Transparenz in Arbeitsschritten erzeugt und Abläufe verbessert. Die Lieferrückstände wurden eliminiert – mithilfe eines Auftrags-Cockpits, das eine ganzheitliche Übersicht bietet. Die effektive Produktionsplanung führte zur besseren internen Abstimmung, die Kommunikation zwischen Abteilungen und zu Kunden wurde verbessert. Vorhersagen zu Lieferterminen sind jetzt genau, die Durchlaufzeit wurde verkürzt.

Was leisten Sie für den Turnaround in Unternehmen?

Wir versuchen stets, für Unternehmer ihr Unternehmen zu erhalten und zu retten. Die Interessen aller Stakeholder sind im Auge zu behalten. Was viele übersehen oder ignorieren: Der Erhalt des Unternehmens in bewährten Händen als (wieder) verlässlicher Marktteilnehmer ist die beste Lösung für alle Beteiligten. Den Turnaround begleitet Plenovia von der leistungswirtschaftlichen Optimierung über die finanzwirtschaftliche Liquiditätsplanung inklusive Reporting bis zur strategischen (Neu-)Ausrichtung.

Nennen Sie bitte ein Referenz-Projekt für Turnaround.

Ein Tankcontainer-Dienstleister bietet als Knotenpunkt des kombinierten Verkehrs spezielle Infrastruktur zum Betrieb von Tankcontainern. Zur nachhaltigen Unternehmenssicherung hat Plenovia ein IDW-S6-Sanierungsgutachten und Zukunftsszenarien entwickelt. Wir haben die

Aufbauorganisation angepasst, die Geschäftsleitung verändert, den Vertrieb ausgebaut sowie den Marketingmix und Standortauftritt überarbeitet. Ein strategischer Einkauf wurde eingerichtet, eine rollierende Planung und regelmäßige Reportings eingeführt sowie ein Kennzahlensystem zur Steuerung installiert.

Bedeutet Handeln heute: Je eher, desto besser?

Die Corona-Krise hat starke Auswirkungen auf Geschäftsmodelle. Das Käuferverhalten im B2C- und B2B-Markt hat sich sehr verändert, was den Wandel vieler Unternehmen erfordert. Die Zeit ist knapp, um Veränderungen herbeizuführen. Unternehmen mit starkem Veränderungswillen und hoher Innovationskraft nutzen die Krise besser als Chance.

Was bedeutet dies für Ihre Arbeit?

Unsere Kunden profitieren von flachen Hierarchien, großer Flexibilität und kurzen Wegen. Es gilt heute, beweglich und ergebnisoffen zu sein, ohne den roten Faden zu verlieren.

Welche strategischen Ziele verfolgen Sie?

Wir möchten uns kurz- bis mittelfristig als verlässlicher und vertrauensvoller Partner für alle Stakeholder in der Restrukturierung platzieren. Wir möchten weiterhin wachsen und eine Vorreiterrolle bei der ganzheitlichen und nachhaltigen Restrukturierung im Mittelstand besetzen.

Dr. Utz Brömmekamp, geschäftsführender Gesellschafter der Buchalik Brömmekamp Rechtsanwaltsgesellschaft mbH und der vor einem Jahr gegründeten plenovia GmbH, der ehemaligen Buchalik Brömmekamp Unternehmensberatung, gehört zur dreiköpfigen Geschäftsführung der neuen Beratung. Der Jurist zählt das Insolvenz- und Sanierungsrecht zu seinen Schwerpunkten.

Verlagertes Risiko

Mit Produktionsverlagerungen ins Ausland möchten Unternehmen oft Kosten sparen, um dem Wettbewerb zu trotzen. Das klingt plausibel, kann aber teurer sein als die Produktion im Inland.

Fallstricke am konkreten Fall: Ein Unternehmer verlagert seine Produktion nach Fernost. Dazu schickt er Zeichnungen und Werkzeuge an seinen örtlichen Geschäftspartner. Außerdem lässt er dort einen Teil der Werkzeuge herstellen, die er für die Produktion seiner Artikel benötigt. Denn der Partner kann sie um ein Drittel billiger herstellen als der Unternehmer selbst oder Anbieter im Inland. Vom neuen Kontakt ist der Unternehmer begeistert: Offensichtlich ist „alles möglich", wie es hier oft heißt. Die Verträge sind zwar auf Englisch etwa mit einer chinesischen Fassung der Übersetzung, aber auch das ist häufig ein üblicher Vorgang.

Mit dem Ergebnis ist das deutsche Unternehmen dann aber ganz und gar nicht zufrieden: Die Lieferzeiten werden nicht eingehalten. Die Qualität entspricht nicht vorher geäußerten Vorstellungen. Änderungen oder Nacharbeiten an dort hergestellten Werkzeugen sind notwendig. Der Lieferant wird immer teurer.

Zusätzlich steigen die Lohnkosten am Auslandsstandort jedes Jahr um mehrere Prozentpunkte, die das deutsche Unternehmen nur über seine Preise weitergeben kann. Der Unternehmer beschließt daher, die an diese ausländische Produktionsstätte gelieferten und dort produzierte Werkzeuge künftig in ein anderes Land verlagern. Er hofft, woanders günstiger und qualitativ hochwertiger produzieren zu können. Er fordert seinen Lieferanten auf, alle Zeichnungen und entstandenen Werkzeuge ihm zuzusenden.

Wie im Nebel liegt das Ziel auf der anderen Seite dieser Hängebrücke. Ähnlich können beim Gang ins Ausland etwa bei Produktionsverlagerungen gefährliche Risiken lauern.

© mitifoto / stock.adobe.com

Der Lieferant schickt die Zeichnungen zurück, behält aber alle Werkzeuge. Er begründet dies damit, dass sie sein Eigentum seien und bei ihm nach dortigen Gesetzen aktivierungspflichtig seien. Der Zoll würde die Ausfuhr ohne nochmalige Bezahlung nicht genehmigen. Der deutsche Unternehmer könne ihm die Werkzeuge aber gerne abkaufen.

Kalkulation nur Makulatur

Die ursprüngliche Kalkulation ist damit Makulatur geworden. Die Produktionskosten sind viel teurer als vor der Verlagerung der Arbeiten ins Ausland. Bei der Lieferung von Werkzeugen ins Ausland sollte man sich also immer vorher mit den Vorschriften dieses Landes gut vertraut machen. Dies betrifft besonders Zoll- und Einfuhrbedingungen. Sonst ist damit zu rechnen, dass das Eigentum an Werkzeugen, die man zur Produktion versendet hat, verloren geht.

Bei der Produktion von Werkzeugen im Ausland ist nicht automatisch sichergestellt, dass diese durch Bezahlung auch ins Eigentum des Auftraggebers übergehen. Denn die Eigentums- und Sicherungsrechte zum Erwerb müssen im Ausland nicht unbedingt die gleichen sein wie im Inland. Bei internationalen Verträgen ist außerdem zu beachten, dass Rechtsordnungen unterschiedlich sein können. Eine verlässliche Übersetzung ist kaum möglich, weil etwa ein Eigentumsvorbehalt, wie er in Deutschland existiert, im Ausland unbekannt ist. Da kann es dann passieren, dass man zwei unterschiedliche Vertragsversionen vorliegen hat. Generell empfiehlt es sich, eine Vereinbarung über die anwendbare Rechtsordnung zu treffen. Aber auch hier ist zu prüfen, ob diese überhaupt möglich oder durchsetzbar ist.

Beachtet man diese Punkte nicht, können zum Beispiel hohe Kosten durch Produktionsausfälle entstehen, da man seine Produkte unter gewissen Umständen nicht zurückerhält. Außerdem kann dies auch bilanzielle Auswirkungen haben, weil der Totalverlust dann unmittelbar das Ergebnis beeinflusst. Im schlimmsten Fall können solche Vorkommnisse ein Unternehmen sogar ruinieren.

Caroline Pluta, Fachanwältin für Arbeitsrecht, ist bei der Pluta Rechtsanwalts GmbH für Schwerpunkte wie Arbeitsrecht, Compliance und Datenschutz zuständig. Sie schreibt die praxisnahen Beiträge über Fallstricke für Unternehmer seit Einführung dieser „return"-Rubrik.

Feel Good in New Work

Stark auch im Homeoffice: Die Transformation zur gekonnten Kombination aus Firmen- und Heimarbeitsplatz bedarf der digitalen Gestaltung und der mentalen Gesundheit aller Beteiligter.

Gute Ideen lassen sich in guter Arbeitsatmosphäre besser entwickeln, wovon Unternehmen nicht nur als Arbeitgeber profitieren. Die flexible Arbeitsorganisation mit Homeoffice-Lösungen fördert die Kreativität und die Arbeitszufriedenheit.

© BullRun / stock.adobe.com

Schon Sir Winston Churchill postulierte: „Zuerst prägen wir unseren Raum und danach prägt er uns." Aber gewohnte Raum- und Arbeitsstrukturen gehen verloren, also sind neue Standards zu finden. Die durch die Corona-Pandemie bedingte Forcierung des dezentralen Arbeitens zwischen Home und Office gilt es nun, für Arbeitgeber- und Arbeitnehmerschaft zu professionalisieren – und vor allem als neue Chance zu begreifen.

Die Herausforderung liegt darin, die Möglichkeiten digitaler Technologien und die individuellen Fähigkeiten der Menschen auf das jeweilige Unternehmen zuzuschneiden. Denn damit lässt sich die Effizienz verbessern und die Produktivität steigern, ermittelte das Bayerische Forschungsinstitut für Digitale Transformation in der Studie von Roland Stürz. Das Arbeiten von zu Hause werde zum Normalfall. 85 Prozent der Nutzer seien mit der Situation im Homeoffice zufrieden. Zwölf Prozent äußerten, noch Probleme mit der Technik zu haben.

Wer davon ausgeht, dass Homeoffice gesund und klimafreundlich ist, sollte sofort fragen, wie dies im Arbeitsalltag umsetzbar ist. Die Balance und Abgrenzung zwischen Privatleben und Berufsleben sind vor allem anzustreben. Hier sind Bedingungen individuell und Bedürfnisse mannigfaltig.

Insbesondere beim Arbeiten auf Distanz ist wichtig, regelmäßig Anreize aus dem Belohnungssystem aufzurufen. Es geht um persönliche Nähe verbunden mit Lob, die im Homeoffice fehlt und unser körpereigenes Glückshormon Serotonin ausgleicht. Der Austausch ist über Bildschirm oder Telefonat herzustellen. Bestätigung, die während der Präsenzarbeit nonverbal durch Blicke oder Verbundenheit zum Ausdruck kommt, ist während der Distanzarbeit auch zu äußern. Die Angst vor dem Alleingelassensein steckt in allen und tritt in unsicheren Zeiten schneller zutage. Dagegen hilft, das Bindungshormon Oxytocin zu aktivieren.

Chance zum Change mit verbesserter Atmosphäre

Die Chance, mit dem Change auch Verbesserung herbeizuführen, fängt im Kleinen an, indem etwa die Homeoffice-Umgebung angenehm gestaltet wird. Dazu gehören ein ergonomischer Arbeitsplatz, mögliche Positionswechsel, schöne Ausblicke und angenehme Arbeitsmaterialien. Zudem ist täglich mindestens ein Gespräch zum Austausch unter Kollegen anzustreben. New Work verändert Rollen und Regeln:

Selbstbestimmtes, kreatives und verantwortungsvolles Arbeiten ist Trumpf. Dafür müssen Menschen mehr Kompetenz aufbauen, um reifer am Distanzarbeitsplatz zu agieren, etwa stärker und selbstbewusster. Dieser Lernprozess erfordert, alte Komfortzonen zu verlassen, um neue Chancen beim Schopfe zu packen: In allen Lebensbereichen ist auf wachsende Selbstorganisation sowie maßvoll und individuell passende Anreize zu setzen.

Ist sein Bedürfnis nach Sicherheit und Orientierung bedroht, reagiert der Mensch mit Stress und Widerstand. Ein innovatives, flexibles und motivierendes Umfeld für New Work bietet fruchtbaren Boden, wenn Mitarbeitende sofort mit der Selbstorganisation beginnen. Der Mix aus selbstorganisierten und hierarchischen Modellen ergibt für viele Teams mehr Sinn, die richtige Passung findet es selbst. Nicht zielführend ist, zuerst Strukturen und Prozesse zu verändern und dann eine Anpassung der Mitarbeitenden zu erwarten.

Für US-Autor Ken Wilber sind vier Dimensionen des Lebens in Einklang zu bringen: Menschen brauchen äußere und innere sowie kollektive und individuelle Werte, die ihrer Welt erst Sinn und Bedeutung geben. Jeder Schritt zur funktionierenden Selbstorganisation benötigt Veränderung auf allen vier Ebenen. Sie beeinflussen und bedingen sich sogar gegenseitig. Führungsverantwortliche müssen deshalb ihr Gespür dafür verbessern, wie viel Selbstorganisation und Heimarbeit gut fürs Unternehmen und Mitarbeitende sind.

Mehr Flexibilität für Wissensarbeit gewünscht

Die Studie „Neues Arbeiten in Deutschland" von Innofact liefert Einblicke in die aktuelle Berufswelt. Rund 400 Arbeitnehmer und mehr als 400 Führungskräfte beteiligten sich an der Befragung. Danach wünschen sie sich für Wissensarbeiten deutlich mehr (räumliche) Flexibilität.

Büros sollen Mitarbeitende zusammenbringen, um kreativ und kollaborativ zusammenzuarbeiten. Konzentrierte Einzelarbeit sollte im Homeoffice erledigt werden können. Die befragten Entscheider wünschen sich bei der Bürogestaltung „mehr Möglichkeiten, sich zu besprechen" (39 Prozent) und „mehr Raumoptionen für teambezogene Dinge" (38 Prozent). Die Punkte gilt es, zu Beginn in der Organisationsentwicklung inklusive Standortanalyse zu berücksichtigen.

Kompetenzen und Ressourcen sind für nachhaltige und dauerhafte Homeoffice-Lösungen offenzulegen. Projektarbeit, Aufgabenverteilung, Rollen und Räume fürs Team sind neu zu bewerten. Der gemeinsame Veränderungsprozess pflegt die Team-Kultur, öffnet Mindsets für eine bessere Zukunft, steigert die Arbeitgeberattraktivität und kalibriert Rollen neu. Für alle Schritte hat sich als wirksam erwiesen, mit extern moderierten Workshop-Formaten zu arbeiten, die den

Prozess intensivieren und beschleunigen. Die Beteiligung sollte online und über Präsenzveranstaltungen möglich sein. Oder das Team nimmt zusammen an einem Outdoor Event teil, bei dem neue Rollen im anderen Umfeld auszuprobieren sind. Hier kommen mitunter ungeahnte Kompetenzen und zielführende Wirkmechanismen ans Tageslicht.

Spielregeln und Gestaltungrahmen zur dezentralen Arbeit sind gemeinsam festzulegen. Der offene Zugang zu relevanten Daten ist wichtig, noch wichtiger ist der offene Dialog. Dabei geht es ums Zuhören, ums Verstehen und ums Stellen zentraler Fragen, damit jeder Einzelne in Selbstverantwortung richtige Antworten liefern kann. Führungskräfte gehen hier mit gutem Beispiel voran, um alle anderen zu ermutigen, die neue Freiheit für Veränderungen zu nutzen.

Vertrauensarbeitszeit ist keine Neuheit, aber für viele ein Abenteuer

Mitarbeitenden sollte neben der Heimarbeit erlaubt sein, ihre Kinder etwa bei Hausaufgaben zu unterstützen oder mit ihnen das Mittagsessen zu genießen. Solche Vertrauensarbeitszeit ist keine Neuheit, aber für viele ein Abenteuer. Keiner darf deshalb den nächsten Termin verschwitzen. Regelmäßig zieht das Team eine Zwischenbilanz: was schon gut funktioniert, was vorher besser lief, was sofort warum noch zu ändern ist und welche Schritte die nächsten sind.

Einzelgespräche oder -beratung könnten anfangs mit sehr verunsicherten Mitarbeitenden nötig sein. Externe Berater ins Boot zu holen, um den Prozess zu beschleunigen oder zu professionalisieren, bietet sich phasenweise an. Denn dezentrales Arbeiten ist weder ein Sparmodell, noch gibt es eine Blaupause dafür. Mit der Selbstorganisation aller Mitarbeitenden und dem Mindset für Mobilität jedes Einzelnen steht und fällt der Prozesserfolg.

Der Erfolgsfaktor liegt eindeutig bei den Menschen im Unternehmen. Der Entschluss eines jeden und der Gemeinschaft, täglich daran zu arbeiten, wie Wissen und Energie vor dem Hintergrund der aktuellen Corona-Krise zu orchestrieren und optimal fürs Unternehmen einzubringen sind, führt per se auf einen gemeinsamen Erfolgspfad. So betrachtet greift hier das Sprichwort „Jeder ist seines Glückes Schmied". Insbesondere, wenn jemand sein Feel Good Management am Arbeitsplatz selbst in die Hand nimmt.

Dr. Alexandra Heinzelmann verantwortet als Teamlead von www.pro-homeoffice.de den Hackathon „WirVsVirus" der Bundesregierung. Nach eigenem Bekunden erlebt sie „New Normal mit Begeisterung". Sie berät als Expertin für Lernkultur, Mental Health und Feel Good Management.

Bücher

Barack Obama
Land für Verheißungen

Einblicke in die Dynamik der US-amerikanischen Politik und der internationalen Diplomatie soll dieser Rückblick des 44. Präsidenten der Vereinigten Staaten von Amerika geben, kündigt der Verlag an. Barack Obama beschreibe unter anderem sein Ringen mit der globalen Finanzkrise und konkret, wie er die Wall Street reformiert habe. Dabei scheue er sich auch nicht, „freimütig über die Kräfte, die sich ihm im In- und Ausland entgegenstellten", zu sprechen.
1.024 Seiten, 42,00 Euro, seit November 2020
ISBN 978-3-328-60062-6, Penguin

Dietmar Sternad, Meinrad Höfferer,
Gottfried Haber (Hrsg.)
Orientierung für Exporte

Neu in dieser Zweitauflage sind Kapitel über Online Marketing und Vertrieb für das Exportgeschäft sowie über Dienstleistungsexport mit Besonderheiten der Internationalisierung im Dienstleistungssektor. Das Buch bietet Orientierung für Entscheidungen im Auslandsgeschäft und klärt über Zoll und Verträge auf. Autor Sternad schreibt in diesem Heft auf Seite 36.
374 Seiten, 39,99 Euro, seit Juni 2020
ISBN 978-3-658-29443-4, Springer Gabler

Bob Woodward
Langeweile für Zornigen

Einen polarisierenden Präsidenten zwischen Wirtschaftskrise und Corona, „der die USA in eine tiefe Krise geführt" habe, porträtiert Journalistenlegende Bob Woodward, der einst mit Carl Bernstein den Pulitzer-Preis für die Enthüllungen rund um die Watergate-Affäre erhielt. Insofern heißt es hierzu auch, sein neues Buch habe „Trump im Visier", der höchstselbst mit seinem Urteil zum Buch so zitiert wird: „Ich habe es sehr schnell gelesen. Und es war sehr langweilig."
550 Seiten, 24,00 Euro, seit Oktober 2020
ISBN 978-3-446-26977-4, Hanser

Simone Reber
Tool für globale Geschäfte

In diesem Open-Access-Buch wird aus dem International-Sales-Accelerator-Modell mit dem „Rad der Implementierung" ein dauerhaft einsetzbares Tool für Business Development im praktischen Einsatz abgeleitet. Es kann Unternehmen helfen, den Prozess der Internationalisierung auf Basis der Erkenntnisse des Accelerator-Modells strukturiert zu durchlaufen und strategische Controlling-Prozesse für eine erfolgreiche Internationalisierung zu etablieren.
214 Seiten, 42,79 Euro, ab Januar 2021
ISBN 978-3-658-32388-2, Springer Gabler

Max Otte
Antworten für Corona-Ende

Eine „schonungslose Bestandsaufnahme einer überschuldeten Welt, die nicht nur durch Corona, sondern auch durch soziale und geopolitische Probleme am Abgrund steht", liefert laut Econ der „Star-Ökonom und Fondsmanager", der „die Finanzkrise 2008 präzise vorausgesagt und Ende 2019 eine Weltsystemkrise angekündigt hatte". Hier gebe er fast 100 Antworten auf Fragen zu der Zeit „nach dem Corona-Crash".
280 Seiten, 20,00 Euro, ab Februar 2021
ISBN 978-3-430-21049-2, Econ

Samir Saleh, Mona Saleh
Ansätze für Kulturfaktoren

Das Autorenduo beleuchtet das internationale Management für Dienstleistungsbetriebe aus einer systematisch-analytischen Perspektive. Dabei wird eine Vorgehensweise aufgezeigt, die es Dienstleistungsunternehmen ermöglicht, den Markteintritt umfassend zu planen und die Umsetzung zielorientiert zu vollziehen. Der interdisziplinäre Ansatz zielt insbesondere auf die wichtige Berücksichtigung des Kulturfaktors im jeweiligen Ländermarkt.
296 Seiten, 29,99 Euro, ab Februar 2021
ISBN 978-3-658-30813-1, Springer Gabler

Neuerscheinung des Monats

Corporate Social Responsibility im internationalen Kontext

Das Konzept Corporate Social Responsibility (CSR) ist heute ein wichtiger Bestandteil unternehmerischer Strategien. Dieses Buch zeigt, wie Unternehmen auch Nachhaltigkeitsaspekte in nationalen oder internationalen Geschäftstransaktionen integrieren und daraus langfristige Wettbewerbsvorteile generieren können. Neben ausgewählten Theorien, Konzepten und Modellen bietet das Buch Praxisbeispiele und Empfehlungen.

178 Seiten, 59,99 Euro, seit August 2020, ISBN 978-3-658-30898-8, Springer Gabler
www.springerprofessional.de/link/18289608

Newsletter zu „return"

Das Portal springerprofessional.de bietet zahlreiche deutsch- und englischsprachige Online-Newsletter zu insgesamt 20 Fachgebieten. Dieses Informationsangebot ist kostenfrei.
Das Angebot reicht von „Automobil + Motoren" über „Business IT + Informatik" bis „Management + Führung". Die Themen rund um Inhalte, die auch für „return" relevant sind, greift der Online-Newsletter „Transformation + Turnaround" auf. Kostenfrei registrieren können sich interessierte Leser unter:
www.springerprofessional.de/link/6630158

Empfehlung des Monats

Welche Rechtsformen am krisensichersten sind

Die Corona-Pandemie hat die wirtschaftlichen Rahmenbedingungen dramatisch verändert. Besonders beeinträchtigt ist die Planungssicherheit von Unternehmen. Gerade in solch stürmischen Zeiten ist es wichtig, eine möglichst krisensichere Gesellschaftsform zu haben, um keine bösen Überraschungen zu erleben. Gründer sollten gerade jetzt genau prüfen, für welchen Unternehmenstyp sie sich entscheiden. Ein Existenzgründer hat dabei eine Palette möglicher Rechtsformen zur Auswahl, angefangen von der Ausübung des Geschäfts als Einzelunternehmer über Personengesellschaften und die GmbH bis hin zur Gründung einer Aktiengesellschaft. Die Wahl der Rechtsform hängt von vielen Faktoren und deren Gewichtung ab. In den seltensten Fällen wird es die eine Rechtsform geben, die auf ideale Weise alle gewünschten Kriterien erfüllen wird. Zunächst geht es um die Frage, ob das neue Unternehmen einen Geschäftsinhaber haben wird oder ob gemeinsam mit anderen gegründet wird.

www.springerprofessional.de/link/18331934

Springer Professional

Unser Wissensportal Springer Professional

Dieses Wissensportal bündelt Fachgebiete aus Wirtschaft und Technik. Über www.return-online.de und die Verlinkung dorthin zeigt sich auch der Online-Auftritt dieser Zeitschrift mit aktuellen Informationen, Beiträgen, Empfehlungen, Literatur und einem kostenlos bestellbaren Online-Newsletter zu Themen rund um Transformation und Turnaround.
Auf unserer Landing Page unter springerprofessional.de sind zudem das Online-Archiv, die Mediadaten oder der Kontakt zur Redaktion von „return" zu finden. Hier können das Print-Magazin und das E-Magazin abonniert werden, in denen Hinweise stehen auf weiterführende und frei zugängliche Beiträge unter springerprofessional.de. In Fachbeiträgen enthalten sind außerdem Empfehlungen der Redaktion aus Zeitschriften und Büchern wie in diesem regelmäßig veröffentlichten Kasten „Springer Professional", die mit dem Zeitschriften- und/oder Voll-Abonnement frei abrufbar sind.

Kurzanleitung zur Registrierung für den Zugriff auf alle Beiträge aus „return" in digitaler Fassung aus dem Online-Archiv und im E-Magazin:
1. www.springerprofessional.de/register
2. Eingabe der persönlichen Kontaktdaten
3. Passwort festlegen
4. Registrierung absenden
5. Sie erhalten eine Bestätigungs-Mail des Verlages. Klicken Sie auf den Link in der E-Mail, um sich für Springer Professional freizuschalten.

Nach der Registrierung loggen Sie sich unter **www.springerprofessional.de/login** ein. Bei Problemen können Sie sich wenden an **support@springerprofessional.de**. Zum Voll-Abonnement von Springer Professional geht es unter **www.springerprofessional.de/bestellung**.

Fit für die Zukunft

Neue Chancen für Unternehmen in der Krise

Das Gesetz zur Fortentwicklung des Sanierungs- und Insolvenzrechts (SanInsFoG) wird in Deutschland eine Zeitenwende einläuten. Über den Gesetzesentwurf berät derzeit der Bundestag. Die Verabschiedung des Gesetzes, das ab 1. Januar 2021 in Kraft treten soll, wird allen Unternehmen neue Wege aus der Krise eröffnen.

Zum ersten Mal ergibt sich damit nämlich die Chance, die Sanierungen eines kriselnden Unternehmens in einem geregelten außergerichtlichen Verfahren auch gegen den Widerstand von Gläubigern durchzusetzen. Bis zum heutigen Tag stand und steht jeder Versuch einer außergerichtlichen, freiwilligen Sanierung von Unternehmen unter dem Risiko, dass der Prozess als solcher nicht geregelt ist. Nur ein einziger Gläubiger muss dieser Sanierung widersprechen, schon kann er sie zu Fall bringen oder mit hohem Erpressungspotenzial massive Vorteile für sich durchsetzen.

Restrukturierungsplan-Auswirkungen gelten nach 75-prozentiger Zustimmung für alle

Mit der Neuordnung kann ein Schuldner seine Gläubiger quasi in ein Restrukturierungsverfahren zwingen, das von ihm gesteuert wird. Er kann einen Restrukturierungsplan vorlegen und diesen zur Abstimmung stellen. In diesem Plan muss geregelt sein, mit welchen Maßnahmen das Unternehmen sich sanieren will und wie die Beiträge der Gläubiger dafür aussehen sollen. Das kann zum Beispiel ein Forderungsverzicht sein, eine Stundung, eine Aufhebung oder Veränderung von Verträgen oder andere Maßnahmen, die der Sanierung dienen. Die Auswirkungen des Restrukturierungsplans gelten auch für Gläubiger, die dem Plan möglicherweise nicht zugestimmt haben, wenn mindestens 75 Prozent der Gläubiger ihn im Ergebnis unterstützen.

Die Abstimmung über den Plan kann die Schuldnerin selbst organisieren, indem sie das Angebot mit Annahmefrist von mindestens 14 Tage den Gläubigern unterbreitet oder in einer Versammlung für die Planbetroffenen mit entsprechender Ladungsfrist organisiert. Alternativ kann der Termin zur Erörterung und Abstimmung im Zuge eines gerichtlichen Abstimmungsverfahrens anberaumt und durchgeführt werden. Es besteht auch die Möglichkeit einer gerichtlichen Vorprüfung etwaiger Fragen zum Restrukturierungsplan oder zum Planabstimmungsverfahren. Die Wege dazu sind unterschiedlich: Das Verfahren kann als schlankes Prozedere mit unabhängigem Moderator oder aber mit ausgewähltem Restrukturierungsbeauftragten vom Unternehmen bestritten werden. Das gesamte Verfahren ist nicht öffentlich, sondern läuft nur zwischen Gläubigern und Schuldner ab.

Der Zugang zum neuen Verfahren, der mit dem neuen Unternehmensstabilisierungs- und Restrukturierungsgesetz (StaRUG) geregelt ist, öffnet sich Schuldnern nur dann, wenn eine drohende Zahlungsunfähigkeit vorliegt, aber noch keine Insolvenzantragspflicht wegen Zahlungsunfähigkeit oder Überschuldung. Der Prognosezeitraum für die Zahlungsfähigkeit im Rahmen der Überschuldung ist auf zwölf Monate festgelegt, im Rahmen der drohenden Zahlungsunfähigkeit in der Regel auf 24 Monate.

Die Veränderung per Gesetz, die Unternehmer positiv bewerten dürfen, erfordert indes von ihnen Gegenleistungen. Sie werden verpflichtet, künftig klar Risikovorsorge zu betreiben. Mit Beginn der Krise müssen sie zudem die Interessen der Gläubiger in unternehmerische Entscheidungen mit einbeziehen. Auch setzt das neue Verfahren die Begleitung durch einen erfahrenen Berater voraus. Denn die Eintrittshürden sind hoch, der Sprung darüber ist sorgfältig vorzubereiten.

Aber unterm Strich findet Deutschland mit dem neuen Recht den Anschluss an internationale Standards. Es obliegt allen Beteiligten, das neue Recht gemeinsam mit Leben zu füllen, um angeschlagene Unternehmen mit der nächsten Transformation fit für die Zukunft aufzustellen.

Prof. Hans Haarmeyer ist „return"-Herausgeber sowie Verfasser zahlreicher Handbücher und Kommentare zum Insolvenzrecht. Der Diplom-Betriebswirt war viele Jahre als Insolvenzrichter tätig und lehrte Wirtschaftsrecht am Rhein-Ahr-Campus in Remagen.

Vorschau 01/21

Die nächste Ausgabe von „return – Magazin für Transformation und Turnaround" erscheint am 18. Februar 2021.

▶ Schwerpunkt Finanzreserven in Krisen: Titelreport – Interview und Firmenprofil mit Vorbildern – Auslands- und Expertenbeiträge

▶ Ressort Start & Szene: Insolvenzmonitor – Meldungen – Kabarettisten-Kolumne

▶ Ressort Menschen & Unternehmen: Firmenprofil – Gründerszene – Serie „Digitales" – „return kontrovers" – Unternehmer-Kolumne

▶ Ressort Hintergrund & Wissen: Erfolg durch Innovations-Management – Controlling auf aktuellem Stand – Unternehmerrechte

Schwerpunkt: Sichere Reserven für Unternehmen

© Kirsty Pargeter / Fotolia

Impressum

„return – Magazin für Transformation und Turnaround"
www.springerprofessional.de
www.return-online.de
Ausgabe 6 | 2020, 07. Jahrgang
ISSN (Print) 2199-8841
ISSN (Online) 2520-8187

Verlag
Springer Gabler
Springer Fachmedien Wiesbaden GmbH
Abraham-Lincoln-Str. 46
65189 Wiesbaden
Die Springer Fachmedien Wiesbaden GmbH ist Teil der Fachverlagsgruppe Springer Nature

Geschäftsführer
Stefanie Burgmaier | Andreas Funk | Joachim Krieger

Redaktion
Herausgeber:
Stefanie Burgmaier |
Prof. Dr. Hans Haarmeyer

Teamleitung Managementzeitschriften:
Anja Schüür-Langkau

Chefredakteur
(verantwortlich für den redaktionellen Inhalt):
Thorsten Garber
Am Stiersksen 18
59379 Selm-Cappenberg
Tel.: +49 (0)2306 75 74 99
thorsten.garber@springernature.com

Redaktionelle Mitarbeiter
dieser Ausgabe:
Johannes Auge, Claudia Bröll, Dr. Utz Brömmekamp, Peter Hanser, Patrik-Ludwig Hantzsch, Dr. Alexandra Heinzelmann, Armin Hingst, Anja

Kühner, Chin Meyer, Tobias Moch, Caroline Pluta, Guido Quelle, Thomas Roser, Christopher Seagon, Peter Schneider, Dr. Stefan Scholle, Yvette Schwerdt, Prof. Dietmar Sternad, Marc S. Tenbieg, Stefan Terliesner, Michael Wedler, Alexander Welscher, Jörn Weitzmann, Reinhold Würth

Titelfoto
© Štěpán Kápl / stock.adobe.com

Anzeigen, Marketing und Produktion
Leiter Media Sales:
Volker Hesedenz

Leiter Vertrieb + Marketing:
Jens Fischer

Gesamtleitung Produktion:
Ulrike Drechsler

Verkaufsleitung (verantwortlich für den Anzeigenteil):
Eva Hanenberg
Tel.: +49 (0)611 7878-226
Fax: +49 (0)611 7878-430
E-Mail: eva.hanenberg@springer.com

Anzeigendisposition:
Sandra Reisinger
Tel.: +49 (0)611 7878-174
E-Mail:
sandra.reisinger@springernature.com

Anzeigenpreise:
Es gelten die Mediadaten von Oktober 2020.

Produktmanagement:
Britta Rossbach
Tel.: +49 (0)611 7878-271
E-Mail: britta.rossbach@springer.com

Satz, Layout und Produktion
Satz und Layout: Magazine Team, Scientific Publishing Services, Chennai / Indien
Produktion: Iris Conradi

Alle angegebenen Personen sind, soweit nicht ausdrücklich angegeben, postalisch unter der Adresse des Verlags erreichbar.

Sonderdrucke
Anja Trabusch
E-Mail:anja.trabusch@springernature.com
Tel.: +49 (0)611 7878-298

Leserservice
Springer Customer Service Center GmbH
Springer Gabler Service
Tiergartenstr 15, 69126 Heidelberg
Tel.: +49 (0)6221 345-4303
Fax: +49(0)6221 345-4229
Montag – Freitag 8.00 Uhr – 18.00 Uhr
E-Mail: springergabler-service@springer.com

Druck
Kliemo Printing AG,
Hütte 33,
B-4700 Eupen, Belgien

Fachbeirat
Dr. Utz Brömmekamp, Buchalik Brömmekamp Rechtsanwaltsgesellschaft; Udo Doetsch, Sparkasse Duisburg; Prof. Dr. Roland Eckert, FOM Hochschule für Oekonomie & Management im Hochschulzentrum Düsseldorf; Prof. Dr. Christian Gärtner, Hochschule München University of Applied Sciences; Carl-Jan von der Goltz, Maturus Finance; Dr. Ulrich Hermann, Heidelberger Druckmaschinen AG; Prof. Dr. Michael Jünger, Technische Hochschule Ingolstadt; Michael Pluta, Pluta Rechtsanwalt; Uwe Rotermund, Noventum Consulting; Heinrich Fritz Stellmach, Stellmach & Bröckers Rechtsanwälte, Wirtschaftsprüfer, Steuerberater

Bezugsmöglichkeiten
Das Heft erscheint sechsmal jährlich. Bezugsmöglichkeiten und Details zu den Abonnementbedingungen finden Sie unter www.mein-fachwissen.de/return
Alle Rechte vorbehalten.

Gültige Version
Die gedruckte und die elektronische Fassung eines Beitrags können sich unterscheiden. Maßgeblich ist die Online-Version („Version of Record") unter www.springerprofessional.de/return.

Notlinderer gesucht

© Bernd Hegert

Am Anfang stand ungläubiges Staunen: „Sie glauben ja gar nicht, wie viele Unternehmer in Not über eine Google-Suche bei uns landen", versicherte der bundesweit bekannte Insolvenzverwalter und geschäftsführende Partner einer namhaften Beratungskanzlei in unserem Telefonat. Über das unerwartete Vertrauen der Betroffenen, die von Ads und SEO beeinflusste Maschine werde ihnen für ihre Krise schon den passenden Sanierungspartner anzeigen, war ich baff. Ausgerechnet dort, wo laut „Google Trends"-Tabelle deutschlandweit mitunter die häufigsten Was-Fragen zielten auf … – Hilfe gegen Eichenprozessionsspinner und Wespen. Rettung vor Insolvenzen spielt in diesen Rankings keine Rolle, liebe Leserin und lieber Leser, aber das wäre auch frappant.

Ähnlich Verblüffendes offenbarte bei weiteren Recherchen die Aussage eines ehemaligen Restrukturierungs-Managers einer der Big-Five-Strategieberatungen. Er hat später als CEO ein großes Unternehmen wieder in die Spur geführt. Danach hat er sich als geschäftsführender Gesellschafter bei einem angeschlagenen Edel-Marken-Hersteller eingekauft, den er aktuell saniert. „Bei den meisten Unternehmen erkennen die Hausbanken zuerst, dass die Finanzen aus dem Ruder laufen. Dann geben sie dem Verantwortlichen der angeschlagenen Firma eine Liste mit zehn Sanierern an die Hand und gleich mit auf den Weg: Sie nehmen bitte den an dritter Stelle genannten Berater", konstatiert und kritisiert er.

Ein anderer Praktiker berichtete in der Planung dieser Sonderausgabe: „Wenn mich ein Management als Interim Manager für Restrukturierungsaufgaben ins Unternehmen holt, betrifft das oft nur die zu sanierenden Geschäftsbereiche, und niemand außerhalb erfährt davon." Er lenkt quasi lautlos Geschäftsmodelle wieder auf den Pfad der Profitabilität, könnte man behaupten, und er wird nach eigenem Bekunden von Mandanten weiterempfohlen.

Eine solche Empfehlung stand auch am Beginn der Suche von Unternehmer Jens Pohlmann, der den Prozess und seine Entscheidungskriterien hautnah im Interview ab Seite 16 beschreibt. Eindrucksvoll ehrlich bekennt er dort auf die Frage, ob es ihn Überwindung gekostet habe, sich einzugestehen, dass er die Wende nicht mehr alleine schafft: „Oh ja. Ich habe etwa einen Monat mit mir gerungen, bevor ich mich auf die Beratersuche begeben habe." Für ihn lähmt dieses „große Ego-Thema" jeden Unternehmer, weil er dadurch zu lange hadert und damit wertvolle Zeit im Kampf gegen die Krise vergeudet.

Mit den beschriebenen vier Beispielen scheint mir das Spektrum aufgefächert, in dem Unternehmer mitunter verzweifelt mit sich selbst und mit dem für sie schwierig einzuschätzenden Angebot ringen. Diese Sonderausgabe „Ratgeber Unternehmenssanierer" ist also überfällig als Anleitung für Unternehmer unter Druck. Sie gehen als Notleidende verständlicherweise ungern mit ihrer Fahndung hausieren: Notlinderer gesucht! Dabei wäre transparente Kommunikation heilsam.

Ihr

Thorsten Garber
Chefredakteur return / thorsten.garber@springernature.com

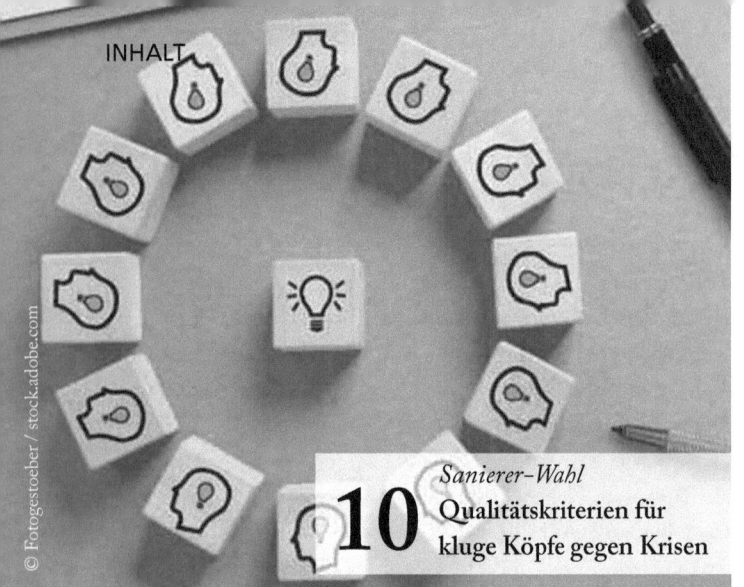

© Fotogestoeber / stock.adobe.com

© Procontur

Inhalt

return Sonderausgabe 2020

Hintergrund & Wissen

Start & Szene

Interview

„Der präventive Rahmen kann hoch verschuldeten Unternehmen helfen"

Der Gesetzesentwurf zum Sanierungsrecht (SanInsFoG) und Restrukturierungsrahmen (StaRUG) liegt vor. Fünf Fragen dazu an Maximilian Pluta, Geschäftsführer der Pluta Management GmbH.

© Pluta Management GmbH

Herr Pluta, das Justizministerium hat Lob und Kritik geerntet. Ihr Urteil über die Vorlage?
Maximilian Pluta: Damit erhalten Unternehmer und auch Restrukturierungsexperten ein weiteres sinnvolles Werkzeug für Krisenunternehmen – außerhalb des klassischen Insolvenzverfahrens. Das neue Instrument ist eindeutig zu begrüßen.

Vermag das StaRUG ausgerechnet in der Corona-Krise das zu bewirken, was die Insolvenzordnung nicht vermochte?
Es ist kein Allheilmittel gegen die Corona-Krise. Dennoch kann der präventive Rahmen hoch verschuldeten Unternehmen helfen. Sollen Kapazitäten angepasst werden, ist oft ein Eigenverwaltungsverfahren zu bevorzugen.

Wie ist Unternehmern das neue Verfahren nahezulegen?
Eine präventive Sanierung vermeidet den gefürchteten Stempel „Insolvenz". Auch in Verhandlungen gibt es einen Vorteil, da einzelne Gläubigergruppen überstimmt werden können. Künftig muss jede Gruppe zu mindestens 75 Prozent zustimmen. Eine Restrukturierung kann somit umgesetzt werden, auch wenn ein einzelner Gläubiger nicht zustimmt.

Das Verfahren sollte ursprünglich insolvenzfern, außergerichtlich und unkompliziert funktionieren. Trifft das zu?
Das Verfahren ist durch den Anknüpfungspunkt der drohenden Zahlungsunfähigkeit insolvenznah. Wichtig wird im Einzelfall die präzise Abgrenzung zu den übrigen Insolvenzgründen. Weitestgehend außergerichtlich kann das präventive Verfahren sein, da für den Schuldner zunächst nur eine Anzeige bei Gericht erforderlich ist. Das Gericht kann aber stärker einbezogen werden. Unkompliziert ist ein solches Verfahren nicht. Es ist viel Erfahrung nötig, um die Situation richtig einzuschätzen. Sind die Voraussetzungen überhaupt passend? Oder ergibt ein Schutzschirmverfahren mehr Sinn? Dazu benötigt man schon Expertise in der Sanierungspraxis.

Was bedeutet der Start mit neuem Instrumentarium ab 2021 für Unternehmenssanierer und -restrukturierer?
Mit dem präventiven Sanierungsverfahren erhalten Sanierungsexperten ein interessantes Werkzeug, das in vielen Fällen die Neuaufstellung von Unternehmen erleichtern kann. Das deutsche Sanierungsrecht wird damit auch deutlich moderner. Aber es ist noch viel Aufklärungsarbeit nötig, das Tool bei den Unternehmern bekannt zu machen und vorhandenen Vorurteilen oder Gerüchten entgegenzuwirken. Diese Aufgabe beginnt für die deutsche Sanierungsbranche gerade erst.

Die Fragen an Maximilian Pluta stellte Thorsten Garber schriftlich.

Salvia und Rehms
Übernahme sichert 550 Arbeitsplätze
Die Salvia Group aus Eislingen hat das Kerngeschäft der Rehms-Building-Gruppe mit Standorten in Borken und Essen übernommen. Operativ sei der Betrieb „gut aufgestellt", sagte Chief Insolvency Officer Nils Meißner: „Einer der Gründe, wieso wir in der Eigenverwaltung innerhalb von drei Monaten die Arbeitsplätze von rund 550 Beschäftigten an den Standorten Borken und Essen sichern konnten."
www.salvia-elektro.de; www.goerg.de

LMG und Pressmetall
Übernahme sichert 170 Arbeitsplätze
Die LMG Manufactoring GmbH übernimmt in Sachsen-Anhalt den Standort Hoym der Pressmetall-Gruppe, die sich im Sanierungsverfahren in Eigenverwaltung befindet. Für den Standort im fränkischen Gunzenhausen dauert die Investorensuche noch an, soll aber weit fortgeschritten sein. „Mit der Übergabe sichern wir 170 Arbeitsplätze", sagte Pressmetall-Geschäftsführer Lars-Jan Szymanski.
www.pressmetall.de; www.schultze-braun.de; www.mhbk.de

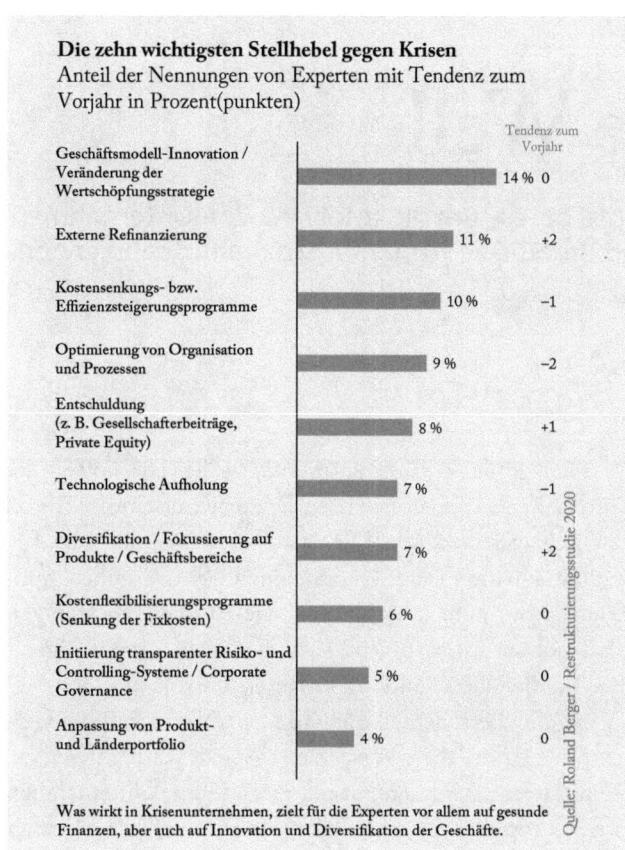

Die zehn wichtigsten Stellhebel gegen Krisen
Anteil der Nennungen von Experten mit Tendenz zum
Vorjahr in Prozent(punkten)

Tendenz zum Vorjahr

Stellhebel	Anteil	Tendenz
Geschäftsmodell-Innovation / Veränderung der Wertschöpfungsstrategie	14 %	0
Externe Refinanzierung	11 %	+2
Kostensenkungs- bzw. Effizienzsteigerungsprogramme	10 %	−1
Optimierung von Organisation und Prozessen	9 %	−2
Entschuldung (z. B. Gesellschafterbeiträge, Private Equity)	8 %	+1
Technologische Aufholung	7 %	−1
Diversifikation / Fokussierung auf Produkte / Geschäftsbereiche	7 %	+2
Kostenflexibilisierungsprogramme (Senkung der Fixkosten)	6 %	0
Initiierung transparenter Risiko- und Controlling-Systeme / Corporate Governance	5 %	0
Anpassung von Produkt- und Länderportfolio	4 %	0

Quelle: Roland Berger / Restrukturierungsstudie 2020

Was wirkt in Krisenunternehmen, zielt für die Experten vor allem auf gesunde
Finanzen, aber auch auf Innovation und Diversifikation der Geschäfte.

Restrukturierungsstudie 2020
Top 10 der Maßnahmen für Krisenunternehmen

Speziell zur Covid-19-Krise hat die Unternehmensberatung Roland Berger rund 500 Experten aus der DACH-Region für ihre diesjährige Restrukturierungsstudie befragt, die regelmäßig seit mittlerweile 19 Jahren erscheint. Acht von zehn Befragten stammen aus dem Bankenwesen, der Sanierungsberatung oder der Insolvenzverwaltung, von denen die meisten mehr als sieben Restrukturierungsfälle pro Jahr betreuen. Wie die negativen Auswirkungen der Pandemie als neue Form der Krise die Restrukturierung verändern, stand dabei im Fokus.

Zentrale Ergebnisse: Nach Branchen sehen die Experten erhöhten Restrukturierungsbedarf in der Touristik, im Automotive-Bereich und im Handel mit Non-Food-Produkten. Als wesentliche Gründe für den Anpassungsbedarf sind die Digitalisierung, disruptive Innovationen, Marktkonzentration und Konsolidierungsdruck sowie Überkapazitäten genannt. Zu den wichtigsten Maßnahmen gehören Geschäftsmodell-Innovation, Wertschöpfungsstrategie-Wechsel, Refinanzierung, Effizienzsteigerungs- und Kostensenkungsprogramme (Grafik links, Beitrag Seite 8).
www.rolandberger.com

Risiko-Umfrage
Größte Sorge gilt fehlendem Personal – Pandemie beschleunigt Digitalisierung

Die Sorge um genug qualifizierte Mitarbeiter hat in den Unternehmensführungen „massiv an Bedeutung gewonnen", ermittelte die Prüfungs- und Beratungsgesellschaft KPMG in ihrem „CEO Outlook", für den Chefs der größten Unternehmen der Welt befragt wurden. Dies sei auf die globale Covid-19-Pandemie zurückzuführen, so die Studienautoren. Nach Ansicht der Befragten hat sich das Personal-Thema infolge der Corona-Pandemie inzwischen zum wichtigsten Geschäftsrisiko entwickelt – noch vor Lieferketten- und Umweltrisiken. Zu Jahresbeginn hatte die Personalfrage nur für einen CEO von 100 geschäftskritische Bedeutung, im Sommer war es schon jeder fünfte.

Zwei von drei Befragten geben an, dass sich die Kommunikation mit den Angestellten während der Corona-Krise verbessert habe. Drei Viertel wollen Möglichkeiten zur digitalen Zusammenarbeit weiter aufbauen. Fast ebenso viele gehen davon aus, dass ihr Unternehmen künftig weniger Büroflächen benötigen wird. Nach Überzeugung von 80 Prozent der Befragten hat die Pandemie die Digitalisierung im Unternehmen um mehrere Monate beschleunigt.
www.springerprofessional.de/link/18428116

Krisen-Umfrage
Drohender Bankrott und Kreditausfall – Mittelständler in Europa fürchten das Aus

Im deutschen Mittelstand fürchtet sich inzwischen jede zehnte Firma davor, in einem halben Jahr vom Markt verschwunden zu sein. Grund dafür sind die negativen Auswirkungen der Corona-Krise. Drohender Bankrott, ausgefallene Kredite, entlassene Mitarbeiter, aufgeschobene Wachstumsprogramme und zurückgehende Einnahmen – die Liste der angsteinflößenden Einflüsse ist lang laut Studie der Beratungsgesellschaft McKinsey, wofür rund 2.200 Unternehmen in Europa befragt wurden, davon 500 in Deutschland.

Insgesamt gaben elf Prozent der europäischen Firmen an, dass sie voraussichtlich innerhalb von sechs Monaten Insolvenz anmelden werden. Unter den Unternehmen mit 50 bis 249 Mitarbeitern war in Italien und Frankreich die Besorgnis am größten. 21 Prozent wollen voraussichtlich in den nächsten sechs Monaten Konkurs anmelden. Die Ergebnisse der deutschen Unternehmer sind weniger dramatisch, aber „alarmierend", so McKinsey-Partner Niko Mohr. Von Pleiten besonders betroffene Branchen zeigt die Umfrage in der Logistik, Agrar, Gastgewerbe und Handel.
www.springerprofessional.de/link/18519900

Virulente Welle

Das neue Restrukturierungsverfahren hält Instrumente bereit, um die Insolvenz von Unternehmen zu verhindern. Doch dafür müssen Unternehmer und Berater sie früh und ganzheitlich anwenden.

Krisenzeit ist Insolvenzzeit: Wenn es nach dem Gesetzgeber geht, gehört diese Logik der Vergangenheit an. Zwar wird die Bedeutung von Restrukturierungen in den kommenden Monaten stark zunehmen, gleichzeitig soll aber mit Beginn des Jahres 2021 ein neuer gesetzlicher Rahmen geschaffen werden, um die Anzahl der Unternehmen deutlich zu reduzieren, die von der Restrukturierung in die Insolvenz abrutschen. Absehbar ist: Wir stehen unmittelbar

© Reniw-Imagery / Getty Images / iStock

Wer gefährlichen Wogen beispielsweise in einer Insolvenzwelle entkommen will, muss wie ein Surfer in der Brandung frühzeitig gegensteuern und sich (wirtschaftlich) stabil halten. Allerdings können Unternehmen auch in einer Flut von Pleiten mit in den Abgrund gerissen werden, wenn ihre Geschäftspartner wackeln.

vor einer größeren Restrukturierungswelle. Die Folgen der Corona-Krise werden in vielen Branchen erst in 2021 voll durchschlagen und den Druck auf die Ergebnis- und Liquiditätssituation vieler Unternehmen weiter erhöhen. Spätestens wenn zum Jahreswechsel die Ausnahmeregelungen zur Insolvenzantragspflicht nach der Zahlungsunfähigkeit auch für die Überschuldung auslaufen, dürften die durch viel Staatshilfe übertünchten Liquiditätsprobleme und die vielfach schon kritischen Verschuldungsgrade virulent werden. Nach unseren Analysen gilt gut jedes zehnte Unternehmen in den deutschen Kernbranchen als akut gefährdet, seinen Kapitaldienst nicht mehr leisten zu können.

Corona-Krise wirkt wie ein Brandbeschleuniger

Alle Unternehmen müssen sich mit den Folgen auseinandersetzen, egal ob durch die Pandemie verursacht oder nur verstärkt. Das betrifft schon vor der Krise angeschlagene Branchen wie Automotive, Maschinenbau oder stationärer Einzelhandel. Hier wirkt Corona als Brandbeschleuniger. Auch vorher florierende Wirtschaftszweige wie Tourismus, Luftfahrt oder Logistik müssen mit Blick auf das „new normal" sowohl ihre Strukturen und Kapazitäten anpassen als auch ihre Geschäftsmodelle auf den Prüfstand stellen.

Der Gesetzgeber stellt bald neue Instrumente für vorinsolvenzliche Restrukturierungen bereit: Das Gesetz zur Fortentwicklung des Sanierungs- und Insolvenzrechts, kurz: SanInsFoG, tritt voraussichtlich im Januar in Kraft und schafft laut Regierung einen „Rechtsrahmen zur Ermöglichung insolvenzabwendender Sanierungen auf Grundlage eines von den Gläubigern mehrheitlich angenommenen Restrukturierungsplans" und schließt damit die Lücke zwischen außergerichtlicher Sanierung und (Regel-)Insolvenz. Die nationale Umsetzung der EU-Richtlinie über präventive Restrukturierungsrahmen dürfte einen Paradigmenwechsel einleiten: Die Neuregelung erhöht den Druck auf die Geschäftsleitung und Aufsichtsorgane hinsichtlich Krisenfrüherkennung und rechtzeitiger Einleitung geeigneter

Maßnahmen zur Krisenabwehr, etwa mit erweiterter Organhaftung und dem „shift of fiduciary duties" zur Wahrung der Gläubigerinteressen ab drohender Zahlungsunfähigkeit. Sie bietet gegenüber bisherigen Restrukturierungen ein erweitertes Instrumentarium, etwa mit Sanierungen auf Basis von Mehrheitsentscheiden in Gläubigergruppen.

Neue Finanzierungen werden durch Haftungs- und Anfechtungsprivilegierung geschützt. Vorinsolvenzliche Restrukturierungspläne lassen sich künftig durch gerichtliche Bestätigung für alle betroffenen Gläubiger verbindlich anlegen – verbunden mit der Möglichkeit, Moratorien anzuordnen und bestehende Rechtsverhältnisse neu zu gestalten.

Die Möglichkeiten zur erfolgreichen Stabilisierung von Unternehmen wachsen insbesondere im Frühstadium einer Krise, und zwar außerhalb eines Insolvenzverfahrens, das mit dem Stigma des wirtschaftlichen Scheiterns verbunden ist – zugleich steigt die Komplexität der Verfahren. Mit dem neuen Rahmen ändern sich die Erfolgsfaktoren von Projekten und die Rolle des Beraters im Restrukturierungsverfahren. Es kommt also darauf an, die Krisensymptome früh zu erkennen und anzugehen, einen ganzheitlichen Ansatz zur nachhaltigen Leistungsverbesserung zu verfolgen sowie die Komplexität des Verfahrens zu managen und zu moderieren.

„Mit dem neuen Rahmen ändern sich die Erfolgsfaktoren von Projekten und die Rolle des Beraters."

Längere Frist erfordert Anpassung und Ausdifferenzierung der Frühwarnsysteme

Früherkennung: In der vorinsolvenzlichen Restrukturierung wird der Prognosezeitraum für die drohende Zahlungsunfähigkeit gegenüber dem Planungshorizont für die insolvenzrechtliche Überschuldungsprüfung von zwölf auf 24 Monate ausgeweitet. Die längere Frist erfordert eine Anpassung und Ausdifferenzierung bestehender Frühwarnsysteme. In die Business-Planung müssen Modellrechnungen einfließen, die mögliche Störfaktoren berücksichtigen. Covid-19 hat gelehrt, dass eine lineare Fortschreibung der aktuellen Geschäftsentwicklung in die Irre führen kann. Entsprechende Frühwarnsysteme und Modellrechnungen zu entwickeln, wird künftig zu den Kernkompetenzen strategischer Restrukturierungsberatungen gehören.

Ganzheitlichkeit: Die frühzeitige und ganzheitliche Krisenabwehr auf Basis von Früherkennung wird weiter an Bedeutung gewinnen. Nicht nur aufgrund der Drohkulisse der Organhaftung, sondern wegen der neuen, modular zur Verfügung stehenden Instrumente. Eine erfolgreiche Prävention setzt voraus, dass Restrukturierung stärker als bisher ganzheitlich betrachtet wird und nicht als Stückwerk zur Performance-Optimierung. Maßnahmen sind von der strategischen Entscheidung bis zur Umsetzung konsequent zu entwickeln und zu steuern. Das Mitschleppen von Verlustträgern ist nicht mehr tolerabel. Strukturelle Veränderungen wie der Carve-out von Unternehmensteilen müssen erlaubt sein. Gefragt sind deshalb Berater, die Kompetenzen von der Transformation bis zur Transaktion mitbringen. Reine, nur auf harte finanzielle Restrukturierung zielende Ansätze reichen nicht. Ergebnisverbesserung und Wertgenerierung sind ganzheitlich zu verstehen.

Komplexität: Die Schnittstellen gewinnen an Bedeutung. Mit außergerichtlicher Sanierung, vorinsolvenzlicher Restrukturierung und Insolvenzplanverfahren in den Spielarten Schutzschirm, Eigenverwaltung und Regelinsolvenz steht jetzt ein ganzes Arsenal an Sanierungsinstrumenten zur Verfügung. Hinzu kommt die inhaltliche Komplexität. Auch die breitere Stakeholder-Landschaft spielt hinein. Der übergreifende konzeptionelle Ansatz dient als Klammer. Aufseiten des Beraters setzt ein solches Restrukturierungskonzept hohe Seriosität, langjährige Erfahrung und ausgeprägte Moderationsfähigkeiten voraus. Unterstützend sind zudem spezifische digitale Tools wie zur Modellierung oder zur Maßnahmenverfolgung nötig.

Berater müssen Restrukturierung künftig mit gebündelter Kompetenz begleiten

Der neue Restrukturierungsrahmen bietet also ein schlagkräftiges Instrumentarium, damit Gesellschafter, Geschäftsleiter und Gläubiger (potenzielle) Krisen bewältigen können. Der Erfolg indes hängt maßgeblich davon ab, dass Maßnahmen früh eingeleitet werden und Teil eines Gesamtkonzeptes sind. Restrukturierungsberater müssen diesen Prozess in Unternehmen künftig mit gebündelten Kompetenzen aus einer Hand professionell unterstützen und moderieren. Denn von den Erfolgsaussichten ist auch in Zukunft die Mehrheit der relevanten Stakeholder zu überzeugen.

Das Autorenduo arbeitet für die Unternehmensberatung Roland Berger. Das Foto links oben zeigt Dr. Sascha Haghani, Geschäftsführer der DACH-Region, Leiter des globalen Kompetenzzentrums „Restructuring, Performance, Transformation & Transaction" sowie Mitglied des Aufsichtsrats. Im Bild links unten ist Alexander Müller zu sehen, Senior Partner und Restrukturierungsexperte.

Kluge Köpfe der Sanierung sollten Unternehmer gezielt anhand von Qualitätskriterien aussuchen. Berufsrechtliche Regelungen definieren zwar die Merkmale nicht, dafür gibt es aber andere Anhaltspunkte für objektivierbare Fähigkeiten. Dazu zählen zuvorderst juristisches und betriebswirtschaftliches Wissen, dann mehrjährige Erfahrungen in versierter Krisenberatung sowie Unabhängigkeit. Spezielle Kompetenzen in relevanten Disziplinen etwa rund um finanzwirtschaftliche Aspekte, in Methoden wie Analyse und Planung oder auch in sozialen Erfolgsfaktoren wie Kommunikations- und Integrationsfähigkeit sind zudem gefragt.

Schlaue Sanierer gesucht

Unternehmenssanierer gibt es berufsrechtlich nicht. Klar ist: Qualifizierte verfügen über juristisch-betriebswirtschaftliches Wissen. Kriterien beschreiben Stephan Madaus und Michael Woywode.

Da es den Beruf des Unternehmenssanierers rechtlich gesehen gar nicht gebe, ließen sich Anforderungen etwa aus berufsrechtlichen Regelungen nicht herleiten. Dies betont Universitätsprofessor Stephan Madaus zu Beginn seines Beitrags über juristische Qualitätskriterien von Unternehmenssanierern. Er lehrt Recht an der Martin-Luther-Universität in Halle.

Rechtliche Maßstäbe, schickt Madaus vorweg, ergeben sich vielmehr aus unterschiedlichen Gesichtspunkten. Eine weitergehende Entwicklung von Qualitätskriterien gibt das Recht weder vor, noch hindert es sie. Aspekte wie die soziale oder kommunikative Kompetenz des Beraters, seine Intelligenz und seine Motivation sind sicher essenziell, rechtlich aber kaum abzubilden.

Am Markt tätige Unternehmensberater sind in der Regel als Rechtsanwalt, Wirtschaftsprüfer oder Steuerberater tätig und unterliegen dann den entsprechenden Regeln des einschlägigen Berufsrechts. Die damit einhergehende Kammerbindung stellt grundlegende Pflichten und gewisse Qualitätskontrollen sicher. Rechtsanwälte unterliegen neben der Verschwiegenheitspflicht nach § 43a Abs. 2 der Bundesrechtsanwaltsordnung (BRAO) auch dem Verbot der Vertretung widerstreitender Interessen nach § 43 Abs. 4 dieser Berufsrechtsregelung. Ihnen bietet die Kammer im Wege der Fachanwaltschaft eine fachspezifische Qualifizierung an. Fachanwälte für Insolvenzrecht haben insofern ihre besonderen Kenntnisse in diesem Bereich nachgewiesen.

Das bunte Bild des Berufsrechts der Unternehmensberater stellt für Unternehmer eine große Herausforderung dar, aber eben auch eine große Chance. Das Angebot ist vielfältig, ermöglicht aber Anpassungen an eigene Bedürfnisse. Sind eher (verfahrens-)rechtliche Themen zu adressieren, könnten Fachanwälte vorzuziehen sein. Sind eher betriebswirtschaftliche Themen zu analysieren, wird man nach Betriebswirten schauen. Komplexere Mandate dürften wiederum nach einem Team verlangen, das alle Bereiche abdeckt.

Die Sanierungsberatung setzt ein Unternehmen in einer Krise voraus. Die Haftungsrisiken, die sich in dieser Situation für alle Beteiligten ergeben, muss der Berater kennen.

Beispielhaft seien an dieser Stelle folgende Aspekte erwähnt:

▶ gesellschaftsrechtliche Informationspflichten;

▶ Insolvenzgründe und daraus folgende Haftungsfolgen für Geschäftsleiter;

▶ Mindestanforderungen an das Risiko-Management, kurz: MaRisk, für Kreditinstitute als Kreditgeber;

▶ alle relevanten Anfechtungsrisiken für die Gläubiger und die Gesellschafter rund um Leistungen.

Es bedarf also der Sachkunde im Gesellschafts- und im Insolvenzrecht. Hinzu kommt betriebswirtschaftliche Kompetenz: Der Berater muss die wirtschaftliche Lage des Unternehmen analysieren, Krisenursachen identifizieren und ein Konzept entwickeln können, das die Fortführungs- und Sanierungsfähigkeit des Unternehmens nachhaltig sichert. Die Neuausrichtung des Unternehmensleitbildes ist nur mit Marktwissen möglich, verlangt also nach Branchenkenntnis.

„Beurteilung eines unvoreingenommenen branchenkundigen Fachmanns"

Diese Neuausrichtung muss rechtssicher umsetzbar sein, wodurch Rechtskenntnisse relevant werden, die je nach Gegenstand der Restrukturierung neben Gesellschafts- und Insolvenzrecht auch Vertrags- und Arbeitsrecht sowie sonstige branchenrelevante Rechtsgebiete einschließen, etwa Urheber-, Krankenversicherungs- oder Pflegerecht. Das anspruchsvolle Anforderungsprofil des Unternehmensberaters in der Krise, das sich daraus ergibt, hat der Bundesgerichtshof mit einer prägnanten Formel versehen: Ein Sanierungskonzept bedürfe der „Beurteilung eines unvoreingenommenen branchenkundigen Fachmanns".

Kann ein Sanierungskonzept nur mithilfe gerichtlicher Verfahren umgesetzt werden, erhöht sich die Regelungsdichte, wenn der Sanierer in diesen Verfahren eine formale Position übernehmen soll. So ist – insbesondere im Schutzschirmverfahren – die Übernahme einer Stellung als Sachwalter zur Begleitung eines Insolvenzplans oder einer übertragenden Sanierung nur möglich, wenn der Sanierer hierfür geeignet ist.

> „Aspekte wie die soziale Kompetenz eines Beraters, seine Intelligenz und seine Motivation sind sicher essenziell."

Unternehmenssanierer Michael Pluta in „return" über Krisenbewältiger: „Viel hängt von den Eigenschaften der handelnden Personen ab, welches Ansehen und welches Können sie haben."

Unternehmenssanierer Lucas Flöther im „Handelsblatt" über den ersten Schritt zur Krisenbewältigung: „Die meisten Unternehmer brauchen häufig einen Tritt in den Hintern."

Die Insolvenzordnung verlangt, dass das Insolvenzgericht für jeden Einzelfall eine geeignete, geschäftskundige sowie von Gläubigern und Schuldner unabhängige natürliche Person bestellt. Sie ist aus dem Kreis aller zur Übernahme von Insolvenzverwaltungen bereiten Personen auszuwählen. Der Sanierer müsste als Insolvenzverwalter gelistet sein. Vor allem aber muss er vom Schuldner unabhängig sein; ein vorangegangenes Beratungsmandat ist schädlich. Eine formale Einbindung des Beraters über das Mandat hinaus ist dann nur aufseiten des (eigenverwaltenden) Schuldners möglich, etwa als CRO oder Generalbevollmächtigter.

In Restrukturierungssachen nach dem neuen Unternehmensstabilisierungs- und -restrukturierungsgesetz (StaRUG) gilt künftig für die Position des Restrukturierungsbeauftragten: Das Restrukturierungsgericht darf einen „für den jeweiligen Einzelfall geeigneten, in Restrukturierungs- und Insolvenzsachen erfahrenen Steuerberater, Wirtschaftsprüfer oder Rechtsanwalt oder eine sonstige natürliche Person mit vergleichbarer Qualifikation bestellen, die von den Gläubigern und dem Schuldner unabhängig ist und die aus dem Kreis aller zur Übernahme des Amtes bereiten Personen auszuwählen ist."

Unternehmer benötigen viel Zeit, bis sie Berater um Hilfe bitten

So weit zu den juristischen Kenntnissen, die Sanierungs- oder Restrukturierungsberater aus Sicht von Stephan Madaus mitbringen sollten. Für das betriebswirtschaftliche Know-how stellt BWL-Professor Michael Woywode von der Universität Mannheim eine wichtige Erkenntnis voran: „Die Entscheidung, einen Sanierungs- oder Restrukturierungsberater in Anspruch zu nehmen, ist sicherlich für keinen Unternehmer leicht. Immerhin geht sie oftmals mit dem Eingeständnis einher, nicht genau zu wissen, was zu tun ist, um das eigene Unternehmen wieder auf Kurs zu bringen." Unternehmer benötigen „in der Regel viel Zeit, um an diesen Punkt zu gelangen und um Hilfe zu bitten", wie er schreibt.

Das Einschalten eines Sanierungs- oder Restrukturierungsberaters sei der erste Schritt auf einem langen Weg. Jedoch dürfte Unternehmern die Auswahl eines adäquaten Beraters nach objektivierbaren Kriterien nicht leicht fallen, weshalb Woywode besonders beachtenswerte Aspekte ausführt. Denn es gebe zwar reihenweise Sanierungs- und Restrukturierungsberater, aber aus dieser Vielzahl den richtigen Experten für die eigene Situation herauszupicken, sei überaus schwer.

Komplexität von Krisen nicht mit Standardlösungen beizukommen

Jede Krise ist anders, kein Fall mit einem anderen im Detail vergleichbar. Die Gründe, weshalb Unternehmen in die Krise geraten, sind vielfältig. Die Ursachen reichen von hausgemachten Fehlern der Geschäftsführung, wenn sie zum Beispiel überteuerte, langfristige Mietverträge abgeschlossen oder unfähige Manager eingestellt hat, bis hin zu Krisen, die nicht auf eigene Fehler, sondern auf exogene Faktoren zurückzuführen sind. Dies trifft etwa auf die aktuelle Covid-19-Pandemie zu. Standardlösungen reichen nicht, um Lösungen für komplexe Krisensituationen zu finden.

Sanierungs- oder Restrukturierungsberater ist als Berufsbezeichnung nicht geschützt, was die Auswahl erschwert. Es gibt keine Ausbildung, die dazu qualifiziert, Unternehmen bei ihrer Krisenbewältigung zu begleiten. Dies bringt mit sich, dass sich in der Sanierungsbranche neben vielen guten auch schlechte Berater finden. Unternehmer sollten daher bei ihrer Auswahl auf verschiedene Aspekte achten, um die Qualität von Sanierungs- und Restrukturierungsberatern besser einschätzen zu können.

Ein fundierter Auswahlprozess ist zu empfehlen, bei dem die notwendige Berufserfahrung des Sanierungs- und Restrukturierungsberaters sowie der Qualitätsnachweis in Form von abgeschlossenen Referenzprojekten geprüft werden. Die Unternehmer sollten sich eine Liste mit ehemaligen Kunden ihres potenziellen Beraters geben lassen und diese persönlich sprechen. Woywodes Rat: Wenn möglich, nicht nur einen Sanierungs- oder Restrukturierungsberater kontaktieren, sondern mehrere zum „Beauty-Contest" einladen, der dann zu organisieren wäre.

Ein weiterer wichtiger Punkt betrifft die „Chemie" zwischen Unternehmer und Berater. Zweitgenannter muss persönlich überzeugen. Der Unternehmer muss sich vorstellen können, vertrauliche Beziehungen zum vorgeschlagenen Projekt-Team des Beraters aufzubauen. Der Sanierungs- oder Restrukturierungsberater muss sowohl nach innen in die Organisation überzeugend wirken als auch nach außen gegenüber Banken, Kunden, Geldgebern und Zulieferern.

> „Der Unternehmer sollte mit dem Preis-Leistungs-Verhältnis des Berater-Gesamtpaketes zufrieden sein."

Der Erfolg der Sanierung oder Restrukturierung hängt von der Planung, Steuerung und Organisation des Projektes als Ganzes ab. Der Sanierungs- oder Restrukturierungsberater muss alle Punkte detailliert erläutern können. Zum Beispiel die personelle Besetzung: Das Team, das der Berater anbietet, sollte erfahren sein. Die Krisen-Crew muss ausreichend „senior" für anstehende geschäftliche Verhandlungen sein und hinlänglich „belastbar", wenn im späteren Projektverlauf ein Haufen operativer Arbeit anfällt.

Auch Kosten und Honorare sind zu berücksichtigen. Das Beratungsunternehmen sollte sich an Honorarvereinbarungen und Nebenkosten halten, die in der Sanierungsbranche üblich sind. Konkrete Milestones und Zahlungstermine sind zu vereinbaren. Der Unternehmer sollte mit dem Preis-Leistungs-Verhältnis des Berater-Gesamtpaketes zufrieden sein.

Ein weiterer entscheidender Punkt: Der Sanierungs- und Restrukturierungsberater muss dabei Unterstützung leisten, den aktuellen Wert des Unternehmens für die Zukunft signifikant zu steigern. Dann sollte es auch nicht schwerfallen, seine Honorare zu bezahlen.

Neues StaRUG beschreibt ausdrücklich Profil des Restrukturierungsbeauftragten

Im neuen Stabilisierungs- und Restrukturierungsgesetz (StaRUG), das am 1. Januar 2021 in Kraft treten wird, findet die Person des Sanierungs- und Restrukturierungsberaters in der Person des Restrukturierungsbeauftragten ausdrückliche Erwähnung. Danach soll der Restrukturierungsbeauftragte künftig bei Sanierungen und Restrukturierungen eingesetzt werden – noch vor dem Eintritt in ein gerichtliches Insolvenzverfahren. Der Gesetzgeber verfolgt das Ziel, frühzeitiger Unternehmen wieder auf Kurs zu bringen, die in die Krise geraten sind, ohne dass ein Insolvenzverfahren beantragt und durchlaufen werden muss.

Der Restrukturierungsbeauftragte muss eine Vielzahl von Fähigkeiten und Qualifikationen mitbringen. Dies gilt für traditionelle Sanierungsverfahren ebenso wie für Verfahren im Sinne des StaRUG. Zusammengefasst muss er ein erfahrener Restrukturierer oder Turnaround Manager sein, der die erforderliche Unabhängigkeit, fachliche Kompetenz und zentrale persönliche Voraussetzungen mitbringt. Aus den StaRUG-Vorgaben lassen sich für Michael Woywode folgende Anforderungen ableiten, die jeder Kandidat durch Referenzen oder Unterlagen nachweisen können muss:

Unabhängigkeit: Zwischen den Schuldnern und den Restrukturierungsbeauftragten sollten keine wechselseitigen Beteiligungsverhältnisse bestehen. Und aufseiten des Sanierungs- und Restrukturierungsbeauftragten gibt es keine Interessenkonflikte in Bezug auf andere Restrukturierungsfälle, Beratungsmandate oder andere Geschäfte.

Berufsabschluss/-erfahrung: Der Restrukturierer oder Sanierer ist Unternehmensberater, Restrukturierungsberater, Steuerberater, Rechtsanwalt, Wirtschaftsprüfer oder Insolvenzverwalter. Er hat mehrjährige Berufserfahrung als Restrukturierer von Unternehmen inklusive Kenntnissen des Insolvenz- und Restrukturierungsrechts. Durch die im StaRUG vorgesehene Möglichkeit der Gläubiger, im Bestellprozess vorgeschlagene Kandidaten als Beauftragte abzulehnen, sind Fehlbesetzungen unbedingt zu vermeiden.

Fokus auf Finanzwirtschaft, Liquidität und Vermögen des Krisenunternehmens

Fachkompetenz: Bei dem verlangten Fachwissen geht es um rechtliche und betriebswirtschaftliche Grundlagen der Restrukturierung. Der Fokus bei Letztgenanntem liegt auf liquiditäts-, vermögens- und finanzwirtschaftlichen Aspekten, denn sie sind bei der Ist-Analyse zwingend erforderlich. Dies beinhaltet fundierte Kenntnisse in betrieblicher Kennzahlenanalyse, Finanzplanung und Finanzierung. Zudem gilt es, aus der Ist-Analyse des Sanierers oder Restrukturierers als Unternehmer die richtigen Schlüsse für die strategische und operative Planung zu ziehen. Einschlägige Branchen- und Markterfahrung hilft und erlaubt es dem Sanierer später auch, zeitnah notwendige Anpassungen in der Planung durch ein entsprechendes Controlling vorzunehmen.

Im fortgeschrittenen Krisenstadium sind für die Bewertung der zur Verfügung stehenden Sanierungsoptionen unbedingt Kenntnisse über das Insolvenzrecht notwendig, speziell zu Betriebsfortführung, zur (vorläufigen) Insolvenzverwaltung, zur übertragenden Sanierung, zu Insolvenzplanverfahren, Insolvenzverfahren in Eigenverwaltung sowie jetzt auch zu

Checkliste zur Unternehmenssanierer-Suche

Aspekte für die gezielte Auswahl passender Partner

Beruf

☐ Bringt der Berater als Bewerber eine adäquate Ausbildung als Anwalt, Steuerberater, Wirtschaftsprüfer, Unternehmensberater, Insolvenzverwalter oder Ähnliches mit?

☐ Verfügt der Berater über fünf Jahre oder mehr Erfahrung in Sanierung und Restrukturierung von Unternehmen und kann das belegen?

☐ Hat der Berater schon Berufserfahrung in der betreffenden Branche gesammelt?

☐ Berät der Bewerber die Unternehmen in Krisen ergebnisoffen – von außergerichtlich gestaltend bis gerichtlich begleitend?

Unabhängigkeit

☐ Sind wechselseitige Beteiligungsverhältnisse zwischen Schuldner und Berater ausgeschlossen?

☐ Gibt es beim Berater keine Interessenkonflikte wegen anderer Fälle, Mandate oder Geschäfte?

Kompetenz

☐ Kennt der Berater belegbar die relevanten juristischen Aspekte rund um das Arbeits-, Haftungs-, Straf- und Insolvenzrecht insbesondere zu Risiko-Management, Informationspflichten, Haftung, Anfechtung?

☐ Sind dem Berater nachweislich betriebswirtschaftliche Grundlagen geläufig wie finanzwirtschaftliche Aspekte in Unternehmen?

☐ Sind dem Berater belegbar spezielle Instrumente und Standards vertraut wie Sanierungskonzepte und -gutachten etwa nach IDW S 6 oder Handlungsrahmen für Gläubiger wie Banken?

☐ Kennt der Bewerber die Grundlagen der Unternehmensbewertung und der Transaktionsabwicklung für mögliche (Teil-)Verkäufe?

☐ Kann der Unternehmenssanierer nachweislich mit den gängigen Tools zur Analyse und Planung in Unternehmen mit Krisen umgehen, um insbesondere die Wirtschaftlichkeit zu bewerten?

☐ Verfügt der Sanierungsberater belegbar über soziale Kompetenz und bringt beispielsweise Konflikt- und Kommunikationsfähigkeit sowie Integrationsfähigkeit und Vertrauenswürdigkeit mit?

Erfolg

☐ Hat der Berater in der Betreuung seiner Mandanten einen Durchschnittswert mit mindestens 80-prozentiger Sanierungs- und Erhaltungsquote erreicht?

☐ Sind mindestens zwei Drittel der vom Berater betreuten Unternehmen noch drei weitere Jahre am Markt?

☐ Beträgt die Zahl der erhaltenen Arbeitsplätze mindestens 50 Prozent gemessen im Vergleich zum Arbeitsbeginn des Sanierungsberaters?

☐ Hat der Berater drei Referenzen für von ihm sanierte Unternehmen vermittelt, die zum Gespräch mit dem Auftraggeber bereit sind?

☐ Hat der Berater auf persönlicher Ebene überzeugt, also stimmt die Chemie so, dass alle Beteiligten – vor allem die Unternehmensführung – von der gemeinsamen Krisenbewältigung überzeugt sind?

Auswahlkriterien für einen Unternehmenssanierer gibt es trotz Fehlen von berufsrechtlichen Regelungen genug. Potenzielle Auftraggeber sollten die Suche anhand der genannten Aspekte gut vorbereiten.

Quellen: Madaus, Woywode, www.starke-unternehmer.de

den neuen Möglichkeiten der präventiven Restrukturierung. Unternehmer sollten bei der Auswahl unbedingt darauf achten, dass der Sanierungs- oder Restrukturierungsberater insbesondere rechtliche Themen etwa aus dem Arbeits-, Straf- und Haftungsrecht sowie steuerliche Themen beherrscht. Die entsprechende Expertise oder Ausbildung bringt er als Fachanwalt, Steuerberater oder als Wirtschaftsprüfer und vereidigter Buchprüfer mit. Alternativ sollte der Berater nachweisen, dass er auf diesen Gebieten mit ausgewiesenen Fachexperten zusammenarbeitet.

Darüber hinaus sollte der Restrukturierungsbeauftragte oder Unternehmenssanierer über die Fähigkeit verfügen, auch Sanierungskonzepte nach üblichen Standards wie IDW S 6 für Sanierungsgutachten zu erstellen. Die gute Kenntnis über Finanzierungsinstrumente in der Krise ist für Unternehmen in finanzieller Schieflage akut wichtig. Der Berater sollte die Sicherungsrechte und Handlungsalternativen aus Sicht der Gläubiger kennen und die Arbeitsweise von Kreditinstituten und Warenkreditversicherern für seine eigenen Sanierungs- und Restrukturierungsbemühungen nutzen können.

Wissen für Transaktionsbegleitung und für Unternehmensbewertung

Der Unternehmenssanierer und -restrukturierer sollte die Grundlagen der Unternehmensbewertung und der Transaktionsbegleitung sicher beherrschen. Denn damit kann er Gelegenheiten zur Teil- oder Gesamtveräußerung des Unternehmens erfolgreich für die Sanierung nutzen. Schließlich sollte er fundierte Kenntnisse im operativen Sanierungs- oder Change Management mitbringen. Viele Sanierungs- und Restrukturierungsmaßnahmen werden nämlich nur greifen, wenn sie gemeinsam mit Management und Mitarbeitern des Unternehmens erfolgreich umgesetzt worden sind.

Methodenkompetenz: In der Sanierung benötigt ein Berater hohe analytische Kompetenzen und Fähigkeiten zum abstrakten und vernetzten Denken als zwingende Voraussetzungen für den Sanierungserfolg. Dieses Wissen umfasst auch den sicheren Umgang mit Analyse- und Planungs-Tools, zum Beispiel für die Prüfung der Wirtschaftlichkeit des Unternehmens und für die Unternehmensplanung, die im Rahmen des Sanierungskonzepts zwingend zu erstellen ist. Daneben sind umfassende Kompetenzen in Projekt-Management wichtig – besonders, wenn der Berater die Geschäftsführung in der Sanierung als Krisen-Manager unterstützt, etwa als Chief Restructuring Officer (CRO). Dies setzt einschlägige Führungserfahrung voraus.

Social Skills reichen von Kommunikations- und Integrationsfähigkeit bis Vertrauenswürdigkeit

Sozialkompetenz: Fortgeschrittene Ertrags- und Liquiditätskrisen stellen für Unternehmen eine Ausnahmesituation dar – sowohl für das Management als auch für die Mitarbeiter. Der Berater muss deshalb über hohe soziale Kompetenzen verfügen wie Kommunikationsfähigkeit, Integrationsfähigkeit und Vertrauenswürdigkeit, um der Geschäftsführung die Sanierungsmöglichkeiten sowie die bestehenden Risiken und Chancen sachlich und objektiv zu vermitteln.

Ausgeprägte Sozialkompetenz hilft dem Berater im Umgang mit der Belegschaft eines Unternehmens, was unabdingbar ist,

Kompakt

Zu rechtlichen und betriebswirtschaftlichen Anforderungen an einen Unternehmenssanierer gehören laut Prof. Stephan Madaus und Prof. Michael Woywode:

▶ Berufliche Qualifikation als Steuerberater, Wirtschaftsprüfer, Rechtsanwalt oder eines vergleichbaren Berufes;

▶ Erfahrungen in Restrukturierungen – gegebenenfalls auch in Restrukturierungs- und Insolvenzverfahren;

▶ Bei Bedarf eine Listung beim zuständigen Insolvenzgericht und Unabhängigkeit in gerichtlichen Verfahren;

▶ Keine wechselseitigen Beteiligungsverhältnisse zwischen Schuldner und Berater sowie kein Interessenkonflikt wegen anderer Fälle, Mandate oder Geschäfte;

▶ Kenntnisse über die Branche des betroffenen Unternehmens sind von großem Vorteil;

▶ Fachkompetenz ist verlangt in juristischen, betriebswirtschaftlichen, methodischen und sozialen Feldern.

denn Mitarbeiter sind oft in hohem Maß von Sanierungsmaßnahmen betroffen. Die Unsicherheit über künftige Entwicklungen im Unternehmen sowie bestehende Befürchtungen und Ängste zur eigenen Zukunft müssen vom Berater glaubhaft wie eine Last von den Schultern der Betroffenen genommen werden. Hier hilft gezielte Kommunikation. Die Mitarbeiterschaft sollte zum Beispiel über den Betriebsrat in die Sanierung eingebunden werden, denn das unterstützt dabei, die Akzeptanz von Maßnahmen der Sanierung zu fördern und Widerstände gegen Veränderungen zu verringern.

Da in akuten Liquiditätskrisen die Unternehmensfinanzierung nachhaltig sicherzustellen und Insolvenzen zu verhindern sind, müssen auch Stakeholder ihren Beitrag zur Sanierung leisten. Für diese Beteiligung insbesondere von Gläubigern muss der Sanierungsberater überaus konfliktfähig sein und eine ausgeprägte Überzeugungs- und Durchsetzungskraft haben.

Stephan Madaus (Foto oben) lehrt als Universitätsprofessor an der Martin-Luther-Universität Halle-Wittenberg im juristischen Bereich, den er von 2016 bis 2018 leitete. Seine Schwerpunkte sind das Insolvenz- und Zivilprozessrecht sowie das Sachen- und Kreditsicherungsrecht. Sein Interesse gilt in der Forschung dem Umgang mit Schuldenlasten, folglich fokussiert er sich auf das Insolvenz- und Restrukturierungsrecht. Michael Woywode (Foto unten) widmet sich als Professor der Fakultät für Betriebswirtschaftslehre an der Universität Mannheim unter anderem dem Mittelstand und dem Entrepreneurship, speziell auch der Geschäftsmodellentwicklung und Skalierung.

„Ich fühlte mich in guten Händen"

Jens Pohlmann, einst Restrukturierungsberater und heute Geschäftsfüher der Procontur GmbH, hat nun als Unternehmer eigene Erfahrungen mit Sanierungsberater an seiner Seite gesammelt.

Herr Pohlmann, wie hat sich die Corona-Krise bislang auf Branchen und Betriebe Ihrer Kundschaft ausgewirkt?
Jens Pohlmann: Was unseren Kunden fehlt, fehlt letztlich auch uns. Das wird in diesem Jahr etwa 25 Prozent weniger Umsatz sein. Zwar bestellen einige Großkunden weniger als vorher, so hat ein großer US-Konzern beispielsweise sein Portfolio umgestellt und kauft jetzt in Osteuropa, aber große Auftraggeber bleiben bislang stabil, sodass wir hier nur fünf bis zehn Prozent verlieren. Eher sind es Mittelständler etwa aus der Elektronikbranche, die Veranstaltungstechnik für die Event-Branche fertigen, bei denen unsere Aufträge zurückgehen. Wir hatten aber schon Mitte 2019 überraschend weniger Aufträge erhalten, wobei jeder Kunde individuelle Gründe genannt hat. Dies hat weit vor Corona zu einer Schieflage in unserem Unternehmen beigetragen.

Nach Ihrem erfolgreichen Insolvenzverfahren in Eigenverwaltung: Warum ist Procontur jetzt stark genug aufgestellt, um negative Auswirkungen der Pandemie zu überstehen?
Kurz gesagt ist es die gute Kundenbasis, unsere hohe Qualität, unsere verbesserte Produktivität und Personalstruktur. Alle knapp 80 Mitarbeiter sind für das Wiederanlaufen der Wirtschaft gerüstet. Der Auftragsbestand ist zwar noch geringer als zu Hochzeiten, aber wir kommen durchs Jahr. Unser Schutzschirmverfahren hat das gewachsen gute Kundenverhältnis gestärkt. Zukunftsprognosen sind derzeit schwierig, aber wenn es so weitergeht, können wir zuversichtlich nach vorne schauen.

Welche Kennzahlen nähren Ihre Hoffnung, künftig gutes Geschäft ohne Existenzgefahr betreiben zu können?
Ich setze vor allem auf das Tracking des Auftragsbestands in drei Kategorien. Ich betrachte dabei alles, was uns bis zu 30 Tagen beschäftigt, was über 30 Tage hinausgeht und was langfristige Rahmenverträge in Aussicht stellen. In unserer Krise 2019 lag der Durchschnittswert bei 1,5 Millionen Euro, jetzt ist er mit 2,6 Millionen Euro wieder so hoch wie im Jahr 2018. Der Auftragsbestand wird sich ab Januar positiver gestalten, weil zusätzlich Neues vertraglich fixiert ist.

> „Ich habe etwa einen Monat mit mir gerungen, bevor ich mich auf die Beratersuche begeben habe."
> Jens Pohlmann

Wie viel Zeit ist verstrichen zwischen den ersten Krisenanzeichen und Ihrem Entschluss, für den Turnaround auch externe Hilfe zu suchen?
Es sah bis Ende April 2019 so aus, als würden wir mit Procontur das beste Geschäftsjahr seit Bestehen erleben. Doch nach unserem starken Wachstum mit erhöhtem Liquiditätsbedarf gab es völlig unerwartet Umsatzrückgänge mit Kunden aus Medizintechnik, Bau und Elektronik. Ich habe schon im Mai vorsorglich Kurzarbeit angemeldet, dann Gespräche mit der Hausbank zur Umschuldung geführt und ab August anhand der Kennzahlen geschaut, wo wir zum Jahresende mit unseren Ergebnissen liegen werden. Ich habe ab Oktober gezielt nach einem Berater gesucht und am 11. November mit ihm den Antrag zum Schutzschirmverfahren gestellt.

Hat es Sie viel Überwindung gekostet, sich einzugestehen, die Wende nicht mehr alleine schaffen zu können?
Oh ja. Ich habe etwa einen Monat mit mir gerungen, bevor ich mich auf die Beratersuche begeben habe. Eigentlich bin ich kein Zweifler, aber Fragen nach Versagen oder Scheitern kommen automatisch auf. Ich glaube, dass dies für jeden Unternehmer, der etwas auf sich hält, ein großes Ego-Thema ist. Bei knapper Liquidität wird zudem jeder Unternehmer hadern, ob er Geld für externe Berater ausgeben möchte – übrigens nicht wenig. Eine meiner Banken hat mir sogar zusätzliche Kredite und damit Geld geboten, damit ich keinen externen Berater für ein Schutzschirmverfahren ins Haus hole. Letztlich habe ich über ein Wochenende in Ruhe eine profane Pro-und-Kontra-Liste als Entscheidungsgrundlage erstellt, wonach sich ein solches Insolvenzverfahren klar als das Beste für die Firma herausstellte, wenn auch nicht für mein Ego. Trotzdem fühlte ich mich danach deutlich besser.

Wie sind Sie die Auswahl Ihres Unternehmenssanierers konkret angegangen?
Ich habe einen guten Bekannten in einer Steuerberaterkanzlei nach Optionen gefragt: Wen gibt es überhaupt auf dem Gebiet der Krisenberatung? Er empfahl mir eine Sachwalterin, die in

Jens Pohlmann verantwortet als geschäftsführender Gesellschafter die Unternehmensführung der Procontur GmbH, Systemspezialist für Produkte aus Feinblech und Kunststoff. Bevor er als Investor durch Firmenübernahme den Schritt ins Unternehmertum wagte, arbeitete der Betriebswirt in Consulting-Unternehmen. Als Unternehmensberater unterstützte er Restrukturierungen, Sanierungen und Prozessverbesserungen. Er meisterte für Procontur zuletzt ein Insolvenzverfahren mit gezielt ausgewähltem Berater an seiner Seite.

unserem Gespräch erwähnte, schon häufiger mit Buchalik Brömmekamp zusammengearbeitet zu haben – in Schutzschirmverfahren. Den Begriff kannte ich bis dahin gar nicht, denn damit hatte ich mich vorher nie beschäftigt, weil wir stets zahlungsfähig waren. Der stärkste Treiber für die Beratersuche war meine größte Sorge, dass unsere Kunden und Lieferanten irgendwo Gerüchte über unsere Krisen aufschnappen könnten, etwa in einem Google-Alert zu Procontur.

Was hat Sie dann später davon überzeugt, den richtigen Berater gefunden zu haben?
Die in Gesprächen vermittelte Kompetenz: Ich fühlte mich in guten Händen. Nach einigen Treffen war ich davon überzeugt, mit Buchalik Brömmekamp das Verfahren professionell durchziehen zu können. Dieses Gefühl hatte ich im Austausch mit der Sachwalterin und noch einem dritten Berater nicht. Robert Buchalik hat mir mit seinem Geschäftsführer Dr. Jasper Stahlschmidt auch spürbar Wertschätzung als Unternehmer entgegengebracht und unser Unternehmen als wertvolles Gut hervorgehoben, das es zu retten gilt. Vor meiner Entscheidung habe ich aber noch mit zwei genannten Referenzen gesprochen, wovon insbesondere ein Unternehmer glaubwürdig die gute Betreuung lobte.

Welche Merkmale sind nach Ihrer Erfahrung bei einem Sanierungsberater ausschlaggebend?
Als herausragend empfand ich bei Robert Buchalik, dass er denkt wie ein Unternehmer und nachempfinden konnte, was mich bewegt. Er hat mich emotional und intellektuell abgeholt in meiner schwierigen Situation. Er hat nachvollziehbar gute Chancen zur Rettung meiner Firma in Aussicht gestellt. Er hat betont, dass ich stolz darauf sein könne, trotz meiner Scham frühzeitig verantwortungsvoll gehandelt und damit viel Vertrauensvorschuss verdient habe. Diese

Vertrauensbasis hat er bei Besuchen von Kunden, Banken und bei der Insolvenzrichterin auch geschaffen.

Was würden Sie heute wieder gleich, was anders managen im Sanierungsprozess?
Den Großteil würde ich genauso gestalten. Als Unternehmer unter Druck war ich sehr ungeduldig im Verfahren, habe oft darauf gedrängt, dass die Berater schneller agieren. Ich wurde im Großen und Ganzen aber gut begleitet, selbst beim Beratungsbudget gelang eine Punktlandung. Ich würde also als Berater wieder Buchalik Brömmekamp ins Boot holen. Herr Buchalik war bei zwei Banken bereits bekannt, und ein Institut bewertete meine Beraterauswahl mit „sehr gut". Wichtig war beim Zeitpunkt, dass ich schon um zehn nach elf und nicht erst um kurz vor zwölf begonnen habe, den Turnaround einzuleiten. Dadurch war genug Zeit bis zur Antragstellung.

Wenn Unternehmer von Ihnen eine Empfehlung wünschen würden: Wozu würden Sie raten?
Fragt möglichst verschiedene Unternehmer, die schon einen derartigen Prozess durchlaufen haben! Nutzt zur Beraterauswahl euer Netzwerk, statt über Google zu suchen! Schaut euch mehrere Berater an! Achtet darauf, dass sie nicht nur fachlich, sondern auch menschlich zu euch passen! Denn die Chemie muss stimmen, wenn man eine so schwierige Phase gemeinsam meistern möchte. Gescheiterten Unternehmern empfehle ich dringend, offen über ihren Weg in die Krise und über erfolgreiche Auswege zu sprechen.

Welche Risiken lauern in Unternehmenskrisen?
Aus meinem Fall leite ich ungesundes Wachstum als größte Gefahr ab. Oft habe ich mich gefragt, wie es zur Krise kommen konnte. Denn wir waren in den vier Jahren davor um 70

Prozent gewachsen. Aber ich wollte immer mehr – und Kunden versprachen viel. Ein besser durchdachtes Wachstum wäre mir nicht so schnell auf die Füße gefallen. Die Haftungsrisiken für mich persönlich kannte ich, bereiteten mir aber keine Sorgen. Die Beratung und unsere Buchhaltung haben vieles geregelt – auch zu meinem Schutz. Etwa die Kommunikation mit den Krankenkassen oder das Einhalten von Fristen. Zur Sicherheit benötigt man als Unternehmer einen externen Experten, der unbedingt Gefahren, Risiken und Fallstricke kennen und aus dem Weg räumen muss. Die juristische Expertise meines Beraters war erstklassig.

Wie bewerten Sie die aktuellen Möglichkeiten gerichtlicher Sanierungsverfahren?

Ich wusste bis dahin gar nichts von den Möglichkeiten, die ESUG-Verfahren schon seit 2012 gesetzlich bieten. Ich finde

Procontur: Turnaround trifft Transformation

Procontur entstand 2018 durch Verschmelzung der Feinblech- und Kunststoffsparten aus Unternehmen, die Jens Pohlmann 2011 und 2013 mit Partnern gekauft und dann aufgeteilt hatte. Der Procontur-Inhaber treibt die Transformation vom reinen Fertiger zum Berater des Mittelstands in innovativen Spezialitäten aus beiden Werkstoffen voran. So entstehen für die Elektronikbranche individuelle Gehäuse für Geräte – von der Idee über die Konstruktion bis zur Herstellung und Montage. Starkes Wachstum mit großem Liquiditätsbedarf und hohem Kapitaldienst sowie der plötzliche Umsatzrückgang bei mehreren Auftraggebern sorgten ab Mai 2019 für eine Schieflage; die mündete in ein sechsmonatiges Schutzschirmverfahren und danach in ein zweieinhalbmonatiges Insolvenzverfahren. Das Gericht erklärte das erfolgreiche Sanierungsverfahren im vergangenen Juni für beendet. Procontur hatte früh reagiert, so im Jahr 2019 noch eine schwarze Null erzielt, wird das laufende Geschäftsjahr durch den Sanierungsgewinn mit ordentlicher Umsatzrendite abschließen und erwartet ab 2021 wieder profitables Wachstum.

www.procontur.de

es echt super, dass der Gesetzgeber sie geschaffen hat. Ich empfand die Lösung wie eine letzte Abfahrt vor dem Straßenende und Abgrund. Dafür bin ich dankbar. Das Schutzschirmverfahren passte prima zu uns, denn wir hatten zwar eine Liquiditätslücke, waren aber nicht zahlungsunfähig. Damit gab es einen Ausweg aus unserer Schieflage, die nicht in der Sackgasse enden muss. Allerdings steht am Ende des Verfahrens noch eine Insolvenz. Das I-Wort nimmt aber kein Unternehmer gerne in den Mund insbesondere gegenüber Kunden, die darauf empfindlich reagieren. Das belastet dieses tolle Tool und seine Nutzer doch mit einem Makel.

Der Gesetzgeber bereitet derzeit ein außergerichtliches Verfahren vor. Was würden Sie sich von einer präventiven Restrukturierung künftig wünschen?

Ich finde ein Verfahren zur Gesundung von Unternehmen allein abseits von Gerichten sehr wünschenswert. Ich hätte mich über eine Lösung ohne das berüchtigte I-Wort gefreut. Präventive Restrukturierung zielt auf frühzeitiges Gegensteuern, was ich als Ergänzung zu den ESUG-Verfahren für nötig erachte. Aber Unternehmer müssten sich auch selbst permanent mit Krisenverhinderung und -bewältigung beschäftigen, weshalb ich nach meinen Erfahrungen künftig „return" zu meiner Pflichtlektüre zu machen gedenke. Bei den meisten Mittelständlern ist es doch so, dass sie nicht genau wissen, wie's um sie steht.

Ihre Hausbank haben Sie früh über die Schieflage Ihres Unternehmens informiert, um das Vertrauensverhältnis nicht zu gefährden, wie Sie seinerzeit sagten. Wurde Ihre Offenheit ausreichend gewürdigt?

Ja. Offenheit schafft Vertrauen. Ich hatte im April 2019 schon Kontakt aufgenommen, um über eine Umschuldung meine Zahlungslast zu reduzieren. Dem hat meine Bank zunächst nicht zugestimmt, als wir Kurzarbeit anmelden mussten, später im Verfahren aber schon. Mit meiner Unternehmenskrise hat die Bank zwar Geld verloren und Verluste eingefahren. Meine Offenheit ist dort aber ganz offensichtlich anerkannt worden.

Also haben alle Finanzdienstleister Ihre Offenheit rund um die Unternehmenskrise dann im Verfahren auch spürbar positiv begleitet?

Ich möchte es mal so formulieren: Sie waren fair. Natürlich gab es im gesamten Prozess auch Misstöne. Ich habe auf bestimmte „Sonderrechnungen aufgrund des Verfahrens" etwas empfindlich reagiert. Als Unternehmer ist man bei unverständlichen Rechnungen sensibel. Ein Institut hat mir zum Beispiel 6.000 Euro für eine Kontoumstellung berechnet. Ein überregionales Institut versuchte, mich für einen Berater seiner Wahl zu begeistern. Unterm Strich konnten wir bilanzielle Verbesserungen erreichen. Und das war es, worauf es letztlich ankam.

Präzisionsarbeit wie hier beim Schweißen zählt zu den Stärken bei Procontur, wo qualifizierte Mitarbeiter viele Technologien beherrschen.

„Funktion in Qualität und Design" lautet der Procontur-Claim für die Entwicklung und Produktion von Spezialitäten wie hier beim Stanzen.

Wie haben Ihre Kunden reagiert?

Unsere Krisenbewältigung hat beiderseitig vertrauensvoll funktioniert, weil wir alle Kunden früh informiert haben. Meinen Besuch bei unserem größten Auftraggeber hat Robert Buchalik sehr gut begleitet, und Dr. Stahlschmidt hat mit mir einen kritischen Kunden überzeugt. Nur ein Kunde wurde nervös und ließ uns vorproduzieren, um unsere Produkte auf Lager zu legen. Alle anderen haben wie vorher mit uns weitergearbeitet und weiter bestellt.

Hat Ihr Verfahren das Verhältnis zu Lieferanten belastet?

Von einem belasteten Verhältnis habe ich nichts gespürt. Ich fand es selbstverständlich, dass 50 bis 60 Prozent auf Vorkasse umgestellt haben. Ich würde unser Verhältnis als vertrauensvoll bezeichnen. Wir haben für jede Situation eine Lösung gefunden, deshalb beliefern uns alle Partner bis heute.

Wie würden umgekehrt Sie auf eine Insolvenz bei Kunden oder Lieferanten reagieren?

Das hängt davon ab, wie vertrauensvoll das Verhältnis ist und wie offen der Partner damit umgeht. Auf ein Schutzschirmverfahren würde ich positiv reagieren. Jeder unserer Kunden ist gegen Forderungsausfälle versichert. In einer partnerschaftlichen Zusammenarbeit würde ich es nicht als schlimm erachten, wenn in Notlagen jeder ein bisschen Geld verliert. Gerade wenn's mal nicht so läuft, sollten sich Partnerschaften bezahlt machen. Ich habe von unseren Partnern erwartet, dass alles weiterläuft wie bisher, was auch eingetroffen ist. Zwei Kunden haben sogar aus Solidarität und Bedarf mehr Aufträge an uns vergeben.

Beenden Sie bitte möglichst kompakt den Satz: „Die beste Krisenvorbeugung ist …

… ein gutes Kennzahlensystem, das jede Schieflage früh erkennen lässt."

Setzen Sie bitte den Satz fort: „Krisenbewältigung gelingt am besten, indem …

… alle beteiligten Parteien inklusive Mitarbeiter durch transparente Kommunikation früh eingebunden werden."

Was unternehmen Sie, um neue Krisen zu verhindern?

Ich habe weitere Produktionsprozesse verbessert und unser Kennzahlensystem zu Auftragsbeständen verfeinert, sodass ich eher sehe, was im Geschäft passiert. Im nächsten Jahr erreichen wir wieder unser altes Wachstum, das wir durchdachter begleiten. Zwei Neukunden bringen uns ab 2021 allein rund 1,1 Millionen Euro mehr. Ich bin mittlerweile wieder sicher: Wir waren vorher eine gute Firma und sind es auch jetzt. Unser Eigenkapital hat sich vervierfacht. Ich habe mich als Verantwortlicher vor und während der Schieflage richtig verhalten. Ich behaupte, dass ich am Insolvenzverfahren persönlich gewachsen bin.

Haben Sie Ihren Schritt vom Unternehmensberater zum Unternehmer zwischenzeitlich mal bereut?

Grundsätzlich nicht, in einzelnen Sekunden der Schieflage schon. Meine komplexen Aufgaben als Unternehmensberater haben mir auch Spaß bereitet. Ich war in ganz Europa und im Mittleren Osten unterwegs. Nach den Projekten war ich allerdings raus aus den Unternehmen und die Drehzahl insgesamt sehr hoch. Ich wollte irgendwann nicht mehr so viel reisen. Ich finde beide Jobs cool. Nun arbeite ich langfristiger und mit mehr Freiheiten. Es ist etwas Besonderes, als eigener Herr ein Unternehmen zu leiten und konkret Procontur zum Systemspezialisten zu transformieren.

Welchen Kurs fahren Sie intern als Unternehmenslenker?

Neben dem kundenorientierten Geschäftsmodell mit Gewinn, der auf allen Seiten für eine sichere Zukunft sorgt, lege ich als inhabergeführter Mittelständler intern vor allem großen Wert auf gegenseitigen Respekt und soziale Verantwortung. Ein Betrieb, in dem ich selbst gerne arbeiten würde – so möchte ich meine Firma führen.

Das Interview mit Unternehmer Jens Pohlmann führte „return"-Chefredakteur Thorsten Garber telefonisch.

Statements zur Sanierer-Suche

Empfehlungen für Unternehmer von acht Expertenverbünden

Welche Empfehlungen würden Expertenverbünde einem Unternehmer für die Suche und Auswahl des richtigen Beraters geben, der als versierter und erfahrener Begleiter die Restrukturierung oder Sanierung an seiner Seite erfolgreich unterstützt? Zahlreiche Organisationen mit entsprechenden Spezialisten unter ihren Mitgliedern hat die „return"-Redaktion angefragt. Acht haben mit Statements geantwortet.

Lehrgänge zum Fachberater für Sanierung und Insolvenzverwaltung, jetzt Fachberater für Restrukturierung und Unternehmensplanung, bietet der Deutsche Steuerberaterverband (DStV) zwar seinen Mitgliedern, sieht sich aber „nicht in der Lage" zu antworten, „weil diese Frage sehr individuell und (...) schwierig zu beurteilen ist", wie Nina Falenski als Leiterin des Zentralbereichs schreibt. Eine Empfehlung kam dafür von der Bundessteuerberaterkammer (BStBK). Ebenso antworteten die Berufsverbände BDU, BRSI, DDIM, IBWF, TMA und VID sowie das Deutsche Institut für angewandtes Insolvenzrecht (DIAI), an dem geprüfte ESUG-Berater ausgebildet werden.

Mit ihren offiziellen Erklärungen antworteten acht Organisationen auf die „return"-Anfrage zu Auswahlkriterien für geeignete Krisenberater.

© avdyachenko / Getty Images / iStock

BStBK-Statement

„Mit maßgeschneiderter Finanzierung nah beim Mandanten"

Hartmut Schwab, Präsident der Bundessteuerberaterkammer (BStBK), empfiehlt Unternehmern den Steuerberater-Suchdienst für Experten mit Erfahrung in der Unternehmenssanierung.

„Viele Unternehmen stehen wegen der Corona-Pandemie wirtschaftlich mit dem Rücken zur Wand. Für das Jahr 2021 befürchten führende Ökonomen trotz aller bisher unternommenen Anstrengungen der Bundesregierung und trotz der Bereitstellung der milliardenschweren Hilfs- und Konjunkturpakete eine größere Insolvenzwelle. Steuerberater können mit ihrer Fachkompetenz auf dem Gebiet der Sanierung und Restrukturierung betroffenen Unternehmen in der Krise zur Seite stehen. Professionelle betriebswirtschaftliche Beratung trägt gerade jetzt dazu bei, die richtigen unternehmerischen Entscheidungen zu treffen, um das Überleben der Unternehmen zu sichern, aber auch, um gestärkt für die eigene Zukunft aus der gegenwärtigen Corona-Krise zu gehen. Zwei der häufigsten Gründe für das Scheitern eines Unternehmens sind eine nicht maßgeschneiderte Finanzierung sowie fehlende Liquidität. Steuerberater sind in diesen Fragen nah bei ihren Mandanten. Das hat auch der Gesetzgeber erkannt und Steuerberatern nicht nur bei der Beantragung der Überbrückungshilfe und Novemberhilfe, sondern auch bei der ab 1. Januar 2021 neuen Möglichkeit einer frühen Restrukturierung außerhalb eines förmlichen Insolvenzverfahrens eine wichtige Rolle zugedacht. Steuerberater können als bestellte Restrukturierungsbeauftragte Unternehmen bei der Sanierung aufgrund eines von den Gläubigern angenommenen Restrukturierungsplans unterstützen.

Es empfiehlt sich nicht nur in der gegenwärtigen Corona-Krise, einen kompetenten Berater hinzuzuziehen, um die für das Unternehmen maßgeschneiderte Zukunftsperspektive sicherzustellen. Steuerberater mit spezieller Sanierungserfahrung sind etwa zu finden im Steuerberater-Suchdienst auf www.bstbk.de, der Internetseite der Bundessteuerberaterkammer."

Hartmut Schwab, Präsident der Bundessteuerberaterkammer (BStBK), ist Partner der SWMP PartGmbB Steuerberatungsgesellschaft.

BDU-Statement

„Dreiklang als Grundlage für fundierte Entscheidungen von Unternehmern"

Burkhard Jung gibt als Vorsitzender des Fachverbandes Sanierungs- und Insolvenzberatung im BDU eine Empfehlung für Unternehmer zur richtigen Sanierungsberater-Auswahl.

„Beratung, insbesondere in der Sanierung von Unternehmen, ist Vertrauenssache. Deswegen ist bei der Auswahl des Sanierungsberaters große Sorgfalt an den Tag zu legen. Man darf nicht den erstbesten nehmen. Wichtig ist, dass der Sanierungsberater nachweisbare Qualifikationen hat. Das sollte zum Beispiel durch die Mitgliedschaft in einem Branchenverband wie dem BDU und seinem Fachverband Sanierungs- und Insolvenzberatung oder durch geeignete Zertifikate wie den CMC Sanierung des BDU dokumentiert sein. Die BDU-Berufsgrundsätze garantieren den Kunden unter anderem die Unabhängigkeit der Beratungsleistung oder die Verschwiegenheit über betriebliche Interna. Wichtig ist aber auch, dass die Chemie zwischen Berater und Unternehmer stimmt. Das kann man durch ein oder auch zwei ausführliche Gespräche zum Kennenlernen relativ schnell feststellen.

Der Unternehmer sollte sich zusätzlich Referenzen nennen lassen, mit denen er spricht, um sich auf diese Weise ein umfassendes Bild zu verschaffen. Aus diesem Dreiklang: geeignete Nachweise der (Sanierungs-) Qualifikation, das ausführliche persönliche Gespräch und Referenzen entsteht ein umfassendes Bild des Sanierungsberaters. Auf dieser Grundlage kann der Unternehmer eine fundierte Entscheidung für die Zusammenarbeit treffen."

Burkhard Jung, Vorsitzender im Fachverband Sanierungs- und Insolvenzberatung des Bundesverbandes Deutscher Unternehmensberater (BDU), ist Geschäftsführer der Restrukturierungspartner RSP GmbH & Co. KG.

TMA-Statement

„Bauchgefühl ist nicht der schlechteste Ratgeber bei der Auswahl"

Michael Baur, Vorstandsvorsitzender der Gesellschaft für Restrukturierung TMA Deutschland e. V., mit seiner Empfehlung an Unternehmer für die Auswahl des richtigen Sanierungsberaters.

„Die Corona-Pandemie setzt Manager unter Druck. Unterbrochene Lieferketten und teilweise drastisch gesunkene Absatzzahlen stellen Unternehmen vor existenzielle Risiken. Aktives Krisen-Management ist gefordert, was bedeutet, besonnen zu handeln und klare Entscheidungen zu treffen. Die allermeisten Manager holen sich in solch einer Situation vernünftigerweise einen Sanierungsberater an ihre Seite. Was sollte diesen auszeichnen?

Natürlich spielen zunächst Fachwissen und einschlägige Referenzen eine wichtige Rolle. Branchen-Know-how zahlt sich aus, um die Besonderheiten des jeweiligen Marktumfelds von Anfang an mit einzubeziehen. Achten Sie außerdem darauf, dass der Berater gemessen an der Größe Ihres Unternehmens ausreichende Kapazitäten bereitstellen kann und dies nötigenfalls auch im Ausland. Ein Mittelständler in der Krise braucht einen anderen Plan als ein international tätiger Konzern. Auch der Preis spielt eine Rolle und sollte am Krisenszenario bemessen sein, welches es zu bewältigen gilt. Dabei muss das teuerste Angebot nicht das beste für die konkrete Situation sein, das günstigste nicht das, das die höchste Erfolgswahrscheinlichkeit verspricht.

Mindestens ebenso wichtig wie diese Hard Facts sind nach meiner Meinung Eigenschaften, die mit der Beraterpersönlichkeit zusammenhängen: In der Krise ist nicht der Perfektionist gefragt, sondern der Macher, der das Management gezielt unterstützt und ruhiger schlafen lässt. Ein Sanierungsberater muss ebenso analytisch wie pragmatisch denken und komplexe Themen so vereinfachen können, dass für Nichtspezialisten ein Schuh draus wird. Sein wichtigstes Asset: Vertrauen. Bauchgefühl ist damit nicht der schlechteste Ratgeber bei der Auswahl: Würden Sie mit diesem Berater auf eine steile Bergtour gehen?"

Michael Baur, Vorstandsvorsitzender der TMA Deutschland, ist Head EMEA-Region bei der Beratungsgesellschaft Alix Partners.

BRSI-Statement

„Berater muss Branchenwissen unter hohem Zeitdruck adaptieren"

Dr. Dieter Körner, Geschäftsführer und Vorstandsmitglied bei der Bundesvereinigung Repositionierung, Sanierung und Interim Management e. V. (BRSI), zu Sanierer-Stärken.

„Der BRSI e.V. hat es sich zur Aufgabe gemacht, den Informationsaustausch zwischen allen an der Unternehmenssanierung Beteiligten zu verbessern. Dem Restrukturierungsberater oder dem auf Sanierung spezialisierten Interim Manager fällt hierbei die zentrale Rolle zu.

Die deutsche Wirtschaft ist infolge der digitalen Transformation seit Jahren dramatischem Anpassungsdruck ausgesetzt. Darüber hinaus wirkt Covid-19 bei Krisen-Unternehmen wie ein Brandbeschleuniger. Personalressourcen der Unternehmen können solche (Krisen-)Situationen weder fachlich noch mit den erforderlichen Soft Skills bewältigen. Diese Lücke schließt der auf Sanierung spezialisierte Interim Manager oder Restrukturierungsberater. Er muss Branchenwissen unter hohem Zeitdruck adaptieren, um es für die Sanierung einzusetzen. Dies erfordert hohe Flexibilität, kulturelle Anpassungsfähigkeit und selbstständiges Erarbeiten komplexer Problemlösungen.

Wichtige Eigenschaften sind Führungs- und Durchsetzungsfähigkeit, hohe Leistungsmotivation etwa fürs Liefern unter Zeitdruck sowie Stress-Resilienz durch langjährige Erfahrung aus Projekten in Sondersituationen. Idealerweise verfügt der Restrukturierungsberater über eine betriebswirtschaftliche Ausbildung und juristische Kenntnisse, detailliert zum Insolvenzrecht. Unkenntnis kann Kollateralschäden für Stakeholder und eine Reihe von Haftungstatbeständen auslösen. Verhandlungs- und Mediationsgeschick sind unerlässlich. Schließlich sind Loyalität, Integrität und Diskretion unentbehrliche Voraussetzungen. Solche Restrukturierungsberater werden ständig gesucht. Über die BRSI-Expertendatenbank kann der Kontakt zu solchen Spezialisten aufgenommen werden.

Dr. Dieter Körner, geschäftsführender BRSI-Vorstand, ist als Berater und Interim Manager in Restrukturierungen und Sanierungen tätig.

DDIM-Statement

„Unternehmer muss sich vor der Auswahl im Klaren darüber sein, was er will"

Christoph Deinhard, Leiter der Fachgruppe Restrukturierung & Sanierung, über die Auffassung der Dachgesellschaft Deutsches Interim Management e. V. (DDIM) zur richtigen Beraterauswahl.

„Unternehmen in Sondersituationen benötigen oft Restrukturierungsberater. Die folgenden Eigenschaften sind nach Auffassung der DDIM vor allem nötig. Vor der Auswahl des Beraters muss sich der Unternehmer im Klaren darüber sein, was er will, zu was er selbst bereit ist sowie welche Aufgaben und Verantwortungen er dem Berater übertragen will. Gute Vorbereitung ist wichtig.

Der Berater muss unabhängig sein. Freundschaft zum Auftraggeber schadet eher, als dass sie hilft. Für Empfehlungen aus dem Freundes- oder Bekanntenkreis gilt dasselbe. Große Namen sind vor allem teuer, aber nicht immer besser. Besser ist es, sich die Zeit zu nehmen, selber auf geeigneten Plattformen zu suchen und zu finden. Der Auftraggeber muss den Willen haben, die Arbeitsergebnisse des Beraters ernst zu nehmen und die immer gemeinsam zu erarbeitenden Beratungsergebnisse auch umzusetzen. Der Berater muss nachgewiesene Referenzen für die Lösung des konkreten Problemfalls besitzen. Branchenerfahrung hingegen ist eher nicht nötig, da die Gefahr besteht, weiterhin ausgetretene Wege zu beschreiten.

Der Berater muss von den Stakeholdern des Unternehmens in der Restrukturierung akzeptiert sein, ob Auftraggeber, Belegschaft oder Finanzierer. Der Berater darf nie für schlecht beleumundete Mandanten tätig gewesen sein. Im Idealfall kann der Berater nachweisen, dass er schon erfolgreich die Umsetzung seiner Konzepte hat durchführen können, etwa in einer Linienfunktion. Der Berater sollte nach dem ersten Gespräch im Unternehmen ein kurzes und präzises Konzept vorlegen, wie er die anstehenden Aufgaben zusammen mit dem Auftraggeber bewältigen würde."

© Christoph Deinhard

Christoph Deinhard, Leiter der DDIM-Fachgruppe Restrukturierung & Sanierung, ist Interim Manager unter anderem für Restrukturierung.

VID-Statement

„Sie sollten alle Fallstricke sehr gut kennen, um Haftungsrisiken zu vermeiden"

Dr. Christoph Niering, Vorsitzender des Vorstandes im Verband Insolvenzverwalter Deutschlands e. V. (VID), über Qualifikationsmerkmale und die spezielle Eignung dieser Berater.

„Der Regierungsentwurf des Unternehmensstabilisierungs- und -restrukturierungsgesetzes (StaRUG) sieht in § 81 Abs. 2 vor, dass Schuldner den Restrukturierungsbeauftragten selbst vorschlagen können. Unter bestimmten Voraussetzungen soll dieser Vorschlag für das Gericht bindend sein, solange die vorgeschlagene Person nicht ‚offensichtlich ungeeignet' ist.

Für den Sanierungsmoderator, der ähnliche Qualifikationen haben soll, gibt es dieses Vorschlagsrecht nicht. Zur Eignung heißt es in § 81 Abs. 1 StaRUG: ‚Zum Restrukturierungsbeauftragten ist ein für den jeweiligen Einzelfall geeigneter, in Restrukturierungs- und Insolvenzsachen erfahrener Steuerberater, Wirtschaftsprüfer oder Rechtsanwalt oder eine sonstige natürliche Person mit vergleichbarer Qualifikation zu bestellen, die von den Gläubigern und dem Schuldner unabhängig ist und die aus dem Kreis aller zur Übernahme des Amtes bereiten Personen auszuwählen ist.'

Neben diesen Qualifikationsmerkmalen wird eine Eignung für den Einzelfall gefordert, durch dessen Umstände sie geprägt wird. Dies zielt auf Berufserfahrungen, die über Erfahrungen mit Restrukturierungen hinausgehen. Ein ähnliches Profil sollte bei der Auswahl des Sanierungs- oder Restrukturierungsberaters im Vordergrund stehen. Er muss nicht unabhängig sein, sollte aber alle rechtlichen Rahmenbedingungen und Fallstricke gut kennen, um Haftungsrisiken zu vermeiden. Da er dem gerichtlich bestellten Restrukturierungsbeauftragten, Sanierungsmoderator, Sachwalter oder Insolvenzverwalter oft zuarbeitet oder Anträge vorbereitet, sollte er auch die gerichtliche Praxis aus eigener Anschauung kennen, um Verzögerungen oder Missverständnisse auszuschließen."

© Alexander Zehrer / VID

Dr. Christoph Niering, VID-Vorstandsvorsitzender, ist Partner bei Niering Stock Tömp Rechtsanwälte.

DIAI-Statement

„Sanierungsberater als Erfolgsfaktor für den Fortbestand des Unternehmens"

Prof. Hans Haarmeyer, Direktor des Deutschen Instituts für angewandtes Insolvenzrecht e. V. (DIAI), über die besondere Bedeutung der richtigen Beraterauswahl für die Krisenbewältigung.

„Die Auswahl des passenden Sanierungsberaters zur Krisenbewältigung in Unternehmen ist ein mitentscheidender Erfolgsfaktor für den Fortbestand des Unternehmens. Die falsche Wahl hat fatale Folgen. Nahezu jeder kann sich als Sanierungsberater bezeichnen. Damit stehen Unternehmer bei der Auswahl vor einer schwierigen Aufgabe.

Große Namen garantieren nicht gute Arbeit. Kompetente Sanierungsberater arbeiten seit mindestens fünf bis sieben Jahren hauptberuflich in Unternehmen an Restrukturierungen und Sanierungen und können dies belegen. Seriöse Sanierungsberater veröffentlichen auf ihren Websites nachvollziehbare Referenzen. Versierte Sanierungsberater bearbeiten Sanierungsaufträge nachweislich ergebnisoffen, sind außergerichtlich wie gerichtlich begleitend beratend und gestaltend tätig. Sachkundige Sanierungsberater verfügen über Erfahrungen in Sanierungen unter Insolvenzschutz, etwa in Schutzschirmverfahren. Erfolgreiche Sanierungsberater haben in den vergangenen fünf Jahren in der Betreuung von juristischen Personen und Personengesellschaften einen angemessenen Durchschnittswert für Erfolge vorzuweisen. Dieser liegt für beratene Unternehmen insgesamt mindestens bei einer 80-prozentigen Sanierungs- oder Erhaltungsquote.

Die Anzahl erhaltener Arbeitsplätze beträgt durchschnittlich mindestens 50 Prozent, gemessen an der Zahl bei Einleitung des Verfahrens. Der Sanierungsberater legt mindestens drei aussagekräftige Referenzen über seine Tätigkeit vor – und zwar mit Bezug zur Kreditwirtschaft, zu Arbeitnehmervertretern, zu institutionellen Gläubigern und/oder zu Sicherungsgläubigern. Dafür entbindet er die Referenzen von der Verschwiegenheit."

© DIAI

Hans Haarmeyer, DIAI-Direktor, verfügt über langjährige Erfahrung als Insolvenzrichter sowie als Professor für Wirtschafts- und Insolvenzrecht.

IBWF-Statement

„Attribute sind für Unternehmer nicht immer leicht zu erkennen"

Marion Gutheil, Leiterin des Bundesarbeitskreises Sanierung und Restrukturierung beim IBWF e. V. – Die Mittelstandsberater, über die konkrete Herangehensweise bei der Beraterauswahl.

„Jeder kennt das aus diversen Lebenssituationen: Man ist auf der Suche nach einem Experten – sei es ein Arzt, Schreiner oder Scheidungsanwalt. Entweder fragen wir Familie, Freunde oder jemanden, der mit dem gesuchten Personenkreis zu tun hat, und erbitten eine Empfehlung. Oder nutzen Internet-Suchmaschinen. Wenn man aber wegen einer Unternehmenskrise auf der Suche nach einem Sanierungsexperten ist, geht man damit nicht hausieren. Denn leider sorgt die Sanierungskultur in Deutschland noch immer nicht für Offenheit. Google bemühen Betroffene vor allem, um anonym zu bleiben. Nur wer Glück hat, erhält passende Ergebnisse. Ob der so gefundene Berater allerdings für die eigene Sanierungssituation und die Besonderheiten des Unternehmens der richtige ist, zeigt sich dann häufig erst im Nachhinein.

Bei der Auswahl ist auf Erfahrung, Branchenkenntnis und fachliche Qualifikation zu achten. Diese Attribute sind für Unternehmer nicht immer leicht zu erkennen. Helfen können Anfragen bei Fachverbänden oder -organisationen, deren Mitglieder durch Expertise und Qualifikationen ausgewiesen sind und die Qualität in der Beratung sicherstellen.

Die IHKs und Handwerkskammern sind ebenfalls empfehlenswerte Anlaufstellen für die Auswahl von branchenerfahrenen Sanierern. Auch eine Anfrage bei der Hausbank kann helfen, Kontakte zu qualifizierten Beratern zu erhalten. Wichtig ist jedoch, eine eigene Entscheidung aus dem Angebot verschiedener fachkundiger Kandidaten treffen zu können. Denn nicht nur die fachliche Kompetenz muss stimmen, sondern auch die Chemie. Nur so kann das herausfordernde Projekt der Restrukturierung gemeinsam zu einem Erfolg geführt werden."

© Marion Gutheil

Marion Gutheil, Leiterin des IBWF-Bundesarbeitskreises Sanierung und Restrukturierung, ist Fachanwältin in der Kanzlei Mönning Feser Partner.

Krisen-Einmaleins

Transformation oder Turnaround? Unternehmer wahren ihre Interessen besser, wenn sie weit weg von geregelten Verfahren bleiben. Ein Plädoyer für Sanierung als Tagesgeschäft.

Es ist Freitag. Meistens ist es Freitag. Und das ergibt auch Sinn. Jedenfalls für diejenigen, die aus Panik und Unsicherheit heraus anrufen. Sonst ist es eher ein Mittwoch. Die Anrufe sind etwas besser. Denn montags und dienstags finden üblicherweise die Gremiensitzungen in den Unternehmen statt. Dann ist es wahrscheinlicher, dass das Telefongespräch etwas planvoller verläuft.

Aber egal, ob nun Freitag oder Mittwoch: Immer herrscht Not. Es geht stets nur um diese eine Frage: Geht noch was oder hat die Unternehmensführung zu lange gezögert? Ist das

Alt wie der Abakus, mit dem kleine und große Menschen sich schon seit fast 5.000 Jahren beim Rechnen zu helfen wissen, gibt es auch für die richtige Unternehmensführung ein Einmaleins zur wirksamen Krisenbewältigung.

© Sunny studio / Fotolia

noch Transformation oder schon Turnaround, den es in einer Restrukturierung oder Sanierung doch noch als Kehrtwende zu erreichen gilt? Die Grenzen sind bei einem Interim Manager für Krisensituationen fließend. Die Perspektive ins Verschwommene und Unscharfe gehört zum Tagesgeschäft, ebenso wie zu Beginn jedes Mandats. Genauso unklar ist oft, ob es sich noch um Beratung oder schon um verantwortliches Interim Management handelt. Letztlich ergibt sich dies auch erst durch die Verfahrenswahl: Ein juristisch geregeltes Umfeld hat ganz andere Spielregeln als der frei zu gestaltende Bereich der vorgerichtlichen Intervention.

Dazu bedarf es des klaren Bewusstseins und der Mindestkompetenz des Unternehmers. Wenn er nicht über ein paar Grundkenntnisse verfügt, ist die Situation in seinem Sinne schwierig zu retten. Orientierungspunkt ist § 1 der Insolvenzordnung, der glasklar definiert, dass alle Aktivitäten in einer der Spielarten der Verfahren dem Interesse der Gläubiger und der Erfüllung ihrer Forderungen gelten.

Mit Unternehmerqualitäten das Heft in der Hand halten

Der Unternehmer kann seine Interessen nur dann bestmöglich verteidigen und durchsetzen, wenn er sich aus allen geregelten Verfahren raushält. Gern wird statt vom aktiven vom proaktiven Vorgehen gesprochen, was bedeutet, noch früher aktiv zu sein, als der Standard vorgibt. Es gilt, Unternehmerqualität zu zeigen und das Zepter in der Hand zu halten, solange die unternehmerische Freiheit unangetastet bleibt.

Schieflagen bedürfen zunächst der Selbstreflexion. Der Unternehmer muss die Situation richtig einschätzen, soll objektiv die Freiheitsgrade bestimmen und darf seinen Handlungsspielraum definieren. Sonst tappt er in die Selbstblendungsfalle, erhöht das Risiko für sein Unternehmen und läuft Gefahr, in persönliche Haftung zu geraten.

Solche Mandate kommen gar nicht erst an die Oberfläche, bestimmen aber viele Handlungsfelder. Es geht hier um Krisenintervention vor jedem geregelten Rahmen. Diese Mandate sind zahlreich, denn es gibt genug vorausschauende und selbstkritische Unternehmer. Mitunter mischt sich ein Eigner ein, wenn es um Fremdgeschäftsführung geht. Aber niemals Parteien, die mit Blick auf ihr Risiko-Management die Regeln oder den Rahmen bestimmen. Auf dieser Spielwiese des Unternehmers muss er seine Interessen adressieren und absichern. Jeder Schritt in einen Regelungsrahmen – das Gutachten für die Bank ist meist der erste Schritt hinein – bedeutet Kontrollverlust und Agenda-Änderung in Richtung der Gläubigerinteressen.

Für Schuldnerinteressen liegt die Methodenkompetenz eindeutig *im* Unternehmen. Die Unternehmensführung sollte dafür Instrumente beherrschen wie Heat Maps, rollierende und integrierte Finanzplanung, vorausschauende Strategien und vieles mehr. Dies ist nicht Standard in Unternehmen. Der viel bemühte Standard IDW S 6 als Vorgabe bei Gutachten für Banken versucht nichts anderes, als real existierende Methodenarmut in Unternehmen möglichst zu kompensieren.

Der vorausschauende Unternehmer, dem der richtige Kontakt zu einem externen Experten für Krisen fehlt, hat sich in den vergangenen Jahren um Expansion gekümmert und kürzlich Kurzarbeitergeld beantragt. Wie findet er den Partner, der ihn passgenau unterstützt? Laut Studie zum Restrukturierungsmarkt vom IfUS-Institut für Unternehmenssanierung ist die Antwort eindeutig: Finanzdienstleister, meist die Hausbanken, entscheiden. Nicht der Unternehmer oder gar die Geschäftsführung. Allerdings ab einer Unternehmensgröße von 100 Millionen Euro Umsatz aufwärts.

Auswahl fällt auf bekannte Berater oder auf kleinere Spezialisten

Der Unternehmer sollte also nicht nur früh genug die Krise erkennen und anerkennen, dass er in der Bredouille ist. Er muss auch sofort seinen Fremdbestimmtheitsgrad anhand seiner Finanzierungsstruktur richtig einschätzen. Nur dann hat er noch die Chance, selbst Einfluss auf die Auswahl seines Beraters zu nehmen. Das ist kleines Einmaleins.

Je nach Unternehmensgröße, Krisensituation und Finanzierungsstruktur fällt die Auswahl oft auf bekannte Namen in der Wirtschaftsprüfer-, Restrukturierer- oder Sanierer-Szene. Doch helfen können auch kleinere Spezialisten. Externe Faktoren wie die Mindestanforderungen an Risiko-Management (MaRisk) etwa von Banken oder schnell angefertigte Gutachten nach IDW S 6, Fortbestehungs- und Fortführungsprognose sind dann zu beherrschen.

Sobald juristische Verfahren ins Spiel kommen, wird der Unternehmer zum Spielball anderer. Dies spiegelt sich in der Gesetzgebung wider. Ob ESUG oder StaRUG – der Ansatz bleibt, den früh gegensteuernden Unternehmer durch selbstbestimmtes Vorgehen halbwegs im Fahrersitz zu belassen,

aber gleichzeitig das Gläubigervermögen zu schützen. Professionelles Arbeiten erhält dem wachen und reflektierten Unternehmer höchstmögliche Freiheitsgrade.

Sobald die Bank mitmischt, braucht der Unternehmer einen Anwalt und einen Restrukturierungsberater, der ihn durch den Dschungel von Verfahren lotst. Er braucht eine Person des Vertrauens mit Mindestqualifikationen in Verfahren und vor allem im operativen Turnaround. Letztlich sind doch wieder menschliche Faktoren entscheidend bei der Auswahl. Es muss zusammenpassen. Die extrem intensive Zusammenarbeit in der Krise muss für beide Seiten vorstellbar sein. Das kann der Anwalt, der Sanierungsberater oder der Interim Manager sein. Der Unternehmer entscheidet, inwieweit er in der schwierigen Lage führt oder auch geführt werden will.

> „Sobald die Bank mitmischt, braucht der Unternehmer einen Anwalt und einen Restrukturierungsberater."

Unternehmer – früh, professionell und umfassend vorbereitet – sind in der Pflicht, im Fahrersitz richtig gegenzusteuern. Exogenes Wachstum zu verwalten ist übrigens kein Unternehmererfolg. Richtiger Erfolg wird aus eigener Kraft in der Krise erzielt. Krisenbewältigung ist die Königsdisziplin des Managements, noch mehr die des Unternehmers. Nicht selten geht es ums Lebenswerk, um Familientradition und damit um das Feuer, das es weiterzugeben gilt.

Aufgaben in Unternehmen teilen sich auf in Linienumfänge, Projekte, Sonderaufgaben und Verschwendung. Zu Verschwendungen führen interne Politik, Befindlichkeiten und alles, was nicht produktiv ist, aber unter dem Schutzschirm des Menschelns erlaubt ist.

Mit Methodenkompetenz, die heute überall relativ frei verfügbar ist, muss jeder Unternehmer seine Führungsqualitäten auf den Prüfstand stellen und in verschiedenen Situationen anpassen. Dann bleibt er in der Lage, seinen Aufgaben-Mix von Verschwendung zu befreien, um Kraft für die Krisenbekämpfung freizuspielen. Flexibilität im Kopf und Veränderungswille ermächtigen den Unternehmer, schwierige Situationen und damit jede Krise zu meistern. Unternehmertum ist professionelles Risiko- und Umsetzungs-Management – von der Gründung bis zur Krise. Genug Instrumente sind vorhanden. Wer sie früh genug nutzt, geht letztlich als Gewinner aus Krisen hervor.

Urs B. Beckmann, Wirtschaftsingenieur, arbeitet seit mehr als 20 Jahren als Berater in Unternehmensführungen. Mandate übernimmt er etwa in erster und zweiter Führungslinie, in Großprojekten, im Mittelstand und in Konzernen sowie in international angelegten Aufgaben. Zertifikate weisen ihn unter anderem als Experten in Restrukturierung und Sanierung aus.

Gezielte Suche

Der richtige Sanierungsberater verfügt über Fähigkeiten, die angeschlagene Unternehmen dringend benötigen. Wer diese Eigenschaften mitbringt, ist über Auswahlverfahren zu erfahren.

© kritiya / Fotolia

Mit der Lupe lässt sich der richtige Sanierungsberater finden, wenn die gesuchten Eigenschaften klar definiert sind und wenn im Einzelfall ermittelt ist, ob der Kandidat diese mitbringt.

Bei der Suche nach dem richtigen Sanierungsberater sind immer zwei Fragen zu beantworten. Erstens: Welche Eigenschaften müssen gute Sanierungsberater aufweisen? Zweitens: Wie lässt sich im konkreten Einzelfall feststellen, ob ein Sanierungsberater diese Eigenschaften tatsächlich mitbringt? Bei der Beantwortung beider Fragen hilft ein Blick in die wirtschaftspsychologische Forschung. Die erste Eigenschaft, die wahrscheinlich jedem Betrachter sogleich in den Sinn kommt, ist die Fachkompetenz. Im Durchschnitt lässt sich die berufliche Leistung von Arbeitnehmern zu etwa 25 Prozent über die Fachkompetenz erklären. Bei Sanierungsberatern dürfte dieser Prozentsatz aufgrund der Komplexität der Materie noch größer ausfallen.

Die betreffenden Kandidaten müssen über wirtschaftswissenschaftliches und juristisches Wissen verfügen und nicht selten auch über technische Grundkenntnisse. Doch Fachkompetenz allein reicht nicht aus. Sie müssen in der Lage sein, in Belastungssituationen sehr komplexe Zusammenhänge in kurzer Zeit zu durchschauen, Fehler im System zu identifizieren und rational richtige Entscheidungen zu treffen. Die zentrale Eigenschaft hierfür ist Intelligenz. Studien zeigen, dass sich die Leistung von Managern im Durchschnitt zu etwa 45 Prozent ausschließlich über den

Intelligenzquotienten erklären lässt. Fachkompetenz und Intelligenz dürften zusammen sicher weit mehr als 50 Prozent der wichtigen Eigenschaften ausmachen. Es geht allerdings auch um Motivation und um Zuverlässigkeit.

Nicht jeder Mensch, der befähigt ist, nutzt seine Potenziale aus. Die dritte Eigenschaft, auf die Unternehmer bei der Auswahl ihres Sanierungsberaters also achten sollten, ist daher die Leistungsmotivation. Genauer gesagt: die intrinsische Leistungsmotivation. Wer über eine hohe intrinsische Leistungsmotivation verfügt, strengt sich auch dann an, wenn andere es gar nicht merken. Solche Menschen strengen sich an, weil sie selbst einen hohen Anspruch an sich haben. Die vierte wichtige Eigenschaft lautet Gewissenhaftigkeit. Sie sorgt dafür, dass die Sachverhalte gründlich analysiert und Entscheidungen nicht voreilig gefällt werden. Eine zu hohe Gewissenhaftigkeit birgt allerdings die Gefahr, allzu zögerlich bei der Sanierungsberatung vorzugehen, obwohl in Krisen ja oft die Zeit drängt.

Zu guter Letzt müssen Sanierungsberater über ein hohes Maß an sozialer Kompetenz verfügen. Sie müssen die Beteiligten rund um das Unternehmen für sich und einen neuen Kurs gewinnen können. Und das, obwohl man ihnen oft mit Angst oder Ablehnung begegnet. Letztlich wird kein

Sanierungsberater als Einzelkämpfer erfolgreich sein können. Die soziale Kompetenz ist keine Einzeleigenschaft, sondern als Bündel zusammengehöriger Kompetenzen zu sehen. Gute Sanierungsberater können Konflikte konstruktiv lösen und gehen ihnen nicht aus dem Weg. Sie sind in der Lage, sich in die Perspektive der jeweils anderen Protagonisten hineinzudenken und jeweils an die Situation angepasst zu agieren. Darüber hinaus reflektieren sie ihr eigenes Verhalten kritisch und können es bewusst kontrollieren. Wie lassen sich die zuvor erklärten Eigenschaften bei der Auswahl des Beraters messen? Die Forschung zur Personalauswahl der vergangenen Jahrzehnte zeigt vor allem eines: Man sollte sich weder an Traditionen der Praxis orientieren noch auf die eigene vermeintliche Menschenkenntnis verlassen.

Auch wenn die nachfolgenden Merkmale tausendfach und täglich bei der Sichtung von Bewerbungen für den Betrieb gedeutet werden: Tippfehler im Anschreiben, Lücken im Lebenslauf oder angegebene Freizeitaktivitäten verraten nachweislich so gut wie nichts über die Persönlichkeit eines Kandidaten. Mit weitgehend unstrukturierten Interviews, die einem alltäglichen Gespräch ähneln, können im Durchschnitt nur etwa zehn Prozent der beruflichen Leistung eines Bewerbers tatsächlich prognostiziert werden.

Vielfalt der Berufserfahrung als der bessere Prädiktor

Eher lässt sich die Fachkompetenz eines Sanierungsberaters grob einschätzen über die biografischen Fakten, die in Bewerbungsunterlagen, Zeugnissen oder im Internet zu finden sind. Die Vielfalt der beruflichen Erfahrungen ist dabei für die künftige Leistung ein besserer Prädiktor – also eine zur Vorhersage eines Merkmals herangezogene Variable – als die reine Dauer der Erfahrung in Jahren. Dies hängt damit zusammen, dass Menschen durch das Bearbeiten vielfältiger Aufgaben quasi genötigt werden, sich fortzuentwickeln. Grundsätzlich sollte man übrigens bei einer Vorauswahl lieber liberal vorgehen, also nicht zu streng filtern.

Sofern dazu die Möglichkeit besteht, sollten Unternehmer mit ehemaligen Kunden des Beraters sprechen. Forschungen belegen, dass persönliche Referenzen wahrscheinlich aussagekräftiger sind als die Arbeitszeugnisse allein. Dies dürfte umso mehr gelten, je mehr Referenzen eingeholt werden. Denn hierdurch kann die Subjektivität des einzelnen Urteils halbwegs ausgeglichen werden.

Die Grundlage der Entscheidung über die Auswahl bildet im besten Fall ein systematisches und strukturiertes Interview. Hierfür formuliert der Unternehmer gezielt fachliche

Fragen, biografische Fragen und situative Fragen. Diese stellt er jedem Bewerber in gleicher Weise. Die Fachfragen zielen darauf, das Fachwissen der Kandidaten zu prüfen. Biografische Fragen setzen sich mit den beruflichen Erfahrungen aus der Vergangenheit auseinander. Beispiele: Hat der Kandidat schon ähnliche Problemfelder bearbeitet? Wie genau ist er vorgegangen? Welche Hürden waren zu überwinden?

Situative Fragen zielen eher in die Zukunft. Sie konfrontieren Kandidaten mit Problemstellungen, die auf sie zukommen könnten. Die Bewerber sollen dann beispielsweise beschreiben, wie sie das Problem lösen würden. Für alle Fragen ist zuvor ein individuelles Raster zur Bewertung der Antworten zu entwickeln. Die Bewertungskriterien führen zu Urteilen darüber, ob die Antworten hinreichend gut, schwach oder exzellent waren. Das Interview wird entlang des entstandenen Interviewleitfadens geführt.

> „Die Mindestanforderungen an den Sanierungsberater orientieren sich an der Komplexität der Aufgaben."

Testverfahren ergänzen im Idealfall das Interview

Während das Interview auf konkrete Gegebenheiten zugeschnitten ist, die den Sanierungsberater im Unternehmen erwarten, messen Testverfahren die grundlegenden Eigenschaften. Sie ergänzen im Idealfall das Interview gewissermaßen lückenlos. Ein solches Testverfahren ist am besten von einem ausgebildeten Eignungsdiagnostiker durchzuführen und auszuwerten. Insbesondere die Messung der Intelligenz ist eine Aufgabe für einen wissenschaftlich fundierten Leistungstest. Die Mindestanforderungen an den Sanierungsberater orientieren sich an der Komplexität der Aufgaben, die vor ihm liegen. Minimal jedoch muss eine durchschnittliche Intelligenz erwartet werden – mit einem Intelligenzquotienten von 100 Punkten. Die Leistungsmotivation, die Gewissenhaftigkeit und die sozialen Kompetenzen lassen sich sowohl über die Interviewfragen als auch über das Testverfahren erfassen.

Uwe Peter Kanning ist Professor für Wirtschaftspsychologie an der Fakultät für Wirtschafts- und Sozialwissenschaften der Hochschule Osnabrück. Seine Schwerpunkte liegen unter anderem in Qualitätskriterien effektiver Personalauswahl und Beurteilungsskalen zur Leistungsbeurteilung, in situativen Testverfahren und Messungen von Motivation sowie in Evaluation. Für Auftraggeber der Wirtschaft ist er in der Diagnostik und für Trainings tätig. Kanning erhielt mehrfach Auszeichnungen als führender Kopf im Personalwesen (HR).

Berater mit Profil

Auf einer Spur mit Unternehmern raus aus der Krise

Das passende Profil zur Krisenbewältigung: Unternehmer und ihre Berater müssen als Verbündete in schwierigen Situationen auf einer gemeinsamen Spur zueinanderfinden, um erfolgreich Restrukturierungen und Sanierungen miteinander zu meistern.

Vorstände und Geschäftsführer brauchen Berater an ihrer Seite, wenn ihre Unternehmen in Ausnahmesituationen wie derzeit infolge der Corona-Pandemie negative Auswirkungen auf ihr Geschäft zu spüren bekommen. Angespannte Wirtschaftslagen können

also unverschuldet in Schieflagen führen, nicht nur interne Fehler oder Branchenversäumnisse.

Deshalb geht der Aufwärtstrend in der Consulting-Branche weiter, belegten zuletzt Befragungsergebnisse im Bundesverband Deutscher Unternehmensberater (BDU). Danach hat sich der Geschäftsklimaindex der Mitglieder im Consulting zum dritten Mal in Folge verbessert. Bei Sanierungsberatern hat sich der Wert mehr als verdoppelt. Die Sechs-Monats-Perspektive der Restrukturierungsberater liegt über den durchschnittlichen Erwartungen aller Beratungsfelder.

Wie Spuren, die zueinanderführen, sollten Auftraggeber und Berater einen gemeinsamen Weg für die Sanierung des Unternehmens finden.

Interview

„Handlungsspielräume für nachhaltige Restrukturierung"

Die Bundesregierung plant, mit einem neuen Gesetz zum präventiven Restrukturierungsrahmen Unternehmenssanierungen zu erleichtern. Johann Stohner, Managing Director bei Alvarez & Marsal (A&M), beurteilt im Interview die Praxistauglichkeit und bekräftigt das Erfordernis zur operativen Restrukturierung.

Johann Stohner, Managing Director bei Alvarez & Marsal, leitet das Restrukturierungsgeschäft in Deutschland.

Herr Stohner, die EU-Richtlinie soll 2021 in Deutschland umgesetzt und der Restrukturierungsrahmen eingeführt werden. Wie hilft Ihnen dies bei Ihrer Arbeit?

Johann Stohner: Der Gesetzesentwurf der Bundesregierung zum Stabilisierungs- und Restrukturierungsgesetz (StaRUG) bedeutet einen Paradigmenwechsel. Die Einführung eines präventiven Restrukturierungsrahmens erleichtert die Sanierung außerhalb der Insolvenz. Der Gesetzentwurf kombiniert Elemente des US-amerikanischen Chapter 11 mit der Flexibilität des britischen Scheme of Arrangement. Dies stärkt die Wettbewerbsfähigkeit des Sanierungsstandorts Deutschland. Der Regierungsentwurf liefert Möglichkeiten zur Disziplinierung von Akkordstörern auf Investorenseite und zur Bilanzbereinigung der Passivseite. Allerdings müssen Unternehmen die leistungswirtschaftliche Ebene im Blick behalten und ihr operatives Geschäft

transformieren, um einen nachhaltigen Turnaround sicherzustellen.

Wie gehen Sie vor, wenn Sie die operative Restrukturierungsarbeit starten?

Johann Stohner: Zu Beginn ist es wichtig, Transparenz zu schaffen. Erst wenn klar ist, ob eine Ertragskrise vorliegt oder schon Liquiditätsengpässe bestehen, können wir Prioritäten mit dem Management festlegen und konkrete Maßnahmen umsetzen. Die Liquidität muss sichergestellt sein, um Handlungsspielräume für eine wirksame Restrukturierung zu schaffen. Anschließend geht es an die operative Restrukturierung. Dabei ist wichtig, ein zukunftsfähiges Geschäftsmodell auszuarbeiten. Ferner helfen wir Unternehmen dabei, die Kostenstruktur anzupassen und so variabel wie möglich zu gestalten. Das ist wichtig, um für plötzliche Nachfragerückgänge wie in der derzeitigen Krise gerüstet zu sein.

Auf welche Faktoren kommt es bei komplexen Restrukturierungsprojekten besonders an?

Johann Stohner: Vor allem auf Geschwindigkeit, Vertrauen und Erfahrung. In jedem Restrukturierungsprozess ist entscheidend, schnell zu handeln und das Vertrauen von Mitarbeitern, Kunden, Lieferanten und Finanzierungspartnern zurückzugewinnen. Dafür benötigt man umfassende Expertise im Umgang mit Umbruchsituationen. Insofern kann es für ein Unternehmen sinnvoll sein, einen Chief Restructuring Officer (CRO) einzusetzen. Dieser verfügt über langjährige Erfahrung aus Unternehmenssanierungen und entlastet das Management Team, indem er sich um alle Restrukturierungsangelegenheiten kümmert. So kann das Management mit einem starken Partner an seiner Seite das Tagesgeschäft zurück in die Erfolgsspur führen. ∎

In Kooperation mit

A&M ist eine führende Beratung für Turnaround Management, Business Consulting, Due Diligence und die schnelle Verbesserung der Unternehmensleistung.

Interview

„Spezialisten in allen Krisenphasen"

Jede Beratung oder Kanzlei, die Unternehmen in Restrukturierung und Sanierung unterstützt, steht für ein Profil mit Alleinstellungsmerkmalen. Hier im Selbstporträt: UKMC.

Ulrich Kammerer ist Inhaber der UKMC GmbH & Co. KG in Ettlingen, Baden-Württemberg. Sein Unternehmen ist auf Restrukturierungen und Sanierungen spezialisiert. Der Diplom-Informatiker kommt ursprünglich vom Karlsruher Institut für Technologie. Er ist zertifizierter BAFA-Unternehmensberater – BAFA steht für Bundesamt für Wirtschaft und Ausfuhrkontrolle – und geprüfter ESUG-Berater (DIAI) – DIAI ist das Deutsche Institut für angewandtes Insolvenzrecht – sowie Interim Executive der EBS Universität für Wirtschaft und Recht.

Die ersten zwei Sätze auf der Website www.ukmc.de zum Selbstporträt des Beratungsunternehmens treffen schon den Kern: „Wir sind Spezialisten und konzentrieren uns auf die Beratung und Unterstützung von Unternehmen in allen Krisenphasen, von der Stakeholder-Krise über die Strategie-, die Produkt- und Absatzkrise, die Erfolgs- und Liquiditätskrise bis hin zur Insolvenz. Jedes Unternehmen kommt früher oder später in eine dieser Krisen." Inhaber Ulrich Kammerer selbst steht insbesondere für „Restrukturierung und Sanierung von Unternehmen in Schieflage" – auf Basis des Gesetzes zur weiteren Erleichterung der Sanierung von Unternehmen (ESUG) und künftig auch des Gesetzes über den Stabilisierungs- und Restrukturierungsrahmen für Unternehmen (StaRUG).

Gründungsjahr der Beratung:
2015.

Zahl der Standorte und der Mitarbeiter inklusive Berufsbilder:
Wir arbeiten von unserer Zentrale in Ettlingen bei Karlsruhe bundesweit für unsere Mandanten. In unserem Netzwerk sind an mehr als 20 Orten im Bundesgebiet weit über 30 hoch qualifizierte Sanierungsexperten unterschiedlichster Fachgebiete verfügbar.

Alleinstellungsmerkmale, für welche die Beratung steht:
UKMC hat ehrliche und glaubwürdige Berater, die intelligent, erfahren und praxisnah umsetzen. Jeder Kunde hat unsere 100-prozentige Aufmerksamkeit und Konzentration, um notwendige Maßnahmen zielstrebig, hartnäckig und menschenfreundlich zu verfolgen. Deshalb verlaufen unsere Verfahren schnell, effizient und erfolgreich.

Schwerpunkte der Beratung:
Vorinsolvenzliche Beratung, Vorbereitung und Durchführung von Eigenverwaltungsverfahren sowie ab 1. Januar 2021 auch Restrukturierungen nach StaRUG durch unsere qualifizierten Restrukturierungsbeauftragten.

Schwerpunkte in Branchen:
Handwerk wie Schreiner- oder Elektro-Meisterbetriebe, in der Energiewirtschaft insbesondere Unternehmen für erneuerbare Energien, Dienstleister wie Arbeitnehmerüberlassung, Gebäudereiniger, Pflegedienste, Gastgewerbe, Maschinen- und Anlagenbau, Transport und Logistik wie Mehrwertdienstleister in der Logistik sowie Apotheken, Steuerberater und Rechtsanwälte.

Qualifizierungen zu Sanierungen und Restrukturierungen:
Zertifizierte ESUG-Berater (DIAI) und Restrukturierungsbeauftragte gemäß

StaRUG, Steuerberater, Rechtsanwälte, Wirtschaftsprüfer, Prozessoptimierer, Finance- und HR-Experten et cetera.

Praktische Erfahrungen:
Rund 250-mal als Geschäftsführer von GmbH und GmbH & Co. KG oder als Vorstand einer Aktiengesellschaft sowie circa 30-mal als Generalhandlungsbevollmächtigter (CRO) eines Einzelunternehmers oder einer GmbH.

Eigener Ansatz von UKMC – zum Beispiel ergebnisoffen, außergerichtlich beratend, gerichtlich begleitend – bei Aufträgen von Unternehmen zu Aufgaben in der Sanierung und/oder der Restrukturierung:
Wir beraten sowohl außergerichtlich als auch begleitend im gerichtlichen Verfahren und werden ab 1. Januar 2021 auch Restrukturierungen nach StaRUG durchführen.

Besonderheiten bei der Berücksichtigung des Beziehungsverhältnisses zwischen Unternehmensführung, Gesellschafter, Mitarbeiter und Gläubiger, worauf UKMC besonders achtet:
Wir zeichnen uns dadurch aus, dass wir alle Stakeholder in einem angemessenen Rahmen offen, transparent und vertrauensvoll in unsere Sanierungsverfahren einbinden, sodass regelmäßig breit getragene Lösungen entstehen, die eine dauerhafte Weiterführung eines Unternehmens begünstigen.

Die Erhaltungsquote der Unternehmen, die in den vergangenen fünf Jahren von UKMC in einer Restrukturierung und/oder Sanierung begleitet wurden:
95 Prozent.

© StockPhotoAstur / Getty Images / IStock

Permanent auf der Lauer liegt der Pleitegeier mit festem Blick auf potenzielle Opfer. „Handeln Sie, bevor er kommt", wirbt UKMC mit dem Sinnbild des Aasfressers und Resteverwerters. „Die Unternehmer-Retter" bieten zum Schutz vor ihm die Restrukturierung und Sanierung von Unternehmen.

Nennung von Referenzen für interessierte Unternehmen:
Über Mandate wird regelmäßig Vertraulichkeit vereinbart. Gerne nennt UKMC auf Anfrage konkrete Referenzen für Sanierungen und Restrukturierungen.

Auszeichnungen oder Nominierungen für gute Leistungen:
Unsere Nominierung als „Interim Projekt Manager des Jahres" der Dachgesellschaft Deutsches Interim Management e. V. (DDIM) im Jahr 2018 werten wir durchaus als Erfolg.

Hilfe in der Krise: Restrukturierungsberatung vom Experten

Zum 31.12.2020 enden die Regelungen des CovInsAG, das unter definierten Bedingungen die Insolvenzantragspflicht für Unternehmen, die pandemiebedingte Einbußen ihrer Geschäftsaktivitäten erlitten haben, ausgesetzt hat. Worauf müssen die betroffenen Unternehmen jetzt achten?

Die Corona Pandemie rückt es in den Fokus: Auch in der Vergangenheit solide Unternehmen können durch Marktveränderungen in Krisensituationen geraten, sofern ihnen keine zeitnahe Anpassung durch unternehmensinterne und -externe Maßnahmen gelingt.

Da die Regelungen der Insolvenzordnung ab dem 1.1.2021 wieder volle Rechtskraft erlangen werden, sollten Unternehmen mit negativer Geschäftsentwicklung im laufenden Jahr prüfen, ob sich Insolvenzantragsgründe „eingeschlichen" haben. In Zweifelsfällen ist die Erstellung einer Fortbestehensprognose nach dem IDW-Standard S11 angeraten, um eine Antragspflicht gem. §§ 15 ff InsO haftungsbefreiend auszuschließen.

Allen Krisensituationen gemein ist die Notwendigkeit, kurzfristig und zielgerichtet gegenzusteuern, um negative Effekte vom Unternehmen und der Geschäftsleitung abzuwenden. In einer solchen Situation stellt das Insolvenzrecht für Betroffene ein Themengebiet dar, das eine Vielzahl potentieller Fehlerquellen und Haftungsrisiken beinhaltet. Gleichzeitig offerieren sowohl die Insolvenzordnung

als auch das in Vorbereitung befindliche Unternehmensstabilisierungs- und -restrukturierungsgesetz (StaRUG) verschiedene Instrumentarien zur nachhaltigen Bewältigung von Unternehmenskrisen.

Sanierungsberatung mit Expertise

Seit 1996 begleitet die BUTH & HERMANNS Partnerschaft mbB Unternehmen auf ihrem Weg aus der Krise und ist mit einem Kooperationspartner in den Expertenpool für Stabilisierungsmaßnahmen des Wirtschaftsstabilisierungsfonds (WSF) für nicht börsennotierte Unternehmen aufgenommen worden. Ferner ist Gründungspartner Michael Hermanns seit 2008 Mitglied im Fachausschuss „Sanierung und Insolvenz" des Instituts der Wirtschaftsprüfer (IDW).

Durch ihre jahrelange Tätigkeit haben die Wirtschaftsprüfer und Berater von BUTH & HERMANNS eine umfassende Expertise in einer Vielzahl von sanierungs- und restrukturierungsnahen Themen aufgebaut. Neben der Erstellung/Prüfung anlassbezogener Sanierungskonzepte sowie von Fortführungs-

prognosen gehört auch die Umsetzung von Restrukturierungsmaßnahmen sowie die strategische und operative Begleitung von Gesellschaftern, Investoren und Banken zum Leistungsumfang.

Ohne Insolvenz durch die Krise: Die präventive Sanierung

Foto: © ilkercelik / shutterstock

Mit dem Stabilisierungs- und Restrukturierungsrahmen gibt es ab 2021 ein neues Werkzeug zur Sanierung von Unternehmen in der Krise. Das deutsche Sanierungsrecht wird moderner und Restrukturierungen außerhalb eines klassischen Insolvenzverfahrens sind einfacher umsetzbar.

Nun geht alles sehr schnell: Für die notwendige Umsetzung der EU-Richtlinie soll das Gesetz zur Fortentwicklung des Sanierungs- und Insolvenzrechts bereits zum 1. Januar 2021 in Kraft treten. Geplant ist unter anderem die Einführung eines neuen Sanierungsgesetzes (StaRUG). Dieses bietet künftig neue Möglichkeiten für Unternehmen zur präventiven Sanierung.

Der Mittelweg durch die Krise

Doch was bedeutet das genau? Der Stabilisierungs- und Restrukturierungsrahmen ist ein Mittelweg zwischen zwei bekannten Sanierungsverfahren – der außergerichtlichen Sanierung und dem gerichtlichen Insolvenzverfahren. Ob dieser Weg für das eigene Unternehmen geeignet ist, muss genau analysiert werden.

Eine außergerichtliche Einigung ist natürlich auch heute schon möglich. Sollte sich jedoch in der Gläubigerrunde kein Konsens finden und einzelne Gläubiger Maßnahmen blockieren, sind diese nicht durchführbar. Und das ist ein großer Vorteil des neuen Instruments. Es ist möglich, einzelne Gläubiger und Gläubigergruppen zu überstimmen. Flankierend können Instrumente wie gerichtliche Vorprüfung, Planabstimmung/-bestätigung und Stabilisierungsmaßnahmen angeordnet werden. Sogar die Beendigung von bestimmten Verträgen ist möglich.

Ein weiterer großer Vorteil besteht darin, dass der Stempel „Insolvenz" vermieden wird, den viele Unternehmen noch immer fürchten. Zum klassischen, gerichtlichen Verfahren gibt es große Unterschiede. Da die präventive Sanierung vor Eintritt der Insolvenzreife, bei drohender Zahlungsunfähigkeit ansetzt, sind auch die Voraussetzungen andere. Es darf keine Zahlungsunfähigkeit oder Überschuldung vorliegen.

Der Einzelfall muss geprüft werden

Wichtig ist der genaue Blick auf die Situation im Unternehmen. Das geht auch beim Stabilisierungs- und Restrukturierungsrahmen nicht ohne Expertise. Es ist ratsam, erfahrene Restrukturierungsexperten hinzuzuziehen. Geschäftsführer erhalten damit ein interessantes Werkzeug, das in vielen Fällen die Neuaufstellung von Unternehmen erleichtert wird.

Der neue Rahmen wird sicherlich nicht das Allheilmittel für durch Corona gebeutelte Unternehmen sein. Gerade bei Kapazitätsanpassungen, wie sie im Einzelhandel oder in der Tourismusbranche drohen, gibt es andere Instrumente. Hier bietet das deutsche Insolvenzrecht mit der Eigenverwaltung bereits gute Möglichkeiten, die alternativ geprüft werden sollten.

PLUTA

Über den Autor

Dr. Maximilian Pluta ist Geschäftsführer der PLUTA Rechtsanwalts GmbH und der PLUTA Management GmbH sowie Leiter des Geschäftsfeldes Sanierung und Restrukturierung.

https://www.pluta.net/
sanierung-restrukturierung.html

Neue Restrukturierung: Schnell, pragmatisch, sicher

Soll ein Unternehmen erfolgreich sein, müssen Strategie und Geschäftsmodell, Front- und Backend, Wertschöpfung und Kundenanforderungen, Daten und Prozesse, Finanzierung und Bilanz zueinander passen. Selbst nach erfolgreicher Restrukturierung bleibt häufig ein bilanzieller Rucksack. Mit StaRUG gibt es ab 2021 Instrumente, um damit – ohne Insolvenz – situativ richtig umzugehen.

Ohne lange Analysen der Vergangenheit beantwortet Dr. Wieselhuber & Partner (W&P) im Restrukturierungsprozess mit Ihnen konkret und präzise die zentralen Fragen:

- Was kann die Fabrik (Technik, Losgrößen, Prozesse)?
- Was wollen Markt und Kunde (künftig)?
- Wie sehen Datenstrukturen und Prozesse aus (end-to-end, unikat)?
- Womit verdienen wir Geld (und welche Prozesse fressen zu viele Ressourcen)?

Die Antworten zeigen sofort, welche Faktoren stimmig sind und wo der Fit passt, woraus das Zukunftsbild des Unternehmens gebaut werden kann. Wurde bisher der Weg zum Ziel geplant, die Liquidität gesichert und der Finanzbedarf abgeleitet, so sind künftig vorab alle Alternativen und Optionen zu bewerten. Von zentraler Bedeutung: Eine weit gefasste, drohende Zahlungsunfähigkeit. Erfolgsfaktoren sind künftig Vergleichsrechnungen, die zeigen: Keine Alternative ist wirtschaftlich sinnvoller, bei keiner stellt sich ein Gläubiger besser, als bei der ausgewählten.

Erfolg durch Know-how-Mix

W&P bringt ausgeprägte Sanierungserfahrung, den professionellen Umgang mit Financials und echte Insolvenzerfahrung in den Vergleichsrechnungen mit. Mit über 30 gerechneten Inso-Konzepten, einer hohen dreistelligen Anzahl an Sanierungen und zusätzlich über 25 Finanzierungskonzepten beherrschen wir das ab Januar 2021 zu spielende Klavier professionell, hochspezialisiert und aufeinander abgestimmt.

Starten Sie mit uns frühzeitig in die Entwicklung von Szenarien und Optionen. Das jeweils situativ richtige Spezialisten-Team von W&P zeigt, wohin die Reise gehen kann und gibt Ihnen Entscheidungssicherheit. Unsere Experten erarbeiten überzeugende und aussagefähige Vergleichsrechnungen, holen die Stakeholder ins Boot und begleiten Sie auf Ihrem Restrukturierungspfad sach- und fachkundig – egal ob freie Restrukturierung, formales Restrukturierungskonzept (BGH, S6), Restrukturierungsplan (StaRUG) oder eines der Insolvenzverfahren. Die Financials umspannen alle Ansätze und sind überleitbar. Das ist eine unserer zentralen Stärken. Sie macht unsere Konzepte transparent, aussagefähig und überzeugend.

Info

Dr. Wieselhuber & Partner (W&P) ist eine Top-Management-Beratung spezialisiert auf Strategie, Digitale Transformation, Business Performance sowie Restructuring und Finance.

www.wieselhuber.de

Controlling & Management Review

Controlling effektiv und effizient gestalten.

Der Finanzbereich ist im Wandel. Unternehmen müssen sich immer schneller Veränderungen anpassen können. **Controlling & Management Review** zeigt innovative Ideen und Wege, um Unternehmen erfolgreicher zu machen, unterstützt den Dialog zwischen Praxis und Forschung und ist das Informationsmedium der Controlling-Community. **Nutzen Sie dieses Wissen für eine erfolgreiche Unternehmensführung!**

www.meinfachwissen.de/cmr

Digital-Turbo für die Autoindustrie

Der Umbruch in der deutschen Automobilbranche ist überfällig. Jetzt hilft nur Revolution statt Evolution. Für Hersteller und Händler heißt das: schnell digitalisieren oder langsam untergehen.

Die seit Jahrzehnten von Erfolgen verwöhnte Automobilindustrie befindet sich spätestens seit Beginn der Covid-19-Pandemie in der herausforderndsten Phase ihrer Geschichte. Fehlende Nachfrage und geschlossene Autohäuser sorgten für einen heftigen Rückgang der Neuzulassungen, in Deutschland teilweise um rund 35 Prozent.

Der Trend des nachlassenden Wachstums für die etablierten Automobilhersteller ist jedoch schon länger zu beobachten. Historisch bedingt tun sich die traditionellen Hersteller schwer damit, veränderte Kundenanforderungen mit neuen Produkten und Angeboten zu erfüllen. Dabei stehen auf der anderen Seite neue Wettbewerber aus den USA und auch aus China, die technologiegetrieben mit revolutionären Geschäftsmodellen und umweltfreundlichen Antrieben neue Maßstäbe setzen. So sind zum Beispiel die drei Mobilitätsanbieter Uber, Lyft und Didi mit einer geschätzten Bewertung von mehr als 125 Milliarden US-Dollar gemeinsam fast so viel wert wie alle deutschen Autohersteller zusammen.

Viele Verbraucher sehen in neuen Mobilitätsangeboten außerdem eine Alternative zur Anschaffung eines eigenen

Mit Vollgas sollten Hersteller und Händler der deutschen Automobilbranche für mehr Digitalisierung auf definierte Ziele zurasen. Denn der Wettbewerb hat schon einen Vorsprung. Studien belegen dagegen, dass Unternehmen der Autoindustrie noch immer auf strategischer Ebene und in der Unternehmenskultur unbeweglich in alten Denkmustern parken, statt für eine tiefgreifende Transformation schleunigst durchzustarten. Sogar den „Digital-Turbo für Automotives" fordern Capgemini-Berater und empfehlen, die Autobranche endlich auf Touren zu bringen.

Fahrzeugs, auch wenn sich dieser Trend durch die Pandemie zuletzt etwas abgeschwächt hat. Der US-Autobauer Tesla konnte in der Krise neue Rekorde melden und ist mittlerweile mit Abstand der wertvollste Autohersteller der Welt. Dazu hat Firmengründer Elon Musk sein gerade mal 17 Jahre altes Unternehmen auf der grünen Wiese mit einem Fokus auf zukunftsweisende Technologien aufgebaut.

Tesla verfügt in Nevada schon über die weltweit größte Gigafactory

Die digitale Transformation entlang der gesamten Wertschöpfungskette bietet einen Ausweg. Dies wird mit Blick auf die Wettbewerber deutlich: Elon Musk hat in Nevada die größte „Tesla Gigafactory" der Welt gebaut und kann durch datengetriebene Optimierungen sowohl im Werk als auch in der Supply Chain viel Zeit und Geld sparen. Währenddessen müssen etablierte Hersteller viel Geld in die Nachrüstung ihrer Werke investieren. Bei den chinesischen Wettbewerbern Nio, Byton oder Geely wird der Fokus primär auf die digitale Customer Experience gelegt. So werden auf riesigen Displays

im Fahrzeug nicht nur eigene digitale Services, sondern auch von Drittanbietern wie Spotify und Netflix angeboten.

Im Gegensatz dazu haben deutsche Hersteller zu lange am Status quo festgehalten und eigene Services entwickelt, ohne die Bedürfnisse ihrer Kunden im Blick zu behalten. Mobilitätsanbieter bieten durch Ridesharing oder auch mit attraktiven Auto-Abo-Modellen flexible Möglichkeiten der Fortbewegung. Hingegen haben etablierte Hersteller lange am traditionellen Autoverkauf festgehalten. Der einzige Weg für sie, langfristig wettbewerbsfähig zu bleiben, ist eine massive und kompromisslose Beschleunigung der digitalen Transformation in allen Bereichen des Unternehmens.

Mehr als drei Viertel der Autofahrer können sich Online-Kauf vorstellen

Nach den Ergebnissen einer Umfrage von Capgemini Invent können sich aktuell 78 Prozent der Autokäufer vorstellen, ihr Fahrzeug online zu kaufen. Zudem erwarten 56 Prozent der Befragten einen kontaktlosen Verkaufsprozess sowie flexiblere Besitzermodelle. Hersteller und Händler mussten

© fotolia / apfelweile

© Byton

Chinesische Wettbewerber von deutschen Autobauern wie Byton legen ihren Fokus auf digitale Customer Experience. Über riesige Displays im Fahrzeug sind nicht nur eigene Byton-Digital-Services zu nutzen, sondern auch die von Drittanbietern wie Spotify oder Netflix.

zuletzt – bedingt durch die Corona-Pandemie – zwangsläufig schnell umdenken und handeln. So wurde im Handel kurzerhand auf digitale Beratung per Videochat umgestellt und alle bisherigen Kunden-Touchpoints weitestgehend digital abgebildet, zum Teil mithilfe von Drittunternehmen.

Auch die Hersteller sahen plötzlich den Bedarf, schnell zu handeln und ihre digitalen Initiativen wieder priorisiert voranzutreiben, um während der Corona-Krise auf „the new normal" reagieren zu können. Dabei haben sie vom chinesischen Markt gelernt: Geely hat digitale Lösungen wie die Online-Vereinbarung einer Probefahrt mit kontaktloser

Zustellung schnell umgesetzt. Erste positive Berichte aus China signalisieren, dass die umgesetzte Digitalisierung zur Erholung des Marktes beigetragen hat. Die Krise setzt auch in Europa neues Potenzial frei, um die Industrie durch Digitalisierung zurück auf die Überholspur zu bringen.

Neben zwingend benötigten und lange überfälligen Maßnahmen, wie der gesamten Digitalisierung des Kaufprozesses, bieten neue Geschäftsmodelle große Chancen, neue Bereiche und Zielgruppen zu erschließen. Als Beispiel zu nennen sind vernetzte Dienste wie „Functions on Demand", also das flexible Hinzubuchen von Fahrzeugfunktionen wie

Eines der schnellsten E-Automobile der Welt hat Nio mit dem „EP9" präsentiert – inklusive Rundenrekord am Nürburgring.

Das erste kontaktlose Autokauf-Portal hat Geely eröffnet und liefert Käufern das ausgewählte Fahrzeug direkt nach Hause.

Die „Gigafactory 1" für E-Autos und Akku-Packs in Nevada baute Tesla mit Panasonic. In Brandenburg entsteht Gigafactory Nr. 4.

Ihr Lufttaxi stellten US-Mobilitätsdienstleister Uber und Koreas Hyundai Motor Group zur Messe „CES 2020" vor.

zusätzliche Lichtfunktionen oder Parkassistenten nach der Auslieferung. Zusammen mit weiteren digitalen Angeboten entstehen neue Einnahmequellen, die dem Kunden weitere Flexibilität und Komfort ermöglichen.

Es ist kein Wunder, dass Tesla in Verbraucherumfragen als Platzhirsch bei Connected Services gesehen wird. Die Firma rechnet dank der monatlichen Abonnements mit einem jährlichen Business Impact von 25 bis 30 Prozent auf ihren Gewinn. Neben diesen Diensten wird auch der Monetarisierung von Fahrzeugdaten langfristig ein Umsatzpotenzial von bis zu 100 Milliarden Euro im Jahr 2030 zugetraut. Datenpunkte wie Kilometerstand oder das Fahrverhalten können von Drittanbietern für neue und innovative Services genutzt werden.

Allerdings ist bei vielen Herstellern zu beobachten, dass ihnen Stringenz bei der Umsetzung neuer digitaler Geschäftsmodelle fehlt. Dies liegt zum einen an einer fehlenden Priorisierung der Maßnahmen. Zum anderen werden Pilotprojekte oft eingestellt, da sie nur an ihren kurzfristigen Potenzialen gemessen werden. Dabei befindet sich der Markt für

> „Dies erfordert mehr Bereitschaft von Management und Shareholdern, Umbrüche in Kauf zu nehmen."

digitale Geschäftsmodelle erst in der Entstehung. Langfristige Potenziale lassen Unternehmensführungen häufig außer Acht.

Für die meisten Hersteller hat die schnelle Erholung der Verkaufszahlen aktuell die höchste Priorität. Daher müssen diese gerade jetzt stärker als zuvor umdenken. Eine grundlegende Transformation ist notwendig, um der Digitalisierung mehr Tempo zu verleihen und im Wettlauf gegen neue Wettbewerber zu bestehen. Dies erfordert mehr Bereitschaft von Management und Shareholdern, unkomfortable Umbrüche in Kauf zu nehmen.

Insbesondere Experten für E-Commerce stärker gefragt

Vor allem gilt es auch, die Fähigkeiten der Belegschaft bezüglich der Digitalisierung weiterzuentwickeln. Benötigte Qualifikationen sind weiter auszubauen. Insbesondere Experten für E-Commerce sind beispielsweise stärker gefragt. Strategische Partnerschaften mit Technologieunternehmen sind ein weiterer wichtiger Baustein, um die digitalen Fähigkeiten der Organisation als Lieferant neuer Services kurzfristig zu erhöhen.

Kompakt

▶ Neue Wettbewerber der deutschen Autoindustrie haben in der Digitalisierung einen Vorsprung.

▶ Die Digitalisierung muss in allen Bereichen des Unternehmens beschleunigt werden.

▶ Neue, technologiebezogene Anforderungen an Mitarbeiter sind eine der größten Herausforderungen.

Marc Matthies ist Experte im Bereich Digital Strategy & Transformation mit Fokus auf die Automobilindustrie bei Capgemini Invent, der weltweiten Beratungseinheit der Capgemini-Gruppe für digitale Innovation und Transformation.

Bekämpfte Liquiditätskrisen

Geeignete Krisen-Manager, schlüssige Konzepte, vertrauensvolle Kommunikation, finanzwirtschaftliche Gegenmaßnahmen und spezielles Controlling sorgen für erfolgreiche Sanierungen.

Eine Unternehmenssanierung umfasst sämtliche finanzwirtschaftlichen, strategischen und leistungswirtschaftlichen Maßnahmen, die das Ziel verfolgen, ein notleidendes Unternehmen wieder vital, liquide und profitabel zu gestalten. Das Anwendungsfeld der Maßnahmen resultiert insbesondere aus dem Grad der Bedrohung des Unternehmens und den zugrunde liegenden Ursachen im Einzelfall.

Maßnahmen zur Finanzwirtschaft zielen insbesondere auf die unmittelbare Bekämpfung der Symptome einer Unternehmenskrise. Das Zusammenwirken aller Maßnahmen auf verschiedenen Gebieten ist notwendig, um die langfristige Überlebensfähigkeit der Gesellschaft wiederzuerlangen. Im Mittelstand stellen mangelnde Management-Kompetenz und Absatzfehler die häufigsten Krisenursachen dar. In diesem Zusammenhang sind die Abhängigkeit von einzelnen Abnehmern sowie unzureichende Planungs- und Kontrollsysteme für eine Bestandsgefährdung hervorzuheben.

„Mangelnde Management-Kompetenz und Absatzfehler stellen im Mittelstand die häufigsten Krisenursachen dar."

Geeignetes Führungspersonal für erfolgreiche Sanierungsgestaltung

Für die erfolgreiche Gestaltung eines Sanierungsprozesses hat zentrale Relevanz, dass geeignetes Führungspersonal vorhanden ist. Dies muss unter hohem Zeit- und Erfolgsdruck in der Lage sein, Krisenursachen zu identifizieren und zu bekämpfen. Des Weiteren gilt es, Geschäfts- und Finanzpartner zu finden, die das Unternehmen in der schwierigen Lage unterstützen. Es gilt, bei den Mitarbeitern neue Motivation zu entfachen und Abwanderungstendenzen zu verhindern.

Das schlüssig erstellte Sanierungskonzept ist also eine wichtige Basis, ebenso haben die personellen Ressourcen eine hohe Bedeutung. Als geeignetes Personal kommen diejenigen Personen oder Organisationen infrage, die im Krisenbewältigungsprozess für die Strategien und Maßnahmen verantwortlich sind und damit das Planen, Durchsetzen und Steuern der Ziele überwachen. Das Top-Management und die mittlere Führungsebene, die Eigenkapitalgeber sowie die Aufsichts- und Kontrollorgane gelten als interne Sanierungsträger. Zu den externen Sanierungsträgern zählen Banken, Sanierungs-Manager, Wirtschaftsprüfer, Unternehmensberater und Insolvenzverwalter.

Der Handlungszwang, geeignete Sanierungsmaßnahmen anzustoßen und eine Insolvenz abzuwenden, ist bei Vorliegen einer Liquiditätskrise am größten. Zentrale Finanzmerkmale der Liquiditätskrise: ein negativer Cashflow aus laufender Geschäftstätigkeit und abgeschmolzene Cash-Reserven. Grundsätzlich sollte jedem Unternehmer bewusst sein, dass der Cashflow zu den wichtigsten finanziellen Steuerungskomponenten zählt. Ebenfalls gilt zu beachten, dass niedrige Eigenkapitalquoten nicht nur Ursache, sondern das Ergebnis einer Unternehmenskrise sind.

Die Vergangenheit lehrt: Das Erstellen und das Beurteilen des Sanierungskonzeptes gewinnen bei Krisenunternehmen an Bedeutung. Entscheidungen können nicht auf Grundlage von einzelnen, also isoliert betrachteten Sanierungsmaßnahmen getroffen werden. Zur Überwindung von Unternehmenskrisen wird heute üblicherweise auf vollständig integrierte Sanierungskonzepte zurückgegriffen. Sie sind Beurteilungsgrundlage möglicher Optionen zur Krisenbewältigung.

Konzept gilt als zentrale Entscheidungsgrundlage

Ein Sanierungskonzept umfasst die Gesamtheit aller Maßnahmen und für die Gesundung des Unternehmens wegweisende Vorgehensweisen und Rahmenbedingungen. Das Konzept ist Entscheidungsgrundlage etwa im Hinblick auf Finanzierungsfragen von Kapitalgebern in Krisensituationen. Mit dem Konzept müssen Gefahren beseitigt werden und der Weg in eine profitable Zukunft vorgezeichnet sein. Für Unternehmen oder ihre Gesellschafter sind Sanierungskonzepte aufgrund des Bedürfnisses nach Rechtssicherheit elementar, aber auch von Nutzen für steuerliche Sanierungsprivilegien und -beihilfen der öffentlichen Hand.

Die erfolgreiche Bewältigung von Finanz- und Liquiditätskrisen hängt im Wesentlichen von der Geschwindigkeit ab, mit

Mit harten Bandagen, aber vor allem Sinn und Verstand müssen Verantwortliche in der Unternehmensführung die Symptome wirtschaftlicher Krisen bekämpfen.

© Elnur / Fotolia

der kritische Liquiditätsengpässe erkannt und im geschlossenen Unternehmensverbund geeignete Lösungen entwickelt werden. Erfahrungsgemäß benötigt das Management die auf Sanierung ausgerichtete Unterstützung des Controllings, das sogenannte Sanierungs-Controlling. Es fungiert sowohl als bedeutende fachliche als auch soziale Beratungsinstanz und dient der Umsetzung von Sofortmaßnahmen. Darüber hinaus gilt das Sanierungs-Controlling als vertrauensfördernde Instanz, weil es empfängerspezifische Kommunikationsdienste für interne wie externe Stakeholder gewährleistet.

Auch im Mittelstand braucht Führung ein Kennzahlen-Cockpit

Das Controlling zur Sanierung wendet situationsspezifische Instrumente an. Auch im Mittelstand sollten Entscheider über ein Kennzahlen-Cockpit verfügen, das es kontinuierlich erlaubt, den Sanierungsprozess zu überwachen. Als geeignete Kennzahlen sind insbesondere der operative, investive und Free Cashflow anzusehen. Ebenfalls lohnt sich häufig ein prüfender Blick auf die Kreditoren- und Debitorenfristen sowie auf die Lagerumschlagshäufigkeit. Als geeignete Tools für Gegenmaßnahmen sind die regelmäßige Überprüfung der Liquidität sowie die exakte Erhebung des Finanzstatus zu empfehlen, wobei liquide Mittel abzüglich fälliger

Verbindlichkeiten zu berücksichtigen sind. Die Instrumente zur Bewältigung einer finanziellen Unternehmenskrise sollten insbesondere anhand zweier Komponenten beurteilt werden: der Eigenkapitalerhöhung und der Liquiditätsverbesserung. Für die Eigenkapitalstärkung eignen sich beispielsweise Gesellschafterdarlehen, Forderungsverzicht und Schuld- oder Zinserlass. Eine Liquiditätssteigerung wird unter anderem durch Tilgungs- und Zinsstundung, durch Verlängerung der Kreditfristen sowie durch die Freigabe von Sicherheiten erreicht.

Eine vertrauensvolle Kommunikation mit sämtlichen Interessengruppen, eine konsequente Umsetzung operativer Sofortmaßnahmen, das Generieren einer umfangreichen Informationsbasis und die Erarbeitung eines nachhaltigen Sanierungskonzeptes unterstreichen die Vorteile, die ein eigenes, auf die Unternehmenssanierung ausgerichtetes Steuerungs- und Überwachungssystem vermittelt.

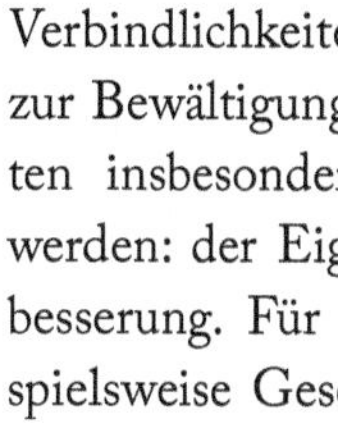

Dr. Thomas Dücker arbeitet als Senior im Bereich Audit & Advisory bei der Wirtschaftsprüfungsgesellschaft Baker Tilly. Zuvor, an der Fakultät für Rechnungslegung und Corporate Governance der Universität Siegen, schrieb er seine Dissertation über „Eigentümerstruktur und Unternehmensstruktur in wirtschaftlichen Krisenzeiten".

Marke als Rettungsanker

Zu den wertvollen Werten von Unternehmen gehören starke Brands. Dieses Vermögen kann dem Krisen-Management beispielsweise in Sanierungen dabei helfen, frisches Kapital zu generieren.

Die Corona-Krise stellt Unternehmen und Geschäftsmodelle auf den Prüfstand. Nicht nur in stark betroffenen Branchen wie Modehandel, Gastronomie oder Touristik ist ein Sanierungsprozess von Unternehmen unabdingbar geworden. Marken spielen dabei eine Schlüsselrolle. Es stellt sich die Frage, ob die Marke durch Relaunch auf veränderte Umfeldbedingungen anzupassen ist. Hinter Marken stehen Vermögenswerte, die in der Krise helfen können, frisches Kapital zu generieren, das im Sanierungsprozess einsetzbar ist. Die Relaunch-Fähigkeit der Marke und ihren monetären Wert zu kennen hilft, die Sanierungschancen des Unternehmens fundiert einzuschätzen.

Die Beurteilung der Relaunch-Fähigkeit zielt darauf ab zu prüfen, ob bei einer Marke schon eine unumkehrbare Marken-Erosion eingetreten ist oder noch nicht. Dabei spielen nicht nur ökonomische Faktoren wie Umsatz oder Rendite eine Rolle, sondern auch psychologische Aspekte. Marken sollen Orientierung geben und Präferenzbildung leisten und so die Konsumenten bei ihrer Kaufentscheidung entlasten. Auch die Unverwechselbarkeit ist ein bedeutsamer Faktor. Für die Beurteilung bieten sich geschäftsnahe Indikatoren an wie Kauftrichteranalysen, Auswertungen aus den Kundendaten oder Sichtbarkeitsindizes. Wesentlich ist, dass die herangezogenen Indikatoren über historische Zeitverläufe bis zu fünf Jahren zurückliegen. So lässt sich die Qualität von Markenführung oder Kundenbestand beurteilen. Zeigt die Analyse, dass eine Marke auch Potenzial für einen Relaunch besitzt, dann lassen sich drei Szenarien unterscheiden:

Rückbesinnung: Die Analyse zeigt, dass der Markenkern noch intakt ist, die Markenführung jedoch in den vergangenen Jahren davon abgewichen ist. Der Fokus der Relaunch-Strategie liegt dann darauf, sich auf die Markenwerte zurückzubesinnen. Als Vorbild kann hier die Marke Lego dienen, die nach Verlusten im Jahr 2003 die Markenführung wieder auf den Markenkern zurückführte.

Ausweitung: In diesem Szenario reichen die bisherigen Zielgruppen oder Märkte nicht mehr aus, um die Zukunftsfähigkeit der Marke zu sichern. Es gilt, neue Zielgruppen zu gewinnen, ohne die bisherigen Verwender aufzugeben. Ein Spagat, der erfolgreich bewältigt werden kann, wie der erfolgreiche Relaunch der Marke Jägermeister zeigt.

Neuorientierung: Hier wird die Marke entweder nur noch mit ihrer Kennzeichnung verwendet oder komplett ersetzt. Der Relaunch von Andersen Consulting zu Accenture darf dafür als Beispiel dienen.

Bei Formulierung der Relaunch-Strategie sind insbesondere die Einflüsse zu berücksichtigen, die sich aus der Corona-Krise auf das Marketing insgesamt ergeben. Besitzt eine Marke kein Relaunch-Potenzial mehr, so sollte vor dem Eliminieren aus Portfoliosicht zunächst geprüft werden, ob die Marke mit einer anderen Marke des Portfolios verschmolzen werden kann. Darüber hinaus kann eine Marke über die Ermittlung ihres noch vorhandenen Markenwerts für die Sanierung des Unternehmens eingesetzt werden.

Unternehmen in Krisen profitieren vom Kalkül

Eine starke Marke ist einer der Hauptgaranten für Erfolg. Unternehmen wie Adidas, Beiersdorf unter anderem mit den Produkt-Brands Nivea und Tesa oder auch Daimler mit den Marken Mercedes, Smart, Unimog und Setra unterstreichen das. Insbesondere Unternehmen in der Krise profitieren davon, wenn sie bei dem Versuch, ihre Eigenkapitalbasis zu verbessern, ihre Marken ins Kalkül ziehen.

Da Markenwerte in Bilanzen nicht aktiviert werden dürfen, liegt ihr Wert häufig im Dunkeln. Insbesondere kleinere und mittelständische Unternehmen sind sich der tatsächlichen Werte nicht bewusst. Corona hat nicht zuletzt den Modehandel schwer getroffen. Beispielhaft ist anhand des traditionsreichen Modehändlers „Appelrath Cüpper" aufzuzeigen, welchen Nutzen die Kenntnis des Markenwertes im Rahmen des Sanierungsprozesses stiften kann.

Der Markenwert lässt sich taxieren: Benötigt werden Informationen über den Umsatz, der mit der Marke generiert wird, und über die Ertragsquote sowie eine Einschätzung des

> „Relaunch-Fähigkeit und Wert zu kennen hilft, die Sanierungschancen eines Unternehmens fundiert einzuschätzen."

Eine der wertvollsten Marken der Welt bleibt Apple, weil durchgängig das Apfel-Logo zelebriert wird wie hier beim jüngst eröffneten Store im Marina Bay Sands von Singapur, dem ersten Laden komplett auf dem Wasser.

Wertschöpfungsbeitrags der Marke. Letztgenannter ist der Gewinnanteil, der auf die Attraktivität der Marke für potenzielle Käufer zurückgeht. Mit diesen Angaben und einem angenommenen Diskontierungszinssatz von sechs Prozent lautet die einfache Ertragswertformel:

$$\text{Markenwert} = \text{Markengewinn} \times 100 : i$$

Appelrath Cüpper hat ziemlich konstante Jahresumsätze von 100 Millionen Euro erwirtschaftet. Die Marke liefert einen Wertschöpfungsbeitrag von etwa zehn Prozent, wie Verbraucherbefragungen belegen. Dieser Beitrag lässt sich in einen monetären Markenwert umrechnen. Dabei sind Annahmen zur Lebensdauer der Marke und Ertragsquote zu treffen – im Modehandel circa drei Prozent vom Umsatz. Der jährliche Wertschöpfungsbeitrag der Marke für das Unternehmen beträgt dann 100 Millionen Euro Umsatz mal zehn Prozent mal drei Prozent = 0,3 Millionen Euro. Unterstellt man eine quasi unendliche Lebensdauer für die Marke von rund 50 Jahren, macht der Wert der Marke Appelrath Cüpper fünf Millionen Euro aus: Für die Zwecke der Sanierung steht also immerhin noch ein Markenwert in Höhe von fünf Millionen Euro zur Verfügung (Markenwert = 0,3 x 100 : 6).

Kompakt

▶ Die Corona-Pandemie stellt viele Geschäftsmodelle auf den Prüfstand und macht einen umfassenden Sanierungsprozess notwendig.

▶ Marken leisten hierfür einen essenziellen Beitrag. Ein Marken-Relaunch macht das Unternehmen fit für die Zukunft. Der monetäre Wert der Marken liefert die finanziellen Ressourcen hierfür.

▶ Sofern bei den Marken noch keine unumkehrbare Erosion eingetreten ist, bietet eine Relaunch-Strategie den Weg, ermittelte Potenziale zu nutzen.

▶ Marken stellen einen monetären Wert dar, der in der Sanierung eines Unternehmens vielfältige Finanzierungsmöglichkeiten bietet.

Eine Möglichkeit zur Monetarisierung ist Sale and Lease Back: Die Marke wird an einen Investor verkauft und dann für die eigene Nutzung geleast. Mit diesem Schritt wird kurzfristig frisches Kapital erzielt. Vertraglich kann ein bevorzugtes Rückkaufsrecht für die Marke eingeräumt werden, das es dem alten Markeninhaber erlaubt, in einer wirtschaftlich besseren Situation die Markenrechte zurückzukaufen.

Besicherung für Fremddarlehen und Argument für Investoren

Auch die Besicherung der Markenrechte für Fremddarlehen ist eine Möglichkeit: Wenn das Eigenkapital als Sicherheit nicht mehr ausreicht und auch keine Bürgschaften gestellt werden können, stellt die Marke die Sicherheit dar. Die Markenrechte werden an den Kreditgeber als Sicherheit abgetreten. Die Beleihung erfolgt im Regelfall nicht zu 100 Prozent, aber rund 30 bis 40 Prozent sind realistisch.

Als Argument zur Anwerbung neuer Investoren überzeugen starke Marken ebenfalls: Eine wertvolle Marke macht ein Unternehmen unbestritten attraktiver, insbesondere auch für neue Investoren. Sie können als stille oder als Neu-Gesellschafter das Eigenkapital erhöhen.

Bert Klingsporn (Foto oben) und Dr. Ottmar Franzen (Foto unten) sind Associated Partner bei der Anxo Management Consulting GmbH. Der Erstgenannte verfügt über mehr als 25 Jahre Erfahrung in der Führung von Marken in einer digitalen Welt, der Zweitgenannte gilt als einer der Pioniere für Markenbewertungen und arbeitet seit 30 Jahren an Brand Valuation.

Bücher

Germann Jossé
Frühzeitige Krisenvorsorge

Das Buch plädiert für eine Auseinandersetzung mit Bedrohungen, Krisen und Großstörungen, bevor diese eintreten. Vorgestellt wird ein integratives Krisen-Präventions-Management, das eng mit der strategischen Unternehmensführung verzahnt ist. Im Fokus stehen Krisen, die für ein Unternehmen exsistenzbedrohend sind. Der Autor erläutert unter anderem, wie in einer solchen Situation der Geschäftsbetrieb aufrechterhalten werden kann.

108 Seiten, 18,90 Euro, seit Juli 2020
ISBN 978-3-8006-6426-9, Franz Vahlen

Floria Lanzer, Lucas Sauberschwarz,
Lysander Weiß
Erfolgreiche Krisenstrategien

Krisen wirken oft als Katalysator für tiefgreifende Veränderungen. Die Autoren analysieren, welche Handlungsoptionen es angesichts des rasanten Wandels gibt und wie Entscheidungen in unsicheren Krisenzeiten getroffen werden. Basierend auf Forschungserkenntnissen und Praxisbeispielen liefert das Werk vor allem Instrumente und Methoden für zukunftsfähige Krisenstrategien.

72 Seiten, 14,99 Euro, seit Juni 2020
ISBN 978-3-658-30542-0, Springer Gabler

Jörg Müller-Ganz
Den Turnaround schaffen

Unternehmen in der Krise müssen schnell handeln. Denn Zeit, Liquidität und Finanzierung sind kritische Faktoren bei der Sanierung. Der Autor beschreibt die einzelnen Bausteine eines erfolgreichen Turnarounds, von der Analyse über die Konzeption bis zur Umsetzung. Dabei wird unter anderem auf Aspekte wie Liquiditäts-, Ertrags-, Kapitaloptimierung, Bilanzsanierung, strategische Neuausrichtung, Führung, Kommunikation, Verkauf und Konkurs eingegangen.

298 Seiten, 89,00 Schweizer Franken, seit August 2019
ISBN 978-3-7255-8011-8, Schulthess

Christoph Niering, Christoph Hillebrand
Unternehmenskrisen meistern

„Sanieren statt Liqudieren" lautet der Untertitel des Leitfadens, der Unternehmern und Beratern praxisrelevantes Wissen zum Thema Unternehmenssanierung vermitteln will. Dabei wird auf juristische und betriebswirtschaftliche Details bewusst verzichtet, um vor allem Nichtfachleute zu unterstützen, die nicht täglich mit Sanierung und Restrukturierung beschäftigt sind. Beleuchtet werden unter anderem Sanierungswege und -konzepte sowie Haftungrisiken.

433 Seiten, 49,99 Euro, seit März 2020
ISBN 978-3-658-23144-6, Springer Gabler

Sylvia E. Kernke, Rainer Hahne
Gestärkt aus der Krise

Krisen sind sowohl im Geschäfts- als auch Privatleben unvermeidbar. Entscheidend ist, wie mit den jeweiligen Krisensituationen umgegangen wird und was die Beteiligten aus ihnen lernen. Das Buch beschäftigt sich mit den unterschiedlichen Phasen und Typologien persönlicher und unternehmerischer Krisen und zeigt Bewältigungsstrategien, Überlebensregeln und kreative Lösungen auf.

215 Seiten, 39,95 Euro, seit November 2020
ISBN 978-3-648-14790-0, Haufe-Lexware

Thomas Dücker
Krisen in Familienfirmen

Familienunternehmen haben in der Regel eine stabile Entscheidungs- und Management-Struktur und setzen auf eine langfristige Unternehmensstrategie. Ziel ist dabei, das Vermögen und die Reputation der Familie zu erhalten. Der Autor analysiert auf der Basis einer empirischen Untersuchung die verschiedenen Unternehmens- und Entscheidungsträgercharakteristiken und bewertet diese vor dem Hintergrund einer Unternehmenskrise. Er schreibt in diesem Heft ab Seite 50.

317 Seiten, 59,99 Euro, seit Juli 2020
ISBN 978-3-658-31293-0, Springer Gabler

Springer Professional

Empfehlung zum Management-Buch

Unternehmenskommunikation in Restrukturierungsphasen

Jede Management-Entscheidung hat eine kommunikative Wirkung. Wird diese nicht berücksichtigt, kann die Reputation des Unternehmens massiv beschädigt werden. Professionelle Kommunikation ist deshalb ein fundamentaler Erfolgsfaktor in Restrukturierungen. Der vorliegende Praxis-Leitfaden für die interne und externe Kommunikation hilft Unternehmen dabei, Ziele, Inhalte und Instrumente zu entwickeln.
161 Seiten, 37,99 Euro, seit März 2020,
ISBN 978-3-658-28818-1, Springer Gabler
www.springerprofessional.de/link/17808802

Newsletter zu „return"

Das Portal springerprofessional.de bietet zahlreiche deutsch- und englischsprachige Online-Newsletter zu insgesamt 20 Fachgebieten. Dieses Informationsangebot ist kostenfrei. Das Angebot reicht von „Automobil + Motoren" über „Business IT + Informatik" bis „Management + Führung". Die Themen rund um Inhalte, die auch für „return" relevant sind, greift der Online-Newsletter „Transformation + Turnaround" auf. Kostenfrei registrieren können sich interessierte Leser unter:
www.springerprofessional.de/link/6630158

Empfehlung zum Online-Artikel „Im Fokus"

Wie resilient sind Organisationen in der Krise

Rico Kerstan und André Röhl, beide Wissenschaftler an der Northern Business School in Hamburg (NBS), haben mit ihrem Working Paper „Wie gut ist die Resilienz von Organisationen in Zeiten der Pandemie?" aufgezeigt, vor welchen Schwierigkeiten Organisationen in der Corona-Krise stehen. Durch die Covid-19-Pandemie sind Organisationen als „struktureller und sozialer Rahmen für wirtschaftliche und gesellschaftliche Aktivitäten" selbstredend betroffen, heißt es in der Analyse. Corona bringt für Unternehmen und alle anderen Organisationen große Veränderungen mit sich. Es müssen Einschränkungen bedacht, Anpassungen vorgenommen und Korrekturen so schnell wie möglich umgesetzt werden, egal, ob es sich nun um einen Nachfrageeinbruch oder um Teamsplitting-Modelle im Homeoffice handele.

Unternehmen in einer Krise befinden sich also in einer Situation, „die aufgrund der ihr innewohnenden Risiken besondere Entscheidungsprozesse erfordert".

www.springerprofessional.de/link/18427882

Springer Professional

Unser Wissensportal Springer Professional

Dieses Wissensportal bündelt Fachgebiete aus Wirtschaft und Technik. Über www.return-online.de und die Verlinkung dorthin zeigt sich auch der Online-Auftritt dieser Zeitschrift mit aktuellen Informationen, Beiträgen, Empfehlungen, Literatur und einem kostenlos bestellbaren Online-Newsletter zu Themen rund um Transformation und Turnaround.

Auf unserer Landing Page unter springerprofessional.de sind zudem das Online-Archiv, die Mediadaten oder der Kontakt zur Redaktion von „return" zu finden. Hier können das Print-Magazin und das E-Magazin abonniert werden, in denen Hinweise stehen auf weiterführende und frei zugängliche Beiträge unter springerprofessional.de. In Fachbeiträgen enthalten sind außerdem Empfehlungen der Redaktion aus Zeitschriften und Büchern wie in diesem regelmäßig veröffentlichten Kasten „Springer Professional", die mit dem Zeitschriften- und/oder Voll-Abonnement frei abrufbar sind.

Kurzanleitung zur Registrierung für den Zugriff auf alle Beiträge aus „return" in digitaler Fassung aus dem Online-Archiv und im E-Magazin:
1. www.springerprofessional.de/register
2. Eingabe der persönlichen Kontaktdaten
3. Passwort festlegen
4. Registrierung absenden
5. Sie erhalten eine Bestätigungs-Mail des Verlages. Klicken Sie auf den Link in der E-Mail, um sich für Springer Professional freizuschalten.

Nach der Registrierung loggen Sie sich unter **www.springerprofessional.de/login** ein. Bei Problemen können Sie sich wenden an **support@springerprofessional.de**. Zum Voll-Abonnement von Springer Professional geht es unter **www.springerprofessional.de/bestellung**.

In guten Händen
Wie Unternehmer und Sanierungsberater zusammenfinden

Viele Unternehmen, vor allem ihre Unternehmer erleben gerade herausfordernde Zeiten. Die Corona-Pandemie hat Expansionspläne gebremst, Lieferketten unterbrochen, Geschäftsmodelle überholt, Strukturschwächen offengelegt und persönliche Überzeugungen ins Wanken gebracht. Zahlreiche Firmeninhaber kämpfen darum, dass ihr Betrieb überlebt. Häufig ist das ein einsames Gefecht. Denn Unternehmer sind meist selbstbewusste Menschen. Sie müssen Geldgeber von ihrer Geschäftsidee überzeugen, mit Lieferanten und Abnehmern verhandeln, ihre Mitarbeiter führen, ständig Marktchancen erspüren und vor allem Entscheidungen treffen. Ihnen fällt es in aller Regel schwer, den Rat anderer anzunehmen und zu befolgen. Lieber lösen sie Herausforderungen im Alleingang.

Die Auseinandersetzung mit dem eigenen Ego beschreibt Jens Pohlmann, geschäftsführender Gesellschafter von Procontur. In einer schwierigen Situation habe er etwa einen Monat mit sich gerungen, bevor er sich auf die Suche nach einem Sanierungsberater begeben habe, erzählt Pohlmann im Interview (Seite 16). Diese Suche nach dem richtigen Helfer ist wahrlich nicht einfach. Denn es gibt bislang kein Verzeichnis von Beratern, das Unternehmer einfach mal durchblättern können. Unsere Sonderausgabe hilft, diese Lücke ein wenig zu schließen.

Sanierungsgutachter darf sich jeder nennen

Bisher gibt es nicht einmal eigene rechtliche Regelungen für den Beruf. Sanierungsgutachter darf sich jeder nennen, der ein „unvoreingenommener branchenkundiger Fachmann" ist. Wer auch immer das sein sollte. Kein Wunder, dass Unternehmer Angst haben, Scharlatanen in die Hände zu fallen, die es nur auf einen vermeintlich lukrativen Auftrag abgesehen haben. Gerade in einer Situation, wo jeder Cent umgedreht werden muss, um das Unternehmen zu retten, lassen die Inhaber verständlicherweise besondere Vorsicht walten. Dabei bewegen sie sich allzu oft auf eingefahrenen Wegen und finden alleine keinen Ausweg. Bei dem Durchbrechen von Denkmustern und dem Finden von Alternativen können Sanierungsberater helfen.

Doch wie lässt sich der richtige Berater finden? In Deutschland existiert eine Reihe von Beraternetzwerken, die sich im Internet durchsuchen lassen und in denen sich passende Kandidaten identifizieren lassen. Außerdem sind vertrauliche Gespräche mit erfahrenen Unternehmerkollegen hilfreich, die selbst schon einmal in einer vergleichbaren Situation waren. Sie dürften sicher nützliche Tipps geben, welcher Berater geeignet sein könnte, oder zumindest bei der Suche helfen.

Die mögliche Auswahl sollte dann nach verschiedenen Kriterien analysiert werden. Der Berater muss zum Ersten alle Sanierungswege kennen und anwenden können – von der vorinsolvenzlichen Sanierung über das Schutzschirmverfahren und die Insolenz in Eigenverwaltung bis zur hoffentlich bald möglichen präventiven Restrukturierung.

Juristisches, steuerliches und wirtschaftliches Wissen sind notwendig

Wichtig ist, dass der Sanierungsfachmann nicht nur über juristische und steuerliche Kenntnisse, sondern vor allem über betriebswirtschaftliche Erfahrungen verfügt. Zum Zweiten sollte sich der Berater in der Branche des Hilfe suchenden Unternehmens auskennen. Zum Dritten sollte der Experte in der Nähe beheimatet sein und nicht quer durch Deutschland anreisen müssen. Und zu guter Letzt sollte die Chemie zwischen dem Rat suchenden Unternehmer und dem beratenden Sanierer stimmen. Denn nur Offenheit auf beiden Seiten kann zu einem Sanierungserfolg führen. Unternehmer Pohlmann hat am Ende vor allem die „spürbare Wertschätzung" überzeugt, die sein Berater ihm entgegenbracht hat. Dadurch fühlte er sich „in guten Händen" und konnte sich auf die Vorschläge einlassen.

Stefanie Burgmaier ist Herausgeberin von „return" und als Geschäftsführerin der Springer Fachmedien Wiesbaden GmbH unter anderem für alle Portale, Magazine und Events des Verlages im Bereich Professional verantwortlich.

Vorschau 01/21

Die nächste Ausgabe von „return – Magazin für Transformation und Turnaround" erscheint am 18. Februar 2021.

▶ Schwerpunkt Finanzreserven in Krisen: Titelreport – Interview und Firmenprofil mit Vorbildern – Auslands- und Expertenbeiträge

▶ Ressort Start & Szene: Insolvenzmonitor – Meldungen – Kabarettisten-Kolumne

▶ Ressort Menschen & Unternehmen: Firmenprofil – Gründerszene – Serie „Digitales" – „return kontrovers" – Unternehmer-Kolumne

▶ Ressort Hintergrund & Wissen: Erfolg durch Innovations-Management – Controlling auf aktuellem Stand – Unternehmerrechte

Schwerpunkt: Sichere Reserven für Unternehmen

© Kirsty Pargeter / Fotolia

Impressum

„return – Magazin für Transformation und Turnaround"
www.springerprofessional.de
www.return-online.de
Ausgabe S1 | 2020, 07. Jahrgang
ISSN (Print) 2199-8841
ISSN (Online) 2520-8187

Verlag
Springer Gabler
Springer Fachmedien Wiesbaden GmbH
Abraham-Lincoln-Str. 46
65189 Wiesbaden
Die Springer Fachmedien Wiesbaden GmbH ist Teil der Fachverlagsgruppe Springer Nature

Geschäftsführer
Stefanie Burgmaier | Andreas Funk | Joachim Krieger

Redaktion
Herausgeber:
Stefanie Burgmaier |
Prof. Dr. Hans Haarmeyer

Teamleitung Managementzeitschriften:
Anja Schüür-Langkau

Chefredakteur
(verantwortlich für den redaktionellen Inhalt):
Thorsten Garber
Am Stierksken 18
59379 Selm-Cappenberg
Tel.: +49 (0)2306 75 74 99
thorsten.garber@springernature.com

Redaktionelle Mitarbeiter
dieser Ausgabe:
Michael Baur, Urs B. Beckmann, Christoph Deinhard, Dr. Thomas Dücker, Dr. Ottmar Franzen, Marion Gutheil, Prof. Hans Haarmeyer, Dr. Sascha Haghani, Burkhard Jung, Prof. Uwe Peter Kanning, Bert Klingsporn, Dr. Dieter Körner, Prof Stephan Madaus, Marc Matthies, Alexander Müller, Dr. Christoph Niering, Hartmut Schwab, Prof. Michael Woywode

Titelfoto
© fotogestoeber / stock.adobe.com

Anzeigen, Marketing und Produktion
Leiter Media Sales:
Volker Hesedenz

Leiter Vertrieb + Marketing:
Jens Fischer

Gesamtleitung Produktion:
Ulrike Drechsler

Verkaufsleitung (verantwortlich für den Anzeigenteil):
Eva Hanenberg
Tel.: +49 (0)611 7878-226
Fax: +49 (0)611 7878-430
E-Mail: eva.hanenberg@springer.com

Anzeigendisposition:
Sandra Reisinger
Tel.: +49 (0)611 7878-174
E-Mail:
sandra.reisinger@springernature.com

Anzeigenpreise:
Es gelten die Mediadaten von Oktober 2020.

Produktmanagement:
Britta Rossbach
Tel.: +49 (0)611 7878-271
E-Mail: britta.rossbach@springer.com

Satz, Layout und Produktion
Satz und Layout: Magazine Team, Scientific Publishing Services, Chennai / Indien
Produktion: Iris Conradi

Alle angegebenen Personen sind, soweit nicht ausdrücklich angegeben, postalisch unter der Adresse des Verlags erreichbar.

Sonderdrucke
Anja Trabusch
E-Mail:anja.trabusch@springernature.com
Tel.: +49 (0)611 7878-298

Leserservice
Springer Customer Service Center GmbH
Springer Gabler Service
Tiergartenstr 15, 69126 Heidelberg
Tel.: +49 (0)6221 345-4303
Fax: +49(0)6221 345-4229
Montag – Freitag 8.00 Uhr – 18.00 Uhr
E-Mail: springergabler-service@springer.com

Druck
Kliemo Printing AG,
Hütte 33,
B-4700 Eupen, Belgien

Fachbeirat
Dr. Utz Brömmekamp, Buchalik Brömmekamp Rechtsanwaltsgesellschaft; Udo Doetsch, Sparkasse Duisburg; Prof. Dr. Roland Eckert, FOM Hochschule für Oekonomie & Management im Hochschulzentrum Düsseldorf; Prof. Dr. Christian Gärtner, Hochschule München University of Applied Sciences;; Carl-Jan von der Goltz, Maturus Finance; Dr. Ulrich Hermann, Heidelberger Druckmaschinen AG; Prof. Dr. Michael Jünger, Technische Hochschule Ingolstadt; Michael Pluta, Pluta Rechtsanwalt; Uwe Rotermund, Noventum Consulting; Heinrich Fritz Stellmach, Stellmach & Bröckers Rechtsanwälte, Wirtschaftsprüfer, Steuerberater

Bezugsmöglichkeiten
Das Heft erscheint sechsmal jährlich. Bezugsmöglichkeiten und Details zu den Abonnementbedingungen finden Sie unter www.mein-fachwissen.de/return Alle Rechte vorbehalten.

Gültige Version
Die gedruckte und die elektronische Fassung eines Beitrags können sich unterscheiden. Maßgeblich ist die Online-Version („Version of Record") unter www. springerprofessional.de/return.